Entartete Musik

1. Auflage 1988
2. Auflage 1988
3. überarbeitete und erweiterte Auflage 1993

Printed in Germany
Gesamtherstellung: Service-Druck Kleinherne GmbH, Düsseldorf

ISBN 3-924166-29-3

ENTARTETE MUSIK

DOKUMENTATION UND KOMMENTAR ZUR DÜSSELDORFER AUSSTELLUNG VON 1938

HERAUSGEGEBEN VON
ALBRECHT DÜMLING
UND PETER GIRTH

dkv · der kleine verlag

Und laßt der Welt, die noch nicht weiß, mich sagen,
Wie alles dies geschah; so sollt ihr hören
Von Taten, fleischlich, blutig, unnatürlich,
Zufälligen Gerichten, blindem Mord;
Von Toden, durch Gewalt und List bewirkt,
Und Planen, die verfehlt, zurückgefallen
Auf der Erfinder Haupt: dies alles kann ich
Mit Wahrheit melden.

William Shakespeare, Hamlet, Schluß

Inhalt

Vorwort 7

Albrecht Dümling: Entartete Musik 9

Tempelweihe und -säuberung.
Die Bruckner-Rezeption Hitlers und Goebbels' 22

Wolfgang Fritz Haug: Entartung und Schönheit 24

Houston Stewart Chamberlain:
Einfluß des Judentums (Auszug aus „Richard Wagner") 31

Albrecht Dümling: Neue Musik als wildeste Anarchie 34

Albrecht Dümling: Arisierung der Gefühle.
Goebbels' Kampf um die deutsche Seele 39

Mungo: Arisierung der Gefühle 55

Briefe an die Deutsch-nordische Richard-Wagner-Gesellschaft
für germanische Kunst und Kultur (1933) 56

Gegen Entartung. Langer Kampf und späte Erkenntnis. 57

Béla Bartók: Rassenreinheit in der Musik 73

Eckhard John: Vom Deutschtum in der Musik 76

„Ich als arischer Deutscher".
Briefwechsel Carl Flesch – Gustav Havemann 84

Paul Schultze Naumburg: Die Zukunft einer deutschen Kunst 87

Ein Brief von Gustav Havemann 88

Richard Strauss: Reichsmusikkammer-Ansprache 1934 89

Wahlaufrufe und Ergebenheitsadressen von Musikern zur
Reichstagswahl am 29. März 1936 92

Pamela M. Potter: Wissenschaftler im Zwiespalt 93

Friedrich Blume: Musik und Rasse 98

Hans Költzsch: Das Judentum in der Musik
(Auszug aus „Handbuch der Judenfrage" von Theodor Fritsch) 108

Carl Hannemann: Der Jazz als Kampfmittel des Judentums
und des Amerikanismus (1943) 121

Fritz von Borries: Die Reichsmusikprüfstelle und ihr Wirken
für die Musikkultur (1944) 124

Autobiografie von Borries 126

Über jüdische Kadenzen zu Beethovens Violinkonzert 127

Hans Joachim Moser: Musiklexikon und Mosers „Entbräunung" 129

Christoph Wolff: Die Hand eines Handlangers 136

Lexikon der Juden in der Musik (Vorwort) 138

Handlanger in Paris 141

Reichsmusiktage in Düsseldorf (Programm) 150

Werner Schwerdter: Heerschau und Selektion 158

Hans Severus Ziegler: Entartete Musik. Eine Abrechnung (Faksimile) 174

Albrecht Dümling: Anmerkungen zu Ziegler 192

Wolfgang Steinecke: Was die Ausstellung „Entartete Musik" zeigt 194

Fred K. Prieberg: Gründe und Hintergründe einer Ausstellung 196

Christine Fischer-Defoy: Zur Auseinandersetzung mit der Neuen Musik an der Berliner Musikhochschule 200

Akte Hindemith 208

„Er ist ein richtiger Chauvinist geworden". Goebbels über Furtwängler 223

Notiz zu Strawinsky 226

Albrecht Dümling: Musikalischer Widerstand 228

„Ein Produkt schlechtester häuslicher Erziehung". Goebbels über Friedelind Wagner 245

Kommentierte Rekonstruktion der Ausstellung „Entartete Musik" 1938. Ausstellungstexte von Albrecht Dümling 246

Liste „entarteter" Komponisten 259

Henriette v. Schirach: Ortnung 262

Zeitgenössische Komponisten nehmen Stellung 264

Weitere Materialien zum Thema 275

Dank 277

Nachweis 279

Entartete Musik, die ist außer Art geschlagen. Die hat sich von der eigenen Art abgelöst. Ist wie ein Phönix aus der Asche der Art aufgestiegen. (Den Begriff einer arteigenen Musik assoziieren wir auf Grund von Erfahrungstatsachen und auch unwillkürlich mit blonden Zöpfen, Gaskammern, Mördern, schlechthin mit der Norm). In der Kunst gilt nur die Überwindung der Norm, also die Nicht-Norm, die Entartung: mit ihr fängt Kunst überhaupt erst an zu tönen, zu leuchten, zu sein.

Hans Werner Henze

Vorwort

Im Zuge der Vorbereitungen zu dem 1987 verwirklichten Gemeinschaftsprojekt der Düsseldorfer Kulturinstitute *1937. Europa vor dem 2. Weltkrieg* stießen wir auf die Spuren einer Ausstellung *Entartete Musik,* die von den Nationalsozialisten anläßlich der Reichsmusiktage 1938, also fünfzig Jahre zuvor, in Düsseldorf veranstaltet worden war. Obwohl die Spuren im Sande zu verlaufen drohten, haben wir den einmal gefaßten Gedanken, diese Ausstellung zu rekonstruieren, nicht aufgegeben. Denn wir waren davon überzeugt, daß Phänomen der „entarteten Musik" auch mittels einer notgedrungen unvollständigen, dafür aber kommentierten Rekonstruktion darstellen zu können, möglicherweise sogar wirkungsvoller.

Die infame Verunglimpfung nicht nur jüdischer Komponisten und Werke durch die Nazis war allerdings auch in der kommentierten Rekonstruktion jener Ausstellung nicht ohne weiteres nachvollziehbar, jedoch glaubten wir, die Lücken dieser Ausstellung durch einen Katalog schließen zu können. Die unerwartet große, auch internationale Resonanz der Ausstellung machte inzwischen eine dritte Auflage des Katalogs erforderlich.

Der Leser des einen oder anderen hier veröffentlichten Beitrags wird darüberhinaus nicht nur mit nationalsozialistischem Unrecht und Spießertum konfrontiert, vielmehr wird er auch etwas über die Unbequemlichkeit der Auseinandersetzung mit neuer Musik an sich erfahren, deren Textur natürlich immer quer zu dem steht und stehen muß, was als umfassendes Einverständnis apostrophiert zu werden pflegt. Darin mag eine Provokation liegen, weil nicht die geringste Veranlassung besteht, nationalsozialistisches Unrecht wie die Verfolgung und Zerstörung von Komponisten und ihrer Werke zu relativieren. Doch haben Herausgeber und Veranstalter nicht jede Form der Provokation zu vermeiden beabsichtigt.

Die Herausgeber benutzen die Gelegenheit, dem Verleger für die uneigennützige Betreuung der ersten Auflagen des Katalogs seit 1988 zu danken und freuen sich über die Veröffentlichung in Buchform. Wir haben jetzt neues Material, das nach 1988 auftauchte, hinzugefügt.

Im Januar 1993 — Die Herausgeber

Hitler in der Walhalla bei Regensburg
vor der von ihm soeben eingeweihten Büste Anton Bruckners am 6. Juni 1937

Albrecht Dümling schildert am Beispiel Anton Bruckners die Vereinnahmung der klassischen Musik durch die Nazis und setzt die von Hanns Eisler verkörperte antifaschistische Musikästhetik dagegen.

ENTARTETE MUSIK

Die schützenden Fittiche

Als eine überwältigende Kulturtat würdigte die deutsche Presse die Aufstellung der Bruckner-Büste in der Walhalla bei Regensburg, die auf eine persönliche Anregung Hitlers zurückging und am 6. Juni 1937 in dessen Anwesenheit stattfand. Der mit allem Pomp durchgeführte Sonntagsvormittags-Festakt wurde durch die Aufführung der Dritten Symphonie in d-Moll am Samstagabend und durch ein Pontifikalamt mit der e-Moll-Messe im Regensburger Dom am Sonntagmorgen vorbereitet. Der Gottesdienst fand um 11 Uhr seine Fortsetzung in dem vom bayrischen König Ludwig I. errichteten Marmortempel, der religiöse Akt ging in ein weltliches Zeremoniell über. Für den Berichterstatter der *Zeitschrift für Musik* war das abendliche Konzert nur eine Ouvertüre, „der würdige Auftakt zu dem, was tags darauf Ereignis werden sollte." Aber auch die Messe hatte vor allem die Funktion, „den Gläubigen wie den vermeintlich Ungläubigen mit der Ahnung des Überweltlichen zu erfüllen."[1] Der Berichterstatter holte tief Luft, um dann den für ihn zentralen Akt zu schildern: *„Darauf der feierliche, durch die Anwesenheit des Führers der Deutschen mit besonderer Weihe gesegnete Akt der Aufstellung der von Adolf Rothenburger geschaffenen Monumental-Marmorbüste des Meisters Anton Brukkner in der von König Ludwig I. dem bleibenden Gedächtnisse hervorragender Deutscher errichteten Walhalla, wo Tausende die steinernen Terrassen des Tempels bestanden und weit ins Land blickten auf die Straubinger Straße hin, worauf die Autokolonne des Führers heransauste, bis dann der Führer und Reichskanzler zwischen dem Spalier der Standartenträger der SA die Stufen herunterschritt, von immer sich erneuerndem Jubel der Tausende begrüßt."* Damit ist dieser mit Wagnerschen Stabreimen auf lauten Vortrag berechnete lange Satz noch keineswegs zu Ende. Wunder über Wunder, wenn *„die wimpelgeschmückten Schleppschiffe auf der Donau im Laufe innehielten und der Rede des Reichsministers Dr. Goebbels lauschten"* (!), höchstes Wunder aber, wenn „der Führer im Saale der Walhalla mit eigener Hand den Lorbeerkranz zu Füßen des Piedestals, das Bruckners Büste trug, niederlegte."

Die Walhalla bei Regensburg

Auf den ersten Blick mag die von Goebbels vollbrachte Tat, nämlich die Donau-Schiffe zum gebannten Lauschen zu bringen, viel größer scheinen als Hitlers schlichte Geste, jedoch der Berichterstatter klärt auf – in gesperrter Schrift: Die Kranzniederlegung sei *„ein erhebendes Symbol der durch keine Schranken eingeengten Verbundenheit des Führers mit dem deutschen Volke."*

Dieser Autor ist kein Musikkritiker, sondern ein Künder. Nörglerische Kritik verbot sich angesichts eines so würdigen Gegenstandes ohnehin von selbst – und war außerdem seit November 1936 offiziell verboten.[2] In der Kunstbetrachtung, die an die Stelle der Kunstkritik trat, galt es nun, Erlebnisse zu vertiefen und das nationale Moment aufzudecken. Beim Regensburger Bruckner-Erlebnis stand offensichtlich das Wunderbare, das Weihevoll-Überweltliche im Vordergrund. Tatsächlich riß die Kette der Wunder nicht ab. So versichert der phantasiebegabte Schreiber, daß erst die verspätete Ankunft des Führers beim abendlichen Bruckner-Konzert in der Regensburger Minoritenkirche dem harrenden Publikum ermöglichte, sich in den sakralen Raum zu versenken und zur Gemeinde zu werden. Während des Wartens reifte ihm die Erkenntnis, daß nicht St. Florian, sondern diese Kirche die ideale architektonische Entsprechung zu Bruckners Symphonien darstelle. *„Es hätte gar nicht besser vorgesehen werden können, als es hier der Zufall, daß sich die Ankunft des Führers verzögerte, fügte, daß die Hörer mit den Ausführenden in diesem Raume, wo sich Tages- und Kerzenlicht immer inniger vermischten, erwartungsvoll harren mußten."* Als Hitler schließlich unter brausenden Orgelklängen die Kirche betrat, da hatte er – wer ahnt es nicht? – die Herzen aller für sich gewonnen; wie Parsifal, der den verschlossenen Gral öffnet, konnte er das Konzert nun beginnen lassen: *„Als die Besucher schweigend, aber mit freudiger Erregung den Erneuerer Deutschlands begrüßt hatten, da waren alle Seelen aufgeschlossen, um das Wunder zu empfangen, das jetzt mit seinen überirdischen und doch so irdisch schönen Klängen zu ihnen herniederkam."*

„Unpolitische" Musikfreunde waren 1937 vielleicht noch der Ansicht, die Regensburger Aufführung der Brucknerschen f-Moll-Messe sei ein reines Kunstereignis gewesen. Waren diese Bruckner-Tage aber nicht vielmehr beispielhaft für die Art und Weise, in der die Nazis scheinbar autonome Kunst in Besitz nahmen? Der zum Propagandisten verwandelte Kritiker

Heft 7 ZEITSCHRIFT FÜR MUSIK 797

Die Bruckner-Ehren-Medaille

wurde im Rahmen des Staatsaktes vor der Walhalla am 6. Juni 1937 dem Führer des Deutſchen Volkes als Erſtem durch den Präſidenten der Internationalen Bruckner-Geſellſchaft Prof. Max Auer überreicht. Im weiteren Verlaufe des Regensburger Bruckner-Feſtes wurde die Bruckner-Ehren-Medaille in der Feſtſitzung im alten Reichsſaal zu Regensburg dem Reichsminiſter Dr. Joſeph Goebbels, dem Miniſterpräſidenten Ludwig Siebert, dem Präſidenten der Reichsmuſikkammer Prof. Dr. Dr. e.h. Peter Raabe, dem Präſidenten der Intern. Bruckner-Geſellſchaft Prof. Max Auer, dem Präſidenten der Intern. Bruckner-Geſellſchaft Geheimrat Dr. h.c. Siegmund von Hausegger, dem Ehrenmitglied der Intern. Bruckner-Geſellſchaft Guſtav Boſſe, Herausgeber der „Zeitſchrift für Muſik" und dem Philharmoniſchen Orcheſter zu München verliehen. Das Philharmoniſche Orcheſter zu München erhielt dieſe Auszeichnung, weil es ſich ſeit vielen Jahrzehnten (noch als Kaim-Orcheſter unter Ferdinand Löwe und dem jungen Peter Raabe) ganz beſonders und immer erneut für Anton Bruckner eingeſetzt hat.

Die Bruckner-Ehren-Medaille wurde von Prof. Hans Wildermann geſchaffen, dem mit dieſer Medaille ein beſonders glücklicher Wurf gelungen iſt. (Abbildung vergl. Maiheft 1936 der ZFM.) Der Kopf Anton Bruckners verkörpert uns den großen Meiſter in wahrer Lebenstreue, das Muſikaliſche iſt in dieſem Antlitz beſonders glücklich feſtgehalten und vereint ſich im Ausdruck mit der Gottesgläubigkeit. Die Rückſeite zeigt den Genius der Muſik in Geſtalt eines Engels mit der Harfe. Die Medaille, die gelegentlich des Einzugs Anton Bruckners in die Walhalla zu ſo beſonderer Bedeutung gelangte, darf als eines der ſchönſten Bildwerke neuerer Kleinplaſtik bezeichnet werden.

schreibt zu Recht, daß bei diesen Bruckner-Tagen alles einer symbolischen Deutung bedurfte. Es handelte sich jedoch nicht – wie suggeriert wurde – um ideale geistige, sondern um konkret politische Symbole. Die Dekoration des Dirigentenpults zeigt die Art der symbolhaften Umfunktionierung; es war zwar nicht von einem Hakenkreuz[3], wohl aber *„von einem mächtigen schwarzen Adler ... gekrönt, als wolle dieses Sinnbild der deutschen Kraft und Hoheit die heilige deutsche Kunst schützen."* Indem der NS-Staat die Kultur zu wahren vorgab, hatte er sie bereits vereinnahmt. Indirekt geht dies auch aus der Walhalla-Rede des Reichspropagandaministers hervor, in der dieser die „großzügige Förderung der Bruckner-Pflege" durch das Deutsche Reich mit den folgenden Worten erklärte: *„Anton Bruckner als Sohn der österreichischen Erde ist ganz besonders dazu berufen, auch in unserer Gegenwart die unlösliche geistige und seelische Schicksalsgemeinschaft zu versinnbildlichen, die das gesamte deutsche Volk verbindet."*[4] Bruckners Musik sollte eben jene gläubige Andacht fördern, die erst das reibungslose Funktionieren der Staatsmaschinerie ermöglichte. Deshalb schloß beispielsweise auch der „Parteitag der Arbeit" im Herbst 1937 mit dem Finale aus Bruckners 5. Sinfonie.[5] Diese feierliche Musik förderte die erwünschte Schicksalsergebenheit, sie bereitete „Wunder" vor. Im Licht der Geschichte gehörte die Aufstellung der Bruckner-Büste in der Walhalla durchaus zur ideologischen Vorbereitung des Einmarsches deutscher Truppen in Österreich, der nur wenige Monate später folgte. Der deutsche Adler breitete seine „schützenden Fittiche" zuerst über dem Komponisten Anton Bruckner und dann über dessen österreichischer Heimat aus.

Die wirkliche Funktion der „wirklichen Kunst"

Im totalen Staat konnte es keinen politikfreien Raum geben, selbst wenn viele Künstler dies naiv glaubten. Goebbels' Reden, in denen er vorgab, die angeblich überpolitisierte *„kulturbolschewistische"* Kunst der Weimarer Republik durch eine hohe *„wirkliche"* Kunst zu ersetzen, hatten viele irregeführt und ihren kritischen Blick allein auf die Vergangenheit gelenkt. Hatten nicht *Heinrich Mann* und *Käthe Kollwitz* die Autonomie der Kunst verletzt, als sie zur Aktionseinheit der Arbeiterparteien gegen den Faschismus aufriefen? Wurde diese verletzte Autonomie nicht erst durch den NS-Staat wiederhergestellt? Viele unter den konservativen, sich als unpolitisch verstehenden Künstlern und Kunstfreunden waren dankbar für diese *„Reinigung"*. Sie nahmen nicht wahr, wie ideologisch die von Goebbels geforderte Kunstpraxis war.

Selbst ein *Thomas Mann* hatte während des ersten Weltkrieges in seinen *Betrachtungen eines Unpolitischen* die Kunst von der Politik trennend die erstaunliche Auffassung vertreten, daß den Deutschen politisches Denken fremd sei und auch bleiben solle: *„Der politische Geist, widerdeutsch als Geist, ist mit logischer Notwendigkeit deutschfeindlich als Politik."*[6] Dem deutschen Wesen sei deshalb nicht die Demokratie, sondern der Obrigkeitsstaat angemessen. Hitler konnte daran anknüpfen, indem er seine Gegner, Sozialdemokraten und Kommunisten, als Politiker bezeichnete, sich selbst aber als Führer und Künstler. Wenn aber seine Staatskunst keine Politik war, diente auch die von ihm vereinnahmte Musik keinem politischen, sondern einem *„höheren"* deutschen Zweck.

Hitler in der Walhalla bei Regensburg während der Zeremonie zur Einweihung der Bruckner-Büste

Anton Bruckner nach dem Gemälde von W. Kaulbach, 1884.
Der Umriß dieses Bruckner-Portraits ist bei der Gestaltung
des Buch-Titels verwendet worden.

Richard Strauss und Goebbels in Dresden.

„Unpolitische Kunst"

R. Strauss an Adolf Hitler. Garmisch, den 13. Juli 1935:

Mein Führer! Mein ganzes Leben gehört der deutschen Musik und unermüdlichen Bemühungen um Hebung der deutschen Kultur - als Politiker habe ich mich niemals betätigt oder auch nur geäußert, und so glaube ich bei Ihnen als dem großen Gestalter des deutschen Gesamtlebens Verständnis zu finden, wenn ich in tiefster Erregung über den Vorgang meiner Entlassung als Präsident der Reichsmusikkammer Sie ehrfurchtsvoll bedeute, daß auch die wenigen, mir vom Leben noch zugeteilten Jahre nur den reinsten und idealsten Zielen dienen werden.

Mißbrauch der Klassik

So wie eine revolutionäre Parole, mechanisch in vollkommen veränderten Verhältnissen angewendet, reaktionär wird, so kann auch Beethovens Musik etwa als Vorspiel zu einer Goebbels-Rede nur reaktionär, nur als Bekräftigung etwa des „Führerprinzips" oder Hitlers „Friedensliebe" von den Massen - wenn und so weit sie den Intentionen derer, die ihnen das vorsetzen, folgen - verstanden werden. Umsomehr besteht diese Gefahr, als die vorhandenen großen Qualitäten dieser Musik die bedingungslose, gläubige, kritiklose Hinnahme sehr weitgehend fördern. (Daran ändert das mangelnde Verständnis für das Wesen dieser Qualitäten nichts.) ...

In den Händen der Faschisten wird die Pflege der klassischen Musik zu einem die Massen passivierenden und verflachenden Mittel. „Massen" ist wohl auch im Zusammenhang mit klassischer Musik kaum übertrieben, wo durch die Mechanisierung der Musikverbreitung und die Propaganda des sogenannten Volksempfängers die Möglichkeit eines weitesten Hörerkreises gegeben ist. Eine Möglichkeit, die die Nazis genau kennen und deren Wichtigkeit sie richtig einschätzen. „Nichts ist mehr geeignet, den kleinen Nörgler zum Schweigen zu bringen als die ewige Sprache der großen Kunst", sprach Hitler auf dem „Parteitag der Freiheit" am 12.9.1935.

Hanns Eisler, Musik und Musikpolitik im faschistischen Deutschland (1935).

Wilhelm Furtwängler und Hitler bei der Begrüßung nach einem Konzert mit dem Berliner Philharmonischen Orchester am 3. Mai 1935 in der Philharmonie.

Amt Musik   Berlin, den 3.3.44
Dr.Gk./Ga.

An den
Leiter des Presseamtes
Pg. B i e d e r m a n n

im H a u s e .

Lieber Parteigenosse Biedermann!

Im Juli wird Richard Strauss 80 Jahre alt und es ist zu erwarten, dass auch die Partei-Presse grosse Artikel über ihn bringen wird. Reichsleiter Bormann hat kürzlich im Namen des Führers in einem vertraulichen Rundschreiben zum Ausdruck gebracht, dass alle führenden Parteigenossen die bisher persönliche Beziehungen zu Richard Strauss unterhalten haben, abzubrechen sind, weil Strauss sich schwer gegen die Forderungen der Volksgemeinschaft vergangen hat. Ich sprach kürzlich mit unserem Reichsleiter darüber, um zu erfahren, wie er über die Würdigung Richard Strauss in unseren Zeitschriften und im VB. denkt. Der Reichsleiter empfiehlt, dass wir lediglich registrierend von etwaigen Aufführungen Notiz nehmen und nach Möglichkeit keine grossen Artikel über Strauss erscheinen sollen.

Da ich nur ganz kurz in Berlin bin, möchte ich Sie bitten, den VB. entsprechend zu informieren.

H e i l   H i t l e r !

(Dr.Gerigk)

In den Jahren des Exils hatte sich *Thomas Mann* längst der Sicht seines Bruders Heinrich angenähert; er verstand sich nun nicht länger als *„unpolitisch“*. In seinem berühmten Brief vom Neujahr 1937 an den Dekan der Philosophischen Fakultät der Universität Bonn brachte er diese Sicht unverhüllt zum Ausdruck. *„Sinn und Zweck des nationalsozialistischen Staatssystems“*, so schrieb er in dieser treffenden Analyse, *„ist einzig der und kann nur dieser sein: das deutsche Volk unter unerbittlicher Ausschaltung, Niederhaltung, Austilgung jeder störenden Gegenregelung für den ‚kommenden Krieg‘ in Form zu bringen, ein grenzenlos willfähriges, von keinem kritischen Gedanken angekränkeltes, in blinde und fanatische Unwissenheit gebanntes Kriegsinstrument aus ihm zu machen.“*[7] Musik gehörte in diesen Zusammenhang der Kriegsvorbereitung. Den Glauben, daß es in diesem Funktionsrahmen noch eine unpolitische Kunst geben könne, betrachtete Mann nicht nur als blind und illusionär, sondern auch als gefährlich. *„Ein Kapellmeister, der, von Hitler entsandt, in Zürich, Paris oder Budapest Beethoven dirigierte, machte sich einer obszönen Lüge schuldig – unter dem Vorwande, er sei ein Musiker und mache Musik, das sei alles.“*[8]

Das Wort *Fanatismus* wurde von den Nationalsozialisten häufig und gern verwendet, es gehörte ins Zentrum der Sprache des Dritten Reiches, zur Lingua Tertii Imperii *(Victor Klemperer)*. Um jene fanatische Unwissenheit zu erzeugen, die die Nazis für ihre Kriegszwecke brauchten, verwendeten sie neben Fahnen, Symbolen und Massenritualen bevorzugt Musik. Sie ermöglichte viel eher als die Wortsprache unscharfes Denken in Analogien anstelle von logischen Schritten – falls im Konzertsaal das Denken nicht schon ganz durch Gefühle ersetzt war.[9] Nicht zuletzt die Musik Beethovens, Wagners und Bruckners, die bestimmt und unbestimmt zugleich ist – dezidiert in ihrer heroischen bzw. frommen Haltung, vage aber im Gehalt –, eignete sich vorzüglich für diese Aufgabe, sie ließ sich leicht im Sinn der Nazis verfälschen.

Die Musik Beethovens und Bruckners wurde offen mißbraucht, die Musik Bruckners sogar mit Billigung der Bruckner-Gesellschaft, deren Präsident die erste Bruckner-Medaille an Hitler verlieh. Wie aber konnten sich die antifaschistischen Musiker, solange sie nicht längst aus der Reichsmusikkammer ausgeschlossen waren und Berufsverbot bekommen hatten, gegen solche Vereinnahmung zur Wehr setzen? War Musik stets affirmativ oder gab es musikalische Mittel, die einen solchen Mißbrauch unmöglich machten, kritische Elemente, die sich dem Prozeß der Fanatisierung verweigerten oder sogar offen eine Widerstandshaltung zum Ausdruck brachten? Kurz: Gab es eine *antifaschistische Musik?* Nachdem die Nazis sozialistische Arbeiterlieder einfach umtextiert und übernommen, nachdem sie auch die Gemeinschafts- und Laien-Bestrebungen der musikalischen Jugendbewegung weitgehend aufgesogen hatten, wurden diese Fragen bei den Musikern unter den Hitler-Gegnern diskutiert.

Musik für das deutsche Gemüt

Nicht der intellektuelle Verstand hat bei unseren Musikern Pate zu stehen, sondern ein überquellendes musikalisches Gemüt.

A. Hitler 1938

Ewige Werte deutscher Musik

Wir haben nichts zu tun mit einer Musik, die ähnlich den Beispielen der entarteten bildenden Kunst verstandesmäßig konstruiert und nicht erlebt ist. Wir wollen auch nichts Neues um jeden Preis, sondern nur dort, wo wir erwarten können, daß wir dem Volke damit etwas Wertvolles schenken. Wenn wir so oft von den ewigen Werten deutscher Musik sprechen, so bringen wir damit zum Ausdruck, daß das zeitlose Schaffen eines Beethoven, Bach, Mozart uns immer erbaut, und daß sie das in ihren Werken gefunden haben, was der gesunde und echte deutsche Mensch immer verstehen und fühlen wird.

Obergebietsführer Karl Cerff bei der Eröffnung der Reichsmusiktage in Stuttgart am 11.11.1937

Eislers Gegenentwurf

Ein Komponist, in dessen Denken und Handeln diese Fragen eine zentrale Rolle spielten, war *Hanns Eisler*. Als Schönberg-Schüler, Kommunist und Jude war er in dreifacher Weise verfemt. Von einer Konzert-Reise nach Wien kehrte er deshalb Anfang 1933 nicht wieder nach Berlin zurück. Obwohl Aufführungen seiner Werke nur noch im Ausland möglich waren, versuchte Eisler, ihre Unvereinbarkeit mit der faschistischen Weltanschauung auch in ihrer musikalischen Struktur erkennbar zu machen. Tatsächlich ist außer der Übernahme seines Kampflieds „Roter Wedding“ als „Brauner Wedding“ kein weiterer Mißbrauch seiner Musik durch die Nazis bekannt geworden.

Eisler, der sich schon seit den zwanziger Jahren theoretisch und praktisch mit der sozialen Funktion von Musik auseinandersetzte, durchschaute die Musik-Manipulationen der Nazis so klar wie nur wenige seiner Komponistenkollegen. Er beobachtete den Proteus-Charakter der klassischen Musik, er sah, daß die Deutschen in Konzertveranstaltungen zu der schicksalsgläubigen Haltung erzogen wurden, die *Hitler* auch im Staat von ihnen verlangte. Er nahm aber auch wahr, daß eine bestimmte Art von Musik von den Nazis als *„kulturbolschewistisch“* oder *„entartet“* abgelehnt wurde. Wie der NS-Staat zuerst die politischen Gegner der Linken und dann die Juden bekämpfte und vernichtete, so schürte er auch in der Musikpublizistik zuerst den Bolschewismus-Verdacht. Als der antifaschistische Widerstand nach der Zerschlagung der Arbeiterorganisationen kaum noch eine nennenswerte Gefahr darstellte, konnte man sich in den Ausstellungen *Entartete Kunst* (München 1937) und *Entartete Musik* (Düsseldorf 1938) ganz auf die Rassenfrage konzentrieren.

Der Vorwurf des Kulturbolschewismus wie dann auch der Entartung war meist mit dem Vorwurf der „Zersetzung“ verbunden; er richtete sich gegen engagierte Komponisten wie *Eisler* und *Weill*, aber auch gegen des Kommunismus ganz unverdächtige Komponisten wie *Schönberg*, *Berg* und *Reutter* und betraf ebenso die Texte und Formen wie den Gebrauch von Dissonanzen. Offenbar lösten Dissonanzen beim Hörer ein kritisches Unbehagen aus, das dem Streben der Nazis nach Harmonie und Volksgemeinschaft entgegengesetzt war. Nicht ganz zu Unrecht galt dissonante Musik als individualistisch, weil sie sich dem *„natürlichen“* Einschwingen in ein Klangspektrum widersetzt. Zu Unrecht galt atonale Musik zudem als intellektuelle Gehirnakrobatik, als bloß konstruiert und nicht gefühlt.

Hanns Eisler, Berlin vor 1933

> Wer sich auf das Gefühl, das inwendige Orakel beruft, ist gegen den, der nicht übereinstimmt, fertig; er muß erklären, daß er dem weiter nichts zu sagen habe, der nicht dasselbe in sich finde und fühle – mit anderen Worten: er tritt die Wurzel der Humanität mit Füßen.
>
> *Friedrich Hegel*

Eisler sah einen engen Zusammenhang zwischen politischem und künstlerischem Fortschritt. So wie er einerseits die national-konservative Musikpraxis der Nazis als Pendant der spätkapitalistischen Staatsform des Faschismus einschätzte, forderte er andererseits von den sozialistischen und antifaschistischen Künstlern die Verwendung fortgeschrittener künstlerischer Techniken. Avantgarde und Volksfront, so formulierte er es 1937 in einem Aufsatz mit Ernst Bloch, sollten zusammengehen, sie brauchten einander. Die Volksfront gebe den einzelnen Künstlern eine gemeinsame Basis, sie beuge der Gefahr der Eigenbrötelei, der subjektivistischen Isolation vor, während andererseits die Volksfront ohne die modernen Künstler nur eine kraftlose Bewegung bleiben müsse. Trotz skeptischer Einwände von Bloch meinte Eisler in diesem Dialog: *„Die Künstler brauchen also die Volksfront, damit sie sich an die großen gesellschaftlichen Bewegungen unserer Zeit anschließen und damit sie nicht ins Leere hinein produzieren. Die Volksfront hingegen braucht die fortschrittlichen Künstler, weil es nicht genügt, die Wahrheit zu besitzen, sondern weil es nötig ist, ihr den zeitgemäßesten, präzisesten, farbigsten Ausdruck zu verleihen.“*[13] Um die politischen wie die künstlerischen Gegner Hitlers zusammenzubringen, schlug Eisler parallel zur Pariser Weltausstellung 1937 einen internationalen Kongreß vor, bei dem Delegierte der internationalen Arbeitermusikbewegung mit Vertretern der Komponistenverbände zusammentreffen sollten.[14]

Die Nazis nämlich erklärten die Musik zur Domäne des Gefühls. Um den reflektierenden Verstand beim Musikhören zurückzudrängen, um Musik ganz als Ausdruck eines *„Natürlichen“, „Ewigen“* und eines *kollektiv Volkhaften* wahrnehmen zu lassen, hatten sie 1936 die Kunstkritik verboten – das Resultat zeigte sich in dem zitierten Bericht aus der *Zeitschrift für Musik*.

Eisler wehrte sich vehement gegen solche Ausschaltung des Verstandes beim Musikpublikum. Als Äquivalent zur kritischen Einstellung in der Politik forderte er eine kritisch-historische Haltung auch gegenüber der Musik. Er beharrte auf der Geschichtlichkeit der Kunst und mochte auf den Begriff des Fortschritts keineswegs verzichten, wobei er den Fortschritt unter anderem am Stand des musikalischen Materials festmachte.[10] Nicht zuletzt deshalb verteidigte er gegenüber seinen politischen Freunden immer wieder seinen Lehrer Schönberg. Er vertrat diese Haltung sowohl gegenüber der amerikanischen Arbeitermusikbewegung[11] als auch gegenüber der Sowjetunion. In einem Artikel für die Moskauer *Prawda* schrieb er 1935: *„Bei aller Hochachtung und Freundschaft den Sowjetkomponisten gegenüber und bei aller Anerkennung ihrer großen Talente und Begabungen muß doch festgestellt werden, daß sie gegenüber dem Aufschwung und der Entwicklung auf anderen Gebieten der Sowjetunion zurückgeblieben sind.“*[12]

Ernst Bloch

Eislers „Kantaten" in Prag

2. V. 7.　　26. XII 2/7

Aus Prag erhalten wir den nachstehenden Bericht von Ernst Bloch, der ein neuer Beitrag dafür ist, wie jenseits der Reichsgrenzen die freie deutsche Kultur nicht nur auf literarischem, sondern auch auf musikalischem Gebiet die schönsten Werke hervorbringt und unser Gepäck zur Heimkehr immer mehr bereichert.

Kein Zweifel, die neue Musik befindet sich heute in einer schwierigen Lage. Der Song ist abgelaufen, seine künstlerische Vereinfachung ist schal geworden. Die grosse Experimentierkunst dagegen, die ganz und gar nicht einfache, kommt über ihren Studio- und Ateliercharakter wenig hinaus. Ein Meister wie Schönberg, der grösste heute lebende Musiker, schafft nicht nur einsam, sondern abstrakt, d. h. ohne Beziehung zu den lebendigen Kräften der Zeit.

Das Problem ist: eine Musik zu schreiben, die künstlerisch durchaus progressiv ist und eben deshalb den politisch fortgeschrittensten Bewusstsein ,ohne überflüssige Schwierigkeit des Verständnisses, nahe steht. Unser Freund Hanns Eisler hat dieses Problem einen grossen Schritt der Lösung nähergebracht. In einem Prager Konzert ,das vor kurzem stattfand und Produktionen der musikalischen Avantgarde gewidmet war, kamen einige Eisler'sche «Kantaten» zur Uraufführung. Eine junge unverbildete Sängerin hat sie ganz ohne Sopranbrunst vorgetragen: der edle alte Klang von Violinen und Holzbläsern hat die Stimme begleitet, die Kantaten durchgesungen und ausgesungen. Sauberstes Handwerk verbindet sich in diesen Gebilden mit Kühnheit und Invention, präziseste Klarheit mit menschlichem Gefühl, modernste Zwölftontechnik aus Schönbergs Schule mit Verständlichkeit und politisch-konkreter Wirkung. Der Beifall war echt und lebhaft, obwohl nicht die geringste Konzession an bequeme Hörgewohnheiten vorlag: die Zwölftontechnik begann, in dieser ihrer Verwendung, nicht mehr esoterisch zu sein.

Es ist bereits, wenn sich so sagen lässt, ein optisches Vergnügen, Eislersche Partituren durchzusehen. Sie sind hell, kristallklar; Nichtbeschäftigten ist der Zutritt zum Bauplatz verboten; der musikalische Gedanke ist luftig und dennoch ohne die mindeste Undichte auskomponiert. Auch Eisler hatte der Simplizität, in seinen Songs, einen Tribut gezahlt; sie waren wirksam und haben das Ihre gut getan, doch die Schlagkraft wäre, wenn man sie so fortgesetzt hätte, leicht eintönig geworden, und die Entschlossenheit schematisch. Desto wichtiger und desto gegenwärtiger ist die Kunst, womit es Eisler gelungen ist, in ein neues Melos vorzustossen, in eine anders bewegte und bewegende Kraft des Einfalls, in einen immer reicheren kontrapunktischen Raum, den Einfall auszubreiten und auszubauen. Ueberflüssiges wird nach wie vor liquidiert, aber das beste, was die neuen Kunstmittel geschaffen haben, wird zu sinnfälligem und, wie sich gezeigt hat, weithin einleuchtendem Gebrauch verwendet. Der sozialistische Text der Kantaten wird dadurch nicht nur «illustriert», sondern er geht durch Musik in Breite und Tiefe auf. Er wird nicht unter Tonblumen vergraben und unverständlich gemacht, noch weniger wird er wohlig entspannt; konträr: die Sache selbst markiert sich und stellt sich dar. So geht sie dem Hörer ins Blut und, wie es sich bei aller guten Musik gehört, in den Kopf zugleich; sie steigert sein Bewusstsein. Dass die Musik, welche so ergreift, fast im selben Akt politisch und künstlerisch revolutionär sein kann, ja sein muss, das hat Eisler gezeigt. Seine Kunst ist kühn, ohne esoterisch zu sein, und sie unterliegt nicht, wie die unvergessliche Dreigroschenopermusik, der Gefahr, von einem Publikum bejubelt zu werden, für das sie nicht gebaut ist.

Ernst BLOCH

Erziehung zu kritischem Hören

Es gibt zwei Arten, sich den großen Kunstwerken der Vergangenheit gegenüber zu verhalten. Die eine ist Anbetung, Verehrung, Gläubigkeit, grenzenloses Genießen, Ausschalten des Verstandes. Die andere könnte man als eine kritisch-historische bezeichnen. Sie schaltet den Verstand bei der Betrachtung eines großen Kunstwerkes nicht aus, sondern benützt ihn, um die Zeit und den Zweck, für welche es geschrieben wurde, zu analysieren, sie trennt bei der Kritik das Handwerkliche vom Inhaltlichen, sie stellt fest, daß es auch in der Kunst eine Vergänglichkeit gibt und auch große Kunstwerke bei geänderten gesellschaftlichen Bedingungen in ihrem Wert vermindert werden können. Die eine Haltung produziert ergriffene, verzückte und berauschte Zuhörer, die andere Haltung kritische. (Kritisches Verhalten schließt Genuß nicht aus.) Die eine Haltung ist dem Faschismus nützlich, denn auch in der Politik verlangt er dasselbe: Anbetung, Verehrung, Gläubigkeit, Ausschalten des Verstandes und der Kritik. Die andere Haltung, die historisch-kritische, nützt dem revolutionären Kampf. Denn auch in der Politik verlangen die Revolutionäre Verstand, kritisches Verhalten und Analyse eines Zustandes.

Hanns Eisler, Einiges über das Verhalten der Arbeitersänger und -musiker in Deutschland. (1935 f. eine geplante Broschüre)

◀ Rezension von Ernst Bloch über die Uraufführung von Kammerkantaten Hanns Eislers durch Mitglieder der Tschechischen Philharmonie unter Karel Ančerl.
Aus: Deutsche Volkszeitung, Prag, 26. 12. 1937

Kritische moderne Musik

Es ist klar, daß moderne Musik, die kapitalistische Zustände in all ihrer Häßlichkeit und Verworrenheit widerspiegelt, für die Zwecke des Volksbetrugs weniger geeignet ist, denn sie sagt viel über Fäulnis und Zersetzung unserer Zeit aus. Verwendbarer ist eine Musik, die sich in ausgetretenen Bahnen bewegt, die „gute alte Zeit" widerspiegelt, an nationale Eigentümlichkeiten anknüpft und dem Zuhörer eine nicht mehr existierende Gemütlichkeit, Biederkeit und Harmonie vorschwindelt.

Hanns Eisler: Einiges über das Verhalten der Arbeitersänger und -musiker in Deutschland (1935).

Plädoyer für den Fortschritt

Zwar ist die Musik, weil sie keinen begrifflichen Stoff hat, von allen Künsten die der Politik entfernteste. Die tausend Fäden, die sie mit der Struktur der Gesellschaft und der herrschenden Klassenpolitik verbinden, sind am schwersten aufzudecken, umgekehrt, am leichtesten zu verbergen. Trotzdem ist es ganz offenbar, daß es in der Musik wie in allen anderen Künsten Richtungen gibt, die mit der heute in Deutschland herrschenden politischen Reaktion unvereinbar sind. Es sind jene Richtungen, deren Hauptmerkmal eine fortgeschrittene Entwicklung des musikalisch-handwerklichen Materials ist.

Hanns Eisler, Musik und Musikpolitik im faschistischen Deutschland (1935).

Eisler mußte in zwei Richtungen argumentieren. Während er den Arbeitersängern empfahl, sich für den einst als Kleinbürger belächelten, nun aber von den Nazis verfolgten Hindemith einzusetzen,[15] plädierte er in der IGNM und anderen internationalen Musikverbänden für eine Orientierung an den Problemen der Zeit und den Interessen der Hörer. „Eine neue Technik, die verbindlichen Charakter für die Allgemeinheit hat, kann nur gefunden werden durch die Konfrontierung dieser Fortschritte mit den wahren, realen menschlichen Verhältnissen."[16] Um die chaotische Isolation der Komponisten zu durchbrechen, versuchte er möglichst viele seiner Komponistenkollegen zur Übernahme der Zwölftontechnik zu bewegen. Gleichzeitig unternahm er alle Anstrengungen, um die Verwendbarkeit der Zwölftontechnik auch in populären Formen und Gattungen zu demonstrieren. Um etwa zwölftönige Kinderlieder schreiben zu können, durfte er sich nicht auf den esoterischen Charakter der Musik Schönbergs beschränken. Mit Kompositionen wie den Chorvariationen *„Gegen den Krieg"*, der *„Deutschen Sinfonie"* *oder seinen Kammerkantaten setzte Eisler dem Pathos, das die Nazis erwarteten, Leichtigkeit und durchsichtige Klarheit entgegen.

Der Philosoph *Ernst Bloch* verfolgte diese Bemühungen Eislers mit großem Interesse. In einer Rezension der in Prag uraufgeführten Kammerkantaten schrieb er: *„Das Problem ist: eine Musik zu schreiben, die künstlerisch durchaus progressiv ist und eben deshalb dem politisch fortgeschrittensten Bewußtsein, ohne überflüssige Schwierigkeit des Verständnisses, nahe steht."*[17] In seinen Kammerkantaten habe Eisler diese Aufgabe gelöst, er sei sowohl der Gefahr der politisch wirkungslosen Esoterik wie auch der banalen Simplizität entgangen: *„Saubersten Handwerk verbindet sich in diesen Gebilden mit Kühnheit und Invention, präziseste Klarheit mit menschlichem Gefühl, modernste Zwölftontechnik aus Schönbergs Schule mit Verständlichkeit und politisch-konkreter Wirkung."* Während die Nazis der modernen Musik vorwarfen, bloße Gehirnakrobatik zu sein, wies Bloch auf die Einheit von Verstand und Gefühl hin: *„Die Sache selbst markiert sich und stellt sich dar. So geht sie dem Hörer ins Blut und, wie es sich bei aller guten Musik gehört, in den Kopf zugleich; sie steigert sein Bewußtsein. Daß die Musik, welche so ergreift, fast im selben Akt politisch und künstlerisch revolutionär sein kann, ja sein muß, das hat Eisler gezeigt."* Seine kritisch-dissonante Musik, von den Nazis als „entartet" angeprangert[18], stellte sich der eigentlichen Entartung der Musik, nämlich ihrem Mißbrauch im NS-Staat, entgegen.

* Text vgl. S. 177

Anmerkungen:

1) Paul Ehlers, Das Regensburger Bruckner-Erlebnis. In: Zeitschrift für Musik. 1937/Heft 7, S. 747.

2) Vgl. Joseph Wulf, Musik im Dritten Reich. Eine Dokumentation. Gütersloh 1963, S. 172f.

3) Im „Hakenkreuzbanner", Mannheim, vom 7.6.1937 war berichtet worden, die Regensburger Bruckner-Büste sei von einer Hakenkreuzfahne umkleidet gewesen (Vgl. Wulf S. 146). Das Nazi-Blatt hatte damit seine eigenen Erwartungen ausgesprochen, während Goebbels als Schmuck einen Reichsadler gewählt hatte, um gegenüber den „unpolitischen" Walhalla-Gästen den Mißbrauch Bruckners nicht zu offensichtlich werden zu lassen.

4) Zitiert nach Ehlers S. 747.

5) Wulf S. 230. Vgl. Prieberg, Musik im NS-Staat S. 20.

6) Thomas Mann, Betrachtungen eines Unpolitischen. In: Politische Reden und Schriften, 1. Band, Frankfurt/Main 1968, S. 22.

7) Zitiert nach Altmann u.a., Widerstand, S. 130.

8) Thomas Mann, Warum ich nicht nach Deutschland zurückgehe. Offener Brief an Walter von Molo. Erstmals in Aufbau, New York, Bd. 11 Nr. 39, 28. Sept. 1945.

9) Aus ähnlichen Gründen spielt heute die Musik in der ganz auf Analogie-Schlüssen beruhenden „New Age"-Philosophie eine so zentrale Rolle. Vgl. A. Dümling, Ohren und sonst nichts. Zum Buch „Das dritte Ohr" von Joachim-Ernst Berendt. In: Evangelische Kommentare, Stuttgart, 19. Jgg. Nr. 6, Juni 1986, S. 352f.

10) Vgl. Eisler, Einiges über den Fortschritt in der Musik (1937). In: Musik und Politik, Schriften 1924-1948, hg. v. G. Mayer, S. 391ff.

11) A.a.O. S. 272.

12) A.a.O. S. 311.

13) Hanns Eisler u. Ernst Bloch, Avantgarde-Kunst und Volksfront. In: Die neue Weltbühne (Prag-Zürich-Paris), XXXIII. Jg., Nr. 30, S. 1568-1574, 9. Dez. 1937. Abgedruckt in Musik und Politik S. 397ff.

14) Vgl. Eisler, Musik und Politik S. 331f. In dieser Form kam das Treffen nicht zustande. René Leibowitz konnte jedoch im Rahmen einer „Front musique populaire" eine kleinere Veranstaltung durchführen. Vgl. Dümling, Laßt euch nicht verführen, Brecht und die Musik. München 1985, S. 437.

15) Eisler a.a.O., S. 259.

16) Eisler, Einiges über die Lage des modernen Komponisten. Anläßlich des 13. Festivals der IGNM. In: Musik und Politik S. 325.

17) Ernst Bloch, Eislers „Kantaten" in Prag. In: Deutsche Volkszeitung, Prag, 26.12.1937. Faksimile-Abdruck in Manfred Grabs (Hrsg.), Wer war Eisler. Berlin-W. 1983, S. 102.

18) In der Düsseldorfer Ausstellung „Entartete Musik" wurde auch Eislers „Solidaritätslied" gezeigt.

Wiener und Wienerinnen!

Die Zersetzung und Vergiftung unserer bodenständigen Bevölkerung durch das östliche Gesindel nimmt einen gefahrdrohenden Umfang an. Nicht genug, daß unser Volk durch die Geldentwertung einer durchgreifenden Ausplünderung zugeführt wurde, sollen nun auch alle sittlich-kulturellen Grundfesten unseres Volkstumes zerstört werden.

Unsere Staatsoper,

die erste Kunst- und Bildungsstätte der Welt, der Stolz aller Wiener,

ist einer frechen jüdisch-negerischen Besudelung zum Opfer gefallen.

Das Schandwerk eines tschechischen Halbjuden

„Jonny spielt auf!"

in welchem Volk und Heimat, Sitte, Moral und Kultur brutal zertreten werden soll, wurde der Staatsoper aufgezwungen. Eine volksfremde Meute von Geschäftsjuden und Freimaurern setzt alles daran, unsere Staatsoper zu einer Bedürfnisanstalt ihrer jüdisch-negerischen Perversitäten herabzuwürdigen. **Der Kunst-Bolschewismus erhebt frech** sein Haupt. Die Schamröte muß jedem anständigen Wiener ins Gesicht steigen, wenn er hört, welch ungeheuerliche Schmach und Demütigung der berühmten Musikstadt Wien durch volksfremdes Gesindel angetan wurde.

Da die christlich-großdeutsche Regierung diesem schamlosen Treiben untätig zusieht und von keiner Seite eine Abwehr versucht wird, so rufen wir alle Wiener zu einer

Riesen-
Protest-Kundgebung

auf, in welcher über die Wahrheit der jüdischen Verseuchung unseres Kunstlebens und über die der Staatsoper angetane Schmach gesprochen werden wird.

Christliche Wiener und Wienerinnen, Künstler, Musiker, Sänger und Antisemiten erscheint in Massen und protestiert mit uns gegen diese unerhörten Schandzustände in Oesterreich.

Ort: Lembachers Saal, Wien, III., Landstraße Hauptstraße.

Zeitpunkt: Freitag, den 13. Jänner 1928, 8 Uhr abends.

Kostenbeitrag: 20 Groschen. / Juden haben keinen Zutritt!

Nationalsozialistische deutsche Arbeiterpartei
Großdeutschlands.

Herausgeber und Verleger: N. S. D. A. P. (Hitlerbewegung). — Für den Inhalt verantwortlich: [illegible], Wien, [illegible] — Druck: [illegible], Wien, XV. [illegible]

Aus den Goebbels-Tagebüchern:

Bruckner-Rezeption im NS-Staat. Mit einer Anmerkung von Albrecht Dümling

TEMPELWEIHE UND -SÄUBERUNG

Bruckner – Bismarck – Hitler

3. Juni 1937

Zu Hause Rede für Brucknerfeier diktiert. Ich glaube, sie ist gut geworden.

7. Juni 1937

Im Zug nach Regensburg. Führer fängt nochmal von der Jury an. Will lieber die Münchener Ausstellung noch ein Jahr herausschieben, als so einen Mist ausstellen. Er wird es heute Frau Troost und Prof. Ziegler Bescheid sagen. Recht hat er damit. Er ist ganz wütend. Meine demnächstigen Reden entworfen.

Regensburg: Siebert stänkert etwas gegen mich herum. Aber ich sage ihm Bescheid. Der Führer lacht sich aus. Die Feier ist sehr gut und würdevoll. Siebert spricht und ich. Die Walhalla macht noch heute einen imposanten Eindruck. Ergreifend, all die großen deutschen Namen zu lesen. Dieser Ludwig war doch ein Kerl. Einmal wird auch der Führer hier aufgestellt. Wohl Bismarck gegenüber. Die Domspatzen singen wundervoll. Bruckner war einer unserer ganz Großen. Wir wollen ihn nun mehr pflegen.

Rückfahrt durch Regensburg. Durch ein jubelndes Menschenspalier. In dieser schwarzen Stadt. Sie werden den kürzeren ziehen, diese Klerikalen.

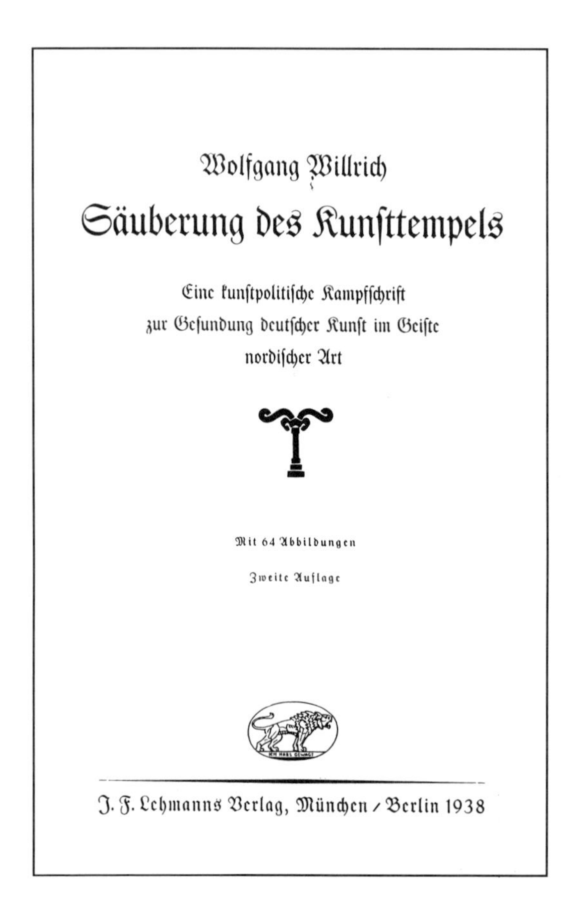

Wolfgang Willrich

Säuberung des Kunsttempels

Eine kunstpolitische Kampfschrift
zur Gesundung deutscher Kunst im Geiste
nordischer Art

Mit 64 Abbildungen

Zweite Auflage

J. F. Lehmanns Verlag, München / Berlin 1938

Anton Bruckner

VORTRAG
gehalten von

Wilhelm Furtwängler

anläßlich des

„Ersten Großdeutschen Brucknerfestes

WIEN, JULI 1939

MIT GENEHMIGUNG DER BRUCKNER-GESELLSCHAFT

11. Juni 1937

Lektüre: Willrich „Säuberung des Kunsttempels". Die ist auch nötig und ich werde sie vornehmen.

19. Juni 1937

Unterredung Prof. Raabe: er überreicht mir Brucknermedaille.

30. Juni 1937

Österreich getarnte Propaganda geht rüstig weiter. Ebenso Entjudung R.K.K. Aber noch viel zu tuen. (...) Verfallskunst-Ausstellung genehmigt. Wahrscheinlich München.

23. Jan. 1938

Zur Architektur-Ausstellung. Sehr festlich. Zuerst redet Finckh. Dann ich, glaube ich, sehr wirksam. Dann wieder einmal wunderbar der Führer. Dazu Brucknermusik.

Die Welt erobern

13. März 1941

Linz muß sich gegen die zunehmende Industrialisierung ein kulturelles Gegengewicht schaffen. Ein Lieblingsplan des Führers, der doch sehr an seiner Heimatstadt hängt. Göringwerke: großartige Anlage. Dazu ein umfassender Wohnungsbau, den Eigruber mit Energie betreibt. (...)

Nach Leonding. Am Grabe der Eltern des Führers einen Kranz niedergelegt. Erschauern! Im Jugendhaus des Führers. (...)

Fahrt nach St. Florian. Zum Stift, wo Bruckner wirkte. Welch ein wunderbarer Barockbau. Wir wollen hier die Pfaffen vertreiben, eine Hochschule für Musik und die Brucknergesellschaft hinlegen. Ein großartiger Plan. (...) Bruckners Orgel. Sein letzter Schüler spielt darauf. Eine Stunde der Sammlung. Ich stehe dann unten in der Gruft an seinem Sarge, der gerade unter der Orgel, auf der er so lange Jahre spielte, seinen Platz hat. Ein Bauernbursche, der die Welt mit seiner Musik erobert. (...)

Im Zimmer des Führers stehe ich dann mit ihm auf dem Balkon, und wir schauen auf seine Heimatstadt herab. Er liebt diese Stadt sehr, und das ist auch verständlich. Er will hier ein neues Kulturzentrum errichten. Schon als Gegenpol zu Wien, das allmählich etwas umgeschaltet werden muß.

*

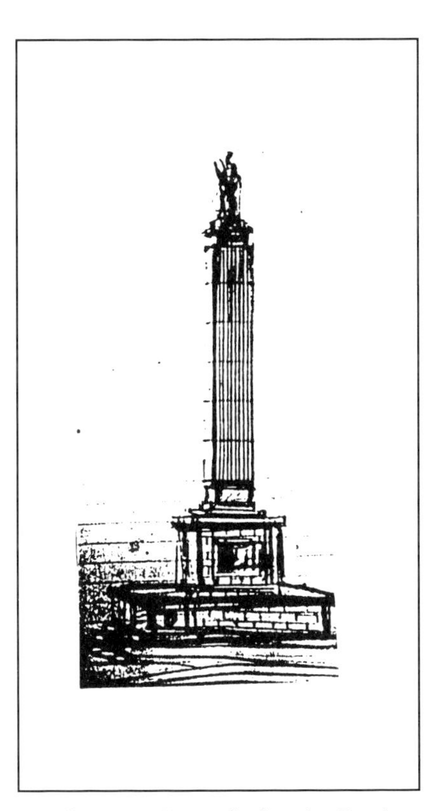

Adolf Hitler, Entwürfe für ein Bruckner-Denkmal in Linz, November 1942

Die Tagebuchnotizen des Propagandaministers entlarven mit bemerkenswerter Deutlichkeit, wie hauchdünn bei den NS-Führern die weihevolle Schicht war, hinter der Konkurrenzdruck und Neid lauerten – Mißtrauen gegen die Münchner Jury, gegen den bayrischen Ministerpräsidenten Siebert, Haß gegen die Juden und gegen die katholische Kirche. Der Hinweis auf die Büsten Bismarcks und die künftige Hitlers verrät die Traditionslinie, in der Bruckner für Goebbels stand. Nicht die Musik stand hier zu Debatte, sondern der kometenhafte Aufstieg des einfachen Bauernburschen zum angeblichen Weltbeherrscher. (Über die Probleme der internationalen Bruckner-Rezeption sah Goebbels dabei großzügig hinweg.)

Der Anblick der Walhalla bestärkte in dem rheinischen Kultur-Strategen noch einmal die Tempelidee: die Idee der Reinheit, die direkt in seinen Kampf gegen Unreines einmündete. So mag das Walhalla-Erlebnis nicht unwesentlich seine kurz darauf gefällte Entscheidung, eine Ausstellung *Entartete Kunst* durchzuführen, gefördert haben.

Die Aufstellung der Bruckner-Büste war ein symbolischer Akt. Er verwies auf die Aufgabe, die die Nazis aller „deutscher Kunst" zuwiesen: Feindliches gleichsam zu bannen, zu verdrängen und schließlich auszuschalten (germanische Kunst die jüdische und katholische, Linzer Kultur die in Wien usw.). Die Brucknersche Musik spielte hierbei ab 1933 eine besondere Rolle, da sie die verbotene Symphonik des Juden Gustav Mahler „ersetzen" und schließlich vergessen machen sollte. Symbolisch war dieser Akt aber auch in Bezug auf den lange geplanten Anschluß Österreichs. Er repräsentierte damit selbst – wie andere Maßnahmen des Ministeriums – ein Stück getarnter Propaganda.

Wolfgang Fritz Haug, Professor für Philosophie an der Freien Universität Berlin, widmet sich der Entstehung und Funktion ästhetischer Selektionsmuster im Faschismus.

ENTARTUNG UND SCHÖNHEIT

> *„Die Abgehobenheit, in der die Kulturgeschichte ihre Inhalte präsentiert, ist für den historischen Materialisten eine scheinhafte ...: Was er an Kultur und an Wissenschaft überblickt, ist samt und sonders von einer Abkunft, die er nicht ohne Grauen betrachten kann. ... Es ist niemals ein Dokument der Kultur, ohne zugleich ein solches der Barbarei zu sein."*
>
> Walter Benjamin

Sozialdarwinismus + Syphilisparadigma = Rassenhygiene

Es ist bedenkenswert, daß mit dem „Fit-Sein" eine Kategorie unerkannt unsern Alltag durchzieht, die von Darwin in seiner Idee vom *survival of the fittest* seltsam aufgeladen und vom Sozialdarwinismus in eine Art von Biologie des Bürgerlichen umgesetzt worden war. Fitneß bedeutete Sieg im Kampf ums Dasein. In solchen Vorstellungen spiegelte sich die bürgerliche Gesellschaft mit ihrem Konkurrenzkampf ums ökonomische Überleben in der Natur, um anschließend das verrückte Spiegelbild wieder rückzuübertragen in die Geschichte, so die kapitalistischen Konkurrenzkämpfe „als ewige Gesetze der menschlichen Gesellschaft" naturalisierend.[1] Bürgerliche Darwinisten wie Haeckel und O. Schmidt stützten sich auf Darwins Lehre zum Beweis der „notwendigen und allgemeinen Ungleichheit der Individuen", weil „das Prinzip der natürlichen Auslese aristokratisch ist."[2] Sozialdarwinismus wird dann die entscheidende ideologische Grundschiene, auf der nacheinander unterschiedliche ideologische Züge fahren. Im nazistischen Extrem aber werden die Züge auf dieser Schiene nach Hadamar und Auschwitz fahren.

Die großen Ideologien wie der Sozialdarwinismus, die den Resonanzboden für den Nazismus bereitgestellt haben, waren Gemeingut der bürgerlichen Gesellschaften Europas und, mit gewissen Modifikationen, der USA, schon lange vor der Umsetzung solcher Ideologien in Politiken der Subjektmobilisierung und des Massenmords an den nicht Mobilisierbaren und den zum großen Gegensubjekt mystifizierten Juden. Dies gilt für die Lehre von der „Selektion der Besten" im „Kampf ums Dasein", die sich schnell verwob mit der Lehre von der „angeborenen Konstitution" und mit Morels Lehre von der „Degeneration". Eine gewisse Besonderheit der deutschen Ideologieentwicklung ergibt sich allenfalls aus der zufälligen Wortverwandtschaft der Ausdrücke für *species* und *Degeneration:* „Art" und „Entartung" schossen heftiger zusammen als die entsprechenden Ausdrücke im Englischen und im Französischen. Das bloße Wörterbuch sorgte sozusagen schon für Evidenz. Die obsessiven Phantasmen aber, die sich zunächst ausbildeten, waren Gemeingut der europäischen Bourgeoisien bzw. erlangten im innerbürgerlichen ideologischen Ringen in allen europäischen Bourgeoisien ein Übergewicht. Das in England ausgebildete neomalthusianische Phantasma von einer genetisch minderwertigen *Übervölkerung,* dessen sozio-ökonomische Grundlage Marx im *Kapital*[3] analysiert hat und in das zum Teil eine diffuse Angst vor Aufständen von der Art der Pariser Commune einfloß, verbreitete sich in Windeseile durch Europa.

Der phantasmatische Charakter wird schon daran erkennbar, daß nur wenig später, nach der Niederlage der Commune und dem Massenmord an den gefangenen Communarden, in denselben Salons und mit derselben Besorgtheit das Gegenteil beredet werden konnte. Die These von der *Entvölkerung* sprang, von Frankreich ausgehend, im Zeichen menschenverbrauchender Kolonialunternehmen im Nu auf das Deutsche Reich über. Über- oder Entvölkerung – beide Male wandte sich das bürgerliche Bewußtsein dem „Volkskörper" zu, nahm ihn als Herrschaftsressource, als Kriegs- und Konkurrenzmittel ins Visier. *Erbgesundheitspflege* („Eugenik") wurde zu einem der großen Konzepte der Bourgeoisie um die Jahrhundertwende, mit Schwerpunkten in den USA und in England, wo einer der bis dahin größten Wissenschaftlerkongresse zu diesem Thema zusammenkam. Inferiore/superiore Erbmasse beschäftigte die Gemüter, und die Klassengesellschaft bildete sich als biotische Meritokratie ab, als Herrschaft des Erbguts erster Klasse über die zweit- und drittklassigen Gene. Die Inferioren wurden zur „minderwertigen Rasse", die von der Fortpflanzung möglichst auszuschalten war. Die Insassen der Gefängnisse und der Irrenanstalten waren die Ersten, die zwangssterilisiert werden sollten, vor allem und schon früh in den USA. Eine deutsche Besonderheit der Entwicklung bis zu diesem Punkt war allenfalls dadurch gegeben, daß „Volk", nach der Niederlage der 1848er Revolution und im Zuge der Transformation großer Teile der Geschlagenen nach rechts in „Völkische", ganz anders aufgeladen wurde als in den Nachbarländern oder in den USA. Die Revolutionslosigkeit der Deutschen führte zur Umlenkung der enttäuschten Energien nach rechts. Endlich wurde das einschlägige Gedankenmaterial durch Nietzsche in die schärfste kulturkritische Reflexion der Zeit eingearbeitet und so mit philosophischer Dignität und dem Hauch elitären Avantgarde-Geistes versehen. Heidegger wird nach dem zweiten Weltkrieg das „Dasein", um das in diesen Diskursen gekämpft wurde, in den Rang der philosophischen Zentralkategorie heben. Umgearbeitet in Philosophie nehmen später die ursprünglichen Geberländer die betreffenden Ideologeme wieder zurück, auch noch dann, als sie durch Wissenschaft, Erfahrung und Geschichte blamiert sind und in nazistischer Form ihre Unterdrückungs- und Vernichtungspotentiale gezeigt haben.

Zurück zur Jahrhundertwende! Eine weitere Obsession – zunächst mit realerem Kern – bildete sich am Problem der Geschlechtskrankheiten. Genauer gesagt: in der Syphilis-Furcht und ihren gesellschaftlichen Verarbeitungsformen fasste sich diese Problematik zusammen. Das Ablaufmuster der Syphilis verknüpfte eine Reihe von Stationen, die aus unterschiedlichen Gründen besonders aufgeladen waren: Vom Keim der Ansteckung bei Prostituierten bis zur Geisteskrankheit, dazu die Gefahr der Weitergabe an die nächste Generation in Gestalt der infiziert zur Welt kommenden Kinder – dieses Muster prädestinierte die Syphilis zum Paradigma. Das relativ neue Wissen von den Mikroben, die alte Sünde der Wollust, das Tabu über die Prostitution, die pseudoerbliche Weitergabe der Sündenfolge an die Nachkommen, das Objekt der Psychiatrie – nimmt man hinzu, daß diese Verknüpfung ungleichzeitiger gesellschaftlicher Tradition und Wissensarten auf dem Boden der phantasmatischen Aufmerksamkeit für den „Volkskörper" zustandekam, bekommt man ein Verständnis für die Dynamik dieser Formation. Medizinisch-hygienisches Denken und Sexualmoral verschmolzen miteinander in der Frage der Volksgesundheit. Die um die Jahrhundertwende in Brüssel gegründete Internationale Assoziation zur Bekämpfung der Geschlechtskrankheiten, die sich blitzartig in den „zivilisierten" Ländern ausbreitete, entfaltete eine Propaganda von ungeheurer Durchschlagskraft. Das viktorianische öffentliche Schweigen von der Sexualität hatte ein Vakuum geschaffen, das nun mit einem Mal ausgefüllt war von der öffentlichen Rede über Sexualität und Körper im Hinblick auf die Syphilis. Das Syphilisparadigma erwies sich vollends als Syphilisphantasma, als die Syphilis medizinisch kontrollierbar geworden war, ohne daß die um ihre Bekämpfung herumgebaute sozialmoralische Formation an Virulenz verloren hätte.

Eine der Bedingungen für dieses Fortwirken war der Wille zur Kontrolle des Volksköpers, der Wille der Herrschenden zur Macht im Doppelkampf gegen die Emanzipationsbewegung der Beherrschten und gegen die konkurrierenden Herrschaftsmächte. Von diesem Standpunkt waren die medizinischen und moralischen Diskurse Material, in das hinein sich die Strategie der Herrschenden artikulieren konnte. Daß dieses Material nicht passiv blieb, sondern seine Mitgift an Dynamik in diese Artikulation einbrachte, steht auf einem andern Blatt. Jedenfalls verdichteten sich in der *Rassenhygiene* die bisher skizzierten Diskurse. Auch Hitlers Vorstellung von „Rassereinheit" wird ohne die hygienische Konnotation der Reinheit nicht zu versehen sein. Ein moralischer Paradigmenwechsel bahnte sich an: von der individualistischen Moral zu einer national-kollektiven. Man darf aber das National-Kollektive dieses Typs nicht mit sozialistischen Gemeinschaftsvorstellungen verwechseln. Es ist genauso von der sozio-ökonomischen Grundlage des kapitalistischen Privateigentums und seiner inner- wie internationalen Konkurrenz bestimmt wie sein anscheinendes Gegenteil, der Privatindividualismus. Das Nationalkollektiv, um das es hier geht, repräsentiert sozusagen das variable Kapital des nationalen Gesamtkapitalisten, seine Mannschaft für die auf dem Weltmarkt auszufechtenden Kämpfe um Märkte sowie für die im Krieg auszufechtenden Kämpfe um nationalstaatliche Herrschaftsgrenzen. Dieses nationale Kollektiv bleibt von seiner Basis, dem kapitalistischen Privateigentum, widersprüchlich aber bis ins Mark bestimmt. Die Rassenhygiene wurde zu einer der Formen, in denen sich der herrschende Blick auf diese Mannschaft artikulierte. Das Syphilisparadigma fungierte als Vorstufe dieser Verbindung.

Der Erste Weltkrieg gab vollends den Ausschlag. Die Konfrontation mit den Kriegsneurosen brutalisierte die Psychiatrie: der psychiatrische Schrecken sollte die Soldaten in den Schrekken des Krieges zurücktreiben. Behandlung ward Folter. Wenn das bis hierher Skizzierte mehr oder weniger Gemeingut der Bourgeoisien war, so besiegelte der Ausgang des Krieges die Besonderheit der deutschen Ausprägung dieser Ideologien. In dem Land, dessen Griff nach der Weltmacht aus einer inferioren Position den Krieg verursacht hatte, ging die Verarbeitung der Niederlage über in die Transformation der obsessiven Phantasmen. Die Vision, daß an der Front die Besten fielen, während die Schlechtesten in den Irrenhäusern in Sicherheit blieben, erhielt durch die Niederlage ihre Zuspitzung. Im Namen einer Moral, die das Individuum durch die Nation ersetzt hatte, konnte so ein gegen die „Inferioren" gerichtetes Vernichtungsprogramm Eingang finden ins ärztliche „Verantwortungsbewußtsein". Jedenfalls kam es so, daß im militärisch geschlagenen, von Revolution und Konterrevolution zerrissenen, im Elend niederliegenden Deutschland nach dem Ersten Weltkrieg der Psychiater Hoche und der Jurist Binding die *Freigabe des lebensunwerten Lebens* forderten - Freigabe für die durch medizinische Gutachten anzuordnende staatliche Tötung.

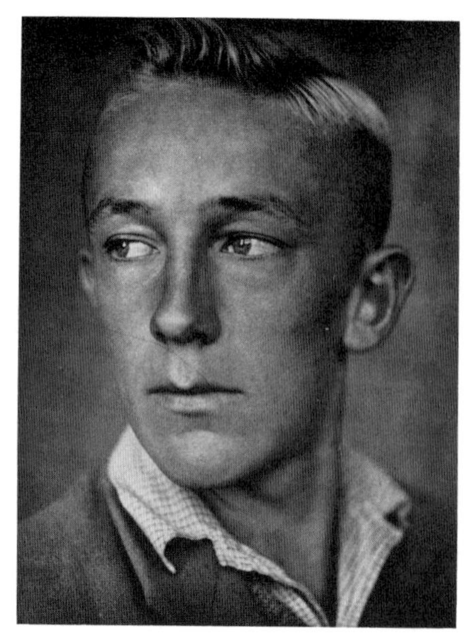

Junger Bauer auf Fehmarn

Ästhetik und Normalität - Vor-Stellung und Vorbild

> *„Die sinnlichen Ausdrucksmittel können manchmal bei ganz konträren Zielen dieselben sein."* Victor Klemperer[4]

Vorbild, Spiegel, Abbild - Kunstebenbildlichkeit

Wenn der Philosoph Erich Rothacker 1934[5] verkündet, „inzwischen" habe „der Sieg der nationalen Revolution mit der Aufrichtung des dritten Reiches zugleich ein neues Bild des Menschen aufgerichtet", so tut man gut daran, das zunächst auch wörtlich zu nehmen. Solche Sätze sind nie nur metaphorisch, es sei denn, wir sprechen von der Metaphorik der Sachen selbst. Ist es auch neu „aufgerichtet", so ist doch inhaltlich wenig Neues an diesem Bild. Seine „Schönheit" ist die gleiche Koppelungsinstanz und verkoppelt im wesentlichen die gleichen Parameter der Normalisierung.

Jungbäuerin aus dem Hitler Koog,
einer Siedlung im Sinne
„rassischer Auswahl der Besten."

„Wahre Schönheit ... ist nichts anderes als leib-seelische Gesundheit. Schönheit ist Kraft, ist Anmut und Natürlichkeit, ist Reinheit, ist Sauberkeit des Körpers."[6]

Schönheit ist Leistungsfähigkeit und „Staatsgläubigkeit". Schönheit wird zum Wort für erfolgreiche Faschisierung des bürgerlichen Subjekts. Zugleich wird Schönheit zur Dis/Qualifikation des Normalen, zum Un/Aneigenbaren. Sie bestimmt die Schwelle zur *Häßlichkeit.*

Auch „Häßlichkeit" hat, spiegelverkehrt zu „Schönheit", schon früher alle möglichen Negativitäten zusammengefaßt, von der Krankheit über die niedrige Gesinnung und die Gesinnung und Gesittung der Niedrigen, über Entartung und Rassenmischung[7] bis hin zum „Häßlichkeitskrüppeltum", jener denkwürdigen Kategorie des Orthopäden Hans Würtz, der 1921 das „Ortho-" in „Orthopädie" so ausdehnte, daß die Reproduktion der herrschenden Ordnung dazugehörte und die Orthopädie ein Bollwerk gegen die Revolution bilden sollte.[8] Unter „Häßlichkeitskrüppeltum" rangierten dann Karl Marx, Rosa Luxemburg und - Beethoven. Im NS richtet sich „Häßlichkeit" vollends in Richtung auf Ausrottung. Zum Beispiel wird „häßlich" mit „asozial" artikuliert. Diese Artikulation im allgemeinen Bewußtsein durchzusetzen trifft man besondere Anstalten. Auf einer Besprechung von Generalstaatsanwälten und Vertretern des Justizministeriums überlegt man 1944 u.a. die Einrichtung eines „Museums äußerlich asozialer Gefangener", die wie „Mißgeburten der Hölle" aussehen.[9] Bei den Ausrottungsaktionen findet zum Teil eine umgekehrte Auslese dergestalt statt, „daß extrem elende und mißgestaltete Kranke vom Töten zurückgestellt werden, bis sie gefilmt sind."[10] Solche Filme sollten die tödlich werdende Unterscheidung schön/häßlich mit den daran hängenden Artikulationsketten des „lebens(un)werten Lebens" ins Volksvorurteil einprägen. Derartige Filme waren während der ersten Phase der „Euthanasie"-Aktion, vor ihrer scheinbaren Einstellung, gezeigt worden. Ihre Wirkung spricht indirekt aus den Worten des katholischen Bischofs von Trier, der 1941 in einer Predigt äußert:

„Es ist sehr traurig, daß gedankenlose Menschen sich durch solche unwürdigen Propagandafilme mit den Bildern armer mißgestalteter Menschen und durch billige Redensarten vom schönen schmerzlosen Tod und von dem Sparen von Millionen seitens des Staates verwirren und betören lassen."[11]

Wenn die Inhalte von „schön/häßlich" nicht eigentlich neu sind, so doch ihre Bündelung und neuartige Aufrichtung, ihr Status. Die „Leibidee", das auf „vitaler Phantasie" beruhende „Normbild des Menschen", das Arnold Gehlen 1940[12] zum anthropologischen Begriff erhebt, zeigt ihre neue staatlich garantierte Präskriptivität in der Ermordung derer, die sie verfehlen. Das im Faschismus neu aufgerichtete „Menschenbild" ist zunächst auch *Bild.* Anschauungsmaterial für eine normative Imagination, Vor-Bildung. Wir werden uns daher nach den Kunstbildern umsehen müssen. Ihnen wird bei der Produktion des faschistischen Imaginären mit seinen Normbildern eine wichtige Rolle als Normalisierungsinstanz zugewiesen. Das genau ist die Metonymie der Sache selbst: das Kunstgebilde als Vor-Bild bedeutet die faschistische Norm. Es ist „gleichzeitig Bild und Vorbild"[13], ein Abzubildendes: *Paradigma.*

„Die Verwirklichung dieses Bildes ist die weltgeschichtliche Aufgabe des deutschen Volkes."[14]

Nachdem Rothacker 1934 die von Hitler „in Nürnberg unterstrichene Verlegung des Edelrassigen aus dem ausschließlich Somatischen in die dem nordischen Erbanteil entsprechende ‚heroische Weltanschauung' und Weltanschauung"[15] gefeiert und so die Dominanz des Ideologischen auf dem Boden des Biologisch-Somatischen sichergestellt hat, endet er wie mit einer Ausschreibung für die künftigen Breker-Statuen:

„und aus der weitgeborstenen Erde steigt jung und schön ein neuer Halbgott auf".

Zehn Jahre später gehört es für die neue Elite des NS zum Guten Ton, im Garten eine Breker-Statue stehen zu haben. Von vielen Seiten wird an dem Spiegelsystem gearbeitet, worin sich die herrschenden Eliten imaginieren. Es beruht darauf, alles was gut und teuer ist in ein Resonanzverhältnis zueinander zu bringen. Man hat diesen Aspekt mit Richard Wagners Idee des „Gesamtkunstwerks" verglichen.[16] Aber der Vergleich bleibt blind, solange er den *Leistungsaspekt* übersieht. Denn es handelt sich hier um keinen Ästhetizismus, oder allenfalls um einen vorgeschobenen. Das Ästhetische ist eingespannt, bestimmt nicht die Form. „Propaganda" wiederum, dieser dem „Ästhetizismus" diametral entgegengesetzten Funktionsbegriff, faßt nur die Spitze des Eisbergs. Zu den Leistungen des Imaginären gehört, daß sich in seinen metonymischen Verstrebungen und Entsprechungen das faschistische Subjekt hält. Ein Beispiel dieser vielseitigen und vielfältigen Arbeit an der Entsprechung ist Werner Jaegers Plato-Lektüre von 1944, wo Platos „Staat" zum Paradigma des NS-Staats umgeformt wird. Gymnastik und Musik werden als bestimmende Kulturmächte gezeichnet. Hinsichtlich der Musik geht es um ihre „staatliche Überwachung ... und ihre Einschätzung als der festen Burg des Staates."[17]

Die Gymnastik wiederum bildet über den nackten Leib die Kriegsfähigkeit und Staatsgesinnung. „Den Rassenadel einer bestimmten Nation gemäß ihrer völkischen Eigenart zu züchten", „Selbstbeherrschung" als „die auf der freiwilligen Unterordnung der von Natur Schlechteren unter die durch Natur und Erziehung Besseren beruhende Eintracht der Klassen" und damit die „Bildung menschlicher Charaktere" werden zusammengefaßt im Bild des Führers als Kunstmaler, der wesentlich Philosoph ist:

„Der Maler ist der Staatslenker, der Staat selber aber ist der ‚Pinax', die Tafel, auf der, nachdem sie gründlich gereinigt ist, das Bild des neuen Menschen Umriß und Farben annimmt."[18]

Die Kunstbildnerei des Führer-Philosophen soll hier unmittelbar die Wirklichkeit umbilden. Das gehört zum Imaginären der Herrschaft. Das Imaginäre bedarf der Vor/Bilder. Diese kann nur die Kunst liefern. Sie tut es im Doppelsinn: sie liefert das Paradigma des Künstlers, des „großen Malers", in dem sich die Herrschenden spiegeln, und sie liefert Medium und handfesten Ausdruck für die ideologische Subjektion, Vorbilder, welche die Subjekte abbilden sollen. Wir müssen daher unsere Erkundung auf dem Gebiet der Kunst fortsetzen.

Arno Breker, Tatkraft

Die sexuelle Artikulation von Kunst und Rasse bei Schultze-Naumburg

Der sexuelle Blick mustert die Körper. Die sexuelle Anziehung scheint auszugehen vom „Körper“ als einer Konfiguration von Gestaltelementen. Alles hat seine anziehende Form, aber auch seine „Farbe“. Der „Typ“, der je der meine ist, stellt sich dar als ein Ensemble solcher Bestimmungen. „Farbe“ und „Typ“ sind auch leitende Artikulationselemente der „Rasse“. Daß diese Elemente in beiden Diskursen wirksam sind, dem des Sexuellen und seines Geschmacks wie dem des Rassismus, ist weder zufällig noch folgenlos. Nietzsche erfährt sich „lüstern nach fremden Rassen“. Thomas Manns nordische Intellektuelle blikken sehnsüchtig nach dem südlichen Typ. Das Interesse am Leib blickt in ein Vexierbild. Wie der Leib in den Körper kann der verlangende Blick changieren in den des Züchters. Der „Typ“ wird dann zur Konfiguration erblicher Merkmale. Genau diese Schnittstelle des rassistischen und des sexuellen Blicks bildet für Schultze-Naumburg[19], der schon 1927 als „Propagandaredner des ‚Kampfbundes für deutsche Kultur‘“ auftrat [20], den Ausgangspunkt der Verknüpfung von Kunst und Rasse (so lautet der Titel seines Buches von 1928, aus dem die folgenden Zitate stammen).[21] Zunächst will er zeigen, „wie unlösbar abhängig die Körperlichkeit des Künstlers zu seinem Werk steht.“ Ihm ist selbstverständlich, daß „bei weitem die häufigsten Darstellungen“ von Menschen „Antworten auf diese erotische Sehnsucht“ sind. Die sexuelle Anziehung, die sich ihren Körper als Körper konstitutiert, wird nun als Selbstanziehung der Rasse interpretiert.

Arno Breker, Anmut

„Nur wer diesem Leib der Erbanlage nach verwandt ist, wird sich zu ihm hingezogen fühlen ...“[22]

Als Kontrast blendet er einige japanische Holzschnitte mit erotischen Badeszenen ein, um zu schließen:

„Für einen, dessen Blut nach nordischer Leibesschönheit verlangt, bedeuten nun diese Körper ... nichts Reizvolles.“

Die Optik dieses ästhetischen Rassismus ist selbstverständlich „männlich“. Die Frauen sind Vorlagen des Begehrens. Es folgt die Artikulation von Menschenbildern der ästhetischen Avantgarde mit Fotos Mißwüchsiger und Debiler „aus der Sammlung einer Klinik.“ Die Bilder des Unglücks, die ja eine wirkliche Bedrohung repräsentieren, erfüllen eine wichtige Funktion für die Konstitution des rassistischen Imaginären. Diese Verknüpfung wurde 1937 der Ausstellung „Entartete Kunst“ zugrundegelegt, die bis 1939 von Millionen besucht wurde.[23] Die Bilder konstituieren ein negatives Imaginäres: „Und zwar Vorstellungen, die für jeden gesunden Menschen mit dem Gefühl des äußerst Quälenden, Ekelerregenden und Widerlichen verknüpft sind.“[24] Ihre Abstoßung soll die Betrachter in die gesunde Normalität zurückängstigen. Die Fotographien aus der psychiatrischen Klinik interpretieren die avantgardistischen Kunstwerke, um sie von den „schönen“ Werken des klassizistisch und von staatlicher Repräsentationsästhetik geprägten Massengeschmacks als „entartete“ Kunst oder Nichtkunst abzusprengen. Die so gesäuberte „Kunst“ wird als Instanz eines rassischen Imaginären gefaßt. Die Künstler werden zu Rassenbildern. Das sexuelle Verlangen aber wird zum Stützpunkt dieser Kunst und des Rassismus im Individuum. Der Diskurs hält die drei Instanzen – die sexuelle Begierde, die Rasse und die Kunst – in der *Schönheit* zusammen.

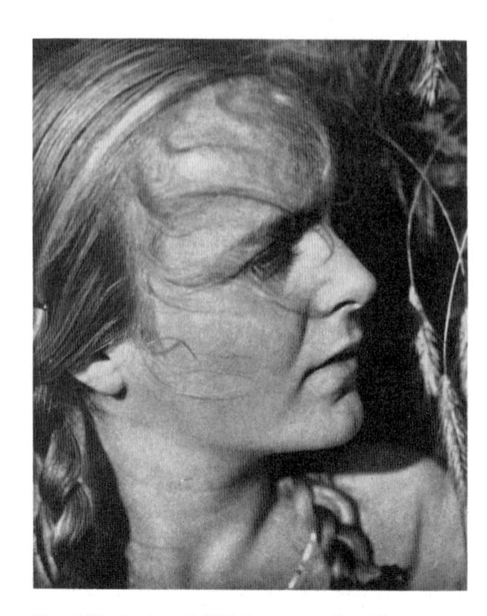

Nordfriesisches Mädchen von der Geest

„Schönheit" als rassisches Auslesemuster bei Konrad Lorenz

Als Schultze-Naumburg 1928 sein Buch veröffentlichte, da konnte er noch als Vertreter einer extremistischen Subkultur erscheinen. Das vom November 1934 datierte Vorwort zur zweiten Auflage notiert die Wende: „Die Erkenntnisse der Erbgesundheitslehre und der Rassenkunde leben nicht wie noch vor wenigen Jahren in einigen gerade noch geduldeten Büchern ... Die Ausmerze der Minderwertigen ist nicht mehr eine lebensferne Ideologie ... Deutschland ist das erste Land geworden, das, nach den schüchternen Versuchen, wie wir sie in einzelnen Staaten Nordamerikas beobachtet, seine gesamte staatliche Führung auf diese neue völkische Erkenntnis stellt ..."

Als Konrad Lorenz, dessen Berufung und „Eingliederung in ein gemeinsames Institut" Gehlen 1938 durchgesetzt hatte[25], sich 1943 zu Wort meldet, sind die Umstände noch einmal verwandelt. Seit Kriegsbeginn werden die Ausrottungspolitiken in immer größerem Umfang praktiziert. Die Wannseekonferenz hat inzwischen stattgefunden, der antisemitische Genozid, die „Endlösung der Judenfrage", wird betrieben. In dieser Situation unternimmt es der Biologe Lorenz, „wissenschaftlich" die Ausrottung der „Minderwertigen" zu begründen. Dabei bewegt er sich in derselben sexuellen Artikulation von Kunst und Rasse wie Schultze-Naumburg. Als Biologe verstärkt er den Gedanken der Auslesefunktion von „Schönheit". Er läßt sie die Gattenwahl steuern als angeborenes Auslesemuster einer Rasse. Die Kunst wiederum wird als besondere Instanz der Reproduktion der Rasse - durch ästhetische Hervor-Bringung dieses Auslesemusters - gedacht:

„Kunst ist die Schöpfung des zum Führer berufenen Einzelmenschen, der ethisch-ästhetische Gegebenheiten der eigenen tiefsten Persönlichkeitsschichten ins Kunstwerk zu projizieren vermag."[26]

Das Von-innen-nach-außen des Ausdrucksdenkens wird hier rassistisch reartikuliert. Die Verklammerung des Künstlers-als-Führer, auch rückwärts lesbar, bedient jenes Geflecht zwischenregionaler Artikulationen, das wir anfangs analysiert haben. Das identische Rassenfundament erkläre, warum sich - „von Praxiteles bis Marlitt" - der gleiche Geschmack am Körper zeige.

„... in völlig gleicher Weise die breiten Schultern und schmalen Hüften, die eines der wichtigsten Beziehungsmerkmale der männlichen Idealgestalt unserer Rasse sind ..."

Den handgreiflichen Beweis für die Möglichkeit „zielbewußter Menschenzüchtung" fand Lorenz in „aristokratisch sich isolierenden Gesellschaftsschichten."

„Solche Wesen sind dann stets noch schlanker, sehniger, schneidiger ..."

Die imaginären Repräsentanten der Klassenherrschaft sind die „Vollwertigen" oder „Hochwertigen".

Das Negative oder antagonistische Imaginäre konstituiert die „Minderwertigen". Ihr Ort ist vor allem die moderne Großstadt, wo sie die Mehrheit haben. Das Bild verrät den Schrecken des gehobenen Agenten der Herren vor dem geschundenen Heer der Vielzuvielen des Kapitalismus, des Proletariats und seiner überschüssigen Reservearmee. Die Höherwertigen der imaginären herrschenden Klasse / Rasse sind bedroht von den Minderwertigen - wegen „der beträchtlichen Verbreitung von Ausfalltypen innerhalb moderner Großstadtbevölkerungen", die nur „als Schmarotzer an vollwertigen Artgenossen lebensfähig sind."

Diese Minderwertigen müssen behandelt werden wie die Krebsgeschwulst durch den Chirurgen, „der bewußt lieber gesundes Gewebe mitentfernt als krankes stehen läßt." Wir sehen

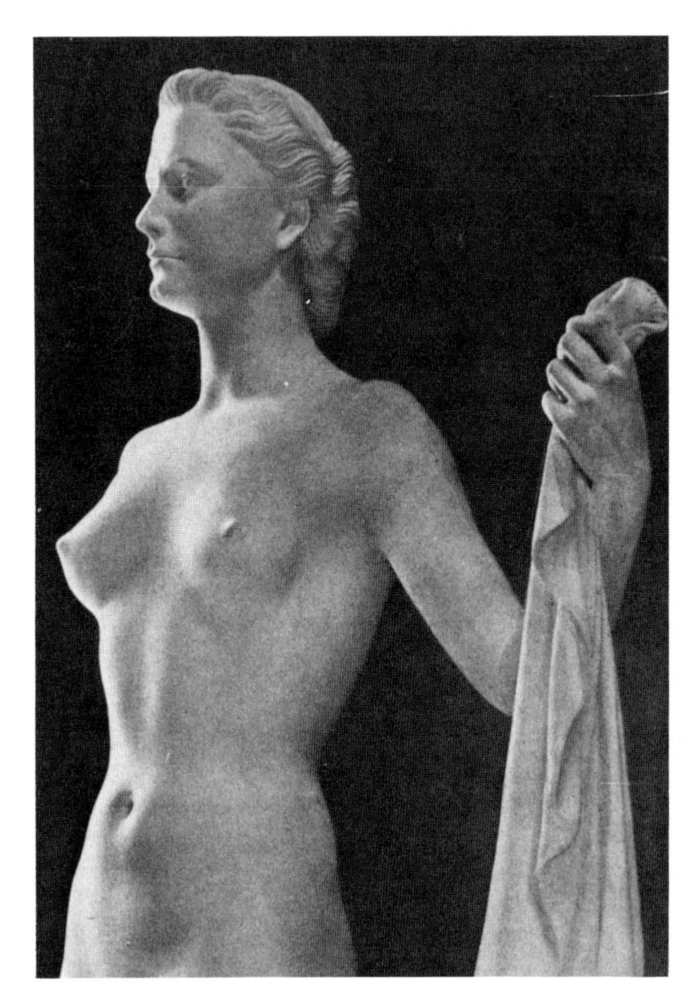

Arno Breker, Die Schreitende

hier die medizinische Artikulation soziopolitischer Verfolgung und Ausrottung in Funktion. Sexueller Geschmack und Herrschaft, Künstler, Arzt und Führer zeigen sich wieder als Knotenpunkte im Kode der rassistischen Reproduktion kapitalistischer Herrschaft, den der Biologe hier bedient. Aber das ist noch nicht alles.

Der Geschmack am Körper wird zum imaginären Richter mit der Grenzkompetenz der Entscheidung zwischen Leben und Tod, zum kleinen Gott im Individuum, dessen Unterwerfung somit durch imaginäre Teilhabe an der Herrschaft vollendet wird. Die „biologische Leistung" des Schönfindens menschlicher Körper

„... ist also die eines Richters, der zwischen gut und böse, zwischen gesund und krank zu entscheiden hat." (ebd.)

Wie regelmäßig an dieser Stelle in solchen Diskursen – beim Versuch, das Imaginäre von Subjektion und Rasse sinnlich anschaulich vor Augen zu führen – ist eine ideologische Leistung der Kunst zu beobachten. Sie gibt dem Imaginären äußeres Dasein. Sie gibt dem Diskurs die eine Säule seiner Wirklichkeit, wie die Vernichtungspolitik die andere gibt. Sie ist der schöne Schein der Vernichtung. Lorenz illustriert seinen Aufsatz mit der Abbildung einer männlichen Aktstatue. Ausgewählt hat er einen „Dionysos" von Arno Breker (1940). Hier wirke, kommentiert er,

„die Übertreibung der positiv bewerteten Wildformeigenschaften ... durchaus harmonisch." (ebd.)

Das war „der ‚wissenschaftliche' Beitrag von Konrad Lorenz zum Mord im Namen der Schönheit."[27] Da er in einer wissenschaftlichen Fachzeitschrift erschien, mußte er nicht populistisch sein.

Anmerkungen:

1) Friedrich Engels, Marx-Engels Werke, Bd. 34, S. 170

2) Vgl. den Artikel „Darwinismus" im Kritischen Wörterbuch Marxismus, Bd. 2, S. 216

3) Vgl. Marx-Engels, Werke, Bd. 23, Kap. 23

4) Victor Klemperer, LTI. Notizbuch eines Philologen. Halle 1946 (Zitiert nach 3. Aufl. 1957)

5) Erich Rothacker, Geschichtsphilosophie. In: Handbuch der Philosophie, Abt. IV, Staat und Geschichte, hgg. v. A. Baeumler u. M. Schröter, München, Berlin 1934, S. 145

6) Elisabeth Bosch, Vom Kämpfertum der Frau. Stuttgart o.J., S. 78

7) Etwa H.F.K. Günther, Kleine Rassenkunde des deutschen Volkes, München 1933 (3. Aufl.)

8) Dazu C. Poore, Der Krüppel in der Orthopädie der Weimarer Zeit. Medizinische Konzepte als Wegbereiter der Euthanasie. In: Wie teuer ist uns Gesundheit? (= AS 113: Argument-Sonderbände) Berlin-W. 1984

9) Ernst Klee, „Euthanasie" im NS-Staat. Die „Vernichtung lebensunwerten Lebens". Frankfurt/M. 1983, S. 360

10) Klee, S. 344

11) Zitiert nach J. Neuhäusler (Hg.), Kreuz und Hakenkreuz. Der Kampf des Nationalsozialismus gegen die katholische Kirche und der kirchliche Widerstand. Bd. 2, München 1946, S. 372

12) Arnold Gehlen, Der Mensch. Seine Natur und seine Stellung in der Welt. Berlin 1940, S. 456 f.

13) Werner Jaeger, Paideia. Die Formung des griechischen Menschen. Bd. 2, Berlin 1944, S. 338

14) E. Rothacker, a.a.O., S. 146

15) A.a.O., S. 147

16) Zuletzt D. Bartetzko, Illusionen in Stein. Stimmungsarchitektur im deutschen Faschismus. Ihre Vorgeschichte in Theater- und Filmbauten. Reinbek 1985

17) Jaeger, S. 314f.

18) Jaeger, S. 359

19) Der mit H.F.K. Günther befreundete Architekt P. Schultze-Naumburg führte schon früh einen „Feldzug gegen die Entartung der deutschen Kunst", wie es 1944 in dem von Goebbels gestellten Antrag zur Verleihung der „Adler-Standarte" an ihn zum 75. Geburtstag heißt (zit. n. O. Thomae, Die Propaganda-Maschinerie. Bildende Kunst und Öffentlichkeitsarbeit im Dritten Reich. Berlin-W. 1978, S. 317). Der NS-Innenminister von Thüringen, Frick, ernannte ihn 1930 zum Direktor der Weimarer Kunsthochschule. Es ist bezeichnend, wie die Brockhaus-Enzyklopädie (Wiesbaden 1973) seine Rolle eines konzeptiven NS-Ideologen wegretuschiert. Alles, was man erfährt, ist: „Starken Einfluß hatte er zeitweise (!) durch seine kunsterzieherischen Bestrebungen, die dem Heimatschutz und einer Erneuerung des Kunstlebens aus den Kräften des Volkstums galten." Als Sekundärliteratur wird einzig ein Buch von 1940 angegeben.

20) K. Wolbert, Die Nackten und die Toten des „Dritten Reichs". Folgen einer Geschichte des Körpers in der Plastik des deutschen Faschismus. Gießen 1982, S. 99

21) P. Schultze-Naumburg, Kunst und Rasse. München 1928. 1935 erschien die 2. Auflage, 1938 eine erweiterte 3. Auflage und 1942 eine 4. Auflage (nach dieser wird im folgenden zitiert).

22) A.a.O., S. 103

23) Vgl. die Zahlen bei Thomae, S. 339 ff.

24) Schultze-Naumburg, S. 113

25) Vgl. die Darstellung bei W. Rügemer (Philosophische Anthropologie und Epochenkrise. Studie über den Zusammenhang von allgemeiner Krise des Kapitalismus und anthropologischer Grundlegung der Philosophie am Beispiel Arnold Gehlens, Köln 1979), der sich auf eine schriftliche Mitteilung Gadamers stützt.

26) Konrad Lorenz, Die angeborenen Formen möglicher Erfahrung. In: Zeitschrift für Tierpsychologie, Bd. 5, H.2, S. 236 ff.

27) Wolbert S. 231 f.

Den vorangehenden Aufsatz stellte der Autor für diese Publikation aus den beiden folgenden Schriften zusammen:

W.F. Haug, Entfremdete Handlungsfähigkeit. Fitneß und Selbstpsychiatrisierung im Spannungsverhältnis von Produktions- und Lebensweise. In: Haug u. H. Pfefferer-Wolf (Hg.), Fremde Nähe. Festschrift für Erich Wulff. Berlin, Hamburg 1987 (= Argument-Sonderband AS 152)

W. F. Haug, Die Faschisierung des bürgerlichen Subjekts. Die Ideologie der gesunden Normalität und die Ausrottungspolitiken im deutschen Faschismus. Berlin, Hamburg 1986 (= Argument-Sonderband AS 80)

Houston Stewart Chamberlain

Der englische Rassentheoretiker Houston Stewart Chamberlain (1855-1927) gehörte zu den Wegbereitern des Nationalsozialismus. Im Jahre 1899 erschien sein antisemitisches Werk „Die Grundlagen des 19. Jahrhunderts", das wie auch sein 1895 veröffentlichtes Wagner-Buch in Deutschland ein großer Erfolg wurde. Chamberlain heiratete Wagners Tochter Eva und ließ sich in Bayreuth nieder. 1923 begegnete er Hitler, den er für den gottgesandten Führer der Deutschen hielt.

EINFLUSS DES JUDENTUMS

HOUSTON STEWART CHAMBERLAIN

RICHARD WAGNER

Prometheus soll von seinem Sitz erstehen
Und dem Geschlecht der Welt verkündigen:
„Hier ward ein Mensch, so hab' ich ihn gewollt!"
Heinrich von Kleist

NEUE AUSGABE

ARTIBUS ET LITTERIS

MÜNCHEN
VERLAGSANSTALT F. BRUCKMANN A.-G.
1901

Das

Judenthum in der Musik.

Von

Richard Wagner.

Leipzig
Verlagsbuchhandlung von J. J. Weber
1869

Richard Wagners
Kampf gegen seelische Fremdherrschaft

Von

Curt von Westernhagen

Mit 1 Bildnis

J. F. Lehmanns Verlag, München

Chamberlain der Seher des dritten Reiches

Das Vermächtnis Houston Stewart Chamberlains an das Deutsche Volk

in einer Auslese aus seinen Werken von Georg Schott

Schott

Verlag F. Bruckmann AG., München

1 Dagegen hat ein anderes Rassenthema Wagner von früh an viel beschäftigt: der demoralisierende Einfluss einer dieser weissen Rassen auf die anderen, des Judentums auf die nichtjüdischen Völker.

Wagner's *Judentum in der Musik* erschien zuerst 1850 in Brendel's „Neue Zeitschrift für Musik"; sodann als selbständige Broschüre und mit einer ausführlichen Vorrede versehen im Jahre 1869. Keine Schrift des Meisters ist vielleicht — wenigstens dem Titel nach — so bekannt; der Ausdruck „Verfasser des Judentums in der Musik" ist eine der beliebtesten Umschreibungen für „Richard Wagner". Es ist aber ein Irrtum, wenn man vermeint, Wagner's Ansichten über den Einfluss des Judentums in dieser einen Schrift ausgedrückt zu finden — ein Irrtum, welcher der lächerlichen Beschuldigung, es sei bei dem Aufwerfen dieser Frage vor allem auf den Erfolg der jüdischen Musiker abgesehen, Vorschub leistet. Das Gebiet der Kunst lag Wagner natürlich am nächsten; er hat aber dem Einfluss des Judentums auf die Moral der Nation auf den verschiedensten Gebieten seine Aufmerksamkeit geschenkt. In *Deutsche Kunst und deutsche Politik* ist sehr ausführlich — wenn auch sous entendu[1]) — von diesem, den Deutschen sich selbst entfremdenden Einfluss die Rede; die wichtigsten Äusserungen enthalten aber sämtliche Schriften aus der letzten „Regenerations"-Gruppe; zwei sind dieser Frage sogar ganz gewidmet: *Modern* und *Erkenne dich selbst*. Namentlich diese letzte Schrift ist wichtig; auf zwölf Seiten wird hier „der ganz unausgleichbar dünkende Nachteil, in welchem die deutsche Rasse gegen die jüdische sich befindet", erschöpfend dargethan. Wem also ernstlich daran gelegen ist, Wagner's Ansichten über den „plastischen Dämon des Verfalles der Menschheit" (X, 347) genau kennen zu lernen, dem ist vor allem das Studium dieser kleinen Schrift anzuempfehlen.

[1]) Weil diese Abhandlung ursprünglich in der Form von Zeitungsaufsätzen in einem grossen, liberalen, politischen Blatt erschien.

2 Ist der Meister selber trotz seiner wiederholten, ausführlichen und so lichtvollen Ausführungen, fast überall nur auf Missverständnis gestossen — absichtliches und unabsichtliches Missverständnis — so wäre es gewiss verwegen, wollte ein anderer es unternehmen, Wagner's Anschauungen bezüglich des Judentums in wenigen Zeilen zusammen zu fassen. Namentlich heute, wo alle Gemüter so erhitzt sind, ist es fast unmöglich, objektiv und rückhaltlos über dieses Thema zu referieren. Darum beschränke ich mich darauf, einige Andeutungen zu geben, die jedem Unparteiischen zu der Bildung eines eigenen Urteils verhelfen sollen.

Vielfach glaubt man, die sog. „Judenfrage" sei eine Erscheinung der neuesten Zeit; sehr mit Unrecht; neu ist im Gegenteil die Thatsache, dass eine Frage, die früher ganz rückhaltlos besprochen wurde, heute, infolge der übermässigen Empfindlichkeit der Geister, fast verpönt ist. Früher war auf beiden Seiten mehr Aufrichtigkeit und weniger — Roheit.

Wir brauchen ja nicht bis an das „sceleratissima gens" des Seneca, nicht einmal bis auf Goethe und Beethoven zurückzugehen; es genügt, festzustellen, dass, als Wagner in den vierziger Jahren ins öffentliche Leben eintrat, alle Nichtjuden eigentlich Antisemiten waren, von den Demokraten kommunistischer Färbung an bis zu den Ultrakonservativen. Herwegh, der Sozialist, beklagte sich über die Freundschaft, die ihm die Juden erwiesen, sie beleidigte ihn; Dingelstedt, der deutsche Freiheitsverkünder, schreibt:

> „Wohin Ihr fasst, Ihr werdet Juden fassen,
> Allüberall das Lieblingsvolk des Herrn!
> Geht, sperrt sie wieder in die alten Gassen,
> Eh' sie Euch in ein Christenviertel sperr'n!"

In einer Sitzung des preussischen Landtages vom Jahr 1847 verlangte Freiherr von Thadden-Trieglaff wörtlich: „die Emanzipierung der Christen von den Juden", und Herr von Bismarck-Schönhausen äusserte sich im selben Sinne![1]) Und nicht allein in Deutschland begriffen die begabtesten Leute allgemein, dass der Eintritt eines so eigenartigen fremden

[1]) Vergl. Treitschke: *Deutsche Gesch. im XIX. Jahrh.*, V, 634.

3 Elements in das öffentliche Leben der europäischen Völker nicht ohne umgestaltenden Einfluss bleiben konnte: in jenem selben Jahre 1847 erschien in Frankreich das prophetische Werk Toussenel's: *Les Juifs rois de l'époque.* Sehr bezeichnend ist es, wie ein Ludwig Feuerbach gerade von Juden gefeiert wurde, trotzdem er an zahllosen Stellen seiner Schriften sich in einer Art über ihr Volk geäussert hatte, die ihm heute den litterarischen Tod sofort sichern würde: „Das Prinzip der jüdischen Religion ist der Egoismus. Der Jude ist gleichgültig gegen alles, was nicht unmittelbar auf das Wohl des Selbst sich bezieht. Der hebräische Egoismus ist von unergründlicher Tiefe und Gewalt. Die Juden erhielten von Jehova das Gnadengebot, zu stehlen" u. s. w. (1841. *Das Wesen des Christentums).* Seit jener Zeit ist eine grosse Änderung eingetreten. Die Christen sind toleranter und die Juden intoleranter geworden. Jedenfalls ist es aber eine Verhöhnung aller geschichtlichen Gerechtigkeit, wenn man einem Einzelnen einen Vorwurf aus einer Richtung macht, die einer ganzen Zeitstimmung angehörte.[1])

Aus dem Gesagten geht hervor, dass es keine Idiosynkrasie Wagner's war, wenn er dem zunehmenden Einfluss der Juden in der deutschen Kunst warnend entgegentrat. Die besten Männer seiner Zeit, welcher Partei auch immer sie angehören mochten, dachten wie er. Höchst bemerkenswert ist es aber, dass während die Juden den Anderen den Antisemitismus nicht nachtrugen, sie ihn Wagner niemals verziehen! Wagner's *Judentum in der Musik* wäre in den Spalten einer wenig verbreiteten Fachzeitung gänzlich unberücksichtigt geblieben, wenn nicht die Juden selbst, mit dem „fehlerlosen Instinkte", den der Meister ihnen nachrühmt (X, 347), die un-

[1]) Die Deutschen sind auch später ein Menschenalter hindurch mit Blindheit geschlagen gewesen, sonst hätten sie nicht ganz allgemein Männer für scharfsinnig halten können, die, wie Gustav Freytag, meinten: „Wir halten gegenwärtig einen ernsten Angriff auf das jüdische Wesen unter uns nach keiner Richtung für zeitgemäss, nicht in Politik, nicht in Gesellschaft, nicht in Wissenschaft und Kunst" (Der Streit über das Judentum in der Musik, „Grenzboten", 1869, Nr. 22). Der Unterschied zwischen Freytag und Wagner ist der zwischen Talent und Genie; hätte man damals auf die warnende und versöhnungsvolle Stimme des Genies gehört, so wäre es niemals zu dem bedrohlichen, unausbleiblichen Konflikt gekommen, den wir jetzt erleben.

4 gewöhnliche Bedeutung dieser kleinen Schrift sofort herausgewittert hätten. Es entstand in der gesamten europäischen Presse ein Kampf gegen Wagner, über dessen rücksichtslose Heftigkeit ich im ersten Kapitel einiges berichtete, und der bis an seinen Tod währte.[1]) Nichts ist geeigneter, unsere Aufmerksamkeit auf Wagner's Stellung zum Judentum zu lenken, als dieses Verhalten; es lässt uns vermuten, dass er den Nagel auf den Kopf getroffen haben dürfte.

Folgendes muss aber noch wohl beachtet werden. Der gehässige Kampf gegen Wagner in der Presse hatte schon in Dresden begonnen, somit lange ehe sein *Judentum in der Musik* erschien. Die Juden selber mit ihrer scharfsinnigen Begabung gehörten fast überall zu den ersten, welche Wagner's ungeheuere künstlerische Bedeutung erriеten, und unter den Kritikern, die durch ihre blöden Schmähungen auf den grossen Meister sich einen Ruf erwarben, gab es auch manche Nichtjuden. Eine instinktive Abneigung der Juden gegen Wagner's Kunst ist also durchaus nicht vorauszusetzen. Andrerseits hat Wagner den Verkehr und die Freundschaft der Juden nie gemieden. Geht man der Sache auf den Grund, so entdeckt man, dass diese ganze Hetze gegen Wagner nur bei den schlechteren Elementen des eigentlichen Judentums Unterstützung fand und in Wahrheit nichts anderes als eine Verschwörung der Talentlosen und Mittelmässigen — „jeglicher Konfession" — gegen das Genie war. Sie verdient nur unbedingte Verachtung.

Wenn wir nun von der Betrachtung dieser geschichtlichen Vorgänge zu der Betrachtung von Wagner's Äusserungen schreiten, so fällt uns dabei zweierlei zunächst auf: ihre unbedingte Aufrichtigkeit und ihr hoher menschlicher Sinn.

Wie sein Held Siegfried, bleibt Wagner „ledig des Neides".

Die Geschicklichkeit des Juden im Anhäufen des Geldes ist gewöhnlich der Kernpunkt der ihm gemachten Vorwürfe. Wagner hingegen hat einzig und allein den deutschen Kunstgeschmack und die deutschen Begriffe der Sittlichkeit gegen einen in diesen Beziehungen anders empfindenden Stamm verteidigt. Nirgends wird das ökonomische Interesse von ihm

[1]) Auf die Ausgabe des *Judentums* vom Jahre 1869 erschienen mehr als einhundert und siebzig Gegenschriften!

5 berührt und nirgends artet diese prinzipielle Erörterung in persönliche Gehässigkeit aus. Um z. B. im *Judentum in der Musik* seine These zu verfechten, muss er natürlich israelitische Musiker anführen; er wählt die geachtetsten Namen; man sehe aber, in welcher würdigen Weise Wagner Meyerbeer erwähnt, und wie er voll Anerkennung und Hochschätzung von Mendelssohn spricht, und man vergleiche damit die pöbelhaften Angriffe und die Besudelung, die er dafür hat erdulden müssen! Wir begreifen ganz gut, dass Wagner in der That nicht einen einzigen seiner treuen, „wahrhaft sympathischen" (VIII, 300) israelitischen Freunde durch diese Schriften verlor, und dass er fest darauf rechnete, sich neue Freunde gerade unter den Juden durch sie zu gewinnen. Es handelt sich ja bei ihm durchaus nicht um eine vorübergehende Tagesfrage, sondern um „einen umfassenden kulturhistorischen Gedanken" (VIII, 322).

Gleich am Eingang seines *Judentums in der Musik* giebt Wagner als seinen Zweck an: „die unbewusste Empfindung, die sich im Volke als innerlichste Abneigung gegen jüdisches Wesen kundgiebt, zu erklären, somit etwas wirklich Vorhandenes deutlich auszusprechen, keineswegs aber etwas Unwirkliches durch die Kraft irgend welcher Einbildung künstlich beleben zu wollen" (V, 85). Und wie soll dieses wirklich Vorhandene aus der Welt geschafft, wie soll die unheilvoll gähnende Kluft überbrückt werden? Wagner verweist auf die Regeneration des Menschengeschlechtes und ruft den Juden zu: „Nehmt rücksichtslos an diesem, durch Selbstvernichtung wiedergebärenden Erlösungswerk teil, so sind wir einig und ununterschieden! Aber bedenkt, dass nur eines eine Erlösung von dem auf euch lastenden Fluch sein kann: die Erlösung Ahasver's — der Untergang!" Was er unter „Untergang" versteht, geht aus einem früheren Satz klar hervor: „Gemeinschaftlich mit uns Mensch werden, heisst für den Juden aber zu allernächst soviel als aufhören, Jude zu sein" (V, 108).[1])

[1]) Erheiternd wirkt es, zu erfahren, wie die Herren Joachim, Moscheles, David u. s. w. durch diese Aufforderung „gemeinschaftlich mit uns Mensch zu werden", sich so tief beleidigt fühlten, dass sie die sofortige Entlassung des Herausgebers der Neuen Zeitschrift für Musik, Franz Brendel, aus dem Lehrerverband des Leipziger Konservatoriums verlangten! Übrigens erinnert Wagner's Forderung, nur in viel milderer Fassung, an die Luther's: die Juden sollten aufhören, Juden zu sein; „wo aber nicht, so sollen wir sie auch bei uns nicht dulden noch leiden". Von Wagner's *Judentum in der Musik* hat Ludwig Nohl sehr schön gesagt: „es war wie das erwachende Gewissen der Nation, nur dass zunächst die Dumpfheit der Geister den neuen, tief versöhnenden Geist nicht begriff, der hier zugleich heilend und rettend sich aufthat!"

6 Dieselbe unumwundene Offenheit finden wir auch später: „Über eines bin ich mir klar: so wie der Einfluss, welchen die Juden auf unser geistiges Leben gewonnen haben, und wie er sich in der Ablenkung und Fälschung unserer höchsten Kulturtendenzen kundgiebt, nicht ein blosser, etwa nur physiologischer Zufall ist, so muss er auch als unleugbar und entscheidend anerkannt werden. — — — Soll dieses Element uns in der Weise assimiliert werden, dass es mit uns gemeinschaftlich der höheren Ausbildung unserer edleren menschlichen Anlagen zureife, so ist es ersichtlich, dass nicht die Verdeckung der Schwierigkeiten dieser Assimilation, sondern nur die offenste Aufdeckung derselben hierzu förderlich sein kann" (VIII, 322).

Was Wagner von den Juden glaubt behaupten zu können, sie lebten von der „Ausbeutung des allgemeinen Verfalles" (X, 298), ist schliesslich nicht mehr, als was ihr eigener Prophet, Micha, von ihnen vorhergesagt hat, sie würden unter den Heiden sein „wie ein junger Löwe unter einer Herde Schafe, welchem niemand wehren kann, sondern wo er auch gehet, zertritt und zerreisset er". „Löwe" ist vielleicht eine tropische Übertreibung; „Schafe" aber gewiss nicht. Nach Micha kam jedoch ein grösserer Prophet, der den Töchtern von Jerusalem zurief: „Weinet nicht über mich, sondern weinet über euch selbst und über eure Kinder!" Was Er die Juden lehrte, war dasselbe, was Wagner ihnen jetzt wieder zuruft: „Um gemeinschaftlich mit uns Mensch zu werden, höret auf, Juden zu sein!"

Houston Stewart Chamberlain, Richard Wagner
Auszug aus dem 2. Kapitel, S. 224-229, Richard Wagners Schriften und Lehren · Einfluß des Judentums

Albrecht Dümling beschreibt die Musikauffassung im George-Kreis, der schon um 1910 eine Kulturrevolution gegen die „Entartung“ der Musik plante.

NEUE MUSIK ALS WILDESTE ANARCHIE

Musikgeschichte als Verfallsgeschichte

Der Dichter *Stefan George* sammelte etwa seit der Jahrhundertwende einen Kreis von Intellektuellen um sich, der auf verschiedenen kulturpolitischen Gebieten einen Führungsanspruch erhob. Nachdem ihn in Nietzsches Schrift *Die Geburt der Tragödie aus dem Geist der Musik* zunächst noch gerade *das Chaotische* angezogen hatte, entwickelte er etwa ab 1904 eine entgegengesetzte Auffassung. Er wollte eine neue Ordnung aufbauen. Da George überzeugt war, daß künstlerische Formen die Gesellschaft beeinflussen und die Musik das Deutsche Reich von innen aushöhle[1], wurde er zum *Musikfeind*[2]. Dem angeblichen Verfall, der der bürgerlichen Gesellschaft aus der Musik drohe, wollte er eine Kulturrevolution durch die Lyrik entgegensetzen.[3]

Das 1922 in Breslau erschienene Buch *Das Schicksal der Musik von der Antike bis zur Gegenwart* stellt die ausführlichste Stellungnahme des George-Kreises zu Musikfragen dar. Die Verfasser, der Arzt *Erich Wolff* (1890 - 1937) und der Historiker *Carl Petersen*[4] (1885 - 1942) – beide keine Musikspezialisten – waren Vertraute des Historikers *Friedrich Wolters*, der ab 1910 zusammen mit *Friedrich Gundolf* die *Jahrbücher für die geistige Bewegung* herausgab und damit auch politische Impulse setzte. Schon 1909 verfaßte Wolters sein Buch *Herrschaft und Dienst* mit dem expliziten Ziel, der *„törichten Rede von Ästhetentum“* entgegenzutreten. Darin beklagte er beispielsweise die zerstörerischen Konsequenzen des bürgerlichen Demokratiegedankens und forderte: *„Eine arme jugend, die nicht einmal um höheres weiss, weil ein gemeiner dünkel ihr die billigste ware der gleichheit und freiheit so lange als höchste güter pries, bis sie das gemeine zum maaß der dinge machte, muß erst im feuer der geistigen tat ihre schlacken von sich schmelzen.“*[5] Zur *geistigen Bewegung*, die der George-Kreis der modernen *Gleichmacherei* entgegensetzte, gehörte eine strenge Hierarchie und eine Kunstanschauung, die sich an der griechischen Antike und am Ideal der Plastik orientierte. Die Musik mußte deshalb notwendig als problematisch erscheinen.

Stefan George

Carl Petersen plante 1914 für die *Jahrbücher* einen Beitrag über die Gegensätze antiker, mittelalterlicher und moderner Musik, der aber anscheinend durch die Kriegsereignisse durchkreuzt wurde. *Wolters,* der schon vorher Gespräche über antike und mittelalterliche Musik geführt hatte[6], schickte im Januar 1922 einen neuen Aufsatz *Wort und Ton* seines Schülers *Ernst Wolff* an *George,* wobei er anregte, ihn zusammen mit *Karl Wolfskehls* Aufsatz *Vom Geist der Musik* (1911) und der mittlerweile anscheinend fertiggestellten Studie Petersens zu einem Band zu vereinen. Nachdem George diesen Plan gebilligt hatte, kam es 1923 im Verlag Ferdinand Hirt in Breslau, in dem zuvor schon die von Wolters herausgegebenen *Heldensagen der germanischen Frühzeit* erschienen waren, zur Veröffentlichung - allerdings ohne Wolfskehls Musikaufsatz. Auf dem Buchumschlag ist ein stilisiertes Hakenkreuz zu erkennen, um das kreisförmig der Reihentitel *Werke der Schau und der Forschung (aus dem Kreis) der Blätter für die Kunst* geschrieben steht.

Die Anregung zu Konzeption und Titel des Buches ging nicht zuletzt von *Friedrich Nietzsche* aus, *„der ‚an dem Schicksal der Musik wie an einer offenen Wunde gelitten hätte', ‚der von sich sagen mußte, daß es nichts gäbe, was ihn eigentlich mehr anginge als das Schicksal der Musik', der also den sinnbildlichen Charakter der Musik für das Schicksal des neueuropäischen Geistes klar erkannte hatte'.“*[7] Bereitwillig hatte der George-Kreis *„Nietzsches grosse entdeckung“* aufgegriffen, *„dass in der musik jeweils ein zeitalter sich aussinge ...“*[8] Aus diesen Gedanken, verbunden mit einer verstärkten Platon-Rezeption, entwickelten sich im Kreis kulturrevolutionäre Gedanken. Dem beobachteten *Verfall* sollte dabei ein neues Ideal und damit ein neues Zeitalter entgegengestellt werden.

Für *Petersen* und *Wolff* ist die Blütezeit der Musik durch das *„gewaltige System der antik-christlichen Musik, ihre einstige Einheit mit dem religiösen und dichterischen Leben“* gekennzeichnet.[9] Der Verfall der Musik begann mit ihrer Verselbständigung von diesen Funktionen. Jeder irgendwie entscheidende Fortschritt, jeder Übergang zu einem neuen Musikstil sei *„erkauft mit dem Preis eines Abbruchs von der Substanz, eines Raubes von dem Kapital des antiken Gesangs.“*[10] Während Erich Wolff sich zur Aufgabe machte, das sich verändernde Verhältnis von Wort und Ton zu beschreiben, widmete sich Carl Petersen dem *Gesetz der Musik,* nämlich dem Übergang von der antiken Bindung an das Wort über die Eigengesetzlichkeit bis zur *Anarchie.*

Für *Petersen* hat die Musik zumindest seit der Romantik aktiv ihre geheime Tendenz, geistige Gestalten aufzulösen, bei *„gleichgerichteten Instinkten der entwickelten geistigen Schicht Europas“* durchsetzen können.[11] Erst die Musik hätte dieser Auflösungstendenz auch in anderen Künsten zu Widerhall verholfen. Daß diese Wirkung *„als das geheime Gesetz und Müssen der Musik“* dem Musiker, dem *„Medium eines ihn transzendierenden Willens“*, nur selten bewußt ist, mache eben das Schicksalhafte dieser Kunst aus. In der Musik drohe die *„formlos unterseelische Welt“* herauf, die die selbstzerstörerischen Tendenzen in der bürgerlichen Gesellschaft noch verstärke.

„Anarchie" und „Entartung"

Die Schönberg-Deutung Ernst Blochs als „Beweis" der Verfallstheorie

Zu Beginn seines Kapitels über die *Anarchie*, d.h. die als anarchisch verstandene gesellschaftliche und musikalische Entwicklung seit Beethoven, spricht *Petersen* vom modernen Menschen, der voll naiven Stolzes an den musikalischen Fortschritt glaube. *„Ja, er sieht wohl gar diese jüngste der Künste erst im allerersten Stadium einer noch unabsehbaren Entwicklung, auf dem Wege zur Urmusik, zur Ungebundenheit ihrer Immaterialität, eben erst im Begriff ..., die universelle Darstellung der menschlichen Seele zu werden".*[12] Dieser imaginierte Mensch ist der Philosoph *Ernst Bloch.* Ganze Passagen hat Petersen aus dessen Buch *Geist der Utopie* (1918) übernommen und als *„Beweis"* für den Verfall der Musik verwendet. Die folgende synoptische Gegenüberstellung[13] kann diese Behauptung illustrieren.

Bloch	*Petersen*
(S. 129) „Aber für diesen *Naturalismus* gilt dasselbe, was für den Sprechgesang galt: daß es ohne den vorherigen menschlichen *Gebrauch* keine solche Zuordnung gäbe, und daß auch die *analogste* Gestaltqualität nicht von selber darauf bringen könnte, welche Geister sich jeweils in den oberen Regionen verbergen."	(S. 247) „Wie sehr immer die assoziative Eindeutigkeit musikalischer Bewegungs- und Verbindungsformen sich auf Grund des *Gebrauchs* und gewisser *naturalistischer Analogien* feststellen mögen: niemals vermag die Anschauung des Formgebildes an sich irgendeine Geistbedeutung zu enthüllen."
(S. 131) „Denn es ist noch *leer* und ungewiß, was tonhaft geschieht ... es nützt auch nichts, sich an das Poetische zu halten, um das *unendlich verschwimmende Wesen* der Musik, wie Wagner sagt, zu Kategorien zu zwingen."	(S. 248) „Das musikalische Geschehen allein, sein *unendliches Verschwimmen* in tausenderlei Möglichkeiten, ist völlig *leer.*"

WOLFF-PETERSEN
DAS
SCHICKSAL DER MUSIK
VON DER ANTIKE ZUR
GEGENWART

IM VERLAG VON FERDINAND HIRT
IN BRESLAU 1923

Petersen interpretiert den Verlauf der Musikgeschichte seit der Romantik als eine einzige, rasend schnelle Bewegung in Chaos und Revolution: *„Seitdem ist der Musiker, nie in ewige Substanz zurücktauchend, weil es in der Musik kein Ewiges, nur Zeitverhaftetes, zeithafte Ausdrucksform gibt, untrennbar mit allen Einstürzen, Entkörperungen, Spiritualisierungen, Entstaatlichungen, Revolutionen verbunden.“*[14] Ernst Blochs Schönberg-Deutung in seinem *Geist der Utopie* wird damit zu einem musikgeschichtlichen Grundgesetz erhoben. Während aber Bloch die Unabhängigkeit der Kunst von der Zeitgeschichte betonte, hob Petersen gerade ihre Zeitbezogenheit hervor. Er bezog sich dabei auf den im George-Kreis gerne zitierten Nietzsche-Aphorismus *Musik als Spätling jeder Kultur*, in dem es heißt: *„Die Musik ist eben* nicht *eine allgemeine, überzeitliche Sprache, wie man so oft zu ihrer Ehre gesagt hat, sondern entspricht genau einem Gefühls-, Wärme- und Zeitmaß, welches eine ganz bestimmte einzelne, zeitlich und örtlich gebundene Kultur als innerstes Gesetz in sich trägt.“*[15] Eine weitere Quelle war das 1913 erstmals erschienene Buch *Die Musik der Gegenwart* von *Walter Niemann,* dem er – freilich ohne Quellenangabe – auch die Charakterisierung von *Schönberg* als *Musikhölle des Grauens und Spuks* entnahm.[16]

Der Begriff *Anarchie* ist für *Petersen* Gegenbegriff zu allem Bestehenden und leitet hin zur *„anti-christlichen und anti-menschlichen Pervertierung edelster kultischer Formen“* sowie zur *„brutalen Zügellosigkeit wüsten Trieblebens“*[17]. Bei *Schönberg* sei *„der offene Anarchismus ... erreicht“*, die Verfallserscheinungen der Moderne *„bis in die Karikatur hinein verzerrt“*, hier zeige sich die *„Inthronisation der Musik als der einzigen Sprache der wildesten Anarchie gegen die gestaltete Welt.“*[18] Anarchie und Herrschaftslosigkeit in der Kunst führe notwendig auch zur Anarchie und Herrschaftslosigkeit im Staate. *„Der Haß gegen alle Schönheit der Welt ... führt zur Forderung, daß wir russisch offen werden, zum Trieb in die radikale Anarchie, ... zur Hoffnung auf die auflösende Macht des Marxismus.“* Rasch werden Kunstfreiheit, Anarchismus und Marxismus in eins gesetzt.

Für *Bloch* wie für *Petersen* besaß Schönbergs Musik anarchisch-politischen Charakter. Einen solchen Zusammenhang hatten oberflächliche Leser möglicherweise Kandinskys Jahrbuch *Der blaue Reiter* (1912) entnehmen können, in dem Schönbergs Aufsatz *Das Verhältnis zum Text* neben Thomas von Hartmanns Aufsatz *Über Anarchie in der Musik* veröffentlicht war. Bei Hartmann hieß es: *„Äußere Gesetze existieren nicht. Alles, wogegen sich die innere Stimme nicht sträubt, ist erlaubt. ... Es soll also das Prinzip der Anarchie in der Kunst begrüßt werden. Nur dieses Prinzip kann uns zur strahlenden Zukunft, zur neuen Wiedergeburt führen.“* Mochte *Schönberg* auch nach dem 1. Weltkrieg als Monarchist auch noch so sehr gegen die Linke wettern – so 1923 in einem Brief an Kandinsky: „*... ich lasse mich nicht beleidigen! Was habe ich mit dem Kommunismus zu tun?*“ –, so wurden solche Assoziationen von den Gegnern nur zu gerne aufgegriffen. Politische und ästhetische Argumente konnten sich dann gegenseitig stützen.

Auch *Carl Petersen,* in dem sich fanatischer Wille mit leichter Beeinflußbarkeit verbanden[19], stürzte sich begierig auf Blochs Buch und fand darin nicht nur *„wildeste Anarchie“,* sondern auch den *„Haß des Entarteten gegen gesunde Leiblichkeit.“*[20] Faschistische Argumentationen gegen die moderne Musik werden damit schon vorweggenommen. Sie sei Kulturbolschewismus, zersetze den Staat von innen her, um den äußeren Angriff zu erleichtern, suche die *„Verschmelzung von Judentum, Russentum und Deutschtum.“* In der Musik bündelten sich alle *„zersetzenden Komponenten dieser Volkstümer, zur Hoffnung auf die auflösende Macht des Marxismus und seiner extremen Folgerungen, damit der Mensch sich aus allen Zwängen des Irrenhauses und Leichenhauses dieser Erde und von jeder Tätigkeit in ihr löse und sich ganz jenen Fragen widme, deren Beantwortung nur der Tod und die Musik bringen ... Dies ist das Lebensgefühl, das sich in Wahrheit in der modernen Musik deutlich ausspricht.“*[21]

Carl Petersen mißverstand Ernst Blochs utopische Schönberg-Deutung als Aussage über die tatsächliche Wirkung dieser Musik. Politisch Naiven lieferte er damit einen geschichtlich verbrämten Begründungszusammenhang den sie als Aufforderung lesen konnten, der *„Anarchie“* die Ordnung entgegenzusetzen und der *„Entartung“* ein Ende zu machen. Das Musikbuch von *Ernst Wolff* und *Carl Petersen* gehörte damit, neben Hans Pfitzners Polemiken *Futuristengefahr* und *Eine neue Ästhetik der musikalischen Impotenz. Ein Verwesungssymptom?*, zu den theoretischen Grundlagen, auf denen die nationalsozialistischen *Entartungs-Theoretiker* aufbauten.

Anmerkungen:

1) Vgl. G. Mattenklott, Nietzsches „Geburt der Tragödie" als Konzept einer bürgerlichen Kulturrevolution. In: Positionen der literarischen Intelligenz zwischen bürgerlicher Reaktion und Imperialismus. Kronberg/Ts. 1973. Siehe auch Georg Lukacs, Nietzsche als Begründer des Irrationalismus der imperialistischen Periode. In: Von Nietzsche zu Hitler oder Der Irrationalismus in der deutschen Politik, Frankfurt u. Hamburg 1966

2) Vgl. A. Dümling, Umwertung der Werte. Das Verhältnis Stefan Georges zur Musik. In: Jahrbuch des Staatlichen Instituts für Musikforschung Preußischer Kulturbesitz 1981/82, Berlin-W. 1982, S. 9-92

3) Vgl. das Kapitel „Die Idee einer Kulturrevolution durch Lyrik: Ästhetizismus als Revolutionarismus" in Dümling, Die fremden Klänge der hängenden Gärten. Die öffentliche Einsamkeit der Neuen Musik am Beispiel von Arnold Schönberg und Stefan George, München 1981, S. 44 ff.

4) Carl Petersen wird in Ludwig Thormaelens „Erinnerungen an Stefan George" (Hamburg 1962) wie folgt charakterisiert: „Er war hochintelligent, in sich nicht glücklich, etwas gnadenlos zweifellos besessen von bestimmtem Willen und brennendem Ehrgeiz. ... Er war hochmusikalisch und verachtete moderne Musik. ... Herbe Verschlossenheit und leichte Beeinflußbarkeit lösten sich in ihm ab." (S. 14) Vgl. auch K. Hildebrandt, Erinnerungen an Stefan George und seinen Kreis, Bonn 1965, S. 242 ff. Petersen sollte sich später offen zu Hitler bekennen.

5) Zitiert nach G. P. Landmann, Der George-Kreis, S. 85 f.

6) In der gleichen Zeit wurde in diesem Kreis systematisch das Lesen von Gedichten als Musik-Ersatz geübt. Vgl. das Kapitel „Dichterlesungen als gesprochene Liederabende" in Dümling, Die fremden Klänge der Hängenden Gärten. S. 233 ff.

7) E. Wolff, C. Petersen, Das Schicksal der Musik von der Antike zur Gegenwart, Breslau 1923, S. 235

8) Karl Wolfskehl, Über den Geist der Musik. Zitiert nach G.P. Landmann, a.a.O., S. 192. In der Reihe der „Werke der Schau und Forschung aus dem Kreise der Blätter für die Kunst" hatten die Mitglieder des George-Kreises Ernst Gundolf und Kurt Hildebrandt auch ihr Buch „Nietzsche als Richter unserer Zeit" veröffentlicht.

9) Wolff-Petersen, Vorwort

10) Wolff-Petersen S. 53

11) Wolff-Petersen S. 203

12) Wolff-Petersen S. 191

13) Weitere Beispiele in A. Dümling, Öffentliche Einsamkeit. Untersuchungen zur Situation von Lied und Lyrik um 1900 am Beispiel des „Buches der Hängenden Gärten" von Stefan George und Arnold Schönberg. Musikwissenschaftliche Doktorarbeit an der Technischen Universität Berlin 1978, S. 299-301. Der vorliegende Aufsatz ist bislang ungedruckten Teilen dieser Arbeit entnommen, die in stark gekürzter Fassung unter dem Titel „Die fremden Klänge der hängenden Gärten" veröffentlicht wurde.

14) Wolff-Petersen S. 203 f.

15) Nietzsche, Musik als Spätling jeder Kultur. Aphorismus Nr. 171 aus „Menschliches, Allzumenschliches II"

16) W. Niemann, Die Musik der Gegenwart, 13.-17. Aufl., Berlin 1921, S. 252 f.

17) A.o.O. S. 253

18) A.a.O. S. 257 f.

19) Vgl. Anmerkung 1

20) Wolff-Petersen S. 258

21) A.a.O. S. 258 f.

Albrecht Dümling beschreibt „Goebbels' Kampf um die deutsche Seele."

ARISIERUNG DER GEFÜHLE

Musik als Gefühlskunst

In den NS-Wochenschauen zeigten sich Hitler, Goebbels und Göring gerne als Konzert- und Opernbesucher, andächtig lauschend, manchmal mit Zeichen von Ergriffenheit. In einem Aufsatz „Kanzler und Künstler" berichtete 1938 ein enger Mitarbeiter Hitlers über die Musikalität seines Chefs, der sogar „vor der Machtübernahme manchmal, in schwersten politischen Verhandlungen oder aufreibendsten taktischen Kämpfen stehend, abends allein oder mit ein paar Kampfgefährten irgendwo in der unbeobachteten Loge eines Theaters saß und aus den heroisch gesteigerten Takten eines Wagnerschen Musikdramas den künstlerischen Gleichklang mit seinem politischen Wesen vernahm."[1)] Von Musik bewegt zu sein, galt als Zeichen von Musikalität und damit von wirklichem Ariertum. Hitler zog aus der Unterstützung, die er schon ab 1923 von der Familie des Bayreuther Komponisten erhielt, einen nicht unwesentlichen Teil seiner Legitimation. Man sprach von den Deutschen als dem auserwählten Musikvolk und von der Musik als dem besonderen Ausdruck seiner Gefühlswelt, seiner Seele. Die führenden Nazi-Politiker demonstrierten ihr Deutschtum nicht zuletzt dadurch, daß sie sich als ergriffene Musikhörer in der Öffentlichkeit zeigten.

In einem 1939 veröffentlichten Aufsatz „Vom Wesen deutscher Musikauffassung" hieß es: „Musik spricht am tiefsten das Seelentum unseres Volkes aus; unter diesem Gesichtspunkt erst gewinnt sie wahrhaft Bedeutung für die deutsche Menschenformung, und ist letztlich eine Frage der Weltanschauung und der Rassenzugehörigkeit."[2)] Der Autor, der Kammermusiker Rudolf Bauer, gab damit die in der NS-Zeit verbreitete Auffassung wieder, daß Musik als Reflex des Seelischen auch selbst seelische Prozesse steuern könne. Die Musik erziele diese Wirkung tiefer als andere Künste, sie dringe bis – so vage dies auch formuliert war – in die Wurzeln der Weltanschauung und der Rassenzugehörigkeit vor.

Meist beschränkten sich die Aussagen über das musikalische Rassenerlebnis auf allgemeine Formeln. Beim Untertauchen in die dunkle Tiefe des Unterbewußtseins empfand man das helle Licht des analytischen Verstandes als störend; es wären sonst Widersprüche ans Licht getreten, die man lieber verschwieg. Die Nazis sprachen viel von Seele, bekämpften aber die Psychoanalyse. Die verstandesmäßige Wahrnehmung, so meinten sie, behinderte beim Musikhören den erwünschten Trancezustand und beeinträchtige damit die Tiefe des seelischen Erlebnisses.

Adolf Hitler selbst ermutigte 1938 auf der Kulturtagung des NSDAP-Parteitages die Musiker, auf rationale gedankliche Entwürfe zu verzichten: „Nicht der intellektuelle Verstand hat bei unseren Musikern Pate zu stehen, sondern ein überquellendes musikalisches Gemüt. Wenn irgendwo, dann muß auch hier der Grundsatz gelten, daß wes das Herz voll ist, der Mund überläuft."[3)] Nach der Auffassung Hitlers sollte der Komponist seine Schöpfungen spontan hinausschleudern. Ähnlich wie Hans Pfitzner, den er schon 1923 auf seinem Münchner Krankenlager besuchte, vertrat Hitler damit eine Inspirationsästhetik. Kunst galt ihm als göttliche Eingebung. In seiner Nürnberger Rede fuhr er fort: „Wer von der Größe, der Schönheit oder dem Schmerz, dem Leid seiner Zeit und seines Volkes durchdrungen oder überwältigt wird, kann, wenn er von Gott begnadet ist, auch in Tönen sein Inneres erschließen." Er beschrieb damit seine Vorstellungen vom musikalischen Produktions- und Rezeptionsprozeß. Wie der Komponist seiner Überwältigung Töne verleihe, solle sich auch der Hörer durch Musik überwältigen lassen. Dies ließe ihn dann die Größe oder das Leid seiner Zeit besonders tief empfinden. Musik galt als Sprache der Seele, wobei sich für diesen deutschen Volkskanzler seelische Erlebnisse überwiegend auf die Größe oder das Leiden des Volkes bezogen.

Ebenso bestimmt wie Hitler äußerte sich sein Propaganda-Minister Joseph Goebbels über die erwünschte Wirkung von Musik. Wenige Monate zuvor, im Mai 1938, hatte er sich in einer großen kulturpolitischen Rede diesem Thema gewidmet. Auf den 1. Reichsmusiktagen in Düsseldorf hatte er in *Zehn Grundsätzen deutschen Musikschaffens* die Musik als die sinnlichste aller Künste bezeichnet. „Sie spricht deshalb mehr das Herz und das Gefühl als den Verstand an. Wo aber schlüge das Herz einer Nation heißer als in seinen breiten Massen, in denen das Herz einer Nation seine eigentliche Heimstätte gefunden hat." Obwohl Goebbels nicht von Seele und Gemüt, sondern von Herz und Gefühl sprach, meinte er ähnliches wie Hitler. Von geistiger Erkenntnis beim Musikhören ist bei ihm ebensowenig die Rede wie bei Hitler, viel dagegen von der Wirkung einer Droge.

Musikalische Melancholie und Revanche

Die Propagierung der seelischen Werte, die die NSDAP betrieb, war eine Antwort auf den Zerfall der materiellen Werte. Indem Musik den Schmerz linderte, sollte sie auch über Armut und Arbeitslosigkeit hinwegtrösten. Mit Märschen, Fackelzügen und Freiluftkonzerten lenkten die neuen Machthaber aber nicht nur von der schwierigen Wirtschaftssituation ab, sondern gingen auch auf tatsächliche Bedürfnisse ein. Mit dem Kaiserreich war 1918 für breite Bevölkerungskreise eine Welt zusammengebrochen, die sie für ewig und unzerstörbar gehalten hatten. Die Republik, die nur von einer Minderheit wirklich mit Überzeugung getragen wurde, galt den meisten Deutschen lediglich als das kleinere Übel. Die zerfallenen alten Ideale wurden kaum oder nur notdürftig durch neue ersetzt. Auch der Neuen Sachlichkeit fehlte der Schwung. Mit Begeisterung blickte man allenfalls nach draußen, nach Amerika, das als der einzige wirkliche Sieger aus dem Kriegsdebakel hervorgegangen war. Im eigenen Lande überwog die Kritik. Es fehlten Institutionen, mit denen sich konservative Bürger wirklich identifizierten.

Vielleicht die stärksten Gefühle waren in dieser Situation die Revanche-Gefühle enttäuschter Deutschnationaler, die den Verlust Elsaß-Lothringens und Danzigs sowie die französische Besetzung des Ruhrgebiets nicht akzeptieren mochten. Mit Schmerz registrierten sie, daß in der Musik ihre Situation so wenig Widerhall fand. Große pathosgeladene Trauermusiken wie Hans Pfitzners Kantate *Von deutscher Seele* blieben die Ausnahme. Konjunktur hatten dagegen neobarocke Spielmusiken und ironische Jazzpersiflagen. Die Kultur stand links, gerade auch im tonangebenden Berlin. Konservative wie etwa der Kritiker Alfred Heuß, wie Hans Pfitzner, Max von Schillings und selbst Richard Strauss fühlten sich an den Rand gedrängt. Die Werke von Hindemith, Toch und Strawinsky betrachteten sie als Folge des *Kulturbolschewismus,* der sogar auf die letzte Bastion deutschen Herrschaftsanspruchs, auf die Musik, übergegriffen habe. Als Drahtzieher dieser Entwicklung vermuteten die Konservativen Sozialdemokraten und Kommunisten, vor allem aber Juden.

Umsturzarbeit der Alljuden

In seiner Schrift *Die neue Ästhetik der musikalischen Impotenz. Ein Verwesungssymptom?,* einer Polemik nicht nur gegen den Kritiker Paul Bekker, hatte Hans Pfitzner geeifert: „Es ist ohne weiteres klar, daß die Rolle, die der völkerfeindliche Internationalismus (...) spielt, der nicht nur Staaten auflösen will, sondern das innerste Leben der Völker, deren Herz sozusagen vergiftet, nicht unberührt bleiben durfte. Daß und inwieweit an der internationalistisch-bolschewistischen Umsturzarbeit die Alljuden beteiligt sind – darüber können gelehrtere Männer als ich, Politiker und Historiker, Aufschluß geben; zu leugnen ist diese Tatsache nicht."

Diese schon bei Wagner vorgeprägte Sicht kehrte auch nach 1933 in vielen Abrechnungen mit dem Musikleben der Weimarer Republik wieder, in Beiträgen etwa der Musikschriftsteller Fritz Stege oder *Herbert Gerigk.* Ab 1935 leitete Gerigk die Hauptstelle Musik beim Beauftragten des Führers für die Überwachung der gesamten geistigen und weltanschaulichen Schulung und Erziehung der NSDAP, bei Alfred Rosenberg also, und war außerdem Hauptschriftleiter der Zeitschrift *Die Musik* und Mitherausgeber des berüchtigten *Lexikon der Juden in der Musik.* In einem Rückblick auf „10 Jahre nationalsozialistisches Musikleben" beschrieb Gerigk die Situation vor 1933 so: „Das Deutsche war nahe daran, im eigenen Vaterland heimatlos zu werden. Die Schlüsselstellungen vor allem waren mit Juden besetzt. Darüber hinaus wirkten auch in der Musik Freimaurer und Exponenten anderer überstaatlicher Mächte. Es ist lehrreich, sich den damaligen Zustand wenigstens in einer gedrängten Übersicht zu vergegenwärtigen." Gerigk erwähnte als Beispiele den jüdischen Musikreferenten Leo Kestenberg, den gewerkschaftlichen Musikverband und die Konzertdirektion Wolff & Sachs, um das folgende Resüme zu geben: „Das Schuldkonto des Juden erstreckte sich hier aber keineswegs auf die Vernichtung von Einzelexistenzen; wichtiger war ihm – weil in der Zukunft wirkend – die Zersetzung der Grundauffassungen, die Entfremdung des deutschen Menschen von den angestammten Gesetzmäßigkeiten der Kunst, die Entwurzelung des deutschen Volkes wie diejenige der Völker Europas schlechthin."[4] Gerigk unterstellte den Juden damit die planmäßige Zerstörung der Rasseninstinkte in ganz Europa. Daß die nationale Desillusionierung eine Folge des verlorenen Krieges sein könnte, kam für ihn nicht in Betracht.

„Die einseitige Ausnützung der exotischen Rhythmen gehört zu den Erscheinungen einer kranken und entarteten Kunst und im weiteren zu den Symptomen einer Zeitkrankheit, wie sie schon im Jahre 1916 der Arzt und Erfinder der Lokalanästhesie, Karl Ludwig Schleich, beschrieben hat." Der Kölner Musikwissenschaftler Ernst Bücken argumentiert hier scheinbar wissenschaftlich. Er fährt dann, nachdem er das medizinische Vokabular stillschweigend auf Musik übertragen hatte, fort: „Zu solchem ‚Spuk zwischen normal und krank, zwischen gut und böse, Ehrlichkeit und Verlogenheit, Schein und Sein' war auch die deutsche Musik durch ein Kunstspekulantentum ohne Kulturempfinden und ohne Verantwortung herabgewürdigt worden. Krankhafte Erscheinungen waren die Musikrichtungen vom Expressionismus und von der Atonalität bis zum Futurismus und zum Konstruktivismus, die sich in dem durch den verlorenen Krieg erschütterten und geschwächten Kulturorganismus leichter und schneller einrichten konnten als im normalen Zustand. ‚Erfinder' wie Hauptförderer dieser künstlich zu Zeitereignissen aufgeputschten Musikströmungen waren durchweg Juden, die damals ‚ihre' große Musikepoche anbrechen sahen. Kein deutscher Musikgenius wurde mit seinen Pionieren mit solchen Fanfaren begrüßt wie der Mischling Franz Schreker von seinem Rassegenossen Paul Bekker. Kein wirklich großer Bahnbrecher ist so gefeiert worden, wie Arnold Schönberg nach dem Erscheinen seiner Klavierstücke op. 11."[5] Spätestens hier ist der angesehene Musikwissenschaftler falsch informiert. Schönberg fand in der Presse fast überwiegend ein negatives Echo und stieß auch bei aufgeschlossenen Kritikern der Weimarer Republik, beispielsweise bei Heinrich Strobel und Hans Mersmann, überwiegend auf Ablehnung. Ebensowenig wollte Bücken wahrhaben, daß auch Schreker und Schönberg beim Komponieren von echten und tiefen Gefühlen ausgingen.

DIE KROLLOPER BERLIN 1927 - 1939

Vom Ort avantgardistischer Bühnenexperimente zum Schauplatz der Diktatur

Blick von der Siegessäule auf die Kroll-Oper.

Ludwig van Beethoven, Fidelio, 4. Bild. Entwurf von Ewald Dülberg. Premiere an der Kroll-Oper am 19. November 1927. Musikalische und szenische Leitung: Otto Klemperer.

Nach der Schließung der Kroll-Oper, der Vertreibung Otto Klemperers sowie dem Reichstagsbrand verwendeten die Nazis die ehemalige Kroll-Oper als *Parlament*. Hier Adolf Hitler bei der Kriegserklärung an Polen am 1. September 1939.

Otto Klemperer

Der „Führer" mit Frau Winifred Wagner bei der Festaufführung der *Meistersinger* im Nürnberger Opernhaus zum Reichsparteitag 1935. Rechts: „Frankenführer" Julius Streicher - links: Oberbürgermeister Willy Liebel.

Der geschwächte Rasseninstinkt

Als 1938 in Düsseldorf die Ausstellung *Entartete Musik* eröffnet wurde, konnte ihr Initiator, der Weimarer Generalintendant Hans-Severus Ziegler, schon Bilanz ziehen über die massenhafte Vertreibung jüdischer Komponisten und Interpreten. Noch allerdings könne nicht von instinkthafter Abwehr des jüdischen Wesens die Rede sein, denn immer noch sei der deutsche Rasseninstinkt geschwächt. „Es war nach einer langen Zeit der Entartung von vornherein klar, daß Jahre und Jahrzehnte einer intensiven Erziehungsarbeit notwendig sein würden, um eine vollgültige geistige, seelische und charakterliche Erneuerung Deutschlands herbeizuführen. Der deutsche Mensch ist bei seiner rassemäßigen Zusammensetzung von jeher verhältnismäßig instinkt-unsicher gewesen und diese Instinktunsicherheit sowohl in den primitivsten und elementarsten Fragen des politischen Lebens, erst recht aber in den höheren nationalen Fragen ‚Rasse und Volkstum', in den Kulturbezirken, macht den deutschen Erneuerungsprozess ungewöhnlich schwierig. Neben dem mangelnden Instinkt für die inneren und äußeren Lebensnotwendigkeiten war es auch der mangelnde Wille zum Leben an sich, der unsere Existenz als Nation oftmals in Frage gestellt und uns sogar zur Selbstentäußerung und zur Selbstaufgabe geführt hat. Es liegt auf der Hand, daß ein Volk, das noch nicht einmal die Kraft der Entscheidung über politische und wirtschaftliche Versklavung oder Freiheit aufbrachte, auch die Kraft vermissen liess, einer seelischen Versklavung und einer geistigen Vergiftung Widerstände entgegenzusetzen."[6)]

Ziegler fühlte sich durch diese von ihm diagnostizierte Instinktschwäche der Deutschen zum Volkserzieher berufen. Ziel seiner Ausstellung war es, die instinktive Abwehr alles Jüdischen zu fördern. Durch die Anhäufung des Negativen sollten beim Betrachter wie in einer Katharsis Gegenkräfte mobilisiert werden, um so die „völkische Erkrankung" zu heilen. Als Schüler des völkischen Literaturhistorikers Adolf Bartels war Ziegler von der Existenz volkhafter Grundkonstanten überzeugt, die von Klassenzugehörigkeit unabhängig waren. Da sich für ihn das Volk als eine geschlossene Einheit mit *einer* Seele darstellte, begriff er den Politiker als Seelenarzt. In seiner Rede zur Ausstellungseröffnung hatte Ziegler formuliert: „Kulturpolitik treiben heißt: Betreuung der Seele des Volkes, Pflege seiner schöpferischen Kräfte und aller völkischen Charakter- und Gesinnungswerte, die wir in dem Generalbegriff ‚Volkstum' zusammenfassen." Der Politiker hat damit nach Ziegler eine ähnliche Aufgabe zu erfüllen wie das künstlerische Genie, sollte doch auch dieses exemplarisch den Rasseninstinkt stärken und bindende Maßstäbe formulieren.

Zieglers volkserzieherisches Credo lautete: „Jedes Volk kann von seinen Genies die für alle Fragen notwendigen Maßstäbe leihen. Darin sehen wir die Sendung der Genies als der größten Erzieher und als der Repräsentanten der ewig-gültigen (!) Gesetze des Volkstums." Gegenüber den ewig-gültigen Gesetzen des Volkstums galten ihm historische Einflüsse, Einflüsse von Form- und Gattungstraditionen oder Anspielungen auf aktuelle Ereignisse in Kunstwerken als sekundär.

Ziegler fuhr in seiner Düsseldorfer Rede fort: „Werden Volk und Genie einander entfremdet und schieben sich zwischen diese beiden Gruppen wesens- und artfremde Elemente, die entweder die Talente und Genies totschweigen und sie als angebliche Mittler umfälschen oder dem Volke artfremde Lebensregeln diktieren, so müssen sich die Begriffe dieses von seinen Genies abgetrennten Volkes allmählich verwirren, zumal unmündige und sehr junge Völker von verhältnismäßig geringer Tradition ohne treue Ratgeber gar nicht auskommen können. Und so erleben wir nun in der zweiten Hälfte des 19. Jahrhunderts und dann bis über den Weltkrieg hinaus die fortschreitende grauenvolle Entfremdung vom besseren Ich, vom eigenen Wesen, von allen geschichtlichen Werten, von der schöpferischen Persönlichkeit."[7)]

Tatsächlich hatten sich die repräsentativen Komponisten der Weimarer Republik, Paul Hindemith, Kurt Weill, Ernst Krenek, Ernst Toch und Hanns Eisler, nie als göttliche Genies verstanden, sondern als Menschen, als Schöpfer sozialer Experimente. Die NS-Politiker dagegen züchteten wieder ganz im Sinne des Idealismus vorbildhafte Genies heran, auch wenn diese dann nur Werner Egk, Cesar Bresgen und Gottfried Müller hießen. An diesen Komponisten sollte sich das deutsche Volk seelisch ebenso aufrichten wie an seinem Kanzler, von dem es hieß, er sei auch ein Künstler.

Hitler als vorbildhafter Musikhörer

Hitlers Musikverständnis galt als vorbildlich. Was ihn begeisterte, vor allem Musikdramen von Richard Wagner und Symphonien von Anton Bruckner, sollte das ganze deutsche Volk begeistern. Was ihn aber verunsicherte oder abstieß, so beispielsweise die Badeszene aus der Hindemith-Oper *Neues vom Tage,* sollte dem ganzen Volk vorenthalten bleiben. Der NS-Boykott gegen Hindemith ging bekanntlich auf die Prüderie Hitlers zurück, der für sich beanspruchte, auch ein Opern- und Konzertführer zu sein. Man wußte von seiner Askese. Hitler verschmähte Alkohol, Zigaretten und alle fleischlichen Genüsse, er war Vegetarier und Junggeselle. Diese Enthaltsamkeit ermöglichte ihm, sich umso ausschließlicher nationalen Aufga-

V.l.n.r.: Göring, Hitler, Goebbels

ben zu widmen. Es war etwas Mönchisches um ihm, eine Verwandtschaft auch zu den Wagner-Figuren Lohengrin und Parsifal. Die Realität begriff Hitler als einen Wagnerschen Mythos, in dem der positiven Welt des starken Germanentums die dunkle Welt des Bösen, des Bolschewismus und der Juden gegenüberstand. Hitler, der sich als Heilsbringer verstand, schied mit Feuer und Schwert das Negative, das Zerstörende aus. Damit degradierte er die Deutschen zu Unmündigen, die - wie auch Ziegler unterstrichen hatte - dieser Hilfe und einer starken Führung bedurften.

Die NS-Kultur war ein Paradeplatz der Ausrufezeichen, nicht der Fragezeichen. Nichts war den Nazis gefährlicher und peinlicher als Unsicherheit, als Meinungsstreit und das Aufeinandertreffen gegensätzlicher Argumente. Unsicherheit schwächte, machte verletzlich. Schrecklich die Vorstellung, man könne einem Phänomen mit ambivalenten Gefühlen gegenüberstehen. Da es für die Nazis nur Eindeutigkeit geben konnte und auch nur eine einzige Führung, wurden alle politischen Parteien verboten, wurde alle Kunst unter die Führung des Propagandaministers gestellt und Kunstkritik verboten. Daß kritische Kunst nicht akzeptiert wurde, verstand sich von selbst. Damit waren Voraussetzungen geschaffen für die Reinigung der Gefühle, für ihre Ordnung und Neuprägung.

Die Hitler-Bewegung betrachtete Gefühle zugleich als mächtig wie als gefährlich. Gefühle mußten deshalb besonders streng gesteuert werden. Gelenkt wurden mit ihnen die gefühlsmäßig aufgeputschten Massen. Der Nationalsozialismus wollte die schwankenden Gefühle der demokratischen Ära überwinden und suchte neben zentraler Lenkung auch ewige, unveränderliche Gefühlswerte. Sie fand man nicht in der Zeitgeschichte, wohl aber in ihren frühen Wurzeln, in der germanischen Vorzeit und dem sogenannten Volkstum. Bei den Germanen hatte - so glaubte man - noch der deutsche Rasseninstinkt existiert, der sich in der Gegenwart aufzulösen drohte.

Zurück zu den germanischen Rassenwurzeln

Vor allem die Musikdramen Richard Wagners hatten die breite Aufmerksamkeit wieder auf das Germanentum gelenkt. Im Jahre 1905 gründeten mehrere Professoren und andere Honoratioren in Berlin eine *Richard Wagner-Gesellschaft für germanische Kunst und Kultur,* die sich 1913 *Deutsch-Nordische Richard Wagner-Gesellschaft* umbenannte. Ihre satzungsgemäße Bestimmung war, „der germanischen Kunst und Kultur im Kampfe gegen unkünstlerische und kulturwidrige Bestrebungen in weiten Kreisen des deutschen Volkes und auch in den anderen germanischen Staaten zum Siege zu verhelfen." Im Februar 1933 veröffentlichte diese Gesellschaft zum 50. Todestag des Komponisten einen Aufruf, in dem es hieß: „Wie Richard Wagner seinen Ring des Nibelungen im Vertrauen auf den deutschen Geist entworfen hat, so wird es die Mission des deutschen Volkes sein, im Richard Wagner-Gedächtnisjahr sich auf sich selbst zu besinnen und die Organisation des deutschen Menschen zu vollenden, wodurch auch alle ideellen Bestrebungen der Deutsch-Nordischen Richard Wagner-Gesellschaft eine realpolitische Auswirkungsmöglichkeit auf Staat und Nation und weitere Umwelt im nationalgermanischen Geiste Richard Wagners erhalten werden." Adolf Hitler wurde damit zum Vollstrecker des Wagnerschen Willens, zum Vollender des Deutschtums erklärt.

Die Wagner-Rezeption war in den zwanziger Jahren in eine unleugbare Krise geraten. Die ältere Generation aus der ehemaligen Führungsschicht des Kaiserreichs hielt dem Bayreuther Meister jedoch weiterhin die Treue. Es ist aufschlußreich zu lesen, wer die zitierte Huldigungsadresse mittrug. Dem Ehrenausschuß der *Deutsch-Nordischen Richard Wagner-Gesellschaft für germanische Kunst und Kultur* gehörten zu Beginn des Jahres 1933 die folgenden Herren an: Generaldirektor Dr. Ing. Rudolf Brennecke in Gleiwitz, Geh. Regierungsrat Dr. Carl Duisberg in Leverkusen, Generaldirektor Dr. Ing. e.h. Friedrich Flick in Berlin, Generaldirektor Dr. Ing. e.h. Günter Heubel in Annahütte, Generaloberst a.D. von Seeckt in Berlin, Generaldirektor Dr. Ing. e.h. Adolf Spilker in Duisburg, Generaldirektor Gerichtsassessor a.D. Rudolf Stahl in Eisleben, Fabrikbesitzer Rob. Ehrhardt Tümmler in Döbeln in Sachsen sowie das Mitglied des Direktoriums der Friedrich Krupp AG Wilhelm Buschfeld in Essen. Versammelt um Richard Wagner waren hier führende Vertreter der deutschen Schwerindustrie, der chemischen Industrie sowie des Militärs. Höchst passend und ahnungsvoll schloß die Gesellschaft ihren Aufruf mit Versen von Felix Dahn:

Soll nicht mehr deutsches Lied erschallen,
Nicht deutsche Sitte mehr bestehen,
Dann laßt uns stolz und herrlich fallen,
Nicht tatenlos in Schmach vergehn.
...

Brach Etzels Haus in Glut zusammen,
Als er die Nibelungen zwang,
Dann soll Europa stehn in Flammen
Bei der Germanen Untergang.

Eine hektische Erforschung der germanischen Kultur setzte ab 1933 ein. Wenn Josef Müller-Blattau das *Germanische Erbe in deutscher Tonkunst* beschrieb und dieses Buch im SS-eigenen Widukind-Verlag veröffentlichte, wenn er 1934 auf dem Nordischen Thing in Bremen auftrat, wenn nun auch andernorts über die Lure und dinarisches und ostisches Lied referiert wurde, war dies mehr eine weltanschauliche, als eine musikalisch fruchtbare Anstrengung. Für die instinkthafte Prägung der deutschen Rassenseele reichten aber auch magere Ergebnisse aus, so vor allem die Erkenntnis, daß den Germanen eine angeborene Freude am Kampf eigen war. Vom Kampf sprach die neue Bewegung immer wieder. Hitler nannte sein program-

Lohengrin

Adolf Hitler

matisches Buch *Mein Kampf* und Alfred Rosenberg gründete einen *Kampfbund für deutsche Kultur,* deren Mitglieder 1933 die ersten „Säuberungen" gegen Juden durchführten.

Der Rassenforscher Richard Eichenauer fand eine entsprechende germanische Prägung auch in den Chorälen der Lutherzeit: „Die Choralweisen aus der großen Zeit des deutschen Chorals, d. h. aus der Zeit der Glaubenskämpfe, enthalten, musikalisch betrachtet, nichts spezifisch ‚Christliches', sondern etwas allgemein und ewig ‚Deutsches', d. h. jene allgegenwärtige Freude am Kampf, die eine Grundeigenschaft nordischen Menschentums ist."[8] Diese Kampfeswut, die anscheinend losgelöst von bestimmten Zielen beim Germanen existierte, wurde den Deutschen ab 1933 wieder eingeimpft. Heroismus galt ihnen als rassisch bedingte Anlage.

Heroismus strich man deshalb auch an den Vorbildern der Deutschen, in den Künstlern, heraus. In seinem Buch *Volk und Rasse* schrieb beispielsweise Walter Rauschenberger 1934 über Beethoven: „Nordisch ist vor allem das Heroische, Heldische seiner Werke, das nicht selten zu titanischer Größe sich erhebt. Es ist bezeichnend, daß heute in einer Zeit nationaler Erneuerung Beethovens Werke am häufigsten gespielt werden, daß man bei fast allen Veranstaltungen heroischen Inhalts seine Werke hört. Die Eroica, die Fünfte und Neunte Symphonie, die Egmont- und Coriolan-Ouvertüre, sind zum typischen Ausdruck heroischer Gesinnung geworden."[9] Der Autor, der Frankfurter Bibliotheksdirektor Rauschenberger, der sich offenbar nur mit den größten Genies befaßte, hatte auch ein Buch über *Goethes Abstammungs- und Rassenmerkmale* veröffentlicht. Es ist jedoch charakteristisch, daß für ihn das Spezifische des Einzelnen hinter dem Rassentypus verblaßte und er die Ziele von Beethovens Heroismus mit keiner Silbe erwähnte. Eben dies war aber politische Absicht. Der von ethischen und moralischen Zielen losgelöste Heroismus, der Kampfesmut als Instinkt, ließ sich beim Autobahnbau ebenso problemlos einsetzen wie beim Niederbrennen sowjetischer Dörfer oder bei der Selektion von Juden. Eine solche Rassenprägung war dann ebenso zuverlässig wie die eines deutschen Schäferhundes, der auch nur auf Befehle wartet. Vergessen war, daß das Finale von Beethovens angeblich nordisch-heroischer 9. Symphonie von den Menschen sprach, die zu Brüdern werden sollten. *Alle* Menschen!

Die fragwürdigen Ergebnisse der Erforschung der Rasse und des Germanentums legten die Deutschen neben dem Heroismus auf tiefes Gefühlsleben fest. Dagegen galt die Aufklärung, der auch ein Beethoven zugeneigt war, als fremdartig, als undeutsch. Der Musikpädagoge Walter Kühn, Gründer und Schriftleiter der Monatsschrift *Die Musikerziehung,* erklärte aus dieser primär gefühlshaften Anlage die besondere Neigung der Deutschen zur Musik: „Der deutsche Sinn für Innerlichkeit, für das Grüblerische, für das Religiöse, für das Metaphysische, der schon immer das germanische Denken beherrscht hat, hat in der Musik seinen schönsten und höchsten Ausdruck gefunden. Die Wesensart wurde zwar zurückgedrängt durch den Verstand, der seit der Renaissance und besonders in der Zeit der Aufklärung mehr und versuchte, die Geheimnisse von Welt und Leben auf dem Wege des abstrakt-begrifflichen Denkens zu ergründen. Sie verlor zunehmend an Boden, als Wort und Sprache bald nur noch als Symbole abstrakten Denkens erschienen. Aber den Germanen war diese Eigenart zu tief ins Blut gepflanzt, so konnte sie durch die Verstandesherrschaft doch nicht ganz unterdrückt werden. Sie wurde nur abgedrängt. Denn der Germane empfand, daß sich die Lebenstiefen und Gottheitshöhen, so wie sie ihm, dem tief Veranlagten, sich darboten, nicht durch den Intellekt meistern ließen und nicht denkhaft klarer Gestalt darstellbar waren. Das rassisch bedingte Drängen zum Metaphysischen flüchtete sich bei den Germanen in ein Ausdrucksgebiet hinein, das, fernab vom begrifflichen Erfassen und denkmäßigen Verarbeiten, dieser Eigenschaft unseres Volkes entgegenkam: Die Musik. So mußte Musik aus innerer rassischer Notwendigkeit die spezifische Kunst der Germanen werden!"[10] Obwohl von der Musikalität der alten Germanen nur unzureichende Zeugnisse vorliegen, reichten diese aus, um sie zur rassischen Konstante zu erklären. Ein richtiger Deutscher hatte demnach zu singen, zu marschieren und zu kämpfen. Das Denken hingegen nahm ihm sein Führer ab, sofern nicht auch er bei der Vorsehung oder bei Hellsehern Rat suchte.

Das Lied ist der Ausdruck
unseres Wollens.

H. Himmler

Lenkung durch das Lied

Musik besaß im NS-Staat die Funktion, „arische" Gefühle von Heroismus, Andacht und Schicksalsglauben zu stärken. Sie ergänzte damit Uniform, Fahne, Orden, Hitlergruß, Massenaufmärsche, Feierstunden, Thingspiele und sonstige Rituale, die die Nazis zur Prägung der Gefühle einsetzten. Eine zentrale erzieherische Rolle spielte bei der Lenkung das nationalsozialistische Lied, das erst dem Alltag Sinn verlieh. Für jede Altersgruppe, jede Formation von der HJ über den RAD bis zur SS gab es passende Lieder. Spezielles Liedgut existierte aber auch für den nationalsozialistischen Festkalender, der nach dem Vorbild des Kirchenjahres entwickelt wurde und für zusätzliche Vereinheitlichung des Lebens im totalen Staate sorgte.

Nationalsozialistisches Singen war nie Sologesang, sondern stets Singen in der Gruppe. Wie Uniformen, Ränge und Kommandos eine Befehlsstruktur herausbildeten, diente der Gesang innerhalb einer Gruppe zur Vereinheitlichung der Gefühle. Die Werkfrauengruppe der Betriebsgemeinschaft der Firma Dr. August Oetker in Bielefeld beispielsweise fand ihre Gefühle in dem damals gebräuchlichen Lied *Erde schafft das Neue* von Heinrich Spitta wiedergegeben. Dieses Lied, dessen diatonisch schreitende Melodik aus der Vorbachschen Musik eines Heinrich Schütz hergeleitet ist, bezieht sich auf Hitler. Die Schlußzeile lautet: „Himmlische Gnade uns den Führer gab, wir geloben Hitler Treue bis ins Grab."

Diese Bielefelderinnen werden sich bei ihrem Gesang keine kritischen Gedanken gemacht haben. Eben dies war der Sinn solcher Weihelieder, feierlich, archaisch und unverrückbar zu wirken und durch ihre ständige Wiederholung auch den letzten Zweifel zu beseitigen. Das Lied konditionierte Gefühle und ermöglichte Taten und Untaten.

Die Vereinheitlichung unterschiedlicher Interessen und Einstellungen wurde nicht nur auf dem Arbeitsplatz verlangt, sondern auch in der Schule. Erziehungsminister Rust verkündete: „Das erste völkische Gebot heißt: Die Gemeinschaft deines Volkes steht dir über jeder anderen! Die deutsche Jugend wird in einem deutschen Volksgemeinschaftsfanatismus erzogen werden."[11] Und Innenminister Frick pflichtete ihm bei: „Die nationalsozialistische Revolution durchdringt alle Bereiche des völkischen Lebens. Sie setzt für die Erneuerung von Volk und Reich jede Kraft in Bewegung, in der das deutsche Wesen lebendig wird. Daher ruft sie für die politische Erziehung der Deutschen die seelischen Kräfte herbei, die auch heute noch aus dem Erbe der deutschen Kultur ihre unwiderstehliche Gewalt über die Herzen der Menschen zu entfalten imstande sind. Eines der wichtigsten Werkzeuge für die innere Formung des Volkes ist das Volkslied."[12] Mit seinen Kernworten Revolution - deutsches Wesen - seelische Kräfte - unwiderstehliche Gewalt - Werkzeuge - innere Formung des Volkes - Volkslied ist dieser phrasenhafte Satz typisch für die NS-Musikpädagogik. Fritz Reusch, der diese beiden Sätze in seinem Buch „Musik und Musikerziehung im Dienst der Volksgemeinschaft" zitierte, wies auf das Vorbild der musikalischen Jugendbewegung hin. Deren unpolitisches Gemeinschaftsideal konnte vom neuen Staat mühelos übernommen und umfunktioniert, „gleichgeschaltet" werden.[13]

Reichsarbeitsdienst als Schule der Nation

Gleichschaltung der Seelen geschah auch im Reichsarbeitsdienst, den Hitler einmal als die „Schule der Nation" bezeichnet hatte. Erzieherisch wirkte hier die reglementierte Arbeit und ebenso das streng festgelegte Singen. Dazu Gerhard Brendel im Sammelband *Musik im Volk:* „Zwei Gründe sind es, durch die die Musik im RAD so große Bedeutung gewinnt: durch die Musik wird das Gemeinschaftsgefühl gefördert. Sie läßt Gemeinschaft entstehen und erleben. Jeden Morgen marschieren die Kolonnen zu ihren Baustellen. Zu ihrem Marschtritt erklingen Lieder durch ganz Deutschland. Es gibt keinen Arbeitsmann, der nicht beim Mitsingen des Liedes ‚Wir wollen Kameraden sein, unser Leben der Arbeit und Deutschland weihn' das beglückende Erlebnis hatte, *sicher und gläubig* in dieser Gemeinschaft schaffender deutscher Jugend zu marschieren." Selbsthypnose nach innen verband sich mit Propagandawirkung nach außen. Die RAD-Kolonnen fungierten neben ihrer Arbeitsleistung als kostenlose Propagandakolonnen.

Im zweiten Absatz kommt Brendel auf Rassisches zu sprechen: „Der zweite Grund liegt in der Kraft der Musik, uns zu unserem Volkstum zu führen, uns an das Volkstum zu binden. Jedes Volkslied, das ein Mensch singend erlebt, wird für ihn zu einem unverlierbaren Besitz. An unseren Grenzen, wo Volkstum mit Volkstum ringt (hier wieder die darwinistisch-urgermanische Kampfesidee!, A.D.), entscheidet dieser Besitz volkstumgebundener Güter den täglich zu führenden Kleinkampf. Feste Verwurzelung und lebendiger Umgang mit Volkstumgütern macht innerlich wehrhaft. So ist uns die Musik ein kostbares Gut unseres Volkstums, durch das wir unsere Gemeinschaft täglich neu erleben und unser Zusammengehörigkeitsgefühl vertiefen können. Unter dieser Sicht wird im RAD die im besten Sinne politisch wirksame Musik ausgewählt, betrieben und gefördert."[14]

Wer diese als Volkslieder getarnten Kampfgesänge heute noch als harmlos abtut, sollte die Texte studieren. Zu den zehn von Reichsarbeitsführer Konstantin Hierl festgelegten Pflichtliedern gehörten *Siehst du im Osten das Morgenrot* und *Es zittern die morschen Knochen.* Das erste dieser Lieder erwähnte in seiner zweiten Strophe „Verräter und Juden" und schloß mit dem Refrain „Volk ans Gewehr".

Die 4. Strophe lautete: „Wir Jungen und Alten, Mann für Mann, umklammern das Hakenkreuzbanner. Ob Bauer, ob Bürger, ob Arbeitsmann, sie schwingen das Schwert und den Hammer, sie kämpfen für Hitler, für Arbeit und Brot. Deutschland, erwache! und Juda - den Tod. Volk, ans Gewehr!"

Kaum weniger blutrünstig liest sich der Liedrefrain zu „Es zittern die morschen Knochen": „Wir werden weiter marschieren, wenn alles in Scherben fällt; denn heute da hört uns Deutschland, und morgen die ganze Welt." Und in der Schlußstrophe: „Die Freiheit stand auf in Deutschland und morgen gehört ihr die Welt."

Im Unterschied zur SA und SS verstand sich der RAD als unpolitisch. Millionen Deutscher durchliefen diese Hitlersche „Schule der Nation" und behaupteten später, sie hätten weder den Krieg gewollt noch die Vernichtung der Juden.

Schwierigkeiten bei der Arisierung der Meister

Der Stärkung der nationalsozialistischen Identität jedes Deutschen hatte auch die Konzertmusik zu dienen. Um die erhoffte rassisch prägende Wirkung zu sichern, wurden die klassischen Komponisten in die musikalische Rassenforschung einbezogen, wurden arisiert. Schließlich sollte die Musik von Bach, Schütz, Beethoven, Brahms, Wagner und Bruckner die angeblich in jedem Deutschen schlummernden arischen Lebensgefühle wecken. Die musikalische Rassenforschung kam jedoch nur schleppend in Gang und wurde zunächst von Außenseitern betrieben. Der Goslarer Studienrat und SS-Mann Richard Eichenauer war der erste, der die Rassentypologie von Ludwig Ferdinand Clauß und Hans F.K. Günther auf die Musik übertrug.[15)]

Gerade die Rassenkunde, die ab 1933 in eigenen Forschungsinstituten und mit eigenen Publikationen, mit Büchern und Zeitschriften, gefördert wurde und die nach dem Willen der Nazis wissenschaftlich fundierte klare Wertmaßstäbe liefern sollte, verwickelte sich in besonders viele Widersprüche. So stellte sich beispielsweise später heraus, daß Ludwig Ferdinand Clauß, der Begründer der Rassenseelenkunde, auf den sich alle Antisemiten beriefen, 22 Jahre lang mit einer volljüdischen Assistentin zusammenarbeitete und auch zusammenlebte; selbst nach mehreren Aufforderungen verweigerte er die Trennung.[16)] Selbst für diesen antisemitischen Theoretiker ergab sich nicht zwingend die Konsequenz zur antisemitischen Praxis.[17)]

Der Philosoph Ernst Bloch, der als „nichtarischer" Marxist 1933 aus Deutschland geflohen war, stieß auf einen weiteren Widerspruch. In seinem Aufsatz *Die erste deutsche Rassenphilosophie* wies er 1934 in Prag auf die früheste germanische Rassentheorie hin, auf die *Allgemeine Kulturgeschichte der Menschheit* von Friedrich Klemm, die bereits 1845, mitten im Vormärz, erschienen war. Blochs Kommentar zu diesem Buch, das die alten Germanen als freiheitsliebende kritische Denker beschrieb: „Das Urbuch der nordischen Rassentheorie pflegt dieselben billigen und abstrakten Antithesen, dasselbe Schwarz-Weiß wie seine Kinder, – bloß mit umgekehrtem Gehalt. Was heute schlimmste Zersetzung oder Intellektbestie, war dem Rassentheoretiker vor 1848 germanisches Erbgut. Was heute archaische Tiefe, war dem Urgobineau ‚mongolisch', tiefstehende Rasse, ‚unter dem Einfluß von Schamanen' stehend. Auch Hitlers Stellvertreter, der völlig konsequent die Kurpfuscherei gegen die Medizin ausspielt, hätte beim Stammvater kein Pardon gefunden. Alles Okkulte war hier niedere, schwarzhaarige Machenschaft – der Edeling ist per se aufgeklärt."[18)] Bloch folgerte daraus, daß die Rassentheorien keineswegs Anspruch auf wissenschaftliche Objektivität haben, sondern sich immer schon an den jeweils aktuellen Interessen orientierten. Die Ergebnisse der Rassenseeleforschung nach 1933 waren durch das Parteiprogramm der NSDAP vorgegeben. Die neue „Seele" der Deutschen war ihr Staat.

Ernst Bloch, der einige Widersprüche der Rassentheorie aufdeckte, analysierte in seinem Essay *Kritik der Propaganda* die Fähigkeit von Goebbels, durch den Ton der Rede, durch die Verwendung von Symbolen und Urbildern direkt das Gefühl anzusprechen. Vor allem der Psychoanalytiker Carl Gustav Jung hätte mit seinen mythischen Urbildern von Vater und Mutter, Chaos und Licht, Drachen und Siegfried, Loki, Baldur und Dolchstoß – Bilder, die eigentlich der Romantik entstammen – ein „Taylorsystem der nationalsozialistischen Propaganda und ihrer heidnischen Bild-Mythologien" entworfen.[19)] Goebbels war, so könnte man heute ergänzen, ein genauer Kenner auch der Werbepsychologie. Er kannte die Methoden der geheimen Verführung, die Magie der Namen, er wußte, wie man eine Aura erzeugt und Glückserlebnisse suggeriert. Um die Wirkung seiner Strategien zu überprüfen, bediente er sich neuester amerikanischer Methoden der Demoskopie und zählte, wie wir wissen, eben deshalb Elisabeth Noelle-Neumann zu seinen Mitarbeiterinnen. Trotz seiner germanisch-mythologischen Ideologiehülle war der NS-Staat ein moderner kapitalistischer Staat. Die Rassentheorie diente ihm als Steuerungsmittel. Sie wirkte motivationssteigernd, machte opferbereiter und schaltete über die Selbstzensur mögliche Hindernisse im Arbeitsleben aus. Zugleich sorgte sie durch die Vorbereitung des Krieges für die Vergrößerung des Marktes und des Arbeitskräftepotentials.

Diesen praktischen Interessen entsprach es, Komponisten als Rassenvorbilder hinzustellen und Beethoven trotz seines „ungermanischen" Äußeren zum nordischen Künstler zu stilisieren. Streitfälle blieben der mit einem jüdischen Librettisten verbundene Mozart und der Kosmopolit Franz Liszt, aber auch Franz Schubert, dessen Äußeres Richard Eichenauer als ostisch-nordisch beschrieb. Nichtnordisch sei vor allem Schuberts Augen- und Haarfarbe sowie die Weichheit der Züge.[20)] Der Vorbildcharakter des Komponisten war damit auf das äußerste gefährdet, geriet er so doch in die Nähe zersetzender Mischlingserscheinungen. Der aus Bremen stammende Musikwissenschaftler Gustav Becking, der ab 1930 als Professor der deutschen Universität in Prag wirkte, fühlte sich zur nationalen Rettung berufen und machte Schubert wegen seiner schlesischen Eltern zum Sudetendeutschen. Ernst Bloch widmete diesem Vorfall im Oktober 1937 seinen Essay *Der geraubte Schubert*. Becking beginne seinen Kollegen Pfitzner zwar nicht an Pathos, wohl aber an völkischer Kühnheit zu übertreffen.

„Er liefert auf diese Weise zwar keine Beiträge zur Musikwissenschaft, doch solche zu seiner Karriere, zu seiner Wohlangeschriebenheit im Dritten Reich. Und Schubert ist ihm für dieses Ziel gut genug. Die Eltern Schuberts stammen aus Schlesien. Das galt bisher als belanglose Tatsache, in einer Zeile abgetan. Schubert selbst ist Altwien durch und durch, seine Musik ist dasselbe wie die österreichische Landschaft und Kultur. Herr Turnlehrer Henlein ist ihm vollkommen unbekannt. Becking aber, nachdem Wien nun einmal nicht zum Dritten Reich will, stellt dafür das echteste Wiener Genie an die Grenze, Schubert wird ein Sudetendeutscher, der ‚durch Zufall' in Wien zur Welt gekommen ist: Herr Becking hört im Komponisten des Forellenquintetts, der Es-Dur-Messe lauter ‚nordisches Bauerntum'. Das Dreimäderlhaus hatte wenigstens nur die Melodien Schuberts ausgeraubt und sie in Mist gestellt; Herr Becking holt, zum gleichen Zweck, den ganzen Mann. Er begeht eine neue Sorte von Menschenraub, und sein Verdienst ist es nicht, wenn sie durch Lächerlichkeit mißglückt. Er empfiehlt sich der Stimme seines Herrn durch forsche Imitation; der Rhythmus der SA ist Beckings Erkenntnisquelle geworden."[21)] Bloch spielte damit auf den Titel von Beckings Habilitationsschrift an.[22)]

Daß die Zuordnung von Musik und Rassenmerkmalen eine schwierige Aufgabe darstellte, war den seriösen Musikwissenschaftlern bewußt. Friedrich Blume, der auf dem musikwissenschaftlichen Kongreß 1938 in Düsseldorf das Grundsatzreferat *Musik und Rasse* hielt, machte auf die vielfältigen, komplizierten Rassenmischungen und die Vieldeutigkeit jeder Musik aufmerksam. Trotz dieser Erkenntnisse empfahl er den Musikpädagogen die Erziehung zum musikalischen Rasse-Erlebnis: „Hinter dem engeren und näheren ‚künstlerischen Erlebnis' leuchtet fern, geheimnisvoll und ahnungsschwer das ‚rassische Erlebnis' auf." Anders als einige seiner Kollegen blieb Blume jedoch dabei, daß dieses Rasse-Erlebnis für seriöse Musikwissenschaftler kaum zu erklären oder zu beschreiben sei. Er konnte deshalb auch nicht vorschnell wie Goebbels das Wesen der deutschen Musik im Melodischen oder wie Ziegler im germanischen Dreiklang sehen. In einem Gutachten sprach er Zieglers musikalischem Berater Otto zur Nedden, der in Düsseldorf mehrere Begleitvorträge zur Ausstellung hielt, musikwissenschaftliche Kompetenz ab. Blume hätte wohl auch kaum den Ausführungen seines Kollegen Karl Blessinger zugestimmt, der 1944 in seinem Buch *Judentum und Musik* die Juden für melodisch unfähig hielt. Über Gustav Mahler beispielsweise ließ Blessinger verlauten, er komme trotz aller melodischen Anstrengung über „typisch jüdisches Gejammer nicht hinaus".[23)]

Und kaum hätte sich Blume jenem Dr. Friedrich Bayer angeschlossen, der 1939 anläßlich der Wiener Station der Ausstellung *Entartete Musik* für die dortige Ausgabe des *Völkischen Beobachter* einen Aufsatz *Atonalismus als artfremde Musik* verfaßte. Dieser zweitrangige Komponist, der nach der Zwangsauflösung des Österreichischen Komponistenbundes einen *Bund deutscher Komponisten aus Österreich* gründete, bezeichnete darin die Musik der zweiten Wiener Schule als widernatürlich. „Achtlos setzt man ein allem künstlerischen Schaffen bindendes Naturgesetz außer Kraft, proklamiert an dessen Stelle ein künstlich aufgebautes System, die Zwölftonskala, in der nach demokratischem Muster alle Töne gleiches Recht besitzen, und glaubt, der Mutter Natur und der musikalischen ‚Reaktion' ein Schnippchen geschlagen zu haben." Noch spekulativer als dieser politische Vergleich ist die Verbindung von Atonalität und Judentum, die der Autor abschließend herstellte: „Die durch fremdrassige Elemente geleitete oder zumindest wesentlich beeinflusste geistige Führung unseres Musiklebens vor dem Umbruch, die zu einer außerhalb des Volkes stehenden musikalischen Richtung hinleitete, läßt es als selbstverständlich erscheinen, daß die Erfinder, Verfechter und Förderer des Atonalismus in den Reihen jenes jüdischen ‚Gastvolkes' zu suchen sind, dem wir alle ‚Fortschritte' der demokratischen Ära zu danken haben."

Trotz der Skepsis Friedrich Blumes darf nicht der Eindruck entstehen, die deutschen Musikwissenschaftler hätten Rassenforschung kategorisch abgelehnt. Zu der umfangreichen Literatur, die ab 1933 diesem Thema gewidmet wurde, gehört der Aufsatz *Zur Erkenntnis von Rasse und Volkstum in der Musik,* verfaßt von dem damaligen Sachbearbeiter Musikwissenschaft in der Reichsstudentenführung, dann Mitarbeiter am *Lexikon der Juden in der Musik* und nach dem Kriege Professor für Musikwissenschaft in Göttingen. Dieser Wolfgang Boetticher fragte in seinem Beitrag u. a. nach den Symptomen der Entartung. „Die Entfaltung des Deutschen in der Musik wurde zu bestimmten Zeiten unterbrochen, in denen die lebentragende Kraft des Volkes abnahm und die natürlichen Abwehrstoffe gegen Verfall an Wirksamkeit einbüßten. Beispielsweise dürfte der Einbruch des Zersetzenden mit dem seichten Salonstil des jüdischen Virtuosentums (Herz, Dreyschock u. a.) um 1830, dem Robert Schumann leidenschaftlich den Kampf ansagte, eine Vergleichsebene mit den Zuständen ein Jahrhundert später in mancher Hinsicht zulassen, unter die der Nationalsozialismus energisch den Schlußstrich gezogen hat."[24)] Boetticher schlug vor, auch die musikalische Psychiatrie einzubeziehen, meinte abschließend aber zur Methodik: „Bisweilen werden vielleicht die Verhältnisse von Arbeitsaufwand und Ergebnis enttäuschen. Aber über Wissen und Erkennen steht der *Glaube* an eine sinnvolle Ordnung der Kunst nach den Gesetzen des Blutes, den Wurzeln unseres Seins."[25)] Der Anspruch auf Wissenschaftlichkeit, den etwa Friedrich Blume nicht preisgab, wurde bei Boetticher einer gefährlichen Rassenideologie untergeordnet.

Rassennatur oder Geschichte?

Im heutigen Zeitalter der weltweiten Kommunikation und der Weltkulturen wirkt das Begriffspaar „Entartete Musik" fremd und fern. Tatsächlich möchte unsere gleichnamige Ausstellung nicht nur auf die Kunst hinweisen, die einmal unter diesem Schlagwort verfolgt wurde. Denn die Kompositionen von Schönberg, Krenek, Weill, Holländer, Hindemith und Strawinsky sind längst wieder Bestandteil unseres Musiklebens geworden. Sie möchte vielmehr auch aufzeigen, wo im NS-Musikleben die wohl gefährlichere Form der „Entartung" – nun allerdings in einem nicht-rassischen Sinne – vorlag.

Sie scheint in der Heranziehung des Rassen-Aspekts als Hauptkriterium von Kunst zu liegen, in der Verwendung von großer Musik zur Arisierung der Gefühle. Musik von Bach, Beethoven, Brahms und Bruckner diente dazu, die Überlegenheit einer Rasse zu belegen. Die von diesen Komponisten einmal mitgedachten Ideen wurden dabei entweder ausgeblendet oder verfälscht. Bachs Christentum, Beethovens Freiheitsdrang und Bruckners Katholizismus wurden pauschal durch einen völkischen Nationalismus ersetzt. So geschah 1938 der Einmarsch in Österreich nicht zuletzt unter Hinweis auf die *deutsche* Musik eines Anton Bruckner. Bruckner-Fanfaren erklangen auf dem Tag der deutschen Kunst in München als Gegenpol zur *Entarteten Kunst.* Und nach dem Einmarsch konnte Goebbels auf den Reichsmusiktagen jubeln, daß Haydn, Mozart und Bruckner nun auch rein äußerlich zum Deutschen Reich gehörten, dem sie geistig schon immer zugehört hätten.

Da im Mißbrauch der Klassik die vielleicht eigentliche Entartung vorliegt, ist Bruckner auf das Ausstellungsplakat geraten. Sein Profil nach dem Kaulbachschen Porträt umrahmt Kreneks Neger-Musiker Jonny, dem die Nazis zusätzlich den Judenstern anhefteten. Dialektisch ist in diesem Plakatmotiv die angebliche, die rassische, mit der wirklichen, der künstlerisch-geistigen Entartung verbunden.

Um das Musikerlebnis zu kontrollieren und zu lenken, reduzierten die Nazis die musikalischen Charaktere auf wenige Grundtypen, die wiederum durch Rassentypologien vorgeprägt waren: auf das Festliche, Heroische, Tragische, während das Heitere schon eine Ausnahme bildete. Ironie und Satire gehörte, wie auch Wolfgang Boetticher bemerkt hatte,[26)] bereits zu den entarteten Formen des „gesunden" Humors. Durch die Vereinfachung kam Ordnung in das Gefühlschaos, von dem die Nazis ausgingen. Der Begriff der „Rassenseele", einer der Grundbegriffe in Alfred Rosenbergs *Mythos des 20. Jahrhunderts,* machte auch das Seelische, das im Christentum und der Psychoanalyse noch als individuell verstanden worden war, zu einem Kollektiv-Begriff. Vom Instinkt war eine so definierte Seele kaum noch zu trennen. Die Vermengung und Vermischung der Gegensätze, die Verwandlung des Individuellen ins Allgemeine, ist typisch für den „Nationalsozialismus", der – wie schon sein Name sagt – selbst widersprüchlichste Strömungen in sich aufzusaugen trachtete.

Musik als Staatskunst

Dies entsprach dem machtpolitischen Totalitätsanspruch, alle Lebensbereiche zu kontrollieren. Unmißverständlich brachte dies Wolfgang Stumme, der Musikreferent der Reichsjugendführung, zum Ausdruck. In einem Aufsatz *Musikpolitik als Führungsaufgabe,* der 1943 in der Zeitschrift *Musik in Jugend und Volk* veröffentlicht wurde, zog er Bilanz über 10 Jahre nationalsozialistischer Herrschaft. „Musikpolitik bedeutet uns heute: Anerkennung der Musik als Staatskunst, d. h. Einsatz der Musik als volksbildende und staatserhaltende Lebensmacht". Die Nazis wiesen der Musik damit, wie vor ihnen bereits die Chinesen und auch Platon, eine zentrale politische Rolle zu. Aus dieser Überschätzung der Musik leiteten sie die Unterdrückung angeblich staatsgefährdender Elemente ab.

Auch Platon hatte bekanntlich einige Tonleitern als verderblich und verweichlichend aus seinem Idealstaat ausgeschlossen. Auch die Kulturpolitik sollte mithelfen, demokratisches Denken – von Ziegler als grauenhaft und zerstörend deklariert – abzuschaffen. Der deutschen Rassenseele entspräche vielmehr die starke Nation. Musik sollte diesen angeblich angeborenen Zusammenhang von Deutschtum und gläubigem Heroismus unterstützen, ihn wieder zu einer untrennbaren Einheit zusammenschmelzen, zu einer gefühlsmäßig instinktiven Prägung, einer schicksalhaften Gesetzmäßigkeit, aus der es kein Entrinnen mehr gab. Das war der Hintergrund der Arisierung der Gefühle, zu der die Ausstellung *Entartete Musik* ein Beitrag war.

1944 präzisierte Wolfgang Stumme seine Definition: „Musikpolitik bedeutet uns heute: Einsatz der Musik als volksbildende und staatserhaltende Lebensmacht und Förderung des Schutzes und vor allem des Wachstums der deutschen Tonkunst als blutgebunden-seelischer Ausdrucksform und demgemäß als eines Mittels höherer Erkenntnis und höherer Entwicklung unserer Rasse.“[27)] Wenn erst einmal der Rasseninstinkt gestärkt war, würde jüdische Musik automatisch auf Ablehnung treffen. Entsprechend behauptete Alfred Rosenberg 1940 in seinem Buch *Gestaltung der Idee:* „Die ganz atonale Bewegung widerstrebte dem Rhythmus des Blutes und der Seele des deutschen Volkes.“[28)] Während sich die Wissenschaft in Widersprüche verwickelte, wußte Rosenberg intuitiv, welchen Rhythmus das deutsche Blut suchte: „Die deutsche Nation ist eben drauf und dran, endlich einmal ihren Lebensstil zu finden. Es ist der Stil einer marschierenden Kolonne, ganz gleich, wo und zu welchem Zweck diese marschierende Kolonne auch eingesetzt sein mag.“ In diesem Bekenntnis eines führenden NS-Kulturpolitikers offenbart sich der ganze Zynismus, der hinter der Arisierung der Gefühle verborgen lag: der Krieg sollte, unabhängig von Angriff und Verteidigung, zur natürlichen Existenzform der Deutschen verklärt werden.

„Rassenseele“

Joseph Goebbels hatte in seinen *Zehn Grundsätzen des deutschen Musikschaffens* verkündet: „Wie jede andere Kunst, so entspringt die Musik geheimnisvollen und tiefen Kräften, die im Volkstum verwurzelt sind. Sie kann deshalb auch nur von den Kindern des Volkstums dem Bedürfnis und dem unbändigen Musiziertrieb eines Volkes entsprechend gestaltet und verwaltet werden. Judentum und deutsche Musik“, so Goebbels weiter, „das sind Gegensätze, die ihrer Natur nach in schroffstem Widerstand zueinander stehen.“

Das angeblich primär gefühlshafte Element der Musik wurde damit noch um das Triebhafte, um den „unbändigen Musiziertrieb“ und das Naturhafte und Rassische ergänzt. Da die Nazis die Kunst als Ausdruck der „Rassenseele“ verstanden und sie gleichzeitig die Reinhaltung der Rasse auf ihre Fahnen geschrieben hatten, schlossen sie Juden von der Gestaltung und Verwaltung der deutschen, also der arischen Musik aus. Weder als Interpreten und Komponisten noch als Verleger, Lehrer, Konzertmanager oder Kulturpolitiker wurden ihnen nach 1933 noch Chancen eingeräumt.

Dabei verdankte, wie wir alle wissen, das deutsche Musikleben den sogenannten Entarteten Unschätzbares. Hatte nicht Felix Mendelssohn-Bartholdy wesentlich die Wiederentdeckung Bachs angeregt und gefördert? Hatte er mit seinen Schätzen von Bach- und Beethoven-Manuskripten nicht den Grundstock der Musiksammlung preußischer Kulturbesitz gebildet? War nicht die Berliner Musikhochschule durch den Geiger Joseph Joachim begründet und geleitet worden? Dessen Büste aber wurde nach 1933 aus dem Hochschul-Vestibül beseitigt und erst vor wenigen Jahren dort wieder aufgestellt. Verdankte die Hochschule nicht ihren künstlerischen Ruf auch Lehrkräften wie Carl Flesch, Siegfried Ochs, Artur Schnabel, George Szell, Franz Schreker, Emanuel Feuermann, Alexander von Zemlinsky?

Gäbe es ohne Hermann Wolff ein Berliner Philharmonisches Orchester und ohne Siegfried Ochs einen Philharmonischen Chor?

Was wären die sogenannten goldenen Zwanziger ohne Friedrich Holländer und Werner Richard Heymann, ohne Richard Tauber und Fritzi Massary, ohne Richard Fall und Jean Gilbert gewesen? Keiner dieser Künstler durfte unter der Nazi-Herrschaft in Berlin bleiben.

Hatte nicht die Tätigkeit der Musikforscher Curt Sachs und Erich Hornborstel Berlin zum internationalen Zentrum der vergleichenden Musikwissenschaft gemacht? Beide mußten 1933 Berlin verlassen. Man könnte viele weitere Namen nennen, etwa die des Musikkritikers Paul Bekker oder der Musikverleger Hinrichsen (Edition Peters) und Eulenburg.

Obwohl spätestens nach der Prognomnacht vom November 1938 nur noch wenige Juden in Deutschland lebten und ihr kultureller Einfluß ganz gebrochen war, schien die Gefahr noch immer nicht gebannt. Noch im Kriegsjahr 1944 erschien eine neue Auflage von Karl Blessingers Buch *Judentum und Musik,* Untertitel *Ein Beitrag zur Kultur- und Rassenpolitik.* Im Schlußkapitel hob der Autor hervor, „daß Kampf für oder gegen die Entartung in der Musik eine ganz eminent politische Angelegenheit ist, ja ein Teil des ungeheuren Weltkampfes, in dem wir jetzt innen stehen. Und darum greift das Ringen um die endgültige Gesundung der deutschen Musik auch weit über das künstlerisch-kulturelle Gebiet hinaus.“ Bis zum bitteren Ende behauptete die Nazi-Propaganda, der Krieg wäre von Juden ausgelöst worden und diene deshalb der Verteidigung der deutschen Kultur. Der Schlußsatz des Blessinger-Buches lautete: „Wenn die vorliegende Schrift nach 5 Jahren des zweiten großen von Juda herbeigeführten Weltkrieges in neuer Gestalt an die Öffentlichkeit tritt, dann geschieht dies (...) im Zeichen des großen politischen Genius, der wie überall, so auch auf unserem Gebiete uns klar blicken lehrte, unseres Führers.“ Dieser ungeheuerliche Satz, der die Opfer zu Tätern machte, wurde in einem Moment formuliert, in dem deutsche Mannschaften

Europa mit Krieg überzogen und Millionen von Juden fabrikmäßig ermordeten.

Die arischen Gefühle waren angeblich tief, aber doch eigentlich gefühllos – „hart wie Kruppstahl", wie Hitler es von der Hitler-Jugend gefordert hatte. Ein Ausdruck dieser harten Nazi-Seele war ein Aufsatz *Arisierung der Gefühle*, der 1943 in der Zeitschrift *Musik in Jugend und Volk* erschien. Noch immer hielt sein anonymer Autor „Mungo" den Kampf gegen das Judentum für nicht abgeschlossen. Der geistige Einfluß der Juden sei noch nicht ausgemerzt. Als Beispiele nannte „Mungo" die Wiener Operette und das Wienerlied. Hier hätten sich sentimentale Elemente gehalten, die von Juden nur aus Gründen der Spekulation und der bewußten Zersetzung eingebracht worden waren. Solche importierten Gefühle, die dem wahren arischen Gefühlsleben widersprächen, gälte es auszurotten. „Wir haben den Juden den totalen Krieg erklärt. Und es gibt kein Gebiet, auf dem wir nicht ihren vielleicht noch so unscheinbaren Einfluß ausrotten werden. (...) Wir müssen nicht nur an die Arisierung der Geschäfte, sondern auch an die der Gefühle gehen." Abschließend rief der anonyme Autor den Juden zu: „Unsere Wiener Gemütlichkeit soll ihnen noch sehr ungemütlich werden, und übereifrige Violinspieler sollen endlich daran gehen, ihre Gefühle zu arisieren, sonst müßte ein Wandel geschaffen werden, bei dem ihnen der Fiedelbogen aus den Fingern rutschen könnte." Nein, mit Gemütlichkeit hatte die sogenannte arische Gefühlswelt, die sich damals an der Front und in Auschwitz austobte, nichts mehr zu tun. Die von Ziegler diagnostizierte Instinktunsicherheit der Deutschen hatte sich im NS-Staat zum Fanatismus gesteigert. Gerade ihre Unsicherheit, das Schwanken nicht zuletzt der Kleinbürger, aber auch ihre gefühlhafte Bindung zur Musik, hatten die Deutschen in Fanatismus hineintreiben können. Hitler hatte diese Steuerungsfunktion von Musik im Blick gehabt, als er verkündete: „Die Kunst ist eine zum Fanatismus verpflichtende Mission."

*

Auch heute, mehr als 40 Jahre nach Kriegsende, ist bei vielen Deutschen die Gefahr des Fanatismus nicht gebannt. Immer noch finden große Vereinfacher, die mit einem Schlage alle Probleme zu erklären und aus der Welt zu schaffen versprechen, ihre Anhänger. Immer noch werden die seelischen Trostbedürfnisse Verunsicherter und Benachteiligter unterschätzt, gerade auch bei der politischen Linken. Ernst Bloch hat wohl zu Recht das Gefühlsvakuum, den Mangel an Identifikationsmöglichkeiten in der Weimarer Republik, als eine zentrale Ursache für die Wahlerfolge der NSDAP diagnostiziert. In einem Essay *Originalgeschichte des Dritten Reiches* schrieb er 1937: „Gründliche, philosophische, das heißt wahrhafte marxistische Vernunft richtet und berichtigt die rationalistische Seichtheit im gleichen Akt wie ihr Gegenspiel: die Windbeutelei, den Mystizismus. Von diesem lebten die Nazis, doch sie konnten eben nur deshalb so ungestört mit ihm betrügen, weil eine allzu radikale (nämlich zurückgebliebene) Linke die Massenphantasie unterernährt hatte. Weil sie die Welt der Phantasie fast preisgegeben hatte, ohne Ansehung ihrer höchst verschiedenen Personen, Methoden und Gegenstände, ohne rechte Differenzierung zwischen dem Mystiker Eckhardt und dem ‚Mystiker' Hanussen oder Weißenberg."[29] Bloch empfahl den Marxisten, bei aller klugen Rationalität nicht die Fähigkeit zur Begeisterung, zum Geist der Utopie preiszugeben. Auch der aufgeklärte Mensch braucht Gefühle, freilich nicht solche, die vom Staat oder durch ein Rassenprinzip determiniert sind. Hans-Severus Ziegler, Paul Sixt, Otto zur Nedden und Heinz Drewes, die für die Nazi-Ausstellung „Entartete Musik" verantwortlich waren, zogen sich nach 1945 nicht etwa aus der Öffentlichkeit zurück, sondern wirkten weiter: Ziegler als Lehrer am Inselgymnasium Wangerooge, Sixt als Generalmusikdirektor in Detmold, Nedden als Professor für Theaterwissenschaft an der Universität Köln und Drewes als Musikkritiker in Nürnberg. Walter Abendroth, einer der engagiertesten Verfechter der NS-Musikpolitik, wirkte nach dem Kriege als Feuilletonchef der Wochenzeitung *Die Zeit* in Hamburg. Der Musikpädagoge Guido Waldmann, der ein Buch *Rasse und Musik* herausgegeben hatte, war bis zuletzt Ehrenpräsident des Landesmusikrats Baden-Württemberg. Immer noch sind Konzertführer auf dem Markt, die im Ungeist der dreißiger Jahre wurzeln. Und wird nicht immer noch das Gefühl als die eigentliche Domäne der Musik betrachtet, nicht aber der kritische Verstand? Sind nicht heute Ablenkung und Konsumförderung zu den Hauptaufgaben von Musik geworden, sogar auch in den öffentlich-rechtlichen Rundfunkanstalten? Drängt sich diese kulinarische Funktion nicht immer einseitiger in den Vordergrund?

Das historische Interesse, das sich gegenwärtig so erfreulich ausbreitet, sollte auch die jüngste Vergangenheit in seine Kritik einbeziehen. Auch die Musik, die noch allzu oft als vermeintlich unpolitischer Elfenbeinturm gilt, sollte dabei nicht unbeachtet bleiben.

Das Theater des deutschen Volkes

Ein Beitrag zur Volkserziehung und Propaganda

von

Dr. Hans Severus Ziegler

Staatskommissar für die Thüringer Landestheater, Schauspieldirektor am Deutschen Nationaltheater Weimar, Theaterreferent der NSDAP

R. Voigtländers Verlag · Leipzig

Wer war Hitler?

Beitrage zur Hitler-Forschung

herausgegeben in Verbindung mit dem Institut für deutsche Nachkriegsgeschichte von

Dr. Hans Severus Ziegler

1970
VERLAG DER DEUTSCHEN HOCHSCHULLEHRER-ZEITUNG
GRABERT-VERLAG · TÜBINGEN

Anmerkungen:

1) Ernst Lüdtke, Kanzler und Künstler. In: Die Musik-Woche, 5.2.1938, zitiert nach Joseph Wulf, Musik im Dritten Reich. Gütersloh 1963, S. 299 f.

2) Rudolf Bauer, Vom Wesen deutscher Musikauffassung. In: Die Musik-Woche, 2.12.1939. Zitiert nach Wulf S. 332

3) Adolf Hitler auf der Kulturtagung des Parteitags Großdeutschland. In: Adolf Strube (Hg.), Deutsche Musikkunde für die höhere Schule, Leipzig 1942. Zitiert nach Wulf S. 298

4) Herbert Gerigk, 10 Jahre nationalsozialistisches Musikleben. In: Die Musik, Januar 1943. Zitiert nach Wulf S. 215 f.

5) Ernst Bücken, Musik der Deutschen. Köln 1941. Zitiert nach Wulf S. 327

6) Hans-Severus Ziegler, Entartete Musik. Eine Abrechnung. Düsseldorf 1938. Vgl. S. 3

7) Vgl. S. 10

8) R. Eichenauer, Unser das Land. Zitiert nach Wulf S. 228

9) W. Rauschenberger, Volk und Rasse, 1934, S. 198. Zitiert nach Wulf S. 222

10) Walter Kühn, Führung zur Musik. Lahr/Baden 1939. Zitiert nach Wulf S. 225

11) Zitiert nach Fritz Reusch, Musik und Musikerziehung im Dienste der Volksgemeinschaft. Osterwieck/Harz 1938, S. 1

12) Reusch S. 3

13) Vgl. D. Kolland, Die Jugendmusikbewegung. Gemeinschaftsmusik - Theorie und Praxis. Stuttgart 1979, sowie H. Hodek, Musikalisch-pädagogische Bewegung zwischen Demokratie und Faschismus. Zur Konkretisierung der Faschismus-Kritik Th. W. Adornos. Weinheim 1977

14) Gerhard Brendel, Musik im Reichsarbeitsdienst ... In: W. Stumme (Hg), Musik im Volk. Grundfragen der Musikerziehung. Berlin 1939, S. 102 f.

15) Vgl. Wulf S. 218

16) Wulf 314

17) Entsetzt über die Folgen äußerte sich auch der Rassentheoretiker H. F. K. Günther in seiner kritischen Schrift „Mein Eindruck von Adolf Hitler", verlegt bei Franz von Bebenburg in Pähl, 1969

18) Bloch, Vom Hasard zur Katastrophe. Politische Aufsätze aus den Jahren 1934-1939. Frankfurt/M. 1972, S. 8

19) Bloch S. 203

20) Wulf S. 224

21) Bloch S. 272

22) Gustav Becking, Der musikalische Rhythmus als Erkenntnisquelle, Augsburg 1928

23) Blessinger, Judentum und Musik, Berlin 1944, S. 149

24) Wolfgang Boetticher, Zur Erkenntnis von Rasse und Volkstum in der Musik. In: W. Stumme, Musik im Volk. S. 227

25) Boetticher S. 229

26) Boetticher S. 227

27) W. Stumme, Musik im Volk, Berlin 1944, 2. Auflage, S. 11. Zitiert nach J. Wulf S. 131

28) Alfred Rosenberg, Gestaltung der Idee. München 1940, S. 337. Zitiert nach Wulf S. 214

29) Bloch S. 314

Mungo, Arisierung der Gefühle

Was wir Wiener immer gerne hören, daß bei uns die Luft so weich und milde und die Umgebung so lieblich und der Wein so spritzig schmeckt, daß unsere Maderln so mollert und gar so nett plauschen können und überhaupt Wien ... „Wien, Wien, nur Du allein ...".

Wer unser Wien und die Wiener lobt, demgegenüber sind wir schwach. Wir erdrücken ihn mit der Wucht unserer Gastfreundschaft, und wenn wir auch nicht gleich unseren Anzug verkaufen, um in den Himmel zu fahren, so machen wir uns doch in solcher Stimmung verdammt wenig Sorgen, was morgen ist.

Das haben auch die Juden erkannt und sind daran gegangen, unsere Gefühle zu industrialisieren. Sie haben die Wiener Operette erfunden, in der wir als ein Völklein auftreten, das über die Schroffen und Klippen des Lebens nicht mit Kantischer Philosophie hinweggeht, sondern mit jener entzückenden Blödelei, um derentwillen uns die ganze Welt ins Herz geschlossen haben soll.

Wir sind nämlich gar nicht so gemütlich, wie man uns einredet. Wir sind um nichts gemütlicher als Hamburger, Berliner und Rheinländer, und wenn es bei unserem Heurigen wirklich so gemütlich ist, so deshalb, weil wir diese Gemütlichkeit mit Brachialgewalt aufrechtzuerhalten verstehen. Unsere Friedfertigkeit geht nämlich so weit, daß streitsüchtige Menschen, die in Lokalen unsere Gemütlichkeit zu stören versuchen, von allen Anwesenden eine Tracht Prügel beziehen, wie er sie nicht einmal im dunkelsten Hafenviertel von Marseille besser verabreicht bekommen könnte.

Wir sind nicht so wehleidig und raunzen weit weniger, als die Juden in ihren Drehbüchern zu den sogenannten Wiener Filmen vorschrieben. Und wenn wir auch eine gewisse Schwäche zur Selbstpersiflage haben, die nur ein Beweis der Selbstsicherheit ist, so wollen wir doch daran gehen, unter unseren Sentimentalitäten ein wenig aufzuräumen. Wir haben so viele schöne und alte Wiener Lieder, daß wir ruhig daran gehen können, die jüdischer Librettisten und Komponisten auszuschalten. Das „Fiakerlied" kann noch so fesch gesungen werden; man vergißt darüber nicht, daß es ein Jude namens Pick verfaßt hat. Und was man uns sonst auch noch an schmalzigen Schmachtfetzen bei dem Heurigen ins Ohr fiedelt, und zwar etwa nicht die Schrammeln, sondern fadenscheinige Salonorchester, kann uns gestohlen werden.

Es wird mich keiner verdächtigen, unter die Wahhabiten gegangen zu sein, bei denen man im sektenhaften Fanatismus weder pfeift noch singt noch raucht und Lachen für eine Schande hält. Für den größten Teil der Schmachtfetzen zeichnen Juden als Autoren, und daß sie nichts mit unserer volkstümlichen Naturhaftigkeit zu tun haben, beweist uns allein schon der Umstand, daß wir ihnen nur im angesäuselten Zustand unser Ohr leihen.

Es liegt in der Natur des Alkohols, daß unter seinem Einfluß der Mensch zu Extremen neigt. Je nach Veranlagung ergeht er sich in großsprecherischen Redensarten, oder er fühlt in sich den unbändigen Drang wachsen, sich selbst in der ergreifendsten Weise zu bedauern. Er denkt direkt angestrengt nach, worüber er eigentlich weinen könnte, und dabei kommt ihm in zuvorkommendster Weise der erste Violinspieler einer kleinen Kapelle entgegen. Der spielt dann das Lied vom „Waslbuam", bis der Zuhörer sich selbst als Waisenknabe, von Gott und der Welt verlassen, fühlt, oder wir summen mit stuckerndem Herzen die Strophen von dem geliebten Mädchen, das auch uns so innig liebt, aber von uns scheiden muß, weil um die Ecke schon ein anderer ungeduldig von einem Bein auf das andere tritt. Sollte der Wiener aber ein Gemütsrohling sein und dies alles angehört haben, ohne einen weiteren Liter Wein zu bestellen, dann wird er den Sentimentalitätsduseleien dritten Grades unterworfen. Es kommt der Song vom „Muatterl". Das arme Muatterl, das zu Hause mit gichtigen Fingern an einem Strumpf herumstrickt und darüber seufzt, daß der „Bua", dem sie immer durch die blonden Locken streicht, ihre guten Ratschläge nicht befolgt. Und der sanft drängende Kellner erinnert den Buam, daß er im Wirtshaus sitzt, bis er rettungslos eingekeilt zwischen einer weinenden Geige und einer volkstümlich gehaltenen Weinkarte das heulende Elend bekommt....

Wir brauchen den jüdischen Schlagern, für Zither, Geige und Ziehharmonika instrumentiert, nicht nachzutrauern. Wir wollen sie den Juden als ihr geistiges Eigentum überlassen und uns darob nicht grämen, wenn sie behaupten, Wien sei ungemütlich geworden, weil die gemütlichen Juden keine Aufnahme in der Reichsmusikkammer finden. Sie sagen ja auch, das Reich sei in die geistige Umnachtung des Mittelalters zurückgesunken, seit man den Juden die Gelegenheit nahm, mit Kunst und Wissenschaft zu handeln. Und im übrigen wurde keines dieser Lieder in Wien selbst in Text und Ton gesetzt, sondern es geschah immer auf der Kurpromenade in Ischl, dort die Herren Librettisten, die krummen Beine in den kurzen Lederhosen, zu zweit lustwandelten und Chansons zusammenstoppelten, in denen Wiener Pupperln vor der Kulisse des Riesenrades oder dem „guatn alt'n Steffl" agierten. Wir können ruhig die meisten Wiener Operetten vom Spielplan streichen, ohne über den hämischen Hinweis erröten zu müssen, ohne Juden gäbe es keine Wiener Operetten. Die Juden haben die Operette zu Tode gehetzt. Aus diesem Grunde schrieben zum Schlusse an einem Buch gleich drei Librettisten, die nicht davor zurückschreckten, geistige Bandendiebstähle zu begehen, wie man aus verschiedenen Plagiatsprozessen erfuhr.

Sie haben nicht wenig verdient an unserem Gemüt und unserer Gefühlsduselei. Irgendein dahergelaufener jüdischer Vagabund konnte die Werke Schuberts plündern und servierte uns das „Dreimäderlhaus", das ein Welterfolg wurde, und der Jude, der sich Berté nannte, scheffelte Geld und ließ sich feiern, als ob es nie einen Franz Schubert gegeben hätte, mit dessen Lorbeeren er geschmückt in der Welt herumhausierte.

Es handelt sich bei der Heurigenmusik beileibe um keine Kulturgüter. Kulturgüter muß man auch nüchtern genießen können, ohne daß durch diesen Normalzustand des Menschen deren Eindruck abgeschwächt wird. Das frohe bodenständige Lied ist nun einmal kein Produkt, das nur im Kaffee „Museum" gedeiht, woselbst zwischen zwei und sechs die Muse komponierende Juden zu küssen pflegte. Die Wiener Gemütlichkeit war für die Juden nichts als ein gutgehendes Geschäft, und die jüdischen Operetten und Filme haben dem Ansehen des Oesterreichers mehr geschadet, als es auf den ersten Blick den Anschein hat. Man erinnere sich nur der reichlich dämlichen, aber feschen Offiziere, die da hinter der Mitgift irgendeiner Gutsbesitzerstochter hertanzten, und österreichische Komiker wandten ihre ganzen Talente darauf, um möglichst beschränkt und rührselig beim Publikum Heiterkeitserfolge zu erzielen. Schließlich soll der Film doch irgendwie das Wesen seines Ursprungslandes verkörpern, sei es im heiteren oder im ernsten Sinne. Aber so wie die Juden uns auf der Leinwand zeigten, solche Vorstellungen über den Oesterreicher macht man sich in allen Ländern.

Wir haben den Juden den totalen Krieg erklärt. Und es gibt kein Gebiet, auf dem wir nicht ihren vielleicht noch so unscheinbaren Einfluß ausrotten werden. Es ist kein blinder Haß, der uns beseelt. Wir werden keine Pogrome veranstalten, denn sie müssen leben, damit endlich die Welt sie in ihrer ganzen feigen Erbärmlichkeit kennenlernt. Ohne jedes Mitleid muß ihnen der Nährboden entzogen werden. Wir werden sie abriegeln, und wer trotzdem meint, Umgang mit ihnen pflegen zu müssen, darf sich nicht wundern, wenn er wie ihresgleichen behandelt wird....

Wären die Juden so tüchtig, wie sie vorgeben, hätten sie sich längst entschlossen, einen eigenen Staat zu bilden. Denn wenn sie schon die größten Aerzte, Schriftsteller, Maler, Bildhauer, Techniker und Musiker sind, wie sie von sich behaupten, hätten sie ja dann eine Monopolstellung in der Welt und könnten vom Kulturexport allein schon in Saus und Braus leben. Wir müssen sie daher zwingen, ihre ganzen Fähigkeiten zu entfalten, und sie müßten uns darob noch Dank wissen. Dann sollen sie am Libanon Heurigenschänken aufmachen, und ich werde der erste sein, der dort zur Hebung des Fremdenverkehrs seinen bescheidenen Beitrag leistet. Einen Juden sehen und hören, der seine bessere Hälfte mit dem schelmischen Liedchen: „Pupperl, Pupperl, blonder Wiener Fratz..." apostrophiert, und der zum Schluß mit dem Stößer im Genick versichert, daß das höchste der Gefühle für ihn sei, als Fiaker „zwei Jucker in der Pratzen" zu haben, würde mir die Beschwerden einer weiten Reise reichlich lohnen.

Wir müssen nicht nur an die Arisierung der Geschäfte, sondern auch an die der Gefühle gehen. Wiener Humor und Gemütlichkeit bleibt weiter bestehen, auch wenn kein Leopoldi und Fritz Grünbaum die Texte dazu liefern. Wir vergewaltigen dadurch nicht die ewigen Gesetze, indem wir einem Künstler seinen schöpferischen Drang verbieten. Sie sollen ruhig nach Amerika gehen, um dort in New Yorker Gemütlichkeit zu machen, und wenn dann ganz Minnesota beim sauern Gin lossingt: „Weil i a echta Amerikaner bin", wollen wir sie nicht einmal des geistigen Diebstahls bezichtigen.

Nun, vielleicht verpflanzen sie auch die Wiener Gemütlichkeit ins Ausland, garniert durch ihr reichhaltiges Programm schmalziger Wiener Schlager. Bei uns wird deshalb die Gitarre doch nicht im Futteral steckenbleiben, und die musikträchtigen Juden werden sich seufzend ans Werk begeben müssen, jüdische Tempelmusik zu bereichern. Unsere Wiener Gemütlichkeit soll ihnen noch sehr ungemütlich werden, und übereifrige Violinspieler sollen endlich daran gehen, ihre Gefühle zu arisieren, sonst müßte ein Wandel geschaffen werden, bei dem ihnen der Fiedelbogen aus den Fingern rutschen könnte.

Aus den politischen Satiren „Die Marsbewohner sind da!" von Mungo. Carl Stephenson Verlag, Berlin SW 68, 1939.

Aus: „Musik in Jugend und Volk" 1943, Heft 3

Briefe an die Deutsch-Nordische Richard-Wagner-Gesellschaft für germanische Kunst und Kultur

F. v. PAPEN

Berlin W 8, 27. 1. 33
Wilhelmstr. 74

Sehr verehrte Herren!

Die Übersendung des in Geist und Ausstattung gleich hervorragenden Werkes über das „Nibelungenlied", das Sie die Güte hatten, mir zu widmen, hat mich - gerade in diesen Tagen tiefer vaterländischer Not - tief bewegt.

Es war eine Tat in dieser wirtschaftlich schwierigen Zeit dem deutschen Volke dieses Werk zu schenken, an dem es sich innerlich aufzurichten vermag.

War doch auch der „Ring" des unsterblichen Meisters „im Vertrauen auf den deutschen Geist entworfen und zum Ruhme seines erhabenen Wohltäters König Ludwig II. vollendet". So möge auch Ihre Arbeit dem großen Ziele dienen, dem wir alle heut zustreben: Deutschland wieder zu den Quellen seiner Geschichte und damit zu den wahren Quellen seiner Kraft zurückzuführen!

Ich danke Ihnen von Herzen für diesen Dienst am Lande.

In vorzüglicher Hochachtung

von Papen

Bund der Frontsoldaten
Der Erste Bundesführer

Br.-Nr. Wa

MAGDEBURG, den 18. Januar 1933
Breiteweg 123

An die

Deutsch-Nordische Richard Wagner-Gesellschaft
für germanische Kunst und Kultur

B e r l i n W 50
Ansbacher Str. 38

Sehr geehrte Herren!

Mit der Uebersendung der Prachtausgabe des „Nibelungen-Liedes" haben Sie mir eine große Freude bereitet. Sehr wertvoll ist mir auch die darin enthaltene Widmung. Das Werk mit dem Hohenlied der Deutschen wird in meiner Bibliothek einen Ehrenplatz einnehmen.

Möchte Ihre mühevolle Arbeit recht viel Erfolg zeitigen und damit im Geiste der Bearbeiter, Dichter und Künstler wirken.

Mit deutschem Gruß!

Franz Seldte

Der Reichspräsident

Berlin, den 3. Februar 1933

Sehr geehrte Herren!

Für die Aufmerksamkeit, die Sie mir durch Übersendung eines Exemplars der Richard Wagner Gedächtnis-Ausgabe des Nibelungen-Liedes erwiesen haben, spreche ich Ihnen meinen herzlichen Dank aus. Ich werde das kunstvoll ausgestattete Prachtwerk gern meiner Bücherei einverleiben. Meine aufrichtigen Glückwünsche begleiten das weitere Schaffen Ihrer Gesellschaft.

Mit freundlichen Grüßen!

von Hindenburg

An die

Deutsch-Nordische Richard Wagner-Gesellschaft
für germanische Kunst und Kultur

B e r l i n W. 50
Ansbacher Strasse 38.

W

Berlin W 8, den 25. Januar 1933
Unter den Linden 36

Der

Deutsch-Nordischen Richard Wagner-Gesellschaft
für germanische Kunst und Kultur

Berlin W 50
Ansbacher Str. 38

danke ich aufrichtig und herzlichst für die mir mit dem sehr freundlichen Schreiben vom 12. d. M. überreichte Prachtausgabe "Das Nibelungen Lied", die zu besitzen mir eine grosse Freude und von besonderem Wert ist.

Die Deutsch-Nordische Richard Wagner-Gesellschaft hat sich mit der Herausgabe dieses so prachtvoll und würdig ausgestatteten Werkes aus Anlass der 50. Wiederkehr des Todestages unseres grossen deutschen Meisters ein hohes Verdienst erworben.

Ich sehe es als einen Baustein an, durch den in unserer Zeit der Zerrissenheit und Hoffnungslosigkeit der Glauben an Einigkeit und Treue wieder in deutschen Herzen lebendig wird, ist doch die Treue von jeher edelste Eigenschaft des deutschen Menschen gewesen. So kann ich zum Schluss nur meinem aufrichtigen Wunsch Ausdruck geben, dass dieses hohe Lied der deutschen Treue eine Mahnung wird zur Einigung und zur Liebe zum Vaterland, dann wird Deutschland nicht untergehen!

Mit meinem nochmaligen herzlichen Dank,
grüsse ich herzlich alle Mitglieder

Wilhelm

Kronprinz

Die Goebbels-Tagebücher durchzieht als Konstante der Kampf gegen „Artfremdes“.

GEGEN ENTARTUNG

LANGER KAMPF UND SPÄTE ERKENNTNIS

67.
Tonkünstlerversammlung
12. bis 18. Juni 1936
in Weimar
Jena und auf der Wartburg

Programmbuch

Tonkünstlerfest Weimar 1936

16. Juni 1936

Nach Erfurt geflogen. Dr. Ziegler erzählte mir auf der Fahrt nach Weimar, daß dort auf dem Tonkünstlerfest fast nur atonale Musik geboten wird. Raabe hat da schwer daneben gehauen. Ich gehe erst garnicht hin und kehre mitten auf der Fahrt nach Erfurt zurück. Jetzt werde ich aber dazwischen fahren. Und Remedur schaffen.

Im Hotel mit Sauckel lange Aussprache: was soll man in der Kunst machen? Die was können, sind meistens noch im alten Fahrwasser. Und unsere Jugend ist noch zu unausgereift. Man kann keine Künstler fabrizieren. Aber dieses ewige Warten in der Dürre ist auch unfruchtbar. Aber ich werde nun wieder darangehen, das Schlechte auszujäten.

Spät und mißmutig im Flugzeug zurück. Ziegler hätte mir früher Bescheid sagen sollen.

19. Juni 1936

Funk berichtet über Raabe. In Weimar war es nicht so schlimm, wie Ziegler es darstellte. Aber immerhin, Raabe muß sich etwas mehr zusammennehmen.

Musikabteilung im Propagandaministerium

5. August 1936

Pgn. zur Netten (= Otto zur Nedden A.D.) empfangen. Er soll unsere Musikabteilung übernehmen. Ist noch jung, macht aber einen klugen, ruhigen und vor allem künstlerischen Eindruck.

Hans-Severus Ziegler warnt immer noch

5. November 1936

Ziegler berichtet mir über atonale Musiktendenzen in der H.J. Ich habe das auch schon bemerkt. Diese ganze Jugendmusik ist mir zu verworren, zu asketisch, mit einem Wort zu unerotisch, gar nicht sinnlich bewegt. Kunst aber entspringt der Sinnlichkeit. Dagegen muß man beizeiten Front machen.

10. Dezember 1936

Prof. Raabe hält mir einen langen Vortrag. Ich stütze seine Autorität. Hinkel macht da Quatsch. Aber Raabe muß elastischer sein. Sein Widerspruchsgeist gefällt mir. Gegen Graener hat er recht. Das ist ein Weihnachtsmann. Raabe muß die Musik näher ans Volk bringen. Und sich ganz von der Atonalität trennen. Allgemeiner Musik-Verein soll aufgelöst werden. Die Kammer übernimmt seine Aufgaben. Das ist das einzig Richtige. Raabe ist nachher ganz dankbar und glücklich.

5. Mai 1937

Die Entjudung der R.K.K. (= Reichskulturkammer) schreitet vorwärts. Ich werde nicht Ruhe geben, bis sie ganz judenrein ist.

Vorbereitungen zur Münchener Kunstausstellung

12. Mai 1937

Gebe Funk und Winkler den Auftrag, die Auslandsvertretungen von Ufa und Tobis systematisch zu entjuden. Das wird uns auch bald gelingen. Nippold schildert mir Pläne zum Fest der deutschen Kunst in München. Die Entwürfe zum Festzug und zur Straßenausschmückung sind wunderbar.

Noch ein Säuberer: Adolf Ziegler

5. Juni 1937

Arbeit an der Entjudung der R.K.K. Die schreitet zwar vorwärts, ist aber noch lange nicht zu Ende. Es sind eben zuviele Juden. (...) Trostlose Beispiele von Kunstbolschewismus werden mir vorgelegt. Jetzt schreite ich aber ein. (...) Und ich will in Berlin eine Ausstellung der Kunst der Verfallszeit veranstalten. Damit das Volk sehen und erkennen lernt.

Die Jury in München lasse ich durch (Adolf) Ziegler anweisen, scharf zu sichten und strengere Maßstäbe anzulegen. ... Mit Speer meine Maßnahmen gegen den Kunstbolschewismus besprochen. Er wird mir dabei helfen.

12. Juni 1937

Auf dem Gebiet der Verfallskunst gearbeitet. Überall Widerstände. Jetzt sogar von Speer und Schweitzer. Ich verstehe das nicht. Aber aufgeräumt wird doch.

30. Juni 1937

Verfallskunst-Ausstellung genehmigt. Wahrscheinlich München. Habe Ermächtigung, die diesbezüglichen Stücke in allen Museen zu beschlagnahmen. Ich beauftrage Ziegler und Schweitzer mit der Durchführung.

1. Juli 1937

Ziegler Ermächtigung zur Beschlagnahme der Verfallskunst gegeben. Er fährt nun mit seiner Kommission los. Hoffentlich schaffen wir es noch bis zum Tag der deutschen Kunst. Das wird ein Schlag ins Kontor.

17. Juli 1937

Verfallsausstellung angeschaut. Dann kommt auch der Führer dahin. Das ist das Tollste, was ich je gesehen habe. Glatter Wahnsinn. Wir nehmen nun keine Rücksicht mehr.

19. Juli 1937

Eröffnung Haus der deutschen Kunst. Feierlicher Staatsakt. Sehr weihevoll. Führer hält eine klassische Rede. Gegen den Kunstzerfall. Mit lapidaren Feststellungen. Fabelhaft gemacht. Ein letzter k.o.Hieb.

21. Juli 1937

Zieglers Eröffnungsrede zur „Entarteten Kunst" findet in der Presse sehr starken Widerhall.

24. Juli 1937

Die Ausstellung „Entartete Kunst" ist ein Riesenerfolg und ein schwerer Schlag. Der Führer steht mir zur Seite gegen alle Anfeindungen. Wird im Herbst auch nach Berlin kommen.

25. Juli 1937

Heß ruft an. Nimmt den Maler Schrimpf in Schutz. Wenn ich alle aus der System-Ausstellung herausnehme, die von jemand in Schutz genommen werden, dann kann ich gleich zumachen.

Ich gebe Ziegler telefonisch den Auftrag, die Museen zu säubern. Das dauert jetzt 3 Monate, dann ist alles klar.

5. Sept. 1937

Ziegler teilt mit: für entartete Kunst sind in der Systemzeit über 6 Millionen Goldmark ausgegeben worden. Beweis, wie berechtigt unsere scharfe Stellungnahme ist.

11. Sept. 1937

Ich lasse die letzten Reste von Filmen aus der Vergangenheit, in denen noch Juden zu sehen sind, in Bausch und Bogen verbieten.

21. Sept. 1937

Ich stärke Drewes den Rücken der Kammer gegenüber. Das Ministerium hat die Führung, die Kammer die Durchführung. So nur geht es. Und statt der Tonkünstlerfeste das Volk an die Musik heranbringen. Drewes macht einen sehr überlegten und klugen Eindruck. Und vor allem: er liegt richtig.

22. Sept. 1937

Ziegler hat die Museen nun gesäubert. Jetzt kommt die Aussortierung.

7. Okt. 1937

Mit Bruder von Heß Entjudung durchgesprochen. Die wird jetzt energisch in Angriff genommen. Organisation und Finanzierung Reichsfilmarchiv genehmigt. Ab April 1938.

9. Okt. 1937

Gestern: Entjudung Musikkammer jetzt tatkräftig in Angriff genommen. Aber sie dauert fast 1 Jahr. (...) Ich mache Prof. Raabe den Führungsanspruch des Ministeriums und des Staates als Ganzen klar. Er will allein regieren. Bezeichnet mich als wohlmeinenden Dilettanten. Drewes hat ihn nicht klug behandelt. Er droht mit Rücktritt. Aber ich besänftige ihn wieder. Doch von dem Primat des Staates über das öffentliche Leben lasse ich nichts nehmen. Er muß sich mit Drewes vertragen.

14. Okt. 1937

Mit Hanke Arbeit: Raabe dirigiert nun schon atonale Musik. Er ist ein alter Querkopf. Aber ich muß ihn doch zur Räson bringen. Er war zu lange ohne Aufsicht.

20. Okt. 1937

Entartete Kunstgemälde von Stettin angeschaut. Der Oberbürgermeister hatte gegen ihre Beschlagnahme protestiert. Er wird sich wundern, wenn der Führer entscheidet.

21. Okt. 1937

Der Oberbürgermeister von Cöln setzt sich für entartete Kunst ein. Ich werde ihn dem Führer vorführen mit seinem Kunstdreck. Da wird er etwas erleben.

22. Okt. 1937

Ich höre die Proben von entarteter Musik, die Drewes gegen Raabe vorlegt. Aber das ist Unfug. Das ist zwar keine geniale, aber auch keine entartete Musik. Fortner etc. Drewes geht da in seinem Kampf gegen Raabe zu weit.

28. Okt. 1937

Im Ministerium mit dem Führer entartete Kunst aus Stettin besichtigt. Der Führer ist wütend. Er gibt mir ganz recht. Wird scharfe Maßnahmen gegen Stettin ergreifen.

5. Nov. 1937

Mit Speer, Arent und Ziegler die beschlagnahmten Machwerke der entarteten Kunst besichtigt. Nur ganz wenige Grenzfälle. Das andere ist ein derartiger Dreck, daß einem bei der dreistündigen Besichtigung direkt übel wird. Dann habe ich nun die Museen gesäubert. Ich glaube mir ein Verdienst damit erworben zu haben.

28. Nov. 1937

Sitzung Reichskultursenat. (...) Lange und wirr erregte Diskussion über Kunstbetrachtung und das Kapitel entartete Kunst. Ich bringe alle wieder zur Räson.

30. Nov. 1937

Mittags beim Führer zum Essen. (...) Lange über Judenfrage diskutiert. Mein neues Gesetz ist bald fertig. Aber das ist nicht das Ziel. Die Juden müssen aus Deutschland, ja aus ganz Europa heraus. Das dauert noch eine Zeit, aber geschehen wird und muß das. Der Führer ist fest entschlossen dazu.

7. Dez. 1937

Ich arbeite an der besitzmäßigen Arisierung aller Kulturunternehmen. Das wird noch ein schönes Stück Arbeit kosten. Aber ich lasse nun nicht mehr locker.

9. Dez. 1937

Gestern: ich arbeite an der Arisierung des deutschen Filmexports. Große Schwierigkeiten. Die Juristen sehen keine Möglichkeit der Arisierung der Scala. Ich schaffe sie nun mit Gewalt. Diese Juden werde ich schon klein kriegen. Die Juristen können auch nicht den Komponisten Lehar in den Genuß der Tantiemen der „Lustigen Witwe" bringen. Ich werde auch das schaffen. (...)

Letzte Reste der Schallplattenindustrie werden nun auch arisiert.

17. Dez. 1937

Drewes macht mir zur Bereinigung der Schallplattenindustrie einen unmöglichen Vorschlag: eine gütliche Vereinbarung zwischen Staat und Industrie, daß sie keine Judenplatten mehr bringt. Ich zerreiße den Zettel und diktiere eine neue, ganz scharfe Verordnung.

Anordnung
des Reichsministers für Volksaufklärung und Propaganda
betreffend jüdische Musik auf Schallplatten.

Da durch das Reichskulturkammergesetz vom 22. September 1933 (RGBl I D. 661) Juden von der Betätigung im Kulturleben des deutschen Volkes ausgeschlossen sind, erlasse ich, um auch die Musik auf Schallplatten den Grundsätzen dieses Gesetzes anzupassen, folgende Anordnung:

§ 1

Musik jüdischer Komponisten und von Juden ausgeführte Musik auf Schallplatten zu nehmen, ist verboten.

§ 2

Dieses Gesetz tritt für Neuaufnahmen sofort in Kraft. Die Ausmerzung bereits hergestellter jüdischer Schallplatten hat bis 31. März 1938 zu erfolgen.

§ 3

Die Schallplattenindustrie (Herstellerfirmen) hat von jeder Neuaufnahme vor Herausgabe an den Handel eine Platte der Musikprüfstelle des Reichsministeriums für Volksaufklärung und Propaganda zur Erteilung der Zulassungsbewilligung vorzulegen.

Berlin, 17. Dezember 1937

Der Reichsminister
für Volksaufklärung und Propaganda
gez. Dr. Goebbels

18. Dez. 1937

Jetzt hat Drewes scharfe Erlasse an die Schallplattenindustrie herausgegeben. Es geht also auch ohne die Juristen.

Anordnung

Auf Grund des § 25 der Ersten Verordnung zur Durchführung des Reichskulturkammergesetzes vom 1. November 1933 (RGBl I S 797 ff.) erlasse ich zum Schutze des Kulturlebens des deutschen Volkes gegen die Einführung unerwünschter und schädlicher Musik folgende Anordnung:

§ 1

Alle ausländische Musik, die in Deutschland durch Musikalienverleger oder -händler vertrieben werden soll, ist der Musikprüfstelle des Reichsministeriums für Volksaufklärung und Propaganda vorzulegen. Der Vertrieb von Noten, deren Verbreitung durch die Musikprüfstelle als unerwünscht erklärt wird, ist verboten.

§ 2

Um dem Unwesen der Verwendung von Freiexemplaren zu steuern, dürfen von einem Werk höchstens 600 Freiexemplare ausgegeben werden. Das öffentliche Musizieren aus Freiexemplaren ist verboten.

Berlin, den 18. Dezember 1937.

Der Präsident der Reichsmusikkammer
Dr. Peter Raabe

7. Jan. 1938

Material über die Kunstentartung durchstudiert. Ich bekomme wieder mal richtig Wut. Wir sind noch garnicht scharf genug.

12. Jan. 1938

Rust hat die Musikhochschule in Frankfurt errichtet. An die Spitze den Atonalisten Reutter gestellt. Das werde ich ablehnen.

13. Jan. 1938

Entjudungsaktion R.K.K. planmäßig fortgesetzt. Nur in der Reichsmusikkammer geht es nicht recht vorwärts. Ich werde da die Störungen beseitigen. (...)

Lange Aussprache mit Ziegler über entartete Kunst. Die Bilder werden nun enteignet. Ich bringe ein neues Gesetz ein. Und ihre Auswertung geschieht durch eine Kommission unter mir. Rust kämpft jetzt durch seine Leute mit dummen, kleinen Pamphleten. Schulmeister!

14. Jan. 1938

Mit dem Führer die aufgestapelten Dokumente entarteter Kunst besichtigt. 2 Stunden lang. Das Resultat ist vernichtend. Kein Bild findet Gnade. Führer auch für entschädigungslose Enteignung. Einiges davon wollen wir im Ausland gegen gute Meister austauschen. Dafür setzt der Führer eine Kommission unter meinem Vorsitz ein.

18. Jan. 1938

Gesetz über entartete Kunst in Umlauf gebracht.

20. Jan. 1938

Ich höre auf Schallplatten Musik von Reutter. Scheußlich und unerträglich. Den hat Rust zum Direktor der Frankfurter Hochschule berufen. Ich werde das beseitigen.

29. Jan. 1938

Mit Drewes kommende Musiktage der Kammer in Düsseldorf besprochen. (...) Ich ermahne Drewes zum Frieden mit Raabe. Er möchte gerne an dessen Stelle. Aber das gibt es nicht.

9. Feb. 1938

Entjudung des Filmexports schreitet voran. Ein sehr kompliziertes Gebiet. Aber der Export hebt sich allmählich. (...)

Entjudung der R.K.K. geht planmäßig weiter. Große Schwierigkeiten bei der Musikkammer. Hier hat Raabe viel versäumt und Ihlert macht nur Schwierigkeiten. Den Jungen kaufe ich mir nochmal.

10. Feb. 1938

Hinkel zieht sich jetzt auf seine Judenarbeit zurück. Er ist ganz resigniert. Die Arisierung der Kulturunternehmen hat er zu groß aufgezogen. Mit 90 000 Fragebogen. Ich stoppe das ab.

18. Mai 1938

Entjudung Kulturkammer schreitet voran. Nur in der Musikkammer noch Widerstände. Die aber breche ich. (...) Göring will Werke der entarteten Kunst in das Ausland verkaufen. Für viel Devisen. Ich bin damit einverstanden.

Keine Eintragungen 19. Mai bis 1. Juni

5. Juni 1938

Ein Oberschlauberger hat herausgefunden, daß Joh. Strauß ein Achteljude ist. Ich verbiete, das an die Öffentlichkeit zu bringen. Denn erstens ist es noch nicht erwiesen, und zweitens habe ich keine Lust, den ganzen deutschen Kulturbesitz so nach und nach unterbuttern zu lassen. Am Ende bleibt aus unserer Geschichte nur noch Widukind, Heinrich der Löwe und Rosenberg übrig. Das ist ein bißchen wenig. Da geht Mussolini viel klüger vor. Er okkupiert die ganze Geschichte Roms von der frühesten Antike angefangen, für sich. Wir sind demgegenüber nur Parvenüs.

Amtliche Mitteilungen der Reichsmusikkammer

5. Jahr | Berlin, den 15. September 1938 | Nummer 18

Führerworte an den deutschen Musiker

Aus der großen Kulturrede auf dem Reichsparteitag 1938:

Eine sprachlich schwer zu schildernde Welt von Gefühlen und Stimmungen offenbart sich durch die Musik. Sie kann daher bestehen ohne jede sprachliche Deutung, und sie kann natürlich umgekehrt mithelfen, den Eindruck einer bestimmten sprachlichen Fixierung gefühlsmäßig durch ihre Begleitung zu vertiefen. Je mehr die Musik zur reinen Illustrierung führt, um so wichtiger ist, daß ihr die zu unterstreichende Handlung sichtbar beigegeben ist. Das Ingenium des großen Künstlers wird dann immer noch über die reine Handlung hinaus eine zusätzliche, nur durch die Musik erreichbare Gesamtstimmung und damit Wirkung geben. Ihren einmaligen Höhepunkt hat diese Kunst der Erzeugung eines musikalischen Grund- und damit Gesamtcharakters als Stimmung in den Werken des großen Bayreuther Meisters gefunden.

Allein auch außerdem ist es einer Anzahl gottbegnadeter Musiker geglückt, bestimmten dramatischen Kunstwerken einen schlagenden musikalischen Grundwert und damit Gesamtausdruck zu sichern. Die großen Symphoniker bemühten sich, allgemeinere Stimmungen wiederzugeben, benötigen aber dabei als Einführung für den Hörer ebenfalls bestimmter allgemeiner, sprachlich niedergelegter Anhaltspunkte. Es ist aber gänzlich unmöglich, eine Weltanschauung als Wissenschaft musikalisch zum Ausdruck zu bringen. Man kann unter Zuhilfenahme vorhandener musikalisch, das heißt besser inhaltlich festgelegter Arbeiten von früher bestimmte Zeitgemälde entwickeln, es ist aber unmöglich, bestimmte wissenschaftliche, politische Erkenntnisse oder politische Vorgänge musikalisch deuten oder gar vertiefen zu wollen.

Es gibt daher weder eine musikalische Parteigeschichte noch eine musikalische Weltanschauung, ebenso gibt es auch keine musikalische Illustrierung oder Deutung philosophischer Erkenntnisse. Dafür ist ausschließlich die Sprache da. Und es ist die Aufgabe unserer Dichter oder Denker, nun die Sprache so beherrschen zu lernen, daß sie nicht nur die ihnen vorschwebenden Erkenntnisse klar und wie gestochen wiedergibt und sie damit den Mitmenschen vermittelt, sondern daß diese selbst darüber hinaus noch durch die Beherrschung der Klangform, die in der Sprache liegt, zum Kunstwerk erhoben wird. Wir Deutsche können glücklich sein, eine ebenso schöne wie reiche, aber allerdings auch schwere Sprache zu besitzen. Sie beherrschen zu lernen, ist eine wunderbare Aufgabe, und sich ihrer zu bedienen, ebenfalls eine Kunst. In ihr die Gedanken unserer Weltanschauung zum Ausdruck zu bringen, muß möglich sein und ist möglich. Diese musikalisch darzustellen, ist weder möglich noch notwendig. Es ist daher ein Unsinn, wenn jemand glaubt, in der musikalischen Einleitung — sagen wir — einer Kongreßveranstaltung eine Deutung der Parteigeschäfte geben zu müssen oder überhaupt auch nur geben zu können. In diesem Fall müßte auf alle Fälle der begleitende Text die Gedankengänge des Komponisten der Mitwelt aufhellen und verständlich machen.

Dies ist aber — wie schon betont — überhaupt gar nicht notwendig, wohl aber ist es nötig, die allgemeinen Gesetze für die Entwicklung und Führung unseres nationalen Lebens auch auf dem Gebiet der Musik zur Anwendung zu bringen, das heißt nicht in technisch gekonntem Wirrwarr von Tönen das Staunen der verblüfften Zuhörer zu erregen, sondern in der erahnten und erfühlten Schönheit der Klänge ihre Herzen zu bezwingen. Nicht der intellektuelle Verstand hat bei unseren Musikern Pate zu stehen, sondern ein überquellendes musikalisches Gemüt. Wenn irgendwo, dann muß hier der Grundsatz gelten, daß „wes das Herz voll ist, der Mund überläuft". Das heißt: wer von der Größe der Schönheit oder dem Schmerz, dem Leid einer Zeit und seines Volkes durchdrungen oder überwältigt wird, kann, wenn er von Gott begnadet ist, auch in Tönen sein Inneres erschließen. Das technische Können ist wie immer die äußere notwendige Voraussetzung für die Offenbarung der inneren Veranlagung.

Ich halte es für dringend notwendig, daß gerade unsere Musiker sich diese Erkenntnisse zu Herzen nehmen. Das vergangene Jahrhundert hat zahlreiche musikalische Genies in unserem Volk entstehen lassen. Die Gründe für das allmähliche Versiegen derselben habe ich schon in früheren Reden klarzulegen versucht. Es würde nun aber schlimm sein, wenn der Nationalsozialismus auf der einen Seite den Geist einer Zeit besiegt, der zur Ursache für das Verblassen unserer musikalischen Schöpferkraft wurde, auf der andern aber durch eine falsche Zielsetzung selbst mithilft, die Musik auf

Ganz Deutschland
hört den Führer
mit dem Volksempfänger

17. Juni 1938

Drewes schlägt Benda als Nachfolger von Raabe vor. Aber der reicht nicht aus. Ich belasse es vorläufig einmal bei Raabe.

19. Juni 1938

Helldorff geht jetzt radikal in der Judenfrage vor. Die Partei hilft ihm dabei. Viele Verhaftungen. Die Auslandspresse tobt. Ich gebe eine beruhigende Erklärung ab. Im übrigen bleibt es beim Kurs. Die Polizei hat meine Anweisungen verstanden. Wir werden Berlin judenrein machen. Ich lasse nun nicht mehr locker. (...)

Unser neues Reichspropagandaamt in Wien angeschaut. Ein sehr schönes, ganz freies Haus, das einem emigrierten Juden weggenommen worden ist. Das muß zuerst nochmal ausgeräuchert werden.

22. Juni 1938

Die Judenfrage in Berlin hat sich nun sehr kompliziert. Die Partei hat – wahrscheinlich auf Anregung von Helldorff – die Judengeschäfte beschmiert. Darob hat sich Funk eingeschaltet. Er will das alles legal machen. Aber es dauert so lange. (...) Helldorff hat meine Befehle direkt ins Gegenteil verkehrt: ich hatte gesagt, Polizei handelt mit legalem Gesicht, Partei macht Zuschauer. Das Gegenteil ist nun der Fall. Ich bestelle mir alle Parteiinstanzen und gebe neue Befehle heraus. (...)

Abends große Sonnenwendfeier im Olympiastadion. 120 000 Menschen sind aufmarschiert. Ein imposantes Bild. Die Feier ist grandios. IX. Symphonie letzter Satz, von tausenden von Musikern und Sänger dargebracht. Fackeln, Fahnenschwinger, ein Riesenholzstoß, und ich halte eine sehr scharfe Rede. Rücksichtslose Auseinandersetzung mit dem Judentum. Die Massen toben.

12. Juli 1938

Benatzky ist kein Jude. (...) Ich rehabilitiere ihn und lasse ein Untersuchung anstrengen gegen die, die ihn zu Unrecht beschuldigt haben.

25. Juli 1938

Wir besprechen die Judenfrage. Der Führer billigt mein Vorgehen in Berlin. Was die Auslandspresse schreibt, ist unerheblich, Hauptsache ist, daß die Juden hinausgedrückt werden. In 10 Jahren müssen sie aus Deutschland entfernt sein.

29. Juli 1938

Bilder aus der entarteten Kunst werden nun auf dem internationalen Kuntmarkt angeboten. Wir hoffen, dabei noch Geld mit dem Mist zu verdienen. (...) Fall Benatzky auch erledigt. Seine Musik wieder freigegeben. Und bessere Arbeitsmethoden für die Abstammungsfragen eingeführt.

4. Aug. 1938

Jüdischen Ärzten die Approbation entzogen. Das Judentum wird planmäßig zurückgetrieben.

18. August 1938

In der Judenfrage gehen die Ungarn zwar vor, aber zu zaghaft. Doch ist der Weg einmal beschritten, dann gibt es kein Zurück mehr.

3. Nov. 1938

Neue Verordnung über unerwünschte Musik genehmigt. Drewes und Raabe haben sich geeinigt. Das ist sehr erfreulich.

Nach der „Reichskristallnacht“

12. Nov. 1938

In Berlin ist in der Nacht alles ruhig geblieben. Die Juden haben sich bereiterklärt, für die Schäden des Tumults aufzukommen. Das macht ja in Berlin allein 5 Millionen Mk. Das ist ein ganz guter Aderlaß. (...)

Mit Hinkel lege ich eine Vereinbarung fest, daß die Juden keine Theater und Kinos mehr besuchen dürfen.

Anordnung über die Teilnahme von Juden an Darbietungen der deutschen Kultur

Auf Grund des § 25 der Ersten Verordnung zur Durchführung des Reichskulturkammergesetzes vom 1. November 1933 (RGBl. I S. 797) ordne ich folgendes an:

Nachdem der nationalsozialistische Staat es den Juden bereits seit über 5 Jahren ermöglicht hat, innerhalb besonderer jüdischer Organisationen ein eigenes Kulturleben zu schaffen und zu pflegen, ist es nicht mehr angängig, sie an Darbietungen der deutschen Kultur teilnehmen zu lassen. Den Juden ist daher der Zutritt zu solchen Veranstaltungen, insonderheit zu Theatern, Lichtspielunternehmen, Konzerten, Vorträgen, artistischen Unternehmen (Varietés, Kabaretts, Zirkusveranstaltungen usw.), Tanzvorführungen und Ausstellungen kultureller Art, mit sofortiger Wirkung nicht mehr zu gestatten.

Berlin, den 12. November 1938

Der Präsident der Reichskulturkammer

Dr. Goebbels

Aus: Amtliche Mitteilungen der Reichsmusikkammer vom 15. November 1938

13. Nov. 1938

Heyderich gibt einen Bericht über die Aktionen. 190 Synagogen verbrannt und zerstört. Das hat gesessen. Konferenz bei Göring über die Judenfrage. Heiße Kämpfe um die Lösung. Ich vertrete einen radikalen Standpunkt. Funk ist etwas weich und nachgiebig. Ergebnis: die Juden bekommen eine Kontribution von einer Milliarde auferlegt. Sie werden in kürzester Frist gänzlich aus dem wirtschaftlichen Leben ausgeschieden. Sie können keine Geschäfte mehr betreiben. (...)

14. Nov. 1938

Die neuen Judengesetze beherrschen vollkommen Presse und öffentliche Meinung. Das deutsche Volk ist ganz damit einverstanden. (...) Unser Volk ist das beste Volk.

18. Nov. 1938

Die Juden hetzen weiter in aller Welt, besonders in Amerika. Roosevelt gibt eine freche und dummdreiste Erklärung in dieser Frage ab. Aber keiner will die Juden nehmen, nur in Schutz. Ich lasse nun für Presse, Rundfunk und Versammlung einen großen antisemitischen Feldzug vorbereiten. (...) Der Führer in Düsseldorf beim Begräbnis vom Raths.

5. Dez. 1938

„Tag der nationalen Solidarität“ erbringt fast das Doppelte wie letztes Jahr. Ungefähr 15 Millionen.

8. Dez. 1938

Die Juden drängen wir nun allmählich in den Wohnungen zusammen. Das gibt Platz für deutsche Arbeiter.

13. Dez. 1938

Ich ordne das Problem der entarteten Kunst neu. Die verkaufbaren Bilder werden an das Ausland verkauft, die anderen in Schreckensausstellungen zusammengefaßt und vernichtet.

17. Dez. 1938

Amerika wird frech gegen uns. Schickt in der Judenfrage unverschämte Noten. Es ist ja auch ein Judenstaat!

26. Jan. 1939

Die Entjudung in R.K.K. wird fortgesetzt. Aber nun tauchen erhebliche wirtschaftliche Schwierigkeiten auf. Aber auch denen werden wir Herr. Der Filmexport geht weiter zurück. Ich muß da einmal etwas Durchgreifendes tuen.

Anordnung
zum Schutze musikalischen Kulturgutes

Auf Grund des § 25 der I. Durchführungsverordnung zum Reichskulturkammergesetz vom 1.11.1933 (RGBl. I S. 797) in Verbindung mit § 4 der Verordnung übe die Einführung der Reichskulturkammergesetzgebung im Lande Österreich vom 11.6.1938 (RGBl. I S. 624) und § 4 der Verordnung über die Einführung der Reichskulturkammergesetzgebung in den sudetendeutschen Gebieten vom 19.10.1938 (RGBl. I S. 1445) ordne ich mit Zustimmung des Reichsministers für Volksaufklärung und Propaganda, des Reichswirtschaftsministers und des Reichskommissars für die Wiedervereinigung Österreichs mit dem Reich an:

Die Anordnung über unerwünschte und schädliche Musik vom 18.12.1937 erhält folgende Fassung:

Listenmäßige Führung unerwünschter musikalischer Werke

§ 1

(1) Musikalische Werke, die dem nationalsozialistischen Kulturwillen widersprechen, werden von der Reichsmusikkammer in einer Liste über unerwünschte und schädliche Musik geführt. Musikalische Werke im Sinne dieser Anordnung sind auch musikalische Bearbeitungen, Zusammenstellungen, Schulen usw.

(2) Die Entscheidung über die Aufnahme in die Liste trifft die Reichsmusikprüfstelle nach Anhörung des Präsidenten der Reichsmusikkammer.

(3) Die Inverlagnahme, der Vertrieb und die Aufführung der in die Liste aufgenommenen Werke ist im deutschen Reichsgebiet verboten. Das Verbot kann auf die Aufführung beschränkt bleiben.

§ 2

(1) Wer musikalische Werke zum Zwecke der Inverlagnahme, des Vertriebes und der Aufführung in Besitz hat, ist verpflichtet, sie auf Verlangen unverzüglich der Reichsmusikprüfstelle oder deren Beauftragten zum Zwecke der Prüfung einzureichen.

(2) Gutachten werden von der Reichsmusikprüfstelle nicht erstattet.

Berlin, den 20. März 1939

Der Präsident der Reichsmusikkammer
Dr. Peter Raabe

Runderlass
zur Programmgestaltung des deutschen Musiklebens

Die Musik hat heute mehr denn je die große Aufgabe, unser Volk zu erheben und seine seelischen Kräfte zu stärken. Deswegen ist die Programmgestaltung des deutschen Musiklebens dem Ernst der Zeit und dem nationalen Volksempfinden anzupassen. Damit soll keineswegs die heitere Musik ausgeschaltet werden; sie ist jedoch freizuhalten von Würdelosigkeit und Übertreibung in der Wiedergabe.

Ich ordne deshalb an, daß Werke, die dem nationalen Empfinden entgegenstehen, sei es durch das Ursprungsland, den Komponisten oder ihre äußere Aufmachung, nicht mehr aufzuführen, sondern durch andere zu ersetzen sind.

Weiter ist dafür Sorge zu tragen, daß eine Einschränkung der öffentlichen musikalischen Betätigung nach Möglichkeit in nennenswertem Umfang nicht eintritt oder daß Konzerte nicht grundlos abgesagt werden.

Berlin, den 2. September 1939

Der Reichsminister
für Volksaufklärung und Propaganda
Dr. Goebbels

10. Okt. 1939

Alter Film „3 Groschen-Oper". Eine typische Judenmache. So etwas hat man einmal ungestraft dem deutschen Volk vorsetzen dürfen. Es ist unser Verdienst, diesen ganzen Unrat beseitigt zu haben.

Amtliche Mitteilungen
der
Reichsmusikkammer

5. Jahr | Berlin, den 1. September 1938 | Nummer 17

Unerwünschte Musik

Die nachstehend verzeichneten Werke, die von der Reichsmusikprüfstelle für unerwünscht erklärt worden sind, dürfen in Deutschland weder vertrieben noch öffentlich aufgeführt werden:

1. N. H. Brown: „Ich träume von Millionen", bearbeitet von Frank Skinner und D. E. Bayford — Text von Franz Baumann. Verlag: Francis, Day & Hunter G. m. b. H., Berlin.
2. Alec Osborne: „Help your neighbour", Text von Edward Clifton und Jack Stevens, bearbeitet von Claude Grant. Verlag: Francis, Day & Hunter G. m. b. H., Berlin.
3. Sherman Myers: „Vagabond Fiddler", Text von Stanley Damerell, bearbeitet von Claude Grant. Verlag: Francis, Day & Hunter G. m. b. H., Berlin.
4. Jimmy Kennedy und Michael Carr: „On linger longer island", bearbeitet von Stan Bowsher. Verlag: Adolf Robitschek, Wien.
5. Jimmy Kennedy und Michael Carr: „Take your Pick and swing", bearbeitet von Stan Bowsher. Verlag: Adolf Robitschek, Wien.
6. Mabel Wayne: „Granada", Text von Fred Barny, bearbeitet von Spud Murphy. Verlag: Francis, Day & Hunter G. m. b. H., Berlin.
7. Joe Burke: „Leben, Lachen, Lieben", Text von Edgar Leslie, bearbeitet von L. Clinton und D. E. Bayford. Verlag: Francis, Day & Hunter G. m. b. H., Berlin.
8. Alberto Semprini und Roberto Leonardi: „Rosalie". Verlag: Piero Leonardi, Berlin.
9. Friedrich Holländer (Frederic Hollander): Musik zu dem Film „Die Dschungelprinzessin", insbesondere „Schlaflied".
10. Sholom Secunda: „Bei mir bist Du schön", Text von Jacob Jacobs, bearbeitet von L. Palex. Verlag: Chappell & Co., London.
11. Irving Berlin: Sämtliche Musikstücke (z. B. „I've got my love to keep me warm").
12. Yoan Allouche und Roger Sarbib: Sämtliche Musikstücke (z. B. „Ever loving").

Berlin, den 31. August 1938

Der Präsident der Reichsmusikkammer
Dr. Peter Raabe

Inkraftsetzung von Anordnungen der Reichskulturkammer im Lande Österreich

Auf Grund des § 25 der Ersten Verordnung zur Durchführung des Reichskulturkammergesetzes vom 1. November 1933 (RGBl. I S. 797) und § 4 der Verordnung über die Einführung der Reichskulturkammergesetzgebung im Lande Österreich vom 11. Juni 1938 (RGBl. I S. 624) ordne ich mit Zustimmung des Reichskommissars für die Wiedervereinigung Österreichs mit dem Deutschen Reich folgendes an:

Die Anordnung über Gastspielreisen ins Ausland vom 1. März 1934 tritt mit sofortiger Wirkung auch im Lande Österreich in Kraft.

Eine Veröffentlichung dieser Anordnung im „Völkischen Beobachter" erfolgt nicht.

Berlin, den 10. August 1938

Der Präsident der Reichskulturkammer
Dr. Goebbels

(Nicht für die Tagespresse, nur zur Veröffentlichung in den Organen der Kammer und Fachverbände.)

Auf Grund des § 25 der Ersten Verordnung zur Durchführung des Reichskulturkammergesetzes vom 1. November 1933 (RGBl. I S. 797) und § 4 der Verordnung über die Einführung der Reichskulturkammergesetzgebung im Lande Österreich vom 11. Juni 1938 (RGBl. I S. 624) ordne ich mit Zustimmung des Reichskommissars für die Wiedervereinigung Österreichs mit dem Deutschen Reich folgendes an:

Mit der Veröffentlichung dieser Anordnung im „Völkischen Beobachter" treten im Lande Österreich folgende Anordnungen der Reichskulturkammer in Kraft:

1. die Anordnung betr. Ablieferung von Druckschriften an die Deutsche Bücherei in Leipzig vom 20. September 1935, abgedruckt im „Völkischen Beobachter" vom 27. September 1935,
2. die Anordnung über Berufsbezeichnungen vom 9. Dezember 1935, abgedruckt im „Völkischen Beobachter" vom 12. Dezember 1935.

Berlin, den 10. August 1938

Der Präsident der Reichskulturkammer
Dr. Goebbels

Amtliche Mitteilungen der Reichsmusikkammer

6. Jahr | Berlin, den 1. Juli 1939 | Nummer 13

Erklärung der Präsidenten der Reichsmusikkammer und der Reichstheaterkammer über »Entartung im Tanzwesen«

Gewisse Erscheinungen im geselligen Tanz, insbesondere einige neue ausländische „Tänze", deren Einführung in Deutschland mit den Grundsätzen einer artbewußten Kultur nicht vereinbar wäre, geben Veranlassung, die Verbreitung neuartiger in- oder ausländischer Tänze von einer Unbedenklichkeitserklärung abhängig zu machen. Diese wird jeweils in den „Amtlichen Mitteilungen" der Reichsmusikkammer und der Reichstheaterkammer und in den Musikzeitschriften mitgeteilt.

Vor Bekanntgabe der Unbedenklichkeitserklärung ist jede Verbreitung solcher Tänze — durch Verlegen, Verbreiten und Aufführen von entsprechender Tanzmusik und durch Lehren oder Vorführen der Tänze — zu unterlassen.

Die deutschen Tanzkapellen werden hierdurch außerdem darauf hingewiesen, daß es unwürdig ist, bei Tanzmusik Texte in ausländischer Sprache zu singen.

Wer diese Richtlinien außer acht läßt, muß damit rechnen, daß gegen ihn die in Betracht kommenden Maßnahmen auf Grund der Reichskulturkammergesetzgebung ergriffen werden.

Berlin, den 13. Mai 1939

Der Präsident der Reichsmusikkammer
Dr. Peter Raabe

Der Präsident der Reichstheaterkammer
Ludwig Körner

Abstammungsnachweis der Mitglieder der Reichsmusikkammer

Bei der Erbringung des Abstammungsnachweises durch die Mitglieder der Reichsmusikkammer hat es sich herausgestellt, daß viele Mitglieder sich erst dann die Urkunden besorgen, wenn sie vom Referat „Abstammungsnachweis" oder dem zuständigen Landesleiter hierzu persönlich aufgefordert werden. Die Folge davon ist, daß die zur Erbringung des Nachweises gesetzte Frist häufig nicht eingehalten werden kann.

Ich ordne daher an, daß sich sämtliche Mitglieder der Reichsmusikkammer die zum Abstammungsnachweis erforderlichen Urkunden umgehend, d. h. vor Erhalt einer besonderen persönlichen Aufforderung zu beschaffen haben, damit zur gegebenen Zeit der amtlich beglaubigte Ahnenpaß oder Ahnenspiegel mit sämtlichen erforderlichen Angaben bis zu den beiderseitigen Großeltern zur Prüfung eingereicht werden kann. Die Landesleiter, Kreis- und Ortsmusikerschaftsleiter sowie die Nebenstellenleiter werden hiermit ersucht, die Mitglieder bei jeder sich bietenden Gelegenheit — insbesondere durch Anschlag in den Diensträumen — entsprechend zu unterrichten.

Ich weise noch besonders darauf hin, daß Mitglieder, die bei der Beschaffung von Urkunden auf unüberwindliche Schwierigkeiten stoßen, dies umgehend dem zuständigen Landesleiter mitzuteilen haben; hierbei sind sämtliche bisher ermittelten Unterlagen sowie der Schriftwechsel über die erfolglose Anforderung weiterer Urkunden beizufügen. Diese Belege reicht sodann der Landesleiter gemäß Absatz 6, Ziffer 1 meiner Bekanntmachung vom 6. 2. 1939 (Amtl. Mitt., Seite 11) dem Referat „Abstammungsnachweis" zur weiteren Nachprüfung und Erledigung weiter.

Berlin, den 27. Juni 1939

Der Präsident der Reichsmusikkammer
Im Auftrag:
Ihlert

Dienstvorschrift für Polizeikapellen

Die seit 1. Dezember 1938 gültige „Dienstvorschrift für die Musikkorps und Spielmannszüge der uniformierten Ordnungspolizei" (Carl Heymanns Verlag, Berlin 1939) gebe ich nachstehend auszugsweise zur Kenntnis:

„Die Pflege volkstümlicher Instrumentalmusik obliegt den Musikkorps und Spielmannszügen der uniformierten Ordnungspolizei, gleich, ob sie dienstliche Einrichtungen oder freiwillige Vereinigungen sind. Ihre Aufgabe ist nicht, in betont künstlerischem Wettbewerb zu großen Berufsorchestern zu treten. Sie haben vielmehr über den unmittelbaren Dienst in der Polizei hinaus durch straffes, soldatisches Auftreten und vorbildliche Leistungen vor dem Volke in Wahl und Ausführung der Vortragsfolge von der Volksverbundenheit der Polizei zu zeugen. (Aus dem Geleitwort des Generals der Polizei Daluege.)

I. Allgemeines

3 (2). Bei der Aufstellung von Spielfolgen sind Musikstücke ohne musikalischen, volkstümlichen Wert auszuschließen.

Beilage zu den Amtlichen Mitteilungen der Reichsmusikkammer

Nr. 16/17 vom 1. September 1939

*

Erste Liste unerwünschter musikalischer Werke

Auf Grund der Anordnung zum Schutze musikalischen Kulturgutes vom 29. 3. 1939 (Deutscher Reichsanzeiger Nr. 77 vom 31. 3. 1939, Völkischer Beobachter, Gesamtausgabe Nr. 94 vom 4. 4. 1939) hat die Reichsmusikprüfstelle folgende musikalische Werke für unerwünscht und schädlich erklärt. Die Inverlagnahme, der Vertrieb und die Aufführung dieser Werke ist im deutschen Reichsgebiet verboten.

Werk	Komponist	Textdichter	Verlag
Leipziger Kaleidoskop	Schmidt, Herbert	—	—
Ich träume von Millionen	Brown, N. H.	Dt. T. Baumann, Fr. Engl. T. Freed	Francis, Day and Hunter
Mein Mädel von der Waterkant	Astor, Bobby	Astor, Bobby	Musikverlag Simon
Help your neighbour	Osborne, Alec	Clifton, Edward und Stevens, Jack	Francis, Day and Hunter
Vagabond Fiddler	Myers, Sherman	Damarell, Stanley	Francis, Day and Hunter
On linger longer island	Kennedy, Jimmy; Carr, Michael	—	Robitschek, Adolf
Solo tu	Manzetti, U.	Olivieri, G.	Universum Verlags A.-G.
Allegro swing	Adduci, Ugo	—	Universum Verlags A.-G.
Granada.	Wayne, Mabel	Barny, Fred	Francis, Day and Hunter
Leben, Lachen, Lieben	Burke, Joe	Leslie, Edgar	Francis, Day and Hunter
Arriba España, Paso doble	Rixner, Joe	—	Musikverlag Florida
Rosalie	Semprini, Alberto; Leonardi, Roberto	—	Leonardi-Piero
Hör mein Lied, Violetta	Lukesch, Rudolf; Klose, Othmar	Klose, Othmar	Robitschek, Adolf
Dschungelprinzessin	Holländer, Friedrich	—	—
Bei mir bist du schön	Secunda, Sholom	Jacobs, Jacob	Chappel & Co., London
Sämtliche Werke	Baurose, Herta	—	Leonardi-Piero
Sämtliche Werke	Berlin, Irving	—	Berlin, Irving
Sämtliche Werke	Königsberger, Josef (Pseudonyme: Fritz Stolders, Paul Flamm)	—	Edition Kaleidoskop
Sämtliche Werke	Wellesz, Egon	—	Universal Edition
Schalt ein die III. Booby	Klose, Othmar	Rosenthal, Franz	Klose, Othmar
Meine Tante, die schwimmt wie 'ne Flunder	Bild-Sartory, Willy	Bild-Sartory	Möricke, Friedr., Stettin
Lambeth Walk	Gay, Noel; Furber, Niael	—	Brunswick-Schallplatte A 81 686 (Michael Flome Orchest.)
Astrologisch	Krausneker, Fred	Langen, Karl Theo	—

Werk	Komponiſt	Textdichter	Verlag
Your Broadway and my Broadway	Brown	Freed	Odeon-Schallplatte O-31 231 b
Big Boy Blue	Lawrence, Howell, Tinturin	—	Odeon-Schallplatte O-31 193 b
Swing high-ſwing low	Lane, Fred	—	Odeon-Schallplatte O-31 193 a
Swing for ſale	Calm-Chaplin	—	Odeon-Schallplatte O-31 140 a
Swing low, ſweet Chariot	Ader	—	—
Caſa loma ſtomp	Gilford	—	—
Im Rhythmus der Zeit	Monaco, James V.	Burke, John	Francis, Day and Hunter
Der kleine Stabstrompeter	Scott, Raymond	—	Francis, Day and Hunter
Hochſpannung	Scott, Raymond	—	Francis, Day and Hunter
Sämtliche Schallplatten, geſpielt von Nat Gonella und ſeinem Orcheſter	—	—	—
Deutſchland erwache, 's iſt Frühling am Rhein	Höfer, Otto	Fiſcher-Dyck, Marianne	Tonger, P. J.
Du haſt der Heimat mich gegeben	Schindelhauer, Andreas	Jäger, Karl Maria	—
Sämtliche Werke	Kreisler, Fritz	—	—
Non ſignifica nulla	Cergoli, G.	—	Edition Fabbri, Trieſt
Help	Roveroni, Raoúl	—	Edition Fabbri, Trieſt
Canto negro	Manſetti, U.	—	Univerſum Verlags A.-G.
Rapſodia in Swing	Menzetti, U.	—	Univerſum Verlags A.-G.
Leiſe ſingt die Nachtigall	Schubert-Melichar	Baumann, Franz	Beboton GmbH.
Schubertiana, Slowfox	Davis, H.	—	Folgore, Rom
International, Fox	De Serra, U.	—	Folgore, Rom
The Dipſey Doodle	Clinton, L.	—	Brunswick-Schallplatte A 81 568
Peelin 'the Peach	Dick, Dorothy; Link, Harry	Dick, Dorothy; Link, Harry	ABC-Muſikkorporation, New York
You never know	Porter, Cole	—	Chappel a. Co., New York
There's a village in a valley	Silver, Abner	Pariſch, Mitchell	Robins Muſikcorporation G. Cariſh a. Cie., Mailand
Marilu	Mariotti, Mario	Stillman, Al	
Adolf Hitlers Lieblingsblume iſt das ſchlichte Edelweiß	Rathke, Otto	Stadthagen, A.	Rich. Birnbach, Berlin
Harakiri	Lindſay-Theimer	—	Rich. Birnbach, Berlin
Max und Moritz	Lorenz, C. A.	—	Rob. Lienau, Berlin
The Flat Foot Floogee	Gaillard-Stewart Green	—	Green Brothers, New York
Pent up in a Penthouſe	Comor-Williams	—	Electrola-Schallplatte E. G. 6557
Caravan	Tizal-Ellington	—	Brunswick-Schallplatte A. 81 669

4. Nov. 1939

Entartete Kunst hat uns viel Devisen eingebracht. Gehen in den Kriegstopf hinein und werden nach dem Kriege wieder für Kunstkäufe eingesetzt.

30. Dez. 1939

Ich lege Dr. Drewes unsere Kulturaufgaben in Prag klar. Wir müssen auf allen Gebieten den Tschechen überlegen sein und dürfen nicht da konkurrieren, wo wir keine Aussicht haben. Also entweder ein erstklassiges deutsches Orchester oder garkeins.

9. Mai 1940

Ich überarbeite die Liste der verbotenen Musik. Da ist von den Banausen etwas zuviel verboten worden. Ich hebe das auf.

18. August 1940

Harlan-Film „Jud Süß". Ein ganz großer, genialer Wurf. Ein antisemitischer Film, wie wir ihn uns nur wünschen können.

25. Sept. 1940

Abends Ufapalast. Premiere von „Jud Süß". Ein ganz großes Publikum mit fast dem gesamten Reichskabinett. Der Film hat einen stürmischen Erfolg. Man hört nur Worte der Begeisterung. Der Saal rast. So hatte ich es mir gewünscht.

Kulturempfinden und Entartung. Ausstellung zu den Salzburger Kulturtagen der Hitler-Jugend 1944.

In seinem Katalog-Beitrag *Gewachsene und entwurzelte Musik* bezeichnete Cesar Bresgen die Verjazzung als *den Gipfel der Zersetzung einer gesunden musikalischen Substanz,* die *noch heute – trotz der Entjudung des Schlagerwesens – keineswegs abgeschüttelt* sei.

Noch ein jüdischer Emigrant

1. Okt. 1940

Der Führer zeigt mir ein neues Bild von Kaiser Wilhelm. In Doorn aufgenommen. Mit dem E.K.I. und Strohhut. Grotesk. Wie ein alter Jude. Er wird doch wohl Judenblut in sich tragen. Das würde auch seinen Charakter und seine Kritik erklären.

14. Dez. 1940

In Sachen Schott haben wir absolut Recht. Die Firma hat kein Recht, sich als arisierend aufzuspielen. Ich werde ihr jetzt den Star stechen.

15. Dez. 1940

Die Frage Schott – Universal-Edition beschäftigt mich weit über Gebühr. Aber ich will hier endlich einmal Klarheit schaffen.

Späte Erkenntnis

22. Dez. 1940

Beim Führer ... Wir besprechen Theaterfragen. Der Führer ist sehr interessiert. Er erklärt Erscheinungen wie Mahler oder Max Reinhardt, deren Verdienste und Fähigkeiten er nicht abstreitet. In der Reproduktion vermag der Jude manchmal etwas zu leisten.

Heinz Drewes, Leiter der Musikabteilung im Goebbels-Ministerium, lebte nach dem Krieg als Dirigierdozent und Musikkritiker (*8-Uhr-Blatt*) in Nürnberg.

Im Jahre 1942 reagierte Béla Bartók mit seinem Aufsatz „Race Purity in Music", zuerst abgedruckt in der Zeitschrift „Modern Music", aus dem USA-Exil auf die verhängnisvolle Rassenpolitik im NS-Staat.

Rassenreinheit in der Musik

Heutzutage wird – zumeist aus politischen Gründen – viel über die Reinheit und Unreinheit der menschlichen Rasse geredet, wobei gewöhnlich angenommen wird, daß die Reinheit der Rasse bewahrt werden sollte, sogar mit Hilfe gesetzlicher Verbote. Diejenigen, die sich mit der einen oder mit der anderen Seite des Problems beschäftigen, haben wahrscheinlich den Gegenstand gründlich studiert (oder sollten es wenigstens getan haben), indem sie viele Jahre damit zubrachten, das vorhandene Material zu überprüfen oder in eigenen Forschungen neue Daten zu sammeln. Da ich dies nicht getan habe, kann ich weder die eine noch die andere Seite unterstützen. Ich würde dazu sogar überhaupt nicht berechtigt sein. Ich habe aber viele Jahre damit zugebracht, eine Erscheinung des menschlichen Lebens zu studieren, die von einigen Träumern, die man gewöhnlich Volksmusikforscher nennt, für mehr oder weniger lebenswichtig gehalten wird. Diese Erscheinung ist die urtümliche Musik des Volkes, besonders der Bauern. Im gegenwärtigen Stadium des Streites über Rassenfragen mag es an der Zeit sein, die Frage zu untersuchen: Ist rassische Unreinheit der Volksmusik (zum Beispiel der Bauernmusik) günstig oder nicht? (Ich wende das Wort „rassisch" hier auf die Musik selbst an und nicht auf die Menschen, die die Musik schaffen, überliefern oder aufführen.)

Meine Forschungen wurden vorwiegend in Osteuropa angestellt. Als Ungar begann ich meine Arbeit natürlich mit ungarischer Volksmusik, dehnte sie aber bald auf die benachbarten Gebiete – Slowakei, Ukraine, Rumänien – aus. Gelegentlich machte ich sogar Abstecher in entlegenere Gegenden (Nordafrika, Kleinasien), um einen weiteren Ausblick zu gewinnen. Außer dieser „aktiven" Forschungsarbeit, die die Dinge an Ort und Stelle untersuchte, leistete ich auch „passive" Arbeit, indem ich das von anderen gesammelte und veröffentlichte Material studierte.

Seit dem allerersten Anfang war ich höchst erstaunt über den ungewöhnlichen Reichtum an Melodietypen, der in den bearbeiteten osteuropäischen Gebieten vorhanden war. Als ich meine Untersuchungen fortsetzte, wuchs dieses Erstaunen. In Anbetracht der verhältnismäßig geringen Ausdehnung jener Länder mit einer Gesamtbevölkerung von vierzig bis fünfzig Millionen Menschen ist diese Mannigfaltigkeit der Volksmusik wahrhaft bewundernswert. Das Vergleichen der Volksmusik der einzelnen Völker ließ klar erkennen, daß da ein ständiges Geben und Nehmen von Melodien vor sich ging, ein ständiges Kreuzen und Wiederkreuzen, das seit Jahrhunderten anhält.

Ich muß nun eine sehr wichtige Tatsache hervorheben. Dieses Geben und Nehmen ist nicht so einfach, wie man glauben könnte. Wenn eine Volksmelodie die Sprachgrenze eines Volkes überschreitet, wird sie – früher oder später – gewissen Veränderungen unterworfen werden, die durch die andere Umgebung und insbesondere durch die Sprachunterschiede bedingt sind. Je größer die Unähnlichkeit in bezug auf die Aussprache, den Tonfall, die metrischen Verhältnisse, den Silbenbau usw. zweier Sprachen ist, desto größer sind die Veränderungen, denen die „emigrierten" Melodien glücklicherweise unterworfen sein können. Ich sage „glücklicherweise", denn diese Erscheinung selbst erzeugt und erhöht weiter die Anzahl der Typen und Untertypen. Ich habe den Ausdruck „Kreuzen und Wiederkreuzen" gebraucht. Dieses „Wiederkreuzen" vollzieht sich im allgemeinen in der folgenden Art: Eine ungarische Melodie wird zum Beispiel von den Slowaken übernommen und „slowakisiert". Diese slowakisierte Form kann dann von den Ungarn rückübernommen und so „re-magyarisiert" werden. Aber – und wieder sage ich glücklicherweise – diese re-magyarisierte Form wird von der ursprünglichen ungarischen Form verschieden sein.

Zahlreiche Faktoren erklären den fast ununterbrochenen Austausch von Melodien: soziale Bindungen, freiwillige oder zwangsweise Auswanderung und Kolonisierung von einzelnen oder Völkern. Wie jedermann weiß, ist Osteuropa (Russen, Polen und Ukrainer ausgenommen) hauptsächlich von kleinen Völkern bewohnt, von denen jedes ungefähr zehn Millionen oder weniger Menschen zählt, ohne daß an den Grenzen unüberwindliche geographische Hindernisse bestünden. Einige Gebiete haben eine völlig vermischte Bevölkerung, Resultate von Kriegsverwüstungen, denen zur Besiedlung der unbewohnten Landstriche Kolonisation folgte. Der ständige Kontakt zwischen diesen Völkern mochte leicht gewesen sein. Auch haben Eroberungen stattgefunden (zum Beispiel die Eroberung des Balkans durch die Türken). Eroberer und Unterworfene haben sich vermischt und ihre Sprache und ihre Volksmusik gegenseitig beeinflußt.

Kontakt zwischen fremden Völkern bewirkt nicht nur einen Austausch von Melodien, sondern – und dies ist noch wichtiger – regt auch zur Ausbildung neuer Stilarten an. Gleichzeitig werden aber auch die mehr oder weniger alten Stilarten gut am Leben erhalten, und dies zieht eine weitere Bereicherung der Volksmusik nach sich. Die Tendenz, die fremden Melodien umzuändern, verhindert die Internationalisierung der Musik jener Völker. Das Material jeder solchen Musik, wie heterogen es auch ursprünglich sein mag, erhält so eine ausgeprägte Individualität. Der Stand der Volksmusik in Osteuropa kann folgendermaßen zusammengefaßt werden: Als das Resultat einer ununterbrochenen gegenseitigen Beeinflussung zwischen der Volksmusik der verschiedenen Völker ergeben sich eine gewaltige Mannigfaltigkeit und ein riesiger Reichtum an Melodien und Melodietypen. Die „rassische Unreinheit" ist entschieden zuträglich.

Und nun sehen wir uns einmal das entgegengesetzte Bild an! Wenn man eine nordafrikanische Oase, zum Beispiel Biskra, oder eines der benachbarten Dörfer besucht, hört man Volksmusik von ziemlich einheitlichem und einfachem Aufbau, die aber dennoch sehr interessant ist. Wenn man dann, sagen wir, tausendfünfhundert Meilen weiter nach Osten geht und sich die Volksmusik in Kairo und seiner Umgebung anhört, trifft man auf genau diese Musiktypen. Ich weiß nicht sehr viel über die Wande gen und die Geschichte der arabisch sprechender wohner Nordafrikas, aber ich glaube behaupten zu fen, eine derartige Einheitlichkeit in einem so gr Gebiet zeigt an, daß hier verhältnismäßig wenig Wa rungen und Bevölkerungsveränderungen stattgefu haben. Auch spielt da noch ein anderer Faktor eine R Die Araber mögen zahlreicher sein als jene kleinen os ropäischen Völker, sie leben aber in einem weit größ Gebiet und sind nicht durchsetzt mit Völkern verschi ner Rasse und Sprache.

Wenn für die nähere oder fernere Zukunft ein Überl der Volksmusik erhofft werden darf (eine ziemlich z felhafte Aussicht angesichts des rapiden Eindrin höherer Kultur in die entferntesten Weltgegenden), ist offensichtlich die künstliche Errichtung von chi schen Mauern zur Trennung eines Volkes vom and für die Entwicklung der Volksmusik sehr ungünstig. vollkommene Absperrung gegen fremde Einflüsse deutet Niedergang; gut assimilierte fremde Anregu bieten Bereicherungsmöglichkeiten.

DEUTSCHLAND
das Land der Musik

Eckhard John beschreibt im folgenden Beitrag die Rolle der Musikwissenschaft im Nationalsozialismus. In einer Freiburger Fallstudie spürt er den Verstrickungen dreier prominenter Musikwissenschaftler in „wissenschaftlich" fundierte Rassentheorien nach.

VOM DEUTSCHTUM IN DER MUSIK

1

Hetze gegen *Undeutsches* und *Artfremdes* und Berufung auf *deutsche Musik* erforderten Klärung, was denn eigentlich *Das Deutsche in der Musik* wäre. Die Lösung dieser Frage war eine der zentralen Aufgaben der Musikforschung im *Dritten Reich,* und *Josef Müller-Blattau* übernahm es, darüber auf der musikwissenschaftlichen Tagung 1938 in Düsseldorf zu referieren. Auf dem Programm standen fünf Themengruppen - *Die deutsche Musik / Deutsche Meister / Staat und Musik / Fragen der Musikforschung / Musik und Rasse* -, deren Konstellation bereits die Aufgabenverteilung, die der Musikwissenschaft im NS-Staat zugedacht war, spiegelt: um die Achse *Staat und Musik* sollten sich die *Fragen der Musikforschung* drehen - einerseits ganz allgemein, jedoch bereits auf das konkrete Forschungsziel *Musik und Rasse* gerichtet, um auf dieser Grundlage - auf der anderen Seite - die Weltgeltung der *deutschen Musik* und ihrer *Meister* festzulegen.

Fällt zunächst ins Auge, daß eine eigene Sektion *Musik und Rasse* eingerichtet wurde - sozusagen als musikwissenschaftliche Parallele zur gleichzeitig stattfindenden Ausstellung *Entartete Musik* -, so sollte nicht übersehen werden, wie diese Sektion in den gesamten Tagungsverlauf integriert war. Anwendung der Rassentheorie auf die Musik war keineswegs ein isolierter Nebenschauplatz ideologisch verbohrter Außenseiter und scheinwissenschaftlicher Dilettanten. Die Heroisierung der deutschen Musik samt ihrer Meister und die musikalische Rassenkunde wurden gegenseitig aufeinander angewiesene Flügel, um den Rumpf einer dem NS-Staat gegenüber loyalen Musikwissenschaft in Bewegung zu bringen. Die Frage nach dem spezifisch Deutschen in der Musik schloß den Rassegedanken mit ein.

Streng vertraulich!

RMK

Amtliche Mitteilungen der Reichsmusikkammer

Als Handschrift gedruckt – nur für den inneren Geschäftsbetrieb der Reichsmusikkammer / Herausgegeben vom Presseamt der RMK, Berlin W 62, Lützowplatz 13 (Fernruf: B 2 Lützow 9021, Apparat 6) / Schriftleitung: Dr. Friedrich Mahling, Berlin-Wilmersdorf

Nachdruck verboten!

1. Jahr	Berlin, den 25. April 1934	Sonderausgabe als Anhang zu Nr. 14

Richtlinien für die Aufnahme von Nichtariern in die Fachverbände der Reichsmusikkammer

Im Sinne der gesetzlichen Bestimmungen liegt es, bei Nichtariern an die gemäß § 10 der I. Durchführungsverordnung zum Reichskulturkammergesetz erforderliche Zuverlässigkeit und Eignung, welche Voraussetzungen für die Aufnahme in die Reichsmusikkammer sind, besonders strenge Anforderungen zu stellen. Ueber die Aufnahme von Nichtariern in die Fachverbände der Reichsmusikkammer gebe ich daher in Ermangelung besonderer Vorschriften im Reichskulturkammergesetz und den zu diesem ergangenen Durchführungsverordnungen folgende für die Fachverbände bindende Richtlinien:

1. Nichtarier sind grundsätzlich nicht als geeignete Träger und Verwalter deutschen Kulturguts anzusehen und haben deshalb die erforderliche Zuverlässigkeit und Eignung im Sinne des § 10 der I. Durchführungsverordnung zum Reichskulturkammergesetz besonders nachzuweisen.
2. Die Fachverbände sind daher in sinngemäßer Anwendung des Gesetzes zur Wiederherstellung des Berufsbeamtentums vom 7. April 1933 (RGBl. I — S. 175) zur besonderen Prüfung der Person eines die Aufnahme in einen Fachverband beantragenden Nichtariers verpflichtet. Die Fachverbände haben Nichtariern (und zwar den bereits in einen Fachverband aufgenommenen Personen ebenso wie denjenigen, die die Aufnahme erst beantragen) folgende für alle Fachverbände einheitlich herausgegebene Fragebogen zur Ausfüllung vorzulegen:

Muster eines Fragebogens für die Aufnahme von Nichtariern:

Fachverband B „Reichsmusikerschaft" der Reichsmusikkammer

Berlin SW 11, den . . . .
Bernburger Straße 19

Fragebogen

1. Name: . . . .
   Vornamen: . . . .
   Wohnort und Wohnung: . . . .
   Geburtsort, -tag, -monat und -jahr: . . . .
   Konfession (auch frühere Konfession): . . . . . .
2. Berufliche Bezeichnung: . . . .
3. Zeit der Berufsausübung:
   a) Sind Sie bereits am 1. August 1914 in Ihrem jetzigen Beruf tätig gewesen und seitdem geblieben? . . . .
   b) Haben Sie im Weltkriege an der Front für das Deutsche Reich oder für seine Verbündeten gekämpft? . . . .
   oder
   c) Sind Sie Sohn (Tochter) oder Vater eines im Weltkrieg Gefallenen? . . . .
4. Nähere Angaben über die Abstammung:
   a) Eltern:
   Name des Vaters: . . . .
   Vornamen: . . . .
   Stand und Beruf: . . . .
   Wohnort und Wohnung: . . . .
   Geburtsort, -tag, -monat und -jahr: . . . . . .
   Sterbeort, -tag, -monat und -jahr: . . . .
   Konfession (auch frühere Konfession): . . . . . .
   verheiratet
   in: . . . .
   am: . . . .
   Geburtsname der Mutter: . . . .
   Vornamen: . . . .
   Geburtsort, -tag, -monat und -jahr: . . . . . .
   Sterbeort, -tag, -monat und -jahr: . . . .
   Konfession (auch frühere Konfession): . . . . . .

   b) Großeltern:
   Name des Großvaters (väterlicherseits): . . . . .
   Vornamen: . . . .
   Stand und Beruf: . . . .
   Wohnort: . . . .
   Geburtsort, -tag, -monat und -jahr: . . . . . .
   Sterbeort, -tag, -monat und -jahr: . . . .
   Konfession (auch frühere Konfession): . . . . . .

   Geburtsname der Großmutter (väterlicherseits): . .
   Vornamen: . . . .
   Geburtsort, -tag, -monat und -jahr: . . . . . .
   Sterbeort, -tag, -monat und -jahr: . . . .
   Konfession (auch frühere Konfession): . . . . . .

   Name des Großvaters (mütterlicherseits): . . . . .
   Vornamen: . . . .
   Stand und Beruf: . . . .
   Wohnort: . . . .
   Geburtsort, -tag, -monat und -jahr: . . . . . .
   Sterbeort, -tag, -monat und -jahr: . . . .
   Konfession (auch frühere Konfession): . . . . . .

   Geburtsname der Großmutter (mütterlicherseits): . .
   Vornamen: . . . .
   Geburtsort, -tag, -monat und -jahr: . . . . . .
   Sterbeort, -tag, -monat und -jahr: . . . .
   Konfession (auch frühere Konfession): . . . . . .
5. Politische Vergangenheit:
   a) Welchen politischen Parteien haben Sie bisher angehört? . . . .
   Von wann: . . . . . . bis wann: . . . .
   b) Waren Sie Mitglied einer der kommunistischen Partei angehörenden oder nahestehenden Organisation, des Reichsbanners Schwarz-Rot-Gold oder der Liga für Menschenrechte, und, falls ja, von wann bis wann? . . . .

Die Fachverbände sind zur gewissenhaften Prüfung der Angaben des Antragstellers verpflichtet und haben insbesondere die zu Ziffer 3 b) und c) gemachten Angaben durch geeignete Unterlagen nachzuprüfen; dies bezieht sich auch auf die Nichtarier, welche bereits in die Fachverbände aufgenommen wurden.

Die ausgefüllten Fragebogen sind unverzüglich an die Reichsmusikkammer zur Entscheidung über die Aufnahme einzusenden. Die Fachverbände haben sich über die Person des Antragstellers zu erklären, insbesondere darüber, ob und aus welchem Grunde sie die Aufnahme empfehlen. Dem Antragsteller ist anheimzustellen, neben dem ausgefüllten Fragebogen einen Lebenslauf einzureichen.

Berlin, am 23. April 1934.

Der Präsident der Reichsmusikkammer.
Im Auftrage:
gez. Ihlert.

Betrifft: Anforderung obiger Fragebogen.

Die nach obigem Muster hergestellten Fragebogen sind anzufordern bei der Abt. Ausweise und Kartei des Fachverbandes B „Reichsmusikerschaft", z. Hd. des Herrn Stietz, Berlin SW 11, Bernburger Straße 19.

gez. Ihlert.

Josef Müller-Blattau, Professor für Musikwissenschaft an der Universität Freiburg im Breisgau, war auf diesem Gebiet kein Neuling. In Düsseldorf leitete er die Tagungsgruppe *Die deutsche Musik,* die zugleich den Rahmen seines erwähnten Vortrages bildete.

Vergegenwärtigt man sich die Geschichte der Freiburger Musikwissenschaft, so kann sie – über den lokalen Rahmen hinweg – als Beispiel stehen dafür, wie Musikwissenschaft im *Dritten Reich* funktionierte: für Selbstgleichschaltung 1933, für fachliche wie ideologische Affinitäten bereits zuvor, für das Schicksal, trotzdem vom NS-Staat nicht anerkannt, ja womöglich sein Opfer zu werden, und dafür, wie NS-Musikwissenschaftler auf dieser Vorarbeit aufbauen konnten. Unter dem Blickwinkel des Einflusses rassischer Ideologie auf Wissenschaft ist der folgende Text gedacht als Beitrag zu einer *Problemgeschichte der musikwissenschaftlichen Erkenntnishaltung* – wie der Vater der Freiburger Musikwissenschaft, *Wilibald Gurlitt,* eines seiner Forschungsziele formulierte.[1]

2

Im Jahr der nationalsozialistischen *Machtergreifung* war die Freiburger Musikwissenschaft noch jung an Jahren: *Wilibald Gurlitt,* ein *Riemann*-Schüler, kam nach dem Ersten Weltkrieg als Lektor an die Freiburger Universität und gründete dort 1920 das musikwissenschaftliche Seminar. Dreizehn Jahre später machte er mit einem Artikel Furore, in dem er sich unter dem Motto *Vom Deutschtum in der Musik* begeistert zur *deutschen Erhebung unter unserem Volkskanzler Adolf Hitler* bekennt."[2]

Bereits in den zwanziger Jahren lassen sich in Gurlitts Arbeiten Tendenzen erkennen, die Hinweise darauf geben, warum uns diese Musikwissenschaft ab 1933 Arm in Arm mit dem NS-Staat entgegentritt.

Verfolgen wir das am Beispiel einer musikalischen Erneuerungsbewegung, für die Gurlitt ein engagierter Streiter war: der Orgelbewegung. Mit dem Motto: *„Zurück zum Klangideal der Barockorgel! Zurück zur Orgel als Kultinstrument!"* (Gurlitt)[3] bekämpfte man die romantische, am symphonischen Orchesterklang orientierte Orgel des 19. Jahrhunderte ebenso wie die *Verjazzung der Orgel.* Zeitgeschichtlicher wie persönlicher Hintergrund war für die meisten der verlorene Erste Weltkrieg. So auch für Gurlitt, der nunmehr eine *Gewichtsverlegung in der Leitung der Welt von Europa auf Amerika* ausmachte und meinte, daß sich *„mit den wachsenden Ansprüchen einer mehr als doppelten Anzahl Menschen mit farbiger Haut auf die Welt der Weißen eine grundstürzende Umwälzung auf allen Gebieten auch der Kultur"* anbahne[4], deren Konsequenzen er für den musikalischen Bereich wie folgt beschrieb:

„Auf dem Weg über Südamerika bringen farbige Musiker ihren *Rhythmus und* ihre *Melodien in weltlichen und geistlichen Liedern („Spirituals") als Ausdruck* ihres *Daseins,* ihres *Lebensgefühls ( ). An der Verbreitung dieser Melodien beteiligen sich auch Weiße, namentlich Ostjuden, die dann auch neue hinzukomponiert haben. Das Beispiel des geistigen Abstiegs, der Verflachung und Entseelung unserer Musikpflege infolge solcher afroamerikanischen Verjazzung ist ( ) für den Einbruch einer neuen Barbarei in das europäische Musikleben bekannt genug!"*[5]

Als *Sturmzeichen dieser neuen Barbarei* gilt ihm die *Wurlitzer unit organ.* Gegen solche *Orgelrevolutionierung und -amerikanisierung* läßt *Gurlitt* 1921 im Freiburger Seminar die Rekonstruktion einer historischen Orgel nach dem von *Michael Praetorius* (1571-1621) vorgeschlagenen Muster installieren und hoffte, *„daß die deutsche Orgel und Orgelmusik wieder zu einer wahrhaft führenden Macht im europäischen, ja im Musikleben der ganzen Welt werde."*[6] Die Praetoriusorgel wird zu einem wichtigen Katalysator der Orgelbewegung.

Diese war ideell wie personell eng verflochten mit der Jugendmusikbewegung, deren präfaschistische Tendenzen bekannter sind und der auch *Gurlitt* verbunden war. 1933 wurde die sogenannte *nationale Erhebung* in den Reihen der Jugendmusikbewegung begrüßt – und auch die Orgelbewegung biederte sich mit einer Erklärung an, die die völkische Provenienz ihrer Thesen nicht verleugnete.[7] Mitunterzeichner war Wilibald Gurlitt, der Freiburger Ordinarius für Musikwissenschaft, der im gleichen Jahr seinen eingangs erwähnten Aufsatz *Vom Deutschtum in der Musik* schrieb, in dem er Musiker und Musikinteressierte aufforderte, dem *„Ruf des Führers zur Neubesinnung auf deutsches Wesen und zu bewußter, verantwortlicher Mitarbeit am Neubau unseres nationalen und sozialen Lebens"* Folge zu leisten, die Arbeit in den Dienst des NS-Staates zu stellen.

Dieses weithin rezipierte[8] Dokument der Selbstgleichschaltung ist zugleich eines der Determination wissenschaftlicher Inhalte durch politische Überzeugung. Hier wird formuliert, was zuvor bereits Praxis war.

Sein Musikgeschichtsbild, dessen Traditionsverlauf über *Walter, Praetorius, Schütz, Bach, Beethoven, Schumann, Reger* zu *Hindemith* führt, etikettiert Gurlitt – der auch auf dem Gebiet der Terminologie arbeitet – als *deutsche Bewegung in der Musik,* und die Erarbeitung dessen gehöre *„zu den größten Aufgaben der Musikwissenschaft",* denn *„auch wem es immer schon im Blute gelegen hat, deutsche Musik und deutsche Musikpflege zu wollen, muß doch erst wissen, was deutsche Musik ist."*

Gurlitts besonderes Anliegen bei diesem deutschen Musikgeschichtsstrang war die Erforschung der Musik der Reformationszeit, die in Analogie gesehen wurde zum sogenannten *deutschen Aufbruch* von 1933. Und er verweist ausdrücklich darauf, daß die vorbachische Musik, der sein ganzes Interesse gilt, *„auch von jüngsten rassenkundlichen Gesichtspunkten her ( ) in den Vordergrund gerückt werde",* wobei sich *Gurlitt* zitierend auf das NS-Standardwerk *Musik und Rasse* von *Richard Eichenauer* beruft.

Aus heutiger Sicht mutet dies grotesk an: *Gurlitt* wird zum 1.10.1937 aufgrund seiner *nichtarischen Versippung* gemäß dem Deutschen Beamtengesetz vom 26.1.1937 in Ruhestand geschickt.[9]

Gurlitt 1937: *„Einer rassentheoretischen Illusion zuliebe also muß ich das Feld räumen. Was sagen Sie dazu?"*[10]

Gurlitt war kein Nationalsozialist. Aber er, dem der NS-Staat Berufsverbot bescherte, hat als geistiger Wegbereiter dem Faschismus in die Hände gearbeitet und dazu beigetragen, daß die Nazis die einmal erlangte Macht festigen konnten. Sein Beispiel zeigt, wie auch auf dem Gebiet der Musikwissenschaft fachliche Überlegungen von latentem rassischen Denken mitbestimmt wurden. Daß nationalsozialistische Musikwissenschaftler problemlos auf Gurlitt aufbauen konnten, sieht man z.B. an den Affinitäten zwischen Gurlitts Orgelvorstellungen und den im *Dritten Reich* praktizierten.[11] Wie Gurlitts Musikwissenschaft Grundlage einer nationalsozialistischen wird, kann man am augenscheinlichsten am Beispiel seines allerersten Promoventen *Josef Maria Müller-Blattau* erkennen, der zugleich Gurlitts Nachfolger in Freiburg wurde.

3

Zwischenzeitlich hatte *Müller-Blattau* in Königsberg und Frankfurt Karriere gemacht und setzte diese 1937 nun in Freiburg fort, wo der strebsame Parteigenosse[12] – kaum angekommen – Dekan der Philosophischen Fakultät wird. Einerseits unverkennbar der Schüler seines Lehrers, setzte Müller-Blattau auf dem gleichen wissenschaftlichen Strang andere Schwerpunkte – spezifisch nationalsozialistische. Auch er begibt sich auf die Suche nach dem Deutschtum und legt 1938 eine *Geschichte der deutschen Musik* vor, in der zum Beispiel einem Komponisten wie *Mendelssohn* kein Platz gebührte.[13] Aber im Unterschied zu *Gurlitt* interessiert ihn weniger die Musik im Gefolge der *deutschen Reformation,* als die nordisch-germanische Traditionsbildung: bereits 1926 lieferte er den Beitrag *Die Tonkunst in altgermanischer Zeit; Wandel und Wiederbelebung germanischer Eigenart in der geschichtlichen Entwicklung der deutschen Tonkunst* zu dem Sammelband *Germanische Wiedererstehung.*[14] Immer wieder greift Müller-Blattau dieses Thema auf, zum Beispiel 1934 auf dem Zweiten Nordischen Thing in Bremen, bis 1938 in der Schriftenreihe der SS-Organisation *Deutsches Ahnenerbe* sein Buch *Germanisches Erbe in deutscher Tonkunst* erscheint, publiziert im SS-eigenen Widukindverlag Berlin mit Geleitwort des Reichsführers-SS und Chef der Deutschen Polizei *Heinrich Himmler.*

Bach und *Händel* als deutsche Meister und musikalische Führerfiguren interessierten auch *Gurlitt;* aber hier gilt ebenfalls: *Müller-Blattau* betreibt dies in einem spezifisch nationalsozialistischen Sinn. 1939 verfaßte er für den Sammelband *Rasse und Musik*[15] einen *Beitrag zur Vererbung* anhand der *Sippe Bach,* welcher wie folgt schließt:

Wir wissen von alten Bauerngeschlechtern, daß sie ihre besonderen Geschlechterzeichen und Sippenrunen hatten. Hier ist die Rune der „musikalisch-Bachischen Familie":

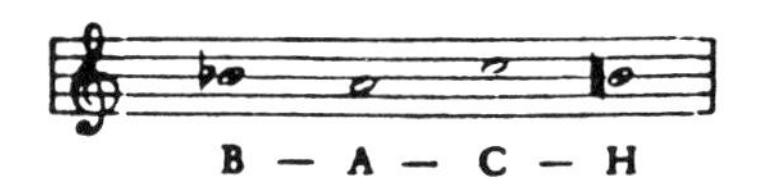

In ihr erleben wir auf kleinstem Raum sinnbildlich gefügt, wovon diese unsere Darstellung als ewig neuem Wunder zeugt: die in echtestem Wortsinne aus Blut und Boden erwachsende, aus den Kräften bäuerlicher Lebensfestigkeit genährte, als Erbgut von Geschlecht zu Geschlecht weiterströmende musikalische Kernkraft der Sippe Bach.

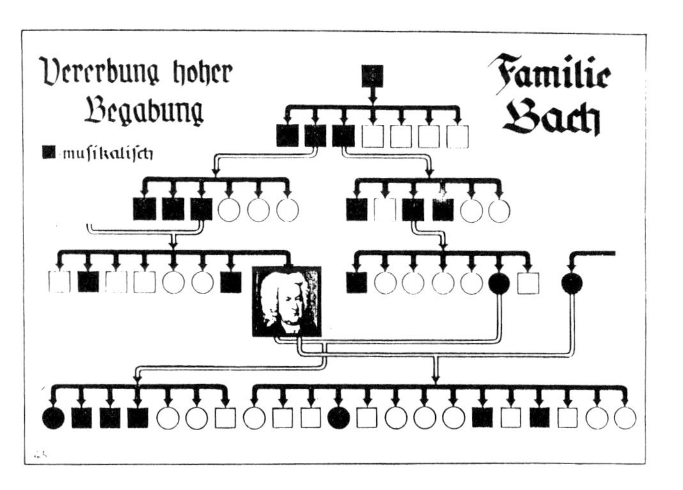

Ein weiteres Feld ist die Beschäftigung mit dem Lied im Sinne der Gemeinschaftsideologie der Jugendmusikbewegung. Für *Gurlitt* hieß das, die Beschäftigung mit dem evangelischen Kirchenlied. *Müller-Blattau* wendet sich hingegen dem weltlichen Lied, dem Volkslied, zu. Über dessen Wesen schreibt er: *„Im Volkslied lebt für jeden vernehmbar die unzerstörbare Kraft unseres deutschen Volkstums. Das ist der Grund, warum Volkslied und Auslandsdeutschtum so fest zusammengehören. Denn im Lied bewahrt der Deutsche ( ) die Erinnerung an sein wahres völkisches Wesen und die Kraft, es zu behaupten."*[16]

Das Volkslied ist der Schlüssel zu Müller-Blattaus biologistisch-organischem Musikgeschichtsbild, welches er mit der Metapher eines Baumes beschreibt: Die Wurzeln und den Stamm bilden die Volksmusik, die prächtige, ausladende Krone entspricht der Kunstmusik.[17] Im Stamm dieses deutschen Eich(en)holzes fließen die Lebenssäfte quasi in zwei Hauptschlagadern, die das Blut aus dem Boden in die Musik pumpen: Auslandsdeutschtum und germanisches Tonerbe.

Mit seiner Volksliedbeschäftigung trifft sich *Müller-Blattau* nicht nur im musikalischen Bereich mit der Volkskunde, er macht sich deren Volkstumsideologie ebenso zu eigen wie völkische Auffassungen vom Auslandsdeutschtum. Auch die Sinnbildlehre der NS-Volkskunde wird von ihm aufgegriffen: der Lebensbaum als Sinnbild der Musikgeschichte ist genauso wie die b-a-c-h Sippenrune das musikwissenschaftliche Äquivalent zu den Hakenkreuz-Deutungen eines NS-Volkskundlers wie *Eugen Fehrle.*[18]

Auf solchem Hintergrund greift *Müller-Blattau* in die Debatte um die echte Tonart eines nordischen Volksliedes ein, wendet sich gegen die platte Gleichsetzung *nordisch = Dur* und erläutert, daß das nationalsozialistische Moll eben ein anderes sei als das Moll des 19. Jahrhunderts, da es sich vom germanischen Tonraum, also dem *Urbesitz des vorzeitlichen germanischen Volkstums* herleite und nicht von dem *volksfremden System der Kirchentonarten.*[19]

In diesem Artikel – wie an unzähligen anderen Stellen auch – verweist *Müller-Blattau* besonders auf das *Fest- und Feierlied der ganzen Nation,* das *Horst-Wessel-Lied* und seinen Aufsatz darüber in der *Musik* im Februar 1934: *„Hier war die Melodie, die dem frechen Schwung der Internationale urtümlich Deutsches entgegenstellen konnte."*[20] Die politische Instrumentalisierung der Musik für den NS-Staat beinhaltet auch eine militaristische Komponente, der man in Müller-Blattaus Schriften immer wieder begegnet – musikalische Aufrüstung sozusagen. Der konkreten Aggression sekundiert der Professor für Musikwissenschaft – ab 1939 selber *„im Felde"* – mit entsprechenden Artikeln über das Soldatenlied.

1942 wechselte *Müller-Blattau* an die Reichsuniversität Straßburg. Das Elsaß ist nicht mehr *Grenzland,* sondern deutsches *Kernland*[21] und Straßburg somit *Hauptstadt des neuen deutschen Elsaß und des Gaues Oberrhein.*[22] Es waren weniger Heimatgefühle, die den aus Colmar stammenden Musikwissenschaftler zum Wechsel an die 1941 neu eröffnete Reichsuniversität Straßburg gereizt haben dürften, vielmehr das sichere Gespür dafür, wie seine nationalsozialistische Karriere in erhoffter Zukunft noch an Glanz gewinnen könnte. Zweifellos war *Müller-Blattau* informiert über die Rolle, die den Reichsuniversitäten zugedacht war: hier sollten nationalsozialistische Musteruniversitäten etabliert werden, um nach deren Vorbild die universitäre Landschaft im Reich nach dem *Endsieg* endgültig umzugestalten.

Ihm blieb das Schicksal anderer Musikwissenschaftler erspart, die den Zweiten Weltkrieg mit dem Leben bezahlten. Erinnert sei an weitere Konsequenzen, die der NS-Staat für seine Opfer bedeutete: Berufsverbote und Emigration *(Ernst Emsheimer, Heinz Edelstein, Peter Gradenwitz, Erich Katz, Gerhard Pinthus, Hermann Reichenbach),* Lehrverbot *(Fritz Dietrich),* Aberkennung des Doktorgrades *(Emsheimer),* Überleben in Deutschland als Verfemte *(Cornelia Auerbach-Schröder).* Genannt seien diese Namen einiger Gurlitt-Schüler, um nicht zu vergessen, auf wessen Rücken Musikwissenschaft im NS-Staat betrieben wurde. Das Wissen um die Folgen gehörte mit zum Funktionieren der Musikwissenschaft im *Dritten Reich.* Und wie sie funktionierte, dafür sind *Müller-Blattau* und *Gurlitt* zwei Beispiele.

4

Es geht hier nicht um Brandmarkung einzelner. In erster Linie interessieren die Konsequenzen für die wissenschaftlichen Inhalte. Die Personen *Gurlitt* und *Müller-Blattau* sind austauschbar. Für viele namhafte Musikwissenschaftler ließe sich ähnliches und schlimmeres nachweisen. Die Tatsache, daß dies bisher noch niemand gewagt hat, bedeutet nicht, daß man dabei nicht fündig würde – im Gegenteil: die Brisanz der Materie leitet sich ab von den Folgen, die diese Musikwissenschaft nach 1945 gehabt hat. Skizziert sei dies wiederum am Freiburger Beispiel.

1945 wird *Gurlitt* – der von den Nazis brüskierte – von der Universität Freiburg wieder in Amt und Würden gesetzt. Er hatte auch in der Zeit zwischen 1937 und 1945 in engem Kontakt zur Universität gestanden und dabei – während *Adenauer* Rosen züchtete – seine barocken Musikpflänzchen gehegt und gepflegt. Gurlitt betrieb auf dem zurückerhaltenen Lehrstuhl eine Musikwissenschaft, die – wie Teile der deutschen Nachkriegspolitik auch – als restaurativ zu charakterisieren ist. Er prägte musikologisches Denken schon allein durch das von ihm betreute Riemann-Musiklexikon, das keinen seiner NS-Kollegen bloßstellt, im Gegenteil: einschlägige Ämter und Publikationen werden unterschlagen, Zusammenhänge verschleiert – ein Beitrag zur Geschichtsfälschung.

Auch *Müller-Blattau* fand seinen Platz in der Nachkriegsmusikwissenschaft: nach 1945 zunächst einige Jahre Musiklehrer, wird er 1952 Leiter des Saarbrücker Konservatoriums mit Lehrauftrag an der Universität Saarbrücken und avanciert 1958 zum Ordinarius des dortigen musikwissenschaftlichen Seminars. Seiner Wissenschaft bleibt er treu. 1950 erscheint eine Neuauflage seines Reclambändchens über Bach von 1935. Aus der *Sippe* wird die *Die Familie Bach,* aber der Text unter der Überschrift bleibt der gleiche: *„Aus der Kernkraft des deutschen Volkes ist Johann Sebastian Bach hervorgegangen. Bauern aus Thüringen waren die Ahnen seines Geschlechts; ihnen verdankt er die urgesunde kräftige Leiblichkeit, die Liebe zur Scholle, den Sippensinn, die Arbeitsamkeit und den frommen Glauben.“*[23]

Ebenfalls 1950 veröffentlicht *Müller-Blattau* einen nur unwesentlich veränderten Nachdruck seines Bach-Vererbungsaufsatzes als *Genealogie der musikalisch-Bachischen Familie.* Aus der Sippenrune von 1939 wird nun – *Gurlitt* zitierend und vorschiebend! – ein *Steinmetzzeichen.* Das Entscheidende bleibt: Musik als Erbanlage und dementsprechende Erkenntnisse darüber, *„wie durch mangelnde Kraft der Persönlichkeit das Erbgut vertan wird.“*[24]

Unter dem Deckmantel der scheinbar objektiven und ideologiefreien Wissenschaft transportierte die restaurative Nachkriegsmusikwissenschaft dieselben Inhalte wie zuvor. Bis heute ist man damit konfrontiert und bis in die Gegenwart verweigert sich die Musikwissenschaft einer Aufarbeitung der eigenen Geschichte. Dabei war es darüber bereits 1970 auf dem Bonner Symposium *Reflexionen über Musikwissenschaft heute* zum Eklat gekommen. *Clytus Gottwald,* ein Beteiligter, berichtete 1971 darüber: *„Obwohl allgemein geläufig ist, wie sich namhafte Musikwissenschaftler mit Arbeiten über ‚Musik und Rasse‘ oder über das Horst-Wessel-Lied hervortaten, obwohl man weiß, daß Besseler in den einschlägigen Exemplaren der Heidelberger Seminarbibliothek den Stempel ‚Jude‘ anbringen ließ, hat die deutsche Musikwissenschaft es bisher unterlassen zu untersuchen, was von ihren Produkten der faschistischen Phase als unhaltbar überwunden werden müßte. Statt dessen hat sie gerade Besseler zum Denkmal hinaufstilisiert und ihn mit dem irrationalen Epitheton vom ‚Begnadeten Wissenschaftler‘ in einer Weise tabuisiert, daß schon der Hinweis auf seine Vergangenheit zu einer kleinen musikwissenschaftlichen Palastrevolution führte.“*[25]

Heinrich Besseler, Lehrstuhlinhaber an der Universität Heidelberg 1928-1945, ist – von der ersten Generation der Gurlitt-Schüler – der für die Geschichte des Faches Bedeutsamste geworden. Auch er zählte zu den exponierten Professoren auf der Düsseldorfer Tagung 1938, er leitete dort die Gruppe *Staat und Musik* und referierte über *Musik und Staat.* Auf ihn hatte sich im Jahr zuvor selbst *Richard Eichenauer* berufen, der in der Einleitung zur 2. Auflage seines weithin rezipierten Buches *Musik und Rasse* schrieb: *„Einer der ersten, die den lebensgesetzlichen (biologischen) Grundlagen des Musikschaffens erhöhte Aufmerksamkeit schenken, ist Heinrich Besseler ( ). Der größte Teil seines Werkes wurde mir erst nach Erscheinen der 1. Auflage meines Buches bekannt; um so überraschender war mir die weitgehende Übereinstimmung der Ansichten dieses hervorragenden Fachgelehrten mit den von mir vorgetragenen.“*

Anmerkungen:

* Als überarbeitete und erheblich erweiterte Fassung dieses Aufsatzes, vgl. Eckhard John, Der Mythos vom Deutschen in der deutschen Musik. Musikwissenschaft und Nationalsozialismus, in: Die Freiburger Universität in der Zeit des Nationalsozialismus, hg. v. E. John, B. Martin, M. Mück, H. Ott. Freiburg 1991

1) Wilibald Gurlitt: Musikgeschichte und Gegenwart. Hg. von H. H. Eggebrecht, Wiesbaden 1966 (im folgenden zitiert als MGuG) Bd. I, S. 123

2) *Musik im Zeitbewußtsein* 1. 1933 (Heft 4) S. 1

3) W. Gurlitt: Zur gegenwärtigen Orgel-Erneuerungsbewegung (1929) in: MGuG II, S. 91

4) ebd.

5) ebd. S. 92 – Hervorhebungen im Original

6) ebd. S. 100

7) *Zeitschrift für Musik* 100. 1933, S. 599 f
darin hieß es u. a.:
„Wir bekennen uns zur volkhaften Grundlage aller Kirchenmusik.
( )
Wir lehnen es ab, daß unserem Volk eine nicht-bodenständige kosmopolitische Kunst als deutsche evangelische Kirchenmusik dargeboten wird. Wir lehnen es weiter ab, daß die auf dem Grunde der besonderen Eigenart des deutschen Volkstums in einer einzigartigen reichen Geschichte erwachsene eigenständige deutsche Orgelbaukunst durch unnatürliche Angleichung an fremdländische Erzeugnisse und Kunstanschauungen verfälscht wird."

8) Der Artikel wurde in mindestens drei Zeitschriften veröffentlicht:
Musik im Zeitbewußtsein 1. 1933 (Heft 4)
Kirchenmusik (Berlin) 14. 1933, S. 167-69
Monatsblätter der Deutschen Bühne Freiburg i. Br. 1. 1933 (Oktober)
Alle folgenden Zitate aus diesem Artikel.

9) Sein Artikel findet indessen als Literaturhinweis Eingang in einschlägige Lexika. Vgl. Artikel „Rassenfragen und Musik", in: H. J. Moser: Musik-Lexikon, 2. Aufl. 1943

10) Gurlitt in: Liber amicorum, Festschrift v. Borren 1964, S. 82

11) vgl. A. Riethmüller: Die Bestimmung der Orgel im 3. Reich. in: H. H. Eggebrecht (Hg): Orgel und Ideologie (1984), S. 28-67

12) Nach Unterlagen des Berlin Document Center trat Müller-Blattau am 1. Mai 1933 der NSDAP bei und erhielt die Mitgliedsnummer 3536556

13) vgl. dort S. 254

14) Hg.: Hermann Nollau, Heidelberg 1926, darin S. 424-485

15) Hg.: Guido Waldmann, Berlin 1939, darin S. 49-67

16) Müller-Blattau: Volkslied und Auslandsdeutschtum in: *Die Musik* 29, 1936, S. 181

17) vgl. Müller-Blattau: Volksmusik und Kunstmusik in: *Völkische Musikerziehung* 4. 1938, S. 3-10, 35-62

18) vgl. Peter Assion: Was Mythos unseres Volkes ist. Zum Werden und Wirken des NS-Volkskundlers Eugen Fehrle. in: *Zeitschrift für Volkskunde* 81. 1985, S. 220-244

19) Müller-Blattau: Tonarten und Typen im deutschen Volkslied in: G. Waldmann (Hg): Zur Tonalität des deutschen Volksliedes, Berlin 1938, s. 42-49

20) Müller-Blattau: Das Horst-Wessel-Lied in: *Die Musik* 26. 1933/34, S. 327

21) Müller-Blattau hat recht zahlreich über das Elsaß publiziert. Als programmatische Eckpunkte können gelten:
1922: „Das Elsaß ein Grenzland deutscher Musik" (Freiburg)
1940: „Das Elsaß ein Kernland deutscher Musik"
in: *Badische Heimat* 27. 1940, S. 446-459
1954: Artikel „Elsaß" in: Musik in Geschichte und Gegenwart, Bd. 3, Sp. 1294-1311

22) Müller-Blattau: Das Soldatenlied im Felde
in: *Mein Heimatland* 28. 1941, S. 298

23) Müller-Blattau: J. S. Bach. Leben und Schaffen.
Reclam Nr. 7294, 1935/1950, S. 3

24) Müller-Blattau: Genealogie der musikalisch-Bachischen Familie Kassel/Basel o. J. (1950), S. 15 - vgl. Müller-B./Anm. 15, S. 58

25) C. Gottwald: Deutsche Musikwissenschaft
in: U. Dibelius (Hg): Verwaltete Musik, München 1971, S. 73

f. Dr. H. Besseler
Heidelberg
Kapellenweg 9
Fernsprecher 427

Va 1038 39

Heidelberg, den 13. 4. 1939

4446

Herrn Oberregierungsrat
Dr. M i e d e r e r
Reichserziehungsministerium
B e r l i n W. 8

Persönlich

Reichsministerium f. Wissensch., Erz. u. Volksb.
Eing. 21. APR. 1939

Sehr geehrter Herr Oberregierungsrat,

ich halte es für meine Parteipflicht, in einer Instituts-Angelegenheit, die grundsätzliche Bedeutung hat, meine abweichende Ansicht auch außerhalb des Dienstweges zu Ihrer Kenntnis zu bringen. Es handelt sich um die jährliche Preisverteilung für musikwissenschaftliche Dissertationen und Habilitationsschriften, die zum Geburtstag des Führers vorgesehen ist. Der zuständige vorläufige Fachausschuß besteht z.Zt. aus den Herren:

Schering - Berlin,
Schünemann - Berlin,
Max Schneider - Halle,
Marius Schneider - Berlin,
Blume - Kiel,
Besseler - Heidelberg

mit Prof. Seiffert als Vorsitzendem. Ich bin der einzige Parteigenosse in diesem Kreis. Als solcher schreibe ich Ihnen.

Nach meiner Ansicht, die ich wiederholt schriftlich und mündlich geäußert habe, muß bei der Preiszuerkennung die politische Bewertung der Arbeit entscheidend berücksichtigt werden. Es geht darum, grundsätzlich solche Werke zu fördern, die der Neuausrichtung des Faches im nationalsozialistischen Geiste dienen. Der Preis des Instituts gibt eine Richtung an, die besonders für den Nachwuchs wichtig ist. Welche Arbeiten auf diese Weise herausgehoben werden, ist eine politische und nicht "rein-wissenschaftliche" Frage.

Ich habe es wiederholt als notwendig bezeichnet, einer guten, fachlich einwandfreien Arbeit von vorbildlicher politischer Haltung unbedingt den Vorzug zu geben vor neutralen und richtungslosen Dissertationen der bisher üblichen Art, auch wenn solche Werke ein politisch gleichgültiges oder sonstwie belangloses Thema in besonders ausführlicher und wissenschaftlich-methodisch vorzüglicher Form behandeln. Arbeiten, die sich in den ausgefahrenen Gleisen der Stilkritik oder Quellenforschung bewegen, werden es immer verhältnismäßig leichter haben als solche, in denen um eine neue völkisch-politische Sicht der Probleme gerungen wird.

Ich habe deshalb für den diesjährigen Preis die Arbeit eines jungen Sudetendeutschen (Dr. Komma) vorgeschlagen, die schon im Thema ihre völkisch-politische Ausrichtung erkennen läßt: "Johann Zach und die tschechischen Musiker im deutschen Umbruch des 18. Jahrhunderts". Diese Dissertation ist eine gute Leistung, die das behandelte Einzelproblem in den Rahmen der deutsch-tschechischen Beziehungen stellt und damit einen wirklichen Beitrag zur Neugestaltung unseres geschichtspolitischen Weltbildes leistet. Herr Prof. Seiffert stimmt meiner Ansicht weitgehend zu, fühlt sich jedoch durch andere Voten gebunden. Zur Erörterung stehen außer der Komma'schen Arbeit zwei weitere von ganz neutraler Art, die irgendwelche nicht besonders wichtigen Themen in der üblichen Anlage einer sehr guten Dissertation behandeln.

Das Gegenvotum gegen Komma stammt von Prof.Schering-Berlin, der offensichtlich für die völkisch-politischen Werte einer wissenschaftlichen Arbeit nicht das geringste Verständnis aufbringt. Seine Einwände lehne ich als übellauniges Geschimpfe ohne sachlichen Gehalt vollständig ab. Das Votum ist ein Musterbeispiel dafür, mit welcher Blindheit und Überheblichkeit gewisse Herren dem nationalsozialistischen Erneuerungswillen in der Wissenschaft gegenüberstehen. Schering scheut sich nicht, die Arbeit Komma sozusagen als eilfertiges Konjunkturerzeugnis aus der Zeit der Tschechenkrise zu verdächtigen - und dabei stammt sie aus dem Jahre 1936, wie das Dissertationsverzeichnis für 1936 jedem Sachkenner seit zwei Jahren angibt! Gegen diese Methoden kann ich nur mit aller Schärfe meinen Einspruch anmelden. Die Reaktion in der Wissenschaft scheint sich sehr sicher zu fühlen, wenn sie sich mit solchen Unverschämtheiten vorwagt.

Nun ist die Dissertation Komma eine Heidelberger Arbeit, und der Verfasser z.Zt. mein Assistent. Ich erkläre also ausdrücklich daß ich hier befangen bin und in dieser Sache nichts unternehmen will. Mir ist auch nicht bekannt, wie der von Prof.Seiffert eingereichte Vorschlag endgültig aussieht. Das Votum Schering wurde mir erst gestern zur Kenntnis gebracht, da es nachträglich einging Ich nehme aber diesen Vorfall zum Anlaß, um grundsätzlich die Frage aufzuwerfen, welches Ziel denn die Preisverteilung durch das Institut verfolgen soll.

Bei der öffentlichen Ankündigung hieß es s.Zt.wörtlich, es sollte die "beste" Dissertation ausgezeichnet werden. Das ist eine gefährliche Formulierung, denn sie führt immer wieder dazu, die politisch neutralen, "rein-wissenschaftlichen" Leistungen mit möglichst großem Stoffgehalt und letzter methodischer Ausfeilung zu bevorzugen. Den Preis erhält nicht der junge Nationalsozialist, der etwas wagt und neue Wege sucht, sondern der Mann mit gutem Sitzfleisch und methodisch geschulter Schläue. Ich zweifle, ob das die Absicht des Herrn Ministers war.

Soll der Institutspreis die junge Wissenschaft fördern, so muß unmißverständlich gesagt werden, was zu beachten ist, wenn der Ausschuß seine Vorschläge ausarbeitet. Bei der gegenwärtigen Zusammensetzung dieses Gremiums genügt es offenbar nicht, daß nur ein Parteigenosse, der zufällig dabei ist, für seine Person die geschilderte Ansicht vertritt. Wird aber ausdrücklich gefordert, daß solche Arbeiten zu nennen sind, die die Fachwissenschaft im nationalsozialistischen Geist fördern, so weiß jeder, woran er sich zu halten hat. Ohne eine Umbildung des Ausschusses wird es aber nach meinem Dafürhalten nicht abgehen.

Bitte nehmen Sie diesen Brief als rein persönliche Äußerung wenigstens zu einem der (manchen) Punkte, die ich als Parteigenosse einmal zur Sprache bringen muß. Ich bitte nur darum, Herrn Prof.Seiffert gegenüber von meiner Stellungnahme keinen Gebrauch zu machen. Meine Ansicht ist ihm natürlich genau bekannt.

Mit Heil Hitler!

Ihr

[Unterschrift]

[handschriftlich:] [illegible] zum Nachgang zu den dortigen Vorgängen [illegible]

Die Geiger Gustav Havemann und Carl Flesch im Briefwechsel

„ICH ALS ARISCHER DEUTSCHER…"

Anfang der zwanziger Jahre gehörte das Streichquartett des Geigers Gustav Havemann zu den begehrtesten Ensembles bei Festivals neuer Musik. Havemann war Mitglied der progressiven Berliner „Novembergruppe" und setzte sich für Schönberg, Hindemith und sogar für die Vierteltonmusik Alois Habas ein. 1933 trat der angesehene Professor plötzlich in SA-Uniform vor die Öffentlichkeit, dirigierte das Orchester des „Kampfbundes für deutsche Kultur" und setzte sich mit verbissener Energie für die Ausschaltung der Juden aus dem deutschen Musikleben ein.

Havemanns Freunde standen vor einem Rätsel. Möglicherweise hat aber seine hier dokumentierte Auseinandersetzung mit dem Geigerkollegen Carl Flesch den verhängnisvollen Umschlag wesentlich gefördert.

Offener Brief an Professor Carl Flesch.

Sehr verehrter Herr Kollege Flesch!

Für die Uebersendung Ihrer neuen Abhandlung über das „Klangproblem im Geigenspiel" *) möchte ich Ihnen bestens danken. Wenn ich Ihnen sofort in einem offenen Briefe darauf antworte, so möchte ich Sie damit auf einen Punkt aufmerksam machen, der, selbst wenn sich Ihre Ueberzeugung darin ausdrückt, in unserer heutigen Zeit der Rassenverhetzung besser unveröffentlicht geblieben wäre.

Im Punkt I. (Allgemeines), Absatz 1, stellen Sie jüdische Rassenvorzüge auf, die ich als arischer Deutscher in Deutschland für mich und viele andere nicht unwidersprochen lassen darf. Sie schreiben:

„Die Legende einer naturgegebenen tonlichen Veranlagung hat von jeher im Geigenunterricht viel Unheil angerichtet. Für den unbegabten oder arbeitsscheuen Lehrer bedeutet sie einen willkommenen Vorwand, um sich mit der Beseitigung tonlicher Mängel nicht zu befassen, sie als ein schicksalhaft unvermeidbares Uebel zu betrachten. Gewiß gibt es ganze Rassen oder Volksstämme, bei denen sich der Klangsinn unter dem Einfluß bestimmter Lebensgewohnheiten günstiger entwickelt hat als bei anderen; allen voran die polnischen und russischen Elemente jüdischer Abstammung. Die Hauptbeschäftigung des durchschnittlichen Ghettojuden hat nämlich während vieler Jahrhunderte darin bestanden, mittels ausgedehnter Gebetübungen seinem Gott zu dienen. Die jüdischen Gebete werden zumeist von einer mittels bestimmter Zeichen notierten gesungenen Litanei begleitet, die sich im Laufe der Zeit stellenweise zu einem selbständigen Tongebilde von hervorragender und eigenartiger Schönheit entwickelt hat; kein Wunder, daß diese regelmäßige, primitiv musikalische Betätigung einer ganzen Rasse, die das Bedürfnis empfand, ihr Schicksal singend zu beklagen, im Laufe der Zeit in ihr den Sinn für den beseelten Ton erweckte, wachhielt und entwickelte, als dessen Ergebnis die vielen aus diesem Milieu stammenden hervorragenden Geiger gelten können. In Frankreich ist es wiederum die durch Viotti übermittelte, Jahrhunderte alte, solide geigerische Tradition, die das klangliche Durchschnittsniveau dort höher erscheinen läßt als in anderen Ländern. Auch der Zigeunerrasse läßt sich eine auf erblicher Grundlage entwickelte, besondere Prädisposition für den Klang nicht absprechen. Von diesen Ausnahmen abgesehen, vermag jedoch die pädagogische Erfahrung bei allen anderen Volksstämmen, seien sie germanischer, slawischer oder romanischer Art, eine von vornherein besonders ausgesprochene Feinheit des Klangsinnes als rassenmäßige Eigentümlichkeit nicht festzustellen. Wir Lehrer müssen uns demnach schon damit abfinden, der großen Masse unserer Schüler die Klangproduktion zu lehren."

Richard Wagner sagt: Der Ton ist die Seele der Musik. Im Klang und in der Gestaltung äußert sich das Seelenleben jedes Spielers. Die Seele ist das Ureigenste und Göttliche, was der Mensch besitzt. In der Seele spiegeln sich die tiefsten Tiefen seiner Empfindungen, seines Ichs und seines Erlebens. Wenn Sie dem Juden unbewiesen eine größere Feinfühligkeit im Klang zusprechen, so sprechen Sie uns den Sinn dafür ein wenig ab. Das beruht aber auf einem großen Irrtum Ihrerseits, da Sie vom jüdischen Klangsinn als dem maßgebenden ausgehen, was ich von Ihnen, als Juden, den ich achte, verstehe. Uns Germanen ist aber der jüdische Klangsinn nicht maßgebend. Sie berufen sich auf die jüdischen Gebete, die, von einer gesungenen Litanei begleitet, sich zu einer eigenartigen Schönheit entwickelt haben.

Als getaufter Jude und nationalisierter Deutscher sind Ihnen unsere Choräle und Litaneien sicherlich nicht unbekannt. Darf ich drei Choräle herausgreifen? Erstens: „Wenn ich einmal soll scheiden"; zweitens: „Wie schön leucht' uns der Morgenstern"; drittens: „Ein feste Burg ist unser Gott". So verschiedenartig sie sind, doch jeder ein großes Erleben! Ein feste Burg, das Kampf- und Schicksalslied der Hugenotten, die ebenso wie Juden in religiösen Kämpfen gemordet wurden. Dann die Messen und Psalmen sowie überhaupt der Gregorianische Choral der katholischen Kirche!

Sie wollen bewußt den jüdischen Klangsinn auf uns übertragen, den unsere Rasse für Werke unserer Rasse, und die sind bei weitem in der Ueberzahl, ablehnt, denn sie findet ihn zu weichlich und zu sinnlich. Fand ein Jude, wie Joachim, der getauft jahrzehntelang mit uns Deutschen ständig zusammenlebte, mit großen deutschen Komponisten (Brahms, Schumann) in inniger Freundschaft verbunden war, der sich in das deutsche Seelenleben bis ins Letzte einlebte, den Klang, der uns im Tiefsten erschauern ließ, so hatte er sich völlig mit uns verbunden und war für uns Priester der deutschen Kunst. Darf ich einmal Walter Rathenau zitieren: „Die Kunst und unbewußtes Schaffen ist die Sprache der Seele, die Wissenschaft und das bewußte Schaffen ist die Sprache des Verstandes." Was Sie uns für das Letztere zu bieten haben, werden wir stets dankbarst verwenden, aber unsere Charaktereigenschaften und unser Seelenleben werden wir uns erhalten.

Verehrter Herr Kollege, ich möchte Ihnen durch diesen offenen Brief Gelegenheit geben, sich über den erwähnten Punkt klarer auszudrücken, und zeichne in vorzüglicher Hochachtung

sehr ergebenst als Ihr

Gustav Havemann.

Anwort an Prof. Gustav Havemann.

Lieber Kollege Havemann!

Ich bin gern bereit, mich über die in Ihrem „Offenen Brief“ in Nr. 49 der „Allgemeinen Musikzeitung“ angeschnittenen Fragen näher zu äußern. Ich bemerke von vornherein, daß Ihre Behauptungen auf gänzlich falschen Voraussetzungen beruhen und Sie daher zwangsläufig zu ebenso falschen Schlüssen verleitet worden sind. Sie werfen mir folgendes vor: 1. daß ich dem Juden eine größere Feinfühligkeit im Klang zuspreche und dem Deutschen den Sinn hierfür abspreche, 2. daß ich vom jüdischen Klangsinn als dem maßgeblichen ausgehe, und 3. daß ich bewußt den jüdischen Klangsinn auf das deutsche Volk übertragen möchte. Das ist ein bißchen viel auf einmal, und ich fürchte, daß Ihnen Ihre Phantasie hier einen üblen Streich gepielt hat, denn in dem von Ihnen zitierten Passus aus dem „Klangproblem im Geigenspiel“ findet sich auch nicht der geringste Anhaltspunkt dafür, daß ich derartige Ansichten hege. Vor allem muß ich bemerken, daß Sie meine Broschüre anscheinend nur sehr oberflächlich durchgesehen haben, sonst hätten Sie feststellen müssen, daß das Problem der Klangproduktion darin weder vom ästhetischen, noch vom akustischen, sondern ausschließlich vom physikalischen Standpunkt aus von mir erörtert wurde. Wenn Sie demnach die darin behandelten Fragen auf das ästhetische Gebiet übertragen, so ist dies eine Willkür, die mit meiner Abhandlung nicht das Geringste zu tun hat. Ferner: Sie räumen dem Klangsinn eine Stellung in der musikalischen Begabung ein, die ihm meines Erachtens nicht zukommt. Richard Wagners von Ihnen zitierter Ausspruch: „Der Ton ist die Seele der Musik“ ist zwar gutklingend, aber ungenau, denn ihm selbst waren ja die „Schönsinger“ ein Greuel. Der Ton ist das Medium für den musikalischen Ausdruck. An sich betrachtet, ist er ein zwar notwendiges, aber verhältnismäßig niedrigstehendes musikalisches Element. Sie fühlen sich auch sicherlich von Sängern oder Instrumentalisten, deren hauptsächliches Bestreben darin besteht, eine Serie von möglichst wohlklingenden Tönen zu produzieren, abgestoßen – und mit Recht. Ich gehe sogar so weit, zu behaupten, daß die überwiegende Vorliebe für den schönen Klang ein bedenkliches Geschenk der Natur sei, weil damit die Gefahr heraufbeschworen wird, daß andere, wichtigere Bestandteile der musikalischen Begabung, wie Gestaltung und Beseelung, ins Hintertreffen geraten. In diesem Zusammenhang habe ich mich über die klangliche Veranlagung des russisch-polnischen Judentums im 2. Bande meiner „Kunst des Violinspiels“, Seite 64, in folgender Weise geäußert:

„Merkwürdig erscheint es, daß die musikalisch Begabten aus diesen Schichten sich in ungleich größerer Anzahl der Geige als dem Klavierspiel zuwenden. Wahrscheinlich liegt Ihnen das Schwelgen im sinnlichen Reiz des einzelnen Klanges näher als die Sehnsucht nach Musik polyphoner Natur. Deshalb muß bei solchen Schülern das Hauptaugenmerk auf die musikalische Seite der Erziehung gelegt werden, denn sie haben die schwer zu beseitigende Neigung, den sinnlich schönen Klang über die rein musikalischen Momente, insbesondere über die sinngemäße Deklamation zu stellen. Doch auch bezüglich der Tonerzeugung selbst ist eine Kontrolle durch den Lehrer dringend nötig. Bei den erst kürzlich in die europäische Gemeinschaft eingetretenen östlichen Slawen jüdischer Rasse findet man häufig ein zu breites zu langsames Vibrato, das dem Ton jenen unangenehmen, gequetschten Charakter verleiht, wie man ihn an Vergnügungsstätten zu hören pflegt. Auch das gewohnheitsmäßige Portato des Bogens findet man hier häufig. Der einsichtsvolle Lehrer wird demnach im besonderen dem Vibrato und Legato, im allgemeinen der musikalischen Gestaltungsgabe sein Hauptaugenmerk zuwenden.“

Sie stoßen sich daran, daß ich die ausgesprochene Veranlagung des Ostjuden für den Klang auf dessen Gebetübungen zurückführe und behaupten mit Recht, daß die hervorragende Schönheit der christlichen Choräle in noch weit höherem Maße geeignet sei, den Klangsinn des Ariers zu entwickeln. Daß die christliche liturgische Musik, insbesondere in ihren sinfonischen Formen, der primitiv-jüdischen überlegen sei, ist eine Selbstverständlichkeit, die gar nicht erst besonders erwähnt werden müßte. Ich führe die besondere Prädestination für den Klang beim Ostjuden darauf zurück, daß dessen Hauptbeschäftigung während vieler Jahrhunderte darin bestanden hat, täglich ein halbes Dutzend mal in die Synagoge zu gehen und dort zu singen und zu beten, sich also mehrere Stunden am Tage primitiv musikalisch zu betätigen. Hier ist es demnach die Quantität, nicht die Qualität, welche die Pflege und nachträgliche Vererbung des Klangsinnes bewerkstelligt hat. Woher Sie jedoch die Behauptung nehmen, ich hätte dem Deutschen den Klangsinn abgesprochen, ist mir unerfindlich. Die deutsche Musik hat es, weiß Gott nicht nötig, von wem immer verteidigt zu werden; ihre Werke sprechen für sich selbst, sie ist ihr eigener Anwalt. Dies ändert jedoch nichts daran, daß jeder Instrumentalschüler – und um diese handelt es sich ja in diesem Falle – zur Klangreinheit erst erzogen werden muß, gleichviel, welcher Nationalität oder Rasse immer er angehört. Die vorteilhafte Veranlagung verbürgt noch nicht das vollkommene Resultat. Er muß vor allem lernen, das Klangbild nach dem musikalischen Gebilde zu formen, es ihm anzupassen. Denn der Klang ist nur bei auf niedriger Stufe stehenden Elementen ein selbständiger, sich selbst genügender Faktor, für den Künstler bedeutet er das Gefäß, in das sich der Ausdruck, die Beseelung, ergießt. Also: Kein Schüler besitzt a priori echten Klangsinn – nur die Veranlagung dafür ist verschiedenartig –, und wir Lehrer sind dazu da, ihm zu zeigen, auf welche Weise sich das Klangbild der inneren Vorstellung sowie den Intentionen des Komponisten anzupassen hat.

Ihre Unterscheidung zwischen einem jüdischen und einem arischen Klangideal erscheint mir als eine künstliche Konstruktion, die durch die praktische Erfahrung widerlegt wird. Mir selbst ist weder ein „arisches“ noch ein „jüdisches“, sondern nur ein musikalisches Klangideal bekannt. Der von uns allen so unendlich verehrte Joseph Joachim – Ihr Lehrer – war ein Vollblutjude. Sie werden aber nicht leugnen können, daß er für uns alle noch immer das unerreichte Ideal tiefinnerlichster Ausdrucksweise bildet, bei der das klangliche Element kaum mehr in Betracht kam. Wenn man ihm den trotz seines reinen Ariertums so tonschwelgerischen Wilhelmy gegenüberstellt, so müßten Sie von Ihrem Standpunkt aus eigentlich die rassische Zugehörigkeit beider umkehren. Das Gleiche gilt für den Gegensatz zwischen Rubinstein und Liszt, Schnabel und Gieseking, vielleicht auch für mich selbst und meinen ehemaligen Schulkameraden Thibaud. Diese Gegenüberstellungen könnten mit Hilfe der Künstlerliste des Wolffschen Konzertkalenders wohl noch erheblich erweitert werden. Ich sehe daher nicht ein, in welcher Weise Sie Ihre Behauptung begründen wollen, daß die Tongebung des jüdischen Künstlers einen weichlicheren Charakter hätte als die seines arischen Kollegen. Diese Verquickung zwischen Künstlertum und Rasse erscheint mit überhaupt irreführend und „in unserer heutigen Zeit der Rassenverhetzung" – um Ihre eigene Ausdrucksweise zu gebrauchen – tief bedauerlich.

Anders sind die Gefühle, die Ihre Bemerkung, „ich versuchte den ‚jüdischen' Klangsinn bewußt auf das deutsche Volk zu übertragen", in mir wachruft. Ich begreife zwar immer noch nicht, was Sie unter „jüdischem Klangsinn" verstehen, aber ich fühle mich aufrichtig geschmeichelt, daß Sie mir die Macht zutrauen – ein Mussolini des „jüdischen" Klangsinnes –, 65 Millionen Menschen mittels der Broschüre „Das Klangproblem im Geigenspiel" in eine ihnen wesensfremde Atmosphäre – Hokus pokus – hinüberzuzaubern. Wahrlich eine Zumutung, fähig, einem Bescheideneren als mir den Kopf zu verdrehen und ihn größenwahnsinnig zu machen. Aber leider – das deutsche Volk ist widerstandsfähiger, als Sie denken, lieber Havemann, und wird bei seiner Eigenart bleiben – schon deshalb, weil das „Klangproblem" nur von einem verschwindenden Bruchteil der Nation gekauft werden wird und dadurch mein umstürzlerischer Versuch gar nicht zur Kenntnis der übergroßen Mehrheit des Volkes gelangen dürfte.

Zum Schlusse noch ein ernstes Wort: Ich wünschte, daß Sie, mein lieber Kollege, das nächstemal, wenn Ihnen in meinen theoretischen Werken etwas nicht ganz verständlich erscheint, mich vorerst persönlich in echt kollegialer Weise um Aufklärung ersuchen mögen. Die Flucht in die Oeffentlichkeit war für Sie um so weniger notwendig, als wir einander ja gewöhnlich zweimal in der Woche im Lehrerzimmer der Hochschule für Musik sehen und es mir dort ein leichtes gewesen wäre, Sie davon zu überzeugen, daß Sie mir die Ansichten zuschrieben, die in diametralem Gegensatz zu denen stehen, die ich in Wirklichkeit hege. Ihr sehr ergebener

Carl Flesch.

Staatliche akademische Hochschule für Musik

Berlin-Charlottenburg, Fasanenstraße 1

Vortragsabend

der Violinklasse Prof. Carl Flesch

Montag, den 13. Juli 1931, 8 Uhr, im Theatersaal

Moderne Werke

einstudiert von **Max Rostal**, Vertreter von Prof. C. Flesch

1. **S. Prokofieff,** Violinkonzert D-dur, Op. 19
   1. und 2. Satz: Andantino – Scherzo
   Zdislaw Roesner

2. **P. Hindemith,** Sonate für Violine allein, Op. 31 Nr. 2
   Leicht bewegte Viertel – Ruhig bewegte Achtel – Gemächliche Viertel
   Fünf Variationen über das Lied „Komm, lieber Mai" von Mozart
   Jo Juda

3. **E. Chausson,** Poème
   Maria Thomán

4. **H. Tiessen,** Totentanz-Suite, Op. 29
   Allegro moderato – Totentanzmelodie – Spukhaft bewegt
   (Klavierauszug des 1. und 3. Stückes von Artur Balsam)
   Edith Bertschinger

5. **M. Ravel,** Tzigan
   Konrad Winawer

6. **H. Pfitzner,** Violinkonzert H-moll (in einem Satz) Op. 34
   Adolf Lestschinsky

Am Flügel: **Artur Balsam**

Dieses Programm berechtigt zum Eintritt

Während der Vorträge bleiben die Saaltüren geschlossen.

Deutsche Kultur-Wacht

Blätter des Kampfbundes für deutsche Kultur

HEFT 1

Herausgeber: Hans Hinkel, Berlin

JAHRGANG 1933

Professor Dr. Dr. h. c. PAUL SCHULTZE-Naumburg

Die Zukunft einer deutschen Kunst

Unsere Vereinigung heißt nicht ohne Grund Kampfbund. Kämpfen kann man nur gegen etwas. Man kämpft auch für etwas; aber das Wesen des Kampfes kann erst am Gegner in Erscheinung treten.

Der Gegner eines Bundes für Deutsche Kultur ist schon im Worte gegeben: es sind die Vertreter und der gestaltgewordene Ausdruck des Undeutschen, Artfremden, Unverwurzelten. Und wie mit Gesetzmäßigkeit erscheint gleichzeitig ein Bodensatz, der sich als dunkler, übelriechender Schlamm verbreitet. Denn zu ihrer untrennbaren Gesellschaft geworden sind alle die Minderwertigen, die Entarteten, die Verdorbenen, die Feigen, die Konjunkturisten, die „Komödianten" der Kultur.

Sie vertreten eine mit deutlicher Abgrenzung erkennbar gewordene Geistesgemeinschaft: die der liberalistisch-demokratisch-aufklärerisch-individualistischen Weltauffassung. Die Vertreter dieser Weltauffassung behaupten, daß sie die moderne Welt bedeuteten. Sie haben scheinbar noch nicht bemerkt, daß eine Weltenwende im Aufbruch ist, die sie bald zu den Gestrigen und Vorgestrigen wirft.

Man kämpft mit dem Gegner, aber man hat auch ein Kampfziel; man kämpft also auch für etwas. Ohne ein allen gemeinsames sittliches Ziel bleibt ein Heer eine Söldnertruppe. Wir aber wollen ein Volksheer bilden.

Für welche Ziele kämpft ein Volksheer? Man könnte zunächst die Umkehrung des Bekämpften als Formel finden: also für alles Arteigene, für alles mit Blut und Boden Verwurzelte, für die Weltanschauung, die der liberalistischen entgegensteht, also die organisch-gebundene, die wuchshafte. Und mit all dem für alles Gesunde, Starke, Tapfere, Aufrichtige und Stolze der eigenen Art.

Das alles und dies allein darf der Nährboden einer künftigen deutschen Kunst sein. Aber ein Nährboden ist noch keine Kunst, wenn auch von ihm und den Keimen, die in ihn gesenkt werden, ihre künftige Gestalt abhängt. Kunst ringt nach Form. Und es wäre ihr nicht gedient, etwa rückwärts zu weisen und einfach den Zustand und die äußere Gestalt einer Kunst als Ziel zu nennen, die es zu irgendeiner Zeit schon einmal gegeben hätte. Das wäre reaktionär gedacht. Die staatliche und volkliche Verfassung des deutschen Volkes, die wir als Zielbild erkennen, ist noch nie Wirklichkeit gewesen; wir aber müssen die Vollkommenheit einer deutschen Kunst erstreben, die es noch nie gegeben hat. Andererseits ist es das erste Gesetz einer wuchshaften Kultur, daß niemand die Wurzeln seines eigenen Lebensbaumes anhauen oder vernichten darf, wenn er will, daß starke Stämme und Kronen sich zum Himmel erheben.

Daß wir nur wir selbst sein können, wenn wir unser Sein aus Herkunft, Geschichte, Blut und Boden erweisen, das ist eine Vorbedingung.

Das Ziel aber muß sein, einer Kunst die Wege zu bereiten, die nichts anderes will, als den stärksten, reinsten und überzeugendsten künstlerischen Ausdruck der Art von deutschen Menschen, wie sie die Zukunft unseres Reiches aufbauen müssen.

Wo ein Ziel zu erreichen ist, da muß ein Vorbild, ein Wunschbild aufgestellt werden, das alle erblicken können. Dies Zielbild ist zunächst immer der Mensch. Das außerhalb des Menschen liegende Werk ist das durch ihn zu gestaltende. Die Welt selbst ist herrlich wie am ersten Tag. Aber was, wo, wie ist die Welt? Sie braucht den Menschen, der in seinem Erkennen das Weltbild formt. Der Mensch unserer Rasse lebt seit Äonen, denn wir können keine neuen Menschen erfinden, können keinen Homunkulus in der Retorte erzeugen. Wir können nur dafür kämpfen, daß dieser Mensch wieder die herrschende Schicht wird, daß er sich weitet und breitet, daß er fruchtbar sei und sich mehre, daß er sich durch Auslese und Ausmerze zu immer höheren Formen hinaufsteigere.

Seine Kunst läßt sich nicht durch Bestellung erzeugen. Auch mit der besten Pädagogik nicht. Wir

Ein Brief von Gustav Havemann

An das
Reichsinnenministerium
z. Hd. Herrn Dr. Metzner
Berlin NW 40

Kampfbund
für Deutsche Kultur
Gruppe Berlin,
den 17.3.1933

Sehr geehrter Pg. Dr. Metzner!

Der freigewerkschaftliche Deutsche Musikerverband (DEMUV) vertritt seit der Revolution 1918 die Interessen der deutschen Orchestermusiker. Er ist von früheren Regierungen als Standesvertretung anerkannt. Wir können nicht zulassen, daß dieser Verband jetzt noch unter der nationalen Regierung mit den Interessen der Musikerschaft betreut bleibt. Der 1. Vorsitzende Herr Fauth, ist eigentlich Hamburger Zigarrenmacher.

Wir bitten das Reichsinnenministerium, daß dieser Verband unter NS-Führung kommt, alle Bücher beschlagnahmt werden und die Zeitung (Deutsche Musikerzeitung) einstweilen konfisziert wird, da sie scharf gegen uns Stellung nimmt. Das dem Deutschen Musikerverband gehörende Haus, Bernburger-Ecke Köthenerstr., in dem sich sämtliche Verbandsräume befinden, bitten wir gleichzeitig zu beschlagnahmen.

Beiliegender Auszug aus der „Roten Fahne" vom Juli 1932 charakterisiert sehr deutlich die Einstellung dieser Organisation. Wir bitten diesbezüglich um Anweisung.

Mit Heil Hitler!
Prof. Dr. Gustav Havemann

Musik im Zeitbewußtsein
Amtliche Zeitschrift
des Fachverbandes „Reichsmusikerschaft“

Zweites Jahr Berlin, 17. Februar 1934 Nummer 7

Ansprache

des Präsidenten der Reichsmusikkammer Dr. Richard Strauß anläßlich der Eröffnung der Ersten Arbeitstagung der R.M.K.

(am 13. Februar 1934)

Meine Herren!

Ich eröffne die erste Tagung der Reichsmusikkammer und heiße Sie herzlichst willkommen.

Die Reichsmusikkammer – seit Jahrzehnten der Wunschtraum und das Ziel der gesamten deutschen Musikerschaft – ist am 15. November 1933 errichtet und damit die wichtigste Etappe auf dem Wege zum Neubau unseres gesamten deutschen Musiklebens erreicht worden.

Ich fühle mich verpflichtet, an dieser Stelle Herrn Reichskanzler Adolf Hitler und Herrn Reichsminister Dr. Goebbels für die Schaffung des Kulturkammergesetzes den herzlichsten Dank der gesamten deutschen Musikerschaft auszusprechen.

Ich sage, es handelt sich einstweilen nur um eine Etappe auf dem Weg zu unserem noch größeren Ziel: das deutsche Volk und seine Musik wiederum so innig miteinander zu verbinden, wie das früher — ich denke z. B. an das 16. Jahrhundert — schon einmal in ganz anderer Weise verwirklicht war, als etwa in den ersten Jahrzehnten des Jahrhunderts, in dem wir leben.

Wohl hat die deutsche Musik, zumal im 19. Jahrhundert, die größten Triumphe in der ganzen Welt gefeiert, hat das Ansehen der deutschen Kunst und des deutschen Künstlers im Ausland in einer Weise befestigt, wie das bei kaum einem anderen Kunstzweig der Fall ist. Aber die allgemeine kulturelle, wirtschaftliche und technische Entwicklung der letzten 40, 50 Jahre brachte es mit sich, daß, wie große Leistungen auch vom Einzelnen vollbracht wurden, doch die Gesamtheit des deutschen Volkes sich zumal der höheren Kunstmusik mehr und mehr entfremdete. Damit hing dann auch die Verschlechterung der wirtschaftlichen Lage der deutschen Musikerschaft eng zusammen, sowie, von der anderen Seite aus gesehen, eine Verflachung des musikalischen Geschmacks, die auf die Gestaltung unserer Gesamtkultur nicht ohne nachhaltigsten Einfluß sein konnte.

Wenn seit der Machtübernahme durch Adolf Hitler sich nicht nur auf dem politischen, sondern auch auf dem Kulturgebiet schon so vieles in Deutchland geändert hat, und wenn schon nach wenigen Monaten der nationalsozialistischen Regierung ein Gebilde wie die Reichsmusikkammer ins Leben gerufen werden konnte, so beweist das, daß das neue Deutschland nicht gewillt ist, die künstlerischen Angelegenheiten wie bisher mehr oder weniger auf sich selbst beruhen zu lassen, sondern daß man zielbewußt nach Mitteln und Wegen sucht, um zumal unserem Musikleben einen neuen Auftrieb zu vermitteln.

Die Reichsmusikkammer ist zunächst aufgebaut auf dem Gedanken der berufsständischen Einheit der deutschen Musikerschaft und stellt den ersten Versuch in der deutschen Geschichte dar, sämtliche mit dem Musikleben überhaupt in Beziehung stehenden Volkskreise unter einheitlichen Gesichtspunkten organisatorisch zu erfassen. Sie soll auf Grund dieser organisatorischen Grundlage die Möglichkeit bieten, das deutsche Musikleben unter Berücksichtigung seiner organischen Einheit und unter Betonung seiner umfassenden Ganzheit so zu beeinflussen, daß aus den zum Teil trostlosen Ruinen der letzten Jahre endlich wieder neues Leben erblühen kann.

Reichsminister Dr. Goebbels sagte in der Reichskulturkammer-Sitzung am 7. Februar ds. Js. u. a. folgendes:

> „Grundsätzlich muß auch für den nationalsozialistischen Staat der Standpunkt aufrechterhalten werden, daß die Kunst frei ist, und daß man niemals den Versuch unternehmen darf, durch Organisation den Mangel an Intuition zu ersetzen. Die Kunst an sich kann nur gedeihen, wenn man ihr größtmögliche Entwicklungsfreiheit gibt.
>
> So frei die Kunst in ihren eigenen Entwicklungsgesetzen sein muß und sein kann, so eng muß sie sich gebunden fühlen an die nationalen Lebensgesetze eines Volkes. Die Kunst und die Kultur entstehen im Mutterboden eines Volkes: sie werden deshalb auch immer an die sittlichen, sozialen, nationalen und an die moralischen Grundsätze des Staates gebunden sein. Aber im Rahmen und in den Grenzen der nationalen Lebensgesetze muß man der Kunst eine freie Entfaltungsmöglichkeit geben. Es ist nun ein grundlegender Irrtum, anzunehmen, daß es Aufgabe der Reichskulturkammer sei, Kunst zu produzieren. Das kann sie nicht, das wird sie nicht und das darf sie auch gar nicht.
>
> Aufgabe der Reichskulturkammer ist es, die kulturschaffenden Menschen zusammenzufassen, sie organisatorisch zu gliedern, in ihnen und unter ihnen auftauchende Hemmungen und Widersprüche zu beseitigen und unter ihrer Zuhilfenahme das vorhandene, das werdende und das in Zukunft noch werdende Kulturgut sachgemäß zum Nutzen des deutschen Volkes zu verwalten."

Daraus ergibt sich, daß die organisatorische Arbeit der Reichsmusikkammer niemals Selbstzweck sein kann. Alle Organisation kann nur als Voraussetzung praktischer und intensiver Arbeitsmöglichkeit einen tieferen Sinn bekommen, und dieser Gedanke der praktischen Arbeit wurde deshalb auch bei der heute beginnenden ersten Arbeitstagung der Reichsmusikkammer in den Vordergrund gestellt. Es soll in diesen Tagen versucht werden, so manche Frage in gegenseitigem Gedankenaustausch einer Klärung näherzubringen; es soll versucht werden, auf der Grundlage der bisher geschaffenen Organisation neue Antriebe ins Volk hineinzubringen; es soll zugleich aber auch versucht werden, eine persönliche Fühlungnahme zwischen den in der Berliner Zentrale und den im ganzen deutschen Vaterlande arbeitenden Mitgliedern unserer Organisation zu ermöglichen, die gerade im Verfolg der gemeinsamen Arbeit nach und nach zu einer festen Gemeinschaft ausgebaut werden kann.

Die äußere Daseinsberechtigung der Reichsmusikkammer braucht gewiß nicht mehr bewiesen zu werden. Die innere Daseinsberechtigung wird sich aus der Art ergeben, wie im Rahmen unserer Organisation jeder Einzelne am gemeinsamen Werk selbstlos dienend mitarbeitet. Das ist ja auch der tiefere Sinn des ständischen Aufbaues im Sinne des Nationalsozialismus, für den die Reichskulturkammer mit allen ihren Einzelkammern gewissermaßen als Vorbild dienen soll.

Weil wir der Meinung sind, daß wir uns die Zukunft des deutschen Musiklebens gewissermaßen erst selbst schaffend erarbeiten müssen, um ihrer im rechten Sinne wert zu werden, weil wir der Meinung sind, daß es im Rahmen dieser Arbeit nicht auf bürokratische Methoden, sondern auf lebendiges Wirken ankommt, deshalb ist im Reichskulturkammergesetz neben dem Präsidialrat der einzelnen Kammern auch ein Verwaltungsbeirat vorgesehen, der gewissermaßen die Verbindung zwischen der verantwortlichen Leitung der einzelnen Kammer und den ihr angeschlossenen Verbandsorganisationen herzustellen hat. Dieser Verwaltungsbeirat soll nicht nur eine Dekoration sein, nicht nur, um ein Bild zu gebrauchen, ein „gutes Zimmer", in das man ein paar Gäste aus Repräsentationsgründen hineinführt, sondern eben eine Arbeitseinrichtung. Die Mitglieder des Verwaltungsbeirates sollen der Verwaltung der Kammer ihre Erfahrungen und ihren Rat zur Verfügung stellen, sie sollen sich fortwährend über die Wünsche und Sorgen der ihnen anvertrauten Mitglieder im Reich unterrichten und auf Grund solcher Unterrichtung Anregungen für fruchtbare Gesamtarbeit geben; kurz, sie sollen das lebendige Bindeglied zwischen Führern und Geführten darstellen, damit sich nicht innerhalb der Organisation selbst gewissermaßen Cliquen und Gruppen bilden können, die sich einander verständnislos oder womöglich feindselig gegenüberstehen.

Die Arbeit des Verwaltungsbeirates wird aus allen diesen Gründen eine ganz besonders verantwortungsvolle sein, und ich kann zum Schluß nur meinem lebhaften Wunsche dahin Ausdruck verleihen, daß die Zusammenarbeit des Verwaltungsbeirates mit den Abteilungen der Kammer, mit dem Präsidialrat, mit den Fachverbänden, Fachschaften, Pflegschaften usw. eine immer mehr sich vertiefende und je längere desto fruchtbarere werden möge.

Zur Reichstagswahl am 29. März 1936 veröffentlichte „Die Musik-Woche" (Nr. 13, 4. Jahrgang) Wahlaufrufe und Ergebenheitsadressen von Musikern, u. a. von Karl Böhm, Peter Raabe, Wilhelm Backhaus, Paul Graener und dem Berliner Philharmonischen Orchester.

Die Musikkrise beseitigt!

Die Neugliederung und straffe Zusammenfassung aller Stände und Berufsgruppen, die seit der Machtergreifung

Archiv „Musik-Woche"

Adolf Hitlers durchgeführt worden ist, hat sich für den kulturellen Wiederanstieg Deutschlands als äußerst segensreich erwiesen. Man darf getrost behaupten, daß die Krise, in der sich das musikalische Schaffen in Deutschland und die deutsche Kunst überhaupt befand, durch die umsichtige Fürsorge und das tiefe Verständnis des Führers für künstlerische Fragen, das nicht nur in seinen Schriften und Reden, sondern auch durch seine persönliche Anteilnahme an den Ereignissen des deutschen Kulturlebens immer wieder überzeugenden Ausdruck findet, gebannt ist. Ihm verdankt der Musiker, sei er nun freischaffender oder reproduzierender Künstler, Musikerzieher oder Orchestermusiker, unendlich viel. Und das sowohl in sozialer und wirtschaftlicher Beziehung — indem den vielen erwerbslosen Musikern neue Arbeitsmöglichkeiten gegeben worden sind — wie in ideeller Hinsicht! Der Nationalsozialismus hat dem Musiker ein Ziel und eine Aufgabe gestellt, für die es sich lohnt, das ganze Können und die Arbeitskraft einzusetzen: dem deutschen Volk und seinen höchsten Kulturgütern zu dienen. Dafür aber dankt der neue Staat dem Künstler, indem er ihn in das gewaltige Werk des deutschen Aufbaues eingliedert und zu einem gleichberechtigten Teil der Gesamtheit aller Schaffenden erhebt.

GMD Prof. Dr. Karl Böhm,
Staatskapellmeister in Dresden

Der Präsident der Reichsmusikkammer zur Reichstagswahl am 29. März 1936

Deutsche Musiker!

In keinem anderen europäischen Staat zeigt sich eine ähnlich geartete innere Verbundenheit von Staatspolitik und Kunstpolitik wie im nationalsozialistischen Deutschland. Kein Volk darf sich rühmen, eine so hohe Zahl von kulturpolitisch weitblickenden Staatsmännern zu besitzen wie das deutsche. Die begeisterten Bekenntnisse zu deutscher Art und Kunst, die unser Führer in seinen grundlegenden kulturpolitischen Reden und Ansprachen ablegte, sind von richtungweisender Bedeutung für die gesamte Entwicklung des deutschen Musiklebens. Bedarf es überhaupt noch der Erwähnung, in welcher Weise eine reinigende Wandlung auf dem Gebiet der deutschen Musik seit der marxistischen Zeit erfolgt ist? Mit Stolz dürfen wir auf die in den letzten drei Jahren geleistete Arbeit zurückblicken, die sich in der Linderung der wirtschaftlichen Not und in der Erschließung neuer kulturpolitischer Aufgaben zum Segen des deutschen Musikerstandes und der gesamten deutschen Musik ausgewirkt hat und sich noch weiter auswirken wird. Hinter allen erfolgreichen und fruchtbringenden Neuerungen aber steht die verehrungswürdige Gestalt unseres Führers — ein Vorbild für alle, die mit uns für die Reinigung und weitere Ausgestaltung des deutschen Musiklebens kämpfen. Der deutsche Musiker. und Musikliebhaber weiß, an wessen Seite er sich in der bevorstehenden Wahl zu stellen hat, will er sich und kommenden Geschlechtern eine gefestigte, unerschütterliche Grundlage der kulturpolitischen Entwicklung schaffen. Der Führer hat uns den Weg gewiesen — wir alle wollen ihm folgen in zuversichtlichem Vertrauen zu einem großen, segenbringenden Aufbauprogramm. Dr. Peter Raabe

Im Namen der Solisten!

Niemand liebt die deutsche Kunst und insbesondere die deutsche Musik glühender als Adolf Hitler. Deutsche Musik und vaterländischer Wille sind untrennbar miteinander verbunden. Alle deutschen Musiker müssen und werden einmütig am 29. März Adolf Hitler ihre Stimme geben.

Prof. Wilhelm Backhaus.

Der Führer des Berufsstandes der Deutschen Komponisten:

An die deutschen Musiker!

Hätten wir, meine Kameraden, nicht diesen einzigen Führer, dem wir auf Tod und Leben verschworen sind, so wäre wohl das Ende der deutschen Kunst nicht mehr fern gewesen. Wir haben ihm alles zu danken: *Ehre, Glauben und Zuversicht*. Wir danken es Ihm mit aller Treue und Hingabe, deren wir fähig sind; *wir marschieren mit Adolf Hitler!*

Prof. Dr. Paul Graener.

Deutsche Orchestermusiker rufen auf!

Im Frieden wollen wir uns einsetzen für die heiligsten Güter unserer deutschen Kunst. Wir wollen darüber walten und die ganze Kraft unserem verantwortungsvollen Berufe weihen. So unsere Pflicht zu tun, heißt, an der rechten Stelle Volk und Vaterland zu dienen. *Durch höchste Leistungen die ganze Welt zu überzeugen, im friedlichen Wettstreit bei anderen Völkern die gegenseitige Achtung zu vertiefen, für Deutschlands Ehre und Ansehen einzutreten, sei unser Ziel!*

Noch nie hatten wir als Hüter und Vertreter der hohen und einzigartigen deutschen Orchesterkultur so große und klare Aufgaben wie heute. Die Voraussetzung zur Erfüllung dieser Aufgaben wurde uns geschaffen, das Erreichen unserer Ziele ermöglicht, denn *der Führer gab uns unsere Ehre wieder und schafft den wahren Frieden!*

So wird der 29. März auch für uns ein beglückender Tag sein, da wir Gelegenheit haben, unser Bekenntnis ablegen zu können für den Mann, der durch seine Taten zeigt, daß er der größte deutsche Kulturwart aller Zeiten ist:

unser Führer, *Adolf Hitler*.

Wolfram Kleber, Obmann und Betriebswalter des Berliner Philharmonischen Orchesters.

Pamela M. Potter, Professorin für Musikwissenschaft an der Universität von Illinois (Champaign-Urbana), gibt einen Überblick über die Tagung der „Deutschen Gesellschaft für Musikwissenschaft", die auf Goebbels' Veranlassung anläßlich der Reichsmusiktage 1938 in Düsseldorf stattfand.

WISSENSCHAFTLER IM ZWIESPALT

Die deutsche Musikwissenschaft erlebte in den dreißiger Jahren Veränderungen in positiver und negativer Hinsicht. Einen unersetzlichen Verlust bedeutete natürlich die Auswanderung verfolgter Wissenschaftler, unter ihnen bahnbrechende Vertreter von verschiedenen Zweigen der Disziplin: *Curt Sachs, Alfred Einstein, Erich Hornbostel* u.v.a. Als Gewinn konnte man die Gründung neuer Projekte, Institute und Zeitschriften verbuchen: die Edition *Das Erbe deutscher Musik* wurde in der Mitte des Jahrzehnts begonnen, das *Staatliche Institut für deutsche Musikforschung* siedelte 1935 von Bückeburg nach Berlin über und mehrere Zeitschriften, u.a. *Archiv für Musikforschung,* erschienen zum ersten Male.

Seit der Machtergreifung war die Unabhängigkeit der Musikwissenschaft stark eingeschränkt, auf der einen Seite wegen der allgemeinen *Gleichschaltung* der deutschen Universitäten, auf der anderen Seite wegen des Kritikverbots ab 1937; viele Musikwissenschaftler waren auch als Musikkritiker tätig. Die steigende Popularität der Rassenforschung sowie des Interesses an völkischer Kultur stellte die in Deutschland gebliebenen Musikwissenschaftler vor die Entscheidung, sich entweder mit den „neuesten Methoden" zu beschäftigen oder sich auf nicht-kontroverse Arbeitsthemen zu beschränken. Es mutet wie Ironie an, daß die Väter dieser „neuesten Methoden" einer rassentheoretisch fundierten Musikwissenschaft – *Karl Blessinger* und *Richard Eichenauer* – keine etablierten Musikwissenschaftler waren.[1] Trotzdem versuchten auch höchst angesehene Vertreter dieses Faches, besonders bei der Düsseldorfer Tagung im Jahre 1938, die neue Methode mit ihrer Disziplin in Übereinstimmung zu bringen. Diese Tagung zeigt im übrigen einen Querschnitt der aktuellsten Tendenzen im musikwissenschaftlichen Schrifttum der dreißiger Jahre.

Die Tagung im Rahmen der ersten Düsseldorfer Reichsmusiktage dauerte drei Tage, vom 26. bis 28. Mai 1938. Auf der Liste der Teilnehmer, soweit man dies nach Zeitungsberichten rekonstruieren kann, stehen die größten Namen der Musikwissenschaft: *Friedrich Blume, Theodor Kroyer, Ludwig Schiedermair, Heinrich Besseler,* u.a. Laut Zeitungsmeldungen gab es insgesamt 25 Vorträge. Leider scheint kein Kongreßbericht vorhanden zu sein, doch einige der Vorträge wurden in den folgenden Jahren als Zeitschriftenartikel abgedruckt.

Die *erste* Arbeitsgruppe, die den einfachen Titel *Deutsche Musik* trug, wurde von *Joseph Maria Müller-Blattau,* einem der produktivsten Musikwissenschaftler der dreißiger Jahre, geleitet.[2] Das Thema seines Vortrags *Das Deutsche in der Musik* stand vermutlich in Zusammenhang mit seinem zu gleicher Zeit erschienenen Buch *Germanisches Erbe in deutscher Tonkunst.* Hierin vertritt er die These, daß musikalische Merkmale aus den Anfängen altgermanischer Musik von der Volksmusik bis in die Gegenwart getragen worden seien und sogar auf die Kunstmusik einen Einfluß ausübten. Sein Schlußwort ist eine Huldigung an das zeitgenössische Kampflied, u. a. das *Horst-Wessel-Lied.*

Der Vortrag von *Hans-Joachim Therstappen*[3] ist wichtig wegen der Widerspiegelung einer überraschenden Tendenz in der Musikwissenschaft: der Tendenz, sich mit Themen zu beschäftigen, die den aktuellen außenpolitischen Ereignissen entsprechen. Nach Therstappen konnte die Spaltung zwischen norddeutscher und süddeutscher Musik erst mit der Klassik überbrückt werden. Auch wenn „Großdeutschland" in der Zeit der klassischen Musik nicht existierte, wirkte die Musik als eine grenzüberschreitende Verwirklichung deutscher Einheit. Um so mehr sei die Musik von heute verpflichtet, nach der politischen Einigung zu „Großdeutschland", noch höhere Leistungen deutscher Einheit zu erreichen.

Sein Vortrag, der wie selbstverständlich vom *Anschluß* spricht, gehört zu einer ganzen Reihe musikwissenschaftlicher Schriften, die als propagandistische Unterstützung von Hitlers Außenpolitik dienen konnten. Ab 1938 erschienen Veröffentlichungen über Musikleben, Musikgeschichte, Musiker und Komponisten im sudetendeutschen Raum von *H. J. Moser, Gustav Becking, Oskar Kaul* und *Ernst Bücken.* Im gleichen Jahr zeigte sich ein erhöhtes Interesse an Österreichs Anteil an der deutschen Musikkultur in den Schriften von *Müller-Blattau, Strobel, Moser, Gerber, Liess* und *Lach.* Als im Jahre 1939 die Aufsätze von mehreren Musikwissenschaftlern *(Engel, Moser, Wiora, Waldmann* und *Frotscher)* die musikalischen bzw. kulturellen Beziehungen zwischen Deutschland und Polen betonten, stand dies allerdings im Widerspruch zur These der Rassenforschung, die die polnische Rasse der germanischen unterordnete.

Die *zweite* Gruppe – *Deutsche Meister* – wurde von *Theodor Kroyer* geleitet. Kroyer war einer der wichtigsten etablierten Musikwissenschaftler dieser Zeit. Als Schüler von *Sandberger* und Förderer der „Münchner Schule", zählte er *Herbert Birtner, Kurt Huber, Hermann Halbig, Helmut Schultz* (der auch an der Tagung teilnahm), *Otto Ursprung* und *Hermann Zenck* zu seinen Studenten. Als Ordinarius in Köln hatte er sich in den dreißiger Jahren wenig mit der Frage des Deutschtums in der Musik beschäftigt und sich auf nicht-kontroverse Themen beschränkt: es ist daher erstaunlich, daß er überhaupt an dieser Tagung teilnahm und über *Deutsche Stileigentümlichkeiten in der Musik* sprach. Es referierten auch *F. Noack* über *Ethos in der deutschen Musik, Walter Vetter*[4] über *Volkhafte Merkmale in Mozarts Opern* und *Rudolf Gerber*[5] über *Volkstum und Rasse in Werk und Leben von Johannes Brahms.* Der Vortrag von Vetter[6] vertritt eine zweite Tendenz der zeitgenössischen Musikwissenschaft, nämlich die „Eindeutschung" großer Komponisten. Vetter geht so weit, das Deutschtum Mozarts nicht aus den Singspielen, sondern aus den italienischen Opern abzuleiten. Vetter verläßt sich auf das Prinzip, daß weder die Heimatzugehörigkeit

Mozart am Klavier
Nach einem unvollendeten Ölgemälde von Mozarts Schwager Joseph Lange, wahrscheinlich 1789.

des Komponisten noch die Sprache eines Werkes, sondern die „volkhaften Wesensmerkmale“ das Deutschtum bestimmen. Mit den Worten Alfred Rosenbergs betont er, daß Händel z. B. nicht als Engländer betrachtet werden könne. *Entsprechendes gilt für Mendelssohn: Er ist Jude, und da hat die Musik noch mehr als jede andere Kunstgattung Ausdruck des Nationalcharakters und der Volksseele ist, so kann Mendelssohn unmöglich ein hervorragender* deutscher *Komponist sein.*[7] Was die Textierung angeht, schreibt Vetter: *Ich erinnere noch einmal an Händel und Mendelssohn: die fremdsprachlich textierte Musik braucht nicht undeutsch, die auf unsere Mutterlaute komponierte Musik nicht deutsch zu sein.*[8] Wie er im ersten Satz seines Vortrags ausgibt, ist sein Thema, die „volkhaften“ Merkmale, „Teil des Generalthemas aller heutigen deutschen Musikgeschichtsforschung.“ Vetters Versuch, die italienischen Opern Mozarts und den Komponisten selbst „einzudeutschen“, steht in Zusammenhang mit einer Reihe von musikwissenschaftlichen Versuchen, das „Deutschtum“ großer Komponisten – vor allem von Händel, Mozart und Liszt – zu beweisen.

Die *dritte* Gruppe, von *Heinrich Besseler* geleitet, sollte als Schwerpunkt das Thema *Staat und Musik* behandeln. Besseler, zu dieser Zeit Professor in Heidelberg, wurde Ende 1937 zum Ordinarius ausersehen, wurde jedoch vom NSD-Dozentenbund nicht empfohlen: *über seine Einstellung zum nationalsozialistischen Staate ist kein völlig klares Bild zu gewinnen, andererseits ist aber auch nichts Nachteiliges bekannt geworden.*[9] Besseler referierte über das Thema der Sitzung, ebenso *Gerhard Pietzsch.*[10] *Rudolf Steglich,* seit 1934 ao. Professor in Erlangen und Herausgeber der 1936 begonnenen Zeitschrift *Archiv für Musikforschung,* referierte über *Die Elemente des musikalischen Ausdrucks im Umbruch*[11] und *Ernst Bücken,* Professor in Köln von 1925 bis 1945, der sich ebenfalls zu nationalistischen Ideen bekannte, sprach über *Musikstil, Musikpolitik und Musikkultur.*

Der Vortrag von *Pietzsch* ist ein eindeutiger Exkurs über die Geschichte des Verhältnisses von Musik und Staat. Er schildert diese Beziehung als eine allmähliche Entfremdung der Musik von der Gemeinschaft. Ausgehend vom platonischen Ideal hatte die Musik ursprünglich wesentlichen Anteil am Staat, wurde dann in den Unterricht und schließlich – mit der Entstehung der Oper und der französischen Revolution – auf eine bestimmte soziale Schicht zurückgedrängt. Im NS-Staat ist die Aufgabe ganz klar: *Das was wir anstreben, ist Ausschaltung jedes überbetonten Individualismus im Kunstschaffen. Wir müssen und wollen wieder zu einer der musischen Erziehung verwandten Lebensauffassung und damit auf eine Musik zukommen, die nicht Angelegenheit einer dünnen Schicht gebildeter Menschen, ein Luxus für wenige durch Abkunft oder Erziehung zum Genuß Befähigter ist, sondern die aus der Gemeinschaft und für die Gemeinschaft des nationalsozialistischen deutschen Volkes geschrieben ist.*[12] Die Verwirklichung dieses Ziels habe man innerhalb der SA, SS und HJ und mit den NS-Besucherorganisationen schon begonnen.

Im Gegensatz zu dem Vortrag von Pietzsch ist der von *Steglich* mit dem Thema der Sitzung nur locker verbunden. Er stellt einen musikalischen „Umbruch“ im vergangenen Jahrzehnt fest und beschreibt diese Entwicklung auf den Ebenen der verschiedenen Elemente: Klangfarbe, Dynamik, Harmonik, Melodik und Rhythmus. Dieser „Umbruch“ habe die schädlichen Wirkungen der Dodekaphonie und des Jazz über-

Lorenzo da Ponte (1749-1838), Mozarts jüdischer Librettist für „Die Hochzeit des Figaro“, „Don Giovanni“ und „Cosi fan tutte“, stellte die auf Rassenreinheit erpichte Musikwissenschaft der Nazis vor Probleme. Stich von Michele Pekenino und Nathaniel Rogers.

wunden. Trotz seines primär theoretischen Interesses versucht Steglich durch Kampflied-Zitate die Erfolge der „Gemeinschaftsmusik" zu demonstrieren. Nur im Nachwort bezieht er sich explizit auf den Staat und schreibt, *daß das gesamte Leben der Nation aus ursprünglichen Kräften einen mächtigen, aus dem Grunde und aufs Ganze wirkenden neuen Antrieb erhielt. Hier treffen wir auf die natürliche Verbundenheit des musikalischen Umbruchs mit dem politischen, auf die Wesensverbundenheit der neuen Musik mit dem neuen Staat.*[13]

Immerhin interessant ist die kleine Gemeinsamkeit zwischen diesen beiden Vorträgen: beide orientieren sich am Vorbild des platonischen Staats. Dieses Ideal wurde weniger in der Musikwissenschaft als in der allgemeinen NS-Ideologie behandelt; der platonische Staat diente u. a. als Modell für die Erziehungs- und Universitätspolitik im Dritten Reich und war ein vieldiskutiertes Thema in der Literatur der NS-Ideologie.[14] Lediglich Walter Vetter hatte 1935 einen Aufsatz über die Musik im platonischen Staat geschrieben.

Die *vierte* Gruppe unter Leitung von *Werner Korte* behandelte das Thema *Musikforschung.* Die Musikwissenschaft, in den dreißiger Jahren noch relativ jung, stand in vielen Arbeiten der Musikwissenschaftler selbst als Disziplin zur Diskussion. Nach der Jahrhundertwende interessierte man sich für die systematische Gliederung der Disziplin, in den dreißiger Jahren wandte man sich mehr den Aufgaben der Disziplin und der Rolle der Musikwissenschaft im neuen Staat zu. *Th. W. Werner* sprach über *Der Musikwissenschaftler und die Wirklichkeit,* und *E. Kirsch* über *Musikgeschichtsbetrachtung am Wendepunkt.*

Korte schlägt eine Änderung der Methodologie vor, indem die objektive „Geisteswissenschaft" durch eine subjektive „Wertwissenschaft" ersetzt wird. Sein Vorschlag nimmt die Form eines antisemitischen Angriffs auf den verfolgten Musikwissenschaftler Curt Sachs an: *Der Jude Sachs vermischte auch hier auf dem Gebiet der Musikwissenschaft formale wie allgemein geistesgeschichtliche Fakten zu einer völlig subjektiven unverbindlichen* Geisteswissenschaft, *die uns heute als der typische Ausdruck einer überwundenen Zeit erscheint*[15] Daher müßten die jüdischen, „liberalistischen" Methoden abgeschafft und ersetzt werden.

Das Thema der *letzten* Gruppe, der nach der Zeitungsmeldung „die größte Beachtung zukommt",[16] war *Musik und Rasse.* Die Anwendung der sogenannten „Rassenforschung" in der Musikwissenschaft war problematisch, sogar für die, die sich dafür begeistern konnten. Das methodologische Problem begegnete schon 1923 im Zusammenhang mit der vergleichenden Musikwissenschaft bei Robert Lach. Da bei der Anwendung der Rassenmethoden auf die abendländische Musikgeschichte diese Probleme noch zunahmen, war der Schwerpunkt dieser Arbeitsgruppe (wie auch des Vortrags von Friedrich Blume bei der Festsitzung) die Methodologie.

Es sprach zunächst *Werner Danckert*[17] über *Volkstum, Stammesart, Rasse im Lichte der Volksliedforschung.*[18] Der Zeitschriftenartikel mit einem ähnlichen Titel demonstriert einen sehr zahmen wissenschaftlichen Ansatz zur Frage des Vergleichs der Volksmusik zwischen den verschiedenen deutschen Gruppen („Stämmen"). Seine Hauptthese war, daß die verschiedenen Stile der Volkslieder verschiedenen Stilepochen der Musikgeschichte zugeordnet werden könnten. Der Vortrag von *Gotthold Frotscher* wurde in dem Buch *Rasse und Musik*[19] nachgedruckt neben Aufsätzen u. a. von dem Rassenforscher Richard Eichenauer. Frotscher war hauptsächlich Orgel-Spezialist und zu dieser Zeit Professor in Berlin. Es ist ziemlich erstaunlich, daß er sich auch für methodologische Fragen der Rassenforschung interessierte. Er fordert die Zusammenfassung der Einzelgebiete, um bei der Analyse des Rassenstils alles in Betracht ziehen zu können: *Damit wird die Kunstbetrachtung zu einer Frage der biologischen Erkenntnis, die Stilkritik zur Rassenstilforschung.* Damit wird auch die Ausrichtung der Musikerziehung und der Musikorganisationen festgelegt. Völkische Musik muß gefordert werden, damit *nach den Worten des Führers Blut und Rasse wieder zur Quelle der künstlerischen Intuition werden.*[20]

Die Methodologie war der Schwerpunkt auch des Grundsatz-Referats von *Friedrich Blume.* Hier ist eine kleine Abschweifung notwendig: wenn man über die Musikwissenschaft im Dritten Reich arbeitet, begegnet man, wie in allen Zweigen der Forschung über das Dritte Reich, der späteren Unterdrückung von Fakten. Bei Musiklexika wie *Musik in Geschichte und Gegenwart* und auch dem neuen *Grove Dictionary of Music and Musicians* (1980) war es ungeschriebenes Gesetz, die Tätigkeiten der deutschen Musikwissenschaftler zwischen 1933 und 1945 nicht ausführlich darzustellen. Daher findet man große Lücken in den Veröffentlichungslisten in diesen Jahren: es fehlt z. B. das Buch *Germanisches Erbe in deutscher Tonkunst* von Müller-Blattau sowie die Habilitationsschrift von Fritz Bose *Klangstil als Rassenmerkmale.* Die Ausnahme zu dieser Regel ist das Buch *Das Rasseproblem in der Musik* von Friedrich Blume, welches zumindest im *Grove* erwähnt ist. Der Grund dafür ist, daß diese ernstzunehmende Arbeit sich der methodologischen Problematik sehr vorsichtig widmet. Der Vortrag von Blume bei den Reichsmusiktagen war ebenso sorgfältig formuliert, wie das Buch. Anders als die Naturwissenschaft beziehe sich die musikalische Rassenforschung nur auf das unwissenschaftliche „Rassengefühl". Eine Seite dieses Problems liege in der Natur der Musik, die vieldeutig, leicht mißverstehbar und „übertragbar" sei. Die andere Seite des Problems liege in der Natur der Rasse: sind Gehör, Tonsysteme, Leiterbildungen und Klangformen rassisch bedingt? Blume zitiert die bekanntesten Rassenforscher – *H. F. K. Günther, Richard Eichenauer* u. a. – um seine Thesen akzeptabel zu machen. Er weist das Problem der „fremden Einflüsse" auf die deutsche Musik mit der Erklärung ab, daß diese immer fremden Einflüssen unterliege, aber dennoch immer in ihrem Wesen „original" bleibe. *Dieser scheinbare Widerspruch löst sich in der Einsicht, daß ein Volk wie das deutsche stark genug und fähig gewesen ist, sich fremde Elemente so restlos einzuschmelzen, daß sie im Endergebnis vollkommen eingedeutscht sind.*[21] Dieses Argument gilt auch für seinen Exkurs über die Gregorianik, die vom Orientalischen beeinflußt sein soll. Es ist nennenswert, daß Blume die Gregorianik nicht als „jüdisch" ablehnt wie z. B. Eichenauer, der sie als „undeutsch" abqualifizierte, da ihr das „deutsche Merkmal" der Mehrstimmigkeit fehlte. Indem Blume sich so gegen vorschnelle Verurteilungen wehrt, distanziert er sich deutlich von seinen pseudowissenschaftlichen Zeitgenossen.

Die Festrede von *Blume* sowie die anderen musikwissenschaftlichen Vorträge der Düsseldorfer Reichsmusiktage charakterisieren die Situation der Musikwissenschaft in den dreißiger Jahren als zwiespältig. Innerhalb der Disziplin wollte man „Wissenschaftlichkeit" bewahren. Gleichzeitig wurde man aber verführt oder aufgefordert, Pseudowissenschaftliches und Politisches in Betracht zu ziehen. Die Huldigung an das Völkische und das Germanische, die Eindeutschung der großen Meister, die kulturelle Rechtfertigung der Außenpolitik, die Überprüfung der in der „Systemzeit" entstandenen Methodologie – dies waren die Tendenzen, die in den Jahren zwischen 1933 und 1945 in der Musikwissenschaft allmählich zunahmen.

Die Düsseldorfer Reichsmusiktage waren sowohl ein politisches als auch ein musikalisches Ereignis. Die Teilnehmer der musikwissenschaftlichen Tagung, teils bekannt, teils unbekannt, vertraten ein großes Spektrum der Spezialgebiete und Generationen. Daß die Substanz der Tagung auf politisch gebilligte Themen beschränkt war, ist bei einer Staatsveranstaltung während des Dritten Reiches zu erwarten. Andererseits überrascht, daß die Gruppe der Teilnehmer nicht nur aus ehrgeizigen, politisch-aufstrebenden jungen Wissenschaftlern, sondern auch aus fest etablierten Gelehrten bestand. Immerhin fehlten zwei der leistungsfähigsten Musikwissenschaftler der dreißiger Jahre, nämlich *Hans Joachim Moser* und *Karl Gustav Fellerer.*[22] Es bleibt noch zu untersuchen, warum und unter welchen Bedingungen es im Einzelfall zur Teilnahme oder Nichtteilnahme kam.

Anmerkungen:

1) Der promovierte Musikwissenschaftler und Komponist Blessinger war seit 1935 Professor an der Staatlichen Akademie der Tonkunst (Pullach bei München). Der Studienrat Eichenauer wurde im gleichen Jahr zum Leiter der Bauernhochschule Goslar berufen.

2) Er war zur Zeit der Tagung Professor in Freiburg.

3) Er war ab 1936 Leiter des Musikinstituts der Universität Hamburg. Sein Vortrag erschien als „Die Musik im großdeutschen Raum". *Deutsche Musikkultur* 3 (1938-39): 425-28.

4) Vetter war seit 1934 Professor in Halle, Hamburg, Breslau und Greifswald und ab 1941 Ordinarius in Posen. Seine Interessengebiete waren die Geschichte des Liedes, J. S. Bach und die Wiener Klassiker.

5) Gründer der Musikwissenschaftlichen Fakultät in Gießen, tätig an der Universität und Hochschule für Musik in Frankfurt, schrieb über Hasse, Gluck, Brahms, Schütz und die Polyphonie des 15. Jahrhunderts.

6) In *Zeitschrift für Musik* 105 (1938), S. 852-56 abgedruckt.

7) S. 852.

8) S. 853.

9) Brief vom 27.12.37, NSD-Dozentenbund, Dozentenschaft der Universität Heidelberg an den Dekan der Philosophischen Fakultät, in der Akte „Besseler", Berlin Document Center. Besseler war jedoch Parteigenosse.

10) Gerhard Pietzsch, „Die Betreuung der Musik durch den Staat," *Deutsche Musikkultur* 3 (1938-39): 464-69.

11) Abgedruckt mit dem Titel „Die musikalischen Grundkräfte im Umbruch," *Deutsche Musikkultur* 3 (1938-39):345-55.

12) S. 467.

13) S. 355.

14) Siehe z. B. Joachim Bannes, *Hitlers Kampf und Platons Staat: Eine Studie über den ideologischen Aufbau der nationalsozialistischen Freiheitsbewegung.* (Leipzig, 1933).

15) Werner Korte, „Die Grundlagenkrisis der deutschen Musikwissenschaft", *Die Musik* 30 (1938): 668-674. Zitat S. 671.

16) H. Relsbach, „Musik wissenschaftlich betrachtet." In: *Düsseldorfer Tageblatt* vom 19.5.1938.

17) Gründer der Jenaer Sammlung alter Musikinstrumente, Musikkritiker und ab 1939 Professor an der Universität Berlin.

18) „Von der Stammesart im Volkslied," *Die Musik* 32 (1940): 217-22.

19) Herausgegeben von Guido Waldmann (Berlin, 1939), s. 102-12.

20) Weitere Vorträge waren: Wilhelm Heinitz, „Rassische Merkmale in europäischer Volksmusik," Joseph Schmidt-Görg, „Akustische Hilfsmittel in der Musik und Rassenforschung," Marius Schneider, „Grundsätzliches zur musikalischen Rassenforschung unter besonderer Berücksichtigung der Indogermanenfrage" und Helmut Schultz, „Volkhafte Eigenschaften des Instrumentenklangs" (der letzte erschien in *Deutscher Musikkultur* 5 (1940): 61-4).

21) „Musik und Rasse," *Die Musik* 30 (1938): 736-48. Zitat S. 741.

22) Moser wurde höchstwahrscheinlich nicht eingeladen, weil er 1934 von den Nazis beurlaubt und erst 1940 als Leiter der Reichsstelle für Musikbearbeitungen angestellt worden ist.

Musik und Rasse

Grundfragen einer musikalischen Rassenforschung

Von Friedrich Blume, Kiel

Mit Recht ist die Frage des Verhältnisses von Musik und Rasse in zunehmendem Maße in den Vordergrund des allgemeinen Interesses getreten. „Die Rasse ist eines der bestimmenden und treibenden Motive der menschlichen Geschichte", sagt Ph. Hiltebrandt („Ideen und Mächte"). Die Frage nach dem rassischen Gehalt oder der rassischen Beziehung ist für alle Gebiete des Musikwesens gleich bedeutungsvoll, sie wird und muß sich in ihren Folgerungen überall ausdrücken. Die Bedeutungshöhe, die ihr zukommt, wird wahrscheinlich heute noch nicht einmal im vollen Umfange übersehen. Für die Wissenschaft ist sie eines der „übergreifenden" Probleme, eines von denen, die nicht nur Ergebnisse in bestimmter Richtung zeitigen können, sondern deren Ergebnisse sich in allen Zweigen der Forschung und Lehre fruchtbar und wegbereitend erweisen werden. Das Problem „Rasse und Musik" ist geeignet, *alle* Fragen, die man möglicherweise an Musik richten kann, mit einer neuen Bedeutung zu erfüllen und von einer neuen Seite her beantworten zu helfen, weil es eine neue Plattform für Fragestellungen abgibt. Von einem neuen Standpunkt aus ergibt sich ein neuer Blickwinkel für den Gegenstand.

Für die Wissenschaft gilt es, den neuen Standpunkt erst zu erobern. Erst müssen die grundlegendsten Erkenntnisse über das Verhältnis von Musik und Rasse gewonnen sein, dann können sie angewendet werden. Insofern stellt sich das Problem für die Wissenschaft wesentlich anders dar als für die musikalische Praxis oder Erziehung. Diese können sich auf eine intuitive Schau des Rassischen beschränken und werden es müssen. Sie haben sich mit der Musik des täglichen Gebrauches, mit der Klassik, der Romantik, der Gegenwart auseinanderzusetzen. Sie können nicht, wie die Wissenschaft, nach Belieben auf irgendwelche historisch, geographisch oder ethnologisch entfernte Arten von Musik zurückgreifen. So können sie sich nur an dem *Rassengefühl* ausrichten, das uns aus der Musik entgegenschlägt. In uns lebt eine Empfindungsweise, die uns das Urverwandte und Urartgemäße in den Werken unserer großen Meister unwillkürlich und durch eine Art instinktives Vermögen ahnen läßt. Ohne daß wir uns über das Zustandekommen und die Ursachen im einzelnen Rechenschaft geben könnten, erleben wir in tief innerlicher Schau unsere Art und Rasse im Werke Bachs oder Wagners. Hinter dem engeren und näheren „künstlerischen Erlebnis" leuchtet fern, geheimnisvoll und ahnungsschwer das „rassische Erlebnis" auf. An ihm sich auszurichten, muß als ein hohes Ziel empfunden werden, zu dem hinzuleiten eine musikalische Erziehung wohl fähig sein mag. Jedem deutschen Menschen, der zu hören vermag und der sich zu der Fähigkeit erzogen hat, sein musikalisches Erlebnis in tiefsten Schichten zu klären, wird aus dem „Ring des Nibelungen" oder der „Neunten Sinfonie" über das bloße Hör- und Gefühlserlebnis hinaus etwas entgegentreten, das sich vielleicht am unmittelbarsten als eine Art „Heimatgefühl" bestimmen läßt: das erlebende Ich empfindet sich als „geborgen", als „zu Hause". Es fühlt sich warm umfangen vom Altvertrauten, das eben nicht nur deswegen altvertraut ist, weil diese „Art Musik" uns gewohnt ist, sondern weil in ihr etwas von Blut und Rasse unseres eigenen Wesens lebt. Das Musikwerk in einer solchen Tiefe zu erleben, ist ein hohes Ziel. Es erfüllen heißt wohl: bis auf den Grund des Erlebbaren vorstoßen. Musikerziehung und Musikübung können sich wohl kein höheres setzen.

Erleben und Erkennen

Mit der intuitiven Schau, dem Erlebnis und dem Eindruck kann sich die Wissenschaft nicht begnügen. Eine Wissenschaft von der Kunst bedarf des Erlebnisses: sie gründet auf ihm, wenn sie echt ist. Sie bedarf des hohen und weitgesteckten Zieles, der vorauserahnten Erfüllung, wenn sie ihren Weg nicht verfehlen will. Aber sie will und muß mehr erstreben, wenn sie Wissenschaft sein will. Sie muß erkennen und beweisen. Im Erlebnis ist wie in der Forschung die Rasse in der Musik ein Ziel, die Einheit beider eine Forderung. Im musikalischen Erlebnis stellt sich das Gefühl für diese Einheit unter günstigen Vorbedingungen ein. Der Musikforscher wird notwendig so weit Künstler oder künstlerisch empfänglicher Mensch sein müssen, daß er dieses Erlebnisses teilhaft werden kann. Dann aber beginnt erst seine eigentlich wissenschaftliche Aufgabe: Er fragt: auf welche Weise kann eine sichere Erkenntnis über das Verhältnis von Musik und Rasse gewonnen werden? an welchen Gegenständen läßt es sich gewinnen? welcher Methoden bedarf es? an welche Bestandteile oder Merkmale der Musik kann das Rassische geknüpft sein? gibt es in der Musik Dinge, die überrassisch sind, oder in welcher Schicht der Differenzierung von Urmenschen zu Rassen und Völkern differenziert sich Musik? gibt es somatische, rassenphysiologische Voraussetzungen für die Musik? wie drückt sich die Rassenseele in ihr aus? Unzählig sind die Fragen, die sich dem ersten Umblick eröffnen.

Kein Wunder, daß die Musikforschung da noch in den Anfängen steckt. Auf allen anderen Gebieten menschlicher Tätigkeit sind ja Kulturerzeugnisse leichter zu fassen und festzuhalten als auf dem Gebiete der Musik. Wo Geräte und Baugründe uns noch mit großer Sicherheit von der Tätigkeit jahrtausendealter Menschengruppen künden, sind die Spuren der Musik längst verweht. Und selbst da, wo Instrumente sich über Äonen hinweg erhalten haben, fehlt der lebendige Atem und der Rhythmus, der sie erklingen ließ. Wer weiß, ob nicht gerade im *Klang*ideal, das zu seiner Verwirklichung des lebenden Menschen bedarf, ob nicht in der *Art* des Singens mehr als in Tonverhältnissen und Melodiebildungen die Rasse sich

manifestiert? Mit dem Spaten des Prähistorikers kann die Musikforschung auf keine Weise wetteifern, und nur die musikalische Ethnologie kann versuchen, die Zeugnisse uralter Musikkulturen, die heute im raschen Schwinden begriffen sind, in letzten Lebensaltern noch festzuhalten. Aber wer weiß, ob sie nicht längst vergreist sind?
Die Schwierigkeiten, den Ansatz für das Problem „Musik und Rasse" zu finden, liegen einesteils im Wesen der Musik, andernteils in den Fragen der Rasse begründet.

Zugangswege

Das musikalische Kunstwerk ist vieldeutig. Es bedarf der Deutung mehr als ein Werk der Dichtung oder der bildenden Kunst. Dichtung drückt doch durch Wort, Begriff und Stoff, selbst wenn man von ihrem Eigensten, der sprachlichen Gestalt, absieht, schon immer etwas aus, das mehr oder weniger eindeutig ist. Malerei und Plastik sind schon eher mehrdeutig als Dichtung. Musik aber trägt die Vieldeutigkeit geradezu als eines ihrer wesentlichsten Merkmale in sich. Die Gefahr der Mißdeutung ist damit gegeben. Für die Ästhetiker der Romantik hat die Fähigkeit der Musik, ein Gehäuse für die verschiedensten Inhaltsvorstellungen zu sein, ihre Ausnahmestellung über allen anderen Künsten begründet. Die Subtilität und Flüchtigkeit des Tonstoffes bringen es mit sich, daß das Verhältnis des komponierten Gedankens zu seinem Notenbilde sehr viel labiler ist als das des gedichteten zu seiner Niederschrift. So ergibt sich die Möglichkeit, das Notenbild in der verschiedenartigsten Weise in Klang umzusetzen, das Erklingende in der verschiedenartigsten Weise zu deuten. Man erinnere sich nur der Geschichte Bachs im 19. Jahrhundert. Es ist aber kaum zu leugnen, daß auch für uns heute in der Vieldeutigkeit, im Reichtum des Erlebbaren eine der unabdingbaren Eigentümlichkeiten der Musik gründet. Uns kann keineswegs daran gelegen sein, diese Vieldeutigkeit einzuschränken. Das echte künstlerische Erlebnis wird, mindestens gegenüber Werken der Klassik und Romantik, immer erst in der unausschöpfbaren Fülle und Weite sein Genügen finden. In dieser Fülle und Weite ist das Rassegefühl mitbestimmend, vielleicht grundlegend. Aber wie soll die Forschung es unternehmen, dieses Gefühl in Erkenntnis zu wandeln? Wie kann das geschehen angesichts der Vieldeutigkeit und Mißdeutbarkeit des großen, komplexen Kunstwerkes?

Soll Musik auf ihren rassischen Gehalt untersucht werden, so leuchtet ein, daß es hierzu eines möglichst charakteristischen Gegenstandes bedarf. In der Vieldeutigkeit liegt ein Gefahrenmoment für die Forschung: leicht kann Bezeichnendes für minder wichtig, Nebensächliches und Gemeingültiges für bezeichnend gehalten werden. Um den geeigneten Gegenstand, das Schulbeispiel für die Untersuchung zu finden, ist eine Wertung im voraus erforderlich. Der zu untersuchende musikalische Körper muß so beschaffen sein, daß er verspricht, eindeutige Aussagen über seinen rassischen Gehalt zu machen. Ist aber das rassische Moment stärker ausgeprägt in Bachs „Kunst der Fuge" oder in Beethovens „Neunter", in einem Streichquartett von Haydn oder einer Motette von Schütz? Woher im Einzelfalle — und in praxi steht der Forscher ja immer zuerst dem Einzelfalle gegenüber — den Maßstab zur Bewertung des rassischen Gehaltes und somit zur Eignungsprüfung des Gegenstandes nehmen? D a ß wir unsere Artverwandtschaft mit dem Kunstwerk ebensogut an Bachs „Kunst der Fuge" wie an dem Haydnschen Streichquartett erleben können, dürfte außer Zweifel stehen. Es ist schließlich Sache der persönlichen Erlebnisfähigkeit und der musikalischen Bildung, wie weit bei dem einzelnen Hörer das Vermögen dazu reicht, das heißt also nicht eine wissenschaftliche, sondern eine praktische oder erzieherische Frage. Wem jemals die „Kunst der Fuge" wirklich zum Erlebnis geworden ist, der wird die unheimliche Gewalt und die heroische Größe nordischen Menschentums in der selbstgewählten Beschränkung auf die härteste Ausprägung der Form empfunden haben. Aber wo findet die Wissenschaft den Ansatzpunkt für die Herstellung der Beziehungen? Das Erlebnis macht noch keine Wissenschaft, es ist ihre Voraussetzung, aber nicht ihre Erfüllung. Was ist eigentlich das „Nordische" an der „Kunst der Fuge"? worin äußert es sich? an welche Faktoren ist es geknüpft? und: i s t es wirklich nordisch, oder e m p f i n d e ich, Mensch des 20. Jahrhunderts, es nur so? Wer möchte von sich aussagen, der ganzen Weite und Tiefe des Erlebnisses teilhaft geworden zu sein? Nur ein solcher aber vermöchte doch wohl, den Bewertungsmaßstab für den rassischen Gehalt in sich selbst zu finden.

Die „Übertragbarkeit" der Musik

In der Natur der Musik liegt die Vieldeutigkeit ebenso begründet wie die Unsicherheit der Bewertung auf Gehalte. Überdies aber erhebt sich für die wissenschaftliche Fragestellung eines der größten Hindernisse in der Erfahrung der außergewöhnlich starken Übertragbarkeit der Musik. Von Person zu Person, von Stamm zu Stamm, von Volk zu Volk und von Rasse zu Rasse ist Musik durch die ganze Geschichte hindurch übertragen worden. Die Flüchtigkeit und Leichtbeweglichkeit des Tonstoffs in Verbindung mit der ihm eigenen starken Einprägsamkeit und mit der leichten Nachahmbarkeit scheinen es mit sich zu bringen, daß Wanderungen musikalischer Elemente und musikalischer Kulturen leicht vor sich gehen, leichter als Wanderungen anderer Geistesäußerungen. Dichtung z. B. ist an die art- oder volksgemäße Sprache, an heimische Stoffe usw. geknüpft. Wird sie übertragen (etwa in der Form der Übersetzung), so verliert sie ihre Bindungen, wird zum isolierten und blutlosen Bildungsgut. Eine gotische Kathedrale, in Yokohama erbaut, bliebe ein Gegenstand der Heiterkeit. Und doch hört und übt der heutige Japaner deutsche Musik. Irgendwie vermag er sich mit ihr zu identifizieren, wenn es uns auch ein Rätsel bleibt, w i e das eigentlich geschieht. Für eine solche Übertragbarkeit aber ist die Geschichte voll von Beispielen. Angefangen von dem großen syrischen Einbruch in die Musik des alten Ägypten bis hin zu dem Siegeszug der deutschen Klassik und Romantik über die ganze Welt erstreckt sich eine unübersehbare Kette von Wanderzügen. Aber ihre Glieder sind verschieden geartet. Die Wirkung, die jeweils von dem Übertragungsvorgang ausgestrahlt worden ist, scheint äußerst verschiedenartig zu sein. Die Möglichkeiten der Abstufung überblicken zu wollen, wäre heute vermessen. So viel läßt sich bisher sagen: von der vollständigen Verdrängung artgemäßer Musik, wie sie in den jüngsten Jahrzehnten die westeuropäische Zivilisation bei den meisten primitiven Völkern und Rassen verursacht hat, bis zu der vollständigen Aufsaugung und Aneignung fremden Musikgutes durch den Empfänger scheint es alle Grade und Schattierungen des Einflusses zu geben. Eine grundsätzlich ordnende Bewertung dieser Übertragungsvorgänge und der von ihnen ausgeübten Wirkungen dürfte zu den Grunderfordernissen einer Forschung über das Verhältnis von Rasse und Musik gehören. Es scheint nämlich, daß es bei diesen Vorgängen weit weniger auf das Was und Wie des Übertragenen als auf das Endergebnis des Vorganges als eines organischen Verlaufes ankommt. Mit anderen Worten: entscheidend ist wohl weniger die Frage, was einem Volke oder einer Rasse von anderen zufließt, sondern die Frage, was der empfangende Teil vermöge eigener Kraft aus dem ihm zuströmenden Gute macht, ob er es abwehrt oder sich ihm unterwirft, ob er es aneignet, einschmilzt, verwandelt, zu Eigenem umgestaltet oder sich selbst an das Fremde verliert.

Tonalität und Rasse

Es leuchtet ein, daß die mit der Übertragbarkeit zusammenhängenden Fragen in besonderem Maße Schwierigkeiten auf der musikalischen Seite des Problems verursachen. Andere entstehen von der rassischen Seite her. Sie können hier nur gestreift werden. Dahin gehört z. B. die Frage, ob die einzelnen Menschenrassen unter sich verschiedene oder gleichartige psychophysische Hörgrundlagen mitbringen, ob z. B. Tonverhältnisse von allen Menschen gleichsinnig konkordant bzw. diskordant gehört werden, und ob somit einheitliche Tonbeziehungen möglich sind oder nicht. Dahin gehört weiter die allgemeine und grundlegende Frage, ob Tonsysteme, Leiterbildungen und Klangformen an Rassen gebunden sind oder an Völker, oder ob sie etwa unter gleichartigen Kulturbedingungen bei den verschiedenen Völkern und Rassen unabhängig voneinander auftreten können.

Die „Vergleichbarkeit" musikalischer Erscheinungen

Weiterhin taucht die Bedeutungsfrage auf: Sind äußerlich ähnlich geartete musikalische Erscheinungen bei verschiedenen Rassen ohne weiteres vergleichbar, oder ist nicht etwa die gesellschaftliche und kulturelle Stufe, der sie angehören, mit anderen Worten die Bedeutung, die die einzelne musikalische Äußerung für das betreffende Volk bzw. die betreffende Rasse besitzt, zu berücksichtigen? Vergleichbar kann nur Gleichgeordnetes, Ranggleiches, Bedeutungsgleiches sein — Untersuchungen über Musik und Rasse aber müssen notwendig vergleichende Verfahren sein. Daß man Bruckners „Achte" so wenig mit einem indianischen Arbeitslied wie mit einem javanischen Orchesterstück vergleichen kann, leuchtet ein. Aber es ist auch fraglich, ob man ein deutsches Volkstanzlied mit dem eines Ayapi-Indianers in direkten Vergleich setzen darf, da u. U. die Bedeutung des Liedes für den Sänger und seine völkische, rassische oder kulturelle Gemeinschaft eine ganz verschiedene sein und ganz verschiedene Seelenbereiche dabei angesprochen werden könnten.

Wenn nun schon unter relativ urtümlichen Rasseverhältnissen und bei einfachen Musikgattungen die Voraussetzungen für eine sinnvolle Zugangsweise zu dem Problem „Musik und Rasse" derart verwickelt liegen, um wieviel mehr muß dies der Fall bei dem „großen Kunstwerk" sein, dem Erzeugnis höchster Kulturstufen und später geschichtlicher Epochen! Die Eigenschaften der Rasse müssen in ihm ebenso wirksam sein wie im einfachsten Volkstanzlied. Das Rassegefühl kann unter günstigen Umständen den Hörer aus jenem so unmittelbar ansprechen wie aus diesem. Aber was ist es in der „hohen Kunst", worin die Rasse sich ausdrückt?

Das „große Kunstwerk" entsteht wie jede Musik aus einem Volk. Ein Volkstum prägt sich in ihm eine seiner höchsten und umfassendsten Ausdrucksformen. Dinge enthält es, die sich als bewußt geformte Symbole oder vielleicht als unbewußte Niederschläge einer Gesellschafts- und Staatsordnung erweisen. Ein bestimmtes Verhältnis von Individuum und Gemeinschaft liegt ihm zugrunde. Zwecke und Gebrauchsansprüche haben ihm ihren Stempel aufgeprägt. Das Gesicht der Persönlichkeit leuchtet aus ihm hervor. Die Denkweise und die Anschauungsform eines Zeitalters reden vernehmlich aus ihm. Völkerverbindende Stilformen haften ihm an. Zeitgebundene Tonsprache und Ausdrucksmittel haben seinen Klangleib gebildet. Die ganze seelische Tiefe, deren ein Volk fähig ist, findet sich im höchsten Kunstwerk aufgefangen und verewigt. Wie da den Ansatz zu einer Fragestellung finden, die Antwort über die Rassenseele dieser Musik mit dem Anspruch auf wissenschaftliche Gültigkeit verspricht? Muß die Forschung nicht verzweifeln angesichts eines so vielschichtigen und komplexen Gebildes, wie es eine Motette von Lasso oder ein Streichquartettsatz von Mozart, eine einzige Bühnenszene von Wagner oder eines von Schuberts Goethe-Liedern darstellt? Muß nicht gerade derjenige Forscher, in dem ein echtes und tiefes Gefühl für die lebendige Fülle und Vielgestaltigkeit des künstlerischen Organismus lebt, vor der Frage kapitulieren, wie er den rassischen Mutterboden erkennen soll, auf dem das alles gewachsen ist? Wird nicht vollends das Problem für ihn unlösbar, wenn er sich dabei der Vieldeutigkeit und der Bewertungsschwankungen bewußt bleibt, denen Musik um so mehr unterworfen ist, je höhere Organisationsstufen sie einnimmt?

Mag das „große Kunstwerk" unserem nacherlebenden Gefühl auch noch so viel über seinen rassischen Gehalt aussagen: einer wissenschaftlichen Fragestellung bietet es schwerlich den gesuchten ersten Angriffspunkt für das Problem „Musik und Rasse". Sein Wesen schießt aus Kräften rassischer, völkischer, nationaler, gesellschaftlicher, religiöser, persönlicher, stofflicher Natur und aus den immanenten Kräften der Musik zusammen. Seine Schichten bis auf den Mutterboden abtragen zu wollen, hieße den Dom abreißen, um sich von der geologischen Struktur des Baugrundes zu überzeugen. Mit Recht bezieht sich Eichenauer auf Schemanns Ablehnung einer rassischen Analyse der Individualität des Künstlers (oder des Kunstwerkes, was auf das gleiche hinausläuft): „Das Bedenken steigert sich zur Ablehnung, wenn die Diagnose auf das Psychische erweitert und daraufhin gar das Genie — der Künstler, der Denker — einer rassischen Analyse unterzogen wird... Eine Zergliederung geistiger Schöpfungen nach rassischen Bestandteilen bedeutet nichts anderes als die Zerstörung ihrer ganzen ideellen und ästhetischen Einheit, da doch gerade das In-eins-Fließen, das Verschmelzen das Letztcharakteristische aller höheren Geisteswerke ist." Aussichtsreicher erscheint es, den Angriff da anzusetzen, wo Musik in verhältnismäßig urtümlichen und — voraussichtlich — wenig zusammengesetzten Formen vorliegt, also bei der einstimmigen Gesangs- und Instrumentalmusik rassisch möglichst einheitlicher Völker.

Volk und Rasse

Denn immer stößt der Musikforscher zuerst auf das Volk und erst dann auf die Rasse. Deren musikalisches Erbteil ist immer erst aus der Musik eines Volkes zu ermitteln. Die artgemäße, blut- und bodengebundene, durch Staatsbildung und Erziehung, durch Kultur, Geschichte und Überlieferung bestimmte Gemeinschaft, die wir „Volk" nennen, scheint immer der Quellgrund zu sein, aus dem Musik an den Tag tritt. Die musikalisch-rassischen Grundlagen dieses Volkstums sind die unterirdischen Wasseradern, aus denen die Quelle gespeist wird. Ihnen nachzuspüren erscheint als die gegebene primäre Aufgabe. Durch die Musik von Völkern hindurch führt der Weg zur Erkenntnis der musikalischen Dispositionen und Ausprägungen der Rasse. „Völker sind immer Rassengemische", sagt H. F. K. Günther. Und der Musikforscher wird fortfahren müssen: „Alle uns bekannte und faßbare Musik ist auf dem Boden von Volkstümern erwachsen und somit rassisch gemischt." Es wird darauf ankommen, Musik da zu untersuchen, wo ein möglichst urtümliches und wenig zusammengesetztes Volksgepräge vorliegt. Die Forschung darf sich nicht scheuen, von da aus den langen und mühseligen Weg zur Aufdeckung der rassischen Grundlagen zu verfolgen. Zweck der Untersuchung wird neben der Fixierung von Merkmalen einer einzelnen Rasse die Scheidung zwischen solchen Elementen und Erscheinungsformen der Musik, die der Rasse schlechthin verhaftet sind, und solchen, die an Kulturstufen oder an Völker gebunden sind, sein müssen. Ob Hörqualitäten, Tonbeziehungen, Tonalitäten, Leitern, Klänge, Melodiebildungen, Formen — um von der Mehrstimmigkeit zu schweigen — rassegebunden sind oder ob sie von anderen Faktoren abhängen, das sind Fragen, die erforschbar sein dürften, deren Beantwortung aber heute noch sehr schwankend ist. Von ihnen aus kann der Weg zu den zusammengesetzten Bildungen führen. Man darf nicht die Langwierigkeit eines solchen Verfahrens zum Einwand erheben: für die allgemeine Grundlegung des Verhältnisses zwischen Musik und Rasse und für die Beurteilung dessen, was die Musikforschung für die Rassenkunde leisten kann und umgekehrt, dürfte es dasjenige sein, das am meisten Erfolgsaussichten verspricht. Die Forschung wird gegenüber dem „großen Kunstwerk" dann nicht zu verzweifeln brauchen, wenn sie sich in die Lage setzt, seine rassischen Komponenten als solche kennenzulernen und es aus ihnen gewissermaßen neu zu erbauen.

Die fremden Einflüsse

Hierbei nun gewinnt offensichtlich die oben berührte Tatsache der Übertragbarkeit der Musik erhöhte Bedeutung. Wenn es richtig ist, daß es bei der Übertragung weniger auf das Was und Wie des Wandergutes als auf den Vorgang selbst und seine Ergebnisse ankommt, wenn es richtig ist, daß die Aktivität des Empfängers und seine Fähigkeit zur Selbstbehauptung (in irgendeiner Form) wichtiger ist als Originalität (wie schon Eichenauer richtig bemerkt hat), so folgt, daß bei den langen Wanderungen, die die Musik in vorgeschichtlicher Zeit vermutlich durchgemacht hat, sich in der Völkerbildung zwar jeweils die musikalischen Rassenanteile gemischt haben, daß jedoch die stärksten Rassen sich durchgesetzt haben und daß folglich an der Grenze der geschichtlichen Zeit uns in dem betreffenden Volke eine vorwiegend dieser Rasse entsprechende Musik entgegentreten wird. „Da keine der uns bekannten Kulturen im vollen Sinne original ist, sondern auf prähistorische zurückgeht, so kommt es in allererster Linie auf die Frage an, ob ein Volk nach seinen psychischen Anlagen kulturempfänglich und befähigt war, die übernommenen kulturellen Elemente nach seinem eigenen Geiste um- und fortzubilden und auf diesem Wege eine eigene Kultur zu schaffen." (Ph. Hiltebrandt.) Zwar können wir uns von den hypothetischen vorgeschichtlichen Wanderungen der Musik vorerst nur undeutliche Vorstellungen machen. Wohl aber können wir an Vorgängen aus geschichtlicher Zeit die Vorgänge und Ergebnisse bei solchen Übertragungen studieren.

Die Geschichte der deutschen Musik bildet dafür das Schulbeispiel. Ihr gesamter Verlauf ist ausgefüllt von einer fortdauernden Folge fremder Einwirkungen, die bald stärker, bald schwächer, bald von dieser, bald von jener Seite her erfolgten. Die zentrale Lage Deutschlands und die ständigen, bald kriegerischen, bald friedlichen Auseinandersetzungen des Germanentums mit seiner Umwelt haben eine fortdauernde Aufnahme fremder musikalischer Werte nach sich gezogen. Andererseits aber ist die deutsche Musik in ihren großen Leistungen zu allen Zeiten im höchsten Sinne „original": in ihrer geschichtlichen Beschaffenheit erweist sie sich als deutsch und nur deutsch. Dieser scheinbare Widerspruch löst sich in der Einsicht, daß ein Volk wie das deutsche stark genug und fähig gewesen ist, sich fremde Elemente so restlos einzuschmelzen, daß sie im Endergebnis vollkommen eingedeutscht sind. So steht in völlig anders gearteter Umgebung der deutsche Liedsatz vom Lochamer-Liederbuch bis zu Forsters Zeiten hin ganz selbständig da, Ausdruck deutschen Geistes, obwohl so viele fremde Elemente in ihn eingeschmolzen sind. So erbaut über der großen italienischen Invasion des Barock Schütz sein Lebenswerk, dessen Gesamthaltung bei allem offensichtlichen Einfluß fremden Gutes so einzigartig deutsch ist, daß es, mindestens in seinen stärksten Prägungen, von den formal ähnlichsten Kompositionen Monteverdis weltenweit, d. h. volkstumsweit getrennt ist. So ändert alle französische Schule nichts daran, daß Bachs „Partiten" Zeugnisse eines rein deutschen Kunstsinnes sind. Und so geht es fort durch die ganze Geschichte. Der Vorgang ist typisch und läßt sich für die bekannten Vorgangsreihen etwa auf die Formel zusammenziehen: Dem fremden Wesen in der Musik begegnet der Deutsche in der Regel zunächst mit Ablehnung; beginnt jedoch dann eine Periode der Nachahmung und Aneignung, so führt diese zu einer allmählichen Einschmelzung und Eindeutschung der neuen Werte und steht an ihrem Ende eine neue Schöpfung aus durchaus deutschem Geiste da, in der die fremden Anteile restlos resorbiert und umgedeutet sein können. „Rezeption" nannte schon Dehio diesen Vorgang. Die Musikgeschichtsschreibung hat in dieser Beziehung viel Schuld auf sich geladen, indem sie gedankenlos die „Einflußhypothese" in einem sehr äußerlichen Sinne gefaßt und bis zum Exzeß breitgetreten hat, ohne die einzig entscheidende Frage zu stellen, was der deutsche Geist aus dem Importgut gemacht hat. Allzu häufig hat sie übersehen, daß geistige Leistungen sich nicht aus ihren Elementen addieren lassen.

Hier liegt offen zutage, was es heißt, wenn ein Volk „kulturempfänglich und befähigt ist, die übernommenen kulturellen Elemente nach seinem eigenen Geiste um- und fortzubilden und auf diesem Wege eine eigene Kultur zu schaffen" (s. o). Bei dem gewählten Beispiel handelt es sich um ein Volk, nicht um eine Rasse. Aber sollte, was für das Verhalten von Völkern gegenüber der Übertragbarkeit von Musik — und mutatis mutandis für das Verhalten von Stämmen, Gruppen und Individuen — gilt, nicht auch auf die Rassen anwendbar sein? Das Wort des Anthropologen E. Fischer: „Die Umwelt kann die Erscheinungsform, nie aber die Rasse verändern", kann auch auf die musikalische „Umwelt" Anwendung finden: bei allen Übertragungen wird und muß sich der vorwiegende Rassentypus durchsetzen. Da nun das Germanentum (nach Günther) vorwiegend Ausdruck der nordischen Rasse ist, so dürfte dasjenige, was uns an der Grenze der geschichtlichen Zeit innerhalb des Germanentums an Musik entgegentritt, vorwiegend als Ausdruck der nordischen Rasse zu verstehen sein.

Der nordische Anteil und seine Bestimmung

Aus der Fülle der möglichen Untersuchungen zu dem allgemeinen Verhältnis von Musik und Rasse heben sich die das Germanentum und die nordische Rasse betreffenden als die für die deutsche Musik grundlegenden heraus. Einige Wege, auf denen man der Frage des nordischen Rassegehaltes in der Musik mit der von der Wissenschaft zu fordernden Sorgfalt in Aufgabenstellung und Methodik beikommen kann, lassen sich versuchsweise andeuten. Daß die großen Kunstwerke des 18. und 19. Jahrhunderts wohl das intuitive Erlebnis auslösen, nicht aber der Forschung die primären Ansatzpunkte bieten können, wurde oben ausgeführt. Doch braucht man die „hohe Kunstmusik" keineswegs völlig aus dem Untersuchungskreis zu streichen. Nur muß sie an solchen Punkten in Angriff genommen werden, die nach der geschichtlichen Lage ohne weiteres vermuten lassen, daß an ihnen die spezifisch nordische Seite des gesamtdeutschen Musikgeistes besonders deutlich zutage tritt. In vorderster Linie aber wird die Arbeit bei denjenigen Stoffen anzusetzen haben, die als volkhaftes germanisches Frühgut und als Ausdruck einer vorwiegend nordischen Haltung anzusprechen sind, also bei den Resten alter Volksmusik des Nordens.

Der Zeugniswert der Liedsammlungen

Was diese Reste angeht, so steht die Musikforschung heute erneut am Anfang. Zwar gibt es Sammlungen von Volksmusik der skandinavischen Völker in nicht geringer Zahl. Aber sie entstammen vorwiegend einem Zeitalter, das weniger aus volkskundlichem und musikwissenschaftlichem als aus ästhetischem Interesse sammelte. Heute scheint es in zunehmendem Maße zweifelhaft, inwieweit der Inhalt älterer nordischer Volksliedsammlungen wirklich stichhaltig ist. Die Schreiber waren geneigt, das, was sie hörten, ihren eigenen klassisch-romantisch geschulten Hörgewohnheiten anzupassen, und es steht zu vermuten, daß dabei viel altes Melodiengut modernisiert und zurechtgeschliffen, diatonisiert und geglättet worden ist. Im Hintergrunde taucht die Frage auf, ob denn in der Tat eine diatonische Leiterstruktur für den Urbestand der nordischen Weisen anzunehmen ist. Die „Skalastudier" des Norwegers Eggen, die leider m. W. bisher keine Fortsetzung gefunden haben, sowie die Beobachtungen des Isländers Leifs dürften jedenfalls, mögen ihre Ergebnisse zutreffend sein oder nicht, der Forschung allen Anlaß geben, dieses Problem erneut aufzurollen. Abgesehen von der melodisch-tonalen Struktur ist es die rhythmische Fassung der Weisen in den Volksliedsammlungen, die erneut zur Erörterung zu stellen ist. Der musikalischen Volkskunde und Völkerkunde erwächst die Aufgabe, so rasch wie möglich in den Randgebieten des altgermanischen Kulturkreises, in Nordskandinavien, auf Island, den Färöern und den übrigen nordatlantischen Inselgruppen, in Irland, Wales, Schottland usw., planmäßige Phonogrammaufnahmen von allem zu machen, was heute noch an vermutlich alter Volksmusik lebt. Freilich drängt sich hierbei eine weitere, in Zukunft zu erörternde Frage auf, nämlich, inwieweit die heute noch lebenden bzw. die im 19. Jahrhundert gesammelten Weisen auf Ursprünglichkeit und hohes Alter Anspruch erheben dürfen. Es ist bekannt, daß innerhalb Deutschlands z. B. die ursprünglich doch wohl nach Rassegebieten weitgehend getrennten Typen der Volksmelodik einander im Laufe der Zeit zunehmend überlagert haben. Wenn zwar zu erwarten ist, daß in abgelegene Randgebiete derartige Übertragungen in geringerem Maße hineingewirkt haben, so bleibt doch einer zukünftigen Forschung die Frage nach Alter und Vermischungsgrad der Volksweisen zu klären übrig. Auch damit aber sind die Aufgaben nicht erschöpft, die eine Untersuchung über den rassischen Gehalt der nordischen Volksmusik zu beachten haben wird. Es wurde oben schon auf die Möglichkeit aufmerksam gemacht, daß im Klang, in der Art des Vortrags, in Betonung, Dynamik, Agogik, in der Gesangstechnik und Spielweise, in der Verbindung der Musik mit der Körperbewegung, kurz: in den reproduzierenden, verwirklichenden, dem Tonkörper Leben verleihenden Tätigkeiten charakteristische Rassenmerkmale liegen könnten. Dieser Frage aber hat die gesamte ältere Sammelarbeit so gut wie keine Aufmerksamkeit geschenkt. Hier wird die gegenwärtige und zukünftige Forschung mit aller Sorgfalt festzuhalten haben, was noch erfaßbar ist. Denn diese Dinge sind an den lebenden Menschen geknüpft.

Eine so geartete neue Sammeltätigkeit wird sich auf die Ganzheit der musikalischen Erscheinung und nicht nur auf Elemente zu richten haben. Man wird von ihr wesentliche Beiträge zur Feststellung des nordischen Rassegehaltes in der Musik erwarten dürfen. Nach Lage der Dinge ist anzunehmen, daß in den volksmusikalischen Resten der germanischen Randgebiete das älteste noch faßbare musikalische Kulturgut der nordischen Rasse erhalten ist und daß man dort auf die erwähnte „Grenze der geschichtlichen Zeit" stößt.

Geschichtliche Orte des Nordischen

Doch stehen der Wissenschaft weitere methodische Möglichkeiten zur Erforschung des nordischen Rassenanteils in unserer Musik offen. Sie kann versuchen, einen empirischen Weg zu beschreiten, der seinen Ausgang von der Kunstmusik nimmt, wenn sie bei solchen Objekten ansetzt, die sich geschichtlich als „Musik des Nordens" mit Wahrscheinlichkeit zu erkennen geben. Dabei wird man mit äußerster Vorsicht zu Werke gehen müssen, um nicht versehentlich dinarischen, sudetischen, ostischen, westischen oder mittelländischen Import für nordisch zu halten. Der Forscher wird zu bedenken haben, daß, sobald Kunstmusik im Spiele ist, sich gern das Gefühl in das Urteil mischt. Da eindeutige und übergeschichtliche Kriterien für das Nordische bisher nicht gewonnen worden sind, kann für einen methodischen Ansatz bei der Kunstmusik nur deren Stellung im geschichtlichen Gesamtbilde ausschlaggebend sein. Eine Anzahl solcher Erscheinungen läßt sich als voraussichtlich brauchbar vermuten, so z. B. Ockeghem und seine Gruppe — w e n n das gegenwärtig geltende Geschichtsbild sich auf die Dauer halten läßt, nachdem Ockeghems Musik in einem grundlegenden Gegensatze des Nordens und des germanischen Geistes zum Süden und zur romanischen Renaissance steht. Ein anderes Beispiel, vielleicht das einleuchtendste der Geschichte, bietet Buxtehude und seine Gruppe, ein Schulbeispiel für den Fall der restlosen Aneignung und Eindeutschung von ursprünglich fremdvölkischen Voraussetzungen und der Ausprägung eines spezifisch nordischen Musikwillens oberhalb ihrer. Da hier die geschichtliche Gesamtlage gut bekannt ist, wird man späterhin vielleicht Buxtehude und die ihn umgebenden Musiker als Quellen der Erkenntnis nordischen Wesens nutzen können. Die Geschichte zeigt Buxtehude an einem Wendepunkt: Der seit langem andauernde Zustrom südlichen Musikgutes verebbt, und mit der Wirkung des Lübeckers auf den Obersachsen Bach setzt ein erster Zweig jenes Rückstroms ein, der von der Mitte des 18. Jahrhunderts an zur deutschen Vorherrschaft führt. Sogar die verwirklichenden Umstände zu Buxtehudes Musik sind bekannt: in der Schnitger-Orgel liegt der spezifisch nordische Klangkörper seines Zeitalters als ausgeprägte Spitze einer Entwicklung und als extremer Gegensatz zum Klanggefühl des Südens zutage. Mithin kann mit aller gebotenen Zurückhaltung vermutet werden, daß bei Ockeghem und bei Buxtehude kunstmusikalische Ansatzpunkte für das Problem der nordischen Rasse in der Musik zu gewinnen wären. Andere geschichtliche Erscheinungen wie die Gruppe Hartmann — Gade — Grieg oder der Minnesang mögen vielleicht weitere Ansatzmöglichkeiten bergen. Jedoch scheint bei kunstmusikalischen Gegenständen besondere Vorsicht geboten, sobald es sich um Romantik oder Mittelalter handelt. Beide tragen einen so stark völkerumfassenden Charakter, daß sich wohl vorläufig niemand getrauen dürfte, bei ihnen zu scheiden, was artgebunden, was volksmäßig, was rassisch bedingt oder übervölkisch ist. Ist Ockeghems Stellung und ist seine lange Nachwirkung auf Deutschland Ausdruck des Gegensatzes zwischen nordischem und mittelländisch-westisch-dinarischem Rassenansturm, des Gegensatzes zwischen germanischer Scholastik und Mystik zum romanischen aufklärerischen Rationalismus oder des kulturellen Gegensatzes zwischen Mittelalter und Renaissance? Wer wagt das zu entscheiden?

Wo man die Ansätze innerhalb der Kunstmusik suchen will, mag strittig sein. Gewiß scheint, daß von hier aus Wege in das Problem „Musik und Rasse" führen, die Erkenntnisse mit dem Anspruch auf wissenschaftliche Gültigkeit erhoffen lassen, wofern die Gegenstände mit der sorgfältigsten Ausrichtung auf ihre geschichtliche Situation ausgewählt werden. Daß Bach oder Schütz wesentlich „nordisch" mitbestimmt sind, wird niemandem zu bezweifeln einfallen — es genügt, sie im Rahmen ihrer Umwelt anzuschauen, um davon überzeugt zu sein. Aber w o r i n sich das Nordische in ihrer Musik ausprägt, d a s ist es, was die Forschung definieren soll.

Was ist mit der Gregorianik?

Zu den beiden erörterten methodischen Ansätzen dürfte sich ein dritter gesellen, dessen Stoff der christliche Kirchengesang des Mittelalters im abendländischen Norden bildet. Die reichen geschichtlichen Unterlagen für das Studium dieses Gegenstandes entbehren vorläufig noch einer überzeugenden Klärung. Es fehlt bisher noch völlig an einer Durchforschung des Materials nach musikalisch-volkskundlichen und musikalisch-völkerkundlichen Gesichtspunkten. Diese Behauptung klingt paradox angesichts der Riesenliteratur, die es über die sog. „Gregorianik" gibt. Doch nimmt bei eingehender Betrachtung der Eindruck zu, daß Umfang und Qualität des bisher Geleisteten über das Maß der Ausschöpfung des Gebietes täuschen. Es ist zu bedenken, daß die gesamte „Gregorianik"-Forschung seit den 1880er Jahren so gut wie ausschließlich von der römischen Kirche ausgegangen ist und einen betont zweckgerichteten Charakter trägt: abgesehen von dem — hier nicht interessierenden, rein praktischen — Zweck der „Choralreform" verfolgt sie die ausgesprochene Absicht, die kirchliche Gesangsüberlieferung auf ein möglichst hohes Alter zurückzuführen und sie, wo irgend angängig, unmittelbar an den urchristlichen Kultgesang und dessen Voraussetzungen anzuschließen. Von diesen Gesichtspunkten geleitet, hat die kirchlich ausgerichtete Wissenschaft eine Tätigkeit entfaltet, deren philologisch-quellenkundlicher Gründlichkeit wir es verdanken, wenn wir heute die materiellen Voraussetzungen zu einer erneuten Durchforschung des Fragengebietes besitzen. Diese Durchforschung selbst aber steht, darüber kann kein noch so imponierendes Schrifttum täuschen, auf der ganzen Linie noch aus.

Für die Musikwissenschaft kann auch auf diesem Gebiete die Frage, welchen Eindruck der römische Kirchengesang dem heutigen Hörer vermittelt, nicht die ausschlaggebende sein. Die Eindrücke dürften gerade hierbei in weitestem Umfange von der musikalischen und historischen Erziehung des Hörers abhängen. Es mag sein, daß der von Eichenauer beschriebene Eindruck vom „schönen Wüstentier" für manchen heutigen Hörer das Richtige trifft. Über die Frage, in welchem Maße ein für uns noch spürbares fremdrassisches Moment aus der „Gregorianik" spricht, wird sich eine Entscheidung schwerlich herbeiführen lassen. Die Musikwissenschaft aber wird zu fragen haben, bis zu welchem Grade dieses Moment in dem Effektivbestand der mittelalterlich-abendländischen Kirchengesänge vorhanden und inwieweit es von Wesenszügen abendländischer Rassen und Völker „rezipiert" worden ist.

Demjenigen, der mit der Problematik dieses umstrittenen Gebietes nur wenig vertraut ist, mag eine solche Frage absurd erscheinen. Mancherlei Vorurteil hat sich, genährt durch die katholische Forschung selbst, eingebürgert und ist, wie stets alteingewurzelte Vorstellungen und Meinungen, schwer wieder auszurotten. Eines liegt schon in dem Namen „Gregorianik", der die Vorstellung heraufbeschwört, als sei durch Gregor ein dickes Buch mit orientalischen Gesangsweisen nach dem Norden transportiert worden, das dort kanonisiert und für unantastbar gehalten worden wäre. Längst weiß die Forschung, daß davon nichts der Wirklichkeit entspricht. Der Name „cantus gregorianus" selbst ist entstanden im fränkischen Reiche, etwa 250 Jahre nach Gregors Tode. Über die Frage nicht nur, welches der Anteil Gregors war, sondern, was wichtiger ist, über die grundlegende Frage, was überhaupt zu Gregors Zeiten schon an Gesangsweisen existiert hat und später als Wandergut nach dem Norden getragen worden ist, besteht noch heute völlige Unsicherheit.

Ein anderes Vorurteil, das von der katholischen Forschung verursacht worden ist und noch heute in vielen Köpfen spukt, besteht darin, daß man die Melodien des mittelalterlichen Kirchengesanges nur im Zusammenhang mit ihren liturgischen Funktionen betrachten könne. Hierbei liegt eine Verwechslung von subjektiver Wirkung und objektiver Untersuchung vor. Die dem künstlerisch begabten Menschen gegebene Empfänglichkeit für Eindrücke muß sich hier von der kritischen Haltung des Historikers scheiden. Eichenauer hat völlig recht, wenn er sagt, daß der „gregorianische Gesang seine ganze künstlerische W i r k u n g nur im gottesdienstlichen Rahmen entfalten kann". Die historische und völkerkundliche bzw. rassenkundliche K r i t i k aber muß von dieser Wirkungsbeziehung zunächst absehen, was ihr um so leichter fallen dürfte, als der Zeitraum eines Jahrtausends oder gar von 1½ Jahrtausenden Entstehung und Wirkung voneinander trennt. Nachdem sich einmal das Vorurteil von der Untrennbarkeit der Musik von ihren liturgischen Funktionen eingebürgert hatte, ist es dahin gekommen, daß rein musikwissenschaftlich gerichtete Forschungen an diesem Material bisher nur in sehr geringem Umfange unternommen worden sind. Auch das mag paradox klingen. Doch bietet sich demjenigen, der die vorhandene Literatur kritisch sichtet, das Bild, daß zwar auf die quellenmäßige Erschließung der Überlieferung und ihrer Varianten, auf Texte, liturgische Formen usw. großer Eifer verwendet worden ist, daß aber die Frage nach der Geschichte der einzelnen Melodie als solcher, die Frage nach ihrer Herkunft, ihrer Entstehung, nach örtlicher und zeitlicher Zuordnung, nach völkischer und rassischer Verknüpfung noch gar nicht gestellt, geschweige denn beantwortet worden ist. Den gelegentlichen und gern immer wieder zitierten Äußerungen der Kirchenväter, die selbst bereits ein Interesse an der Anknüpfung der Gesänge an das Urchristentum hatten, kann doch nicht mehr als legendarischer Wert beigemessen werden, so der bekannten Äußerung des Hilarius von Poitiers über die Alleluja-Jubili: man vergißt leicht, daß es sich um Männer handelt, die schon durch mehrere Jahrhunderte von den Ursprüngen des christlichen Gesanges getrennt waren. Die bisher von der vergleichenden Musikwissenschaft geführten Nachweise über die orientalische Herkunft der Gesänge erstrecken sich doch nur auf einzelne Züge und Gattungen, keineswegs auf die Gesamtheit oder auch nur einen nennenswerten Teil des, wohlgemerkt: mittelalterlichen Bestandes. Es ist aber durchaus nicht einzusehen, warum nicht dieses Melodienmaterial an und für sich, unabhängig von Texten, Zwecken und Funktionen einer vergleichenden und strukturell-analytischen Betrachtung unterzogen werden sollte.

Unter die vielfach verbreiteten Vorurteile wird man auch dasjenige rechnen dürfen, das sich auf eine mutmaßliche Kodifikation des allenthalben wandernden Gesangsgutes bezieht: auf die Versuche, das Gesangsgut zu normalisieren und seinen Gebrauch zu legalisieren, hat die katholische Forschung von ihren Gesichtspunkten aus einen solchen Nachdruck gelegt, daß sich der Eindruck festsetzen konnte, als habe im Mittelalter der Papst bestimmt, was in der ganzen Kirche gesungen werden sollte. Nichts ist, die Forschung weiß es längst, falscher als das. Die Geschichte des Kirchengesangs im Mittelalter zeigt sich dem Historiker als ein unaufhörlicher Kampf zwischen der Menge des neu aufquellenden Melodiengutes und den regimentalen Neigungen der Kirche. Praktisch scheint doch weder die Sammlung Gregors noch die karolingische Reform noch einer der folgenden Kodifikationsversuche zu einer Bändigung, ja auch nur einer Einengung der fortdauernden Schöpferkraft geführt, ja, auch nur solches beabsichtigt zu haben. „Die liturgische Reform Gregors betraf übrigens nur die römische (d. h. die dem Bischof von Rom unterstehende; Verf.) Kirche;

er dachte nicht daran, eine für die ganze Kirche geltende Ordnung zu schaffen. Erst in der Karolingerzeit wurde die Zentralisation der Liturgie und des Kirchengesanges in Angriff genommen, und zwar waren es nicht die Päpste, die darin vorangingen, sondern weltliche Machthaber, Pippin und Karl d. Gr." (P. Wagner.) Auch auf diesem Gebiete sind die liturgischen Fragen von den musikalischen zunächst — heuristisch — zu trennen: Ordnungsversuche an der Liturgie und den Texten scheinen sich, mindestens in gewissen Umkreisen wie den stadtrömischen Kirchen und den monastischen Gruppen, viel früher durchgesetzt zu haben als musikalische Ordnungen. Nach bisheriger Kenntnis kann von irgendwie durchgreifenden, umfassenden oder erfolgreichen Kodifikationen in musikalischer Beziehung das ganze Mittelalter hindurch nicht die Rede sein. Vielmehr scheint es, daß die musikschöpferischen Kräfte bis in das 15. Jahrhundert hinein und teilweise darüber hinaus fortwährend am Werke gewesen sind, den Bestand umzuformen. Erst das Tridentiner Konzil stieß auf einen vernachlässigten und verwahrlosten, abgesunkenen und unschöpferisch gewordenen Gesang, dessen Reformbedürftigkeit schon Luther erkannt hatte. Für die Frage eines möglichen nordischen Anteils ist zu bedenken, daß gerade die Tridentinische Reform den größten Teil der im Norden entstandenen Gesänge definitiv abgestoßen hat.

Die orientalische Invasion

Es wäre an der Zeit, diese und zahlreiche andere Fehlbilder, wie sie sich aus einer allzulange unter einseitigen Gesichtspunkten betriebenen Forschung ergeben und verbreitet haben, auszuräumen und mit nüchterner Kritik der Frage des mittelalterlichen Kirchengesanges im Norden näherzutreten. Ein überreiches Material liegt vor, das nur darauf wartet, auf die dringlichsten volks- und rassekundlichen Fragen Auskunft zu geben. Eine ununterbrochene Überlieferungskette reicht über die Jahrhunderte hin; ihre wichtigsten Belegstücke sind heute jedermann leicht zugänglich. Zeitliche und örtliche Ordnungen zu erschließen, dürfte einer Forschung, die sich von der einseitigen Blickrichtung auf den Orient und das Urchristentum bzw. von P. Wagners längst widerlegter, aber immer noch grassierender Ausrichtung auf die byzantinische Kirchenmusik freimacht, nicht allzu schwer fallen. Die Frage, bei welchem Volke die einzelnen Gesänge entstanden, wann und wo sie verbreitet waren, bedarf dringend der Klärung. Die Frage, was überhaupt orientalischer Import gewesen ist und wie weit er sich in den mittelalterlichen Melodienbestand hinein erstreckt, wird die vergleichende Musikwissenschaft im Laufe der Zeit gewiß beantworten können. Niemand kann daran zweifeln, daß mit der Christianisierung des Nordens auch orientalische Züge in die Musik der nordischen Völker eingedrungen sind, so gut wie griechische und römische. Auf welchen germanisch-romanischen Urbestand sie gestoßen sind, das wissen wir nicht. Aber es widerspricht aller geschichtlichen Einsicht anzunehmen, daß dieser Import vermöge einer kirchlichen Kodifikation dem Norden aufgezwungen worden sei und mehr als ein Jahrtausend auf den germanischen Völkern als nicht resorbierter Fremdkörper gelastet habe. Wenn die oben angedeuteten Beobachtungen über musikgeschichtliche Rezeptionsvorgänge einigen Anspruch auf Richtigkeit erheben können, so ist es undenkbar, daß eine geistig und körperlich so dominierende Rasse wie die nordische, die den vorwiegenden Einschlag im Germanentum bildet, sich von einer orientalischen Invasion ihre Eigenart habe rauben und sich durch Jahrhunderte ihrer größten Kraftentfaltung hindurch dem Joche einer fremden Musikkultur gebeugt habe.

Eine solche Annahme würde nicht nur aller musikgeschichtlichen, sondern auch aller politischen sowie geistes- und volkstumsgeschichtlichen Erfahrung widersprechen. Als die germanischen Völker das Christentum annahmen, da haben sie sich nicht unter den Zwang einer fremden Ideologie und einer ihrem Wesen völlig entgegengesetzten Bußfertigkeit und Asketik gebeugt, sondern es in ihrem Sinne abgewandelt. „Unter den kirchlichen Formen blieben germanischer Geist und germanische Gedanken und Gebräuche weiter bestehen. Wie in den romanischen Gebieten ein Synkretismus zwischen klassischem Heidentum und Christentum, so entwickelte sich in dem germanischen ein Synkretismus zwischen Katholizismus und germanischem Heidentum... Christliche Kulthandlungen nahmen in dem altgermanischen Glauben eine zauberhafte Bedeutung an... Nicht aus Sündenbewußtsein und Hang zum Büßertum bekehrten sich die Germanen zum Christentum, sondern aus Lebensbejahung und irdischer Kampfesfreude. Christus erschien ihnen als der Heerkönig... Der Speer Wotans wurde zur ‚heiligen Lanze'." (Hiltebrandt.)

Wenn die Germanen christianisiert wurden, so wurde doch das Christentum mindestens in dem gleichen Maße germanisiert. Es unterlag einem Prozeß, der mit dem oben geschilderten Vorgang musikalischer Rezeptionen viel Ähnlichkeit gehabt zu haben scheint. „Die Zentren, an denen die Scholastik ausgebaut wurde, waren, von Rom aus gesehen, die jenseits der Alpen gelegenen Universitäten." (Ders.) Ihre größten Geister, Petrus Lombardus, Albertus Magnus, Duns Scotus waren Germanen wie die Hymnendichter Beda, Paulus Diaconus, Alcuin, Theodulf von Orléans, Walafrid Strabo, Rabanus Maurus. Deutsche Adelsnamen finden sich unter den Schöpfern der Marianischen Antiphonen, der Sequenzen und Tropen: Hermann Graf Oehringen, Ademar von Puy, Notker, Tuotilo, Wipo, Godschalk, Berno usw. „Aus germanischem Geiste ist auch die Mystik, die für das Mittelalter vor allem charakteristisch ist, hervorgegangen, deren bedeutendste Vertreter die beiden Deutschen, Meister Eckard und Thomas von Kempten, wurden. Der Scholastik und der Mystik entsprachen auf architektonischem Gebiete die beiden neuen Formen des romanischen und des gotischen Stiles, von denen der romanische ebensowenig mit den Romanen zu tun hat wie der gotische mit den Goten. Selbst die Liturgie fand ihre Weiterbildung in der Hauptsache in germanischen und keltischen Ländern." (Hiltebrandt.) Der letzte Satz findet eine Stütze in Peter Wagner, dessen kirchliche Gesinnung ebenso über jeden Zweifel erhaben ist wie seine Forscherqualität: „Die Adoption der römischen Liturgie im Karolingerreiche hat sich nicht in der Weise vollzogen, daß die bis dahin gültigen Riten einfach verschwanden und durch die gregorianischen ersetzt wurden. Es fand vielmehr eine Verschmelzung römischer und fränkischer Elemente statt, deren Resultat die mittelalterliche römisch-fränkische Liturgie ist." (P. Wagner.) Das Buch des frühverstorbenen Robert Stumpfl über die „Kultspiele der Germanen" hat gezeigt, daß die geistlichen Dramen des Mittelalters nicht, wie ein alteingewurzeltes und weitverbreitetes Vorurteil es wollte, aus der christlichen Liturgie, sondern aus germanischen Kultspielen herzuleiten sind und daß der Vorgang sich als eine „Übernahme und Amalgamierung von Kultbräuchen darstellt, dessen Wurzeln in vorchristliche Zeiten zurückreichen". Also ein Rezeptionsprozeß, dessen bemerkenswerteste Züge darin zu liegen scheinen, daß selbst einzelne, scheinbar ausschließlich im Evangelium wurzelnde Motive wie die Gruppe der drei Marien und die Marienklage der geistlichen Spiele auf germanisches Urgut zurückzuführen sind. Beiläufig taucht die Möglichkeit auf, die mittelalterliche weltliche Ballade aus der rituellen Dichtung der Germanen herzuleiten. O. Höflers Arbeit über die „Kultischen Geheimbünde der Germanen" rückt Gegenstände des christlich umgefärbten Brauchtums in ähnliche Zusammenhänge; Untersuchungen von L. Weiser und R. Wolfram gehen in gleiche Richtung. Überall erscheint das Christentum im Lichte der „Rezeption", und mit einer überraschenden Schärfe wird sichtbar, wie dünn die Decke ist, unter der sich alte, artgemäße Überlieferung verbirgt.

Solche Ergebnisse beweisen naturgemäß für die Musik unmittelbar noch nichts. Sie geben aber methodische Hinweise, an denen die musikalische Rasse- und Volkstumsforschung nicht wird vorbeigehen dürfen. Die Frage, ob nicht unter christlichem Firnis sehr viel mehr vorchristlich-germanisches Musikgut verborgen liegt, als irgend jemand heute ahnen kann, dürfte doch wohl der Erörterung wert sein. Es steht dabei hier nicht zur Entscheidung, ob die Resultate der erwähnten Forschungen auf benachbarten Gebieten in allen Einzelheiten haltbar sind, und nichts wäre falscher, als wenn die Musikforschung von dort aus Analogieschlüsse herstellen wollte. Vielmehr wird sie es gar nicht nötig haben, Anleihen zu machen, wenn sie sich, wie es die Geschichtswissenschaft, die Germanistik und die Volkskunde getan haben, einmal entschließen wird, herkömmliche Meinungen und Vorurteile abzustoßen und mit eigener Methode an den Fragenkomplex heranzugehen.

Die Selbständigkeit des Germanentums

Es kann wohl heute niemand mit Bestimmtheit sagen, bis zu welchem Grade ein ehemaliger fremdrassiger Import in dem Korpus des mittelalterlichen Kirchengesanges noch erkennbar und als Fremdkörper isolierbar ist, bzw. in welchem Maße das Wandergut rezipiert und germanisiert worden ist. Voreilige Analogieschlüsse könnten nur dazu verleiten, das eine oder das andere in einem später nicht erweislichen Maße anzunehmen. Gewisse sehr altertümliche Gesangsgattungen wie die Lektionsformeln, die Psalmodie, die Cantica und Tractus und manche andere, für die Verwandlungsstufen wohl auch kaum nachweisbar sind, dürften orientalischen Urbildern noch relativ nahestehen. Doch ist z. B. für die melismatischen Gesänge die Frage der Herkunft keineswegs geklärt, und für die Hymnodik der fränkischen Epoche scheint nach Rabanus Maurus und Amalar englisch-irische, jedenfalls außerrömische Herkunft sehr wahrscheinlich. Viele Indizien stoßen zusammen, die auf eine weitgehende Selbständigkeit des Germanentums für den mittelalterlichen Kirchengesang hindeuten. Die musikalische Überlieferung reicht nicht weiter als bis in das karolingische Zeitalter zurück. Die Quellen sind zum überwiegenden Teil germanischen Ursprungs. Ein Zeuge wie Amalar (9. Jh.) betont immer wieder den Gegensatz zwischen nordischem und zentralrömischem Gesang. Die namentlich bekannten Musiktheoretiker, Dichter und Musiker sind vorwiegend Germanen: Franken, Alemannen, Angelsachsen. Die Liturgie ist mindestens stark fränkisch mitbestimmt. Die berühmtesten Ordinariumsgesänge der Messe z. B. sind im karolingischen Reiche und im deutschen Kaiserreiche unter den sächsischen, fränkisch-salischen und hohenstaufischen Kaisern entstanden und haben bezeichnend genug, im lutherischen Gemeindegesang ihre stärkste Nachwirkung erlebt. Die Sonderformen des „germanischen Choraldialekts" (P. Wagner) sind allbekannt. Gennrich hat den engen Zusammenhang der Sequenzen mit gewissen Formen der Trouvèrekunst nachgewiesen. Seitdem drängt sich die Vermutung auf, daß der Weg in ältester Zeit doch vielleicht gar nicht von der geistlichen zur weltlichen Form gelaufen ist, sondern eher umgekehrt, oder daß schon für diese Zeit an eine geistlich-weltliche Melodiegemeinschaft zu denken ist, wie man sie aus dem späten Mittelalter kennt. Mancherlei Anhaltspunkte scheinen dafür zu sprechen (vgl. die ausgezeichneten Ausführungen von Gennrich in seiner „Formenlehre des mittelalterlichen Liedes"). Die karolingische Liturgiereform ist doch wohl eher eine politische Tat aus germanischem, staatsbildendem Geiste als eine klerikale Romanisierung des fränkischen Gesanges gewesen. Sie dürfte eher eine Art Abschluß des Zustromes fremder Musik bedeutet haben als, wie das Vorurteil meint, eine Unterwerfung. Von eben diesem Zeitpunkt an blüht im Norden die eigene Schaffenstätigkeit auf. Sollte der germanische Geist sich fünf und mehr Jahrhunderte hindurch in die spanischen Stiefel einer orientalischen Musikdressur haben einschnüren lassen? Viel näher liegt doch die Hypothese, daß hier wie später so oft in der Geschichte die germanischen Völker und mit ihnen die nordische Rasse nach einer gewissen Zeit der Aufnahme von zufließendem Wandergut zur „Rezeption" vorgedrungen sind. Natürlich lassen sich positive Angaben über diese Frage heute nicht machen. Schon als Arbeitshypothese aber kann die Besinnung auf den gesamten Sachverhalt Anspruch auf Beachtung erheben.

Der Umkreis der Untersuchungen

Die Bedeutung der ganzen, mißverständlich noch immer so bezeichneten „Gregorianik"-Frage für die musikalische Erforschung der nordischen Rasse liegt auf der Hand. Neben dem in den germanischen Randgebieten noch erhaltenen altertümlichen Volksmusikgut und neben den spezifisch nordischen Erscheinungen der Kunstmusik bildet das Korpus des mittelalterlichen Kirchengesanges das dritte große Quellengebiet, an dem die „nordische Musikforschung" ansetzen kann. Es bedarf kaum der Erwähnung, daß es daneben noch mancherlei weiteres Material gibt, das auswertbar erscheint — die Frage der Luren, der Langspels und sonstiger Instrumente, die Indogermanenfrage, die Frage der Musik zu den germanischen Epen, die ältesten Volkslieder und die Minnesangsweisen, der umfangreiche Fragenkomplex der nordischen Mehrstimmigkeit — und daß von musikpsychologischer, musikphysiologischer und musikethnologischer Seite wertvollste Arbeit geleistet werden kann. Organisatorisch scheint eine Zentralisierung aller die Musik der nordischen Rasse und des Germanentums betreffenden Fragen nötig. Methoden, wie sie hier zur Erforschung der Musik der nordischen Rasse angedeutet wurden, mögen mehr oder weniger allgemein für die Fragen des Verhältnisses von Musik und Rasse anwendbar sein.

Wenn in den die Rassenforschung betreffenden Problemen die Musikwissenschaft heute noch nicht weiter ist, so wird man sie deswegen nicht schelten dürfen. Sie hat die Aufgabe nicht verschlafen, sondern sie hat es wesentlich schwerer als die Archäologie oder die Anthropologie, die Konstitutions- und Vererbungsforschung, die Biologie, die Volks- und Völkerkunde und mancher andere mit Rassenfragen beschäftigte Wissenszweig. Sie ist eine Wissenschaft vom Lebendigen. Gewiß, das ist manches der anderen Forschungsgebiete gleichfalls. Aber es bildet ein grundlegendes Hemmnis jeder ihrer Arbeiten, daß dasjenige, was das eigentliche Leben ihres Gegenstandes ausmacht, nicht meßbar und nicht zählbar und schwierig in Begriffe faßbar ist. Mit Statistiken und Rechnungen ist ihr wenig geholfen, sie können ihr bestenfalls Handreichungen und Vorbereitungen liefern. Was sie auch aus der Tiefe der Jahrtausende noch bergen möge: das Beste und Eigentliche einer jeden Musik stirbt mit der Menschenschicht, die sich in ihm ausdrückt. Die Rassenfragen beim Lebenden zu fassen, sei es im „überlebenden" Volksmusikgut der Randgebiete, sei es im noch umlaufenden Volksliede, sei es im kunstmusikalischen Erlebnis, das wird sich ihr immer von neuem als Aufgabe anbieten. Es gibt eine unmittelbare Erfahrung der Rassenseele. Im Spiegel des dem eigenen Volkstum entstiegenen Kunstwerkes kann der einzelne sich selbst und seine Art erblicken. Es bedarf dazu der Empfänglichkeit und der Erlebnisfähigkeit. Der Künstler kann sich zu ihr in höherem Maße erziehen als der Durchschnittshörer. Insofern wird der Musikforscher stets Künstler sein dürfen und müssen, als er kraft eigener Forschungsarbeit sich zu einer so gearteten höchsten Elebnisfähigkeit hinauferziehen kann.

Das Erlebnis der Rasse und des Volkstums in der Musik mit den Erkenntnissen seines Forschergeistes zu verschmelzen, dürfte ihm als höchstes Ziel gesetzt sein. Es gehört zu den schönsten Vorrechten der Musikwissenschaft, Wissenschaft u n d Kunst sein zu dürfen.

„Musik und Rasse"

Im Oberlichtsaal der Tonhalle wies Prof. Dr. Ludwig Schiedermair, Präsident der Deutschen Gesellschaft für Musikwissenschaft, in seiner Begrüßungsansprache auf die zwei bedeutungsvollen Umstände der Tagung hin: sie finde nicht losgelöst als sachliche Einzelveranstaltung statt, sondern im Reigen der volkszugewandten klingenden Musikstunden aller Art, und das Problem der rassischen Beziehungen in der Musik beherrsche wie die musikalische Praxis auch die Forschung. Kurz umriß dann der Bonner Ordinarius die Leistung der deutschen Musikforschung bis zum Weltkrieg, die an der Wiedererweckung der alten Meister ihren Anteil hat und mit Entwicklung der Forschungsmethoden und -gebiete in ihren gesicherten Ergebnissen Weltgeltung erlangte. In der Nachkriegszeit sei trotz einzelner Abirrungen der Kern der deutschen Musikwissenschaft gesund geblieben und lasse vom neuen Forschergeist und von der Verwurzelung im völkischen Dasein neue Zukunftsblüte erhoffen.

Prof. Dr. Friedrich Blume, der auch manchem Nichtwissenschaftler bekannt sein wird (u. a. durch seine Mitarbeit an Bückens hier ziemlich verbreitetem Handbuch), zeigte in seinem Referat „Musik und Rasse" zunächst die Spannweite und die Wegschwierigkeiten dieses Themas auf, das als „übergreifendes" Angelegenheit ganzer Jahrzehnte oder Generationen sein wird und vor dem gewichtige Sonderprobleme gelöst und gefördert sein müssen, wie zum Beispiel die der Deutung und der Wertung der Musik, wenn klare Feststellungen getroffen werden sollen. Dann aber gab er den Möglichkeiten Raum, die gefunden oder zu finden sind, um zwischen Ausgangspunkt und ohne weiteres erkanntem Ziel (das der eindeutigen Zuordnung von Rasseeigenschaften und ihrer Spiegelung im Musikwerk) nun zu brauchbaren, vorwärts führenden Wegen anzusetzen. Eine Linie dieser ernsthaften Forschungsmöglichkeiten führt zur Bestandsaufnahme noch klingender Spuren in der Volkskunst einsamer nordischer Gegenden, eine zweite zur Sichtung der im Norden Deutschlands und Europas entstandenen Werke etwa eines Buxtehude und seiner Zeitgenossen, von wo sich denn auch Ansätze zum schwierigeren, vorläufig nicht günstigen Weg in die Hochkunst (zum Beispiel Bachs, der von Buxtehude gelernt hatte) ergeben können.

Einem eigenen Vorschlag lieh Blume schließlich besonderes Gewicht: Die Gesänge der sogenannten Gregorianik als älteste Denkmäler seien (möglichst unter Aufgreifen prüfender Sichtung des von den Benediktinern fleißig, aber auch mit außerforscherlichem Zweck zusammengetragenen Materials) zu untersuchen, denn entgegen bisher obenhin geltender Annahme von der Verdrängung aller Volksmelodik durch die kirchliche müsse in Analogie zu anderen Brauchtumsvorgängen bedacht werden, daß das Volk von sich aus mitgestaltet, zwar aufgenommen, aber auch umgewandelt und mit seinem eigenen Gut gestaltet habe.

Dr. Peter Seifert.

Düsseldorfer Nachrichten, 20. Mai 1938

Den Artikel „Das Judentum in der Musik" in dem seinerzeit weitverbreiteten Handbuch von Fritsch verfaßte der Musikforscher Hans Költzsch, der noch 1950 - 53 als Abteilungsleiter einer deutschen Rundfunkanstalt tätig war. Sein ressentimentgeladener neuer Opernführer erlebte nach dem Kriege leider mehrere Auflagen. Das gilt bedauerlicherweise auch für andere wohlfeile Opern- und Konzertführer (z. B. von Hans Schnoor und Otto Schumann).

DAS JUDENTUM IN DER MUSIK

Theodor Fritsch

Handbuch der Judenfrage

Die wichtigsten Tatsachen zur Beurteilung des jüdischen Volkes

Achtunddreißigste Auflage

171. bis 180. Tausend

Hammer-Verlag / Leipzig / 1935

Das Judentum in der Musik

Wenn es noch eines Beweises bedürfte für die Möglichkeit unerbittlich sachlicher und gerechter Scheidung zwischen dem Geiste, der gründet, gestaltet, und dem, der auflöst und zersetzt, zwischen Kultur-Schöpfer, -Begründer, -Ausstreuer, und -Schmarotzer, -Zerstörer — so liefert ihn das Kapitel „Judentum in der Musik". In Abwandlung einer zusammenfassenden Aussage Julius Guttmanns über die jüdische Philosophie dürfen wir sagen: Judentum in der Musik, das ist eine kurze, erschreckende und sehr vielfältige Geschichte von Aufnahme fremden Gedankengutes, bar jeder urtümlichen Schöpferkraft; von größeren jüdischen Geistern (Mendelssohn, Mahler) in schmerzlicher Tragik empfunden, gegen die anzukämpfen vergeblich blieb, und in den seltsamsten Abstufungen und Geschäftszweigen erscheinend bis hinunter zu einer Haltung ohne Selbstverantwortlichkeit, ohne Kultur-, Ehr- und Schamgefühl ihrer Träger (moderne Operettenkomponisten und Musikschriftsteller, Abraham, Holländer; Bie, Weißmann). Selbst ein Apostel der „helfenden, beschwingenden Lebensmacht jüdischer Kultur im Abendland", Friedrich Muckle, muß zugeben, daß es Lebensgebiete gibt, die jüdischem Geist verschlossen blieben und bleiben: Musik, Malerei, Architektur, Plastik. Wobei er freilich, und angesichts der Entwicklung bis zum Jahre 1933 hin leider nicht mit Unrecht, feststellt, daß „auch in diesen Offenbarungen der Strom der jüdischen Seele rauscht". Allerdings ist während der letzten 150 Jahre das schmale Wässerchen jüdischer Lebens- und Kunstgesinnung zum breiten Strom nordisch-arischer Kultur getreten, aber es hat diesen Strom getrübt und mehr und mehr verseucht.

Als um die Mitte des 18. Jahrhunderts die Aufklärung ihre weltbürgerlichen Menschheitsideen aufstellte und eine Gemeinschaft Aller, unbeschadet Konfession und Rasse, erklärte, wurde damit auch die Scheidewand zwischen den Juden und den europäischen Völkern niedergerissen. Der Natürlichkeits-, Freiheits- und Gleichheitswahn des Rationalismus und der Revolutionen von 1789 und 1848, später das verderbliche deutsche Gesetz über die Gleichstellung der religiösen Bekenntnisse (1869) und die bis zur Würdelosigkeit duldsame Haltung Wilhelms II., all das schuf erst das Tor, durch das die jüdische Rasse, immer weniger behindert und immer stärker bewußt der angeblich universalen, messianischen Sendung des Judentums, in den Bereich der modernen Kultur eintreten konnte. Der Anteil des Judentums am mitteleuropäischen, besonders dem deutschen Musikleben kann auf Grund der soziologischen Gegebenheiten bis gegen 1800 nur unwesentlich, ja bedeutungslos gewesen sein; immerhin sei ein bescheidener Minnesänger, der Satiriker Süßkind von Trimberg und ein italienischer Komponist Salomo Rossi (Ebreo), um 1600 in Mantua wirkend, erwähnt. Geht man weiter zurück bis zu den Anfängen der abendländischen Musik, so bestätigt schon für diese Zeit die moderne Forschung (Eichenauer, ferner Besseler in seiner „Musik des Mittelalters", Potsdam 1935) eine Feststellung, die zu Beginn und am Ende unserer Arbeit zu machen ist: europäische Tonkunst ist nordischen Geistes; die Entwicklung von den Anfängen bis zum Ende des 18. Jahrhunderts hat als unerschütterliche Grundlage die „nordisch-germanische Rasse-Einheitlichkeit der gesittungschaffenden Schichten" (Eichenauer). Zu den Wurzeln der abendländischen Tonkunst gehört der jüdisch-orientalische Tempelgesang; während dessen Gestaltungskraft aber auf immer versagte — noch heute singt der jüdische Chasan in der Synagoge dieselben Phrasen wie vor 2000 Jahren —, formte ein neuer, nordisch-germanischer Ausdrucks- und Gestaltungswille die überlieferten Gesänge um (pneumatischen Ausdruck nennt die Wissenschaft dieses Neue) und entwickelte mit einem rasseeigenen neuen Ton-, Klang- und Raumbewußtsein eine neue, die Geschichte der abendländischen Musik. Die gotische Polyphonie, die Fuge Bachs, die Oper Glucks sind in ihr die ragenden Denkmäler der unerschöpflichen Gestaltungskraft nordischen Musikgeistes. Schon vor über 1500 Jahren war dagegen das musikalische Ausdrucksvermögen der jüdischen Rasse hilflos erstarrt in der alten Überlieferung und unfähig zu lebendigem Weiterbestehen. Nie wieder sprang der Quell seither auf; alles Niederreißen geistiger und gesellschaftlicher Schranken, alle Wegbahnung zu den anderen Rassen hin, alle geschickte Anpassung und oft raffinierte Aneignung fremdrassigen Geistes-, Kultur-, Musikgutes konnte dem Juden nicht einen Augenblick die Gnade des arteigenen Schöpfertums geben. Tragik, die wir Anderen nicht mit Humanitätsduselei bedauern dürfen, sondern aus der wir gleichgeartete Folgerungen ziehen müssen, wie sie der Jude für sich zog, indem er, mangels jeden schöpferischen Vermögens, andere, ihm rassisch zugeeignete und ihm Überlegenheit verleihende Fähigkeiten im Gebiet auch der Musik hochzüchtete: schnelles Aufnehmen, Einfühlungs- und Auslegungsfähigkeit, — Handelsgeist! An den größeren jüdischen Gestalten der deutschen Musikgeschichte sehen wir diese Tragik überall durchleuchten und sehen, wie das mehr oder minder klare Bewußtsein des Gnaden-Mangels, des Nicht-schaffen-Könnens zu Ableitung und zum Ersatz greifen läßt: Mendelssohn zur Glätte der Form und zu Stil-Mustern, Meyerbeer zum Schein und Flitter des Theaters, Offenbach zu Frivolität, Zynismus und Erotik, Mahler zur Ekstase, Schönberg zu übersteigertem Intellekt und Konstruktion. In diesen Gestalten prägen sich zudem, bei Grundlage eines überall vorhandenen, großen „artistischen" Könnens, die hauptsächlichen zwei Spaltungen und Richtungen jüdischer Kunst- wie Lebenshaltung aus: die eine der Seele zugewandt, zur Askese neigend, die andere dem Leib untertan, Sinnenhaftigkeit und Sinnlichkeit auf den Schild hebend. Zur ersten Richtung gehören nur wenige Juden: Mahler, der in tragischer Verstrickung „die Verbundenheit mit dem deutschen Musikgeiste erzwingen wollte, die ihm nun einmal blutlich versagt war" (Eichenauer), ferner Schönberg und dieser und jener kleinere, heute vergessene Neutöner; zur anderen aber von Mendelssohn (dessen unbestreitbarer Schaffenszwiespalt unter der glättenden Hülle von Intellekt und Bildung wenig sichtbar wird), Meyerbeer und Offenbach, dem echten jüdischen Spötter, Lezzanin, an und abwärts die vielen Hunderte von Kitsch- und Schundkomponisten des 19. Jahrhunderts, die Operettenschmierer des 20. und ihre bereitwilligen Helfer, die Tagesschriftsteller und Kritiker. Was bei den dabei genannten Größeren dann gerade noch an Eigenwerten herauskommt, enthüllt sich bei den Kleineren und Kleinen erbarmungslos entweder als technisch gekonntes Nachäffen und geschickt übertünchtes Epigonentum (E. W. Korngold, Kletzki, Raphael, Wellesz, Gal) oder als aufgeplusterter Kitsch (Lassen, Gumbert, Goldmark, Brüll) oder als zeitgebundenes oberflächliches Mitmachen jeder Stilsensation (Toch und, in größerem Formate, Weill). Wobei immer noch sympathischer berührt, wenn dieser oder jener Jude sich einmal, selten genug, zu seiner Rasse bekennt und aus ihrem Volkstum heraus Musik zu schreiben versucht: Ernest Bloch, Wilhelm Groß, ferner stilistisch auch Schönberg (der synagogal verwurzelte Sprechgesang des „Pierrot lunaire") und Mahler (vgl. Mosers und Eichenauers interessante Nachweise), und früher Offenbach und Goldmark.

Wie gesagt, die Tore zur europäischen Kulturwelt wurden geöffnet, Moses Mendelssohn, der Großvater des Komponisten, erkämpfte in unermüdlichem Streben den gesellschaftlichen Anschluß, — der deutsche Jude (und bald auch Staatsbürger) war geboren. Von nun an beginnt er das „wirksame Ferment der nationalen Dekomposition" (Mommsen) zu werden. Die Rassenvermischung und damit „Entnordung" des deutschen Geistes setzte ein; die seelische Richtungslosigkeit beispielsweise der deutschen Romantik entsprang, wie Eichenauer beweist, nicht nordischer Neulandsuche, sondern einem aus rassischer Vermischtheit entstehenden halt- und wurzellosen Herumtasten. Wie die Pilze nach dem Regen schießen nun ganze Generationen jüdischer Musiker aller Schattierungen um die Wende des 18. Jahrhunderts zum 19. hervor: Meyerbeer und Herold 1791, der Oratorienkomponist Bernhard Klein 1793, Moscheles 1794, der Musikschriftsteller A. B. Marx 1795, Halevy 1799; der Modepianist Herz 1803, die Pianisten Benedict und Fischhof 1804, die Sängerinnen Grisi 1805 und 1811; Mendelssohn 1809, der Geiger Ferd. David 1810, Ferd. Hiller 1811, Sig. Thalberg 1812, Stephen Heller 1813, der Geiger Ernst 1814; nur wenig später dann der Fabrikant von Kitsch-Liedern Ferd. Gumbert 1818 und Offenbach 1819.

Dies war aber nur der Anfang! Der gesellschaftlichen Durchsetzung der deutschen bürgerlich-geistigen Salons mit jüdischen Teilnehmern besonders in den Tagen der in dieser Hinsicht instinktlosen literarischen Romantiker (die Brüder Schlegel, ferner auch der Kreis um Zelter und später der liberal-schöngeistige um Liszt) folgte allmählich eine gleiche Durchsetzung des gesamten öffentlichen Musiklebens, wobei den Juden ihr zäher Lebenswille, ihre bedenkenlose Hartnäckigkeit und ihre erstaunliche Stammesanhänglichkeit (Protektionstrieb) zustatten kam. In allen Gebieten der Musikpflege setzten sich Vertreter der jüdischen Rasse fest, protegierten sich gegenseitig und erleichterten sich so mehr und mehr das Fortkommen. Es wurde in der Tat so, wie es Friedrich Wilhelm IV. einmal aussprach: „Die freche Rotte legt täglich durch Wort, Schrift und Bild die Axt an die Wurzel des deutschen Wesens." Die ersten Pädagogen: neben Mendelssohn der schon erwähnte, recht verdienstvolle Marx, dann Jadassohn, der Gymnastiker Jaques-Dalcroze, die Geiger Joachim und David; die ersten Komponisten: wiederum neben und nach Mendelssohn Ignaz Brüll, Goldmark, die auch schon angeführten Gumbert, Stephen Heller, Ferdinand Hiller, dann Lassen, Meyerbeer, Moszkowski, Saint-Saens; die ersten Musikschriftsteller: neben dem angeführten Marx, dem Begründer der „Allg. musikal. Zeitung" (1824), Max Kalbeck, Hermann Mendel (Begründer auch einer Musikzeitung und eines musikalischen Konversationslexikons), und vor allem der Wagner-Feind Eduard Hanslick. Bald tauchen auch im Kreis der Sänger Juden oder vielmehr Jüdinnen auf: die Patti, die Schwestern Grisi, die Csillag, die Pasta; bald in dem der Dirigenten: Levi, Mottl, Damrosch (Vater und Sohn), Dessoff, Bial, Costa. Die Musikwissenschaft stellt von den 70er Jahren an mehr und mehr jüdische Vertreter: Hanslick, Jacobsthal, Max Friedländer, den Halbjuden Philipp Spitta, wenig später Guido Adler, der an der Wiener Universität eine ganze Judenschule großzog (Gal, Geiringer, Wellesz, letzterer zugleich atonaler Komponist!), Nettl, Botstiber, Leichtentritt, und in die Gegenwart hinein endlich Curt Sachs, Ernst Kurth, Wilibald Gurlitt und Alfred Einstein. — Nicht genug damit: die Gebiete des Musikhandels im weiten Sinne, mit Noten sowohl wie mit Menschenware, Verlag und Agentur, wurden von Juden mit besonderer Zähigkeit mit Beschlag belegt; die Mehrzahl großer Musik-Verlage befanden und befinden sich in jüdischen Händen: Eulenburg (Taschenpartituren), Fürstner (Oper), Hochstein (Chorwerke), Peters (Klavier- und Gesangswerke), Simrock und die Universal-Edition (alle Musik, besonders moderne jüdische), dazu Leo Liepmannssohn (Handel mit antiquarischen

Musikbüchern und Noten). Hinzu kamen, heute restlos vom Erdboden verschwunden, die jüdischen **Agenturen** (**Wolff & Sachs**, **Gutmann, Auer, Bernstein** u. v. a.), die Hunderten von Rassegenossen mit oft recht wenig Können und Berechtigung die Tore zur Öffentlichkeit erschlossen — und sie vielen gleichwertigen arischen Künstlern versperrten! —, unterstützt darin von einer mehr und mehr verjudenden Musikkritik. Die deutsche Öffentlichkeit wurde mit einer derartigen Fülle besonders von jüdischen reproduzierenden Künstlern, Dirigenten, Sängern, Geigern, Pianisten überschüttet, daß sie, zumal einige dieser Vertreter echtes und großes Können in ihrem Spezialgebiete aufwiesen, glauben mußte, die Fächer überhaupt der ausübenden Musikpraxis wären ein Privileg des dafür begnadeten jüdischen Volkes. Genannt seien unter Hinweis auf die ausführlichen Listen die Sänger: Julia **Culp, Emmy Destinn, Jadlowker, Jan Kiepura** (!), **Kipnis**, Lilly **Lehmann**, Frida **Leider**, Theodor **Lattermann** und seine Frau Ottilie **Metzger-Lattermann**, Lieban, List und Richard **Tauber**; ferner die Pianisten: **Friedmann, Godowsky, Kreutzer, Pachmann** (über dessen jiddisch-eitles Gestammel während seiner Chopin-Darbietungen Entzückensschreie vom Berliner Publikum ausgestoßen wurden), **Schnabel**, die Cellisten **Feuermann** und **Grünfeld** (der Geistreichelnde), die Cembalistin **Landowska**, die Geiger **Elman, Frenkel** (einer der fanatischsten und begabtesten Verfechter „modernster" Musik seiner Rassegenossen), **Flesch, Huberman, Kreisler** (dessen kitschige Salon-Bearbeitungen von „Melodien berühmter Meister" sich im Frühjahr 1935 zum großen Teil als Fälschungen, nämlich als eigene „Werke" herausstellten!), Jehuda **Menuhin** (das hochbegabte jüdische Wunderkind), **Rosé**. Hingewiesen sei weiterhin aus der Unzahl von Namen auf die der Dirigenten **Blech, Brecher, Fried, Klemperer, Meyrowitz, Ochs, Walter, Zweig**, der Komponisten **Bloch, Braunfels, Jemnitz, Korngold, Schönberg, Schreker, Sekles, Toch, Weill, Weinberger**, dazu der ausländischen **Castelnuovo-Tedesco, Dukas, Milhaud, Ravel, Satie**, dazu der Jazz-Apostel **Whiteman, Gershwin, Grosz, Grünberg, Schulhoff**. — Georges **Bizet** gehört nach den Forschungen Günthers und Eichenauers der westischen, nicht der jüdischen Rasse an! —

Ein Sonder-„Schaffens"- und Verdienens-Gebiet eröffnete sich den Juden im Bereich der Operette, welche Kunstgattung sie denn auch seit Beginn des 20. Jahrhunderts bis in die 30er Jahre in die Sphären niederster Publikums-Instinkte herunterbrachten. Es sind da, unter Verweis auf die spätere Liste, zu nennen: **Abraham, Ascher, Berté** (der Verfasser des Schubert-Ragouts „Dreimäderlhaus"!), **Fall, Gilbert, Granichstädten, Hirsch, Holländer, Nelson, Rosen, Oscar Straus, Winterberg**; ihre Textschreiber: **Bibo, Haller, Oesterreicher, Schiffer, Welisch** u. a. Ist diese systematische Ausbeutung billigster Geschmacksregionen im Wirkungsbereich noch einigermaßen beschränkt, später auch schnell zu beseitigen und die Verwesungssymptome zu vernichten, so war die Sachlage viel gefährlicher, als die jüdische Rasse und Gesinnung auch in Dingen der allgemeinen **Musik-Erziehung** maßgebend wurde, maßgebend in der Person des Ostjuden und Marxisten Leo **Kestenberg** (und seines Protektors Seelig), der, 1918 als Referent beim preußischen Kultusministerium an die Spitze des Musikerziehungswesens gestellt, eine Reihe zweifellos guter Reformen durchführte, aber die Verjudung dieses für die zukünftigen Generationen unendlich wichtigen Gebietes, in der Auswahl der Leiter und Lehrer an den Hochschulen und Konservatorien (**Schönberg, Schreker, Sekles, Braunfels, Gal, Hernried**), systematisch betrieb.

Alle diese Vorgänge, dazu die Stellenbesetzungen am **Theater** und **Rundfunk**, deren Musterung anderen Kapiteln des Handbuches vorbehalten bleibt, konnten nur reibungslos vonstatten gehen, wenn sie von einer Presse unterstützt und als einzig richtig erklärt wurden, deren Rasse und Gesinnung gleichgeartet war. So ist es denn nicht verwunderlich, wenn etwa von der Jahrhundertwende an, und am stärksten in den 20er Jahren, die öffentliche Meinung in Musikangelegenheiten (wie in denen anderer Künste) fast restlos von jüdischen Hirnen fabriziert wurde. Die beiden Zentren waren Wien und Berlin, wobei Berlin Wien noch den Rang ablief an Schnelligkeit, Oberflächlichkeit und Frivolität der „künstlerischen" „Überzeugungen". In Wien schrieben hauptsächlich Decsey, Julius Korngold (der Vater und Behüter des Wundersohnes Erich Wolfgang), Paul Stefan, in Berlin Oscar Bie, Leopold Schmidt, Adolf Weißmann, der berüchtigte Arier und jüdisch versippte H. H. Stuckenschmidt, Pringsheim, Friedland, Kastner, Misch, Singer u. v. a., dazu die Vielschreiber Richard Specht, Paul Bekker (durch die unzweifelhaften, einseitig angewandten Fähigkeiten eines zersetzend kritischen Verstandes eine besondere Gefahr darstellend) — und Alfred Einstein, dem eine Sonderzeile gebührt. Galt er doch als einer der vielseitigsten und überlegensten jüdischen Geistesvertreter in musikalischen Belangen, der aber doch die „Einbürgerung" zahlreicher herzlich unbedeutender Rassegenossen in die von ihm geleitete Neuauflage des Riemann-Musiklexikons betrieb und in ihm wohl gerechte Urteile über Mendelssohn, Meyerbeer und den jüdisch versippten Krenek fällt, daneben aber Lobhudeleien abfaßt über Schreker, Korngold, Sekles, Gal, Brüll, Gumprecht, Moscheles, Leo Fall; der dem musikschriftstellernden Nichts Kathi Meyer einen besonderen Ehrenplatz einräumt, dafür aber über Kurt Weill oder Heinrich Berté kein noch so sanftes Wort der Kritik findet.

Im Jahre 1912 durfte der Jude Moritz Goldstein im „Kunstwart" (!) mit Stolz berichten, daß das deutsche Kulturleben im wesentlichen in jüdischen Händen läge: „... wir Juden verwalten den geistigen Besitz eines Volkes, das uns die Berechtigung dazu abspricht." Dies war der Endzustand einer Entwicklung, die um die Mitte des 18. Jahrhunderts einsetzte, durch Zähigkeit und kluge Taktik auf der einen Seite, Liberalismus, Duldung und einem immer größeren Mangel an Volks- und Rassebewußtsein auf der anderen mit Macht vorangetrieben wurde, ihren letzten großen Antrieb durch die Revolte von 1918 und die jüdisch-marxistische Regierung der folgenden 15 Jahre erhielt — und die von der nationalsozialistischen Bewegung noch zu rechter Zeit vor dem Verderb überhaupt der deutschen Musikkultur angehalten und zurück in natürliche volklich-rassische Bahnen geleitet wurde.

Bei den folgenden Listen ist der Wert auf die Sicherheit der Namensnennung gelegt, nicht auf Vollständigkeit der Anzahl. Eine Reihe älterer, heute vergessener Namen vor allem ausübender Künstler wurde weggelassen; wären die Namen der Mischlinge und der meist evangelisch Getauften zu erfassen, wollten wir ferner die Namen derer mit nennen, die in der jüngsten Vergangenheit bei arischer Abstammung jüdisch dachten und handelten, mitschwammen im Strom von Fäule und Zersetzung (der Fall Hindemith, der Fall Krenek, der Fall Mersmann) — wahrhaftig, man könnte ein Buch damit füllen!

Komponisten

Jul. Benedict (1804—1865, auch Pianist), Ernest Bloch, Walter Braunfels, Ignaz Brüll, Mario Castelnuovo-Tedesco, Paul Dukas, Max Ettinger, Hans Gal, Alexander Glazounow, Karl Goldmark, Wilhelm Grosz, Louis Grünberg, Ferdinand Gumbert (1818—1896), Jacques Fromental Elie Halévy (= Hermann Levy), Stephen Heller, Louis Herold, Ferd. Hiller, Alexander Jemnitz, Bernhard Klein (1793—1832), Paul Kletzki, Erich Wolfgang Korngold (das Wunderkind, das, nachdem seine Begabung nicht ausreichte, seine Geschäfte mit der Bearbeitung und Verfälschung Johann Straußscher Operetten machte!), Ernst Krenek (jüdisch versippt; über ihn siehe im Schlußabschnitt), Eduard Lassen (1830—1904, Fabrikant von Lieder-Schmarren), Gustav Mahler, Felix Mendelssohn-Bartholdy, Giacomo Meyerbeer (= Jacob Liebmann Beer), Darius Milhaud, Ignaz Moscheles, Moritz Moszkowski, Günther Raphael, Karol Rathaus, Maurice Ravel, Wilhelm Rettich, Camille Saint-Saëns (der Deutschenhetzer!), Eric Satie, Arnold Schönberg, Franz Schreker, Erwin Schulhoff, Bernhard Sekles, Ernst Toch, Siegfried Translateur, Kurt Weill, Jaromir Weinberger, Egon Wellesz.

Operetten-Komponisten

Paul Abraham, Leo Ascher, Heinrich Berté, Edmund S. Eysler, Leo Fall, Jean Gilbert (= Max Winterfeld), Bruno Granichstädten, Hans Heymann (auch Pseudonym Hans Heyrinck), Hugo Hirsch, Viktor und Friedrich Holländer (Vater und Sohn), Georg Jarno, Leon Jessel, Emerich Kalman, Carl Mieses (schrieb unter den Namen Richard Bird, George Elbon, B. Mattoni, Camillo Morena, Ernest Tompa!), Oscar Nedbal, Rudolf Nelson, Jacques Offenbach (= Jacob Eberst), Willy Rosen (= Wilhelm Baum), Mischa Spoliansky, Oscar Straus, Sir Arthur Sullivan (1842—1900, der Komponist des „Mikado"), Robert Winterberg. — Andere Operetten-Komponisten, wie W. W. Götze und Walter Bromme, auch Rob. Stolz mit manchem Werk, sowie der jüdisch versippte Ralph Benatzky, sind wohl Arier, unterscheiden sich aber in nichts, was die Qualität ihrer Produkte anbelangt, von den genannten Juden. Und der besten überhaupt, der Arier Franz Lehár und der jüdisch versippte Eduard Künnecke, bezogen und beziehen ihre Texte fast ausschließlich aus jüdischen Händen!

Textschreiber der Operetten: Dr. Hans Adler, Günther Bibo, Alfred Grünwald, Hermann Haller, Ludwig Herzer, Bela Jenbach, Paul Knepler, Viktor Leon, Löhner-Beda, Rudolf Oesterreicher, Rudolf Schanzer, Marcellus Schiffer, Leo Walter Stein, Ernst Welisch, F. Zell (= Kamillo Walzel).

Dirigenten

Carl Alwin (Pinkus), Rudolf Bial (1834—1881), Leo Blech (auch Komponist), Artur Bodanzky, Gustav Brecher, Max Breisach, Sir Michele Costa (1808—1884 London), Leopold und Walter Damrosch (Dirigenten des „Arion" und Begründer der „Deutschen Oper" in New York!), Otto Dessoff (= Dessauer, mit Tochter, der Chorleiterin Margarete Dessoff), Issaye Dobrowen (= Gutwein), Oskar Fried, Manfred Gurlitt, Jascha Horenstein, Otto Klemperer, Richard Lert, Hermann Levi (1839—1900, der erste Parsifal-Dirigent in Bayreuth, gab seine Bearbeitungen von Grandaurs Mozart-Übersetzungen als eigene aus), Ferdinand Löwe, Gustav Mahler, Wolfgang Martin (Halbjude), Selmar Meyrowitz, Felix Mottl (1856—1911), Siegfried Ochs, Egon Pollak, Josef Rosenstock, Georg Sebastian, Fritz Stiedry, Georg Szell, Eugen Szenkar, Bruno Walter (= Schlesinger), Alexander von Zemlinsky (jüdisch versippt, auch Komponist), Viktor Zuckerkandl, Fritz Zweig.

Sänger

Josef Adamberger (1743—1803), Julius Barrée (= Grünebaum), Bernardo Bernardi (= Isaak Vogelnest!), Rosa Csillag geb. Goldstein (1832—1892), Julia Culp, Leopold Demuth, Emmy Destinn (Kittl), Riza Eibenschütz, Elise Elizza, ~~Hedwig Francillo-Kauffmann,~~ Giuditta und Giulia Grisi (im 19. Jahrhundert), Marie Gutheil-Schoder, Ferdinand Heckscher (1806 bis 1891), Sabine, Maria und Kathinka Heinefetter (19. Jahrhundert), Anni Helm, Hermann Jadlowker, Paul Kalisch, Sabine Kalter, Jan Kiepura, Alexander Kipnis, Selma Kurz-Halban, Theodor Lattermann und seine Frau Ottilie Metzger-Lattermann, Lilly Lehmann (die geschiedene Gattin Paul Kalischs), Frida Leider (!), Julius Lieban, Emanuel List, Berta Morena, Rosa Papier-Paumgartner (geb. 1858), Giuditta Pasta, Adelina Patti und ihre Schwester Carlotta Patti (1843—1919, 1840—1889), Therese Schnabel-Behr (die Frau des Pianisten), Leo Slezak (jüdisch verheiratet), Richard Tauber. — Aus der Fülle jüdischer Operettenstars seien genannt Gitta Alpar, Rita Georg, Fritzi Massary.

Geiger und andere Instrumentalisten

Licco Amar, Leopold von Auer, Fritz Bendix (ein dänischer Cellist), Josef Bloch, Adolf Brodsky, Bernhard Coßmann (Cellist), Ferdinand David (1810—1873), Julius David, Bernhard Dessau, Mischa Elman, Heinrich Wilhelm Ernst (1814—1865), Emanuel Feuermann (Cellist), Carl Flesch, Stefan Frenkel, Heinrich Grünfeld (Cellist), Miska Hauser, Sascha Heifetz (Cheifetz), Bronislaw Huberman, Joseph Joachim (1831—1907, über ihn siehe Schlußabschnitt), Fritz Kreisler, Wanda Landowska (Cembalo), Ferdinand Laub (1832—1875), Jacques van Lier (ein holländischer Cellist), Edith Lorand, Jehuda Menuhin, Vasa Prihoda (mit der Tochter Alma des Juden Rosé verheiratet), Arnold Rosé (= Rosenbaum).

Pianisten

Paul Aron, Ilona Eibenschütz, Julius Epstein, Lonny Epstein, Josef Fischhof (1804—1857), Karl Friedberg, Albert Friedenthal, Arthur Friedheim, Ignaz Friedmann (= Freudmann), Leopold Godowsky, Alfred Grünfeld, Mark Hambourg (sein Bruder Boris Cello-, sein Bruder Jan Violin-Virtuose), Leonid Kreutzer, Helene Lampl, Moritz Mayer-Mahr, Ignaz Moscheles, Moritz Moszkowski, Wladimir de Pachmann, Arthur Schnabel, Sigismund Thalberg (1812—1871).

Musikwissenschaftler, Pädagogen und Bibliophile

Guido Adler, Hugo Botstiber und Rudolf Cahn-Speyer (beide auch organisatorisch tätig), O. E. Deutsch, Alfred Einstein, Max Friedländer, Karl Geiringer, Wilibald Gurlitt, Eduard Hanslick (siehe auch Musikschriftsteller), Robert Hernried, Paul Hirsch, Leopold Hirschberg, Gustav Jacobsthal (1845—1912), Salomon Jadassohn (1831—1902), Leo Kestenberg, Ernst Kurth (Halbjude), Ludwig Landshoff, Hugo Leichtentritt, Adolf Bernhard Marx (1795—1866), Albert Mayer-Reinach, Paul Nettl, Curt Sachs, Philipp Spitta (Halbjude), Egon Wellesz, Werner Wolffheim. Hierher gehören auch die S. 319 genannten Pädagogen-Komponisten.

Musikschriftsteller und Kritiker

Adolf Aber (Leipziger Neueste Nachrichten), Felix Adler (Bohemia, Prag), Guido Bagier, Paul Bekker (Frankfurter Zeitung, später Intendant in Kassel und Wiesbaden), Oskar Bie (Berliner Börsencourier), Elsa Bienenfeld (Neues Wiener Journal), Ernst Decsey (= Deutsch, Neues Wiener Tagblatt), Friedrich Deutsch (Berliner Morgenpost), Alfred Ein-

Fritz Kreisler

stein (Berliner Tageblatt), Richard Engländer, Erich Freund, Martin Friedland, Paul Gisbert, Max Graf (Wiener Allgemeine Zeitung), Otto Gumprecht (1823—1900, der Wagner-Feind, Berliner National-Zeitung), Eduard Hanslick (1825—1904, Wiener Neue Freie Presse; seine jüdische Abstammung ist sehr wahrscheinlich, wenn auch noch nicht einwandfrei nachzuweisen), Max Kalbeck (1850—1921, ebenfalls Gegner von Wagner, Bruckner und Wolf; seine Brahms-Biographie ist ebenso schlecht wie seine Opern-Übersetzungen), Alfred Christlieb Salomo Ludwig Kalischer (1842—1909), Ludwig Karpath (Neues Wiener Tagblatt), Rudolf Kastner (Berliner Morgenpost), Julius Korngold (der Nachfolger Hanslicks an der Neuen Freien Presse), Erwin Kroll (jüdisch versippt), Viktor Lederer, Ernst Lert (= Levi), Kathi Meyer, Ludwig Misch, Max Morold (von Millenkowich), Neruda (= Rosenberg, Halbjude; Vossische Zeitung), Nora Pisling-Boas (8-Uhr-Abendblatt, Berlin), Klaus Pringsheim („Vorwärts"), Willi Reich, Leopold Schmidt (Berliner Tageblatt), Dr. med. Kurt Singer („Vorwärts"), Richard Specht, Paul Stefan (= Grünfeldt), H. H. Stuckenschmidt (jüdisch versippt), Ludwig Unterholzner (jüdisch versippt), Adolf Weißmann.

Musik-Agenturen

(nach E. H. Müller; heute besteht keine jüdische Musik-Agentur mehr in Deutschland): Albert Auer, Otto Barnofske, Arthur Bernstein, Cotta & Redlich, Saul Ehrbar, Eugen und William Frankfurter, Albert und Emil Gutmann, Julius Hainauer, Ernst Heinemann, Gebrüder Hirsch, Klaw & Erlanger, Arthur Laser, Gustav Levy, L. Loewensohn, Jacques Mahler, Wolf Mandel, Max Maretzek, L. Taube, Wolff & Sachs.

Musik-Verlage

Allegro-Theaterverlag, Berlin; Anton J. Benjamin AG., Leipzig; Eduard Bloch, Berlin; Ed. Bote & G. Bock, Berlin (1838 gegr.); Ernst Eulenburg, Leipzig; Adolph Fürstner, Berlin; Karl Hochstein, Heidelberg; Musikantiquariat Leo Liepmannssohn, Berlin; C. F. Peters, Leipzig; Philharmonia-Verlag, Wien; D. Rahter, Leipzig; J. Rieter-Biedermann, Leipzig; Rondo-Verlag, Berlin; Schlesinger, Berlin; N. Simrock, Leipzig; Tonika-Do-Verlag, Berlin; Universal-Edition, Wien.

Dies sind nüchterne Listen; macht man sich aus ihnen noch einmal das Bild vor allem der 20er Jahre lebendig, so faßt einen das Grauen, wie so etwas überhaupt möglich war. Man erinnere sich der Judenschulen Schrekers und Schönbergs (am staatlichen Institut in Berlin!), Klemperers (an der Kroll-Oper) — zu schweigen von Reinhardt und Jeßner —, der widerlichen Experimentier- und Protektionswirtschaft Bekkers-Kreneks an den Staatstheatern von Kassel und Wiesbaden, der Tonkünstlerversammlungen und Musikfeste mit ihren jährlich wechselnden Stilparolen; man erinnere sich, wie auch schöpferisch wertvolle Musiker (Hindemith!) von diesem Geist der Zersetzung, der Flucht in Sensation und oberflächliches Experiment ergriffen wurden; man erinnere sich, daß der größte Vertreter der Vorkriegsmusik, Richard Strauß, „an den Geist der Zersetzung verlorengegangen ist" (Eichenauer), daß er nicht nur von der jüdischen Presse gelobhudelt wurde, sondern daß seine Textdichter (Hofmannsthal, Stefan Zweig), sein Verleger (Fürstner) und sein Biograph (Specht) sämtlich Juden sind. Und daß die deutsche Öffentlichkeit selbst bis in unsere Tage hinein seinen Antipoden und unermüdlichen Vorkämpfer für Wahrheit, Lauterkeit des Schaffens und für das Deutschtum, Hans Pfitzner, als eine Art „Außenseiter" ansieht!! — Man erinnere sich einiger kennzeichnender Einzelfälle: wie der Arier Hans Mersmann in seiner Zeitschrift „Melos" hemmungslos für alles Jüdisch-„Moderne" eintrat, — wie der arische, jüdisch versippte Kritiker H. H. Stuckenschmidt seine Schmutzkübel in deutsch-jüdischen Tageszeitungen ungestraft ausleeren durfte, — welchen Erfolg die rasseschänderische Oper „Jonny spielt auf" des Ariers, doch jüdisch verheirateten Ernst Krenek im Jahre 1928 hatte (sie wurde 421 mal aufgeführt!) usw. usw. Wie viele Fälle jüdischer Infektion von sauberen, arischen Musikern waren zu beobachten — und wurden vergessen, blieben später unentdeckt und unbestraft...

Fassen wir zusammen: auch in der Musik hat der Jude nie Kulturwerte geschaffen. Wohl hat er sie vielfach erhalten und vertreten: Adolf Bernhard Marx' Eintreten für die großen deutschen Meister, Felix Mendelssohn-Bartholdys und Philipp Spittas Verdienste um Kenntnis und Pflege Bachs, Joachims Einsatz für Brahms und Beethovens letzte Quartette, Mottls Arbeit, die Wagner und Mozart, Bruno Walters, die Mozart, Gustav Mahlers, die vielen großen deutschen Werken galt — diese Verdienste seien nicht geschmälert. Es sind Verdienste sämtlich auf dem Gebiete aufnehmender und wiedergebender Kunstübung, nie eigenschöpferischer, begnadet gestaltender. Es sind zum Teil geschichtliche Verdienste, und eben darum, entgegen den Argumenten jüdischer Dialektik, in keiner Weise verpflichtend für die Gegenwart und den neuen Kulturwillen. Die naive Frage: verliert das deutsche Musikleben etwas, wenn keine Juden mehr mitarbeiten? ist auch vom ärgsten Skeptiker freudig zu verneinen. Außerdem: Wägt man die genannten positiven Werte ab mit den negativen „Verdiensten", mit den tausendfältigen verderblichen, zersetzenden Auswirkungen jüdischer Kunstpolitik, so bleibt wohl kein Zweifel, wohin die Wage sinkt. Darum kann es im weiten Felde des neuen deutschen Musiklebens keine „Politik der mittleren Linie" mehr geben, keine Duldung, Verständigung, keine Humanität; wir alle haben vielmehr, in der klaren Erkenntnis, daß nur das höchsten Wert hat, was lebenssteigernd für unsere Rasse wirkt, die Pflicht, das Judentum in der Musik restlos auszuschalten.

Dr. Hans Koeltzsch

Literatur

Richard Wagner eröffnete in seiner Schrift von 1850, „Das Judentum in der Musik", den Kampf gegen das Judentum; die arischen Wagner-Feinde seiner Zeit wußten nicht, wie sie mit ihrer Kampfstellung gegen Wagner die jüdische Front stärkten. Man muß Wagners großartige, in der Kennzeichnung des deutschen Liberalismus, deutscher Mentalität und des gefährlichen „gelassenen Selbstvertrauens", dann der Kritik an Mendelssohn, Meyerbeer, am späten Schumann heute noch begeisternde Schrift lesen mit dem pro domo-Nachtrag von 1869, dazu seinen Aufsatz „Deutsche Kunst und deutsche Politik", und spaßeshalber die geifernden jüdischen Gegenschriften eines anonymen Dr. B., „R. Wagner und seine neueste Schrift Das Judentum in der Musik" (Breslau 1869) und S. Levys (1930). — Nach Wagner ist es still; keine Stimme von Bedeutung und Nachhall erhebt sich gegen die wachsende Vormachtstellung der Juden im deutschen Musikleben. Erst des Komponisten Hans Pfitzner Wirken für die Reinheit der Kunstübung richtete sich, obwohl nicht ausgesprochen antisemitisch, auch gegen die durch Juden eingebürgerten Laster und Schäden. Hans F. K. Günthers umfassende Arbeiten zur Rassenkunde, insbesondere die „Rassenkunde des deutschen Volkes", die „Rassenkunde des jüdischen Volkes" und „Rasse und Stil" (sämtlich im Verlag J. F. Lehmann, München) gaben eine der Grundlagen für das Buch von Richard Eichenauer, „Musik und Rasse" (Lehmann, München 1932), augenblicklich das leider viel zu wenig bekannte maßgebliche Werk über dieses Thema, geistesgeschichtlich umfassend, künstlerisch blutvoll lebendig und von einer vorbildlichen Vornehmheit, dabei aber eindeutigen Bestimmtheit der Haltung gerade in der Judenfrage. K.

Der blaue Engel. Szenenfoto mit Marlene Dietrich und Emil Jannings, im Hintergrund Friedrich Holländer. Regie: Josef von Sternberg, Musik: Friedrich Holländer.

Der blaue Engel. Szenenfoto mit Marlene Dietrich und Rosa Valetti.

PRESSE-INFORMATIONSBÜRO

EILIGE PRESSE-NOTIZ

Berlin-Charlottenburg 9 · Haus des Rundfunks
Drahtanschrift Funkstunde Berlin
Ruf: J 3 Westend 9000

Keine Jazzmusik mehr im Programm der Berliner Funk-Stunde

In der "Jazzmusik" lernte Deutschland in den ersten Jahren nach dem Krieg eine Art von Tanzmusik kennen, die von einem hemmungslosen, übermässig scharf akzentuierten Rhythmus beherrscht wurde, und in der grelle Klangfarben der Bläsergruppen und ein vielfältiger Komplex von Schlag- und Geräuschinstrumenten den Charakter kennzeichneten.

Diese musikalische Entartung wurde zuerst von Amerika eingeführt, wo die Volksmusik der nordamerikanischen Neger die Anregung zur Entstehung des Jazz gegeben hatte. In der Entwicklung der letzten Jahre aber ist der Jazzmusik vieles Unschöne, grotesk und aufreizend Wirkende genommen worden. Die krassen Klangfarben sind gemildert, die rhythmische Grundierung ist dezenter geworden, willkürliche Improvisationen sind ausgeschaltet und eine melodische Linie ist entstanden. In den Tänzen im Dreivierteltakt und im Tango tritt die Violine wieder in ihr Recht, und eine Melodie schwingt sich wieder im ruhigen Ablauf aus.

Die Berliner Funk-Stunde verbannt alle fragwürdige, vom gesunden Volksempfinden als "Negermusik" bezeichnete Tanzmusik, in der ein aufreizender Rhythmus vorherrscht und die Melodik vergewaltigt wird. Die Funk-Stunde wird aber auch weiterhin moderne Tanzmusik pflegen, soweit sie in ihren musikalischen Elementen nicht unkünstlerisch ist oder deutsches Empfinden verletzt. Die blosse Verwendung von Instrumenten, die der Jazz bevorzugt, wie z.B. Saxophon und Banjo, kennzeichnen eine Musik noch nicht als Jazzmusik.

Berlin, den 8. März 1933
Mi/Bu.

Carl Hannemann, Der Jazz als Kampfmittel des Judentums und des Amerikanismus

In der Schlußszene der Jazzoper „Jonny spielt auf" von Ernst Krenek, dem Schwiegersohn des Juden Gustav Mahler, dreht sich auf der Bühne langsam ein fast den ganzen Bühnenraum ausfüllender Globus. Auf dem Globus steht der Neger Jonny und spielt mit seiner Geige. Unten um den Globus herum, also zu Füßen des Negers, tanzt die weiße Rasse Jazz. Der Schlußgesang heißt: „So spielt Jonny auf zum Tanz. Es kommt die neue Welt übers Meer gefahren mit Glanz und erbt das alte Europa durch den Tanz".

Diese Voraussage der Juden und Judengenossen hat sich restlos erfüllt. Daß dieses Erben im Tanz aber nur ein Teilziel war, die Narkose zur eigentlichen Operation: amerikanische Weltherrschaft, das beweist ein Aufsatz eines der engsten Vertrauensmänner des Präsidenten Roosevelt. Es ist Henry Robinson Luce, Generaldirektor des mächtigsten Zeitschriftenverlages in Amerika, der über das größte Propagandainstrument verfügt, das es in Amerika neben dem Rundfunk gibt. Sein Aufsatz „The American Century" wird in den „Münchner Neuesten Nachrichten" vom 11. Mai 1941 unter der Ueberschrift „Der Senior-Partner. Weltherrschaft der Konservenkultur" teilweise zitiert und eingehend besprochen. In diesem Aufsatz heißt es unter anderem: „Wenn wir erst einmal die leblosen Argumente des Isolationismus hinter uns gelassen haben, werden wir entdecken, daß es bereits einen gewaltigen amerikanischen Internationalismus gibt. Der amerikanische Jazz, der Film aus Hollywood, der amerikanische Slang, amerikanische Maschinen und Konserven sind in der Tat das einzige, was jede Gesellschaft in der Welt von Sansibar bis Hamburg einmütig anerkennt. Ohne daß wir es beabsichtigt haben, sind wir bereits eine Weltmacht in allen trivialen Angelegenheiten." In den weiteren Ausführungen wird behauptet, Amerika sei die Kraftstation, von der Ideale in die Welt hinausgetragen würden, durch die das Leben der Menschheit von dem Niveau der Tiere zu dem erhoben werden könne, was bereits der Psalmist „als ein wenig niedriger als das der Engel" bezeichnet habe. Amerika sei der gute Samariter des zwanzigsten Jahrhunderts.

Den gleichen Gedanken äußert Paul Bernhard in seinem Buch „Jazz — eine musikalische Zeitfrage" auf Seite 92: „Nur die Werke, die aus Amerika kommen, weisen den Weg in die Zukunft. Nur sie tragen den unerläßlichen Stempel der Fruchtbarkeit, den Geruch der Heimaterde, worin der Same ruht. Nur sie verkünden den Ausdruck der spezifisch amerikanischen, naiven, hintergrundlosen Kraft und Heiterkeit, deren musikalisches Wesen der Jazz ist." Und noch deutlicher läßt Bernhard den Führungsanspruch des Amerikanismus auf Seite 90 erkennen: „Daß angelsächsische Musik aus dem Filialland Amerika bestimmt ist, die morsch gewordene europäische Phantasie zu befruchten, hängt mit dem Eintritt Amerikas in den Krieg zusammen, kausal mit dem Sieg der Angelsachsen. Das von Leben strotzende Volk verbreitet nach den biologischen Gesetzen seine Ideale. Europa, sorgenschwer, zerfurcht, mißtrauisch, versagt sich vielleicht noch dem lockenden Verführer, aber die Jugend fühlt das Fatum der Umarmung, und Europa, die gedemütigte Magd, wird ihren Schoß dem neuen Zeus zur Zeugung öffnen."

Daß der Jazz als politisches Kampfmittel des Judentums im Dienste der Internationale steht, daß er das musikalische Esperanto ist, beweist ein Satz aus dem Buch „Das neue Jazz-Buch" von Alfred Baresel: „Aber der Gesamtlage nach konnte der Jazz das werden, was er in der Tat wurde: die neue internationale Volksmusik, der sich höchstens die Länder mit besonders volkstümlicher Prägung ihrer Kunstmusik (wie Italien mit eingänglichen Opern) einige Zeit widersetzen könnten." Ein weiterer Beweis dafür ist der Schluß des genannten Buches von Paul Bernhard: „Und wenn irgendeine Form geistigen Schaffens dazu berufen ist, die europäische Seele zu heilen, so wird es vielleicht die kommende Musik sein. Denn sie vermag wie die großen Religionen ferne der Kämpfe und Zweifel des Verstandes die Gefühle und die Phantasie der Menschen zu einigen nicht nur über die nationalen, sondern auch über die sozialen Bollwerke und Verschiedenheiten hinweg."

In den Musikblättern des „Anbruch", 7. Jahrgang, Nummer 4, April 1925, stehen Aufsätze von Juden aus allerlei Ländern und Erdteilen, die alle den Jazz bejahen. Paul Grünfeld (Stefan) leitet sein Vorwort mit dem bemerkenswerten Satze ein: „Da wir, lieber Leser, Besseres zu tun haben, als auf irgendeine Art von ‚Würde' bedacht zu sein, sprechen wir hier vom Jazz." Er charakterisiert den Jazz als „Auflehnung dumpfer Völkerinstinkte gegen eine Musik ohne Rhythmus. Abbild der Zeit: Chaos, Maschine, Lärm, höchste Steigerung der Extensität — Triumph des Geistes, der durch eine neue Melodie, neue Farbe spricht. Sieg der Ironie, der Unfeierlichkeit, Ingrimm der Höchstegüterwahrer." Cesar Saerchinger schreibt: „Woher die Tänze und die ersten Melodien kamen, muß den Forschern überlassen werden, aber die verlorenen Stämme Israels, die auf dem New Yorker Broadway herumirren, haben bald für rentable Fortpflanzung gesorgt." Den Synkopenrhythmus verherrlicht Alexander Jemnitz: „Seine jungderbe, zum erlösend nivellierenden Gesellschaftstanz hinreißende — von einem überreizten Nachkriegsgeschlecht gerade um dieses narkotischen, das Ich aller persönlichen Verantwortlichkeit gleichsam enthebenden, weil alle Nervenstränge in gleichschwebender Temperatur schwingenden Zaubers willen begehrte — Synkope; seine wuchtige, unseren Bestand an überreifen Melodienähren tankartig niedermähende Mensur: sie demonstrieren, indem sie das augenblicklich zweifellos erlangte Uebergewicht des rhythmischen Elements verkünden."

In gleichem Sinne preist Paul Bernhards wiederholt angeführtes Buch den Jazzrhythmus als Befreiung von nationalen Bindungen: „Ein einziger, einfacher, allen Menschen, primitiven und hochzivilisierten, geläufiger Rhythmus lebt, der des Geschwindmarsches. Sagenhaft mutet uns das hymnische Tempo an des ‚Prinz Eugen, der edle Ritter', legendär das Andante maestoso der Friderizianischen Märsche. Historisch sind nicht nur Allemande, Gavotte, Menuett; verklungen für immer sind auch Polka, Galopp und Walzer. Verschwunden sind italienische, spanische, schottische, bayrische, ungarische Nationaltänze. Sie fristen, subventioniert von den Fremdenverkehrsvereinen, noch ein kurzes Leben in den Herzen, Ohren und Beinen der älteren Generation. Die gesamte europäische Jugend kennt nur einen Rhythmus, den zweiteiligen des Vorwärtsdrängens, des Stapfens, den ‚Step'."

Durch das Eindringen dieses Rhythmus in die Kunstmusik sollte der Jazz gewissermaßen konzertsaalfähig gemacht werden, um auch diese Musik zu durchsetzen und zu zersetzen. So meinte Alfred Baresel am Schluß eines Aufsatzes über „Kunst-Jazz" in der Zeitschrift „Melos", 7. Jahrgang, Juli 1928, der Jazz könne „vom Volksgeschmack her der Kunstmusik neue Mittel bieten, wie sie zur Lichtung des Satzes, zur Entfettung der überernährten Nachromantiker-Harmonik, zur Klärung der vielfach esoterisch gewordenen Musik längst von überallher — und gerade auch aus der internationalen Volksmusik — aufgenommen wurden".

Ueber die Geräuschinstrumente der Jazzmusik sagt der Jude Egon Wellesz: „Es ist dies ein äußerster Versuch, gewissen kubistischen Malereien vergleichbar, von der Substanz abzugehen und — wie dort die Farbe — hier das Geräusch an sich darzustellen."

Auch in Beziehung auf die Jazzmusik predigt der Jude Franz Werfel: „Deutsch sein, heißt: Dir ist alles erlaubt, weil nichts, keine Beziehung und keine Form, dich bindet".

Der Jude Bernhard Sekles, der ehemalige Leiter des Hoch'schen Konservatoriums in Frankfurt am Main, führte als erster die Jazzmusik als Unterrichtsfach in der Hochschule ein. Diesen Schritt begründet er in einem Rundschreiben, in dem es unter anderem heißt: „Nicht nur aus opportunistischen, sondern auch aus erzieherischen Gründen kann der Jugend der gepflegte Jazz nur von Nutzen sein. Im Schaffen unserer Tage tritt immer mehr ein abstrakt-spekulatives Element zutage. Hier kann eine von einem taktvollen Musiker vermittelte Transfusion unverbrauchten Negerblutes wirklich nur nützen, denn eine Musik ohne jede Triebhaftigkeit verdient den Namen Musik nicht mehr."

Welche Gefahr dem deutschen Volke droht, wenn es sich vom Gifte des jüdisch-amerikanischen Jazz durchsetzen läßt, wird am deutlichsten aus den Worten einer amerikanischen Judenzeitung von 1937: „Wenn man die Aufmärsche in Nürnberg sieht; dann kommt man zu der Ueberzeugung, daß Deutschland für die Demokratie endgültig verloren ist. Aber ein Trost ist noch da: Die deutsche Jugend tanzt nach wie vor Jazz. Vielleicht kann auf dem Umweg über den Jazz der Demokratie doch wieder ein Eingangstor nach Deutschland geöffnet werden".

Der Jude hat noch keine Kultur gegründet, aber hunderte vernichtet.
Der Jude ist der Dämon der Völkerzersetzung,
das Symbol der dauernden Zerstörung der Völker.

Adolf Hitler

Fritz von Borries

Die Reichsmusikprüfstelle und ihr Wirken für die Musikkultur

Zersetzungserscheinungen müssen sich auf musikalischem Gebiet ganz besonders unheilvoll auswirken. Ist doch die Musik die Kunst, die sich am unmittelbarsten an das Gefühl der Menschen wendet, ja, eigentlich überhaupt Gefühlsausdruck an sich ist, da sie weder wie die bildende Kunst irgendwelcher der sichtbaren Welt entnommener Darstellungsträger bedarf, um ihre Inhalte zu vermitteln, noch sich wie die Wortkunst hierzu fest geprägter Begriffe bedienen muß. Die bewegten melodischen Linien musikalischer Gestaltung geben nur Gefühle schlechthin wieder, sie können nur die Liebe oder den Schmerz an sich zum Ausdruck bringen, nicht aber ein bestimmtes, an eine bestimmte Person gebundenes oder durch eine bestimmte Lage oder Handlung hervorgerufenes Gefühl.

Es mußte deshalb besonders verhängnisvolle Folgen haben, wenn dieser unmittelbare, durch die Musik wiedergegebene Gefühlsausdruck getrübt, zersetzt und bis zur Fratze verzerrt wurde. Und dies umsomehr, wenn man die Fülle der Musik berücksichtigt, die den Tageslauf des heutigen Menschen von früh bis spät durch Rundfunk, Unterhaltungs-, Opern-, Operetten- und Konzertmusik begleitet. Wir sind — gewollt oder ungewollt — geradezu umflutet von Musik. Aus gutem Grunde wendeten die zerstörenden Kräfte, die in den Jahren 1918—1933 am Werke waren, der Musik ihr besonderes Augenmerk zu, da sie durch sie die Seele des Volkes am sichersten und bis in ihre Tiefen vergiften zu können glaubten. Man braucht nur an Erzeugnisse wie „Jonny spielt auf", „Die Dreigroschenoper" und andere zu denken, die dem Volk als höchster Fortschritt gepriesen wurden, um sich das Ausmaß dieses unheilvollen Prozesses vor Augen zu führen. Ihnen allen war gemeinsam, daß sie an die Stelle echter künstlerischer Aussage die marktschreierische Sensation und die Überschätzung der bis zu noch nicht erlebtem Mißbrauch getriebenen äußeren Mittel setzten. Und wenn man die schöne melodische Linie eines Strauß'schen Walzers dem ohrenbetäubenden Lärm der seinerzeitigen Charleston-„Musik" gegenüberstellt, so zeigt sich der ganze Umfang der damaligen Zerstörung.

Es mußte deshalb eine Hauptsorge der nationalsozialistischen Kulturführung nach der Machtübernahme sein, auf musikalischem Gebiet diesem Treiben Einhalt zu gebieten, ohne den gesunden Fortschritt zu unterbinden und sich dem Vorwurf rückschrittlicher, zeitfremder Tendenzen auszusetzen. Es ist selbstverständlich, daß hier äußerst behutsam vorgegangen werden mußte, zumal gerade auf musikalischem Gebiete allgemein gültige Regeln nur schwer aufzustellen sind. Es sei nur an die Ablehnung erinnert, die zahlreiche Meisterwerke, die wir heute als höchste Offenbarungen empfinden, bei ihrem Erscheinen gefunden haben.

Es mußte sich ferner erst zeigen, inwieweit die allgemeinen kulturpolitischen Grundsätze, die der Kunst statt des volksfremden l'art pour l'art-Standpunktes wieder die ihr zukommende hohe Aufgabe zuweisen, Künderin der Seele des Volkes zu sein und diese überdies zu bilden und zu bereichern —, inwieweit diese Grundsätze genügten, eine Reinigung auch auf musikalischem Gebiete herbeizuführen. Dabei ergab sich, daß im großen und ganzen schon das Aufzeigen dieser Grundsätze ausreichte, die früheren Verirrungen und Auswüchse zu beseitigen und Licht und Luft für das gesund Gewachsene und die zukunftsträchtigen Keime zu schaffen, um damit den Weg für den Aufbau zu ebnen. Andererseits war jedoch nicht zu verkennen, daß immer noch Kräfte am Werke waren, die ihr zerstörendes Wirken namentlich auf dem Gebiet der Tanz- und Schlagermusik unter dem Vorwand der Zeitgemäßheit und des Fortschritts wieder vorwärtstreiben wollten. Zu tief waren ja die Auswirkungen der früheren Zersetzung, als daß sie sofort aus allen Köpfen hätten ausgetilgt werden können, besonders dann nicht, wenn diese Köpfe nur noch in der Richtung der Zersetzung zu denken fähig waren.

Es erwies sich deshalb als notwendig, eine Stelle ins Leben zu rufen, die das gesamte musikalische Schaffen zu überwachen und daraufhin zu prüfen hat, ob es den gestellten Forderungen entspricht. Zu diesem Zwecke hat Reichsminister Dr. Goebbels auf Vorschlag des Leiters der Abteilung Musik seines Ministeriums, Generalintendant Dr. Drewes, die Reichsmusikprüfstelle durch die Anordnung über unerwünschte und schädliche Musik vom 18. Dezember 1937 eingesetzt. Am 1. Februar 1938 nahm sie ihre Tätigkeit unter Leitung von Dr. Drewes auf, als dessen Stellvertreter der Verfasser dieses Beitrags tätig ist.

Was die Arbeit der Reichsmusikprüfstelle anlangt, so erfolgte diese zunächst entsprechend den in der oben erwähnten Anordnung über unerwünschte und schädliche Musik niedergelegten Richtlinien. Die Erfahrungen ergaben dann jedoch die Notwendigkeit einer genauen Festlegung des anzuwendenden Verfahrens. Dies geschah durch die Anordnung zum Schutze musikalischen Kulturgutes vom 29. März 1939, die noch heute bestimmend für die Arbeit der Reichsmusikprüfstelle ist. In ihr ist festgelegt, daß diejenigen musikalischen Werke, die dem nationalsozialistischen Kulturwillen widersprechen, von der Reichsmusikkammer in einer Liste über unerwünschte und schädliche Musik geführt werden, wobei musikalische Werke im Sinne der Anordnung auch Bearbeitungen, Zusammenstellungen, Schul- und Unterrichtswerke usw. sind. Die maßgebliche Bedeutung der Reichsmusikprüfstelle wird nun ersichtlich aus dem 2. Absatz des § 1 der Anordnung, in dem die Reichsmusikprüfstelle als die entscheidende Stelle für die auszusprechenden Unerwünschterklärungen festgelegt ist. Weiter bestimmt die Anordnung, daß die Inverlagnahme, der Vertrieb und die Aufführung der in die Liste aufgenommenen Werke im deutschen Reichsgebiet — seit Kriegsausbruch naturgemäß auch in den besetzten Gebieten — verboten ist. Dieses Verbot kann lediglich auf die Aufführung beschränkt werden. § 2 enthält die wichtige Bestimmung, daß jeder, der musikalische Werke zum Zwecke der Inverlagnahme, des Vertriebes und der Aufführung im Besitz hat, verpflichtet ist, diese auf Verlangen unverzüglich der Reichsmusikprüfstelle einzureichen. Schließlich legt § 2 noch fest, daß Gutachten von der Reichsmusikprüfstelle nicht erstattet werden. Hierbei ist das Gewicht auf das Wort „erstatten" zu legen, das zum Ausdruck bringt, daß Gutachten nicht nach außen hin abgegeben werden. Denn für ihre eigene Arbeit muß die Reichsmusikprüfstelle selbstverständlich Gutachten, und zwar häufig sehr ausführliche, erstellen. Aus den gleichfalls am 29. März 1939 veröffentlichen Erläuterungen zur Anordnung zum Schutze musikalischen Kulturgutes ist noch zu erwähnen, daß unter die Anordnung sowohl deutsche als auch ausländische Werke fallen, gleichgültig, ob sie im In- oder Ausland verlegt sind, und daß das Verbot des Vertriebes sich nicht auf die Ausfuhr erstreckt. In dieser Hinsicht wird in jeder einzelnen Unerwünschterklärung vermerkt, ob das Verbot auch für die Ausfuhr ins Ausland gilt. Der Vollständigkeit halber sei übrigens noch erwähnt, daß die Anordnung zum Schutze musikalischen Kulturgutes auch noch eine genaue Regelung des Vertriebes von Werbeexemplaren getroffen hat. Dies ist von größter Wichtigkeit, da sich gewisse erhebliche Mißstände eingeschlichen hatten, die eine Überwachung der in Vertrieb gebrachten Werke erschwerten.

Es braucht kein Wort darüber verloren zu werden, welch außerordentlich verantwortungsschwere und umfassende Aufgabe der Reichsmusikprüfstelle übertragen worden ist. Sie zu lösen, setzt eine besondere Arbeitsleistung voraus, die sich im Stillen vollzieht und der Öffentlichkeit verborgen bleibt. In diesem Zusammenhang soll noch die grundsätzliche Bedeutung des obenerwähnten § 2 der Anordnung zum Schutze musikalischen Kulturgutes erwähnt werden, der besagt, daß die Besitzer musikalischer Werke verpflichtet sind, diese auf Verlangen der Reichsmusikprüfstelle einzureichen. Damit ist nämlich gesagt, daß eine Vorzensur musikalischer Werke nicht stattfindet, daß vielmehr jedes Werk völlig ungehindert verlegt und veröffentlicht werden darf — ein Beweis für die Großzügigkeit des von seinen Gegnern so viel geschmähten und verlästerten nationalsozialistischen „Zwangsstaates", der, besonders auf kulturellem Gebiet, jedem Keim zunächst Gelegenheit gibt, sich ungehemmt zu entfalten und frei zu wachsen. Erst wenn sich zeigt, daß er faul und wurmstichig ist, wird er ausgemerzt. Für die Arbeit der Reichsmusikprüfstelle heißt das, daß sie über das gesamte nicht nur deutsche, sondern auch ausländische Schaffen unterrichtet sein muß. Denn an ihr ist es ja nunmehr, das Kranke und Faule herauszufinden. Was das heißt, darüber wird sich nicht nur der Fachmann, sondern selbst auch der Laie klar sein. Denn es bedeutet, daß kein Werk erscheint, von dem sich die

Reichsmusikprüfstelle nicht irgendwie Kenntnis verschaffen muß. Das geschieht auf verschiedene Weise. In erster Linie natürlich durch den vorliegenden Notentext der Partituren usw., sei es im Druckexemplar oder im Manuskript. Darüber hinaus aber durch den Besuch der Aufführungen, da auch die genaueste Kenntnis einer Partitur nicht die plastische Wiedergabe des Werkes ersetzen kann. Auf dem Gebiet der Tanz- und Schlagermusik ist es bei der Fülle der erscheinenden Werke kaum möglich, sämtliche neuen Werke im Notentext zu lesen. Hier muß vielmehr der Besuch der Unterhaltungsstätten hinzutreten, um einen Überblick zu gewinnen über das, was gespielt wird, vor allem im Hinblick auf etwaige noch ungedruckte oder in unbekanntem Selbstverlag erschienenen Werke. Schließlich fordert die Reichsmusikprüfstelle auch noch einzelne Komponisten auf, ihre Werke — namentlich die nur im Manuskript vorhandenen — selbst vorzuführen. Eine Unsumme von Arbeit! Daß ihr nur völlig geeignete Fachleute gerecht zu werden vermögen, braucht nicht erwähnt zu werden. Wieviel strengste kritische Selbstbefragung des einzelnen Beurteilers, wieviel Gedankenaustausch und Ausgleich bestehender Meinungsverschiedenheiten zwischen den Beurteilern gehören dazu, bis das aus Verantwortung geborene Bewußtsein entstehen kann, einem neuen Werke gerecht geworden zu sein!

Es ist erstaunlich und zugleich erfreulich, wie wenig Unerwünschterklärungen durch die Reichsmusikprüfstelle ausgesprochen zu werden brauchten. Im ganzen wurden noch nicht hundert Werke für unerwünscht erklärt; von sogenannter ernster Musik überhaupt keins, wenn man von den wenigen Komponisten absieht, deren Werke aus außermusikalischen Gründen untersagt werden mußten. Angesichts dieser Bilanz könnte vielleicht mancher auf den Gedanken kommen: ja, ist denn dann die Reichsmusikprüfstelle überhaupt notwendig? Diese wenigen abzulehnenden Werke können doch die deutsche Musikkultur nicht gefährden. Jedoch das ist ein Trugschluß! Denn es kann gar keinem Zweifel unterliegen, daß ohne das Vorhandensein und ohne die Arbeit der Reichsmusikprüfstelle das Bild der deutschen Musik ein wesentlich anderes sein würde. Die Kräfte, die anfällig gegenüber Dekadentem und Faulem sind, würden ohne das Bewußtsein, daß eine das musikalische Schaffen beobachtende und kontrollierende Stelle vorhanden ist, sich zweifellos bald wieder in snobistischen volksfremden Übertreibungen und in der würdelosen Nachahmung ausländischer „heißer" Aufmachung gefallen. Ganz zu schweigen von gewissen zersetzenden ausländischen Kräften, die sich trotz des Krieges wieder breit machen würden. Einige Proben davon haben wir durch die Darbietungen einiger ausländischer Kapellen genossen, die schleunigst, entsprechend dem in Briefen geäußerten gesunden Empfinden vieler Frontsoldaten, abgestellt wurden. Daß die Unerwünschterklärungen im übrigen auch für die Schallplattenindustrie Geltung haben, ist eine Selbstverständlichkeit. Darüber hinaus wurde aber in einem Abkommen zwischen Reichsministerium für Volksaufklärung und Propaganda und Reichswirtschaftsministerium festgelegt, daß auch einzelne Schallplattenaufnahmen von Werken, die an sich nicht verboten sind, für unerwünscht erklärt werden können. Dies ist für die sogenannte U-Musik von größter Bedeutung, da Schallplattenaufnahmen unbeanstandeter Werke durch die Art der Bearbeitung und vor allem der Instrumentierung untragbar sein können, so namentlich, wenn sie den amerikanischen Hot-Stil nachzuahmen suchen. Auch hier ist die Zahl der für unerwünscht erklärten Schallplatten sehr begrenzt.

Welche Gründe haben nun zu Unerwünschterklärungen geführt? In erster Linie die Nachahmung des sogenannten Hot-Stiles und die würdelose Nachäffung fremdländischer, dem gesunden deutschen Volksempfinden widersprechender Vorbilder wie z. B. echter oder nachgeahmter Negermusik. Ferner Verbalhornung klassischer Musik, krasse Entstellung eines Originalwerkes, Verwendung von Musikzitaten aus Werken jüdischer Autoren; bei Schulwerken eine Richtung oder Gestaltung, die einer aufbauenden Musikerziehung widerspricht. Auch geschmackloser Text hat zur Unerwünschterklärung geführt. Ebenso mußten Werke verboten werden, die als nationaler Kitsch anzusehen sind oder die eine Bearbeitung oder Verwertung von Werken darstellen, die als nationale Symbole gelten und als solche besonders geschützt sind. Daß schließlich Werke für unerwünscht erklärt wurden, die von Komponisten stammen oder bei deren Wiedergabe Solisten mitwirkten, denen deutschfeindliches Verhalten nachgewiesen wurde, ist eine Selbstverständlichkeit.

Wenn man die Reichsmusikprüfstelle gewissermaßen mit einem Arzt vergleichen kann, so übt sie wie dieser ihre Tätigkeit in doppelter Richtung aus: auf der einen Seite schneidet sie Faules und Krankes aus, auf der anderen Seite aber tut sie alles, um den Aufbau zu unterstützen und dem Gesunden zum Durchbruch zu verhelfen. Die Möglichkeit zu dieser zweiten Aufgabe liegt in der Überwachung der Konzertprogramme. Sämtlichen gemeinnützigen Konzertveranstaltern ist zur Pflicht gemacht worden, ihre in Aussicht genommenen Konzertprogramme vor Veröffentlichung der Reichsmusikprüfstelle einzusenden. Alle diese Programme — ihre Zahl ist außerordentlich groß — werden durchgesehen und begutachtet, um den Konzertveranstaltern mit Rat zur Seite stehen zu können.

Vor allem aber erstreckt sich diese Überprüfung auf die Berücksichtigung des zeitgenössischen Schaffens. Denn diesem gegenüber hat die Mitwelt und somit die kulturpolitische Führung, die das frühere zufällige Mäzenatentum Einzelner übernommen hat, eine ganz besondere Pflicht zu erfüllen. Gewiß, es ist immer nur Weniges, was Ewigkeitswert besitzt. Aber zu erhärten, was nun wirklich wesentlich und als Ausdruck der heutigen Zeit bedeutsam ist, dazu gehört bei musikalischen Werken die Aufführung, und zwar nicht nur die bei Dirigenten und Konzertveranstaltern so beliebte Uraufführung, sondern die immer wiederholte und an vielen Orten stattfindende Aufführung. Es ist die Aufgabe namentlich der Konzerte, das Publikum, das großenteils zeitgenössischen Werken höchst mißtrauisch und ablehnend gegenübersteht, an diese heranzuführen. Das erfordert viel Mühe und Geduld. Denn das Publikum kann nur langsam zum Verständnis für das Ringen um einen Stil, der Ausdruck seiner Zeit sein will und deshalb meist der Auffassungsgabe der meisten Hörer der betreffenden Zeit vorauszueilen pflegt, gebracht werden. Vor seinem Mißtrauen aber die Segel streichen hieße, die Musikkultur zum Verkümmern verurteilen! Nur durch neue Werke, die eine in ihrer Form und Gestaltung noch nicht vorhandene künstlerische Aussage darstellen, kann der lebendige Strom der Musik in Fluß gehalten und vor dem Versanden bewahrt bleiben. Es ist unwesentlich, ob auch zum Scheitern verurteilte experimentelle Werke zur Aufführung gelangen oder die Mehrzahl der Vergessenheit anheimfallen wird. Entscheidend ist, daß die künstlerische Aussage der aufgeführten Werke aus ehrlichem Herzen kommt und von Verantwortungsbewußtsein getragen wird. Das einwandfreie Können ist dabei natürlich Voraussetzung. Für snobistisch-artistische, einem Sensationsbedürfnis schmeichelnde Werke ist heute kein Platz mehr. Bei all dem ist es ein beruhigendes Bewußtsein, aus der Musikgeschichte zu wissen, daß die großen, bedeutsamen und auch die in irgendeiner Eigenart wesentlichen Werke lebendig geblieben sind und das Verständnis und meist auch die Liebe des breiten Publikums gefunden haben. Darauf kommt es an. Notwendig ist aber hierfür eben die Aufführung. Und diese herbeizuführen, darin hat die Reichsmusikprüfstelle ihre zweite große Aufgabe erkannt. Noch vor wenigen Jahren war die Zahl der Aufführungen zeitgenössischer Werke durchaus unzureichend. Hier hat die Reichsmusikprüfstelle eingegriffen. Immer wieder wurden die Veranstalter und Dirigenten der Konzerte, deren Progamme nicht die geforderten 25 v. H. zeitgenössischer Werke aufweisen, aufgefordert, dem zeitgenössischen Schaffen größere Berücksichtigung angedeihen zu lassen. Dies hat auch bei den meisten Dirigenten größtes Verständnis gefunden. Denn tatsächlich ist in der Spielzeit 1940/41 dieser Hundertsatz in den Orchesterkonzerten erreicht worden, d. h. daß — abgerechnet die Konzerte, die nur e i n großes Werk bringen oder die nur Werke e i n e s Komponisten bringen — in jedem Konzert ein zeitgenössisches Werk gebracht wird. Ein kaum noch zu überbietendes Ergebnis, das trotzdem in der Spielzeit 1941/42 auf 28 v. H. und in der letzten Spielzeit sogar noch auf 29 v. H. gesteigert werden konnte. Das Bestreben geht dahin, diesen Prozentsatz auch in den Kammermusik- und Solistenkonzerten zu erreichen, was allerdings aus Gründen, deren Erörterung hier zu weit führen würde, etwas schwieriger ist.

Aufgrund der oben erwähnten Aufführungen ist festzustellen, daß das zeitgenössische musikalische Schaffen für die Zukunft eine weitere aufbauende und den zukünftigen Stil prägende Entwicklung erhoffen läßt. Die Reichsmusikprüfstelle wird hierfür auch weiterhin ihre volle Kraft einsetzen.

aus: Jahrbuch der deutschen Musik 1944, im Auftrag der Abt. Musik des Reichsministeriums für Volksaufklärung und Propaganda G. von Hellmuth von Hase und Albert Dreetz. Leipzig, Okt. 1944

Fritz von Borries

Ich bin der erste Musiker meiner aus Westfalen stammenden Familie. Schon mit 11 Jahren schrieb ich kleine Walzer. Mit 16 Jahren zeigte ich dann meine weiteren Kompositionen Max Reger, der mich bestimmte, Musiker zu werden, und bei dem ich in Leipzig studierte. Der Weltkrieg, den ich als Offizier im Westen und Osten mitmachte, unterbrach meine Studien, die ich nach seinem Ende für kurze Zeit – u. a. bei M. v. Schillings – wiederaufnahm. Ich ging dann für einige Jahre an die Bühne. In dieser Zeit entstanden unter anderem Schauspielmusiken und erste Opernentwürfe. Weiterhin betätigte ich mich vornehmlich als Konzertbegleiter sowie auch auf pädagogischem Gebiet – z. B. an der Hochschule für Musik. Ende der 20er Jahre reifte dann das schon lange geplante Hauptwerk „Magnus Falander“, das ich 1934 beendete und das wohl als erstes Opernwerk die individuelleren Schicksale völlig hinter einem Gesamtschicksal zurücktreten läßt.

Meine weitere kulturpolitische Tätigkeit – seit 1938 im Propaganda-Ministerium – ließ mich zu ... Werken nicht mehr kommen. Meine noch im Fluß befindliche künstlerische ... Entwicklung drängt aber zur Entfaltung, sowie ich Zeit habe. – Wert und Bestand jeder musikalischen Schöpfung hängt m. E. von der Kraft der melodischen Erfindung ab. Alles Andre – ob homophon oder kontrapunktisch, linear oder harmonisch unterbaut – ist nicht entscheidend, sondern nur die eigenständige Persönlichkeit, die sich ihren eigenen Stil schafft.

Dr. Heinz Drewes
Generalintendant und Generalmusikdirektor
Leiter der Abteilung Musik
im Reichsministerium für
Volksaufklärung und Propaganda

Berlin-Charlottenburg 2, den 16. Juni 1944
Knesebeckstr. 28

Pg. Dr. Gerigk

Bereichsleiter
Amt Musik in der NSDAP
Langenau über Hirschberg (Rsgb.) (8)

Lieber Parteigenosse Dr. Gerigk!

Hinsichtlich der Joachim'schen und Kreisler'schen Kadenzen zu Beethovens Violinkonzert handelt es sich m.W. nicht um eine nur Taschner'sche, sondern fast alle deutschen Geiger der Gegenwart berührende Angelegenheit. Man könnte ja den Standpunkt vertreten, die Frage sei nicht sonderlich einschneidend, da es sich ja nicht um einen schöpferischen Vorgang, sondern nur um ein – immer ungefähr auf das gleiche Resultat führendes Kombinieren der Beethovenschen Motive handle. Ich habe aber auch schon den Plan erwogen, etwa O.Gerster oder H.Zilcher um neue Kadenzen zu bitten und diese von den namhaftesten Violinvirtuosen begutachten zu lassen. Ich höre soeben, daß auch Strub eine eigene Kadenz, die im Peters-Verlag erscheinen soll, erstellt hat und möchte auch diese in eine Prüfung einbeziehen.

Wegen dieses ganzen Fragenkomplexes bleibe ich mit Ihnen in engster Verbindung und würde Sie auch bitten, später eine Stellungnahme zu etwa neu vorgelegten Kadenzen abzugeben.

Mit kameradschaftlichen Grüßen und

Heil Hitler!

Ihr

(8) Langenau ü. Hirschberg
xxxx 24.6.1944

A m t M u s i k
Der Leiter des Amtes

Dr. Gk/Lu.

Herrn

Generalintendant
Dr. Heinz D r e w e s

B e r l in -Charlottenburg 2.
Knesebeckstr. 28

Lieber Parteigenosse Dr. Drewes!

Was Sie mir über die Verwendung jüdischer Kadenzen in dem Violinkonzert von Beethoven schreiben, war mir in diesem Umfange nicht bekannt. Obwohl es sich bei den Kadenzen keineswegs um künstlerische Höchstleistungen handelt, bin ich doch der Auffassung, dass gerade die Kadenz beim breiten Publikum besonders wichtig genommen wird. Eine Regelung "von Amtswegen" erscheint mir kaum durchführbar. Ich habe daher für das nächste Heft meiner Zeitschrift eine kurze Glosse geschrieben, worin ich betone, dass die Weiterverwendung jüdischer Kadenzen ein Armutszeugnis und Ausdruck beschämender nationaler Würdelosigkeit ist. Am Schluss weise ich darauf hin, welche verlockenden Aufgaben hier für Komponisten vorliegen, die sich den Schöpfern der grossen klassischen Violinkonzerte wesensverwandt fühlen.

Mit besten Grüssen

H e i l H i t l e r!

(Dr. Gerigk)
Bereichsleiter

Hans Joachim Moser (1889-1967) gehörte nach Hugo Riemann zu den produktivsten deutschen Musikforschern. Er verlor zunächst 1933 seine staatlichen Stellungen, blieb aber als freier Musikschriftsteller tätig. In dieser Zeit entstand sein Musiklexikon (1935). 1940-45 leitete er die „Reichsstelle für Musikbearbeitungen" im Propagandaministerium. Diese Tätigkeit veranlaßte ihn offensichtlich, seine ehemals eher liberalen Grundsätze preiszugeben. Abzulesen ist dies an der 2. Auflage seines Lexikons (1943), dem die folgenden Auszüge entnommen sind.

MOSER MUSIKLEXIKON

Atonal nennt man einen Stil, der keinen Punkt im Tongewebe als funktionelles Zentrum (Tonika) aller Beziehungen anerkennt; streng genommen wird eine solche Gestaltung von künstlerischer Qualität über größere Strecken weg kaum je völlig erreicht werden, da der Hörer stets geneigt sein wird, von sich aus eine logische Orientierung wenigstens zu unterstellen. Vorstufen sind Tonalitätsspaltungen zur Bi-, Tri- und Polytonalität. Immerhin ist in dem Augenblick, wo die Polarität von Dissonanz und Konsonanz, also zwischen harmonischem Spannungs- und Lösungsbedürfnis, aufgegeben wird, die Atonalität praktisch erreicht, da zugleich der Unterschied von Tonika und Dominanten entfallen muß und nur sinnliche Klänge ohne logische Ausdeutung übrigbleiben (P. *Bekker [hj.], Physiologisches Hören); damit tritt ein grundsätzlicher Umsturz der Musikauffassung ein, da die Zusammenklänge nicht mehr nach der Intervallauslegung und -verwandtschaft, sondern nur noch nach der motorischen Distanz ihrer Anteil-Töne bemessen werden können. Notwendig tritt das temperierte System an die Stelle der andern *Stimmungsprinzipien, es wird mit Kombinationen aller zwölf gleichberechtigten Stufen oder mit gewollten Auswahlpermutationen aus ihnen (M. *Hauer: Tropen) gearbeitet, falls nicht sogar noch weitere Zwischenstufen (s. Vierteltonsystem) eingeführt werden. Geschichtlich hat sich ein atonaler Zeitstil wesentlich zwischen 1918 und 1928 ereignet; Ersetzung des Terzaufbaues der Akkorde durch Quartenaufbau oder Sekundenpackungen setzen schon um 1908 bei G. *Mahler (j.) ein, ebenso eine unentwegte Horizontalpolyphonie fast ohne Berücksichtigung der vertikalen Klangergebnisse (zumal seit A. *Schönbergs [j.] Klavierstücken op. 11), die man durch mittelalterliche Vorbilder bestätigt glaubte.

Geistesgeschichtlich ist der a. Stil wohl als Versuch einer radikalen konstruktivistischen Befreiung von der erdrückenden Erbschaft des romantischen Jahrhunderts mit seiner Inhaltsbelastung der Musik, auch zugleich als Endpunkt der in jener Epoche konsequent gewachsenen Dissonanzschärfung, als Spiegelung der alles umstürzenden Nachkriegs-, Revolutions- und Inflationserlebnisse zu betrachten, als eine Kulturverfallserscheinung wesentlich unter jüdischem Vorzeichen (vgl. W. Trienes, Musik in Gefahr, Selbstzeugnisse, Bosse, Regensbg. 1940). Glücklicherweise ist diese Erscheinung heute bereits großenteils überwunden durch eine Rückkehr zu tonalen Bindungen, wie sie die bildenden Künste als „Neue Sachlichkeit" gleichfalls erleben. Mitteleuropäische Hauptvertreter des a. Stils waren A. Schönberg und seine Schüler A. v. *Webern, A. *Berg, A. *Hába, mit Vorbehalten u. nur vorübergehend P. *Hindemith, *Bartók, *Strawinsky.

Lit.: P. *Bekker (hj.), Neue Musik (1923); Herb. Eimert, Atonale Musiklehre (1924); Anton *Bauer, Atonale Satztechnik (1923, ²25); J. M. *Hauer, Vom Wesen des Musikalischen (1923); H. *Erpf, Studien zur Harmonie- u. Klangtechnik der neueren Musik (1927); K. *Westphal, Die moderne Musik (1928); H. *Mersmann in Bückens Hdb. Die Zss. „Melos" (hg. v. H. *Mersmann) und „Der Anbruch" (hg. v. P. *Stefan, j.). L. Deutsch, Das Problem des A. u. das Zwölftonprinzip (Melos VI 3). Désiré Paques in *Rev. mus.* 107; Alban *Berg, Was ist atonal? (in „23" Nr. 26/27, Wien 1936).

Jüdische Musik. Die Musik der alten Israeliten ist sowohl instr. (Trompeterchöre des Salomonischen Tempels, das reiche Instrumentarium, das die Psalmen nennen) als auch vokal (Psalmengesang usw.) gewesen; teils vererbte sich deren Singweise in die christl. *Psalmodie des *Gregorianischen Gesanges, der aber auch sehr viel Nichtjüd. enthält, teils lebt sie zumal bei den vorderasiatischen Juden in Babylonien usw. weiter, vgl. die Sammlungen von *Idelsohn. Der heutige jüd. Tempelgesang in Europa u. Amerika ist fast völlig neueren Ursprungs (großenteils erst Anfang des 19. Jhs.). Der erste neuere Komponist jüdischen Ursprungs war Salomone *Rossi *Ebreo* (1587 bis 1628 in Mantua); weitere bekannte Namen: Meyerbeer, Mendelssohn, Halévy, Offenbach, Jadassohn, Moscheles, F. Hiller, Goldmark, Brüll, Henschel, Joachim, Gernsheim, Moszkowski, Mahler, Rubinstein, Gedalge, Dukas, L. Blech, Schönberg, Klemperer, A. Schnabel, Flesch, Korngold, Weill, Gál, Toch, Milhaud, E. Bloch, Kestenberg, Br. Walter, von Musikwissenschaftlern G. Adler, H. Goldschmidt, M. Friedlaender, Leichtentritt, C. Sachs, A. Einstein, E. Kurth, P. Nettl, G. Kinsky. Halbjuden: Bekker, Rietsch, v. Hornbostel.

Wie überall, so hat sich das Judentum ganz besonders auch auf dem Gebiet der Musik in Europa und USA. vorgedrängt; Verleger, Agenten und Presse haben ihre Artgenossen auf fast alle entscheidenden Posten zu bringen verstanden und so ihren Geschmack den Wirtsvölkern aufzuzwingen gesucht. Daß einzelne unter ihnen durch Anpassung u. Talent Bemerkenswertes zumal als Reproduzierende geleistet haben, brauchen wir nicht zu leugnen. Wenn aber auch sie seit 1933 für unsern Kulturkreis ausfallen, so verdanken sie das der gerechten Notwehr des Ariertums gegen die geistige wie wirtschaftliche Tyrannis, die das Judentum uns aufgezwungen hatte.

Lit.: A. Ackermann, Der synagogale Gesang in s. histor. Entw. (1894); E. Breslauer (j.), Sind orig. Synagogen- u. Volksmelodien bei den Juden nachweisbar? (1898, verneinend); A. Friedmann (j.), Der synagog. Ges. (1904, ²08); F. Leitner, Der gottesdienstl. Volksgesang im jüd. u. christl. Altertum (1906); E. David (j.), *La musique chez les Juifs* (1873); H. Greßmann, Musik u. Mus.-Instr. im Alten Test. (1903); Sir John *Stainer, *The Music of the Bible* (neu bearb. v. F. W. Galpin, 1914); J. L. Cahan (j.), *Yiddish Folksongs and their Original Airs* (1912); D. Lauker, Die jüd. Musik (1926); J. Schönberg (j.), Die traditionellen Gesänge des isr. GD. in Dtschl. (1926); D. Ewen, *Hebrew mus.* (New York 1931); Is. Mann (j.), Die Gesch. d. synag. Musik (Diss. Wien 1931); vgl. ferner die Schriften v. *Idelsohn (j.). — R. Wagner, Das Judentum in der Musik (Ges. Schr. u. D. Bd. 5, 1850); E. Birnbaum (j.), Jüd. Musiker am Hof zu Mantua (1893); P. *Nettl (j.), Alte jüd. Spielleute u. Musiker (Prag 1923); Heinr. Berl, Das Judentum in der Musik (1926); R. Eichenauer, Musik u. Rasse (1932); S. Levy (j.), D. Judentum i. d. Mus. (Erfurt 1930); C. H. Bock u. H. Brückner, D. mus. Juden-ABC (1935 u. ö.); K. *Blessinger, Mendelssohn, Meyerbeer, Mahler (Berlin 1938); Th. Stengel u. H. *Gerigk, Lexikon der Juden in der Musik (amtlich, 1940, ²41). — *Histor.:*

Probestunde einer jüdischen Spielschar
im Gemeindehaus in der Fasanenstraße in Berlin, um 1934

Hans Joachim Moser

UND MOSERS „ENTBRÄUNUNG“

Prof. D. Dr. Hans Joachim Moser
Potsdam
Gontardstraße 126

30. Mai 1947.

Lieber Herr Professor Tiessen,

auf Ihre neue „Anschriften-Karte“ möchte ich Ihnen und Ihrer verehrten Frau Gemahlin die besten Wünsche zu gutem Einstand im neuen Heim senden. Ich entnehme mit Vergnügen der Tatsache, daß Sie mir Ihre Adresse mitteilen, daß Sie mich also wohl, seit ich die Freude hatte, Ihr schönes theoretisches Werk mündlich kennen zu lernen, nicht in allzu unangenehmer Erinnerung behalten haben; ich habe mich jedenfalls herzlich gefreut, aus den Zeitungen zu ersehen, daß Sie seither wieder verdient zu Glanz gekommen sind. Mir sind leider noch immer die Hände gebunden, da ich „händeringend“ auf meine Entbräunung in der Schlüterstr. 45 warte, wo man aber anscheinend recht im Schneckentempo nur vorankommt. Können Sie da kein accelerando oder wenigstens „[illegible] lusingando“ zaubern?! Auch hörte ich neulich durch meinen Freund Fedtke, es bestünde die Möglichkeit, daß Sie demnächst mit Dr. Berner unser [illegible] dortiges Konservatorium inspizierten, um die Möglichkeit zu erwägen, daß es wieder städtisch wird. Ich würde das schon – als Filiale Ihrer „Kons. d. Reichshauptstadt“ – aus finanziellen Gründen sehr begrüßen, obwohl Dr. Berner mir – wenigstens zunächst – keineswegs freundlich gesonnen schien. Vielleicht ist es allmählich bei näherer Bereinigung besser geworden, vielleicht können Sie auch da ein wenig den Wettergott zum Günstigen spielen – Sie sehen, ich habe unbegrenztes Zutrauen zu Ihrer Wohlmeinung. Ich habe fast ein Dutzend neue Buchmanuskripte liegen, aber alles hängt daran, daß ich wieder schwimmfähig werde – das ist, wenn man sechs Kleinkinder hat, nicht Geringes an Sorgenlast.

Mit herzlichem „Amselruf“ Ihr aufrichtig ergebener

Hans Joachim Moser

Verehrter lieber Herr Tiessen, Ihre prächtige [illegible]
war mir ein reizendes Weihnachtsgeschenk, dessen liebe
Widmung mich herzlich erfreut hat. Ich hoffe trotzdem
noch auf Drucklegung der Neuen mus. Ehrenpforte! Schön
auch das Zeugnis für Drewes. Nun könnten Sie auch mir
sehr helfen durch ein gutes Wort im Musikbeirat der Zentralverwaltung bei Prof. Bach, da mir hier nach zwei
herrlichen Monaten die Lehrberechtigung suspendiert
wurde – auf Betreiben der Berliner "Entnazif.=Kommission
in Karlshorst; da muß mich die Zentralverwaltung wieder
herauspauken – so war es ein trauriges Weihnachten.

Und wann kommt die schöne Harmonielehre, die Sie
mir s. Zt. vorlasen? Ich hoffe, Sie lassen sie drucken?
Mit allerbesten Wünschen für 1948 o. H. z. H. Ihr
getreuer

Hans Joachim Moser.

Weimar, Am Horn 35 d
3. Jan. 1948.

Prof. Heinz T i e s s e n
Berlin-Wilmersdorf
Wetzlarer Str.3.

Berlin-Wilmersdorf, den 2. März 1949

Herrn
Prof.Dr.Hans Joachim M o s e r
(15 b) W e i m a r
Am Horn 35 d.

Lieber sehr verehrter Herr Prof.Dr.Moser !

Wie ich soeben erfahre, ist es jetzt endlich so weit, dass man Ihnen keine weiteren Schwierigkeiten mehr bereitet, und damit möchte ich unsere Musikwissenschaft herzlichst beglückwünschen.

Anliegend übersende ich Ihnen einen soeben erschienenen Aufsatz von mir, dessen abruptes äußeres Gewand ich Ihnen bei unserer nächsten Begegnung erläutern kann.

Mit herzlichen Grüßen auch von meiner Frau
Ihr ergebenster

Heinz Tiessen

Anlage

Anmerkung:

Heinz Tiessen, Professor für Komposition an der Berliner Musikhochschule, verlor seine öffentliche Position im Unterschied zu H.J. Moser 1933 nicht. Er wurde vielmehr im Frühjahr 1938 – zusammen mit Furtwängler und Tietjen – in den Programmausschuß für die Düsseldorfer Reichsmusiktage berufen und 1942 von Werner Egk, damals Leiter der Fachschaft Komponisten in der Reichsmusikkammer, damit beauftragt, eigene Werke zu nennen, die „sich besonders gut für eine Aufführung im Ausland eignen." Nach dem Kriege konnte Tiessen ohne große Umstände seine Laufbahn fortsetzen (1946-49 Direktor des Städt. Konservatoriums Berlin, 1949-55 Leiter der Abteilung für Komposition und Theorie an der Hochschule, danach Direktor der Musikabteilung der Akademie der Künste) und wurde für kompetent erachtet, andere Figuren nationalsozialistischer Musikpolitik zu entlasten: H.J. Moser, Heinz Drewes …

Nach der mit Tiessens Hilfe vollzogenen „Entbräunung" wurde Moser schließlich 1950 dessen Nachfolger als Direktor des Konservatoriums.

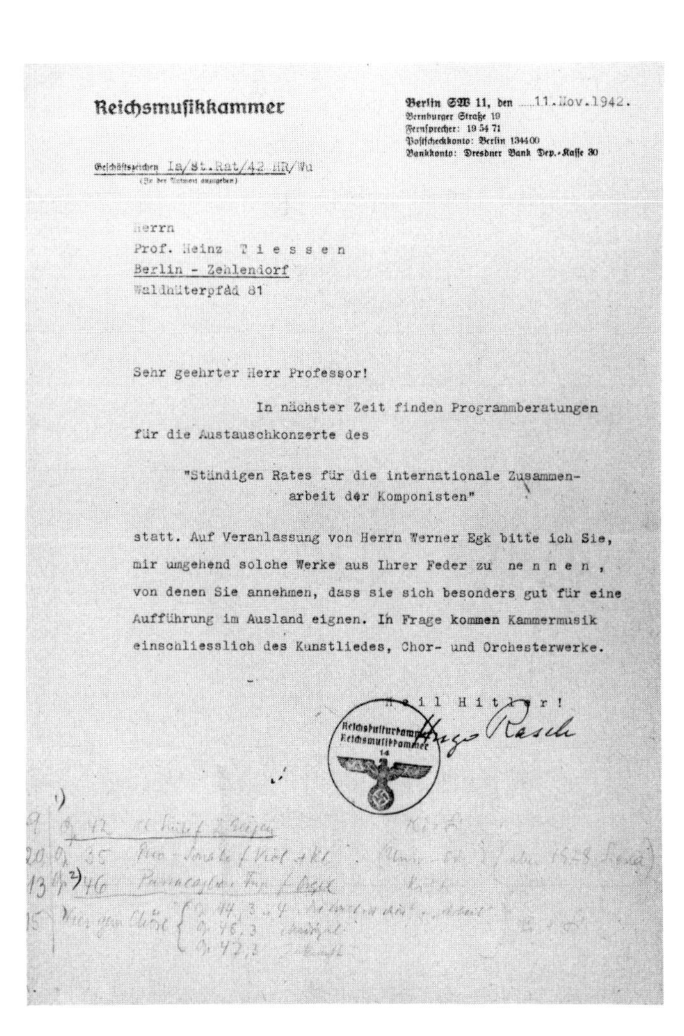

Reichsmusikkammer

Berlin SW 11, den 11. Nov. 1942.
Bernburger Straße 19
Fernsprecher: 19 54 71
Postscheckkonto: Berlin 134400
Bankkonto: Dresdner Bank Dep.-Kasse 30

Geschäftszeichen Ia/St.Rat/42 HR/Wu
(In der Antwort anzugeben)

Herrn
Prof. Heinz T i e s s e n
Berlin - Zehlendorf
Waldhüterpfad 81

Sehr geehrter Herr Professor!

In nächster Zeit finden Programmberatungen für die Austauschkonzerte des

"Ständigen Rates für die internationale Zusammenarbeit der Komponisten"

statt. Auf Veranlassung von Herrn Werner Egk bitte ich Sie, mir umgehend solche Werke aus Ihrer Feder zu n e n n e n , von denen Sie annehmen, dass sie sich besonders gut für eine Aufführung im Ausland eignen. In Frage kommen Kammermusik einschliesslich des Kunstliedes, Chor- und Orchesterwerke.

Heil Hitler!

Reichskulturkammer Reichsmusikkammer 14

Hugo Rasch

Und ist es ein Zufall, daß Werner Egk, der noch 1941 den „Marsch der Deutschen Jugend“ komponiert hatte, bereits 1950 zum Direktor der Berliner Musikhochschule avancieren konnte?

Bis in die Gegenwart wirken durch ihr Engagement für die nationalsozialistische Musikpolitik Belastete in verantwortlichen Positionen. Christoph Wolff, Chairman des Department of Music an der Harvard University, konfrontiert uns mit dem Fall Boetticher, auf den er eher zufällig aufmerksam wurde.

DIE HAND EINES HANDLANGERS

Musikwissenschaft 1933 bis 1945 ist nicht das einzige ungeschriebene Kapitel deutscher Wissenschaftsgeschichte im Dritten Reich. Auch zählt es gewiß nicht zu den wichtigsten, denn selbst im Rahmen der nationalsozialistischen Kulturpolitik spielte die Musikwissenschaft eine relativ untergeordnete Rolle. Und so mag es denn auch beinahe erklärlich erscheinen, daß sich die deutsche Musikwissenschaft einer kritischen Selbstbespiegelung stillschweigend entziehen konnte. Nach der Entnazifizierung erschien die Luft im wesentlichen rein von unliebsamen und beharrlichen Fragern. Zudem kämpften viele der führenden und kritischsten Köpfe der Disziplin – soweit sie die Hitlerzeit überlebt hatten – jenseits des Atlantik um ihre bloße Existenz. Denn für Alfred Einstein, Curt Sachs und die übrige Elitegarde der deutschen Musikhistorie war der Exodus zumeist nur der Beginn eines kaum endenden Leidensweges gewesen, der nach dem Krieg keine Zeit für ein Sichbefassen mit den hinterbliebenen Kollegen im aufgegebenen Vaterland ließ. So überrascht es nicht, wenn die 1963 erschienene Dokumentation von Joseph Wulf, „Musik im Dritten Reich" auch (rororo 818-820), kaum irgendwelche Anstöße zu einer nennenswerten Selbstbesinnung vermittelte und niemanden in diesem oftmals so esoterischen, nicht selten fernab von der (musikalischen wie politischen) Wirklichkeit angesiedelten Fach wachrüttelte. Redeten die von Wulf ausgebreiteten Dokumente etwa keine deutliche Sprache? War die Musikwissenschaft wirklich so unbelastet? Gewiß, eine Reihe von unbekannten und berühmten Namen tauchten bei Wulf auf; – die Entschuldigungen waren wie immer schnell bei der Hand.

Es mußte gleichsam befreiend gewirkt haben, als 1967 der bedeutende Musikhistoriker und inzwischen verstorbene Leipziger Ordinarius Heinrich Besseler von der University of Chicago einen Ehrendoktor verliehen bekam: auf Betreiben und aus der Hand seines ehemaligen Schülers Edward Lowinsky, der 1933 bei ihm in Heidelberg promoviert hatte und wenig später aus rassischen Gründen die Flucht ergreifen mußte. Unter Besselers Ägide wurden während der Nazizeit die Schriften nicht-arischer Autoren in der Heidelberger Seminarbibliothek mit dem berüchtigten Judenstempel versehen. Gewiß, manches läßt sich aus heutiger Sicht nur schwer beurteilen und Lowinskys Versöhnungsgeste Besseler gegenüber erscheint vielsagend und eindrucksvoll genug. Schließlich war Besseler ein Mann, dem man zwar eine gewisse politische Labilität anhängen mag, dessen wissenschaftliche Integrität jedoch kaum anzutasten ist.

Vielleicht hat die deutsche Musikwissenschaft die Chicagoer Ehrenpromotion Besselers als Signal eines „Schwamm drüber" verstanden. Dem ist freilich durchaus nicht so. Denn sonst hätte es in den vergangenen Wochen in den USA nicht den Aufschrei gegeben, der in Deutschland wohl kaum vernommen wird, geschweige denn in den Ohren gellt. Er entzündete sich an der Einladung des Göttinger Professors Wolfgang Boetticher zu einer internationalen Mendelssohn-Schumann-Konferenz, die von der University of North Carolina (Chapel Hill) gemeinsam mit der Duke University (Durham) im April 1982 durchgeführt wurde.

Überall in den Vereinigten Staaten legten Music Departments, Gruppen von Musikhistorikern sowie Einzelpersönlichkeiten Protest ein, beschworen die Konferenzleitung, die Einladung Boettichers rückgängig zu machen, andernfalls man zum offenen Boykott aufrufen wolle. Die Frage stellt sich: Kann man denn nicht – wie im Fall Besselers – wenn schon nicht vergessen, so doch vergeben, zumal einem letztlich so wenig exponierten Mann wie Boetticher, der gleich vielen anderen Mitglied der NSDAP war, sich gleich vielen anderen widerstandslos den Regimezwängen beugte und der vielleicht ein wenig übereifrig in seiner Schumann-Dissertation von 1939 jüdische Personen mit dem Stern markiert hatte. Zweifellos dachte die Konferenzleitung in North Carolina zunächst so und behandelte die Einladung Boettichers wie „business as usual". Wegen seines alleinigen Zuganges zu singulärem Quellenmaterial in Sachen Schumanniana galt er als praktisch unverzichtbarer Teilnehmer. Und hatte er nicht noch gerade im November 1981 auf dem Schumann-Kolloquium der DDR anläßlich der Gewandhaus-Festtage den Eröffnungsvortrag gehalten? Die deutschen Kollegen hatte die Nazivergangenheit Boettichers offenbar nie vor Probleme gestellt: so wählte ihn die Philosophische Fakultät der Universität Göttingen 1972-74 zum Dekan; die Gesellschaft für Musikforschung bestellte ihn in den 1970er Jahren als Vorsitzenden ihrer Arbeitsgruppe „Hochschullehrer"; der Studienstiftung des deutschen Volkes diente er über lange Jahre hin als Vertrauensdozent; auch erschien 1974 zum sechzigsten Geburtstag Wolfgang Boettichers eine Festschrift mit dem Titel „Convivium Musicorum" unter Mitarbeit zahlreicher Musikforscher des In- und Auslandes, darunter gar zwei jüdische Emigranten (ob diesen die Mitarbeit des Jubilars an dem üblen Naziprodukt „Lexikon der Juden in der Musik" – der Dank des Herausgebers Gerigk hinsichtlich der „wertvollen Mitarbeit" Boettichers findet sich bei Wulf abgedruckt – wirklich bekannt war?). War Boetticher nicht also längst rehabilitiert angesichts all dieser Ehrenbezeugungen? Der Verfasser dieser Zeilen muß zugeben, daß er auf die bohrenden Fragen eines jüdischen Kollegen und Freundes, warum gerade Boetticher eine Festschrift bekommen mußte und wie gerade er zum Dekan gewählt werden konnte, keine plausible Antwort geben konnte. Peinliches, schmerzliches, erschreckendes Erwachen.

Die Achtsamkeit und Empfindlichkeit vieler amerikanischer Musikwissenschaftler ist aus verständlichen Gründen (und man muß dennoch sagen: leider) sehr viel größer als die der deutschen. Der faschistische Terror hat unauslöschliche Spuren hinterlassen. Und unter den zahlreichen Musikologen jüdischer Abstammung gibt es wohl keinen, dessen Familie von Opfern verschont geblieben wäre. Offenbar muß es einem erst an den Lebensnerv gehen, bis man für gewisse Dinge sensitiv wird und die Augen ein wenig offener hält. So förderte man vor wenigen Wochen eine in Deutschland unbekannt gebliebene Dokumentation zutage (J. Billig, „Alfred Rosenberg, dans l'action idéologique, politique et administrative du Reich hitlérien", bereits 1963 in Paris gedruckt), die einem buchstäblich die Haare zu Berge stehen läßt, auch wenn sie wohl kaum mehr als die halbe Wahrheit enthüllt. Danach war Boetticher nicht etwa nur in die üblichen kleineren „Betriebsunfälle" verwickelt, sondern er gehörte jahrelang dem Einsatzstab des bei den Nürnberger Prozessen zum Tode verurteilten Reichsleiters Alfred Rosenberg an. In dieser Eigenschaft war er zum Beispiel 1941 nach der Besetzung von Paris durch die deutsche Wehrmacht unter anderem maßgeblich beteiligt an der Beschlagnahmung von wertvollen Musikinstrumenten jüdischer Musiker (darunter der weltberühmte Vladimir Horovitz, Wanda Landowska und Gregor Piatigorsky). Als Mitarbeiter der Dienststelle Rosenberg zeichnete Boetticher mitverantwortlich für die Vertuschung von Tatsachen und Falsifikation von Daten und half damit jene Atmosphäre anschüren, die die Vernichtung von vielen Millionen Juden ermöglichte. Einer, der Schumann als Antisemiten proklamierte und Mendelssohn künstlerische Impotenz bescheinigte, kann in der Tat bei einer internationalen Mendelssohn-Schumann-Konferenz für keinen ernsthaften Historiker ein akzeptabler Gesprächspartner sein. Wo bliebe das Ethos der Wissenschaft, das angesichts des großen Verschweigens und Nichtwissenwollens ohnehin bereits angeschlagen ist?

Der Aufschrei der Entrüstung unter den amerikanischen Musikwissenschaftlern erscheint so verständlich wie legitim. Auch handelt es sich nicht um eine unwesentliche Episode. Immerhin nahm sich die „New York Times" der Sache an und veröffentlichte unter dem Titel „Facing the Music" am 18. Februar 1982 einen Artikel ihres angesehenen Kolumnisten Anthony Lewis. Das Bonner Büro der „New York Times" setzte sich seinerzeit mit Boetticher telefonisch in Verbindung und stellte ihm einige präzise und offensichtlich unangenehme Fragen. Noch am gleichen Tag traf in North Carolina ein Telegramm mit der Absage Boettichers ein, und zwar wegen einer Handverletzung, die er sich bei einem Unfall zugezogen habe. Ein läppischer Unfall, doch welche Symbolik. Verletzung der Hand eines Handlangers der Schergen Hitlers, der unter anderem Hand anzulegen wagte an den kostbaren Besitz jüdischer Musiker; Verletzung der Hand eines Schreibtischtäters, der sich die Rolle anmaßte, sozusagen negative Musikgeschichte zu machen.

Wie kann ein solcher Mann in Deutschland bis heute Musikgeschichte lehren? Hat man denn wirklich nichts gewußt, nichts wissen wollen, dem Schweigen blindlings vertraut? Ist der Fall Boetticher vielleicht etwa nur die Spitze des Eisbergs im Meer vergrabener Fakten einer unbewältigten Fachgeschichte? Beim „Convivium Musicorum" – welcher Hohn des Festschrifttitels! – darf für Boetticher kein Platz sein. Und wer, auch von den nicht mehr Lebenden, muß ebenfalls vom „Convivium Musicorum" ausgeschlossen bleiben? Das 1982 erschienene Buch von Fred K. Prieberg, „Musik im NS-Staat" (Fischer-Bücherei 6901), rührt erneut und nachdrücklich an den wundesten Punkt deutscher Geschichte und sollte gerade auch der Musikwissenschaft deutlich machen, daß forschendes Besinnen überfällig ist.

Das „Lexikon der Juden in der Musik“, erschienen als Veröffentlichung des Instituts der NSDAP zur Erforschung der Judenfrage, war das maßgebliche Nachschlagewerk, dessen sich die Nazis ab 1940 bedienten. Bereits im Erscheinungsjahr erlebte es mehrere Auflagen. Der „qualifizierteste“ Autor dieser peinlichen Veröffentlichung war der frisch promovierte Wolfgang Boetticher, dem im Vorwort für „wertvolle Mitarbeit“ gedankt wird.

LEXIKON DER JUDEN IN DER MUSIK

LEXIKON DER JUDEN
IN DER MUSIK

Mit einem Titelverzeichnis
jüdischer Werke

Zusammengestellt im Auftrag der Reichsleitung
der NSDAP. auf Grund behördlicher, parteiamtlich
geprüfter Unterlagen

bearbeitet von

Dr. Theo Stengel
Referent in der Reichsmusikkammer

in Verbindung mit

Dr. habil. Herbert Gerigk
Leiter der Hauptstelle Musik beim Beauftragten des Führers
für die Überwachung der gesamten geistigen und weltanschaulichen
Schulung und Erziehung der NSDAP.

BERNHARD HAHNEFELD VERLAG / BERLIN

VORWORT

Die Reinigung unseres Kultur- und damit auch unseres Musiklebens von allen jüdischen Elementen ist erfolgt. Klare gesetzliche Regelungen gewährleisten in Großdeutschland, daß der Jude auf den künstlerischen Gebieten weder als Ausübender noch als Erzeuger von Werken, weder als Schriftsteller noch als Verleger oder Unternehmer öffentlich tätig sein darf. Die Namen der „Größen" aus der Zeit vom Weltkriegsende bis zur Neuordnung des Reiches sind versunken. Sie sind sogar so gründlich vergessen, daß beim zufälligen Wiederauftauchen eines solchen Namens mancher sich kaum entsinnen wird, daß es sich um einen berüchtigten früher viel genannten Juden handelt. Das wird gerade den Menschen der jungen Generation so ergehen, die jene Verfallszeit noch nicht bewußt miterlebten, die also von Anbeginn ihrer Arbeit im Aufbau standen. Die große Zahl der Namen läßt es im übrigen auch durchaus natürlich erscheinen, daß hier und da immer noch Zweifel über die Abstammung eines Komponisten oder eines in anderer Weise auf musikalischem Gebiet Tätigen aufkommen.

Aus dieser Lage ergab sich die Aufgabe, ein Nachschlagewerk zu schaffen, das trotz der Schwierigkeit der Materie den Stand unseres Wissens in einwandfreier Form wiedergibt. Die zuverlässigsten Quellen mußten ausfindig gemacht werden, um dem Musiker, dem Musikerzieher, dem Politiker und auch dem Musikfreund jene unbedingte Sicherheit zu geben, die hinsichtlich der Judenfrage gefordert werden muß.

Ein solches Lexikon behält seine Bedeutung auch für die Zukunft, wenn die Judenfrage in der deutschen Kunst einmal eine ferne historische Episode bilden wird. Vor allem für die Wissenschaft ist es wichtig, durch die Schaffung eines Lexikons der auf dem Gebiet der Musik hervorgetretenen Juden Tatsachen und Zusammenhänge zu klären und zu überliefern, die später vielleicht nicht mehr in allem so lückenlos zu erkennen und nachzuprüfen sein würden. Die Wissenschaft erhält damit ein Hilfsmittel, das im Zuge ihrer Neuorientierung an den Gegebenheiten der Rasse seinen Wert besitzt.

Es kann nirgends eine wirkliche Verbindung zwischen deutschem und jüdischem Geist geben. Diese Erkenntnis veranlaßt uns zu einer denkbar reinlichen Scheidung, umsomehr, als die hinter uns liegenden Jahre gezeigt haben, welchen Weg die Entwicklung nimmt, sobald jüdische Elemente geduldet oder gar mit Führungsvollmachten ausgestattet werden. Die außerdeutsche Welt hat das erst zum geringsten Teil begriffen, und meist will man es gar nicht begreifen. Man will nicht sehen, daß es uns nirgends — weder in der Musik noch an einer anderen Stelle — um die Beurteilung eines e i n z e l n e n Juden geht, sondern daß die Judenfrage für uns ein unteilbares Ganzes bildet. Deshalb ist die gelegentlich auftauchende Fragestellung nach Wert oder Unwert im Hinblick auf Einzelleistungen von vornherein falsch, weil sie an dem Kern der Sache vorbeigeht. Wir messen mit den Maßstäben u n s e r e r Rasse, und dann kommen wir allerdings zu dem Ergebnis, daß der Jude unschöpferisch ist und daß er auf dem Gebiet der Musik lediglich nachahmend zu einer gewissen handwerklichen Fertigkeit vordringen kann. Sein Einfühlungsvermögen befähigt ihn als Virtuosen zu verblüffenden Leistungen, die sich aber bei näherem Zusehen auch als inhaltsleer herausstellen, zumal sein orientalisches Empfinden den Gehalt einer abendländischen Tonschöpfung stets umfälschen muß.

Die Zusammenhänge zwischen Musik und Rasse werden in unserer Zeit erstmalig in planvoller Arbeit wissenschaftlich erforscht. Es dauerte lange, bis Richard Wagners Kampfschrift „Das Judentum in der Musik", die schon Mitte des 19. Jahrhunderts die Blicke auf die Rassenfrage in der Musik nachdrücklich lenkte, Nachfolge im positiven Sinne fand. Die von Richard Eichenauer mit seinem 1932 erschienenen Buch „Musik und Rasse" geleistete Pionierarbeit bleibt verdienstvoll ohne Rücksicht auf manche seiner umstrittenen und anfechtbaren Feststellungen. Mit dem Judentum im besonderen hat sich Karl Blessinger in der Schrift „Mendelssohn, Meyerbeer, Mahler" befaßt; er versucht darin eine Auseinandersetzung im wissenschaftlichen Sinne, so weit das bei den derzeitigen Vorarbeiten schon möglich ist. Verschiedentlich sind auch bereits lexikalische Versuche unternommen worden, aber ihnen haften Mängel an, die entweder in einer bedenkenlosen Großzügigkeit hinsichtlich der zu erfassenden Namen oder aber in erheblichen Lücken bestehen.

Das vorliegende Lexikon tritt mit dem Anspruch auf größtmögliche Zuverlässigkeit auf. Dadurch wurde zunächst noch der Verzicht auf alle diejenigen Namen bedingt, die nicht mit ausreichender Sicherheit als jüdisch festzustellen waren. Die Abstammung des weitaus größten Teiles der aufgenommenen Juden und Halbjuden (Vierteljuden und jüdisch Versippte wurden nicht berücksichtigt, obwohl gerade bei der sensiblen Mentalität der Künstler eine weitreichende Beeinflussung des arischen Eheteiles angenommen werden muß), kann urkundlich belegt werden. Selbst bei allgemein als Juden bekannten Personen wurde in allen noch nicht einwandfrei urkundlich ausgewiesenen Fällen ein Kreuz als Vorbehaltskennzeichnung eingefügt. Es liegt also im allgemeinen Interesse, daß möglichst viele Benutzer Ergänzungen und Berichtigungen zu den vorhandenen Namen sowie Angaben über nicht berücksichtigte jüdische Musiker an die angegebene Anschrift weiterleiten. Ein Nachtrag soll dieses Material später erschließen.

Die Schwierigkeiten sind namentlich bei Nachforschungen in früheren Jahrhunderten beträchtlich. Jüdische Quellen sind wenig zuverlässig, weil manche Schriftsteller bewußt Arier für das Judentum in Beschlag nehmen wollen. So führt Alfred Einstein im „Jüdischen Lexikon" Hugo Kaun. Der berüchtigte Adolf Kohut beansprucht die berühmtesten Sängerinnen für die jüdische Rasse. Hier ist noch vieles zu überprüfen. Die Namensänderungen und die Gepflogenheit vieler Juden, auch bei längerer Tätigkeit an einem Ort die vorgeschriebene polizeiliche Meldung nicht zu vollziehen, läßt selbst bis an die Schwelle der Gegenwart die Erhebungen langwierig werden.

Die zusammenhängende Darstellung der Rolle, die das Judentum in der Musik gespielt hat, wird nunmehr, nachdem die materialmäßige Erfassung zu einem vorläufigen Abschluß gelangt ist, in Angriff genommen werden können.

Für die Zwecke des vorliegenden Lexikons schien es ausreichend, daß bei emigrierten Juden im allgemeinen der letzte Wohnsitz im deutschen Reichsgebiet angegeben wurde. Um das Buch nicht unnötig anschwellen zu lassen, wurde auf Werkverzeichnisse und erschöpfende bibliographische Angaben verzichtet. Die Übersichtlichkeit hätte sonst gelitten, und schließlich soll von unserer Seite ja nicht eine Verewigung der jüdischen Erzeugnisse geliefert werden, sondern eine Handhabe zur schnellsten Ausmerzung aller irrtümlich verbliebenen Reste aus unserem Kultur- und Geistesleben. Als die Meister der Tarnung schlüpfen selbst jetzt noch hie und da einzelne Juden unerkannt durch.

Da soll das Lexikon ein sicherer Wegweiser sein für Kulturpolitiker, für Bühnenleiter und Dirigenten, für den Rundfunk, für die leitenden Persönlichkeiten in den Dienststellen der Parteigliederungen und in den angeschlossenen Verbänden und nicht zuletzt auch für die Leiter der Unterhaltungskapellen. Ferner wird der Musikerzieher ebenso wie der Wissenschaftler einen ersten zuverlässigen Anhalt haben. Das Titelverzeichnis jüdischer Bühnenwerke kann die Arbeit in manchen Fällen erheblich erleichtern.

Die Hauptarbeit an dem Werk wurde von Dr. Theo Stengel geleistet.

Ohne die ausgedehnte Mithilfe der Reichsmusikkammer und der Reichsstelle für Sippenforschung wäre das Werk in der vorliegenden Gestalt jedoch nicht möglich geworden. Auch den Standesämtern und Verwaltungsstellen, die bereitwilligst Auskünfte und Urkunden übersandt haben, sei an dieser Stelle gedankt. Wertvolle Mitarbeit haben die Angehörigen der Dienststelle des Reichsleiters Rosenberg — Dr. Lily Vietig-Michaelis, Dr. Wolfgang Boetticher und Dr. Hermann Killer — geleistet.

Das Lexikon will zu seinem Teil Aufklärungs- und Schulungsmaterial für einen wichtigen Zweig unseres Kunstlebens bieten.

Berlin, August 1940.

Herbert Gerigk.

„Die Reinigung unseres Kultur- und damit auch unseres Musiklebens von allen jüdischen Elementen ist erfolgt.“ (Vorwort aus: Lexikon der Juden in der Musik, 1940.) Im besetzten Ausland aber, beispielsweise in Frankreich, gab es noch „Nachholbedarf“. So beeilte sich Boetticher seinen persönlichen Beitrag zur „Endlösung“ zu leisten, indem er das Vermögen berühmter jüdischer Musiker in Paris beschlagnahmte.

HANDLANGER IN PARIS

CXLIV-392

[illegible]enberg
[illegible] 2183 [illegible] 40
abl. 3c

Betrifft: Vordringliche Arbeiten auf dem Gebiet der Musik in Frankreich.

Um den Zugriff anderer an den Beständen interessierter Dienststellen zuvorzukommen, ist die möglichst baldige Besichtigung der führenden Schallplattenfabriken und Schallplatten-Verteilungslager erforderlich. Die Produktion erfolgt im wesentlichen in Pariser Vororten. Es ist anzunehmen, daß uns dabei große Bestände jüdischer und atonaler Musik in die Hände fallen, die als Vorführ-Material an der Hohen Schule in späterer Zeit wertvoll sein können. Da es sich fast ausschließlich um Firmen handelt, die in englischem Privatbesitz sind, steht einer Beschlagnahme nichts entgegen. Der Umfang des für uns verwertbaren Materials kann naturgemäß nur an Ort und Stelle ermittelt werden. Es muß aber mit mindestens 10 - 20000 Schallplatten gerechnet werden.

Frankreich ist führend auf dem Gebiet der musikalischen Völkerkunde und in Paris befinden sich die umfangreichsten Phonogrammarchive. Hier ist zu untersuchen, in welchem Umfang Landschaften dort berücksichtigt wurden, die künftig zum deutschen Raum gehören, bzw. in denen ein starker deutscher Kultureinfluß vorhanden ist. Außerdem besteht die Möglichkeit, daß aus den deutschen Kolonialgebieten Aufnahmen in großer Zahl vorhanden sein werden. Diese Bestände werden zum größten Teil französisches Staatseigentum sein. Über die Möglichkeit einer eventuellen Überführung in die Sammlungen der Hohen Schule muß an Ort und Stelle verhandelt werden.

In Paris müsste nach dem Verbleib deutscher Emigranten gefahndet werden, die zum Teil wertvolle Bibliotheken besessen haben. An erster Stelle wird hierbei an den früheren Berliner Professor Dr. Curt Sachs gedacht. Es ist wahrscheinlich, daß aus solchem Besitz interessantes und wertvolles Material sichergestellt werden kann. Auch die jüdischen Musikverlage und Schriftleitungen von Fachzeitschriften müssen wenigstens besichtigt werden. Es ist wahrscheinlich, daß sich auch dort Material findet, das für unsere Zwecke wichtig ist.

Auch die großen Musikbibliotheken, die wertvollste Handschriften deutscher Herkunft enthalten, müssen aufgesucht werden, bzw. es ist erforderlich, mit den Verwaltern dieser Sammlungen Beziehungen aufzunehmen, soweit es sich um Material handelt, das auch in Zukunft in französischem Besitz bleiben soll, kann die Fotokopie der für uns wertvollen Bestände in die Wege geleitet werden.

10. 8. 40.   Gerigk

CCXXVI-22 Anl. 3

Abschrift

Nationalsozialistische Deutsche Arbeiterpartei

Der Beauftragte des Führers
für die Überwachung der gesamten
geistigen und weltanschaulichen
Schulung und Erziehung der NSDAP

Sonderstab Musik

Berlin W 35,13.1.41
Margaretenstr.17

Einsatzstab
der Dienststellen des Reichsleiters
Rosenberg für die westlichen besetzten
Gebiete und die Niederlande.

Dr.Boe/Vg.

An den
Chef des Militärverwaltungsbezirks Paris
- Verwaltungsstab-
Paris.

Betr.: Angelegenheit Landowska.

Unter Bezugnahme auf das Schreiben vom 31.12.40 wird mitgeteilt, dass die Pianistin Wanda Landowska Jüdin ist. Sie wurde 1878 in Warschau geboren und besitzt polnische Staatsangehörigkeit. Die Personalunterlagen befinden sich in unserem Besitz. Die beschlagnahmten Gegenstände der Landowska können daher nicht als französischer Kunstbesitz angesehen werden. Vielmehr wurden s.Zt. diese Gegenstände als herrenloses jüdisches Gut im Sinne des Führerbefehls sichergestellt.

Es wird ausserdem bemerkt, dass die Jüdin Landowska in einer Reihe von Fällen Juden massgeblich unterstützt hat, die in der Öffentlichkeit als Feinde Deutschlands sehr bekannt waren. Es sei ferner daran erinnert, dass die Landowska 1940 in der grossen Oper in Paris ein Konzert zu Gunsten der Polenhilfe gemeinsam mit dem deutschen Hetzer Bronislav Hubermann veranstaltet hat, unter dem Protektorat des damals in Frankreich noch residierenden Präsidenten des liquidierten Polenstaates.

Das genannte Klavier Chopins wurde bei den Erhebungen unserer Dienststelle in Polen in der Warschauer Biblioteka Polska vergeblich gesucht, trotzdem es dort als Besitz inventarisiert war. Wie dieses Instrument in den Besitz der Landowska gelangt ist, wird noch festgestellt. In jedem Falle war das Zugriffsrecht gegeben.

Aus den oben angegebenen Gründen kann dem Antrag der Delegation generale nicht stattgegeben werden, Der Gegenstand wird zuständigkeitshalber mit dem Generalgouverneur für Polen beraten werden.

Siegel.
Dienststelle der
Feldp.Nr.43071

Gez. Dr. B o e t t i c h e r !

Sonderstab Musik

Paris, den 19.2.1941
Vg.

Notiz über Bezeichnung von Kisten

Wanda L a n d o w s k a , St. Leu la Foret

P 1	Verschiedene Literaturwerke
P 2	" " u.Noten
P 3	" " u.Privatakten
P 4	Korrespondenz
P 5	Zeitschriften und Korrespondenz
P 6	" " " u.Noten
P 7	" " " " "
P 8 - P 15	Noten
P 16 - P 18	Literaturwerke
P 19 - P 24	Literaturwerke und Noten
P 25	Schallplatten
P 26	" und Bücher
P 27	Noten
P 28	Noten, teils Bücher
P 29	Cembalo (79260/192406/48)
P 30	Cembalo (30463/192665/51)
P 31	Flügel (73 K/144/189344)
P 32 - P 37	s. Aufstellung Darius M i l h a u d

P 38	Noten und Bücher
P 39	Cembalo, 17. Jahrhundert
P 40	Cembalo, 1642 v. Hans Buchers
P 41	Spinett, Pleyel 1807
P 42	Tafelklavier, Carl Jac.Nordquist,Stockholm
P 43	Cembalo (innen Bild nach Verracchio)
P 44	Füsse zu P 43
P 45	Stumme Klaviatur
P 46	Tafelklavier (Inschrift musica magnorum xx solanum dulce laborium).
P 47	Füsse zu P 46
P 48	Klavichord
P 49	Tafelklavier (O.Granfeldt, Stockholm)
P 50	Tafelklavier
P 51	Zimbal
P 52	Klavichord
P 53	Untersatz zu P 51
P 54	2 Viola d'amore
P 55	Hausorgel 1757
P 56	Piano (Joan Bauza, Palma)
P 57	Klavichord
P 58	Untersatz zu P 57
P 59	Viola da Gamba, Clarinette, Flöte, Zither
P 60	Korrespondenz

Sonderstab Musik | Paris, den 19.2.1941
Vg.

Notiz über Bezeichnung von Kisten

Gregor Piatigorski, Avenue Foch 19-21

MR 1	Bücher und Noten
MR 2	Schöng. frz. Literatur
MR 3	Bücher
MR 4	"
MR 5	"
MR 6	" (Prachtbände in Goldschnitt)
MR 7	Keramik
MR 8	"
MR 9	"
MR 10	"
MR 11	"
MR 12	Schallplatten und Bilder
MR 13	Keramik
MR 14	"
MR 15	Bilder
MR 16	Bücher
MR 30	Alte Elfenbeinschnitzereien
MR 31	Gold- und Silbergeschirre
MR 32	Gold und Silber
MR 33	" " "
MR 34	" " "
MR 35 (Lederkoffer)	" " "
MR 36 (Lederkoffer)	" " "

Sonderstab Musik

Paris, den 19.2.1941

Dr.Boe./Vo.

Verteiler:

Der Stabsführer,
das Hauptreferat O,
Pg. Dr. Wunder

Notiz über Bezeichnung von Kisten

Am 18.2.1941 wurden unter meiner Aufsicht 3000 Schallplatten aus der Wohnung des geflüchteten Juden Arno Foldes, Avenue Pereire 155 abtransportiert. Diese Musikgegenstände wurden in 11 Kisten verpackt, die folgende Signatur erhielten:

GRA 1
GRA 2
GRA 3
GRA 4
GRA 5
GRA 6
GRA 7
GRA 8
GRA 9
GRA 10
GRA 11

Die Kisten sind zur Lagerung bei Franzkowiak, Berlin bestimmt.

Boetticher.

Richard Strauss im Gespräch mit Wilhelm Furtwängler
anläßlich der Eröffnung der Reichskulturkammer am 15. November 1933

REICHS
MUSIK
TAGE

DÜSSELDORF

22. BIS 29. MAI 1938

F E S T F O L G E

SONNTAG, DEN 22. MAI

I

11 Uhr / Kaisersaal der Tonhalle

ERÖFFNUNGSFEIER

Unter Mitwirkung des Städtischen Orchesters Düsseldorf unter der Leitung des Generalmusikdirektors *Hugo Balzer*

Paul Graener: Feierliche Stunde (Uraufführung)

Ansprachen:
Der Oberbürgermeister der Stadt Düsseldorf
Der Präsident der Reichsmusikkammer

Richard Wagner: Sinfonie C-dur, 1. Satz

11.30 Uhr

PLATZKONZERTE

am Corneliusdenkmal, im Ehrenhof, Adolf-Hitler-Platz, Rathausplatz

Musikkorps des Infanterie-Regiments Nr. 39
Leitung: Musikmeister *Jensen*

Musikkorps der Fliegerhorst-Kommandantur Düsseldorf
Leitung: Musikmeister *May*

Gaumusikzug des Reichsarbeitsdienstes
Leitung: Obermusikzugführer *Warwas*

Gaumusikzug der NSDAP.
Leitung: Gaumusikinspizient *Oppermann*

II

20 Uhr / Kaisersaal der Tonhalle

ERSTES SINFONIEKONZERT

Ausgeführt vom Städtischen Orchester Düsseldorf unter der Leitung von Generalmusikdirektor *Hugo Balzer*

Solisten:
Walter Drwenski (Orgel), *Emil Seiler* (Bratsche)

Otto Besch: Ostmark-Ouvertüre (Uraufführung)

Johannes Rietz: Rhapsodie für Orgel und Orchester (Uraufführung)

Hans-Joachim Sobanski: Romantisches Konzert für Bratsche und Orchester (Uraufführung)

Pause

Paul Juon: Rhapsodische Sinfonie (Uraufführung)

MONTAG, DEN 23. MAI

III

12 Uhr / Schieß-Defries-Werke

ERSTES WERKKONZERT

Ausgeführt vom NS.-Reichssinfonieorchester unter der Leitung von Generalmusikdirektor *Franz Adam*

Solist: Kammervirtuose *Michael Schmid*

Franz Schubert: Unvollendete Sinfonie

Johannes Brahms: 1. Satz aus dem Konzert für Violine und Orchester

Paul Graener: Waldmusik

Johann Strauß: Kaiserwalzer

IV

15 Uhr:

ERÖFFNUNG DES MUSIKLAGERS DES NSD.-STUDENTENBUNDES

Unter Mitwirkung des Studentenorchesters der Staatlichen Hochschule für Musik, Köln

Fahneneinmarsch / Gemeinsames Lied

Friedrich Zipp: Festliche Musik für Großes Orchester 1937

Rolf Schroth, Musikreferent der Reichsstudentenführung: „Der Musikstudent im Kampf um den völkischen Musikkulturwillen"

Gemeinsames Lied / Fahnenausmarsch

V

20 Uhr / Opernhaus

»SIMPLICIUS SIMPLICISSIMUS«

Ein heiter-besinnliches Spiel von *Ludwig Maurick*
(Uraufführung)

Musikalische Leitung: Der Komponist
Inszenierung: *Hubert Franz*
Bühnenbild: *Gustav Vargo*

VI

20 Uhr / Kaisersaal der Tonhalle

KONZERT DER VEREINIGTEN DÜSSELDORFER MÄNNERCHÖRE

Eugen Papst: Deutscher Wahlspruch
Gesamtchorleitung: Kreischormeister *Hubert Becker*

W. Rademacher: Brüder, was bleibt von unserer Zeit
Franz Dahlke: Saatgebet
Hugo Kaun: Empor
Bährsche Chorvereinigung. Leitung: *Josef Bähr*

Waldemar v. Baußnern: Deutschland, heiliger Name
Gesamtchorleitung: Kreischormeister *Hubert Becker*

Kurt Lißmann: Sonnengesang
Werksinggemeinschaft Rheinmetall-Borsig
Leitung: *Hans Knippenberg*

Pause

Kurt Lißmann: Psalm der Arbeit
Franz Schubert: Der Lindenbaum
Friedrich Silcher: Wohin mit der Freud'?
Becker'sche Chorvereinigung
Leitung: Kreischormeister *Hubert Becker*

Kurt Lißmann: Kantate »Vom Menschen«
Männerchor der Firma Henkel & Cie.
Leitung: *Robert Schorscht*

Anton Bruckner: Sängerbund
Gesamtchorleitung: Kreischormeister *Hubert Becker*

DIENSTAG, DEN 24. MAI

VII

11 Uhr / Halle 7 des Kunstpalastes

ERÖFFNUNG DER AUSSTELLUNG »ENTARTETE MUSIK«

Eröffnungsrede:
Staatsrat Dr. *Hans Severus Ziegler*, Weimar

VIII

12 Uhr / Rheinmetall-Borsig-Werke

ZWEITES WERKKONZERT

Ausgeführt vom NS.-Reichssinfonieorchester
unter der Leitung
von Kapellmeister *Erich Kloß*

Richard Wagner:
Ouvertüre zu »Tannhäuser«

Ludwig van Beethoven:
2. Satz aus der Siebenten Sinfonie

Richard Strauß: Don Juan

Johannes Brahms:
Ungarische Tänze Nr. 5 und 6

Josef Strauß:
Bei uns zu Haus, Konzertwalzer

IX

17 Uhr / Städtische Bühnen, Kleines Haus

ERSTE KAMMERMUSIK

Ausführende: Peter-Quartett,
Margarete von Winterfeld, Sopran,
Jan Bresser, Violine, *Willi Hülser*, Klavier

Heinrich Kaminski: Streichquintett

Gerhart von Westerman:
Sonate für Violine und Klavier

Hans Chemin-Petit: »An die Liebe«,
Kantate für Sopran und Kammerorchester

X

20 Uhr / Kaisersaal der Tonhalle

ZWEITES SINFONIEKONZERT

Ausgeführt vom Städtischen Orchester Düsseldorf unter der Leitung von Generalmusikdirektor *Hugo Balzer*

Solisten: *Walter Gieseking* (Klav.), *Max Strub* (Viol.)

Alfred Irmler: Sinfonische Fantasie
nach R. M. Rilkes »Weise von Liebe und Tod«

Josef Marx: Klavierkonzert »Castelli romani«

Pause

Boris Blacher: Geigenmusik in drei Sätzen

Hans Bullerian: Passacaglia und Fuge

MITTWOCH, DEN 25. MAI

XI

10 Uhr / Oberlichtsaal der städtischen Tonhalle

ERÖFFNUNG DES MUSIKSCHULUNGS-LAGERS DER REICHSJUGENDFÜHRUNG

Unter Mitwirkung des Orchesters des Bannes Braunschweig der HJ., Leitung Dr. *Gerhard Bittrich*, und der Lehrgänge für Volks- und Jugendmusikleiter Berlin-Charlottenburg und Weimar, Leitung *Reinhold Heyden*

Markus Koch: Concerto grosso c-moll

Lesung eines Führerwortes

Josef Haydn: Sinfonie g-moll 1. Satz

Bannführer *Wolfgang Stumme:* »Aufgaben der Musik-Erziehung in der Hitler-Jugend«

Cesar Bresgen: »Wir singen den Maien an«

Ein Wort des Reichsjugendführers

Gemeinsames Schlußlied

1. Wenn die Stür-me Le ben wek-ken,
und das Lied soll al - le schrecken,
1.
2.
hebt im Land ein Sin-gen an,
die der Win-ter hält im Bann.
Fort mit al - len, die noch kla-gen, die mit
uns den Weg nicht wa-gen, fort mit je-dem
schwa-chen Knecht nur wer stürmt hat Le bensrecht

2. Neu will wieder alles werden, was in Winterstarre steht, brausend weht ein Wind auf Erden, und mit ihm ein Blühen geht. Fort mit allen, die noch ...
3. Wenn im Leuchten heller Sonne Erde Früchte tragen will, wenn das Leben hat begonnen, steht des Todes Sichel still. Fort mit allen, die noch ...

XII

12 Uhr / Prov.-Feuerversicherg. Büroverwaltungsbetrieb

DRITTES WERKKONZERT

Ausgeführt vom NS.-Reichssinfonieorchester Leitung Kapellmeister *Erich Kloß*

Ludwig van Beethoven: Leonoren-Ouvertüre Nr. 3

Max Reger: »Toteninsel« aus der Böcklin-Suite

Hans Pfitzner: Ouv. zu »Das Käthchen von Heilbronn«

Franz Liszt: Les Préludes, sinfonische Dichtung

Johann Strauß: Seid umschlungen, Millionen

XIII

17 Uhr / Rheinterrasse

TEE-EMPFANG

mit alter Kammermusik (Teilnehmerzahl begrenzt)

J. Leclair: Triosonate D-dur

Friedrich der Große: Sonate c-moll für Flöte und Continuo

Joh. Seb. Bach: Vier Solostücke für Cembalo Marsch G-dur, Polonäse, Marsch D-dur, Concerto C-dur

Georg Philipp Telemann: Triosonate E-dur

Mitwirkende: Das Kölner Kammertrio für alte Musik, *Karl Hermann Pillney* (Cembalo), *Reinhard Fritzsche* (Flöte), *Karl Maria Schwamberger* (Gambe)

XIV

20 Uhr / Opernhaus

»DON JUANS LETZTES ABENTEUER«

von Paul Graener

Musik. Leitung Generalmusikdirektor *Hugo Balzer*

Inszenierung: Generalintendant Professor *Otto Krauß*

Bühnenbild: *Ulrich Tramp*

XV

20 Uhr / Städtische Bühnen, Kleines Haus

Paul Lincke

»FRAU LUNA«

Musikalische Leitung: der Komponist

XVI

20 Uhr / Kaisersaal der Tonhalle

KONZERT DES KÖLNER MÄNNER-GESANGVEREINS

Leitung: Generalmusikdirektor Prof. *Eugen Papst*

Fr. Schubert: Die Nacht, der Gondelfahrer, Nachthelle

Robert Schumann: Der träumende See, Ritornell

Richard Strauß: Vor den Türen, Traumlicht

Eugen Papst: Dem Unendlichen

Pause

Hermann Unger: Erntelied, Nächte im Schützengraben

Eisenmann: Abendstunde / Reuter: Ruhe im Walde

Richard Trunk: In der Schenke

Fünf Volkslieder: Der Soldat, In stiller Nacht, Der ungetreue Buhle, Ständchen, Der Jäger aus Kurpfalz

XVII

20 Uhr

MUSIKALISCHE ABENDVERANSTALTUNG DES NSDStB.

Unter Mitwirkung des Chores des NSDStB. am Landeskonservatorium Leipzig und des Studentenorchesters der Staatl. Hochschule für Musik, Köln

Peter Seeger: Feierliches Vorspiel

Wolfgang Hiltscher: Drei Gesänge für fünfstimmigen Chor nach Dichtungen Neidharts von Reuenthal

Cesar Bresgen: Serenade für fünf Holzbläser

Helmut Bräutigam: Drei Gesänge für sechsstimmigen Chor nach altgriechischen Dichtungen

Wolfgang Boetticher: »Die Musikwissenschaft und die studentischen Probleme der Gegenwart«

Rudi Griesbach: Kantate »Das Volk bleibt in Ewigkeiten«

DONNERSTAG, DEN 26. MAI

11.30 Uhr

PLATZKONZERTE

am Cornelius-Denkmal, im Ehrenhof, Adolf-Hitler-Platz, am Hauptbahnhof

Musikkorps des Infanterie-Regiments Nr. 39
Leitung: Musikmeister *Jensen*

Musikkorps der Fliegerhorst-Kommandantur Düsseldorf: Leitung: Musikmeister *May*

Gaumusikzug des RAD.
Leitung: Obermusikführer *Warwas*

Gaumusikzug der NSDAP.
Leitung: Gaumusikinspizient *Oppermann*

XVIII

20 Uhr / Kaisersaal der Tonhalle

Hans Pfitzner:

»VON DEUTSCHER SEELE«

Ausgeführt vom Städtischen Orchester Düsseldorf unter der Leitung von Generalmusikdirektor *Hugo Balzer*

Eine romantische Kantate nach Sprüchen und Gedichten von Josef v. Eichendorff für vier Solostimmen, Gemischten Chor, Großes Orchester und Orgel

Solisten:
Helene Fahrni, Sopran, *Elisabeth Hoengen*, Alt, *August Seider*, Tenor, *Helmuth Schweebs*, Baß

Der Chor der Städtischen Bühnen Düsseldorf
Der Chor des Städtischen Musikvereins Düsseldorf

FREITAG, DEN 27. MAI

XIX

11 Uhr / Silbersaal der Rheinterrasse

ERÖFFNUNG DER TAGUNG »SINGEN UND SPRECHEN«

Paul Sixt: Hymnisches Vorspiel

Prof. *Max Donisch:* Eröffnungsansprache

Franz Schubert: Vier Lieder: An den Mond, Auf dem Wasser zu singen, Die Forelle, Delphine

Prof. *Carl Clewing:* »Singen und Sprechen« (mit besonderer Berücksichtigung der ausgleichenden Regelung deutscher Hochsprache)

W. A. Mozart: Arie »Ah lo previdi« mit Orchester

Prof. *Friedrich Karl Roedemeyer:* »Mündliche Sprachpflege und Sprachkunst in der Kulturarbeit der Hitler-Jugend«

Wilhelm Jerger: Partita für Orchester

Das Städtische Orchester Düsseldorf
Leitung: Generalmusikdirektor *Hugo Balzer*
Solistin: Kammersängerin *Amalie Merz-Tunner*
Am Flügel: *O. Volkmann*

XX

12 Uhr / Rheinische Bahngesellschaft

VIERTES WERKKONZERT

Ausgeführt vom NS.-Reichssinfonieorchester unter der Leitung von Generalmusikdirektor *Franz Adam*

Richard Wagner:
Vorspiel zu »Die Meistersinger von Nürnberg«

Anton Bruckner:
1. Satz aus der romantischen Sinfonie

Max Reger: Ballett-Suite
Auftritt. Colombine. Harlekin. Pierrot und Pierrette. Liebeswalzer. Ausklang

Emil Nikolaus von Reznicek:
Ouvertüre zu »Donna Diana«

Josef Lanner: Die Schönbrunner, Walzer

XXI

15 Uhr / Oberlichtsaal der Tonhalle

FESTSITZUNG
anläßlich der
MUSIKWISSENSCHAFTLICHEN TAGUNG

Johann Hermann Schein: Paduana

Prof. Dr. *Ludwig Schiedermair*,
Präsident der Deutschen Gesellschaft für Musikwissenschaft, Begrüßungsansprache

Prof. Dr. *Friedrich Blume*: »Musik und Rasse«

Georg Friedrich Händel: Concerto grosso B-dur

Orchester des Düsseldorfer Bach-Vereins
Leitung: Dr. *J. Neyes*

XXII

17 Uhr / Schauspielhaus

ZWEITE KAMMERMUSIK

Emil Nikolaus von Reznicek: Streichquartett
Erich Thabe: Streichquartett (Uraufführung)
Philipp Jarnach: Streichquartett, op. 10
Das Fehse-Quartett

XXIII

19 Uhr / Opernhaus

»ARABELLA«

von *Richard Strauß*

Musikalische Leitung: der Komponist

Inszenierung: *Ludwig Roßmann*

Bühnenbild: *Helmut Jürgens*

XXIV

20 Uhr / Kaisersaal der Tonhalle

GESELLIGE MUSIK
der NS.-Gemeinschaft
»KRAFT DURCH FREUDE«

Sing- und Musikgemeinschaften musizieren zum Feierabend

SONNABEND, DEN 28. MAI

11 Uhr / Großer Saal des Ständehauses

**KULTURTAGUNG
DES DEUTSCHEN GEMEINDETAGES**

(nicht öffentlich)

Leitung: Reichsleiter
Oberbürgermeister *Fiehler*, München

XXV

12 Uhr / Festsaal der Provinzial-Feuer-Versicherungsanstalt der Rheinprovinz

OFFENES SINGEN

unter Mitwirkung der Betriebsmusikgemeinschaft der Provinzial-Feuer-Versicherungsanstalt d. Rheinprovinz

Leitung: Unterbannführer *Gerhard Nowottny*

Heinrich Spitta: Kantate »Von der Arbeit«

13 Uhr / Rheingoldsaal der Rheinterrasse

**TAGUNG DES AMTES
FÜR KONZERTWESEN**

(nicht öffentlich)

Leitung: Staatsrat
Oberbürgermeister Dr. *Krebs*, Frankfurt a. M.

XXVI

16 Uhr / Tonhalle

KULTURPOLITISCHE KUNDGEBUNG

Richard Strauß: Festliches Praeludium
Gauleiter Staatsrat *Florian*: Eröffnung
**Rede des Herrn Reichsministers
Dr. *Goebbels***
Nationalhymnen

XXVII

20 Uhr / Kaisersaal der Tonhalle

FESTKONZERT

Ausgeführt vom Berliner Philharmonischen Orchester unter der Leitung von Prof. *Hermann Abendroth*

Ludwig van Beethoven: IX. Sinfonie

Solisten:
Ria Ginster, Sopran, *Lore Fischer*, Alt, Kammersänger *Walter Ludwig*, Tenor, *Rudolf Watzke*, Baß
Der Kittelsche Chor, Berlin

XXVIII

22 Uhr / Rheinterrasse

EMPFANG

der Gäste durch den Oberbürgermeister der Stadt Düsseldorf

SONNTAG, DEN 29. MAI

XXIX

11 Uhr / Schauspielhaus Düsseldorf

FESTLICHE MORGENMUSIK DER HITLER-JUGEND

Unter Mitwirkung des NS.-Reichssinfonieorchesters unter der Leitung von *Gerhard Maaß* und *Heinrich Spitta*, der staatlichen Lehrgänge für Volks- und Jugendmusikleiter Berlin-Charlottenburg und Weimar und des Musikschulungslagers Düsseldorf der Reichsjugendführung

Cesar Bresgen: Feiermusik Nr. 1 (Werk 23/1)

Heinrich Spitta: Musik für Streicher, 1937 (Werk 41)
I Straff — II Ruhig, etwas verhalten. Lebhaft. Ruhig (Chaconne) — III Kräftig belebt (Fuge)

Gerhard Maaß: Festmusik in vier Sätzen, 1937

Ansprache des Musikreferenten der Reichsjugendführung, Bannführer *Stumme:*
Die Wurzeln unserer Kunst

Heinrich Spitta: Land, mein Land
Kantate für Einzelsänger, Chor und Orchester nach Worten von Karl Bröger (Werk 40)

Gemeinsam gesungene Strophen der Kantate:

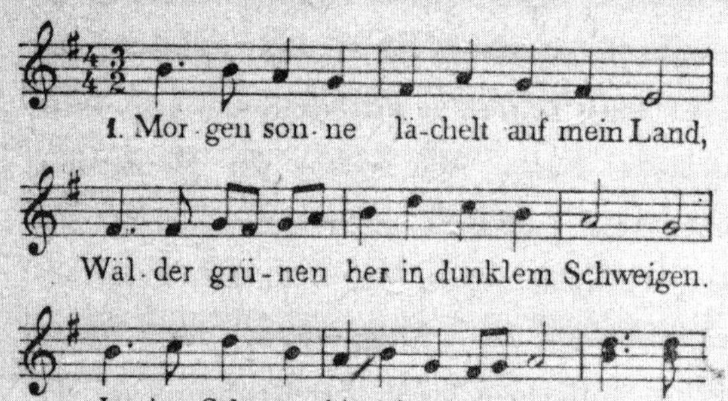

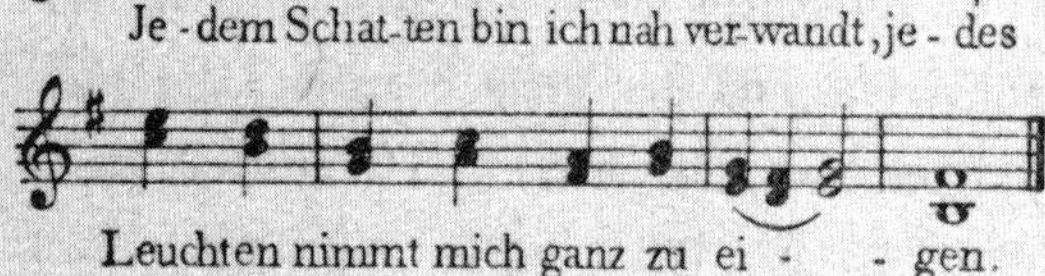

4. Steht kein Baum auf deiner weiten Flur,
der nicht Heimat wiegt mit allen Zweigen,
und in jedem Winde läuft die Spur
einer Liebe, der sich alle neigen.

11.30 Uhr

PLATZKONZERTE

Am Corneliusdenkmal, am Löwen, im Ehrenhof, auf dem Rathausplatz

Musikkorps des Infanterie-Regiments Nr. 39
Leitung: Musikmeister *Jensen*

Musikkorps der Fliegerhorstkommandantur Düsseldorf, Leitung: Musikmeister *May*

Gaumusikzug des Reichsarbeitsdienstes
Leitung: Obermusikzugführer *Warwas*

Gaumusikzug der NSDAP.
Leitung: Gaumusikzuginspizient *Oppermann*

XXX

20 Uhr / Kaisersaal der Tonhalle

DRITTES SINFONIEKONZERT

Ausgeführt vom Städtischen Orchester Düsseldorf unter der Leitung von Generalmusikdirektor *Hugo Balzer*

Solisten: *Ludwig Hölscher*, Cello, *Rudolf Watzke*, Baß

Max von Schillings: Sinfonischer Prolog zu Sophokles' »König Ödipus«
(zum 70. Geburtstag des Komponisten)

Werner Egk: Natur — Liebe — Tod
Kantate nach Gedichten von Hölty für Baß und Kammerorchester

Theodor Berger: Capriccio (Uraufführung)
Fantasie (Uraufführung)

Pause

Max Trapp: Konzert für Cello und Orchester

Gustav Schwickert: Sinfonietta (Uraufführung)

Nach den Abendveranstaltungen der Reichsmusiktage treffen sich die Ehrengäste mit den Vertretern des Ministeriums und der Stadtverwaltung, der Künstlerschaft und der Presse zu zwangslosem Beisammensein, und zwar:

Sonntag, den 22. Mai, nach dem 1. Sinfoniekonzert im Oberlichtsaal der Tonhalle.

Montag, den 23. Mai, nach der Opernuraufführung »Simplicius Simplicissimus« im Breidenbacher Hof.

Dienstag, den 24. Mai, nach dem 2. Sinfoniekonzert im Oberlichtsaal der Tonhalle.

Mittwoch, den 25. Mai, nach dem Chorkonzert Kantate »Von deutscher Seele« findet ein Beisammensein im Oberlichtsaal der Tonhalle statt.
Nach der Opernaufführung: »Don Juans letztes Abenteuer« im Breidenbacher Hof.

Donnerstag, den 26. Mai, nach dem Chorkonzert Kantate »Von deutscher Seele« im Oberlichtsaal der Tonhalle.

Freitag, den 27. Mai, nach der Opernaufführung »Arabella« im Parkhotel.

Sonntag, den 29. Mai, nach dem 3. Sinfoniekonzert im Oberlichtsaal der Tonhalle.

Wolfgang Stumme ſpricht bei der muſikaliſchen Morgenfeier der HJ

Die deutſchen Muſikſtudenten proben für die Abendfeierſtunde

Blick in die Ausſtellung „Entartete Muſik“

(Aufnahmen Heinz Fuhrmann, Hamburg

Reichsmuſiktage in Düſſeldorf

(Zu dem gleichnamigen Aufſatz von Dr. Horſt Büttner)

Werner Schwerter schreibt über die „Reichsmusiktage" 1938 in Düsseldorf.

HEERSCHAU UND SELEKTION

Die Nachricht

Rund vier Wochen vor dem Ereignis gab Generalintendant und Generalmusikdirektor *Dr. Heinz Drewes,* Leiter der Abteilung Musik im Reichsministerium für Volksaufklärung und Propaganda, erste Einzelheiten bekannt: Die ersten Reichsmusiktage sollten vom 22. bis 29. Mai 1938 in Düsseldorf stattfinden. Die Initiative für dieses in aller Stille vorbereitete Projekt ging vom Propagandaministerium aus, das sich dafür mit der Deutschen Arbeitsfront zusammentat. Als Träger der Reichsmusiktage fungierten die Reichsmusikkammer, die *Goebbels* unterstellt war, und die NS-Gemeinschaft „Kraft durch Freude", eine DAF-Organisation. Die Reichsmusiktage sollten, so *Drewes,* einen breiten Ausschnitt deutschen künstlerischen Lebens repräsentieren, wie es für die dramatische Kunst bei den Reichstheaterwochen und für die bildende Kunst mit Ausstellungen im Haus der Deutschen Kunst in München bereits erprobt worden war. Düsseldorf wurde von Berlin aus mit einem Mal München, der *Hauptstadt der Bewegung,* kulturpolitisch gleichgestellt. Mit der musikalischen Gesamtleitung war Düsseldorfs Generalmusikdirektor *Hugo Balzer* beauftragt worden.

Die Nachricht wurde von der Presse pflichtschuldig und freundlich verbreitet, aber keineswegs als Sensation aufgemacht. Allmählich erst, in der Berichterstattung über die Reichsmusiktage selbst, mischten sich Superlative in die Wortwahl. *„Olympiade deutscher Musik", „Heerschau deutscher Tonkunst", „Fest wahrer musikalischer Volksgemeinschaft", „Neuer Ansatz für die deutsche Musik"* – nun sahen sowohl Tages-wie Fachpresse ein neues Kapitel deutscher Musikgeschichte aufgeschlagen. Der Staat machte wohl ernst mit dem überraschenden Plan, Düsseldorf zum zentralen Stützpunkt seiner Musikpolitik auszubauen. *Goebbels* schuf sich hier ein Forum für musikpolitische Grundsatzerklärungen und Weichenstellungen.

Vom Führer war nur am Rande die Rede. Hitlers musikalische Interessen konzentrierten sich ja auf Wagner und Bayreuth. Für ihn war der 22. Mai 1938, als in Düsseldorf die ersten Reichsmusiktage eröffnet wurden, nichts anderes als Wagners 125. Geburtstag – und so ordnete er denn die Errichtung einer Wagner-Forschungsstätte in Bayreuth an. In Düsseldorf indessen probierte sein Propagandaminister etwas ganz Anderes und Neues.

Die Veranstaltungen

Die Festfolge umfaßte 30 Programmpunkte: drei Sinfoniekonzerte des städtischen Orchesters unter *Balzer* im Kaisersaal der damaligen Tonhalle an der Schadowstraße; vier Werkkonzerte des NS-Reichssinfonieorchesters unter Leitung von Generalmusikdirektor *Franz Adam* bei den Schieß-Defries-Werken, bei Rheinmetall-Borsig, bei der Provinzial-Feuerversicherung und bei der Rheinischen Bahngesellschaft (im Gegenzug durften dann Ensembles der *„Werktätigen"* unter dem Motto *„Gesellige Musik"* im Kaisersaal aufspielen). Musikkorps des Militärs oder der Partei gaben Platzkonzerte an verschiedenen Stellen der Stadt; NSD-Studentenbund und Reichsjugendführung schlugen *Musiklager* auf; im Opernhaus wurden der *Simplicius Simplicissimus* von *Ludwig Maurick* (Uraufführung unter Leitung des Komponisten), *Don Juans letztes Abenteuer* von *Paul Graener* und *Arabella* von *Richard Strauss,* der selbst dirigierte, gespielt. Im Kleinen Haus sollte *Paul Linkke* seine *Frau Luna* dirigieren, doch die Operette fiel *„aus unvorhergesehenen Gründen"* aus.

Kammermusiken, Chorkonzerte, Offenes Singen, musikalischer Tee-Empfang, festliche Morgenmusik der Hitler-Jugend gehörten zum Programm. Ferner Tagungen: eine zum Thema *Singen und Sprechen,* eine *musikwissenschaftliche* (unter anderem über *Musik und Rasse*), ein Treffen des Deutschen Gemeindetages für Kulturverwalter aus dem ganzen Reich und eine Tagung des Amtes für Konzertwesen. Im Kunstpalast am Ehrenhof eröffnete Staatsrat *Dr. Hans Severus Ziegler*, Weimar, am 24. Mai seine Ausstellung *Entartete Musik*, die hier bis 14. Juni gezeigt wurde und dann auf Wanderschaft durchs Reich ging.

Offizieller Höhepunkt der Reichsmusiktage war die Kulturpolitische Kundgebung mit Reichsminister *Dr. Goebbels* am 28. Mai in der Tonhalle, eingeleitet durch ein von *Richard Strauss* komponiertes und dirigiertes *Festliches Vorspiel.* Konzertante Höhepunkte indessen: die Aufführung von Hans Pfitzners Kantate *Von deutscher Seele* mit dem Städtischen Orchester, den Chören der Städtischen Bühnen und des Musikvereins unter Leitung von *Hugo Balzer* – und ein Festkonzert mit Beethovens Neunter, aufgeführt vom Berliner Philharmonischen Orchester und dem Kittelschen Chor Berlin, geleitet von *Hermann Abendroth.*

Reichsmusiktage 1938
Reichssinfonieorchester bei Schiess - de Fries am 23. Mai 1938

Kulturpolitische Kundgebung Düsseldorf 28. Mai 1938
Richard Strauss dirigiert in der Tonhalle

Das „innere" Programm

Das Pfitzner- und das Beethoven-Konzert hatten Motto-Charakter, wurden auch in der Presse als programmatisch aufgefaßt: *Von deutscher Seele* – da sagt der Titel schon alles. Der *Mittag* schrieb: *„Unter allen Werken der lebenden Komponisten, die während der Reichsmusiktage aufgeführt wurden, ist es das einzige, das völlig im Einklang mit dem* inneren *Programm steht, das die Reichsmusiktage haben müssen, sollen sie sich von allen übrigen Musikfesten unterscheiden."* Und Beethovens Neunte war schon von den Veranstaltern in den Rang einer Erkennungsmelodie für die Reichsmusiktage schlechthin versetzt worden: sie sollte auch bei allen künftigen Musikfesten gespielt werden. *Alle Menschen werden Brüder* – und dies angesichts der Judenverfolgung und am Vorabend des Zweiten Weltkriegs: Naive mochten daran noch glauben, noch Hoffnungen knüpfen.

Eine große Verbrüderung, beschränkt freilich auf die *Volksgenossen*, war in der Tat ein Ziel dieser Reichsmusiktage. Darum die Vielfalt der Veranstaltungsorte, die Breite des Programms: für jeden etwas. Die Musik ging auf die öffentlichen Plätze, in die Fabriken. Was sich in den Konzertsälen zum Teil vor einem immer noch sehr exklusiven Kreis abspielte, hatte ein Echo auf den Straßen der Stadt. Die staatliche Repräsentation wollte im Volkstümlichen Wurzeln schlagen.

Drewes, der Musik-Adlatus des Propaganda-Ministers, hatte schon bei der ersten Bekanntgabe offenbart und dann ins Programm geschrieben, was die Presse dann übernahm, in den Berichten zitierte, in den Bilanzen bestätigte: *„Die Reichsmusiktage (...) sollen in jedem Jahr aufs neue alle musikalischen Kräfte des Reiches musizierend und hörend zur musikalischen Volksgemeinschaft zusammenführen. Die schöpferische Absicht, die der neuen Einrichtung von Reichsminister Dr. Goebbels zugrunde gelegt ist, besteht in der Aufhebung des bisher nur fachlichen Charakters des Musikfestgedankens: sie setzt an dessen Stelle das ganze deutsche Volk. Es gibt keine Musikkultur, die nicht Volkskultur ist."*

Inhaltlich gliederte sich das Programm, wie die *Zeitschrift für Musik* analysierte, in drei Werkgruppen: Erstens das *Erbe der Vergangenheit* (dem auch die Werkkonzerte huldigten) mit *Händel, Haydn, Beethoven, Wagner.* Dann Werke älterer, arrivierter Zeitgenossen wie *Richard Strauss, Paul Graener* (der sich als stellvertretender Vorsitzender der Reichsmusikkammer ausgiebig aufführen ließ) und *Hans Pfitzner.* Schließlich die *Träger des eigentlich zeitgenössischen Schaffens.* Rund zwei Dutzend wären zu nennen, die meisten Namen aber sind nichtsagend geblieben, wurden schon damals kaum erwähnt. Als *„angenehme Überraschung"* machte allerdings *Werner Egks Kantate* für Baß und Kammerorchester *Natur - Liebe - Tod* von sich reden. Egk feierte dann auch bei den zweiten Reichsmusiktagen 1939 mit seiner Oper *Peer Gynt* einen Triumph. Am heftigsten umstritten war die im zweiten Sinfoniekonzert aufgeführte Geigenmusik mit Orchester in drei Sätzen von *Boris Blacher,* die vom Publikum teilweise ausgepfiffen wurde und von der Kritik entweder als humorig und originell oder aber als burschikos und frech gewertet wurde - man sah Ähnlichkeiten zu *Strawinsky,* und das galt schon als schlimm genug ...

Die Werke jüngerer zeitgenössischer Komponisten hatten rein quantitativ ein deutliches Übergewicht, aber dies in der Presse herauszustellen und angemessen wahrzunehmen, hätte genau dem *„fachlichen Charakter"* sonstiger Musikfeste entsprochen, der diesmal ja ausdrücklich nicht erwünscht war. Hier liegt schon im Konzept ein wesentlicher Widerspruch zwischen Schein und Sein dieser Musiktage. So standen für die Öffentlichkeit das Repräsentative, das Populäre und die Musikpolitik im Vordergrund. Das Experiment war unerwünscht, das Neue wurde eher beiläufig zurückhaltend registriert. In der Fachzeitschrift *Signale* allerdings ging der Düsseldorfer Komponist und Musikpädagoge *Theo Kreiten*[1] kritisch auf diese Tendenz ein. Er tadelte vorsichtig *„eine mitunter zu starke innerliche Verbundenheit mit bewährter und bewahrter Kunst der Vergangenheit."* Er selbst setzte sich in diesem Artikel knapp, aber differenziert und souverän, manchmal auch polemisch-pointiert gerade mit den jungen Komponisten dieser Reichsmusiktage auseinander und nahm Blacher in Schutz. Noch im Fazit hob er die Bedeutung der Jungen hervor und schrieb, das *„erfreuliche Ergebnis"* des Musikfestes sei *„die Feststellung, daß auftauchende Kräfte des jungen Nachwuchses sich anschikken, mit tauglichen Mitteln in musikalisches Neuland vorzustoßen."* Die anderen Kritiker hielten sich ans Bewährte, da waren sie wohl sicherer.

Generalintendant Dr. Heinz Drewes, Leiter der Abteilung Musik im Reichsministerium für Volksaufklärung und Propaganda, Dr. Richard Strauss und Staatssekretär Hanke *(von rechts)*

Die Anprangerung

Gewiß waren die Reichsmusiktage äußerlich ein glanzvolles Großereignis, eine imposante Demonstration des NS-Regimes und zugleich ein populäres Unterfangen, angelegt sowohl auf Spitzenleistung wie auf Breitenwirkung. Eben eine musikalische *Olympiade* und *Heerschau,* zwar noch in den Anfängen, aber mit dem Anspruch auf Totalität und Zukunft. Damit fiel Glanz auf Düsseldorf, aber auch Schatten. Denn die Verbrüderung der Volksgenossen mit Hilfe der Musik funktionierte nur, wie in anderen Bereichen auch, mittels aggressiver Abgrenzung gegen *„Andersartiges".* Der mörderische Antisemitismus des Regimes war nicht einfach ein Ausrutscher, ohne den man die sonst so *„aufbauenden"* Ambitionen gutheißen könnte - er gehörte untrennbar dazu, war Programm und Kalkül von Anfang an, auch wenn man bei Beethovens Neunter gerade daran nicht denken mag.

In diesem Sinne gab es bei den Reichsmusiktagen 1938 eben für die interne Orientierung die Tagung *Musik und Rasse,* für die breite Öffentlichkeit die Ausstellung *Entartete Musik.* Sie verstand sich als Abrechnung und Anprangerung. Dieses mochte bei aller Festtagsfreude etwas peinlich sein, die Düsseldorfer Tagespresse ging mit vergleichsweise wenigen Zeilen - meistens Ziegler zitierend - darüber hinweg; Werke von

Weill (Der Zar läßt sich photographieren), Berg, Hindemith (Cardillac) und *Strawinsky,* die nun als abschreckende Beispiele vorgeführt wurde, waren noch wenige Jahre zuvor von *Hugo Balzer* und von *Jascha Horenstein* an der Düsseldorfer Oper mit großem Erfolg dirigiert worden. Horenstein war ab 1928 Kapellmeister am Opernhaus und wurde 1933 als Jude von den Nazis gleich bei der ersten „Säuberungs"-Welle verjagt. Balzer war sowohl Vorgänger wie dann auch – nun als Generalmusikdirektor für Oper und Konzert zugleich – Nachfolger Horensteins; zwischenzeitlich wirkte er in Freiburg.

Auswärtige Zeitungen und Fachzeitschriften, die die lokal bedeutsamen wunden Punkte nicht kannten, gingen dagegen ausführlicher und folgsam kommentierend auf die Ausstellung ein. Für die Fachzeitschrift *Signale* war es gewiß ein Leser-Service, die Namen *Schönberg, Weill, Krenek, Schreker, Berg, Toch, Rathaus, Brand, Sekles, Hauer, Kestenberg, Hindemith, Rotter, Reinhardt, Ascher, Korngold, Nelson, Spoliansky, Jessel, Haller, Tauber* aufzuzählen – damit man sich fortan vor Kollisionen mit dem *offiziellen* Geschmack hüte. Eine Überraschung sei allerdings, so merkte die Zeitschrift an, daß *Strawinsky* nun ange-

Reichsmusiktage 1938 in Düsseldorf

Unter der Schirmherrschaft des Reichsministers Dr. Goebbels

„Musik und Rasse"

Im Oberlichtsaal der Tonhalle wies Prof. Dr. Ludwig Schiedermair, Präsident der Deutschen Gesellschaft für Musikwissenschaft, in seiner Begrüßungsansprache auf die zwei bedeutungsvollen Umstände der Tagung hin: sie finde nicht losgelöst als sachliche Einzelveranstaltung statt, sondern im Reigen der volkzugewandten klingenden Musikstunden aller Art, und das Problem der rassischen Beziehungen in der Musik beherrsche wie die musikalische Praxis auch die Forschung. Kurz umriß dann der Bonner Ordinarius die Leistung der deutschen Musikforschung bis zum Weltkrieg, die an der Wiedererweckung der alten Meister ihren Anteil hat und mit Entwicklung der Forschungsmethoden und -gebiete in ihren gesicherten Ergebnissen Weltgeltung erlangte. In der Nachkriegszeit sei trotz einzelnen Abirrungen der Kern der deutschen Musikwissenschaft gesund geblieben und lasse vom neuen Forschergeist und von der Verwurzelung im völkischen Dasein neue Zukunftsblüte erhoffen.

Prof. Dr. Friedrich Blume, der auch manchem Nichtwissenschaftler bekannt sein wird (u. a. durch seine Mitarbeit an Bückens hier ziemlich verbreitetem Handbuch), zeigte in seinem Referat „Musik und Rasse" zunächst die Spannweite und die Wegschwierigkeiten dieses Themas auf, das als „übergreifendes" Angelegenheit ganzer Jahrzehnte oder Generationen sein wird und vor dem gewichtige Sonderprobleme gelöst und gefördert sein müssen, wie zum Beispiel die der Deutung und der Wertung der Musik, wenn klare Feststellungen getroffen werden sollen. Dann aber gab er den Möglichkeiten Raum, die gefunden oder zu finden sind, um zwischen Ausgangspunkt und ohne weiteres erkanntem Ziel (das der eindeutigen Zuordnung von Rasseeigenschaften und ihrer Spiegelung im Musikwerk) nun zu brauchbaren, vorwärts führenden Wegen anzusehen. Eine Linie dieser ernsthaften Forschungsmöglichkeiten führt zur Bestandsaufnahme noch klingender Spuren in der Volkskunst einsamer nordischer Gegenden, eine zweite zur Sichtung der im Norden Deutschlands und Europas entstandenen Werke etwa eines Buxtehude und seiner Zeitgenossen, von wo sich denn auch Ansätze zum schwierigeren, vorläufig nicht günstigen Weg in die Hochkunst (zum Beispiel Bachs, der von Buxtehude gelernt hatte) ergeben können.

Einem eigenen Vorschlag lieh Blume schließlich besonderes Gewicht: Die Gesänge der sogenannten Gregorianik als älteste Denkmäler seien (möglichst unter Aufgreifen prüfender Sichtung des von den Benediktinern fleißig, aber auch mit außerforscherlichem Zweck zusammengetragenen Materials) zu untersuchen, denn entgegen bisher ebenhin geltender Annahme von der Verdrängung aller Volksmelodik durch die kirchliche müsse in Analogie zu anderen Brauchtumsvorgängen bedacht werden, daß das Volk von sich aus mitgestaltet, zwar aufgenommen, aber auch umgewandelt und seinem eigenen Gut gestaltet habe.

Dr. Peter Seifert.

Richard Strauß in Düsseldorf   Bild: Knauer
Kleiner Morgengang mit Prof. Dr. Friedrich Lönne

Jahrhundertfeier des Verlages Westermann

Der Verlag Georg Westermann in Braunschweig beging sein hundertjähriges Bestehen, dessen der Führer und die Reichsminister Heß und Dr. Goebbels durch Glückwunschtelegramme gedachten, mit einer Feier, die der Tradition des Hauses würdig war. Im Mittelpunkt einer Feierstunde im Braunschweigischen Landestheater stand die Uraufführung einer von Hermann Schrader unter Verwendung von Dichterworten aus den Werken des Verlages geschaffenen und von dem jungen Hannoverschen Organisten Walter Schindler vertonten „Feier der Arbeit", in der mehrere „Sprecher", „Frager" und „Vorleser" von den heiligsten Dingen unseres Volkes, von Heimat, Pflicht, Freiheit, Glauben und Führertum, künden. Zwei große Chorhymnen bilden Eingang und Abschluß des Werkes, für das sich unter der Leitung des Komponisten Werkchor und Werkschar des Verlages, das Stabsmusikkorps im Luftkreiskommando 7 und Karl Romberg, der die Soloparte sang, mit vollem Gelingen einsetzten.

Der braunschweigische Ministerpräsident Klagges zeichnete in einer Ansprache ein anschauliches Bild vom Wirken des Verlages, der durch unermüdliche zähe Arbeit ein Haus von Weltruf geworden sei. Er nannte die Autoren des Verlages, Storm, Raabe, Tim Kröger, Adolf Bartels, und ging insbesondere auf die Tätigkeit Westermanns für die Schule durch seine Atlanten und Fibeln ein, aus der alljährlich ein Strom von Glück und Kraft in Millionen deutscher Kinder ausströmte. Der deutsche Verleger sei nicht nur Kaufmann, sondern auch Anreger, ohne dessen Wagemut so manches große geistige Werk ungeschrieben und ungelesen bleiben würde. Wenn man oft gesagt habe, die Städte seien die Kirchhöfe der Nation, so sei die Geschichte des Hauses Westermann, das den Verlag nun in vierter Generation führe, ein starkes Argument dagegen.

Ein Concerto grosso von Markus Koch und die „Iphigenie"-Ouvertüre Glucks umrahmten die Feier. In dem schönen Betriebsgarten des Verlages wurde aus Anlaß des Jubiläums ein von dem Hamburger Bildhauer Richard Bauroth geschaffenes Brunnendenkmal geweiht.

Dr. W.

„Singen und Sprechen"

Die den so wichtigen Fragen des Sin- gens und des Sprechens gewidmet Tagung eröffnete Prof. Max Donisch al Auftakt eines großen internationalen Kon gresses in Frankfurt a. M. Dort finden sic vom 16. bis 23. Oktober alle die zu gemeinsame Arbeit zusammen, die praktisch oder wissenschaf lich mit diesen Dingen zu tun haben. Von ih wird eine starke Förderung der deutsch Gesangs- und Sprechkultur erwartet.

Wie notwendig intensive Sprachpfle ist, wies Prof. Karl Clewing nicht nur a Vorbild unserer romanischen Nachbarn nac sondern er wußte auch mit praktischen Beispiele fehlerhafter Aussprache, schwieriger Kons nantenhäufung u. a. die zahlreichen Zuhöre humorvoll zu ernsthafter Mitarbeit anzurege Haben schon Immermann, Laube und Richar Wagner auf pflegsame Behandlung gedrunge so tritt für uns Heutigen zu der technische Seite die seelisch-völkische Bedeutung des Pro blems. Wichtig ist die Reinheit der Sprach nicht nur für Redner, Sänger und Schauspiele sondern auch für alle militanten Verbände, vo allem für die Reichsjugend. Sie hat deshal schon ein eigenes Referat für Singen un Sprechen eingerichtet. Aber auch jeder „Ge bildete" sollte Erzieher, Sprecher oder Künstler die sich nicht der reinen deutschen Hochsprach bequemen wollen, eindeutig ablehnen. Handel es sich doch um das edelste und deutscheste Gu das wir besitzen, um unsere Muttersprache.

Wie ihrer Pflege in der Hitler-Jugen gedient wird, davon gab Prof. F. K. Roede mener aufschlußreichen Bericht. In der H ist die Sprachpflege noch jung. Deshalb zeige sich hier die Gefahren für Gesundheit, Ausdruc und Sprechtechnik. Über ihre Abstellung solle Jungen und Mädel Bescheid wissen. Dafür be darf es keiner besonderen HJ.-Schulen. Abe die Führerschaft muß aufgeklärt werden. An eine Zusammenarbeit mit anderen Verbände und Instituten ist für die Sprecherziehun sichergestellt. In dem Organ für Stimmpfle wurde unter Mitarbeit aller interessierten sta lichen und parteilichen Stellen eine praktisc Abteilung als Organ der Reichsjugendführun geschaffen. Daneben ist ein großes We „Deutsche Sprache — deutsches Lied" mit Schal platten- und Buchteil als höchstes Vorbild i Entstehen begriffen. Das Streben nach echte Kultur zeigt sich in Lagern und Arbeitsgemein schaften der HJ., denn grundsätzlich ist Ertüchti gung in Sprache und Sprechen kein Sonderfall, sondern heißt Volkwerdung.

Die Vorträge wurden umrahmt von zwe neuen Orchesterwerken. Paul Six führte temperamentvoll sein breit ausladende „Hymnisches Vorspiel" vor. Am Schluß konnt sich Wilhelm Jerger bei Generalmusikdirekto Balzer und seinem Orchester für die beschwingt Aufführung und bei der Zuhörerschaft für di freundliche Aufnahme seiner „Partita", eine zwanglos die verschiedenen Stile verwendende Gebrauchsmusik, bedanken. Auch Kamme sängerin Amalie Merz-Tunner holte si mit Schubertliedern und einer Mozartarie al seitigen Beifall.

Max Eichmann.

prangert werde, schließlich habe die Reichsmusikkammer doch bisher keine Bedenken geäußert. Tatsächlich wurde Strawinsky in der NS-Zeit vielfach gespielt (wenn auch gegen wütende Widerstände) - und auch die Ausstellung *Entartete Musik* konnte ihn nicht ganz von den deutschen Konzertplänen tilgen.

Bemerkenswert war an dieser Ausstellung vor allem die Technik der Präsentation. Bücher, Partituren, Bühnenbilder, Fotos wurden gezeigt, dazu böswillige Karikaturen. Soweit war es eine Schau. Aber die Abschreckung sollte ja auch eine akustische sein. In einzelnen Kojen waren daher per Knopfdruck Schallplatten-Einspielungen der verfemten Werke *„in ausgewählter Blütenlese"* abzurufen.

War die entsprechende Ausstellung *Entartete Kunst* eine Präsentation von Originalen und konnte insofern von echten Kunstfreunden, gegen den Willen der Organisatoren, auch in geheimer Solidarität mit den Werken betrachtet werden, so wurde bei der Musik-„Schau" eine solche Wirkungsmöglichkeit vermieden. Der Besucher wandelte von einer *„Kostprobe"* zur nächsten, ohne jeweils noch ein Werk als Ganzes wahrzunehmen; die Aufsplitterung der Musik in einzelne Häppchen nahm ihr die Chance, ihren Aufbau als Ganzes und im vollständigen Ablauf zu entfalten. Die These, die zu beweisen man vorgab, nämlich daß die *Entartete Musik* nur wirrer, auf den momentanen Effekt zielender, sensationshaschender und seelenloser Tönesalat sei, wurde schon durch diese Inszenierung scheinbar erhärtet. Bezeichnenderweise sprach die *Rheinische Landeszeitung* von einem *„Inferno vollkommener künstlerischer Auflösung"*, meinte damit aber natürlich nicht die Dramaturgie der Anprangerung, sondern das Angeprangerte: Das Opfer ist schuld. Bei diesem Konserven-Konzert in Kojen war das Hörerlebnis nur noch ein individuelles, zufälliges, durch Rundgang und Knopfdruck des jeweiligen Besuchers bestimmt, während bei der *wahren* Musik anläßlich der Konzerte der Wert des Gemeinschaftserlebnisses betont wurde.[2]
Zieglers Eröffnungsrede, die vielzitierte *„Abrechnung"*, gipfelte in dem Satz: *„Was in der Ausstellung ‚Entartete Musik' zusammengetragen ist, stellt das Abbild eines wahren Hexensabbath und des frivolsten geistig-künstlerischen Kulturbolschewismus dar und ein Abbild des Triumphes*

Im Kunstpalast fand die Ausstellung „Entartete Musik" statt.

Während der Ansprache von Graener am 22. Mai 1938 in der Tonhalle
von rechts: Kreisleiter Walter, Gaupropagandaleiter Brouwers,
Oberbürgermeister Dr. Dr. Otto, Staatssekretär Hanke, Generalintendant Dr. Drewes,
Generalintendant Hans Severus Ziegler

von Untermenschentum, arroganter jüdischer Frechheit und völliger geistiger Vertrottelung." Das war die Sprache, mit der die *Endlösung* angebahnt wurde.

Um die *musikwissenschaftlichen* Grundlagen dazu, um Kriterien der Selektion, bemühte sich die Tagungsgruppe *Musik und Rasse:* Ihr ging es erklärtermaßen um die eindeutige Zuordnung von Rasseeigenschaften und ihrer Spiegelung im Musikwerk.

Solche Pseudowissenschaft stand sicherlich in Wechselbeziehungen zu biographischen Recherchen, wie sie damals für Nachschlagewerke nach Art eines „Who's Who" angestellt wurden – die Musikpolitik der Nazis benötigte verläßliche Lexika im Sinne von Schwarzen Listen, um endlich ideologisch unanfechtbare Programme mit ebensolchen Mitwirkenden aufstellen zu können. Mag der Rassismus in so offener, unverhüllter Weise zwar nur im „Experten"-Beiprogramm der Reichsmusiktage und eben in der Ausstellung aufgetreten sein, so verbietet sich heute doch jede Verharmlosung der Musik-„Olympiade": Für viele sind hinter den Kulissen die Weichen in Richtung KZ gestellt worden.

Die tieferen Gründe

Spätestens hier ist nach den tieferen Gründen für die Reichsmusiktage zu fragen, nach den (kultur-)historischen Bedingungen dieser NS-Initiative. Sie sollten sowohl in ihrer fördernden wie in ihrer vernichtenden Wirkung Richtlinien setzen für das gesamte Musikschaffen, Musizieren und Musikbewerten im Reich. Und sie sollten dies nicht theoretisch, sondern als tatsächliches Vorbild.

Goebbels erklärte bei seiner Düsseldorfer Kundgebung: *„Zum ersten Male seit dem nationalsozialistischen Umbruch tritt das zeitgenössische deutsche Musikschaffen in einer großen, repräsentativen Generalschau vor die Öffentlichkeit. Bisher zeigte es sich nur in mehr oder weniger bedeutsamen Teildarstellungen. In diesen Tagen ist es anläßlich der Reichsmusiktage in Düsseldorf in seiner Gesamtheit zusammengekommen. Und das hat auch seine guten Gründe."*

Was dann folgte, ist ein klassisches Beispiel von ungewolltem Geständnis mittels Anschuldigung der anderen. *„Es fehlte in der Staatsleitung die sichere Hand, die hier Krankhaftes ausscheiden und Gesundes fördern konnte oder auch nur wollte."* Gemeint war die Zeit vor

1933, aber tatsächlich trifft die Feststellung für das NS-Regime zu. Es hatte wahrlich in der Musikpolitik keine *„sichere Hand“* bewiesen. Allerdings kann eine solche in jeglichem Staat weder wirkungsvoll noch wünschenswert sein, wenn sie einzig der Staatssicherheit statt der Kunstfreiheit dienen soll.

In Schuldzuweisung und Selbstrechtfertigung kam *Goebbels* immerhin den tieferen Gründen für die Reichsmusiktage am nächsten. Die Nachbeter vernebelten das dann.

Beim Durchblättern des gesammelten Presse-Echos verliert sich der Leser leicht im Schwall von Schlagworten wie beispielsweise *Aufbruch, Besinnung, Gemeinschaftsgefühl, Lebenskraft, Kampf, Schöpfertum, Heimat, Wurzeln.* Doch in der Lawine von Wortschutt gewinnt auf einmal das Nichtgesagte scharfe Konturen. Wenn soviel verbaler und organisatorischer Aufwand zum Lobpreis der musikalischen Lage der Nation 1938 aufgeboten wurde, dann hatte sie es wohl bitter nötig. Goebbels' Worte bestätigen dies indirekt.

Das NS-Regime, angetreten mit dem Anspruch, Ordnung zu schaffen, Maßstäbe zu setzen, verbindliche Grundwerte zu formulieren und Feinde auszumerzen, hatte in Wirklichkeit Verwirrung, Unsicherheit und Angst erzeugt, aber auch lächerliche Absurditäten – eben auch in der Musikszene. Es hatte die jüdischen Künstler verjagt, ihre Werke verfemt – nun waren riesige Verluste zu kompensieren. Der parteikonforme Nachwuchs aber fand bei konservativen Musikdirektoren durchaus keinen herzlichen Einlaß. Der Rassismus hatte auch die deutsche Musikkritik aller Urteilsgrundlagen beraubt. Sollte sie es sich fortan einfach machen: Stammbaum als Maßstab? Das konnte nicht funktionieren. Es gab jüdische Komponisten, die völlig dem vermeintlich *arischen* Harmonieverständnis entsprachen. Das konnte man nicht einmal mehr diskutieren, nur noch totschweigen – beispielsweise *im Fall Felix Mendelssohn Bartholdys.* Es gab umgekehrt *Arier,* die atonal experimentierten. Es gab bewunderte deutsche Nestoren, die sich feiern, aber nicht vorspannen ließen. Es gab deutsche Epigonen und Anbiederer, die gern Zugpferde geworden wären und so viele Führer-Huldigungen, Märsche und Festmusiken schrieben, daß es sogar den größten Nazis unerträglich wurde. Es gab natürlich auch die *typischen* Fälle, so oder so, daneben aber eben so viele Ausnahmen, daß letztlich keine Regeln mehr galten, obwohl doch alles geregelt sein sollte. Und bei den Stammbäumen war man vor Überraschungen auch nicht sicher, konnte womöglich nach neuen genealogischen Enthüllungen seinem musikalischen Gehör nicht mehr trauen. Und wie im Zeitalter des Hexenwahns gediehen Denunziationen, die selbst den Blondesten in Beweisnot bringen konnten. Unzählige Beispiele lassen sich bei *Fred K. Prieberg (Musik im NS-Staat)* nachlesen.

Geschichtliche und lokale Bedingungen

Die Situation verlangte Standortbestimmung und Marschrichtung, Rückschau und Zielerklärung, Schulterschluß und Ausgrenzung, Einbunkerung und Angriff. Für die Musik also Reichsmusiktage. Und dies *„gerade“*, wie die *Zeitschrift für Musik* feststellte, *„in außenpolitisch erregten, unsicheren Zeiten.“* Es brodelte gerade an den Südostgrenzen des Reiches, und diese Krise machte dem Düsseldorfer Festival die Titelseiten-Aufmacher der Zeitungen streitig.

Eine sekundäre Ursache für die Erfindung der Reichsmusiktage mochte in dem persönlichen Bestreben von *Goebbels* liegen, sich innerhalb der NS-Führung zu profilieren – da gab es geheime Konkurrenz-Konflikte, denn auch *Rosenberg, Göring* und andere mehr betätigten sich musikpolitisch. Der nun mit der DAF verbündete Propagandaminister hat neben ideologischen Grundsätzen und Banalitäten über die Musik *(Ihr Wesen ist die Musik)* in Düsseldorf auch eine Leistungsbilanz für den Musik-Arbeitsmarkt, die Instrumenten-Produktion, für die Urheberrechts-Verwertung und Musiker-Altersversorgung vorgetragen. Nach der 1937 verfügten Auflösung des Allgemeinen Deutschen Musikvereins – mußte er wohl auch soziale Fürsorge erkennen lassen.

Nicht überall jedoch fanden damals die neuen, auf Düsseldorf gestützten musikpolitischen Ambitionen des Staates freudige Nachbeter. Zeitungen und Fachzeitschriften gaben sich manchmal zwischen den Zeilen ein wenig irritiert. Die *Kölnische Zeitung* schrieb: *„Aber abgesehen von allen soziologischen Begleiterscheinungen der Kunst, es gibt noch genug echte Musikfeste ...“*

Ein deutscher Sommer hatte damals rund 70 Musik- und Theaterfeste. Viele hatten traditionsreichen, regionalen Charakter, so das schon 1876 gegründete Schlesische Musikfest. Andere widmeten sich aus biographischen Gründen ausschließlich einem Komponisten – *Wagner* in *Bayreuth, Beethoven* in *Bonn, Mozart* in *Salzburg.* Es gab Gedenk-Festivals für *Bach, Schütz, Händel, Reger, Bruckner.* Als Schauplätze internationaler Musikfeste hatten sich *Baden-Baden, Wiesbaden* und *Stuttgart* hervorgetan. Daneben mußten sich die ersten *Düsseldorfer Reichsmusiktage 1938* eigene Geltung verschaffen, ja sogar den Anspruch einer *„Übergipfelung“* all dessen (eine Formulierung der *Zeitschrift für Musik*) durchsetzen. Trotz staatlicher Schubkraft fiel das nicht leicht. Schon im geographischen und lokalpatriotischen Abstand der *Kölnischen Zeitung* wurden die Reichsmusiktage lediglich als Pol einer *„musikalischen Achse“* Düsseldorf – Köln – Bonn angekündigt – fanden doch gleichzeitig das Bonner Beethoven-Fest und die Wagner-Festspiele der Kölner Oper statt, weshalb das Blatt wünschte, *„daß die musikalische Achse auf einem so engen rheinischen Gebiet nicht zu stark belastet worden wäre.“* Es bedauerte auch, daß mit Rücksicht auf den neuen Düsseldorfer Schwerpunkt das Bonner Beethoven-Fest schrumpfte – die mit der Kammermusik auf Anregung von *Elly Ney* verknüpften Orchesterkonzerte wurden abgekoppelt.

> Die Düsseldorfer Reichsmusiktage lösten die Tonkünstlerfeste des Allgemeinen Deutschen Musikvereins ab und hatten einen zweiten Vorläufer in den Reichsmusiktagen der Hitlerjugend (hier tauchte der Begriff „Reichsmusiktage“ erstmals auf), die 1937 in Stuttgart durchgeführt worden waren.

Bleibt die Frage: Warum ausgerechnet Düsseldorf? Die damaligen Zeitungsberichte begründeten die staatliche Standortwahl ebenso wortreich wie unsinnig mit allerlei örtlichen Traditionen; ebenso Gauleiter *Karl Friedrich Florian* als Vorredner von *Goebbels* oder auch Oberbürgermeister *Dr. Dr. Helmut Otto* bei der Eröffnung. *Robert Schumann,* in Düsseldorf Musikdirektor von 1850 bis 1854, diente ebenso als Legitimation wie die 1818 in Düsseldorf in interkommunaler Zusammenarbeit gegründeten Niederrheinischen Musikfeste, die aber längst eingeschlafen waren. Aktueller waren nun die jährlichen (von *Graener* gegründeten) Tagungen deutscher Komponisten auf Schloß Burg, das schließlich zum Gau Düsseldorf zählte.

Ansonsten galt Düsseldorf als *„Trutzburg deutscher Kunst“ (Florian)* und als Ausstellungs-Metropole, vor allem seit der großen Schau *Gesundheit, Soziales, Leibesübungen (Gesolei)* von 1926, für die der Ehrenhof und als Planetarium die heutige *Tonhalle* gebaut wurden; und die Reichsausstellung *Schaffendes Volk* hatte 1937 erneut Düsseldorfs Ruf bekräftigt als den einer Stadt, die riesige Besuchermassen verkraften konnte und für Mam-

Reichsmusiktage 1938.
Goebbels' Ansprache am 28. Mai 1938 im Kaisersaal der Tonhalle.

mutprojekte auch städtebauliche Kraftakte unternahm. Das vielzitierte Renommee als Kunst- und Ausstellungsstadt allerdings hätte einen Schwerpunkt in diesem Bereich statt im Musikalischen erwarten lassen. Gerade in Sachen Kunst aber hatten die Nazis Düsseldorf übel mitgespielt, die *Galerie der Neuzeit* des Kunstmuseums für die Aktion *Entartete Kunst* geplündert, die fortschrittliche Kunstszene *(„Junges Rheinland")* brutal zerschlagen. Womöglich bot deshalb die Musik unverfänglichere Anknüpfungspunkte und Gelegenheit zu beschwichtigendem Ausgleich. Gerade weil es in Düsseldorf damals kein Musikfest gab, dessen Tradition man erst hätte umkrempeln müssen, um das Neue durchzusetzen, gerade darin lag für die NS-Musikstrategen wohl ein Vorzug Düsseldorfs.

Es gibt auch Indizien für eine besondere psychologische Bereitschaft der Düsseldorfer, sich eine repräsentative kulturelle Staatsaktion in ihrer Stadt gern gefallen zu lassen. Der einstige, auch kulturelle Glanz der kurfürstlichen Residenz war mit deren Abzug erloschen, und der Verlust der Hauptstadt-Funktion hatte einen kulturellen Phantomschmerz hinterlassen: Die berühmte Gemäldegalerie des Kurfürsten *Jan Wellem* zierte nun lange schon die Alte Pinakothek in München. Einst Schauplatz von Staatskultur, war Düsseldorf nun lange Zeit auf seine eigenen Kräfte gestellt, wenn es Rang und Ruf einer Metropole wahren wollte. Obgleich die Düsseldorfer durchaus nicht als obrigkeitshörig galten (sie hatten ja einmal sogar einen König mit Pferdeäpfeln beworfen) mochten sie doch neue staatliche Repräsentanz mit kulturellen Mitteln in ihren Mauern als angemessen, ja *verdient* begrüßen. Erinnerungen an die alte verlorene Kunstsammlung jedenfalls klangen auch an, als es in Kommentaren zu den Reichsmusiktagen vergangene Zeiten als lokale Voraussetzungen der neuen Veranstaltung zu beschwören galt.

Zu den handfesteren örtlichen Voraussetzungen gehörten funktionierende, aber erneuerungsbedürftige Spielstätten und ein Orchester, das man respektvoll, aber nicht eben bewundernd sehr leistungsfähig nannte. Vielleicht spielte auch der 1937 gegründete *Gaukulturring* eine Rolle; ebenso die Tatsache, daß Düsseldorf Hauptstadt des *Heimatgaues* für den in Rheydt geborenen Goebbels war, gewiß auch die Person des Generalmusikdirektors *Hugo Balzer.* Er hatte gute Beziehungen nach Berlin, war be-

Einzelpreis 15 Rpf. Ausgabe: A 2× täglich
S

Düsseldorfer Nachrichten

1

Düsseldorfer General-Anzeiger
Die Wochenschau — Westd. Schiffahrts-Zeitung

Anzeigenpreis
1 mm hoch und 22 mm breit im Anzeigenteil . . . . 18 Rpf.
Familienanzeigen, Stellengesuche, amtliche Bekanntmachungen, Vereinsanzeigen, die nicht der Wirtschaftswerbung dienen, ein- und zweispaltige Anzeigen in der Rubrik Verloren und Gefunden, Bezugsquellenangaben . . . . 8 Rpf.
1 mm im Textanzeigenteil (72 mm breit) . . . . 120 Rpf.
Nachlaßstaffel B Preisl. 9. — Postsch. Köln: 10103, Essen: 7920. — Für die Aufnahme von Anzeigen an bestimmten Tagen und bestimmter Stelle wird keine Gewähr übernommen.
Fernsprech-Sammelruf 10311. — Hauptgeschäftsstelle: Albert-Leo-Schlageter-Allee 27.

Düsseldorfer Neueste Nachrichten
Handels- und Wirtschaftszeitung - Frauen-Rundschau

Bezugspreis
Durch Boten bei freier Zustellung ins Haus dreizehnmal wöchentlich mit der Tiefdruckzeitschrift „Wochenschau" . . . . monatlich RM. 3.10
halbmonatlich „ 1.55
(einschließlich Traglohn)
Durch die Post dreizehnmal wöchentlich mit der Tiefdruckzeitschrift monatlich „ 2.80
(einschließlich 72.02 Rpf. Postzeitungsgebühr und ausschl. 72 Rpf. Bestellgeld)
Geschäftszeit von 8—19 Uhr durchgehend. — Bei Betriebsstörungen durch höhere Gewalt oder sonstige Ereignisse können Ersatzansprüche nicht berücksichtigt werden.

Sonntag, den 29. Mai 1938 — Morgen-Ausgabe — 63. Jahrgang — Nr. 268

Dr. Goebbels in Düsseldorf

Die Reichsmusikfesttage sind eine Festwoche für das ganze, an der deutschen Musik teilnehmende Volk — Ein nationaler Musikpreis wird gestiftet

Reichsminister Dr. Goebbels führte in seiner Rede auf der Kundgebung zur Reichsmusikfestwoche in Düsseldorf folgendes aus:

Meine Volksgenossen und Volksgenossinnen!

Zum ersten Male seit dem nationalsozialistischen Umbruch tritt das zeitgenössische deutsche Musikschaffen in einer großen, repräsentativen Generalschau vor die Öffentlichkeit. Bisher zeigte es sich immer nur in mehr oder weniger bedeutsamen Teildarstellungen. In diesen Tagen ist es anläßlich der Reichsmusikfestwoche in Düsseldorf in seiner Gesamtheit zusammengekommen. Das hat auch seine guten Gründe.

Rückblick auf die Verfallszeit

Der Verfall des deutschen geistigen und künstlerischen Lebens in den Jahren von 1918 bis 1933 hatte auch vor der Musik nicht haltgemacht. Die großen Sünden der Zeit waren auch hier in die Erscheinung getreten und hatten furchtbarste Verwüstungen angerichtet im Bereiche einer Kunst, die bis dahin in der ganzen Welt als die deutscheste angesehen wurde. Es war deshalb notwendig, eine gewisse Übergangszeit dazu auszunutzen, die hier eingerissenen Fehler, Mängel und Verfallserscheinungen durch eine systematische Reform, durch Beseitigung der Krankheitsursache und Symptome und durch die Pflege der echten künstlerischen Kräfte unserer deutschen Musik zu beseitigen. In einem fünfjährigen Aufbauwerk haben wir versucht, die schwere Krise zu überwinden und nach und nach festes Neuland zu gewinnen.

Düsseldorf erhält Schlageterhalle und Opernneubau

Den Höhepunkt der Reichsmusiktage 1938 Düsseldorf bildete die kulturpolitische Kundgebung am Samstagnachmittag im Kaisersaal der Tonhalle mit der richtungweisenden Rede des Reichsministers Dr. Goebbels. In seiner Begrüßungsansprache kündete Gauleiter Staatsrat Florian als Düsseldorfer Bauprojekte die Errichtung der Schlageterhalle und den Bau eines neuen Opernhauses an. Diese Bauvorhaben stehen unter der Schirmherrschaft des Reichspropagandaministers Dr. Goebbels.

Im Jahre 1933 befand sich das deutsche Musikleben in einer geradezu trostlosen Lage. Ein drohender geistiger und künstlerischer Zerfall stand unmittelbar bevor. Die Auflösung aller inneren Werte, die in der Vergangenheit der deutschen Musik zu ihrer führenden Stellung in der ganzen Welt verholfen hatten, schien fast unvermeidlich. Die deutschen Meister, die in echter künstlerischer Bescheidenheit unsterbliche Werke deutscher Tonschöpfung geschaffen hatten, waren durch die marktschreierischen Elemente des internationalen Judentums abgelöst. Die von ihnen produzierte und propagierte sogenannte Musik mußte naturgemäß auf die Dauer zu einer vollkommenen Schrumpfung der öffentlichen Musikpflege führen. Es fehlte in der Staatsleitung die sichere Hand, die hier Krankhaftes ausscheiden und Gesundes fördern konnte oder auch nur wollte. Je mehr aber die Musik selbst sich von der alten deutschen Klarheit des Stils, von der Freudigkeit des Musizierens, von der Schönheit der Melodie und von der Mannigfaltigkeit und Vielgestaltigkeit der Orchestrierung entfernte, um so stärker geriet sie in Gegensatz zu den Wünschen und Bedürfnissen der breiten Volksmassen, ja mehr noch der musikliebenden und musikbegeisterten Oberschicht, die dem wüsten Treiben der Zeit gegenüber die private und einsame Flucht zu den bewährten alten Meistern als das letzte Heilmittel gegen den Verfall der Zeit ansah.

Die Folge dieses chaotischen Zustandes war eine ständig wachsende Verminderung der Zahl der deutschen Orchester und damit zusammenhängend ein unausweichliches Absinken der Zahl der Konzerte, Ermüdungserscheinungen auf dem Gebiet der Hausmusikkultur und damit näher und näher rückend das Ende jeder wirklich deutschen öffentlichen und freien Musikpflege. Das mußte um so furchtbarer erscheinen, als Deutschland seit je das traditionelle Musikland der Welt gewesen war. Wir nannten die reichsten Schätze der musikalischen Kunst unser eigen. Aus unserem Volkstum waren die größten Musikgenies aller Zeiten hervorgegangen. Wir waren als das musikalischste Volk der Erde anerkannt. Im 19. Jahrhundert allein war die Welt durch deutsche Tonschöpfer um Schätze bereichert worden, die die ganze sonstige Musikliteratur aufzuwiegen schienen.

Schluß zweite Seite.

Zurück zur Melodie!

Düsseldorf, 28. Mai 1938.

Es war im Jahre des Unheils 1920. Deutschlands Grenzen waren zerschlagen, das Volk von Entbehrungen zermürbt, in hoffnungsloser Verzweiflung jedem Übermut, allen erniedrigenden Zumutungen eines erbarmungslosen Feindes da draußen preisgegeben. Aber noch besaß es ja sein heiligstes Gut, seine seelische, seine geistige Kultur, noch konnte es, wie einst in der Zeit napoleonischer Despotie, innere Tröstung, Sammlung der Kräfte zu neuer Erstarkung finden, indem es sich seines ureigensten Wesens, seines Anspruchs auf eine würdige Stellung im Kreise der Nationen vor den ewigen Schöpfungen der Dichter und Denker, der bildnerischen Gestalter und — nicht zuletzt der Musiker bewußt wurde, die ihm in so verschwenderischer Fülle immer wieder erstanden waren. Sie wußten wohl um die Gefahr solcher geistig-seelischen Selbstbesinnung, die Feinde um uns her. Aber nicht sie konnten sie bannen. Politisch, wirtschaftlich vermochten sie ein schmachvoll entwaffnetes Volk, das mit Hilfe des inneren Feindes, der jüdisch-marxistischen Clique, in diese Ohnmacht hineingezwungen worden war, niederzuhalten, seinen Kulturbesitz zu zerstören, wäre ein vergebliches Unterfangen gewesen, hätten sich nicht seine Schrittmacher einer kulturellen Unterminierung ihrem schrankenlosen Zerstörungswillen auf das bereitwilligste gestellt.

Eben in jenem Jahr 1920, es war im Monat Mai, kurz vor dem Geburtstag Richard Wagners, sprach der jüdische Musikschriftsteller Paul Bekker, für seine „Verdienste" um die musikalische „Durchdringung" der deutschen Nation von der System-Regierung bald darauf zum Theater-Intendanten in Kassel berufen, in Düsseldorf über die „Weltgeltung der deutschen Musik". Wer etwa erwartet hatte, der Redner würde sich für eine aus deutscher Wesensart heraus begriffene, national bestimmte Kunst und ihre Geltung in der Welt einsetzen, mußte sich im Verlauf der Ausführungen Bekkers (wir folgen hier wörtlich unserem damals in den „Düsseldorfer Nachrichten" erschienenen polemischen Bericht) mehr und mehr enttäuscht sehen. Vorausgesetzt, daß er sich nicht durch die verblüffend spitzfindige Taktik dieses fabelhaft gewandten Anwalts einer ausgesprochen internationalistischen Kultureinstellung blenden ließ, der seine ureigentlichen Ziele mit unvergleichlichem Geschick zu tarnen verstand. Für den Wissenden, um Bekkers Persönlichkeit aus seinen Tageskritiken und Schriften Wissenden, lagen diese klar zutage: Es ging ihm wie seinen entsprechend rührigen Mitstreitern in Berlin, (den Emil Ludwig-Cohn, Siegfried Jacobsohn und Genossen) im Grunde nur darum, den letzten Halt, den unser Volk nach dem unerhörten Zusammenbruch noch hatte, zu zerstören, indem er ihm seine nationalen Kulturideale verdächtig zu machen suchte. Zu diesem Zweck wurde ein raffiniert zurechtgebogenes historisches Material zusammengetragen, das den Beweis erbringen sollte, wie die einst von den Klassikern unserer Tonkunst im Sinne „friedlicher Durchdringung" beglückte Welt sich den deutschen Romantiker mehr und

Die Kundgebung zur Reichsmusikwoche im Kaisersaal der Tonhalle

In der Mitte der ersten Reihe der Ehrengäste: Reichsminister Dr. Goebbels; rechts von ihm: Gauleiter Staatsrat Florian, Oberbürgermeister Dr. Dr. Otto, Generalmajor von Prondczinsky, Regierungspräsident Schmid, Oberlandesgerichtspräsident Dr. Schwister, Oberst Auleb; links von Dr. Goebbels: Dr. Heinrich Drewes, Prof. Graener, Polizeipräsident ##-Obergruppenführer Weitzel. Bild: Knauer

Die Stadt

Jahrgang Nr. 146 — Düsseldorfer Tageblatt — 29. Mai 1938

Dr. Goebbels zur Reichsmusikwoche in Düsseldorf

Ankunft auf dem Flughafen und Fahrt durch die Stadt — Kundgebung in der Städtischen Tonhalle „Düsseldorf, eine Trutzburg deutscher Kunst"

Wochenspruch der Bewegung

…allen ist es schon öfter passiert, daß wir nach …großen Rede des Führers oder einer seiner …Mitarbeiter einen besonders klar und treffend …lierten Gedanken uns merken wollten und dann …range der täglichen Geschäfte ihn doch wieder …ten. Es müssen nicht immer große Abhand…n sein, die uns mit dem Gedankengut der natio…alistischen Idee vertraut machen. Im Gegen…ird es gerade in unserer schnellebigen Zeit viel …licher sein, durch kurze, schlaglichtartige Hin…das Interesse aller Volksgenossen auf irgendein …lem zu konzentrieren, das der Führer in ein …zwei Sätzen restlos klargestellt hat.

…e Partei hat auch für diese Art der Durchsetzung …alsozialistischen Gedankenguts einen neuen Weg …den, der in bisher noch unbekannter Weise das …nehme mit dem Nützlichen verbindet. Es ist der …enspruch der NSDAP. Nun wird ein großer …unserer Volksgenossen sofort wieder stutzig wer…nd fragen: „Wochenspruch der Bewegung? Was …h mir darunter vorstellen und vor allen Dingen, …soll ich damit anfangen?" Die Antwort auf diese …e ist sehr einfach und einleuchtend: „Der Wochen…h der Bewegung ist dazu bestimmt, jede Woche …Gedanken und Ausspruch des Führers oder …andern leitenden Mannes der Bewegung ins …hineinzutragen."

…er Wochenspruch für die Woche vom 30. Mai bis …uni lautet:

…ir wollen bereit sein, zu opfern und zu kämpfen …lieber selbst zu vergehen, als vergehen zu lassen …ewegung, die Deutschlands letzte Kraft, letzte …ung und letzte Zukunft ist!"

Adolf Hitler.

Reichsleiter Rosenberg besucht den Gau Düsseldorf

2. Juni Düsseldorf und am 3. Juni in Krefeld

In der kommenden Woche wird Reichsleiter Al… Rosenberg dem Gau Düsseldorf einen Besuch …tten. Am Donnerstag, dem 2. Juni, wird …sleiter Rosenberg in einer feierlichen Rats…ensitzung den Ehrenbürgerbrief der Stadt Düs…orf in Empfang nehmen. Am Abend spricht der …hsleiter im Parkhotel zu Düsseldorf vor dem …rerkorps der Partei über das Thema „Die ge…nschaftsbildende Kraft des Nationalsozialis…". Am Freitag, dem 3. Juni, wird Partei…osse Rosenberg die Krefelder Heimatausstellung …urg und Stadt am Niederrhein — 1000 Jahre …ches Handwerk" feierlich eröffnen.

…r Gau Düsseldorf grüßt den großen Künder …rer Zeit, der nach all dem Wollen und Sehnen …deutschen Seele spürt, es aufgreift und weiter…. Wir grüßen den alten Nationalsozialisten, …Wegbereiter des Führers und den Philosophen …red Rosenberg. Im Baltenland stand seine Wiege …das ist wohl mitbestimmend gewesen für das …en und die Entwicklung dieses Menschen, der …ter kulturpolitischer Mitarbeiter des Führers …rde. Seit 1921 schon dient Reichsleiter Alfred …senberg der Bewegung als Hauptschriftleiter und …iger Herausgeber des „Völkischen Beobachters", …dessen Spalten die richtungweisenden Leitartikel …rend in die Entwicklung der Dinge eingreifen. …e besondere Wertschätzung, die Adolf Hitler Ro…berg entgegenbringt, kommt darin zum Ausdruck, …ß er ihm die Leitung des 1933 eingerichteten …enpolitischen Amtes der NSDAP. übertrug und …n mit der Ueberwachung der gesamten geistigen …d weltanschaulichen Schulung und Erziehung der …rtei beauftragte.

Das Programm des Tages

Am 2. Juni mittags wird der Reichsleiter, über …e Ruhr-Schnellweg von Dortmund kommend, an …Gaugrenze empfangen und zum Schloß Jägerhof, …m Sitz der Gauleitung Düsseldorf, begleitet, wo ein …pfang des Gauleiters stattfindet. Von hier aus …gibt sich der Reichsleiter zum Parkhotel.

Um 16.55 Uhr begibt sich Reichsleiter Rosenberg …m Parkhotel zum Rathaus. Auf den Straßen, die …Reichsleiter durchquert, bilden HJ. und BdM. …alier. Vor dem Rathaus wird Parteigenosse …senberg die Front einer Ehrenabordnung von SA. …d SS abschreiten. Die Feier im Rathaussaal, die …17 Uhr beginnt, wird Gauleiter Florian eröffnen. …schließend wird der Oberbürgermeister der Stadt …eldorf, Dr. Dr. Otto, dem Reichsleiter den Ehren…bürgerbrief der Stadt Düsseldorf überreichen. Zum …luß dieser Feierstunde, die um 18 Uhr beendet …wird, spricht Reichsleiter Rosenberg. Die Feier …durch Lautsprecher auf den Rathausvorplatz …tragen.

…m 19.30 Uhr spricht Reichsleiter Rosenberg im …hotel zum Führerkorps der Partei und Wehr… und vor geladenen Gästen der staatlichen und …munalen Behörden und der Wirtschaft. Den Ab… des Tages bildet um 22.30 Uhr ein SA.-Auf… …aller SA.-Musikzüge vor dem Parkhotel.

Am Freitag fährt der Reichsleiter in Begleitung …Gauleiters um 9.30 Uhr nach Krefeld. Nach einem …meinsamen Mittagessen der Ehrengäste im „Kre…er Hof" wird der Reichsleiter in Begleitung des …leiters gegen 15 Uhr nach Düsseldorf zurück…kehren, um anschließend die Rückfahrt nach Berlin …zutreten.

Ehrenvolle Berufung des DAF.-Gauobmannes Bangert

In Anerkennung der bisher im Gau Düsseldorf …rch die DAF. erzielten sozialpolitischen Erfolge hat …r Reichsorganisationsleiter und Reichsleiter der …AF., Dr. Robert Ley, den Gauobmann der DAF., …verwaltung Düsseldorf, Heini Bangert, für befristete …eit nach Oesterreich berufen, um dort an führender …Stelle am Aufbau der DAF. in der deutschen Ostmark …mitzuwirken.

Die Kapelle der Schutzpolizei …spielt am Sonntag, dem 29. Mai, in der Zeit von 11 …bis 12 Uhr auf der Königsallee am Bergischen

Herzlicher Empfang

Der Himmel hetzte eine schwarze Wolke nach der anderen über Düsseldorf. In schweren Schauern fegte der Regen durch die Straßen und schien kein Ende zu nehmen. Gegen Mittag klarte es leicht auf, ohne indes mit regnen aufzuhören. Immer noch schlug das Wasser den durch die Straßen Eilenden ins Gesicht, und auch die Ehrenformationen der SA., des NSKK., der Hitler-Jugend und des Reichsarbeitsdienstes kämpften vergebens gegen die tropfende Nässe, als sie sich zum Empfang des Schirmherrn der Reichsmusiktage 1938 in Düsseldorf, des Reichsministers Dr. Goebbels, auf dem Flughafengelände in Lohausen einfanden.

Die Straßenbahnlinie 11 und die Schnelltriebwagen der D-Bahn brachten immer neue Schaulustige, die sich die Ankunft des hohen Gastes nicht entgehen lassen wollten. Aus dem nahen Fliegerhorst waren Soldaten herübergekommen, die mit den anderen Zuschauern sich die Zeit durch den Rundfunkwagen des Gaupropagandaamtes der NSDAP. vertreiben ließen, der flotte Marschmusik au'spielte.

Langsam hörte es auf zu regnen. Ein letzter Windstoß fegte die Wolken nach Norden, wo sie eine schwarze Wand bildeten. Der Zeiger der Uhr rückte langsam auf 14.15 Uhr. Die Ehrenformationen stellten sich in Reih und Glied vor dem Empfangsgebäude des Flughafens auf, an der Spitze der Musikzug der SA.-Gruppe Niederrhein. Fünf Minuten später stieß aus dem Schwarz der nordwärts treibenden Wolken das aus Berlin kommende Flugzeug des Reichsministers, flog eine Schleife und landete auf dem Hangar, lief langsam aus und rollte zum Flughafengebäude. Boys trugen die Stufenleiter heran, legten sie an, und Punkt 14.25 Uhr entstieg Reichsminister Dr. Goebbels dem „Max von Müller", begrüßt von Gauleiter Florian, SS-Obergruppenführer Weitzel, SA.-Obergruppenführer Knickmann, NSKK.-Brigadeführer Stifft, Kreisleiter Walter und dem Oberbürgermeister der Stadt Düsseldorf, Dr. Dr. Otto.

Langsam schreitet der Reichsminister unter den Klängen des Musikzuges die Front der angetretenen Ehrenformationen ab. Sodann besteigt er den bereitstehenden offenen Wagen und verläßt, gefolgt von den Heil-Rufen der Zuschauer, das Flughafengelände. Durch die Straßen der Stadt Düsseldorf geht es dann zum „Breidenbacher Hof", wo sich Hunderte von Menschen eingefunden hatten, um dem lieben Gast Düsseldorfs einen begeisterten Empfang zu bereiten.

Kurz vor vier Uhr fuhr Dr. Goebbels dann durch die Spalier stehenden Düsseldorfer über die Schadowstraße zur Tonhalle, deren Eingang mit Tannengrün festlich geschmückt war. Die den Absperrdienst versehenden Hitlerjungen konnten dem Ansturm der zum Reichsminister drängenden Menschen kaum standhalten, und sie hatten alle Hände voll zu tun, ihm den Weg in die Tonhalle frei zu halten.

Gauleiter, Kreisleiter und Oberbürgermeister begrüßen den Reichsminister

Die kulturpolitische Rede im Kaisersaal (Bilder: Smolarczyk und Böhme.)

Vieltausendherzige Scheinwerfer

Als der Präsident der Reichskulturkammer, Reichsminister Dr. Goebbels, den in hellstem Scheinwerferlicht erstrahlenden Kaisersaal der Tonhalle betritt, braust der Jubel einer fast unübersehbaren Menge auf. Unter den maßgebenden Vertretern der Partei, der Behörden und der Künstler nimmt er Platz.

Richard Strauß, ebenfalls aufs herzlichste begrüßt, leitet sein von hymnischer Melodie erfülltes „Festliches Präludium", das mit Fanfaren und Orgel sieghaft ausklingt.

Gauleiter Staatsrat Florian spricht

dem Minister als dem vom Führer Beauftragten den Dank des „Musikgaues" aus, daß die erste festliche Tagung in Düsseldorf, der Trutzburg deutscher Kunst, stattfindet. „Jedermann weiß, daß Düsseldorf eine Stadt mit kultureller Tradition ist, daß ihre Musikfeste von jeher etwas besonderes darstellten und auf den Ehrenblättern der Musikgeschichte als künstlerische Taten verzeichnet wurden. Auch heute besitzen wir in der Oper, in dem Städtischen Orchester und in den Chören Kulturträger und -mittler, die sich ihrer verantwortungsvollen Aufgabe mit ganzer Hingabe unterzogen haben.

Die Räume, in denen diese Musikfesttage vor sich gehen, entsprechen zwar nicht mehr unseren Wünschen, sie sind veraltet und morsch, aber ich betone, daß die neuen Projekte bereits tatkräftig in Angriff genommen sind.

Wir werden in Düsseldorf den Bauten der Bewegung in einem neuen Opernhaus einen Tempel der Kunst zur Seite stellen, der dem schöpferischen Bauwillen unserer Zeit entspricht.

Wenn sich Köln als das „Tor zur deutschen Kultur" bezeichnet, dann bekennen wir uns mit gleichem Stolz als eine Trutzburg deutscher Kunst, die ihre Ausstrahlungen weit über die Grenzen nach Holland und Belgien aussendet.

Als Nationalsozialisten haben wir in den Jahren des Kampfes um die Macht als politische Soldaten des Führers unsere Pflicht getan. Damals hatten wir weder Zeit noch Gelegenheit, die Dinge der Kultur anders als kritisch beobachtend und eingreifend zu behandeln. Die politische Macht war das erste Feld der Eroberung. Ihr folgte als nächstes das große Gebiet der Kultur. Und hier haben wir nach der Entfernung der Larven und Scheingrößen, die sich rasch in ihre Schlupflöcher verkrochen, mit dem Ausbau angefangen.

Wir haben den deutschen Komponisten auf Schloß Burg eine Heimstatt geschaffen, auf der sie alljährlich abseits vom Betrieb ihren Familientag abhalten. In den niederbergischen Musikfesten hat der Sing- und Musizierbetrieb des bergischen Volkes seinen gesunden und bodenständigen Ausdruck gefunden.

Wenn wir in „Meisterfeiern" einzelne Komponisten deutscher Art ehren, erfüllen wir eine Verpflichtung, die weit über das hinausgeht, was andererorts vielleicht nebenher auch einmal getan wird.

Ich weiß, daß die Düsseldorfer Reichsmusiktage erst der Anfang einer Entwicklung sind. In der Kunst lassen sich neue Werke nicht herbeikommandieren, am wenigsten solche, die aus der Haltung der Bewegung emporwachsen. Lassen wir den jungen Musikern die Zeit zum inneren Reifen. Wenn ich sehe, mit welchem Elan und welchem Feuer der Begeisterung unsere nationalsozialistischen Musikstudenten am Werk sind, dann ist mir um die Zukunft der deutschen Musik nicht bange. An aufgeschlossener Aufnahmebereitschaft werden wir uns von niemandem übertreffen lassen. Die Zeiten, in denen ein Schumann durch die Kabalen einer Klique seelisch und körperlich zugrunde gerichtet werden konnte, sind endgültig vorüber. Wir wollen in dieser Stunde, die dem Bekenntnis zur ewigen deutschen Musik geweiht ist, nicht die Schatten einer überwundenen Vergangenheit heraufbeschwören, sondern uns besinnen auf die Aufgaben der Gegenwart, die der Zukunft unseres Volkes dienen. Unser Führer kommt

Dr Paul Franck.

Reichsmusiktage 1938

*

Empfang der Stadt Düsseldorf

in der Rheinterrasse

aus Anlaß des Besuches des

Herrn Reichsministers

Dr. Goebbels

am 28. Mai 1938

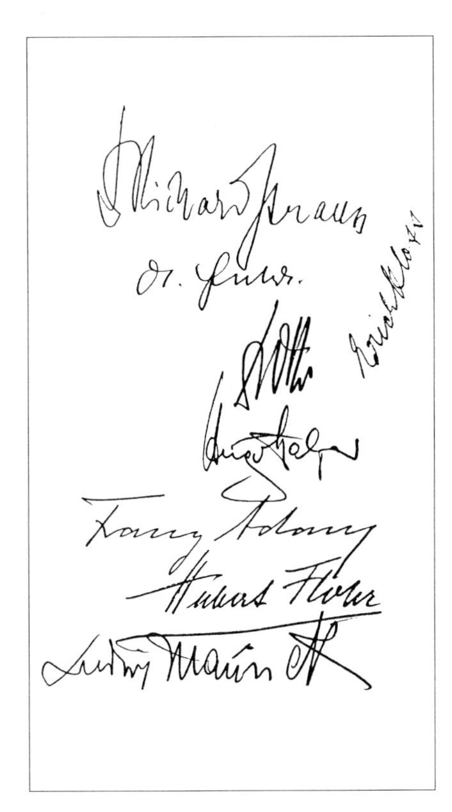

Speisenfolge

Vorspeisen:

Rheinsalm mit Mayonaise

Bachforelle in Aspic

Tomaten mit pikanter Füllung

Kleine Leckerbissen

Kalte Platte:

Verschiedene Geflügel

Pökelzunge, Kalbsbraten

Roastbeef und Schinkenröllchen mit Spargelfüllung

Salat Waldorff

Nachtisch:

Käsegebäck oder Karamell-Speise

*

Getränke:

Kalte Ente

Nach dem Essen:

Edelbitter

Speisekarte zu einem Empfang der Stadt Düsseldorf mit Autogrammen von Dr. Richard Strauss, Dr. Goebbels, Dr. Otto, Hugo Balzer u. a. (von oben). (Aus Düsseldorfer Privatbesitz.)

freundet mit *Richard Strauss,* der bis 1935 noch Präsident der Reichsmusikkammer war. Für ihn wurde 1934 eine *Richard-Strauss-Festwoche* im Opernhaus inszeniert. Und obgleich Balzer wegen seiner früheren Pflege der Neuen Musik den lokalen Nazi-Offiziellen verdächtig war, errang er die Gunst und Protektion von Goebbels, der gelegentlich die Düsseldorfer Oper besuchte und Balzer gern nach Berlin geholt hätte. Und: *„Der neue Kurs",* den Balzer 1933 bei seinem Amtsantritt in Düsseldorf versprach, klang schon nach einer Vorwegnahme von Grundsätzen des späteren Reichsmusikfestes. Der Charakter Düsseldorfs als Fremdenstadt, so Balzer damals, verlange *„seine Rechte in Gestalt von künstlerischen Spitzenleistungen, die weit über die Grenzen der Stadt hinaus ein werbendes Echo erwecken."* Balzer kündigte eine *„Diktatur der Qualität"* an und das Ziel, daß die städtischen Institutionen und freien Initiativen der Musik in Düsseldorf (Theater, Orchester, Chöre) *„zu einer einheitlichen Musikpolitik zusammengefaßt"* würden. Es komme ihm vor allem auf eine *„gemeinde- und gemeinschaftsschaffende Musikpflege"* an. Damit wurde der Boden für die Reichsmusiktage bereitet, auch wenn sie damals noch nicht vorherzusehen waren.

Die Folgen

Die Reichsmusiktage sollten in Düsseldorf Spuren hinterlassen, ja zukunftsweisende Hoffnungen auslösen. Vor der Goebbelschen Kundgebung 1938 versprach Gauleiter *Florian* den baldigen Bau eines neuen Konzertsaales *(„Schlageterhalle")* und eines neuen Opernhauses unter Schirmherrschaft von *Goebbels.* Ein Jahr später war dasselbe Versprechen noch einmal Schlagzeilen wert, als sei es etwas Neues: Tatsächlich hatte sich in diesem Jahr nichts getan. Nun wurde der Gauleiter vom Führer mit der *„sofortigen Projektierung"* beauftragt, da es sich beim Opernhaus um *„die vordringlichste Bauaufgabe der Stadt Düsseldorf"* handele. Florian beeilte sich zu versichern, er habe bereits zur Vorbereitung *„einen schweren Kampf gegen mangelhaftes Verständnis, Engherzigkeit und Banausentum"* hinter sich.

Goebbels, der nun erstmals nationale Musikpreise vergab, definierte den Sinn der Musiktage in einer Weise, die noch heute unanfechtbar klingt: Sie hätten *„in weitgezogenem Rahmen"* das zeitgenössische Musikschaffen der Zukunft zu überantworten. Der Staat sei nicht Kunstproduzent, sondern *„Treuhänder der Kunst dem Volke gegenüber"* und habe – so sinngemäß – die fruchtbaren Rahmenbedingungen zu schaffen. Aber dann kam, es wäre ja auch sonst zu liberal gewesen, prompt das böse Bild vom Staat als Gärtner, der *„das Unkraut ausjäten muß"* ... – wiederum war Förderung nur im Zusammenhang mit Vernichtung, letztlich Vernichtung von Menschen und von Kultur denkbar. Schlagzeile aber: *„Dr. Goebbels schlägt eine Bresche für die junge Musik" (Rheinisch Westfälische Zeitung).*

Bei den zweiten Reichsmusiktagen 1939 in Düsseldorf verkündete *Goebbels,* was man zuvor ahnen, aber nicht wissen konnte: Fortan sollte Düsseldorf *jedes Jahr* die Reichsmusiktage beherbergen – gleichsam staatliche *Musikhauptstadt des Reiches* sein. Doch noch im selben Jahr wurde der Zweite Weltkrieg angezettelt, der schon die Reichsmusiktage 1940 verhinderte. Sang- und klanglos war das Ende der Düsseldorfer Reichsmusiktage, die es für immer geben sollte und nur zweimal gab.

Amtliche Mitteilungen der Reichsmusikkammer

5. Jahr | Berlin, den 1. Juni 1938 | Nummer 11

Zehn Grundsätze deutschen Musikschaffens

In seiner großen kulturpolitischen Rede anläßlich der Reichsmusiktage in Düsseldorf führte Reichsminister Dr. Goebbels u. a. folgendes aus:

Dieses Musikfest ist zum ersten Male eine Heerschau über die Musikkultur unserer Zeit. Es legt Rechenschaft ab über das, was wir erreicht haben, und fixiert die Zielsetzungen für die nähere und weitere Zukunft. Hier möge sich der Ruhm Deutschlands als des klassischen Landes der Musik aufs neue beweisen und erhärten. Hier mögen vor allem die Grundsätze wieder festgelegt und anerkannt werden, die seit jeher Ursprung und Triebkraft unseres deutschen musikalischen Schaffens gewesen sind. Und diese lauten:

1. Nicht das Programm und nicht die Theorie, nicht Experiment und nicht Konstruktion machen das Wesen der Musik aus. Ihr Wesen ist die Melodie. Die Melodie als solche erhebt die Herzen und erquickt die Gemüter; sie ist nicht deshalb kitschig oder verwerflich, weil sie ihrer Einprägsamkeit wegen vom Volke gesungen wird.

2. Nicht jede Musik paßt für jeden. Es hat deshalb auch jene Art von Unterhaltungsmusik, die in den breiten Massen Eingang findet, ihre Daseinsberechtigung, zumal in einer Epoche, in der es Aufgabe der Staatsführung sein muß, neben den schweren Sorgen, die die Zeit mit sich bringt, dem Volke auch Erholung, Unterhaltung und Erquickung zu vermitteln.

3. Wie jede andere Kunst, so entspringt die Musik geheimnisvollen und tiefen Kräften, die im Volkstum verwurzelt sind. Sie kann deshalb auch nur von den Kindern des Volkstums dem Bedürfnis und dem unbändigen Musiziertrieb eines Volkes entsprechend gestaltet und verwaltet werden. Judentum und deutsche Musik, das sind Gegensätze, die ihrer Natur nach in schroffstem Widerspruch zueinander stehen. Der Kampf gegen das Judentum in der deutschen Musik, den Richard Wagner einmal, einsam und nur auf sich allein gestellt, aufgenommen hat, ist deshalb heute noch unsere große, niemals preiszugebende Zeitaufgabe, die allerdings jetzt nicht mehr von einem Wissenden und genialen Außenseiter allein betrieben, sondern von einem ganzen Volke durchgeführt wird.

4. Die Musik ist die sinnlichste aller Künste. Sie spricht deshalb mehr das Herz und das Gefühl als den Verstand an. Wo aber schlüge das Herz eines Volkes heißer als in seinen breiten Massen, in denen das Herz einer Nation seine eigentliche Heimstätte gefunden hat. Es ist deshalb eine unabweisbare Pflicht unserer Musikführung, das ganze Volk an den Schätzen der deutschen Musik teilnehmen zu lassen.

5. Unmusikalisch sein, das ist für den musikalischen Menschen so viel wie blind oder taub sein. Danken wir Gott, daß er uns die Gnade gab, Musik zu hören, sie zu empfinden und leidenschaftlich zu lieben.

6. Die Musik ist jene Kunst, die das Gemüt der Menschen am tiefsten bewegt; sie besitzt die Kraft, den Schmerz zu lindern und das Glück zu verklären.

7. Wenn die Melodie der Ursprung der Musik ist, so folgt daraus, daß die Musik für das Volk sich nicht im Pastoralen oder Choralen erschöpfen darf. Sie muß immer wieder zur bewegten Melodie als der Wurzel ihres Wesens zurückkehren.

8. Nirgendwo liegen die Schätze der Vergangenheit so reich und unerschöpflich ausgebreitet wie auf dem Gebiete der Musik. Sie zu heben und an das Volk heranzutragen, ist unsere wichtigste und lohnendste Aufgabe.

9. Die Sprache der Töne ist manchmal durchschlagender als die Sprache der Worte. Die großen Meister der Vergangenheit sind deshalb Repräsentanten der wahren Majestät unseres Volkes, denen Ehrfurcht und Achtung geziemt.

10. Als Kinder unseres Volkes sind sie damit auch die eigentlichen Majestäten unseres Volkstums, in Wahrheit von Gottes Gnaden und dazu bestimmt, den Ruhm und die Ehre unserer Nation zu erhalten und zu mehren.

Stiftung eines Nationalen Musikpreises

Zur Förderung des musikalischen Solistennachwuchses verfüge ich mit dem heutigen Tage die Stiftung eines Nationalen Musikpreises.

Dieser Preis wird jährlich in Höhe von 20 000 RM. je zur Hälfte an den besten deutschen Pianisten und den besten deutschen Geiger des Nachwuchses zur Verteilung gelangen.

Berlin, den 28. Mai 1938

Der Reichsminister
für Volksaufklärung und Propaganda
Dr. Goebbels

Aber auch bei dauerndem Frieden wäre Düsseldorf die neue, von *„oben"* zugedachte Funktion einer Musikmetropole bei aller Ehre nicht leichtgefallen. So übergeordnet die ihr zugedachte Rolle, um so mehr büßte die Stadt an eigener Gestaltungsmöglichkeit ein. Schon bald nach den Reichsmusiktagen 1938 gab *Balzer* bekannt, daß die Städtischen Konzerte für die Saison 1938/39 von zuvor 16 auf zwölf herabgesetzt würden (als gewissen Ausgleich" führte man *Stunden der Musik* zur Förderung des Solisten-Nachwuchses ein). Sein Programm konzentrierte sich nun auf Klassisches und Romantisches bis hin zu den „Altmeistern" *Richard Strauss* und *Hans Pfitzner*. Als Begründung für die Zurückhaltung gerade in Sachen aktueller zeitgenössischer Musik gab er an, daß er schließlich schon mit seinem Orchester bei den Reichsmusiktagen etwa 20 Orchesterwerke lebender deutscher Komponisten aufgeführt habe. Das ging an die Grenze der Kräfte, was Balzer zwar nicht zugab, aber auswärtige Kritiker durchblicken ließen. Vielleicht ging so viel Zeitgenössisches auch schon mangels Qualität an die Grenze des Zumutbaren. Offen bleibt, ob Balzer dem Regime gegeben, was es wollte, und dann unter dem Deckmantel der Erschöpfung für sich eine Art innere Emigration in Anspruch genommen hat. Er, der vor 1933 gerade die damalige zeitgenössische Musik in eigener Freiheit pflegte und dann 1938 und 1939 in Goebbels' Auftrag die verordnete zeitgenössische Musik bis zum eigenen Überdruß zelebrieren mußte, bleibt eine schillernde Figur.

Die Verpflichtung für das mit *„Glück"* zur *„Vormachtstellung"* avancierte Düsseldorf faßte die Zeitschrift *Die Musik* nach den Reichsmusiktagen 1939 in einer Bilanz in einigen Einleitungssätzen zusammen, die geschickt eine wohl angebrachte Skepsis und Irritation ganz treffend mit lokaler Geschichte und überregionaler Perspektive verbanden: *„Der Stadt Düsseldorf wurde das große Glück zuteil, daß ihr auch in diesem Jahre und für die Zukunft die Durchführung der Reichsmusiktage übertragen wurde. Damit wurde ihr wieder eine kulturelle Vormachtstellung im deutschen Westen geschenkt, die ihr seit der Abwanderung wichtigster Schätze der deutschen Kunst nach München im Laufe des vorigen Jahrhunderts verlorengegangen war. Trotzdem galt diese ehemalige Residenz bisher vorwiegend als die Stadt rheinischer Malerei und nicht rheinischer Musikpflege, obgleich hier einst sogar ein Robert Schumann wirkte. Auch vermochten die großen Nachbarstädte eine zumindest ebenbürtige musikalische Kultur zu begründen und zu bewahren. Nun ist Düsseldorf mit einem Male Musikzentrum geworden. Es wird keine Anstrengung scheuen dürfen, auch in den Leistungen des Tages, der fortlaufenden Musikübung, seiner neuen großen Aufgabe zu entsprechen."* Es hat allerdings seine Ironie, daß *Balzer* sich mit der Reduzierung des städtischen Konzertprogramms just dieser Forderung versagte.

Die Zeitschrift fährt dann in ihrer Bilanz für 1939 fort, indem sie den Nachbarstädten wesentliche Verdienste zugute hält: *„Der opferwilligen Einsatzbereitschaft führender Orchester und Chöre der Nachbarstädte war es zu danken, daß die allgemeine Leistungshöhe gegenüber dem Vorjahre gesteigert werden konnte, weil den Düsseldorfer Kräften nun nicht mehr schier übermenschliche Anstrengungen zugedacht waren."* So wurde Düsseldorfs Rolle als Musik-Metropole schon wieder relativiert. Und auch das *Düsseldorfer Tageblatt* ging nach der Festwoche 1939 zu einer breiteren Tagesordnung über. Als seien die Düsseldorfer Reichsmusiktage nicht das maßgebliche Nonplusultra, werden sie nur als Auftakt des Musiksommers gewertet, mit dem die *„olympische Fackel an andere deutsche Städte und Stätten weitergereicht"* werde: *Berlin, Dresden, Wien, Frankfurt am Main, München, Heidelberg, Bayreuth* und schließlich *Salzburg* galten weiterhin in unpolitischer musikorientierter Selbstverständlichkeit als die wichtigsten Schauplätze des deutschen Festspielsommers. So, als habe der NS-Staat nicht auch diese Feste durch die Reichsmusiktage mit einem verpflichtenden Orientierungsrahmen einschnüren, ihnen ein Vorbild überordnen wollen.

In Düsseldorf mündete unterdessen die NS-Musikpolitik in einen allgemeinen stadtplanerischen Monumentalismus unter Oberhoheit des Gauleiters. Allein für die neue *Tonhalle* (mitsamt Kongreßzentrum) sollte ein ganzes Karree unmittelbar südlich der Königsallee planiert werden. Linksrheinisch sollte sich eine KdF-Stadt breitmachen. Innerstädtisch wäre im Zuge der städtebaulichen Umkrempelung, die auch Kunstmuseum und Kunstakademie einbezog, der Hofgarten einem gigantischen Straßenkreuz geopfert worden – und derlei anderes mehr. Die NS-Stadtplaner waren sogar zynisch genug, die ersten Kahlschläge des Bombenkrieges noch als Wegbereitung ihrer Projekte in Kauf zu nehmen. Derweil hatten sie freilich die Toleranzgrenzen traditionsbewußter Düsseldorfer tangiert – der Hofgarten war ein Stück historischer staatlicher Repräsentanz in Düsseldorf, den sie nicht einfach der neuen Staatsmacht opfern wollten. Es ist nicht auszudenken, wie all dies ohne den Krieg ausgegangen wäre. Düsseldorf wäre als deutsches Musikzentrum ein anderes Düsseldorf geworden. Die NS-Musikpolitik schien auf Düsseldorf mehr Einfluß auszuüben als Düsseldorf auf die Entwicklung der deutschen Musik überhaupt je hätte gewinnen können.

Anmerkungen:

1) Theo Kreiten war der Vater des damals 21jährigen, in Düsseldorf aufgewachsenen Pianisten Karlrobert Kreiten, der gerade mit einem kraftvollen, stürmischen, modernen Stil die Konzertpodien der Musikmetropolen des Reiches eroberte, der schon als überragender Virtuose galt und dem man internationalen Ruhm prophezeite. An diesem Karlrobert Kreiten statuierte das NS-Regime 1943 gnadenlos ein Exempel: Aufgrund der Äußerung denunziert, der Krieg werde verlorengehen, wurde Karlrobert Kreiten in Berlin vom Volksgerichtshof zum Tode verurteilt und hingerichtet.

2) Es wäre wohl auch widersinnig gewesen, ein Werk der „entarteten Musik" öffentlich aufzuführen und damit erst zum Leben zu erwecken, da man es doch vernichten wollte. Ein kritisch-dokumentarisches Konzert ohne affirmativen Charakter ist nur schwer vorstellbar, denn jede Aufführung hat affirmativen Charakter. Ob dies ähnlich auch für die Präsentation Bildender Kunst gilt, ob also das Zeigen eines Bildes zugleich schon ein Bekenntnis zu ihm und zum Künstler ist, wird gerade heute – spiegelbildlich – zum Thema „NS-Kunst in Museen?" aktuell.

Die Tonhalle (Kaisersaal) nach ihrer Zerstörung

Entartete
MUSIK
EINE ABRECHNUNG VON
STAATSRAT Dr.H.S.ZIEGLER

ENTARTETE MUSIK

Eine Abrechnung

von Staatsrat Dr. Hans Severus Ziegler
Generalintendant
des Deutschen Nationaltheaters zu Weimar

Druck und Verlag:
Völkischer Verlag G. m. b. H., Düsseldorf

„Ein Mensch, der eine Sache weiß, eine gegebene Gefahr kennt, die Möglichkeit einer Abhilfe mit seinen Augen sieht, hat die verdammte Pflicht und Schuldigkeit, nicht „im stillen" zu arbeiten, sondern vor aller Öffentlichkeit gegen das Übel auf- und für seine Heilung einzutreten. Tut er das nicht, dann ist er ein pflichtvergessener elender Schwächling, der entweder aus Feigheit versagt oder aus Faulheit und Unvermögen"

Adolf Hitler

„Mein Kampf", Seite 399

ENTARTETE MUSIK

Umschlagzeichnung Ludwig Tersch (Lucky)

Die Ausstellung „Entartete Musik" in den Reichsmusiktagen 1938 in Düsseldorf ist mit einer besonderen Spannung, ja, vielleicht auch mit mehr oder weniger gemischten Gefühlen erwartet worden. Man darf überzeugt sein, daß mein Gefühl der Verantwortung auf diesem Gebiete eines hervorragenden Kultur- und Kunstbezirks um nichts geringer ist als das Verantwortungsgefühl eines nationalsozialistischen Politikers in den rein politischen Bezirken, in denen freilich alle grundsätzlichen Fragen schneller und radikaler geklärt worden sind. Der Nationalsozialismus hat jedoch seine Totalitätsansprüche für alle Gebiete des deutschen Lebens angemeldet und wird davon niemals abgehen. Wir haben eine weltanschauliche Revolution erlebt, die bei ihren gewaltigen Ausmaßen selbstverständlich noch lange nicht beendet sein kann. Die Wende hat sich zwar vollzogen, aber die Umwandlung in allen Teilen dieses Lebens ist noch nicht beendet. Der Führer hat als Staatsmann und Neugestalter deutschen Volkstums ein neues deutsches Gesicht nicht allein dadurch schaffen wollen, daß er dem Staatsleben eine neue Form gab. Er hat vielmehr eine Revolutionierung des ganzen Menschen und seines Wesens gefordert. Es war nach einer langen Zeit der Entartung von vornherein klar, daß Jahre und Jahrzehnte einer intensiven Erziehungsarbeit notwendig sein würden, um eine vollgültige geistige, seelische und charakterliche Erneuerung Deutschlands herbeizuführen.

Der deutsche Mensch ist bei seiner rassemäßigen Zusammensetzung von jeher verhältnismäßig instinkt-unsicher gewesen und diese Instinktunsicherheit sowohl in den primitivsten und elementarsten Fragen des politischen Lebens, erst recht aber in den höheren nationalen Fragen „Rasse und Volkstum", in den Kulturbezirken, macht den deutschen Erneuerungsprozeß ungewöhnlich schwierig. Neben dem mangelnden Instinkt für die inneren und äußeren Lebensnotwendigkeiten war es auch der mangelnde Wille zum Leben an sich, der unsere Existenz als Nation oftmals in Frage gestellt und uns sogar zur Selbstentäußerung und zur Selbstaufgabe geführt hat. Es liegt auf der Hand, daß ein Volk, das noch nicht einmal die Kraft der Entscheidung über politische und wirtschaftliche Versklavung oder Freiheit aufbrachte, auch die Kraft vermissen ließ, einer seelischen Versklavung und einer geistigen Vergiftung Widerstände entgegenzusetzen.

Wenn heute das Problem der entarteten Musik, in den Augen mancher Zeitgenossen kühn und verwegen, angepackt wird, so betone ich von vornherein, daß es von der hohen Warte nationalsozialistischer Kulturpolitik geschieht und geschehen muß. Erste Voraussetzung für den Kulturpolitiker bleibt dabei natürlich nach der Forderung des Führers der musische Mensch, die künstlerisch ausgerichtete Natur und eine starke intuitive Fähigkeit, vor allem aber die Gabe der synthetischen Schau, die ihm vor vielen Spezialisten und analytisch sehenden Menschen den Vorrang gibt.

Es ist weder der Wille des Präsidenten der Reichskulturkammer, des Reichsministers Dr. Goebbels, noch der Wunsch des Leiters der Abteilung Musik im Reichspropagandaministerium, Dr. Drewes, noch meine eigene Absicht, daß ich mit der von Generalmusikdirektor Paul Sixt und mir organisierten Ausstellung Attacken gegen einzelne Existenzen reiten oder gar deutschen Männern der Musik das Brotverdienen erschweren wollte. Die Warte, von der ich vorstoße, soll die Gewähr bieten, daß ich im Interesse der Gegenwart wie auch im Interesse des Nachwuchses zur Klärung helfend beitragen möchte und daß ich nichts sehnlicher herbeiwünsche, als eine saubere Atmosphäre und eine freie und frische Luft, in der künftig der schöpferische wie der nachschöpferische Musiker Deutschlands freier atmend leben und arbeiten kann. Ich bin überzeugt, daß mit manchem, was hier ausgesprochen wird, ein Schlußstrich unter bestimmte Fragen gezogen ist, von denen manch allzu Harmloser und allzu Unvoreingenommener meint, sie seien im Grunde längst überholt. Weiterhin glaube ich, in mancher Beziehung Anregung zu geben und Anstoß zum Nachdenken in einer bestimmten Richtung. Ganz sicher kann ich eines nicht und will ich auch eines nicht: nämlich Rezepte verschreiben oder gar Gesetze umreißen für die Neugestaltung des deutschen Musiklebens. Im wahrhaft schöpferischen Prozeß entscheidet allein der vollschöpferische Mensch, der aus der Eingebung und dem begnadeten Talent gestaltende Künstler, der die deutsche Seele zum Klingen bringen und durch sein Kunstwerk deutsches Wesen sich offenbaren lassen will. Es ist aber meiner Überzeugung nach keine unwichtige Arbeit, dem schöpferischen Menschen im Volk und in

der Jugend den aufnahmebereiten Hörerkreis durch zielbewußte Erziehung zu schaffen, auf dessen Resonanz der einsam Schaffende als hervorragendster Volksgenosse Anspruch hat. Und es ist eine ebenso wichtige Aufgabe, dem musikalischen Nachwuchs, aus dem sich ja vielleicht schöpferische Talente entwickeln, so intensiv wie möglich wahrhaft deutsches Wesen zu künden.

Der hat von Aufgabe und Umfang des Nationalsozialismus keine rechte Vorstellung, der da meint, daß der für das ganze Volksleben ausgeschaltete Überindividualismus der liberalistischen Vergangenheit für die Gebiete der Kunst bestehen bleiben dürfe. Der weiß nichts vom Nationalsozialismus, der die Ansicht vertritt, daß Politik mit Kunst nichts zu tun habe und bei der neuen seelischen und charakterlichen Ausrichtung des neuen Volkes die Fragen der einzelnen Kunstgebiete außerhalb der Betrachtung bleiben könnten. Politik treiben heißt: das Leben eines Volkes betreuen und auf allen Gebieten des nationalen Daseins für eine gesunde Entwicklung Sorge tragen. Kulturpolitik treiben aber heißt: Betreuung der Seele des Volkes, Pflege seiner schöpferischen Kräfte und aller völkischen Charakter- und Gesinnungswerte, die wir in dem Generalbegriff „Volkstum" zusammenfassen. Der Politiker wie der Kulturpolitiker haben das gleiche Ziel: Schaffung einer starken Nation und Sicherung ebenso ihrer materiellen wie ihrer ideellen Lebensbasis, Sicherung ihres Daseins nach außen und Vertiefung ihres Daseins nach innen. Als Erzieher aber kommt der Künstler um eine gründliche historische Schulung, um eine tiefe künstlerische Bildung nicht herum. Dies aber vor allem anderen: Wie sich der politische Mensch ganz und gar von jener grauenhaften Denkart des Demokratismus und des Bolschewismus und kompromißlos von jedwedem Element der Zerstörung freimachen mußte, wie sich der staatspolitisch denkende und handelnde Deutsche in der Gefolgschaft Adolf Hitlers radikal losreißen mußte von einem Leben, das innerlich zermürbt und faul geworden war, so mußte sich auch in dem höheren Dasein der Nation, in der Welt der künstlerischen Betätigung, wofern von kultureller Aufbauarbeit die Rede sein sollte, jeder Verantwortliche kompromißlos freizumachen suchen von all den zerstörenden Geistern, die mit ihrer ständigen Negierung des Volkslebens durch das Mittel ihrer Propaganda und ihrer Scheinkunst, das nationale Leben insgesamt unheilvoll zerstört hatten.

Jeder einigermaßen Klardenkende muß heute nachgerade wissen, daß das Judentum schon seit der Zeit Heinrich Heines und Ludwig Börnes als Ferment der Dekomposition und als Verspotter aller deutschen Tugenden und Charaktergrundwerte gewirkt und daß die raffinierteste Arbeit der Zerstörung des *politischen* Lebens ja gerade mit den Mitteln des *Schrifttums*, *der Scheinwissenschaft*, *der Künste* und *der Presse* geleistet worden ist. Diese vom Führer tausendfach gepredigten und bewiesenen Zusammenhänge sind ja schließlich zu dem Zwecke aufgedeckt worden, daß *alle* deutschen Menschen die Konsequenzen aus ihnen ziehen und wachsam werden.

Es ist unschwer zu erkennen, daß das jüdische Literatentum von Heinrich *Heine* bis zu den jüdischen Berufsgenossen nach dem Weltkriege, deren Prophet Alfred *Kerr* war, außerordentlich konsequent und zielsicher gearbeitet hat. Wenn ich diese Binsenwahrheit ausspreche, so muß ich als politisch empfindender künstlerischer Mensch und Kulturpolitiker auch den nächsten Schritt tun und die Zusammenhänge auf den Nachbargebieten der Literatur, also auf dem Gebiete der Musik, der bildenden Künste und der Baukunst ins Auge fassen und mit der gleichen Gründlichkeit wie dort untersuchen. Wir müßten uns sonst den Vorwurf der Halbheit und mangelnden Folgerichtigkeit im Denken und Handeln machen. Ja, ich halte es für reichlich spät oder im Gedenkjahr Richard Wagners zumindest an der Zeit, sich der Tatsache zu entsinnen, daß Richard *Wagner* seinen lieben Deutschen schon vor nahezu drei Menschenaltern das Judentum in der Musik einigermaßen deutlich dargestellt hat. Aber auch der nicht historisch und kulturhistorisch geschulte Mensch hat dann doch immer noch die Möglichkeit, aus den elementaren, vom Führer verbreiteten Erkenntnissen von Rasse und Volkstum und an Hand der allerkrassesten kulturbolschewistischen Erscheinungen der entarteten Literatur und der entarteten Kunst auch auf Zustände *eines* Gebietes Schlüsse zu ziehen, das man beim besten Willen nicht als außerhalb jeglichen politischen oder kulturpolitischen Geschehens betrachten kann. Denn schließlich ist ja gerade die *Musik*, die hier in Frage steht, einer der heiligsten Bezirke unseres ganzen inneren Daseins als völkische Menschen, einer der Zentralbezirke unseres Lebens.

Was der Literaturhistoriker Adolf *Bartels* für die Entwicklung der deutschen Literatur erklärt, müssen wir auch auf die anderen Kunstgebiete anwenden. Wie er immer betont hat, ist die Entartung nicht *allein* auf den *jüdischen* Einfluß zurückzuführen. Es wäre zu bequem, wollte man z. B. den Kapitalismus als eine Erfindung des Judentums und die liberalistisch-kapitalistische Entwicklung *allein* als *jüdische* Schuld ansehen. Aber so viel ist wohl sicher,

6

In diesen Blättern wurde der Musikbolschewismus hochgezüchtet!

daß das Judentum diese Entwicklung sehr wesentlich mit gefördert hat und schließlich zum Hauptträger des Kapitalismus und seiner internationalen Formen geworden ist. Bei der zielbewußten Umfälschung aller Werte und aller Ideen des Wirtsvolkes hat der Jude sozusagen kein Gebiet ausgelassen, zumal er ja überall mit offenen Armen aufgenommen wurde.

Da aber das jüdische Volk in erster Linie händlerisch veranlagt ist und die geschäftlichen Künste vor allem souverän beherrscht, ergab es sich zwangsläufig, daß es auch die Kulturgebiete in den Bereich seines händlerisch-geschäftlichen Denkens einbezog und alle *Kultur- und Kunstdinge* ebenso wie die Gegenstände der Politik *zur Geschäftsware* stempelte. Durch dieses unheilvolle Wirken erklärt sich die ständig zunehmende Vermaterialisierung aller deutschen Einrichtungen, die oft aus reinstem Idealismus entstanden waren und nach und nach zum jüdischen Monopol wurden. Zwischen der Gesinnung eines jüdischen Professors der Germanistik oder der Medizin oder der Naturwissenschaft und der Gesinnung eines jüdischen Großbankiers war im Grunde kein wesentlicher Unterschied. Was Heinrich Heine oder Ludwig Börne in der Zeit der Romantik predigen und preisen, bewegt sich auf derselben geistigen Basis wie das literarische Handwerk eines Alfred Kerr oder Tucholsky. Höchstens, daß im *künstlerischen* Juden noch das besonders hervorstechende Merkmal der Eitelkeit und der Sucht, sich in Szene zu setzen, hinzutritt, das vielleicht beim reinen Geschäftsjuden weniger entwickelt ist. Für alle zusammen aber war schließlich *Reklame alles* und in der Schaufensterregie unterschied sich ein Wertheim nur unwesentlich von einem Max Reinhardt.

Das zu Beginn des 19. Jahrhunderts mehr und mehr emanzipierte und nach 1848 voll entfesselte Judentum wurde aus seinem Rassewillen heraus nicht müde, in jedweden Denkprozeß und in jedes Gefühlsleben deutscher Menschen einzugreifen und den Deutschen neue Vorstellungen, nämlich die der jüdischen Rasse, von den Dingen des Lebens aufzuschwatzen. *Die unheilvollste Tätigkeit der Juden des 19. Jahrhunderts aber müssen wir wohl in den unentwegten Versuchen sehen, das Volk von seinen schöpferischen Kräften, von seinen Talenten und Genies, zu trennen und damit von den anschaulichsten Beispielen von Rasse und Volkstum zu entfernen.*

Jedes Volk kann von seinen *Genies* die für alle Fragen notwendigen Maßstäbe leihen. Darin sehen wir die Sendung der

Zwei prominente Vorkämpfer des Musikbolschewismus

Der Jude Adolf Weißmann, Verfasser der „Musik in der Weltkrise"
(gezeichnet von dem Juden Fingesten)

Dr. Heinrich Strobel, der die Zeitschrift „Melos" zum Tummelplatz aller Dolchstöße gegen das Deutsche in der Musik machte und als „Avantgardist" des jüdischen Kunstbolschewismus Geschichte zu machen glaubte.

(gezeichnet vom Juden Dolbin)

Genies als der größten Erzieher und als der Repräsentanten der ewig-gültigen Gesetze des Volkstums. Werden Volk und Genie einander entfremdet und schieben sich zwischen diese beiden Gruppen wesens- und artfremde Elemente, die entweder die Talente und Genies totschweigen und sie als angebliche Mittler umfälschen oder dem Volke artfremde Lebensregeln diktieren, so müssen sich die Begriffe dieses von seinen Genies abgetrennten Volkes allmählich verwirren, zumal unmündige und sehr junge Völker von verhältnismäßig geringer Tradition ohne treue Ratgeber gar nicht auskommen können.

Und so erleben wir nun in der zweiten Hälfte des 19. Jahrhunderts und dann bis über den Weltkrieg hinaus die fortschreitende grauenvolle Entfremdung vom besseren Ich, vom eigenen Wesen, von allen geschichtlichen Werten, von der schöpferischen Persönlichkeit. Verkennen wir doch nicht, wie weit die Dinge wenige Jahre vor dem Kriege gediehen waren. Klagte doch der Jude Moritz *Goldstein* im Jahre 1911: „Wir Juden verwalten den geistigen Besitz eines Volkes, das uns die Fähigkeit und Berechtigung dazu abspricht". Wer aber hat damals einen Adolf Bartels verstanden, der diesem Moritz Goldstein unerschrocken antwortete und die Juden nicht als „Verwalter", sondern als „Vergewaltiger" des deutschen Kulturgutes kennzeichnete? Der Verfall aber war schon so weit gediehen, daß auf Männer wie Bartels nur noch kleine Scharen deutscher Jugend hörten, von denen dann die meisten auf den Feldern Frankreichs blieben.

Sollte es in der *Musik* nicht genau so trostlos ausgesehen haben wie in der Literatur und in der bildenden Kunst, wo doch Bartels in seiner berühmten Rede über den deutschen Verfall vom Januar des Jahres 1913 in Berlin ausrief: „Man saugt uns das Mark aus den Knochen und stiehlt uns die Seele"? Einem Volke, dem man die Seele stiehlt, stiehlt man auch die Musik, ihm ist eines Tages nichts mehr heilig, was seinen Ahnen heilig war. Ein Volk, das sich seine Gefühlswerte und Gemütswerte täglich zertrampeln läßt, ohne sich aufzubäumen, ein Volk, das sich Kleinodien wie das Volkslied verhunzen und damit sich selbst verhöhnen läßt, verliert auch jeden sittlichen Widerstand in *politischer* und endlich in *wirtschaftlicher* Beziehung. Ein Volk, das ein Alfred *Kerr* verhöhnen konnte, der vor Annahme des Dawes-Paktes zynisch meinte, es hieße nicht nach altgermanischem Wahlspruch: „Lieber tot als Sklave", sondern nach seiner Auffassung viel besser: „Lieber dreimal Sklave als tot", ein Volk, das sich seine Helden des Weltkriegs durch Ernst *Toller* mit der Ansicht beschmutzen ließ, daß das Heldenideal „das dümmste Ideal" sei, ein solches Volk

10

„Schönberg...

„Schönberg gehört zu den Kolumbusnaturen. Er schloß der Musik neue Ausdruckswelten auf. Halb verdrängte Melancholien, gestammelte Befürchtungen, Ahnungen, bei denen sich das Auge zum Bersten weitet, Hysterien, die mit uns allen leben, und jenes Heer der Krämpfe: sie werden Klang!"

(Der jüdische Musikliterat Siegmund Pisling über den Juden Arnold Schönberg)

hat überhaupt keine reinen und ungetrübten Sinne mehr für irgendein Phänomen, weder für den Klang der Muttersprache noch für den elementaren Klang des Volkslieds und erst recht nicht für die elementare Kraft in einem einzigen musikalischen Gedanken eines klassischen Meisterwerkes.

Ein Volk, das dem „Jonny", der ihm schon lang aufspielte, nahezu hysterisch zujubelt, mindestens aber instinktlos zuschaut, ist seelisch und geistig so krank geworden und innerlich so wirr und unsauber, daß es für die unendliche und uns immer wieder erschütternde Reinheit und Schlichtheit und Gemütstiefe der ersten Takte der „Freischütz"-Ouvertüre gar nichts mehr übrig haben kann. Aber da beginnt nicht etwa nur eine biologisch-medizinische oder gar nur eine ästhetische Frage, nein, da beginnt eine völkische Ehrenfrage, um die wir nicht herumkommen und die wir endlich einmal mit letzter Deutlichkeit herausstellen müssen.

Wenn Richard Wagner in seiner Abhandlung „Das Judentum in der Musik" schon auf die Scharlatane und seichten Nachahmer der jüdischen Musikproduktion seiner Zeit hinweist und nachweist, mit welcher Solidarität das Judentum alle deutsche Musik und deren Schöpfer bekämpft hat zu einer Zeit, da der jüdische Komponist aus guten Gründen immerhin noch ein bestimmtes Stilniveau wahrte, so sollten wir Nachfahren Wagners erst recht gewitzt sein, die viel plumperen Scharlatane der jüngsten Vergangenheit zu entlarven, die jahrzehntelang unser Opern- und Konzertleben beherrscht haben. Aber unser Grundfehler ist es ja von jeher gewesen, weder etwas aus der politischen Geschichte noch aus der Kulturgeschichte zu lernen und instinktlos dahinzuschwimmen in einem Strom von Flüssen und Einflüssen, deren Quellen bei einiger Gründlichkeit so leicht zu erkennen wären.

Es packt einen oft ein Grauen, wenn man bedenkt, daß wir uns Dichtung, Musik und Bildnisse von einem Fremdvolk haben schenken lassen, von dem wir ganz genau wissen, daß es allezeit einen infernalischen Haß gegen alles Germanische gehegt hat. Das nannten wir eine Bereicherung unserer Kultur, wir, die wir alles Kunstschaffen als eine seelische Offenbarung, als Offenbarung einer unendlichen Liebe, zum Volke, zur Schönheit des Vaterlandes und zur Erhabenheit unserer Gottheit ansehen. Welche unüberbrückbaren Gegensätze, die uns aber von raffiniertesten Jongleuren und wendigsten Artisten ausgeredet und mit Scheinkonstruktionen überbrückt wurden! Und schließlich hatte der Haß jener Seite gegen alles Germanische so vergiftend gewirkt, daß

Zwei jüdische Vielschreiber

Ernst Toch war auf den Musikfesten in Donaueschingen und Baden-Baden, aber auch auf den Tonkünstlerfesten des ADMV. ein begehrter Notenschreiber. Er brachte das Kunststück fertig, für das Tonkünstlerfest 1930 in Königsberg eine Oper „Der Fächer" anzubringen, zu der bei Annahme des Werkes noch kein Akt geschrieben war.

Franz Schreker war der Magnus Hirschfeld unter den Opernkomponisten. Es gab keine sexual-pathologische Verirrung, die er nicht unter Musik gesetzt hätte.

viele von uns m i t zuhassen begannen, mindestens aber respektlos und ehrfurchtlos über unsere eigenen germanischen Meister zu sprechen anfingen. Damit verloren wir ein gut Teil der Selbstachtung und hätten beinahe vor der Welt die Achtung als Nation eingebüßt, wenn die aufrüttelnde Tat des Führers nicht geschehen wäre.

Wir sehen also klar: K u l t u r f r a g e n sind im tiefsten E h r e n - f r a g e n, und ich glaube nicht, daß es eine Schande ist, wenn wir in kameradschaftlicher Gemeinsamkeit schon vorhandene nationale Einsichten vertiefen, vorhandene Fehler korrigieren und Mängel in aller Öffentlichkeit beim Namen nennen, die bei einem solchen völkischen Entwicklungsprozeß ganz gewiß nicht von heute auf morgen abgestellt werden konnten. Wesentlich ist nicht, wie s c h n e l l wir sie abstellen, sondern daß wir überhaupt den ehrlichen Willen aufbringen, entscheidende Schritte zu tun und die endgültige reinliche Scheidung durchzuführen.

Sie durchzuführen, gibt es vielerlei Wege und Methoden. Das Wichtigste ist die A u f k l ä r u n g und der Anschauungsunterricht, der ebenso in Vorträgen wie in Schriften, aber auch in Ausstellungen erfolgen kann. Eine solche radikale Aufklärung durch Anschauung für das Gebiet der entarteten Kunst hat der Führer letztes Jahr durch die bekannte Ausstellung gegeben, und es ist gewiß, daß sich ihr kein Volksgenosse hat entziehen können. A u f d e m G e b i e t e d e r M u s i k ist diese Aufklärung selbstverständlich v i e l s c h w e r e r, weil hier das plastische Anschauungsmaterial in viel geringerem Maße zur Verfügung steht. Aber wer Zusammenhänge zu sehen vermag oder gar durch langjähriges Studium und langjährige Erfahrungen ein besonders geschultes Auge für Zusammenhänge bekommen hat, der kann unschwer z. B. auf dem Gebiet der O p e r n m u s i k von der offensichtlich entarteten „Dichtkunst" des Librettos und einer dekadenten Persönlichkeit, die für das Textmachwerk verantwortlich zeichnet, auf die Gesinnung des Komponisten schließen, der ja zur Ehe mit dem Librettisten von keiner Macht der Welt, sei es denn von einer jüdischen Verlagsmacht, verleitet oder gar gezwungen werden kann. Ich formuliere allgemeingültig: Sage mir, wer dein Libretto schreibt, und ich will dir sagen, was du bist! Die Antwort wird im Hinblick auf Werke der jüngsten Vergangenheit dann sehr oft lauten müssen: mindestens instinktlos. Oft aber wird sie heißen müssen: von gleicher Gesinnung und gleicher Art wie der Textdichter. „Es tut mir lang schon weh, daß ich dich in der Gesellschaft seh'!", habe ich in den letzten Jahrzehnten mit Gretchen oftmals ausrufen müssen, wie mir anderseits ebenso klar wurde, daß

Der "Schöpfer" der
Dreigroschenoper
KURT WEILL, PERSÖNLICH
und seine Handschrift mit dem Selbstbekenntnis aus der „Dreigroschenoper":
„. . . nur wer im Wohlstand lebt, lebt angenehm."

14

jeder den Librettisten hat und jeder den Regisseur und Bühnenbildner findet, den er verdient. Daß dann jeder auch die Presse bekam, die er verdiente, versteht sich wohl am Rande.

Was in der Ausstellung „Entartete Musik" zusammengetragen ist, stellt das Abbild eines wahren Hexensabbath und des frivolsten, geistig-künstlerischen Kulturbolschewismus dar und ein Abbild des Triumphes von Untermenschentum, arroganter jüdischer Frechheit und völliger geistiger Vertrottelung, wobei ich aber gleichzeitig nicht umhin kann, wenigstens andeutungsweise auch die Nachwirkungen aufzuzeigen, die im heutigen Musikleben noch immer zu finden, wenn auch allmählich zu verschwinden im Begriffe sind.

Es liegt auf der Hand, daß das von Adolf Bartels aufgestellte Gesetz, daß das Schrifttum dem Volkstum entspricht, jüdisches und deutsches Schrifttum also zweierlei ist, daß dieses Gesetz auch für alle anderen Künste Gültigkeit hat. Jüdische Musik und deutsche Musik bleiben also auch zweierlei. Gewinnen nun aber in der Entwicklung jüdische Musikgesetze oder Gesetzeskonstruktionen und Scheindoktrinen, jüdische Klangphysik und Klangpsychologie eine bestimmte Vorherrschaft auch in der deutschblütigen Musikerschaft dergestalt, daß sich deutsche gedankenlose Nachbeter den Einflüssen einer minderwertigen Rasse aus eigener Schwäche und mangelnder Schöpfer- und Einfallskraft nicht entziehen können, so entsteht zwangsläufig eine Entartung der deutschen Musikerschaft und des musikalischen Schaffens. Entartete Musik ist dann im Grunde entdeutschte Musik, für die das Volk in seinem gesunden Teil auch kein Empfangsorgan, keine Empfindung und Empfänglichkeit aufbringen wird. Sie ist zuletzt Gegenstand snobistischer Verhimmelung oder rein intellektueller Betrachtung von seiten mehr oder weniger dekadenter Literaten und Skribenten, die nun freilich in den Musikzeitschriften „Melos" und „Anbruch" wahre Orgien gefeiert haben.

Wenn wir heute ohne Zorn und Eifer den „Anbruch" z. B. des Jahres 1930 aufschlagen, also eines Jahres, in dem wir in Thüringen mit Dr. Frick schon den ersten nationalsozialistischen Minister hatten, in dem wir das Weimarer Schloßmuseum schon von den schlimmsten Auswüchsen der entarteten Kunst säuberten, und in dem in Leipzig Kreneks skandalöses Opernwerk „Leben des Orest" mit tosendem Beifall eines im wesentlichen jüdischen Parketts aufgenommen wurde, so könnte man geneigt sein, mit erhabenem Lächeln über den lackierten Dreck hinwegzusehen, den damals ein Kritiker über diese

Ernst Krenek propagierte in „Jonny spielt auf" die Rassenschande als die Freiheit der „Neuen Welt"

Anton Webern, ein „Meisterschüler" Arnold Schönbergs, übertrumpfte seinen Dresseur noch um etliche Nasenlängen

Auflösung nicht nur in der Musik, sondern auch im Bühnenbild!
Dieses Szenenbild zu Schönbergs Irrenhaus-Phantasie „Die glückliche Hand" nannte der Bauhäusler Oskar Schlemmer eine Landschaft!

Uraufführung schreibt, der noch dazu auf den sehr stark verpflichtenden Namen „*Redlich*" hört. Wie entartete Kritik jener Tage entartete Musik pries, das geht aus jener „redlichen" Kritik über Kreneks „Leben des Orest" deutlich genug hervor. Da wird dieses durch und durch faulige Werk als Gipfelpunkt jener „ideologischen Entwicklung" gepriesen, die „mit dem Kollektivismus der „Zwingburg" begann und ihrem zentral gestellten Problem der menschlichen Freiheit im „Orest" die ästhetisch überzeugende Fassung verlieh". Und Redlich meint, daß die Optik, in der hier die Antike gesehen sei, und die stilistische Nuance, mit der hier „ein ältester Mythos *unliterarisch*, *ahistorisch*, *antiästhetisch*, im reinsten Sinne des Wortes *rein menschlich* gestaltet sei," und „die einfache, in ihrer Klarheit ungemein sinnfällige Deutung, die hier der barbarischen Symbolik alter mythologischer Verknüpfungen zuteil wurde", daß dies alles „auf eine völlige Veränderung unserer Einstellung zum ideellen Ursinn der Antike hindeute".

Man höre! „Die Fassade des klassizistischen Griechentums" sei „verschwunden", alles sei „umflossen von der Atmosphäre einer diatonisch simplen Musik, die ohne wesentliche kontrapunktische Verknüpfungen, ohne leitmotivische Technik, ohne doktrinäre harmonische Konstruktionsprinzipien auszukommen versteht". Es sei, so fährt der fremdwortgewaltige Skribent fort, „eine Musik der genauesten Proportionen, der exaktesten dramatischen Überschneidungen, in ihrer Vielschichtigkeit und der Elastizität ihres Kommens und hinter dem Text Verschwindens etwas wie einen neuen Ausdrucksstil präformierend".

Dieser so durchsichtig schreibende Herr Redlich preist sodann die „wunderbare Durchsichtigkeit" von Kreneks Musik und „die scharfe, oft outriert gezeichnete Klangkontur des Orchesters, das tonpoetische Vorstellungen eines arkadischen Naturgefühls (sprich: Unterleibsempfindens) ebenso überzeugend widerspiegelt wie die superlativische Grellheit des Jahrmarkts". „Ganz neuartig die weit über die gebräuchliche Jazz-Koloristik hinausgehende, durchaus thematische konstruktive Verwendung des Banjo, die verwaschene fahle Ziehharmonikafarbe des Harmoniums, die fast continuo-mäßige Verwendung des solistischen Klaviers; von frappanter Drastik die Behandlung der hohen Holzbläser und des Schlagwerkes." „Die Singstimme in kontrastierenden Spielarten ihrer Gattung erscheint durchaus zentral gestellt. Die koloristische Verwendung des Chors als Brummstimme, die tektonische Verwendung desselben als akustisches Plakat, das die dramatischen Hohlräume

18

Brecht-Weill: „Mahagonny"

„Erstens, vergeßt nicht, kommt das Fressen,
Zweitens kommt die Liebe dran,
Drittens das Boxen nicht vergessen,
Viertens Saufen, so lang man kann.
Vor allem aber achtet scharf,
Daß man hier alles dürfen darf."

So lautet der Wahlspruch der von Verbrechern zum Zwecke der Befriedigung aller niedrigen Instinkte gegründeten „Stadt Mahagonny"!

Szenenbild der Uraufführung von „Mahagonny" auf der „Deutschen Kammermusik 1927" in Baden-Baden

zwischen den Akten mit programmatischen Proklamationen ausfüllt, ist ebenso neuartig als wirksam. Das rhythmische Skelett der Oper setzt sich vornehmlich aus Elementen der Jazzsphäre zusammen. Sie sind hier als der natürliche Ausdruck einer zeitbedingten, akustischen Atmosphäre zu werten, die Krenek in keinem Takt konstruktiv bemänteln wollte."

Das ist Redlich, und ich darf versichern, daß es mich redlich angestrengt hat, mit meiner schwachen Zungenfertigkeit durch diesen Wust von nacktem Blödsinn hindurchzukommen. Aber es ist ein klassisches Beispiel für tausend andere und beleuchtet schlaglichtartig das Chaos, das damals im Kunst- und Presseleben herrschte. Die gleichen Skribenten aber beschimpften ein deutsches Publikum, das sich Machwerke wie „Mahagonny" oder den „Jonny" oder den „Orest" oder die „Geschichte vom Soldaten" nicht gefallen ließ und Theaterskandale hervorrief, und lobt anderseits z. B. „die Wohlerzogenheit des Kasseler Theaterpublikums", das sich (man höre den zynischen Ton), „zu seiner Ehre muß es gesagt werden, mustergültig diszipliniert und an dem Werk stark gefesselt zeigte". „An dem Werk stark gefesselt" ist übrigens ein schönes Deutsch. Sonst spottet man über den „ehrsamen Bürgersmann", wie man, um irgendein anderes Beispiel aus der Fülle der Geschichte herauszugreifen, die Max-Reger-Gesellschaft „als eine Art musikalischer Aufwertungspartei der expropiierten Bürgerlichkeit" verhöhnte. Es war dies das Jahr 1930, in dessen erster Hälfte folgende Uraufführungen vielsagender Art in Leipzig, Berlin und Frankfurt stattgefunden haben: „Leben des Orest" von Krenek, „Von heute auf morgen" des Juden Schönberg, „Fremde Erde" des Juden Carol Rathaus, „Aufstieg und Fall der Stadt Mahagonny" des Juden Kurt Weill, „Achtung! Aufnahme!" des Juden Wilhelm Groß, „Transatlantik" des Juden George Antheil, „Christoph Colombe" des Juden Darius Milhaud und „Der Fächer" des Juden Ernst Toch (diese in Königsberg).

Es ist nicht meine Aufgabe, den berufenen Musiktheoretikern Forschungswege zu weisen, meine Pflicht ist es aber, zu einer möglichst naturhaften und elementaren Betrachtungsweise aller vorliegenden Probleme anzuregen und eine Grundforderung gerade auch für die Spezialisten aufzustellen, daß nämlich endlich einmal wieder das reine und geläuterte Gefühl des deutschen Menschen da entscheidet, wo es bislang geflissentlich ausgeschieden wurde, nachdem man es vorher gründlich verwirrt und getrübt hatte. Unser deutsches Gefühl hat uns

JÜDISCHE OPERETTE war Trumpf!

Hier stellen sich vor: Leo Fall (links) und Oskar Straus (rechts). Der großen Familie der Operettenschreiber jüdischer Rasse gehören weiter an: Leo Ascher, Leon Jessel, Paul Abraham, Heinrich Berté, Victor Hollaender, Hugo Hirsch, Rudolf Nelson, Mischa Spoliansky, Edmund Eysler, Georg Jarno und Jean Gilbert und unsere Ahnen jahrzehntelang und Jahrhunderte hindurch im Erleben der größten germanischen Meisterwerke glücklich werden lassen. Und an dieses Gefühl wie an den gesunden Kunstverstand appellieren wir heute mit allem Nachdruck, wenn eine reinliche Scheidung durchgeführt werden soll.

Was meint der Führer wohl im tiefsten, wenn er vom „ewigen Deutschland" spricht? Er hat es immer dann getan, wenn er auf die Meisterwerke der Genies hinwies, die jahrhundertelang unserer Rasse und unseres Volkes Kraft in tiefster Schöpfernot hervorgebracht haben. Der Glaube an diese ist gleichbedeutend mit dem Glauben an die Zukunft. Unsere Sorge geht ja nicht darum, daß wir Bach, Beethoven oder Wagner verlieren könnten, sie geht nur darum, daß zahllose, durch Krieg und Kriegsnot und allgemein völkische Erkrankung gestrauchelte oder unsicher gewordene Naturen der Gegenwart und des Nachwuchses wieder Haltung und Einsicht gewinnen. Wer auch nur einen Funken von Idealismus und von Einsicht in das Schöne, das Wahre und das Erhabene in seinem Herzen trägt, der kann sich mühelos ausrichten und aufrichten an dem, was uns aus der Blütezeit der Klassik und der Romantik überkommen ist. Keine Nation der Erde hat so unerhörte dichterische wie musikalische Höhepunkte erreicht wie die deutsche, und wir haben allen Anlaß, stolz zu sein und ehrfürchtig genug, um dieses Erbe nicht leichtfertig zu verprassen. Stellen wir uns mit geistiger Wehr und Waffe schützend vor die Großen unseres Volkes, wenn irgendein notorisch steriler Musikliterat oder sogenannter Komponist, der aus Mangel an schöpferischer Tonphantasie keine Einfälle hat, über die Theorien der Meister hinweggehen und deren ganz natürliche Klangforderungen sprengen will. Haben wir nicht in Adolf Hitler das größte erzieherische Beispiel dafür, daß man Politik nicht aus konstruktiven Doktrinen und unter Ableugnung des historisch Gewordenen treiben kann, vielmehr dafür, daß gesunde Politik stets das organische Weben und Wachsen im Volkstum belauscht und die natürlichen Lebenslinien aufspürt, nach denen sich ein Volkskörper entwickeln muß?

Keine anderen Gesetze bestehen für die Kunst eines Volkes, deren Entwicklung sich organisch vollziehen muß. Es mag allzu einfach klingen, aber das Geheimnis aller Erkenntnis liegt ja schließlich in der Einfachheit: wenn die größten Meister der Musik in der Tonalität und aus dem ganz offenbar germanischen Element des Dreiklangs empfunden und geschaffen haben, dann haben wir ein Recht, diejenigen als Dilettanten und Scharlatane zu brandmarken, die diese Klang-

22

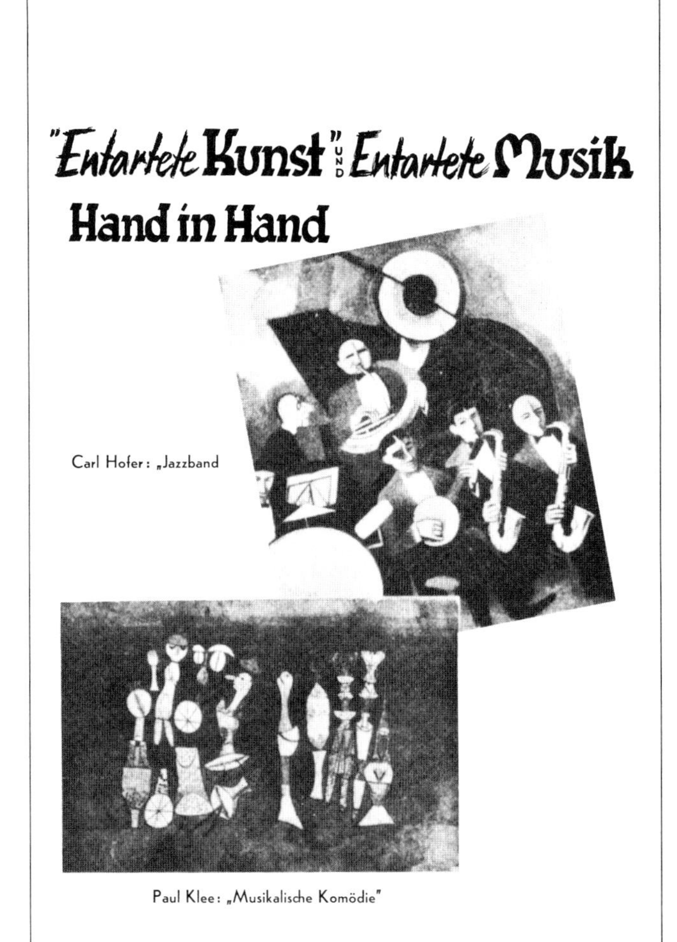

"Entartete Kunst" UND Entartete Musik
Hand in Hand

Carl Hofer: „Jazzband

Paul Klee: „Musikalische Komödie"

grundgesetze über den Haufen schmeißen und durch irgendwelche Klangkombinationen verbessern oder erweitern, in Wirklichkeit entwerten wollen.

Mir erscheint es frivol, ausgerechnet dem deutschen Volke, dessen Ohr durch unsere Meister die allerhöchste Kultivierung erfahren hat, ein neues Hörenkönnen beibringen zu wollen. Es wäre in der deutschen Musikerziehung noch sehr viel zu tun, um dem jungen Menschen das Anhören Bachs, Händels, Haydns, Mozarts, Beethovens und aller Meister des 19. Jahrhunderts so beizubringen, daß er diese Musik als täglich Brot seiner Seele ansähe. Aber Atonalität predigen, wo das tonale Musikgut im ganzen Umfang und in aller Breite seines ungeheuren Kulturbereiches im Volke noch lange nicht Allgemeingut geworden ist, hieße verbrecherische Unterschlagung der deutschen Geschichte und wertvollsten Kunstbesitzes und außerdem Falschmünzerei treiben.

Ich bekenne mich mit einer Reihe führender musikalischer Fachmänner und Kulturpolitiker zu der Anschauung, daß die Atonalität als Ergebnis der Zerstörung der Tonalität Entartung und Kunstbolschewismus bedeutet. Da die Atonalität zudem ihre Grundlage in der Harmonielehre des Juden Arnold Schönberg hat, so erkläre ich sie für das Produkt jüdischen Geistes. Wer von ihm ißt, stirbt daran. Wer in die Schule Beethovens geht, kann unmöglich über die Schwelle der Werkstatt Schönbergs finden, wer sich aber länger in dieser Werkstatt Schönbergs aufgehalten hat, verliert notwendigerweise das Gefühl für die Reinheit des deutschen Genies Beethoven. Wer in dieser Beziehung nicht kompromißlos denkt, tut es auf eigene Gefahr und muß eines Tages seelisch-geistig und schöpferisch zugrundegehen. Die Menschen, die dem „Fortschritt um jeden Preis" und der sogenannten „Moderne" huldigen, um vor Literaten als modern zu gelten, anstatt beim Volke Gehör zu finden, sollten endlich erkennen, daß der wahre Fortschritt niemals vom sogenannten „Zeitgeist", dieser jüdischen Erfindung, ausgegangen ist, sondern allein von den starken schöpferischen Persönlichkeiten. Sie allein sind die Schrittmacher der Entwicklung der Völker. Was uns der jüdische Demokratismus und Marxismus als „Fortschritt" und „Zeitgeist" aufgeschwindelt haben, war entweder die Lehre der Primitivität und der Rückkehr zum animalischen und nacktesten Triebleben, also die Abkehr von jeglicher Kultur, oder ein geistreich sein sollendes Jonglieren mit Schlagworten, mit einer bestimmten Wirkung auf den Tagesgeschmack.

24

Juden gegen Wagner

Der Jude Otto Klemperer führte als „Generalmusikdirektor" der Kroll-Oper in Berlin die Generalattacken gegen Richard Wagner. Seine Inszenierung des „Fliegenden Holländer" wurde zu einem der größten Theaterskandale der Systemzeit. Als er am „Platz der Republik" abgewirtschaftet hatte, setzte er noch in der Staatsoper „Unter den Linden" sein zersetzendes Treiben mit einer ebenso berüchtigten „Tannhäuser"-Inszenierung fort. Klemperer ist nach der Machtübernahme in die Vereinigten Staaten emigriert. Dort läßt er sich als „Märtyrer" und „Opfer der deutschen Barbarei" feiern.

Es könnte nun jemand kommen, der zwar den vom Judentum geförderten Kunstbolschewismus in der Dichtung und in den Libretti gewisser Opern, Operetten und Lieder zugibt, ihn aber in der Musik selbst als nicht vorhanden oder als nicht nachweisbar erklärt. Hier steht zunächst einwandfrei fest, daß die jüdische Sprache, auch die sogenannte „dichterische" eine ganz spezifisch-jüdische Wortmelodie und Versmelodie hat, die sich dann bei der Komposition auch als eine besondere Tonmelodie widerspiegeln muß. Ein gemauschelter Text läßt sich auch von einem deutschblütigen Komponisten, erst recht von einem dünnblütigen Komponisten nicht durch die Musik ins geliebte Deutsch übertragen. Mit dem albernen Text und Textdichter gleitet auch der Komponist abwärts, in eine fremde Welt, auf eine tiefere Ebene. Mögen aber derartige feinere Untersuchungen der Sprach- und der Musikwissenschaft überlassen bleiben.

Noch deutlicher wird die Entartung nach dem Einbruch des brutalen Jazz-Rhythmus und Jazz-Klanges in die germanische Musikwelt. Ich möchte von vornherein ein häufig anzutreffendes Mißverständnis ausschalten. Ich denke nicht im entferntesten daran, im Kampf gegen die atonale Musik etwa gegen Dissonanzen oder meinetwegen auch gegen eine Häufung von Dissonanzen anzugehen. Jedem Kunstästheten ist das Gesetz der Gegensätzlichkeit selbstverständlich geläufig. Ebenso wenig wird von uns gegen eine Bereicherung im Rhythmischen angegangen, wobei man allerdings einschränkend mit Fug und Recht vermuten darf, daß die Meister des 19. Jahrhunderts höchstwahrscheinlich alle rhythmischen Möglichkeiten längst erschöpft, jedenfalls aber instinktiv und auch bewußt auf die Einbeziehung fremdrassiger Rhythmen verzichtet haben. Sollten wir nun nicht mit der gefühlsmäßigen Entscheidung über tonal oder atonal auskommen, so können wir ja auch mit dem logischen Denken an das Problem herangehen, wozu uns dann die Philosophie die Möglichkeiten bietet. Indem sich die Philosophie mit dem Mittel des reinen Denkens der Kunst bemächtigt, schafft sie das Gebiet der Philosophie der Kunst oder der Ästhetik. Dazu hat vor zwei Jahren zum 67. Tonkünstlerfest in Weimar der Generalmusikdirektor **Dr.** Ernst Nobbe folgendes ausgeführt:

„Die Ästhetik der großen Philosophen des deutschen Idealismus lehrt uns, daß in Tönen eine Kunst dadurch möglich wurde, daß in eine ursprüngliche Mannigfaltigkeit von Tönen Einheit gebracht wurde, daß von Kunst keine Rede sein könne, solange wir nur eine Mannigfaltigkeit von Tönen (oder sogar ursprünglich nur von Tonhöhen) hören, daß diese Töne vielmehr in Beziehung zueinander gesetzt werden müssen. Die Bezogenheit der Töne aufeinander also bringt erst Einheit in ihre Mannigfaltigkeit und formt aus ihnen eine Kunst. Die Faktoren, die der Herstellung der Einheit in der Mannigfaltigkeit dienen, sind Tonalität, Rhythmus, Taktart, Zeitmaß, Motivbildung, Melodie, thematische Arbeit, Periodisierung usw. (sie alle bedeuten für die im Element der Zeit ablaufende Musik das Moment der Kausalität). Im besonderen Sinne interessiert uns hier die zunächst genannte „Tonalität". Durch das Vorhandensein einer Tonart sind die mit- und nacheinander erklingenden Töne in das Verhältnis der Tonalität gebracht. Die Tonalität ist kein an die Töne herangetragenes, sie willkürlich begrenzendes Moment, sie entstammt vielmehr der Struktur des Tones selbst. Sie ist auch keine Armutserscheinung, eine Einengung; sie erst schafft die Möglichkeit der unendlichen Bereicherung der Tonart, der Modulation, der Heranziehung der harmonischen Vertreter, der Erweiterung zur großen Kadenz, der Alterierung der Akkorde, endlich die Möglichkeit des weiten Reiches der Dissonanz. In Dilettantenkreisen herrscht vielfach die Ansicht, Atonalität sei gleichbedeutend mit dissonierender Musik, und in tonaler Musik sei die Dissonanz wohl gar eine Unmöglichkeit. Das ist natürlich eine völlig irrige Ansicht; es läßt sich aus lauter Dreiklängen eine durchaus atonale Musik formen, und es läßt sich in tonaler Musik mit unendlichen Dissonanzhäufungen musizieren. Unser Ohr, unsere Apperzeption, unsere Aufnahmefähigkeit läßt sich, wie wir alle ja erlebt haben, an Dissonanzen außerordentlich gewöhnen: die Fähigkeit, alle diese Dissonanzen noch als bezogen auf eine Tonalität aufzufassen und zu hören, läßt sich erstaunlich steigern.

Hört aber einmal die Möglichkeit auf, diese tonale Bezogenheit noch zu erkennen, läßt sie sich auch vom theoretisch sezierenden Musiker auf dem Wege der harmonischen Analyse nicht mehr entdecken, so ist in diesem Fall eine ganz bestimmte und hiermit durchaus klar definierte Grenze überschritten: die Einheit in der Mannigfaltigkeit ist nicht mehr vorhanden, die Tonalität ist damit zerstört, lediglich eine chaotische Mannigfaltigkeit von Tönen ist geblieben, und das wesentliche Moment, das aus Tönen eine Kunst entstehen ließ, ist gefallen; mit Aufhebung der Tonalität ist nach Hegel der dialektische Geistesprozeß zerstört, ohne den keine einzige Betätigung unseres Geistes möglich ist. Die Grenze zwischen Tonalität und Atonalität ist also durchaus nicht eine imaginäre, verschwommene, sondern vom Standpunkt der „Philosophie der Kunst" her klar zu definierende.

Und über diese Grenze hinaus wird die Aufnahmefähigkeit unseres Geistes **a priori** niemals apperzipieren, wird unser Ohr nie im Sinne einer Kunst „hören lernen" können."

Robbe gibt dann sehr treffend die Zusammenhänge zwischen solchen Kulturfragen und den entsprechenden politischen Fragen:

„Wie es in der Musik nun Faktoren gibt, die die Einheit in der Mannigfaltigkeit formen (Melodie, Rhythmus, Tonalität, Motivbildung usw.), so gibt es im Völkerleben die entsprechenden Faktoren. Wenn wir aber sehen, daß diese Faktoren zerstört werden, daß Nationalität zerfällt zur Mannigfaltigkeit der Internationalität, Staatsautorität zur Anarchie, oder daß ein Volk seine sprachliche Einheit zerstört, in alle Welt zieht und seine Sprache mit jeglicher anderen Sprache verbindet, daß ein Volk seine historische, völkische und rassische Einheit fallen läßt, sich mischt, um nur noch in einer bunten chaotischen Mannigfaltigkeit zu leben, und wenn wir diese Eigentümlichkeiten im Judentum erkennen und in dem aus seinem Geiste geborenen Bolschewismus wiedererkennen, so ist die Anwendung des Begriffs „Kunstbolschewismus" nicht unberechtigt für eine Erscheinung, wie wir sie in der Atonalität erkannten, die ja bemerkenswerterweise in erster Linie durch jüdische Komponisten repräsentiert wird."

Er beschließt seine damaligen Ausführungen: „Zu den kunstbolschewistischen Momenten in der Musik gehört nicht nur die Atonalität, die Auflösung der durch die Tonart geschaffenen Einheit in der Mannigfaltigkeit, sondern ebenso die Zerstörung der rhythmischen Einheit, die Einheit der Taktart, die Zerstörung der motivischen Einheit eines Tonstückes, vor allem aber die gleichzeitige Zerstörung aller dieser Faktoren etwa in einem Tonstück, das in jedem Takt eine neue Taktart, neue rhythmische Bewegungen, neue Motivgebilde und vor allem gar keine tonale Bezogenheit aufweist. Eine Sorge um neue Ausdrucksformen und Ausdrucksmittel lediglich aus Anlaß der Ablehnung der Atonalität ist gewiß nicht begründet. Für Taktwechsel, rhythmischen, harmonischen und motivischen Reichtum, für klangliche Impressionen und auch für Dissonanzbildungen als Gegensätze und Durchgänge bleibt ein unendlich reiches Betätigungsfeld. Sie alle werden zu sinnvoller, wirklich künstlerischer Möglichkeit, Bedeutung und Geltung kommen, gerade in einer tonal bezogenen, in einer nicht-bolschewistischen Musik."

Diesen lichtvollen Worten bleibt im Grunde nichts hinzuzufügen. Der Eingeweihte ist in der Lage, von ihnen aus weiter in die Tiefe zu stoßen, und auch der musikalische Laie wird etwas von der Richtigkeit dieser elementaren Gedankengänge und Begriffe fassen können.

Ich glaube nicht, daß wir bei irgendeinem der in der Ausstellung gekennzeichneten Komponisten des letzten Menschenalters von einem höchstgebildeten menschlichen Geiste sprechen können. Wer die Grenzen in der Klangkombination dauernd verschieben will, löst unsere arische Tonordnung auf. Wir können doch nicht die große Tonentwicklung von tausend Jahren als Irrtum anschauen, sondern müssen in den Meisterwerken dieser gewaltigen Zeit die Krönung des abendländischen Geistes sehen. Wer diese Grenzen verwischen will, der musiziert nicht mehr dreiklangsmäßig-abendländisch, sondern will auf die Vorherrschaft der Melodie im falschen Sinne hinaus. Die nichtabendländischen Völker musizierten auch melodisch, aber eben nicht mehrstimmig. Mehrstimmig musizieren kann für den Abendländer nur heißen: die Freiheit der Linienmelodie anerkennen, in der Bindung der höheren Ordnung des uns naturoffenbarten Dreiklangs. Selten wird uns die Zugehörigkeit zu unserer Rasse so klar und eindringlich gewiesen wie in der Naturoffenbarung der Musik.

Kann in diesem Rahmen auch nicht im entferntesten Abschließendes über das Wesen der Tonalität und das Geheimnis des Dreiklangs gesagt werden, so möchte ich doch darauf hinweisen, daß wir im Dreiklang ein Phänomen schlechthin erblicken sollten, das wir nur fühlend begreifen können. Aus den Wundern, die sich aus ihm in all den zahllosen Meisterwerken herauskristallisiert haben, können wir fühlend auch auf das Urwunder zurückschließen und es wie ein von der göttlichen Natur Gegebenes gläubig hinnehmen. Wobei ich immer und immer wieder demjenigen, der mir mit Wieso und Warum begegnet, erwidern muß: die Genies haben uns den Beweis erbracht. Man muß sie nur lesen und hören können, dann kann man ihr geheimstes Wesen und ihr höchstes Wollen auch verstehen oder doch wenigstens annähernd begreifen.

So möge der Mann und der Jüngling, der Schöpferdrang in sich verspürt, mit sich, mit seinem völkischen Gewissen zu Rate und in die Lehre bei denen gehen, die noch niemals versagt haben, bei den Sendboten der Götter, bei den Genies unserer heiligen deutschen Kunst. Wir bekämpfen den zersetzenden, negierenden, eiskalten Scheingeist, der in den letzten Jahrzehnten verkündete, daß uns Beethoven und Wagner nichts mehr zu sagen hätten, und wir bekennen uns zu der großartigen germanisch-deutschen Musik, deren Geheimnis auch in der Seelentiefe des größten deutschen Genies und Wortdichters Wolfgang Goethe rauschte, der einmal ausrief: „Der Gesang hebt wie ein Genius gen Himmel und reizt das bessere Ich in uns an, ihn zu begleiten".

30

Paul Hindemith mit seiner Frau, einer Tochter des jüdischen Frankfurter Opernkapellmeisters Ludwig Rottenberg, und seinem Verleger.

Paul Hindemith in Baden-Baden.

Eine Erinnerung.

Im Juli 1929 wurde das kommunistische „Lehrstück" von Bert Brecht und Paul Hindemith in Baden-Baden uraufgeführt. Der folgende Bericht über das Werk erschien damals in einer Zeitung im Ruhrgebiet.

„In die Schießbudenatmosphäre eines Jahrmarkts wurde man bei der Aufführung des Fragments „Lehrstück" von Bert Brecht und Paul Hindemith versetzt. Schauplatz dieses Rummels war die Stadthalle, eine ehemalige Turnhalle. An der Decke hängt als Motto ein Plakat mit der Aufschrift: „Besser als Musik hören, ist Musik machen!" Von der Wand hängt ein Flugzeugwrack. Daneben ein Podium, auf dem Orchester und Chor Platz nehmen; an einem Tisch auf dem Podium sitzen Hindemith, Brecht und Gerda Müller, die als Sprecherin fungiert. Auf der Galerie eine Blasmusik aus Lichtenthal, bei deren Gedröhn man nicht weiß, ob sie richtig oder daneben bläst. Dazu ein ausgewähltes Auditorium mit Gerhart Hauptmann, André Gide und sämtlichen badischen Ministern. Das Lehrstück, gegeben durch einige Theorien musikalischer, dramatischer und politischer Art, die auf

31

eine kollektive Kunstübung (lies kommunistische Tendenz) hinzielen, behandelt den Tod eines abgestürzten Fliegers, der in der Gestalt des Tenors Josef Witt in heller Sommerkluft vor einem Notenpult Stellung genommen hat. Das für Liebhaber geschriebene Stück wird von ersten Solisten aufgeführt. Am ersten Geigenpult sitzt der Weimarer Konzertmeister Strub. Alfons Dressel dirigiert. Holles Madrigalisten stellen den Chor. Der Chor beginnt mit der Schlußkantate aus dem Lindberghflug, die durch einige pikante Bläserinterjektionen noch gewürzt wird. Der Flieger wird über die Bedeutungslosigkeit seiner Person belehrt: „Das Brot wurde dadurch nicht billiger!" Es entwickelte sich eine Aussprache über das Verhältnis von Mensch zu Mensch, in der Hilfe für den Flieger abgelehnt wird. Das Publikum kann sich an diesem Unfug beteiligen, indem es Anfragen beantwortet, die, in simplem Notensatz auf die Leinwand geworfen, von Prof. Hindemith dirigiert werden. Im Film werden nun zwei Totentänze der Valesca G e r t gezeigt, deren krasser, ja widerlicher Realismus auf der nackten Leinwand unerträglich wird. Die ersten Pfiffe und Schlußrufe ertönen. Dann folgt eine Untersuchung, ob der Mensch dem Menschen hilft. Drei Clowns treten auf. Einer von ihnen ist durch Holz und Papiermaché überlebensgroß gemacht. Mit richtigen Sägen und den dazugehörigen Geräuschen sägen ihm die beiden Kumpane beide Füße, die Hände, Ohren, Schädeldecke und schließlich den ganzen Schädel ab, wobei die Stümpfe blutrot angestrichen sind. Ein ohrenbetäubender Lärm setzt ein. In Scharen verlassen die Besucher die Halle. Hindemith läßt einen Marsch ertönen, aber der Schluß geht in dem allgemeinen Lärm unter. Die überwältigende Mehrheit des Publikums protestierte gegen den bolschewistischen Schwindel.

Warum blieb Gerhart Hauptmann während dieser ganzen Aufführung ruhig sitzen und protestierte nicht gegen dieses Schandwerk? Warum ließ Prof. Fritz Jöde, der Führer der Jugendbewegung, mit seinen Anhängern diese Jugendvergiftung getrost über sich ergehen? Warum erhob sich keiner von denen, die angeben, „Führer" zu sein, gegen diese Lumperei?

Noch nie schloß ein Musikfest mit solchem Mißklang. Hindemith hat sich mit diesem Opus so kompromittiert, daß jetzt hoffentlich die Reaktion gegen diese Gaukelei einsetzt. Die Inflation in der Musik muß endlich liquidiert werden. Es ist höchste Zeit, daß diese „Helden" von der Bildfläche abtreten. Sie haben in den letzten Jahren mit ihrer Betriebsamkeit einen Schaden angerichtet, der kaum wiedergutgemacht werden kann. In Baden-Baden hat sich endlich ihre wahre Gesinnung gezeigt . . ."

Wider die Negerkultur für deutsches Volkstum

Minister Dr. Frick hat folgende Bekanntmachung des Thüringischen Ministeriums des Innern und für Volksbildung herausgegeben:

Seit Jahren machen sich fast auf allen kulturellen Gebieten in steigendem Maße fremdrassige Einflüsse geltend, die die sittlichen Kräfte des deutschen Volkstums zu unterwühlen geeignet sind. Einen breiten Raum nehmen dabei die Erzeugnisse ein, die, wie Jazzband- und Schlagzeug-Musik, Negertänze, Negergesänge, Negerstücke, eine Verherrlichung des Negertums darstellen und dem deutschen Kulturempfinden ins Gesicht schlagen. Diese Zersetzungserscheinungen nach Möglichkeit zu unterbinden, liegt im Interesse der Erhaltung und Erstarkung des deutschen Volkstums.

Eine gesetzliche Grundlage hierfür bieten die Bestimmungen der Paragraphen 32, 33a, Abs. 2 der Gewerbeordnung. [...]

Es ist die Aufgabe der Polizeibehörden, in allen Fällen, in denen Darbietungen in der angegebenen Weise den guten Sitten zuwiderlaufen, oder der Unternehmer der erforderlichen Zuverlässigkeit in sittlicher oder künstlerischer Beziehung ermangelt, mit aller Schärfe einzuschreiten und das Verfahren auf Entziehung der erteilten Erlaubnis einzuleiten.

Gilt es so, auf der einen Seite die Verseuchung deutschen Volkstums durch fremdrassige Unkultur, wo nötig, mit polizeilichen Mitteln abzuwehren, so werden auf der anderen Seite die Behörden der inneren Verwaltung, soweit sie dazu nach ihrem Wirkungskreis in der Lage sind, unter der Leitung des Volksbildungsministeriums alles tun, um in positivem Sinn deutsche Kunst, deutsche Kultur und deutsches Volkstum zu erhalten, zu fördern und zu stärken.

Die seit 1. April 1930 von Professor Schultze, Naumburg, geleiteten Vereinigten Kunstlehranstalten (Hochschule für Baukunst, bildende Kunst und Handwerk) in Weimar sollen dafür richtunggebend sein und zu einem Mittelpunkt deutscher Kultur werden. Auch die Thüringischen Staatstheater, voran das Nationaltheater in Weimar, werden eingedenk ihrer großen Tradition Pflegestätten deutschen Geistes sein und damit vorbildlich wirken.

Weimar, den 5. April 1930
Thür. Ministerium des Innern
Thür. Volksbildungsministerium

Ein „Verfemter“ erinnert sich:

Mittlerweile entwarf ich einen Erlaß gegen die „Negerkultur“ und die „Verjazzung“ deutscher Musikwerke und einen Erlaß zur Bekämpfung von „Schmutz und Schund“. Außerdem nahm ich die Literatur, nicht nur das Buch „Im Westen nichts Neues“ von Remarque, unter die Lupe, daneben die Spielpläne der sieben Theater Thüringens und die Programme der Konzertsäle. Ich entsinne mich, daß es eine scheußliche Arbeit war; man mußte sich in die Drecklinie stellen, in der mit Kübeln von Schmutz und Verleumdung nach einem gezielt wurde. Bei unzähligen Bekannten aus dem Bereich Kunst und Theater fand ich keinerlei Verständnis für mein „reaktionäres“ Vorgehen. Ich enttäuschte viele Menschen, die mich bis dahin als einen ziemlich liberalen und konzilianten Musensohn kennengelernt hatten, der nun plötzlich solche „diktatorischen“ Maßnahmen förderte. Das war ihnen begreiflicherweise unverständlich. Es fehlte nicht viel, und ich war, auch gesellschaftlich, verfemt. So war es mir schon 1923/24 gegangen, als ich mich zur völkischen Idee bekannte, und so ging es mir jetzt wieder in der Ära Frick. Aber es war nicht der erste „Winter unseres Mißvergnügens“. Wir haben den Kopf noch öfter hinhalten müssen.

aus: Hans Severus Ziegler: Adolf Hitler aus dem Erleben dargestellt (Göttingen 1965)

Anmerkungen zu Ziegler

Hans Severus Ziegler, auf dessen alleinige Initiative die Düsseldorfer Ausstellung „Entartete Musik" zurückging, gehörte zu den frühesten Hitler-Anhängern. Der Bankierssohn aus Eisenach konnte im ersten Weltkrieg neben dem Sanitätsdienst in Weimar Privatunterricht in Harmonielehre nehmen und private Vorlesungen bei *Adolf Bartels* hören. Bartels führte ihn in das *völkische* Denken ein, auf das er ohnehin schon durch die Mitgliedschaft im „Altwandervogel" vorbereitet war. Seitdem widmete sich Ziegler dem *geistigen Kampf um Deutschlands Erneuerung.* Nach seinem Germanistik-Studium gründete er 1924 die erste nationalsozialistische Wochenzeitung mit dem Titel *Der Völkische.* 1925 vermittelte er in Weimar eine Begegnung zwischen Bartels und Hitler, den er zeitlebens als tatkräftigen Antikommunisten und Freund der Musen verehrte. Bartels hatte schon 1924 eine Schrift *Der Nationalsozialismus, Deutschlands Rettung* veröffentlicht.

Als Stellvertreter des Thüringischen NSDAP-Gauleiters, als *Reichsredner* und Leiter des Thüringischen *Kampfbundes für deutsche Kultur* war Ziegler für kulturpolitische Fragen zuständig. In einer Kulturrede in Gera im Mai 1929 geißelte er den Spielplan des dortigen Intendanten als *hypermoderne, bolschewistische, molluskenhafte und neurasthenische Ästhetenware.* Als im Januar 1930 der NSDAP-Reichstagsabgeordnete Wilhelm Frick zum Innen- und Volksbildungsminister in Thüringen ernannt wurde, erklärte Gauleiter Sauckel: *Unsere große Aufgabe ist, das kommende große Dritte Reich vorzubereiten. Wir versprechen: mit unserem Mandat wollen wir nicht dem heutigen Staat dienen, den wollen wir vernichten.* Als Stellvertreter des Gauleiters und Fachberater für das thüringische Theaterwesen war Ziegler führend an der Verwirklichung dieses Vernichtungsprogramms beteiligt, so auch an dem 1930 verfügten Erlaß *Wider die Negerkultur für deutsches Volkstum.* Unter der Regie Zieglers wurden bereits damals pazifistische Romane wie Remarques „Im Westen nichts Neues" verboten und *musikalische Bolschewisten wie Hindemith, Strawinsky* (Ziegler) aus den Konzertprogrammen verdrängt.

Auf Zieglers Vorschlag kam der Architekt *Paul Schultze-Naumburg* als Direktor der Kunsthochschule nach Weimar. Er führte dort noch im gleichen Jahr eine „Säuberung" durch: die Fresken Oskar Schlemmers im Treppenhaus der Kunsthochschule wurden übertüncht und aus dem Schloßmuseum 50 Gemälde und Grafiken, unter anderem von Otto Dix, Lyonel Feininger, Wassily Kandinsky, Paul Klee, Erich Heckel, Oskar Kokoschka und Emil Nolde, entfernt. Ziegler bewährte sich bei seinen kulturpolitischen Aktivitäten so sehr, daß er im April 1933 zum Chefdramaturgen und Schauspieldirektor an das Deutsche Nationaltheater in Weimar, 1935 zum Generalintendanten berufen wurde. Schon 1928 hatte ihm Hitler ahnungsvoll anvertraut: *Ich brauche Weimar, wie ich Bayreuth brauche.*

Von Bartels hatte Ziegler gelernt, daß auch die Kunst der medizinischen Betreuung bedürfe. Seine eigenen Ansichten dazu legte er 1933 in der Schrift *Das Theater des Volkes. Ein Beitrag zur Volkserziehung und Propaganda* und 1934 in der Broschüre *Praktische Kulturarbeit im Dritten Reich* (Eher-Verlag) nieder. Nach der aufsehenerregenden Münchner Ausstellung seines Namensvetters Adolf Ziegler wollte auch Hans Severus Ziegler nicht zurückstehen. Er leistete einen eigenen Beitrag zur „Gesundung" jener Kunst, die er als *einen der heiligsten Bezirke unseres ganzen inneren Daseins als völkische Menschen* begriff: der Tonkunst.

Dabei ging er von der grotesken Vorstellung aus, dem Dreiklang und der Tonalität als germanisch-deutschen Elementen stünde die proletarische, anarchistische Atonalität feindlich gegenüber. Eine Rede seines Amtsvorgängers, des früheren Weimarer Generalintendanten und Generalmusikdirektors Ernst Nobbe beim 67. Tonkünstlerfest des ADMV im Jahre 1936 in Weimar hatte ihn darin bestärkt. Auch durch frühen Klavier- und Orgelunterricht und die Zugehörigkeit zu einer musikalischen Familie glaubte sich Ziegler zu dieser eigentlich fachfremden Aktion berufen (seine Mutter war die Tochter des amerikanischen Musikverlegers *Gustav Schirmer,* in dessen Verlag dann die Exilwerke des von Ziegler bekämpften *Arnold Schönberg* erscheinen sollten). Zusätzlich ließ er sich von dem Generalmusikdirektor *Paul Sixt,* dem Nachfolger Ernst Nobbes, und dem Dramaturgen *Otto zur Nedden* beraten.

Für ihre diskriminierende Schau wurde keiner der Verantwortlichen nach 1945 wegen Volksverhetzung zur Rechenschaft gezogen. Sixt, der in Weimar auch die zentralen HJ-Feste unter seine Obhut genommen hatte, war bis zu seinem Tod 1964 Generalmusikdirektor in Detmold und Nedden wirkte als Professor für Theaterwissenschaft an der Universität zu Köln.

Auch Ziegler, der die Schuld am Krieg den Engländern und die Schuld an der Judenvernichtung den Hitler-Gegnern zuschrieb, konnte sein „völkisches" Gedankengut weitervermitteln. Nachdem er in Essen ab 1945 zunächst als Privatlehrer, dann als künstlerischer Leiter des privaten „Kammerspiels" tätig gewesen war, arbeitete er von 1945 an bis 1962 als Lehrer und Erzieher an einem norddeutschen Gymnasium und Internat. In den 60er Jahren erschien in einem neofaschistischen Verlag ein von ihm verfaßtes Hitler-Buch, in dem er dem *Kulturaufschwung* der NS-Zeit die *Entartung* der heutigen Kunst und Musik gegenüberstellt. Empört äußerte er sich beispielsweise über Günther Grass, über die Kasseler Documenta und den Bau der Berliner Philharmonie. Gegen die heutige Lenkung der bundesdeutschen Theaterstädte durch *überwiegend sozialdemokratisch besetzte Stadtparlamente* erschienen ihm die Diktaturen *geradezu als Zellen des Liberalismus.* Über die musikalische Avantgarde schrieb er: *Es handelt sich in der Tat um den Haß künstlerisch unfruchtbarer, von Minderwertigkeitskomplexen erfüllter Halbtalente auffallend proletarischer Natur gegen die Aristokratie der klassischen und romantischen Meisterschaft.* Eine Bestätigung für diese Sicht fand er in der Schrift „Selbstmord der Musik?" (Berlin 1963) des früheren NS-Musikschriftstellers und dann ZEIT-Redakteurs Walter Abendroth.

Noch in der Rückschau verteidigte Ziegler seine Ausstellung. Er bedauerte lediglich die Illustrationen und das plakathafte Titelblatt seiner gedruckten Rede. Sie seien vom Düsseldorfer Verlag ohne sein Einverständnis *und in der Tat sehr gegen mein Stilgefühl und meinen Geschmack* gewählt worden. Stilfragen waren dem Generalintendanten a. D. schon immer wesentlich.

Auch nach diesem Hitler-Buch schreckte der offenbar Unbelehrbare nicht vor öffentlichen Bekenntnissen zurück. 1970 gab er einen Sammelband „Wer war Hitler?" heraus, in dem er diesen als genial und voll guten Willens pries. Den Widerstand gegen den Führer verdammte er als Verrat. Während Ziegler, der auch für der NPD nahestehende Publikationen schrieb, keine Worte des Bedauerns für die Opfer des Nationalsozialismus fand, gedachte er 1972 in einem weiteren Sammelband zusammen mit Fliegeroberst Rudel der in Nürnberg hingerichteten NS-Führer. Wie schon seiner Rede „Entartete Musik" stellte er auch dieser Verteidigung der „kampferprobten Waffen-SS-Männer" und der „tapferen deutschen Armee" wiederum Goethe-Worte voran.

A. D.

Was die Ausstellung „Entartete Musik“ zeigt

Von unserem Sonderberichterstatter

Düsseldorf, 25. 5.

Für die Düsseldorfer Ausstellung „Entartete Musik“, über deren Eröffnung bereits berichtet wurde, gab es ganz andere Aufgaben als für die Ausstellung „Entartete Kunst“. Musik läßt sich nicht „ausstellen“; nur mittelbar konnten in der Düsseldorfer Schau die Verfallserscheinungen der „Entarteten Musik“ dargestellt werden. Eines sei vorweggenommen: weder konnte das hier beigebrachte Material vollständig sein, noch will es mit einzelnen Werkbeispielen (bei deutschblütigen Musikern wie Hermann Reutter z. B.) die Persönlichkeit ihrer Urheber in ihrem totalen Schaffen treffen. Auch Staatsrat Ziegler betonte, daß es darauf ankomme, viele durch die allgemein völkische Erkrankung gestrauchelte oder unsicher gewordene Naturen zu Haltung und Einsicht zurückzuführen.

Immerhin vermittelt diese Zusammenstellung von Erscheinungskomplexen und beispielhaften Einzeldokumenten ein klares Bild der inzwischen überwundenen Situation. Als „Komplex“ erscheint hier z. B. die Jazzmusik mit dem Jazzbuch von Alfred Baresel, mit den Niggerjazz propagierenden Aussprüchen von Bernhard Sekles und Paul Stefan, mit einer Bilderreihe „Jüdisches Theater von einst im Jazzrhythmus“ (Gebrüder Rotter, Max Reinhardt, Viktor Holländer, Leo Ascher, Korngold, Spoliansky, Leon Jessel, Hermann Haller, Richard Tauber).

Eine weitere Koje zeigt auf „Musikbetrieb, Erziehung, Theater, Wissenschaft und Presse in der Aera Kestenberg“, der ja bis 1933 für die Musikerziehung verantwortlich war. Kennzeichnende Presseausschnitte (von Paul Bekker, Wiesengrund-Adorno, Ernest Bloch, Adolf Weißmann, Alfred Einstein, Hermann Scherchen), Zitate aus der Zeitschrift „Die Musik“, besonders die Zeitschriften „Melos“ und „Anbruch“ sind ebenso Zeitdokumente wie ein 61 Namen umfassendes Verzeichnis der durch die jüdische Konzertdirektion Wolf vermittelten jüdischen Künstler oder die etwa 75 Namen umfassende Liste von Komponisten, deren Werke auf den Musikfesten des Allgemeinen Deutschen Musikvereins, in Baden-Baden und in Donaueschingen zur Diskussion gestellt wurden, und die heute als untragbar gelten. Die durch den Kestenberg-Kreis, für den besonders Fritz Jöde genannt wird, beeinflußte Musikerziehung wird durch die Schulwerke „Das neue Werk“ (ed. v. Jöde, Hindemith und Mersmann), die Schulopern Weills, das „Neue Chorbuch“ von Erich Katz charakterisiert. Wie das Theaterwesen im Banne des Verfalls stand, zeigen eindringlich zahlreiche Bühnenbildproben und Szenenphotos.

Eine weitere Gruppe der Ausstellung bilden die „Theoretiker der Atonalität“: hier werden Werke von Arnold Schönberg (Harmonielehre), Hermann Erpf (Studien zur Klangtechnik der modernen Musik), Hindemith (Lehre vom Tonsatz, 1937), A. Weißmann („Musik der Sinne“), Mersmann („Musik der Gegenwart“), Gerhard Frommel („Neue Klassik in der Musik“), Josef Hauer, Alban Berg und Paul Bekker gezeigt bzw. charakterisierend angezeigt.

Folgende musikalische Werke belegen schließlich die Entartung des Musikschaffens in der Nachkriegszeit: von Arnold Schönberg, dem „Vater des Atonalismus“: Lieder, Kammersinfonie, Orchestervariationen op. 31, Oper „Die glückliche Hand“, Klavierstücke op. 11. Von Strawinsky: „Geschichte vom Soldaten“ und die Autobiographie „Chronique de ma vie“. Von Hindemith: die drei Opern-Einakter, ferner Cardillac, Neues vom Tage, das Brecht-Lehrstück, das Oratorium „Das Unaufhörliche“, der Lindberghflug, der Liederzyklus „Die junge Magd“, die Klaviersuite 1922, das Bratschenkonzert 1930. Von Kurt Weill: Dreigroschenoper, Jasager, Mahagonny, Johnny, Der neue Orpheus, Der Sprung über den Schatten, Die Zwingburg, 2. und 3. Sinfonie, Lieder. Von Franz Schreker: Die Gezeichneten, Irrelohe, Der ferne Klang. Von Hanns Eisler: die Ballade aus dem Tonfilm „Kuhle Wampe“. Von Alban Berg: Wozzeck, Lulu, Violinkonzert, drei Orchesterstücke. Von Karol Rathaus: 2. Sinfonie, vier Orchester-Tanzstücke. Von Josef-Matthias Hauer, dem Zwölftonkomponisten: Orchestersuite VI und VII. Von Ernst Toch: Oper „Prinzessin auf der Erbse“, Döblin-Kantate „Das Wasser“, Sinfonie für Klavier und Orchester, Klavierstücke. Von Bernhard Sekles: Oper „Hochzeit des Faun“. Von Hermann Reutter: „Der neue Hiob“, schließlich Kurt Goldmann, der unter 31 Pseudonyma musikalische Machwerke billigster Art massenhaft wie Gebrauchsartikel herstellte.

Wolfgang Steinecke

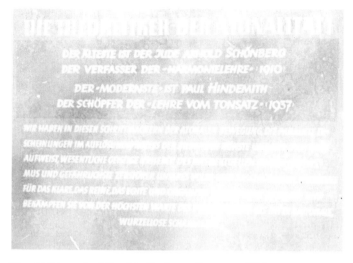

Eine Tafel aus der Düsseldorfer Ausstellung von 1938.
Keines der beiden genannten Bücher enthält eine Theorie der Atonalität.

DUSSELDORF EXHIBITS 'DEGENERATE MUSIC'

'Reichs Week' Festival Displays Atonalists' Works and Books of 'Cultural Bolshevism'

BERLIN, June 20.—Besides the musical performances reported in another letter in this issue of MUSICAL AMERICA, the Düsseldorf Festival, officially designated as a "Reichs Music Week" (May 22-29), held an exhibition of "Degenerate Music." This contained representative works of the atonalists as well as books and articles preaching the tenets of "cultural Bolshevism" which were arranged in a room partitioned off into a series of open alcoves, each equipped with a gramophone playing one of the exhibits, which could be turned on by simply pressing a button. The jazz section contained Alfred Baresekk's 'Jazzbuch', miscellaneous articles by Bernhard Sekles and Paul Stefan and a formidable collection of music for the theatre associated with the names of the Rotter Brothers, Max Reinhardt, Viktor Hollaender, Erich Korngold, Richard Tauber and others.

The department devoted to educational music included articles and press criticisms by Paul Bekker, Theodor Wiesengrund-Adorno, Ernest Bloch, Adolf Weissman, Alfred Einstein, and Hermann Scherchen, as well as a list of 75 composers backed by the former Berlin concert agents Wolff & Sachs, and prominently featured in the Baden-Baden and Donaueschingen music festivals. Besides other exhibits in this department there were Weill's school opera, 'Das Neue Werk', edited by Jöde, Hindemith and Mersmann, a choral collection by Erich Katz, stage settings, and so on.

A third division covered the "theorists" of atonality and embraced Arnold Schönberg's 'Harmonielehre', Hermann Erpf's 'Studien zur Klangtechnik der Modernen Musik', Hindemith's 'Lehre vom Tonsatz', Weissmann's 'Musik der Sinne', Mersmann's 'Musik der Gegenwart', Gerhard Frommel's 'Neue Klassik in der Musik' and works by Josef Hauer, Alban Berg and Paul Bekker.

The musical exhibits contained the following:

Stravinsky: 'Geschichte vom Soldaten', and the autobiography 'Chronique de ma Vie'.

Hindemith: Three one-act operas, 'Cardillac', 'Neues vom Tage', the 'Brecht Lehrstueck', 'Das Unaufhoerliche', the 'Lindbergflug', 'Die junge Magd', a piano suite and a viola concerto.

Kurt Weill: 'Dreigroschenoper', 'Jasager', 'Mahagonny', 'Johnny', 'Der neue Orpheus', 'Der Sprung ueber den Schatten', 'Die Zwingburg', Second and Third Symphonies, songs.

Franz Schreker: 'Die Gezeichneten', 'Irrelohe', 'Der Ferne Klang'.

Hans Eisler: Ballade from the film 'Kuehle Wampe'.

Alban Berg: 'Wozzek', 'Lulu', violin concerto, three pieces for orchestra.

Karol Rathaus: Second Symphony, four dance pieces.

Josef Hauer: Sixth and Seventh Orchestral Suites.

Ernst Toch: The opera, 'Prinzessin auf der Erbse', the 'Doeblin' Cantata, symphony for piano and orchestra, piano pieces.

Hermann Reutter: 'Der neue Hiob'.

GERALDINE DE COURCY

Aus „Musical America", Juli 1938

Fred K. Prieberg ist Autor von „Musik im NS-Staat“, einem der ersten Standardwerke zu diesem Thema.

GRÜNDE UND HINTERGRÜNDE EINER AUSSTELLUNG

v. l. Graener, Ziegler, Dr. Drewes, Dr. Hanke, Oberbürgermeister Dr. Dr. Otto, Brouwers, Walter

Wir wissen heute, daß sich Hitler eine breite Basis massenhafter Zustimmung verschafft hatte, indem er sozusagen ins deutsche Volk hineinwitterte und den Brodem von Wünschen und Gefühlen, der ihm entgegenschlug, in seine Politik eingehen ließ. Angelpunkt seines Programms war der nationale Minderwertigkeitskomplex jener großen Mehrheit der Deutschen, die des Reiches Niederlage im Ersten Weltkrieg nicht verwinden konnte. Tradition verhieß Sicherheit auf dem steinigen Weg neuer nationaler Selbstdarstellung. Deutschtümelnder Chauvinismus und aggressiver Fremdenhaß gingen zu diesem Ziel demonstrativ zusammen. Die *guten Deutschen* wandten sich gegen die anderen, die Andersartigen, also Ausländer, Juden und soziale Minderheiten, und gegen kulturpolitische Phänomene, deren Import die freie Verfassung der ersten deutschen Republik begünstigte, nämlich moderne Kunst, Jazz, Agitation durch Theater, Literatur oder Musik. Alles dieses ließ sich mit dem griffigen Ausdruck *Kulturbolschewismus* denunzieren. Die Massen einfältiger Gemüter fanden es leicht, mit Vorstellungsklischees - hier *deutsche Art,* dort *undeutsche Entartung* - umzugehen, zumal da sich solches schon früher in der deutschen Geistesgeschichte geregt hatte. Nicht die Nationalsozialisten erfanden das ästhetisch-moralische Verdammungsurteil *entartete Musik.* Bereits 1821 hatte der deutsche Dichter, Komponist und Denker E.Th. A. Hoffmann damit operiert, um einen außerordentlich erfolgreichen, freilich *welschen* Kollegen abzutun - Rossini. Die neuen Herren konnten sich damit begnügen, Tradition dieser Art programmatisch in ihr Gemeinwesen einzubringen.

Daher konnte der Reichspropagandaminister Dr. Goebbels sich demonstrativer Einzelverbote *entarteter* Werke enthalten - jedenfalls auf dem Gebiet der *ernsten* Musik. Dokumentiert sind lediglich Verbote für die Unterhaltungsmusik - und hier dann auch listenmäßige. Sie erklären sich daraus, daß die reisenden Musikensembles, die von Restaurant zu Tanzsaal, von Konzertcafé zu Kurhaus zogen, anders nicht kontrollierbar waren. Im Bereich der Musiktheater, der Sinfonieorchester und der Musikerziehung erwies sich die strikte Aussperrung der jüdischen Musiker und Musiklehrer weitgehend als *Reinigung* in stilistischer Hinsicht. Die Spitze der Avantgarde verschwand damit aus dem Musikbetrieb. Etwa verbleibende Nachfrage bei Veranstaltern war gestoppt durch den konsequenten Austausch von Theaterintendanten und Generalmusikdirektoren.

Verläßliche, zumeist parteitreue Kräfte ersetzten die nicht mehr *tragbaren.* Daher hatten *entartete* Partituren plötzlich keine Aufführungschancen mehr. Das Repertoire schmolz von selber zusammen und reduzierte sich auf *Deutsches,* als aus der nationalen Überlieferung Abzuleitendes. So erübrigten sich dramatische Verbote neuer Opern oder Konzertwerke einfach. Was aussieht wie ein Gegenbeispiel, die Unterdrückung von Paul Hindemiths Oper *Mathis der Maler* 1934, ging über den Kopf des zuständigen Ministers Goebbels hinweg, kam von Hitler und hatte keine ästhetischen, sondern verschroben-moralisierende Gründe. Vor der Machtübernahme war der *Führer* angewidert Zeuge gewesen, wie in Hindemiths frecher Zeitoper *Neues vom Tage* eine *nackte,* tatsächlich mit einem Trikot von Hals bis Fuß bekleidete Sängerin in einer schaumgefüllten Badewanne mitwirkte. Seither haßte er den Komponisten krankhaft. Vielleicht neidete er ihm auch nur die Freiheit und den *antiwagnerischen* Unernst der Ironie. Was dahintersteckte, war natürlich nichts für die Öffentlichkeit. Also mußte für den in Handlung und Musik nun wirklich urdeutschen *Mathis* der Vorwurf des *Kulturbolschewismus* an den Haaren herbeigezogen werden. Diese Aufgabe erhielt Goebbels, obwohl die Spitzenfunktionäre wußten, daß er weder mit Jazz noch mit ein paar Dissonanzen und erst recht nicht mit nackten Damen von Bühne und Film irgendwelche Schwierigkeiten hatte. Hindemiths Oper fiel als Opfer in dem noch lange schwelenden Kompetenzkonflikt zwischen Goebbels und dem Chefideologen der NSDAP, Alfred Rosenberg. Dieser hatte sich nämlich Deckung bei seinem *Führer* verschafft und dessen psychopathologische Schwäche zum Schlag gegen den Rivalen benutzt.

Noch einmal hatte der Reichspropagandaminister das Nachsehen. Es ging um die Denunzierung der *entarteten* Musik auf eine andere und vielleicht wirksamere Weise, als die gleichgeschaltete Presse sie bisher geübt hatte, indem sie immer wieder Musikjournalisten zu Wort kommen ließ, die übereinstimmend die – zumeist ohnehin jüdische – Moderne aburteilten. Als 1938 anläßlich der Reichsmusiktage in Düsseldorf eine Ausstellung *Entartete Musik* stattfand, sah es so aus, als habe hier der Staat gegen unleidliche Bezirke der Tonkunst Front bezogen. Inzwischen vorliegende Indizien stellen diesen Eindruck in Frage. Richtig ist andererseits, daß der im Juli 1937 in München eröffneten Ausstellung *Entartete Kunst* ein *Führerauftrag* voranging. Sozusagen *staatsfeindliche* Maler und Bildhauer zu entlarven, war ein persönliches Anliegen Hitlers, der sich als Kunstkenner und Künstler von hohen Graden einschätzte. Zudem arbeiten bildende Künstler im Grundsatz privat und brauchen weithin keine öffentlichen und staatlichen Institutionen als Vermittler; es sind im wesentlichen private Sammler und Galeristen, die ihnen die materielle Plattform stellen, kaum kontrollierbar durch die Obrigkeit. Daher stellten sie ein besonderes Gefahrenpotential dar, das sich kaum steuern und entschärfen ließ, es sei denn durch eine *volkserzieherische* zentrale Wanderausstellung.

Solches erübrigte sich aber für den Bereich Musik. Wo Aufführungen sowieso nicht mehr stattfanden, weil die verstaatlichten, mit parteihörigen Direktoren besetzten Institutionen – Theater, Rundfunk, Orchester – keine mehr abnahmen, existierte solche Musik höchstens in Form von Partituren und Schallplatten, also völlig irrelevant für das öffentliche Musikleben. Eine staatliche Ausstellung gegen *entartete* Musik hatte demnach keinen Sinn; das Problem war erledigt. Dennoch fand die Ausstellung statt. Sie war allerdings die private Unternehmung mehrerer Persönlichkeiten des Weimarer Kunstlebens, die es nötig hatten, sich ins rechte Licht zu setzen. Im April 1933 bereits setzte Dr. Hans Severus Ziegler, gerade zum Schauspieldirektor des Deutschen Nationaltheaters ernannt, alle Hebel in Bewegung, auch noch Reichskommissar für das deutsche Theater, also Herr über sämtliche Bühnen zu werden. Dieser Nationalsozialist der ersten Stunde mit der Parteinummer 1317, zudem schon Leiter des Gaukulturamts der NSDAP, suchte politisches Profil, und dazu schien die Unterstützung aktueller Ideen gerade auf dem Gebiet der Kultur geeignet. Zwar war er Theatermann, nicht Musiker; aber da sekundierte ihm gern sein Chefdramaturg für Oper und Schauspiel, Dr. Otto zur Nedden. Beratend wirkten mit der GMD Paul Sixt, der gerade ein Hymnisches Vorspiel für großes Orchester, Fanfaren und Orgel dem thüringischen Gauleiter und Reichsstatthalter Sauckel gewidmet hatte, und der Generalintendant GMD Ernst Nobbe, beide ebenfalls in Weimar.

Ziegler lieferte die Idee und trat als großer Anreger auf, wobei er auf seine Beziehungen baute. Er kannte Goebbels und betrachtete sich als einen Freund Hitlers, und das bedeutete Verpflichtung ... nicht zuletzt, weil er einen gefährlichen, weiter oben bekannten und mißbilligten Makel hatte. Er lebte nämlich außerhalb der allgemeinen gesellschaftlichen Norm des sexuellen Verhaltens, und dies, obwohl der Paragraph 175 des Strafgesetzbuches damals Zuchthaus dafür vorsah, das sich in der Praxis als Konzentrationslager entpuppte. Bekanntlich hatte Hitler die Abschlachtung der Führungsspitze seiner SA 1934 nicht nur als *Staatsnotstand,* sondern ausdrücklich mit deren *unglücklicher Veranlagung* zu rechtfertigen versucht. Seither wußten Homosexuelle, was sie riskierten. Schließlich hatte es Ziegler beinahe erwischt. Ende Januar 1935 wurde er – aufgrund von Gerüchten oder Denunzation – von allen seinen zivilen und politischen Ämtern beurlaubt; der Oberstaatsanwalt beim Landgericht Weimar begann, gegen ihn zu ermitteln. Doch muß jemand seine schützende Hand über den Beschuldigten gehalten haben. Jedenfalls stellte die Staatsanwaltschaft das Verfahren ein und gab bekannt, daß „irgendwelche nach dem Strafgesetz strafbare Handlungen Dr. Zieglers zweifelsfrei nicht vorlägen.“[1] Das war die gängige Formulierung für solche Fälle. Hinter ihr verbarg sich eine letzte Warnung. Es bedarf keiner großen Phantasie, sich vorzustellen, was nun in Ziegler vorging.

Signalisierte Berlin nicht eine Art Burgfrieden? Goebbels brach den Freundeskreis auf. Er löste in eben diesem Jahr den obersten Theaterchef Weimars, Nobbe, ab und überstellte ihn an das vergleichsweise wenig bedeutende Landestheater Altenburg, wo er 1938, erst 44jährig, starb. Seine alte Position – die des Generalintendanten des Deutschen Nationaltheaters – erhielt Ziegler, der sich vergebens auf die Dresdner Generalintendanz gespitzt hatte, dazu die Ernennung zum Staatsrat im Thüringischen Kabinett und 1937 noch die Würde eines Reichskultursenators. Ersichtlich ging es darum, sich von der *unglücklichen Veranlagung* loszusagen. Sicher ist indessen, daß Ziegler das Odium nicht loswurde. Er mußte anders kompensieren. Fortan ergriff er jede Chance, sich unmißverständlich als loyaler Gefolgsmann Hitlers zu profilieren, indem er sich als politischer und vor allem als musikpolitischer Saubermann betätigte. Die psychologische Motivation ist offensichtlich, wenn man daran denkt daß der später im NS-Staat hoch geschätzte Literaturhistoriker Adolf Bartels schon 1913 Juden und Homosexuelle als *Untermenschen* denunzierte: Ziegler konnte sich von der *unglücklichen Veranlagung* symbolisch befreien, indem er den Druck, den sie ihm eintrug, weiterleitete ... gegen die Juden und andere Minderheiten; das Odium, derart umgeleitet, belastete ihn nicht mehr.

Als Goebbels zum Besuch des Weimarer Musikfestes des Allgemeinen Deutschen Musikvereins 1936 in Erfurt landete, fingen ihn Ziegler und sein Protektionskind, der Dirigent Dr. Heinz Drewes,[2] noch am Flughafen ab und erstatteten Meldung, welche *kulturbolschewistischen* Umtriebe dort im Gange seien und ... Wenn das der Führer wüßte! Zornig kehrte der Minister um, ließ seine Maschine wieder in Richtung Berlin starten und beschloß die Auflösung des Allgemeinen Deutschen Musikvereins. Einige Monate darauf, Anfang November, traf sich Ziegler mit Goebbels und berichtete ihm übereifrig von angeblichen *atonalen* Musiktendenzen in der Hitler-Jugend; der Herr der deutschen Musik vertraute seinem Tagebuch an, er werde dagegen einschreiten. 1937 publizierte Ziegler ein *kämpferisches* Buch mit dem Titel *Weg und Wende,* das noch massivere als die gewohnten antisemitischen Ausfälle enthielt. Im Herbst des Jahres kam ihm die Idee der Ausstellung. Mit Hilfe seiner Freunde traf er in aller Stille Vorbereitungen. Es sieht so aus, als habe er eine Überraschung angezielt, wie sie wahrscheinlich war, wenn es gelänge, sich durch eine persönliche Initiative ohne staatliche Hilfe hervorzutun. Damit wäre die stets mitgedachte Eigensicherung ein ganzes Stück verläßlicher.

Ziemlich spät drangen Gerüchte zu Rosenberg, der sich als Beauftragter des Führers für die Überwachung der gesamten geistigen und weltanschaulichen Schulung und Erziehung der NSDAP zuständig für solche Vorhaben und daher wohl auch übergangen fühlte. Im Oktober erkundigte sich sein Stabsleiter Gotthard Urban, was in Weimar vor sich gehe:

„Wie wir erfahren, bereiten Sie eine Ausstellung ‚Entartete Musik' vor. Im Auftrage von Reichsleiter Rosenberg teile ich Ihnen mit, daß er wünscht, über die beabsichtigte Ausstellung und die bereits geleisteten Vorarbeiten unterrichtet zu werden."[3)]

Zieglers Reaktion ist nicht überliefert, doch müßte er, wollte er die Eigensicherung nicht aufs Spiel setzen, den Reichsleiter bald informiert haben. Gleichzeitig lag es in seinem ureigensten Interesse, nun auch seinen politischen Dienstherrn Goebbels nicht länger im Dunkeln zu lassen. Dieser Kontakt hätte am einfachsten über Heinz Drewes laufen können, der inzwischen die Musikabteilung im Propagandaministerium übernommen hatte und daher zuständig war für die Vorbereitung der Reichsmusiktage in Düsseldorf, wo sich dann auch ein plausibler Platz für eine Ausstellung dieser Art bot. Jedenfalls arbeitete Ziegler hastig improvisierend weiter, als läge ihm daran, vollendete Tatsachen zu schaffen. Damit geriet ein Kompetenzkonflikt zwischen Rosenberg und Goebbels in den Bereich des Möglichen, ausgerechnet in der Zeit, als der Minister wegen seiner Affäre mit der tschechischen Schauspielerin Lida Baarov ohnehin heftiger Kritik durch die NS-Führungsspitze ausgesetzt war und sich kaum effektiv wehren konnte.

Daher gelang es Rosenberg zunächst, Einfluß auf die Ausstellung zu gewinnen. Er schob eine Institution dazwischen, die geeignet war, die ökonomischen und technischen Probleme zu lösen: das *Institut für Deutsche Kultur- und Wirtschaftspropaganda.* Dieses, als eingetragener Verein getarnt, war 1933 von der Reichskampfbundführung des gewerblichen Mittelstandes in der Reichsleitung der NSDAP gegründet worden, gehörte formell nicht zum ProMi, kooperierte aber mit ihm, da Goebbels aus seinem Arbeitsbereich zwei Beauftragte zum Präsidenten und Vizepräsidenten des Instituts delegiert hatte. Noch am 12. April 1938 wandte sich das Institut an den Musikwissenschaftler Dr. Friedrich Brand. Um diese Zeit dürfte Ziegler mit allen inhaltlichen Fragen bereits fertig gewesen sein. Brand war für eine Mittlerrolle ideal. Er diente als Sachbearbeiter unter anderem für musikpolitische Sonderaufgaben in der Kulturabteilung der Reichsmusikkammer. Mitglied der Partei und SS-Mann mit Unteroffiziersrang, arbeitete er aber gleichzeitig für das berüchtigte Kulturpolitische Archiv im Amt Rosenberg, das Informationen über die politische Zuverlässigkeit aller Persönlichkeiten des kulturellen Lebens sammelte und auf Anfrage an andere Behörden – auch an die Geheime Staatspolizei – weiterreichte. Brand war nicht nur ein nützlicher Verbindungsmann zwischen beiden konkurrierenden Politikern. Er hatte auch, vage zunächst, in einer Zeitschrift mitgeteilt, wie

Nach der Ernennung von Heinz Drewes zum Leiter der Musikabteilung im Propagandaministerium war RMK-Präsident Peter Raabe, hier bei den Reichsmusiktagen zusammen mit dem RMK-Vizepräsidenten Paul Graener, nur noch eine Randfigur.

wichtig es sei, *entartete* Musik öffentlich und anschaulich im Sinne der NS-Kulturpolitik auszustellen, das heißt anzuprangern. Daß Werke solcher Art im Musikleben seit Jahren nicht mehr präsent waren, störte ihn nicht.

Mit wissenschaftlicher Systematik wollte Brand eine Ausstellung gegen solche für das Regime unbrauchbare und vor allem *rassisch minderwertige* Musik ausgerichtet wissen. Einzelheiten erfuhr das Institut für Deutsche Kultur- und Wirtschaftspropaganda im letzten Augenblick von ihm. Schon hatte die Presse die Ausstellung, die Ziegler so weit zusammengetragen, für die Reichsmusiktage in Düsseldorf angekündigt. Brand schickte ein Gutachten für den Aufbau eines *Mißklang-Museums* und betonte, es sei sinnvoll, nicht nur optisches Material anzubieten: „Für den Fachmann mag auch diese Form der Ausstellung reizvoll sein, dagegen wird eine Musikschau erst dann auf ein volkstümliches Interesse rechnen dürfen, wenn zu dem sichtbaren Material als Kern der gesamten Ausstellung tönende Beispiele in ausreichender Zahl vorgeführt werden."[4)]

Bei der organisatorischen Routine des Instituts konnten einige der Anregungen Brands noch in die am 24. Mai mit einer Rede Zieglers eröffnete Ausstellung einfließen. Zu spät war es für filmische Aufarbeitung, die der Gutachter zur Verdeutlichung der *Entstellung deutscher Kunst durch jüdische Starsänger, -virtuosen und -dirigenten* vorgeschlagen hatte. Es ging um massive pädagogische Einflußnahme im Sinne des Regimes, wie das Institut in einer Selbstdarstellung vom April 1938 unterstrich:

„So verschieden die Mittel und Wege unserer Propaganda sein mögen, ihr Geist und ihre Zielsetzungen sind immer gleich. In diesen Mitteln lernt das Volk Großes lieben und ihm nachzuleben, lernt es Fehler vermeiden und in Selbstzucht gehorsam der Idee zu dienen."[5)]

Ganz gegen jede Erwartung angesichts des *reichswichtigen* Anliegens hielt sich das Presse-Echo auf die als Horror-Kabinett angelegte Ausstellung in engen Grenzen. Was war geschehen? Noch eine Woche vor der Eröffnung hatte das Reichspropaganda-Amt, das Lenkungsorgan der Partei für jegliche Öffentlichkeitsarbeit, per Rundspruch an die Zeitungsredaktionen gemahnt:

„Die Pressepropaganda für die Reichsmusiktage in Düsseldorf ist noch nicht intensiv genug. Damit die Reichsmusiktage schon jetzt innerhalb der Bevölkerung den Resonanzboden finden, den sie brauchen, um diese kulturell bedeutungsvollen Tage zu einem wirklich großen Ereignis zu machen, ist es notwendig, daß die Zeitungen in ihrem Kulturteil mehr als bisher auf die Bedeutung der Reichsmusiktage in Düsseldorf eingehen und entsprechende Vornotizen bringen."[6)]

Die propagandistisch gewiß bedeutsame Ausstellung hätte hier besonders empfohlen sein müssen. Aber Goebbels hatte plötzlich Bedenken bekommen. Verstand er etwa, welche Motive Ziegler leiteten? Schien ihm der Zweck solcher pauschalen Denunziation neuer Musik verfehlt? Die Aktenüberlieferung hat dazu bisher leider nichts erbracht. Jedenfalls öffnete die Ausstellung ihre Pforten in der Halle 7 des Kunstpalastes um 11 Uhr vormittags. Zwei Studen später und offensichtlich als rasche Reaktion auf einen entsprechenden Bericht aus Düsseldorf über Zieglers Rede und Vorgänge und Äußerungen während der Ausstellung jagte das Reichspropaganda-Amt Berlin an alle lokalen Propagandaämter, Propagandaleitungen und das Braune Haus, die Zentrale der NSDAP in München, ein Fernschreiben hinaus:

„Berichte über die Ausstellung ‚Entartete Musik', die in Düsseldorf während der Reichsmusikwoche stattfindet, sollen nicht in besonderer Aufmachung und Größe erscheinen. Die Ausstellung soll nicht anders besprochen werden als alle anderen Veranstaltungen der Reichsmusiktage. Kurze Auszüge aus der Eröffnungsrede von Dr. Ziegler können innerhalb der Berichte gebracht werden. Auch nach den Reichsmusiktagen sollen keine Sonderberichte über ‚Entartete Musik' erscheinen."[7)]

Einer der Gründe für die plötzliche Zurückhaltung – so daß nur noch Weimar, München und Wien[8)] in den Genuß der Ausstellung kamen – mag die Ungeschicklichkeit gewesen sein, daß die Veranstalter auch einige Komponisten anprangerten, die in amtlichem Ansehen standen, darunter der Frankfurter Hochschuldirektor Hermann Reutter, ein Parteigenosse, der im Jahr zuvor sein op. 49, die Hölderlin-Kantate *Gesang des Deutschen,* dem Oberbürgermeister von Frankfurt, Dr. Friedrich Krebs, NSDAP-Kreisleiter, Staatsrat und Abteilungsleiter der Reichsmusikkammer, gewidmet hatte. Dieser revanchierte sich nun:

„Dr. Krebs fuhr daraufhin selbst nach Düsseldorf, hielt auf der Ausstellung einen flammenden Vortrag und äußerte dabei: ‚Man hätte die junge Kunst vor dem Angriff der Minderwertigen zu schützen.'"[9)]

Die Formulierung ist aufschlußreich. Es mußte für Kenner der Kulturszene einsehbar sein, welche Art private Motive Ziegler zu der für die Staatsraison völlig überflüssigen Ausstellung veranlaßt hatten. Wenn sich das Frankfurter Stadtoberhaupt für junge Kunst einsetzte, und gemeint waren die Arbeiten des kompositorischen Nachwuchses – deutscher Provenienz, versteht sich! –, und nun charakterisierte er deren Gegner als *Minderwertige,* so konnte das nur eines heißen. Diese Vokabel war ja im Sprachgebrauch festgelegt auf rassische, biologische und – aus *unglücklicher Veranlagung* sich ergebendes Manko. Krebs, der viel für neue Musik – nicht nur Carl Orff und Werner Egk – tat, konnte sich als bedeutender Funktionär diesen Gegenschlag auch leisten. Er wußte, daß Ziegler gegen die Diffamierung als *Minderwertiger* nichts ausrichten können würde, da er Gesetzgeber und öffentliche Meinung gegen sich hatte. Schließlich gab sich Dr. Goebbels völlig damit zufrieden, daß die Juden aus dem deutschen Musikbetrieb ausgeschlossen waren. Einige Dissonanzen regten ihn nicht auf, und den Jazz wußte er sogar zu schätzen. Deswegen bremste er – wie hier in der Frage der Ausstellung – immer wieder den Übereifer untergeordneter Dienststellen und kümmerte sich persönlich um die eingereichten Vorschläge zur Eliminierung jüdischer Komponisten und *entarteter* Unterhaltungs- und Schlagermusik:

Ich überarbeite die Liste der verbotenen Musik. Da ist von den Banausen etwas zuviel verboten worden. Ich hebe das auf.[10)].

Die private Initiative des Dr. Hans Severus Ziegler ging ins Leere; gleichwohl trug sie zu seiner Rückendeckung bei, so daß sich kein Staatsanwalt mehr für seine Intimsphäre interessierte. Den Preis dafür zahlten die denunzierten Musiker.

Goebbels, der Sieger des Machtkampfes, begrüßt in Düsseldorf den bereits 1934 als Präsident der RMK entmachteten Richard Strauss, dessen internationales Ansehen den Nazis immer noch nützlich war. Im Hintergrund der neue Musikreferent Dr. Drewes.

Anmerkungen:

1) siehe Frankfurter Zeitung, 10. März 1935, und Blick in die Zeit III/11, 15. März 1935, S. 15.

2) Hermann Reutter überlieferte in einem Brief an den Autor vom 20. Februar 1963 einen Ausspruch des Präsidenten der Reichsmusikkammer, Peter Raabe, über Drewes: *Wenn Sie nicht die schmutzige Protektion von Hans Severus Ziegler genössen, wären Sie heute dritter Kapellmeister in Kottbus.*

3) Amt des Reichsleiters Rosenberg an Ziegler, 25. Oktober 1937. Quelle: Bundesarchiv Koblenz NS 15/162a, unpaginiert. Eine Durchschrift informierte den örtlich zuständigen Gauleiter Sauckel.

4) Friedrich Brand an das Institut für Deutsche Kultur- und Wirtschaftspropaganda, 27. April 1938, Typoskript. Quelle: Bundesarchiv Koblenz NS 15/162a, o.S.

5) siehe: Wesenswandel der Ausstellung. Ein Überblick über das deutsche Ausstellungswsen und die Ausstellungsarbeit des Instituts für Deutsche Kultur- und Wirtschaftspropaganda (Berlin, 1938), S. 13.

6) Rundspruch 69, 18. Mai 1938. Betrifft: Reichsmusiktage in Düsseldorf. Quelle: Bundesarchiv Koblenz R 55/446, S. 65.

7) Vertrauliche Information Nr. 114/38, 24. Mai 1938, 13 Uhr 07. Quelle: Bundesarchiv Koblenz R 55/446, S. 83.

8) Der Darmstädter Komponist Hans Ulrich Engelmann äußerte im April 1990 bei einem Forum zur Rekonstruktion der Ausstellung, er erinnere sich, die originale Ausstellung in Frankfurt am Main besucht zu haben. Bisher existiert kein dokumentarischer Beweis dafür, daß sie noch andere Orte außer Düsseldorf, Weimar, München und Wien erreichte.

9) Hermann Reutter an den Autor, 20. Februar 1963, Typoskript.

10) Goebbels Tagebuch, Band IV. S. 149. Eintragung vom 9. Mai 1940. Der *Banause* war in erster Linie Musikabteilungschef Dr. Drewes, und es ging um die *3. Liste unerwünschter musikalischer Werke,* die ausschließlich leichte Musik von jüdischen Autoren, nationalen Kitsch, Swing und den Emigranten Robert Stolz wegen deutschfeindlicher Tätigkeit auflistete.

Die folgende Veröffentlichung ist ein Vorabdruck aus: Christine Fischer-Defoy „KUNST MACHT POLITIK. Die Nazifizierung der Kunst- und Musikhochschulen in Berlin." Hrsg. Hochschule der Künste Berlin, Berlin (W.) 1988

ZUR AUSEINANDERSETZUNG MIT DER NEUEN MUSIK AN DER BERLINER MUSIKHOCHSCHULE

Die Hochschule für Musik „ist von dem Rhythmus des neuen Werdens besonders stark berührt und in den Aufbau der neuen deutschen Musikpflege tätig hineingestellt worden. Die Pflichten, die ihr daraus erwuchsen, hat sie in dem freudigen Bewußtsein übernommen, damit Dienst an Volk und Nation zu tun" – so Direktor Fritz Stein programmatisch in der Einleitung des ersten unter seinem Direktorat erstellten Jahresberichtes der HfM. Was dies jedoch konkret bedeutet, war zunächst für die Musik ebenso unklar wie in allen anderen Bereichen künstlerischer Produktion. Eindeutigkeit bestand auch hier zunächst nur in den Ausschließungsgründen aufgrund des Berufsbeamtentumsgesetzes. Das Wechselspiel mit und um *Paul Hindemith* belegt demgegenüber die musikpolitsche Wandlung, die sich zwischen 1933 und 1938, dem Jahr der Ausstellung „Entartete Musik" in Düsseldorf, vollzog.

Hindemith galt Ende der 20er Jahre als Vertreter „radikal neuer Sachlichkeit" in der Musik.[1]

Staatskommissar *Hinkel* bescheinigt ihm auf Anfrage des Ministeriums für Wissenschaft, Kunst und Volksbildung am 11.10.1933: „Es wird deshalb auch nichts dagegen einzuwenden sein, daß er sich als Komponist betätigt und als Musiker auftritt. Allerdings sind Kompositionen wenig in Einklang zu bringen mit dem, was wir jetzt im nationalsozialistischen Staat unter Kunst verstehen."[2]

So kann Hindemith nicht nur seiner Arbeit als Kompositionslehrer an der HfM weiter nachgehen, auch die ihn besonders beschäftigenden Arbeiten mit elektroakustischen Instrumenten im Rahmen der Rundfunkversuchsstelle an der HfM können zunächst fortgeführt werden – auch wenn *Jörg Mager,* seinerseits selbst Konstrukteur elektroakustischer Instrumente, Hindemith und Kestenberg im Dezember 1933 gegenüber Direktor Stein öffentlich denunziert.[3]

Die Vertreter der „Blut-und-Boden"-Ideologie greifen Hindemith zwar ebenfalls Ende des Jahres 1933 öffentlich an: „Betriebsam und geschäftig macht er jede Modeströmung mit und schreitet von Wagner zu Schönberg, von Bach zu Händel, von der alten Musik zum Jazz, zum Film, zum Volkslied, zur Laienmusik und wer weiß was noch. Kurz, Hindemith ist überall zu Hause, nur nicht in der deutschen Volksseele" – schreibt im Oktober 1933 *Wilhelm Jensen* unter der Überschrift „Musik und Volkstum."[4]

Dennoch wird Hindemith mit Gründung der Reichskulturkammer in deren „Führerrat des Berufstandes der Komponisten" berufen – und er nimmt diese Funktion an. Auch hierin demonstriert Goebbels zu diesem Zeitpunkt seine Bereitschaft zur Förderung bzw. zum Schutz neuzeitlicher Kunstformen, mit der er sich deutlich von den „Rückwärtsen" um Rosenberg abgrenzte.

Zu einem öffentlichen Konflikt kommt es durch das Verbot der Aufführung der Oper *Mathis der Maler* in der Frankfurter Oper sowie der kurz darauf erfolgenden Uraufführung der hieraus zusammengezogenen dreisätzigen Mathis-Symphonie am 12.3.1934 unter Leitung Furtwänglers in der Berliner Philharmonie. In dieser Oper, zu der Hindemith zwischen 1932 und 1934 Text und Musik geschrieben hatte, wird mit einem Rückgriff auf die historische Figur des Malers Matthias Grünewald die Frage von Kunst und Gesellschaft thematisiert, wobei mehr oder weniger verschlüsselte Bezüge zum aktuellen Geschehen 1933 hergestellt werden – so etwa mit der Bücherverbrennung im 3. Bild der Oper. Musikalisch greift Hindemith jedoch auf Kompositionsformen zurück, die ihn von der radikalen „barbarischen Pracht"[5] expressiver Musik seiner frühen Arbeiten hin zu einem eingängigeren Volksliedton führen. Sowohl thematisch: Darstellung eines in der Spätgotik wurzelnden deutschen Künstlerschicksals – wie musikalisch: Aufgreifen von „volksmusikalischen" Elementen in der Komposition – konnte dieses Werk als der Versuch angesehen werden, sich dem herrschenden Musikgeschmack anzunähern. Die Debatte richtete sich daher auch weniger gegen das Werk selbst als gegen Hindemiths Persönlichkeit: „Bei der Ablehnung des Komponisten Paul Hindemith durch die NS-Kulturgemeinde steht der Wert oder Unwert seines derzeitigen musikalischen Schaffens gar nicht zur Diskussion. Der Nationalsozialismus stellt vor die Bewertung des Werkes die Wertung der schaffenden Persönlichkeit. Die Tatsache, daß Hindemith jahrelang vor der Machtergreifung eine bewußt undeutsche Haltung an den Tag legte (...) läßt ihn für die politische Aufbauarbeit der Bewegung als untragbar erscheinen."[6]

Im selben Jahr und parallel zu den oben geschilderten Auseinandersetzungen, geht innerhalb der HfM die Beschäftigung mit der elektronischen Musik zunächst weiter. Am 26.6.1934 findet im Konzertsaal der HfM ein „Elektromusikalisches Konzert" statt, zu dem *Friedrich Trautwein* die Einladung verschickt hatte, in denen es hieß: „Durch dieses Konzert, für welches Herr Prof. Hindemith die Programmgestaltung übernommen hat, soll die Öffentlichkeit auf Wesen und Ziele der Elektromusik aufmerksam gemacht werden."[7]

Mit diesem Konzert sei geplant, so Trautwein weiter, an der HfM die elektromusikalische Versuchsstelle unter Leitung Hindemiths und Trautweins weiter auszubauen und zu einem Zentrum diesbezüglicher Versuche zu machen. Zu diesem Zweck sei geplant, alle Pioniere der Elektromusik „unter der Losung unseres Führers: ‚Gemeinnutz geht vor Eigennutz' zusammenzuschließen."[8]

Diese Pläne wurden u. a. von Vierling, Lertes-Hellberger, Nernst, Driescher, Walcker, Lüdke, Hindemith, Sala und Genzmer unterstützt, wie Trautwein abschließend bemerkt.

Das Konzert am 25.6.34 brachte klassische Musikstücke in der Instrumentierung auf Vierlings Elektrochord und Trautweins Trautonium zu Gehör und führte, wie Direktor Stein am 10.7.34 berichtet, zu einem „auch in der Presse erfreulichen Widerhall."[9] Stein unterstützte daher nun die Bestrebungen Hindemiths und Trautweins, einen elektromusikalischen Arbeitskreis an der HfM zu gründen.

Ende desselben Jahres jedoch führen die Auseinandersetzungen um Hindemith in der Presse zum Rücktritt Furtwänglers als Vizepräsident der RMK sowie als Leiter des Philharmonischen Orchesters. In seinem Artikel *„Der Fall Hindemith"*, am 25.11.34 in der „DAZ" erschienen, hatte er sich zuvor noch einmal für Hindemith eingesetzt. Hindemith selbst beantragte aufgrund der fortgesetzten Auseinandersetzungen am 5.12.34 die Beurlaubung von seiner Professur an der HfM. Zwei Tage später, am 7.12.34, zieht *Goebbels* selbst, auf einer Großkundgebung der Kulturschaffenden im Berliner Sportpalast eine Frontlinie gegen Hindemith und fordert, „rücksichtslos und ohne Furcht vor absterbenden Kunstcliquen und -Claquen (...) dagegen anzugehen. Wir jedenfalls vermögen weder Vorwärtsweisendes noch Zukunftsträchtiges dabei zu entdecken; wir verwahren uns auf das energischste dagegen, diesen Künstlertypus als deutsch angesprochen zu sehen."[10]

Hindemith nimmt auf Einladung der türkischen Regierung eine Tätigkeit in Ankara auf. Er bringt sich, wie *Berndt Heller* urteilt, aus der Schußlinie in Deutschland und biedert sich als „Aktivist für deutsche Kulturpropaganda im Ausland"[11] zugleich bei den maßgebenden Behörden in der Heimat an.

In einem Brief vom 21.2.1935 verwahrt er sich selbst der HfM gegenüber dagegen, diese Auslandstätigkeit als Emigration mißzuverstehen: „Ich bitte Sie, in dieser, lediglich informatorischen Zwecken dienenden Reise nicht eine Handlung gegen die Schule oder gar gegen Deutschland sehen zu wollen.“[12]

Stein setzt sich gegenüber dem Präsidenten der RMK, Richard Strauss, im April 1935 für Hindemiths Rückkehr nach Deutschland ein. Zur Begründung dient ihm nun gerade die zunächst umstrittene Oper „Mathis der Maler“, deren Libretto Stein an Strauss gesandt hatte: „Strauss war sehr begeistert von dem Textbuch und will es als Beweis für Hindemiths ‚Einstellung‘ dem Propagandaministerium weiterreichen“, berichtet er.[13]

Auch dem Staatskommissar *Hinkel* schickt er das Libretto zur Mathis-Oper zu, der es an Goebbels weiterleiten soll, „damit auch er sich ein Urteil über den hohen kunstethischen Ernst des Librettos bilden kann, das Hindemith bereits vor dem nationalsozialistischen Umbruch geschrieben hat.“[14] Am 25.4.35 fordert das RMWEV Hindemith auf, seinen Unterricht an der HfM wieder aufzunehmen. Verpflichtungen in der Türkei halten ihn jedoch zunächst in Ankara fest, Hindemith bittet daher um Aufschub seines Dienstbeginns bis zum Wintersemester 1935, um, wie er im Juni 1935 „vertraulich!“ berichtet, „der deutschen Musikkultur für die Zukunft ein Einflußgebiet von größtem Ausmaß zu sichern und damit für das deutsche Ansehen im Auslande zu arbeiten.“[15]

Die Auseinandersetzungen um die Neue Musik insgesamt sind damit in Deutschland jedoch keineswegs beendet. *Fritz Stege,* Musikkritiker und Parteimitglied seit 1930, verwahrt sich im Februar 1935 in der von ihm herausgegebenen „Kulturkorrespondenz für Musik“ dagegen, daß die „Reaktion anscheinend zu einem Dauerzustand“ geworden sei. Angriffe gegen neue Kompositionen scheinen ihm “typisch genug für die Mentalität einer gewissen Volksschicht, die in Sorge um ihre spießbürgerliche Ruhe egoistisch genug sind, um der Musikproduktion ihren verkalkten Standpunkt vorzuschreiben und die jungen Komponisten zu zwingen, sich nach ihrem Geschmack zu richten. Das ist der sicherste Weg, um die Ansätze einer neuen Musik zu vernichten. Wahrhaft Großes in der Kunst ist stets aus einer künstlerischen Haltung entstanden, die sich in Widerspruch zu den herrschenden althergebrachten Geschmacksrichtungen stellte.“[16]

Im August 1935 setzt sich Staatskommissar Hinkel jedoch gegenüber dem RMVP für eine Aufführung der Oper „Mathis und Maler“ in Frankfurt ein. Das Frankfurter Opernhaus sei bereit, diese Oper am Ende der Spielzeit 1935/36 herauszubringen, Hinkel seinerseits wolle sich gegenüber Rosenberg und der NS-Kultusgemeinde für Hindemith verwenden.[17]

Zu diesem Zeitpunkt war Hindemith nach Deutschland zurückgekehrt und nahm zum Wintersemester 1935/36 seine Lehrtätigkeit an der HfM wieder auf.

Für *Fritz Stein* galt Hindemith nun an der HfM als einer der „pflichteifrigsten und besten Lehrer“, der sich strikt gegen Emigrationsabsichten verwahrt: „Zahlreiche außerdeutsche Bühnen haben sich darum bemüht, seine letzte Oper ‚Mathis der Maler‘ aufzuführen, und die Metropolitan Oper in New York hat ihm für die Uraufführung eine geradezu märchenhafte Summe geboten. Obwohl Hindemith sich infolge des Boykotts seiner Werke in Deutschland in wenig erfreulicher wirtschaftlicher Lage befindet, hat er alle diese Anerbieten ausgeschlagen, da er nicht ins Ausland gehen will, um sich von der Emigrantenpresse dann zum Märtyrer stempeln zu lassen. Wenn Hindemith in seiner Sturm- und Drangzeit einige Werke geschrieben hat, die jetzt beanstandet werden (...) so muß demgegenüber betont werden, daß sich sein Schaffen bereits seit etwa 6 Jahren, seit seinem Oratorium ‚Das Unaufhörliche‘ vertieft und mehr nach der geistig-ethischen Seite hin gewandelt hat (...) Hindemith ist heute der wirklich schöpferisch führende Meister der deutschen Musik, die ganze Jugend bekennt sich zu ihm und in der Tat hat ja auch die Hitler-Jugend auf ihrer letzten Tagung in Braunschweig sich für ihn erklärt.“[18]

Die Vorbereitung der Olympiade 1936 signalisierten in dem Bestreben, Deutschland gegenüber dem Ausland als modernen, aufstrebenden Staat zu profilieren, eine Einbindung der Neuen Musik in den herrschenden Musikbetrieb: Bei dem Wettbewerb, den die Reichsmusikkammer zu diesem Anlaß ausschreibt, werden *Paul Höffer* und *Werner Egk* für ihre eingereichten Kompositionen jeweils mit einer Goldmedaille ausgezeichnet.[19] Trautwein, inzwischen Parteimitglied, kommt mit seinem *Trautonium* erneut zu Ehren. Im Herbst 1935 wird die anläßlich der Olympiade erbaute „Dietrich-Eckart-Bühne“ (heute: Waldbühne) für das Konzertieren mit dem Trautonium erprobt. Genzmers „Konzert für Trautonium und Blasorchester“ wird kurz darauf hier uraufgeführt, mit Oskar Sala am Trautonium und einem Bläserkorps der Wehrmacht

Musik auf dem Trautonium
zur Reichstagung der Musikmeister des Reichsheeres.
Berlin am 28.Nov.1935 gegen 10 Uhr 30 vorm. im
Ufa-Palast am Zoo.

Programm:

1) Joh.Seb.Bach	Adagio a.d.Sonate in h-moll
2) a. Gaillard	Hornpipe und Menuett
b. Genzmer	Capricio trautonico
c. Händel-Burmester	Terzen-Menuett
3) Joh.Seb.Bach	Largo a.d.Sonate in f-moll Trautonium mit Orgel
4) Max Reger	Satz aus der kleinen Sonate in d-moll
5) Die neuere Entwicklung des Trautoniums	
a. Die Untertonreihe	(kurze Einführung)
b. Paul Hindemith	Komposition für das neue Trautonium
c. Demonstrationen auf 3 Manualen	
6) Harald Genzmer	Musik für Trautonium und Blasorchester

Mitwirkende

Trautonium:	Oskar Sala
Klavier:	Prof. Rudolf Schmidt
Orgel:	Erwin Christoph

Das Blasorchester der zur Hochschule für Musik abkommandierten Musiker des Reichsheeres und der Kriegsmarine.

unter Heeresmusikinspizient Berdien. *Genzmer* komponiert eigens zu diesem Zweck vier kleine Musikstücke für vier elektronische Instrumente. Während der Olympiade selbst ist Oskar Sala mit dem Trautonium bei der Aufführung von Händels „Herakles" in der „Dietrich-Eckart-Bühne" beteiligt. Der Erfolg veranlaßt Trautwein, riesige Lautsprechertürme für Freilichtbühnen und Aufmarschplätze zu konstruieren.

Auch in der Musik jedoch bleibt die scheinbare „Liberalisierung" gegenüber der Moderne lediglich Episode. Am 24.5.1937 wird in Düsseldorf die Ausstellung *„Entartete Musik"* eröffnet. Sie zeigt, neben den führenden Musikzeitschriften der Neuen Musik, „Melos" und „Anbruch" als „prominenteste Vorkämpfer des Musikbolschewismus", Partituren jüdischer Komponisten und Schriften von Schönberg und Hindemith, so etwa dessen im selben Jahr erschienene „Unterweisung im Tonsatz", die auf den Versuchen innerhalb der Rundfunkversuchsstelle der HfM basierte. In telefonzellenartigen Boxen erklingen Kompositionen von Hindemith neben Werken von Weill, Schönberg und Toch. *Hans Severus Ziegler,* Leiter des Gaukulturamtes der NSDAP, zog in seiner Eröffnungsansprache den Schlußstrich unter die Auseinandersetzungen um die Neue Musik: „Was in der Ausstellung Entartete Musik zusammengetragen ist, stellt das Abbild eines wahren Hexensabbaths und des frivolsten, geistig-künstlerischen Kulturbolschewismus dar und ein Abbild von Untermenschentum, arroganter jüdischer Frechheit und völliger geistiger Vertrottelung."[20]

Die Zeichen der Zeit erkennend, hatte Hindemith selbst bereits im 22.3.1937 seine Kündigung an der HfM eingereicht.

Stein bittet *Furtwängler,* sich für ein Verbleiben Hindemiths in Deutschland einzusetzen. Wiederum beruft er sich auf die „innere Wandlung" Hindemiths, die sich in der Mathis-Oper niedergeschlagen habe: „Ich halte es für nicht ausgeschlossen, daß der Führer, der ja für die bildende Kunst ein besonders warmes Herz hat, gerade nach diesem Text, der die Tragik des Künstlerschicksals behandelt, die geistig-ethische Haltung des reiferen Hindemith beurteilen kann."[21]

Im September 1938 verläßt *Hindemith* Deutschland und läßt sich zunächst in der Schweiz nieder. Neue Musik ist fortan auch an der HfM verpönt. Dies gilt in gleicher Weise für den Jazz. Am 11.6.1937 antwortet Dir. Stein auf die Anfrage eines Korrespondenten der amerikanischen Musikzeitschrift „Down Beat" bezüglich der Bedeutung von Jazz innerhalb der Musikausbildung: „Die Frage der Jazz-Musik ist in Deutschland zur Zeit in keiner Weise aktuell, da es für das deutsche Musikleben ohne Belang ist, ob eine spezifische stilreine Jazz-Musik gepflegt wird oder nicht."[22]

Paul Hindemith im Exil, 1940

Direktor Bieder vom Institut für Kirchen- und Schulmusik interpretiert nun, auf Anfrage der Reichskulturkammer, die 1933 erfolgte Entlassung von *Else Kraus,* die mit der „Umgestaltung der Hochschule" begründet worden war, um: Sie sei „wiederholt Interpretin von Werken extrem moderner Richtung" gewesen und habe darüber hinaus im Jahrbuch der HfM vor 1933 einen Aufsatz über Arnold Schönberg veröffentlicht.[23]

An die Adresse von *Hindemith* richtet *Bertolt Brecht* aus der Emigration einen offenen Brief, der dessen Bemühungen um Akzeptanz der neuen Machthaber thematisiert, die Hindemith unweigerlich in Widerspruch zu einer eigenen musikalischen Position bringen mußte:

„Ob Sie es wollen oder nicht, Sie können eine Musik, wie sie in Hitlerdeutschland verlangt wird, nicht schreiben. Es nützt nichts, wenn Sie ‚Mein Kampf' vertonen (...) Eine Musik, die wahrhaftig die Welt des 20. Jahrhunderts widerspiegelt, eine zweifellos verwirrte, komplizierte, brutale und widerspruchsvolle Welt, wird nicht auf Gnaden rechnen können (...) Sie können die Hand zum Hitlergruß erheben – dazu kann man Sie vielleicht zwingen – aber in dem Augenblick, wo Sie den Taktstock erheben, wird die Konkurrenz auf dem Posten sein, und sie wird die Polizei mitbringen. Die Musik ist keine Arche, auf der man die Sintflut überdauern kann (...)."[24]

Kampfbund für Deutsche Kultur, Gruppe Berlin

1. Blatt

WUENSCHE der FACHGRUPPE MUSIK für eine

Neugestaltung der STAATL. HOCHSCHULE für MUSIK.

1. Aufräumungsarbeiten:

Wir fordern die Beseitigung folgender Persönlichkeiten von der Hochschule für MUSIK unter gleichzeitiger Benennung unserer Gegenvorschläge:

DANIEL (polnischer Jude, der deutschen Sprache nicht ganz mächtig.)
Gegenvorschlag: ERBE (?)

HOERTH (Hochschule für MUSIK und Staatsoper, Jude, Doppelverdiener.)
Gegenvorschlag: KRAUSS

LOEBENSTEIN (Leiterin des musikpädagogischen Seminars an der Hochschule für MUSIK, Kestenbergianer, Kulturbolschewistin, Jüdin.)
Gegenvorschlag: Willi ZIMMERMANN

KREUTZER (gegen die Erneuerung seines Vertrages an der Hochschule wurde von 12 Professoren wegen verschiedener Vorkommnisse Protest erhoben.)
Gegenvorschlag: Wilhelm KEMPFF

CHARL. PFEFFER (Protegéé von KESTENBERG, erteilt unmöglichen dilettantischen Unterricht in rhytm.Gymn.)
Gegenvorschlag: Dr. BODE

Dr. STRELITZER (Korrepetitor, schofler Charakter.)
Gegenvorschlag: Fritz v. BORRIES

FEUERMANN (untragbarer Jude.)
Gegenvorschlag: Paul GRUEMMER

St. JEIDELS (unfähig)
Gegenvorschlag: HERMANN HOPPE

SIEGFRIED BORRIS (treibt Kestenbergsche Politik im Unterricht, noch im Wintersemester 1932/33)
Gegenvorschlag: (?)

BRUNO EISNER (seinetwegen wurde anderen Lehrern Stunden gekürzt,)
Gegenvorschlag: Die vorhandenen Lehrer sind wiederum mit voller Stundenzahl zu beschäftigen.

2.) Wir schlagen vor, Herrn Professor PRUEWER die Leitung des Konzertorchesters der Hochschule zu nehmen und sie versuchsweise an GMEINDL zu übertragen.

3.) Wir fordern den Professortitel für den Armeemusikinspizienten HERMANN SCHMIDT .

4.) Wir fordern die sofortige Neueinrichtung einer Spezialklasse für die Erziehung zum deutschen Lied.
Als Leiter dieser Klasse wird vorgschlagen: GEORG VOLLERTHUN.

5.) Wir fordern die Bereinigung der Orchesterschule von jedem marxistischen Einfluss und ihren weiteren Ausbau im nationalen Sinne.

6.) Wir fordern die Einrichtung einer Professur für PROPAEDEUTIK einer deutschen künstlerischen Weltanschauung. (von Prof. HAVEMANN wurde diese Forderung in der Sonderausgabe der Deutschen Kulturwacht unter dem Namen " Grunderziehung des deutschen Musikers " bereits erhoben.)
Für die Stelle wird vorgeschlagen: Dr. Fr. MAHLING.

7.) Wir schlagen vor, die Verfassung der Hochschule dahingehend zu ändern, dass neben dem geschäftsführenden Direktor ein alle zwei Jahre aus der künstlerischen Lehrerschaft zu wählender und vom Ministerium zu bestätigender Rektor gestellt wird. Dieser müsste die Verantwortung für die künstlerische Gesamtlinie der Hochschule übernehmen.

8.) Wir behalten uns vor, für eine Neuorganisierung des gesamten Musikhochschulwesens in Preussen einen grosszügigen und weltanschaulich fundierten Entwurf den zuständigen Stellen zu gegebener Zeit vorzulegen.

Die alte Berliner Musikhochschule vor ihrer Zerstörung

Anmerkungen:

1) Berndt Heller / Frieder Reininghaus, Hindemiths heikle Jahre, in: Neue Zeitschrift für Musik, 5/1984, S. 4-10, hier S. 5
2) Staatskommissar Hinkel an das Ministerium für Wissenschaft, Kunst und Volksbildung, 11.10.33, zit. in: ebenda, S. 6
3) Brief von Jörg Mager an Direktor Stein, 29.12.1933, HdK-Archiv
4) zit. in: Wolfgang Burde, Neue Musik im Dritten Reich, in: Kunst-Hochschule Faschismus, Hrsg. Hochschule der Künste Berlin, Berlin (W.) 1984, S. 55
5) Th. W. Adorno in: Impromptus, Frankfurt/M. 1968, S. 82
6) Erklärung der Reichsleitung der NS-Kultusgemeinde in: Der Westen, Nr. 336, vom 9.12.33
7) Friedrich Trautwein an Jörg Mager, 20.5.1934, HdK-Archiv
8) ebenda
9) Fritz Stein an den Reichsstand der deutschen Industrie, 10.7.37, HdK-Archiv
10) zit. in: Burde, a.a.O., S. 56
11) vgl. Heller / Reininghaus, a.a.O., S. 7
12) Hindemith an Fritz Stein, 21.2.1935, Akte Hindemith, HdK-Archiv
13) Fritz Stein an Dr. Strecker, 6.4.35, Akte Hindemith, HdK-Archiv
14) Fritz Stein an Staatskommissar Hinkel, 22.7.35, Akte Hindemith, HdK-Archiv
15) Bericht Hindemiths vom Juni 1935, Akte Hindemith, HdK-Archiv
16) Fritz Stege in: Kulturkorrespondenz für Musik, 8.2.1935
17) Staatskommissar Hinkel an RMVP, 28.8.1935, Akte Hindemith, HdK-Archiv
18) Fritz Stein an Oberst Gossrau, Luftfahrtministerium, 22.12.1936, Akte Hindemith, HdK-Archiv
19) vgl. Fred K. Prieberg, Musik im NS-Staat, Frankfurt/M. 1982, S. 274
20) zit. in: ebenda, S. 279
21) Fritz Stein an Furtwängler, 22.3.1937, Akte Hindemith, HdK-Archiv
22) Fritz Stein an Duncan Mac Dougald, 11.6.1937, HdK-Archiv
23) Eugen Bieder an die RKK, 27.1.1938, Akte Kraus, BDC
24) zit. nach: Jürgen Mainka, Von der inneren zur äußeren Emigration, in: Musik und Musikpolitik im faschistischen Deutschland, Frankfurt/M. 1984, S. 271

Abkürzungen:

HfM: Hochschule für Musik Berlin

RMVP: Reichsministerium für Volksaufklärung und Propaganda

RMWEV: Reichsministerium für Wissenschaft, Erziehung und Volksbildung

RMK: Reichsmusikkammer

Staatliche akademische Hochschule
für Musik in Berlin

Acten

betreffend:

den Lehrer für Komposition
Paul Hindemith

Begonnen: Oktober 1927

Geschlossen: September 1937

Kap. II Tit. I No. 206

Band

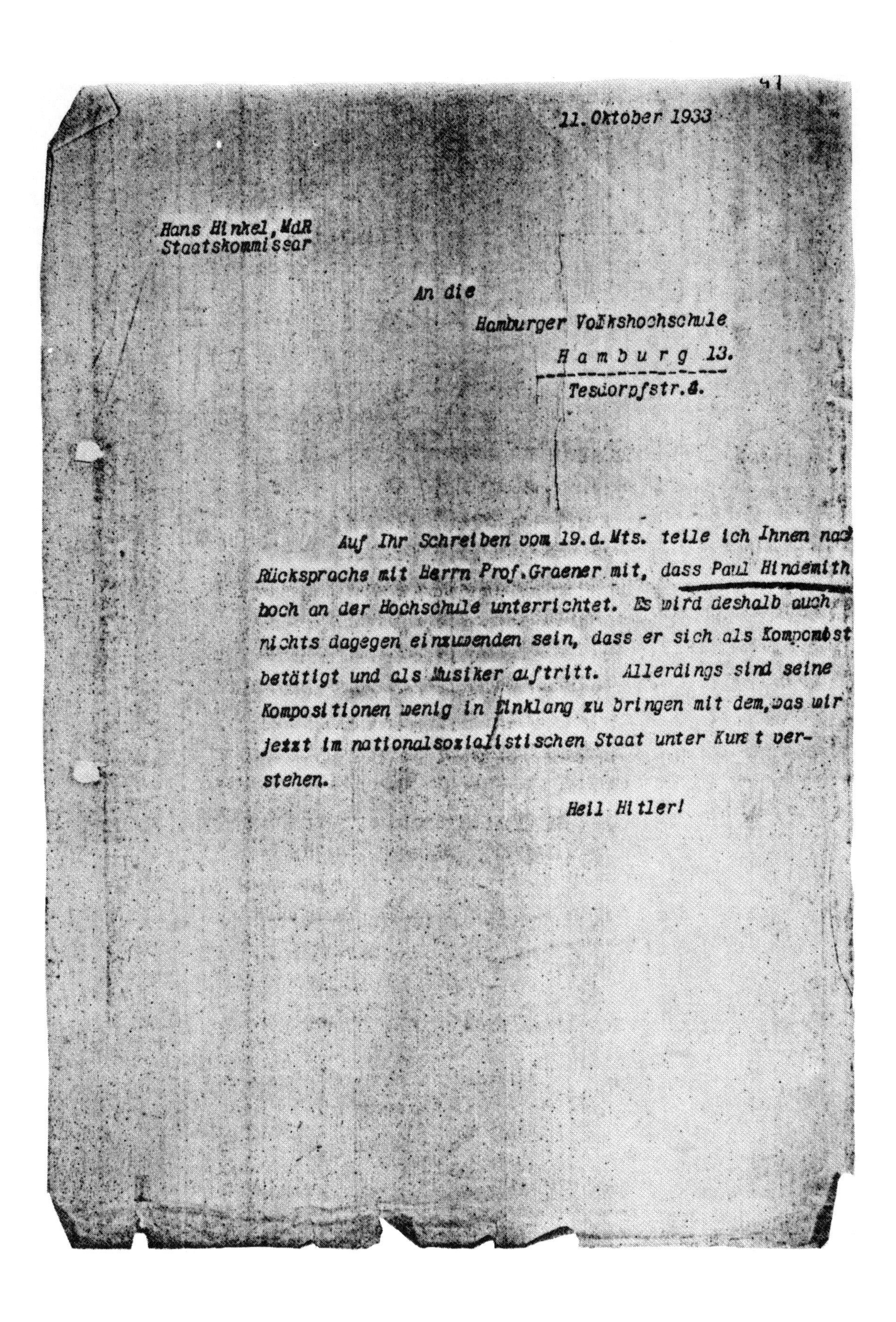

41

11. Oktober 1933

Hans Hinkel, MdR
Staatskommissar

An die
Hamburger Volkshochschule
Hamburg 13.
Tesdorpfstr. 8.

Auf Ihr Schreiben vom 19.d.Mts. teile ich Ihnen nach Rücksprache mit Herrn Prof. Graener mit, dass Paul Hindemith noch an der Hochschule unterrichtet. Es wird deshalb auch nichts dagegen einzuwenden sein, dass er sich als Komponist betätigt und als Musiker auftritt. Allerdings sind seine Kompositionen wenig in Einklang zu bringen mit dem, was wir jetzt im nationalsozialistischen Staat unter Kunst verstehen.

Heil Hitler!

Staatskommissar Hans Hinkel beantwortet eine Anfrage der Hamburger Volkshochschule zu Hindemith. Unterdessen ging die öffentliche Auseinandersetzung um seine Person fort.

Wenige Tage nach Furtwängler setzt sich auch der Komponist Harald Genzmer für Hindemith ein. In seinem Schreiben an Fritz Stein, den neuen Direktor der Berliner Hochschule, bietet er am 30. Nov. 1934 seine Unterstützung an.

„Sehr geehrter Herr Direktor! Aus Pressemeldungen erfahre ich, daß von den verschiedensten Seiten Angriffe gegen Prof. Hindemith versucht werden, mit dem Endziel, ihn aus Deutschland herauszudrängen. Staatsrat Dr. Furtwängler hat über die Dinge das Notwendige gesagt. Falls aber trotzdem noch versucht werden sollte, ihn z. B. aus seiner Hochschulstellung zu drängen, so bitte ich Sie, wenn ich Ihnen behilflich sein kann, mich zu benachrichtigen, damit ich durch mündlichen oder schriftlichen Bericht vielleicht dazu beitragen kann, über Hindemith Klarheit zu schaffen. Ich habe bei ihm 5 Jahre gearbeitet, so daß es für mich eine einfache Pflicht des Dankes ist. Ich bitte Sie zugleich, Herrn Prof. Hindemith in keiner Weise von dem Brief in Kenntnis zu setzen. Heil Hitler! Harald Genzmer“

Nach der Beurlaubung von seiner Berliner Professur half Hindemith der türkischen Regierung bei der Reorganisation der Musikerziehung. Vor seiner Reise in die Türkei hebt er hervor, daß diese nicht als Emigration mißverstanden werden solle.

Abschrift!

Berlin-Charlottenburg 9
Sachsenplatz 1
5. Dezember 1934

Sehr geehrter Herr Direktor,

in einer Unterredung, die ich gestern Abend mit Herrn Ministerialdirektor v. Staa hatte, ersuchte ich das Ministerium, mich wegen der Ereignisse in den letzten Tagen auf unbestimmte Zeit zu beurlauben. Herr v. Staa genehmigte im Auftrage des Herrn Ministers dieses Gesuch und ich bitte Sie, auch Ihr Einverständnis mir mitzuteilen. Zur Abwicklung der laufenden Geschäfte werde ich mir in den nächsten Tagen erlauben, Sie aufzusuchen.

Ihr ergebener

gez. Paul Hindemith.

21. Febr. 35.

Lieber Herr Direktor Stein,

Vor einiger Zeit teilten Sie mir mit, dass vor dem Abschluss des alten Semesters mein Urlaub warscheinlich nicht ablaufen würde und nachdem ich bis jetzt auch nichts weiter gehört habe nehme ich an, dass eine etwaige Zurückrufung nicht vor April ergehen wird.

Ich habe nun mittlerweile von der türkischen Regierung die ehrenvolle Aufforderung erhalten, ihr für eine neu zu errichtende Staatsmusikschule die nötigen Unterlagen auszuarbeiten. Zu diesem Zweck müsste ich eine 3-4 wöchige Reise nach der Türkei unternehmen. Da die dortigen Aufbauarbeiten erst nach Abgabe meines Gutachtens begonnen werden können, soll diese Reise möglichst bald stattfinden. Ich wäre Ihnen dankbar, wenn Sie mir mitteilen würden, ob ich Mitte März reisen kann. Um diese Zeit herum beginnen wohl auch unsere Osterferien, nach deren Beendigung ich dann wieder in Berlin zurück wäre.

Ich bitte Sie, in dieser, lediglich informatorischen Zwecken dienenden Reise nicht eine Handlung gegen die Schule oder gar gegen Deutschland sehen zu wollen. Ich halte es im Gegenteil für besonders wichtig, dass, gegenüber dem Angebot der übrigen Nationen, in einem Lande wie der Türkei kulturellen Einfluss zu gewinnen, die Deutschen den Vorzug erhalten und bitte Sie darum auch Ihrerseits (ev. nach Befragung der vorgesetzten Stellen) das Unternehmen fördern zu wollen.

Sobald die Frage meines Urlaubs geregelt ist, wird die türkische Regierung sich mit dem Auswärtigen Amt in Verbindung setzen.

Ich bitte, Sie meine Anfrage mit grösster Vertraulichkeit behandeln zu wollen, da mich all den Schwierigkeiten die ich schon gehabt habe, zu leicht neue Gerüchte den Weg in die Offentlichkeit finden könnten, die doch nur missverstanden würden.

Für eine möglichst schnelle Antwort wäre ich Ihnen dankbar. Ich bin noch bis Ende nächster Woche hier (Frankfurt Am, Grosse Rittergasse 118), ab Montag ist aber meine Frau wieder in Berlin und für etwa nötigen Auskünften bereit. Sobald ich zurück bin, werde ich mich bei Ihnen melden.

Ihr sehr ergebener

Paul Hindemith

An den Herrn
Reichs-und Preussischen Minister
für Wissenschaft, Erziehung und
Volksbildung

Berlin W. 8

Unter den Linden 4

22.Februar 1935

Soeben erhalte ich von Prof.
Paul Hindemith den anliegenden Brief
Das türkische Kultus-Ministerium
hat mich bereits vor etwa 1 1/2 Jahren
um Ratschläge für die Ausarbeitung
eines Aufbauplanes für eine staatli=
che Musikhochschule gebeten und da=
mit den Willen bekundet, die künstler
risch-musikalische Fachausbildung in
der Türkei nach deutschem Muster zu
organisieren. Der erneute Antrag an
Herrn Prof. Hindemith ist als ein erfreulicher Beweis dafür zu werten, da
die türkische Regierung nun wirklich
mit ihren nach deutschem Vorbild ori
tierten Aufbauplänen Ernst machen will
Und darüber hinaus ist diese ehrenvo
le Aufforderung ein Beweis für die
Wertschätzung, die Herr Prof. Hindemith
im Ausland als Musik-Pädagoge genießt
Ich möchte also den Antrag des Herrn
Prof. Hindemith, ihn für diese Reise
zu beurlauben, aufs wärmste befürwor
ten.

Der Direktor:

gez. Stein.

Der bei den Nazis umstrittene Komponist versucht, sich im Ausland durch bewußt deutsch-nationales Auftreten zu „bewähren".

İSTANBUL PALAS
OTEL ve LOKANTASI
Telgraf adresi: İSTANBUL PALAS
TELEFON: 3542-3543

Ankara, Ostern / 1935

Lieber Herr Direktor, am 23. fängt die Schule wieder an. Da ich bis jetzt nichts gehört habe, nehme ich an, daß meine Anwesenheit nach wie vor nicht erwünscht ist. Das ist mir insofern lieb, als ich mit meiner hiesigen Arbeit noch nicht fertig bin. Ich halte sie aber für wichtig und deshalb möchte ich sie nicht vorher abbrechen. Sollte ich also wider Erwarten doch nächste Woche antreten müssen, bitte ich hiermit um einen Nachurlaub, der mit Rückreise bis etwa 9. Mai dauert. Wenn es Schwierigkeiten macht, telegrafieren Sie mir bitte, dann kann das hiesige Unterrichtsministerium ans Propagandaministerium telefonieren. – Ich kenne mittlerweile die türkischen Musikverhältnisse in- und auswendig und reformiere und baue auf. In diesem Lande, das kulturell bisher ganz von den Romanen abhing, deutsche Musikanschauungen und, so weit ich das in der kurzen Zeit tun kann, Musikarbeit einzuführen, ist nicht einfach. Die russische Regierung hat eine Truppe von etwa 15 Leuten geschickt, Kapellmeister, Sänger, Geiger, Komponisten, Ballett, und sie erobern alle Herzen im Sturm, unterstützt von Botschaft, Regierung und dem Bewußtsein, die Schlacht zu gewinnen. Und ich armes Huhn sitze ohne jede Unterstützung

hier und schlage mich herum... Wenn das keine feurigen
Kohlen auf das Haupt der Germania sind – . Was wäre
hier alles zu machen! Talent in Hülle und Fülle, guter
Wille auch. Ich tue, was ich kann – mit dem leicht
unbehaglichen Gefühl, einen für Deutschland wichtigen
Kulturposten nicht genügend bearbeiten zu können, weil ich
allein nicht stark genug bin. Jetzt sollte Furtwängler, Kulen-
kampff und noch ein paar gute Leute hier sein und
wir hätten einen Sieg, dessen Folgen wir noch 10 Jahre
lang spüren würden. So mache ich nächste Woche ein
kleines Konzert mit den türkischen Musikern und dem Musik-
schulchor, um zu retten, was zu retten ist.

Trotz der Befriedigung über meine persönliche Arbeit: Verlassen bin i.

Nehmen Sie mit Ihrer Familie die schönsten Ostergrüße

Ihr

Paul Hindemith

Ankara

Hotel Istanbul Palas.

Abschrift zu V a 198o.1.M.

Paul Hindemith

Vertraulich !

Bericht über meine Tätigkeit in der Türkei.

- - - - -

Berlin, den Juni 1935.

Im Frühling dieses Jahres berief mich die türkische Regierung nach Ankara, um von mir Vorschläge zum Aufbau des Musiklebens in der Türkei ausarbeiten zu lassen. Ich studierte zu diesem Zwecke fünf Wochen lang in Ankara alles in dieser Richtung bisher Geschehene und die zukünftigen Möglichkeiten, hielt mich aus demselben Grunde noch einige Zeit in Stadt und Provinz Smyrna und in Istanbul auf und überreichte als Frucht meiner Studien und Ueberlegungen dem türkischen Unterrichtsministerium beiliegende "Vorschläge". Aus ihnen geht eindeutig hervor, daß ich bestrebt war, der deutschen Musikkultur für die Zukunft ein Einflußgebiet von größtem Ausmaß zu sichern und damit für das deutsche Ansehen im Auslande zu arbeiten. Die Tatsache, daß in musikalischer Beziehung der französische Einfluß bisher maßgebend war und daß die Nähe Russlands nicht ohne Wirkung auf das Nachbarland geblieben ist, erschwerte die Arbeit ungemein.

Für deutsche Musik war lediglich durch einige türkische Musiker, die in Wien oder Leipzig studiert hatten, der Boden ein wenig bearbeitet. Die spärlichen Konzerte deutscher Künstler sind ohne Eindruck geblieben, da sie teils in dem in sich abgeschlossenen Kreise der Botschaften und der türkischen Regierungskreise abgehalten wurden, zum Teil sind auch die Sendboten nicht nach ihrer Wirkung auf die türkische Geschmacksrichtung ausgewählt worden.

Da ich zudem durch die Schwierigkeiten, die ich im letzten Winter in Deutschland gehabt habe, ohne die moralische Unterstützung unserer Regierung meine Arbeit zu verrichten hatte, wären die Aussichten, sie glücklich zu vollenden, gering gewesen, hätte mich nicht der Generalinspektor im türkischen Unterrichtsministerium, M.CEVAT (früher Berliner Inspektor der türkischen Studierenden in Mitteleuropa) in jeder Weise unterstützt.

Sofort nach meiner Ankunft schickte die russische Regierung eine Truppe ihrer derzeit besten Künstler in die drei Hauptstädte der Türkei. Sänger aller Arten, Kapellmeister, Instrumentalisten, Komponisten und Tänzer betörten in täglichen Freikonzerten,

wirksam

wirksam unterstützt von ihrem geschickten, ausserordentlich tätigen Botschafter, mit erfolgreicheren Programmen, die derartiger Genüsse ungewohnten Türken. Als sie von meiner Tätigkeit erfuhren, verlängerten sie in der ausgesprochenen Absicht, meine Arbeit nicht zur Wirkung kommen zu lassen, ihren Aufenthalt und verdoppelten ihre Bemühungen.

Wenn es mir als schlecht ausgerüstetem Kämpfer ohne Zuhilfenahme aller Zeitungs- und sonstiger Propaganda trotzdem gelang, diese überreich ausgestattete und in jeder Hinsicht glänzend versorgte Truppe zu schlagen, so ist das nur dem Vertrauen zuzuschreiben, das meine gründliche Arbeit den verantwortlichen Regierungsstellen einflösste.

Man drängte mich, auch ein Konzert zu geben. Ich übte ~~mitten~~ mit dem türkischen Orchester, dem Schulchor, Sängern und Pianisten eine Vortragsfolge ein, die aus Bach , Haydn, Mozart, dem Chor eines türkischen Komponisten und einer Kantate von mir bestand. Die Tendenz , vorzuzeigen, was der türkische Musiker leisten kann, wenn er richtig geschult wird, gegenüber der effektvollen Vorführung fremden Musikreichtums verfehlte nicht ihre Wirkung auf die Anwesenden ; die ihnen vollkommen fremde Musik Bachs liess sie wenigstens ahnen, daß hier aus anderen Gründen musiziert wurde als in den voraufgegangenen Konzerten der russischen Virtuosen. Nach diesem Konzert berichtete ich dem Herrn Ministerpräsidenten Ismet Pascha über meine Tätigkeit.

Die in meinen "Vorschlägen" empfohlenen Verbesserungen sind trotz innerer und äusserer Hindernisse zum Teil schon in Angriff genommen worden. Ich bekam sofort 26 000 Mark zur Beschaffung von Instrumenten (einstweilen ausser Klavieren) und Noten zugewiesen. Diese Summe fällt sicher nicht allzu sehr ins Gewicht, es ist aber nicht zu übersehen, daß mit dem dafür gekauften Material das Land immer mehr für die deutsche Musik gewonnen wird, zumal, wenn, wie in diesem Falle, vorzügliche Ware geliefert wird.

Ferner werde ich in den nächsten Wochen etwa 12 deutsche Orchestermusiker zum Engagement vorschlagen, ebenso Lehrer für die Musikschule in Ankara und für Smyrna.

Spätestens im nächsten Jahre soll ich wieder in die Türkei fahren, um die Ausführung meiner "Vorschläge" zu kontrollieren

und

und um mit den türkischen Komponisten zusammen grössere Arbeiten in Angriff zu nehmen. Wahrscheinlich wird man mir dann auch die Neuorganisation des Instanbuler Konservatoriums übertragen (das als städtisches Institut nur bedingt unter Regierungseinfluß steht).

Meine Arbeit ist leider nicht ganz ungefährdet. Die in allen der Europäisierung verfallenen Länder reichlich vorhandenen Neuerer um jeden Preis, denen eine geregelte und systematische Entwicklung der Kunst zu landweilig erscheint, sind die im Lande stehenden Gegner; die russische Front mit ihrer verlockenden künstlerischen und finanziellen Unterbietung ist der vor der Tür wartende Feind. Ich halte es für unklug, ihnen das unendliche Gebiet, das Deutschland unter seinen kulturellen Einfluß bringen kann, preiszugeben. Da ich durch das Vertrauen des türkischen Unterrichtsministeriums auch weiterhin bei dem Aufbau des Musiklebens in der Türkei an wichtigster Stelle tätig sein werde, wäre ich im Interesse der Verbreitung deutscher Kulturwerte in der Welt dankbar, wenn ich auf die moralische und nötigenfalls tätige Hilfe der Reichsregierung rechnen könnte.

Zu weiteren Auskünften über meine bisherige Tätigkeit und über die zukünftigen Aussichten bin ich gerne bereit.

gez. Paul Hindemith.

Mit seiner Propaganda-Tätigkeit wollte Hindemith die Reichsregierung von seinem Sinneswandel überzeugen, um so auch den Aufführungsboykott gegen seine Werke zu beenden. Den vorliegenden Bericht übergab er dem Geiger Gustav Havemann, der sich stets für Hindemiths Werke eingesetzt hatte und im „Kampfbund für deutsche Kultur" tätig war. Havemann leitete das Schreiben an elf Minister und hohe NS-Funktionäre, darunter auch an Hitler, weiter.

Die türkische Regierung hat mich endgültig berufen, meine »Vorschläge zum Aufbau des gesamten Musiklebens« (Mai 35) zu verwirklichen.

2. Grösste Ausbreitungsmöglichkeit für deutsche Musikkultur. Absatzgebiet für Instrumente, Noten etc.

3. Bis jetzt habe ich für Tausende Noten und Instrumente aus Deutschland hinbesorgt. Habe Generalmusikdirektor engagiert. (Dr. Praetorius. Er musste innerhalb 8 Tagen abreisen.)

4. Dringendste Eile geboten. Werde täglich wegen Engagements von Musikern usw. telegraphisch bedrängt.

5. Vor 3 Wochen abgesandten Bericht an Staatskommissar Hinkel ohne Antwort geblieben.

6. Kann Aufgabe in einem für Deutschland günstigen Sinn nur mit Unterstützung der Regierung bewältigen.

7. Russische Konkurrenz ausserordentlich stark, durch ausgiebigste staatliche Hilfe.

8. Wie stellt sich die Regierung zum Engagement von Juden und Halbjuden nach der Türkei ? Türken verlangen I. Kräfte.

9. Durch den nicht ausgesprochenen, aber tatsächlich bestehenden Boykott meiner Kompositionen befinde ich mich schon jetzt in einem Zustande geistiger Emigration, da der Schwerpunkt meiner künstlerischen Tätigkeit im Auslande liegt.

10. Falls die Regierung die Aufführung meiner Oper »Mathis« nicht in Kürze für Deutschland zu genehmigen denkt, ist sie mit der Uraufführung im Auslande einverstanden? Seit Mai dieses Jahres liegen folgende Anfragen aus dem Ausland vor, die in Erwartung des deutschen Entscheides von Woche zu Woche XXXXXXX vertröstet werden müssen.

Amsterdam.
Bern
Buenos Aires (Teatro Colon)
Graz
Mährisch Ostrau
Monte Carlo
Cleveland
New York (Metropolitan)
Philadelphia
Olmütz
Stockholm
Wien (Staatsoper)
Zürich.

Weil die erhoffte Rehabilitierung Hindemiths ausblieb, setzte sich Furtwängler bei Goebbels für den verfemten Komponisten ein. Der Dirigent reichte Anfang November 1935 bei Walter Funk, dem Staatssekretär des Propaganda-Ministers, ein Argumentationspapier Hindemiths ein. Der Komponist bittet darin die Reichsregierung um Unterstützung seiner Auslandstätigkeit, erhofft sich gleichzeitig die Uraufführung seiner „Mathis“-Oper, die in Sujet und Stil ganz auf Deutschland bezogen war. Funk begrüßt zwar die propagandistische Arbeit, lehnt deutsche Aufführungen der Oper jedoch ab.

Staatliche akademische Hochschule für Musik

Berlin-Charlottenburg, den 17. Jan. 1936
Fasanenstr.1.

Ich habe heute das nachstehende Gelöbnis abgegeben und durch Handschlag bekräftigt:

Ich gelobe: Ich werde dem Führer des Deutschen Reiches und Volkes Adolf Hitler treu und gehorsam sein und meine Dienstobliegenheiten gewissenhaft und uneigennützig erfüllen.

Paul Hindemith

Die Verpflichtung hat der Herr Direktor vorgenommen.

Beglaubigt
Stall
Amtmann

Treuegelöbnis der vertragl. verpflichteten Lehrer

Obwohl alle Bemühungen Hindemiths erfolglos blieben, dokumentiert er am 17. Januar 1936 seine Bindung an das Deutsche Reich: er legt das Treuegelöbnis auf Adolf Hitler ab. Zwar nicht als Komponist, jedoch wenigstens als Lehrkraft war er im NS-Staat geduldet.

Um mit einem deutlicheren Zeichen die „Mathis"-Uraufführung anzumahnen, kündigt Hindemith im März 1937 seine Berliner Lehrstellung. Er macht gleichzeitig klar, daß für ihn damit nicht der Gedanke an Emigration verbunden war.

f. Musik in Berlin
23 MRZ 1937 Nr. 2522
Anl. ... Pfg. i. Briefmarken

BERLIN-CHARLOTTENBURG 9
SACHSENPLATZ 1 22. III. 37.

Lieber Herr Direktor, im Anschluss an unsere in der vergangenen Woche gehabten Gespräche bitte ich Sie, mich zum 1. Oktober aus meiner Lehrstellung an der Hochschule zu entlassen. Ich danke Ihnen herzlichst für die Güte, mit der Sie selbst in den Zeiten unangenehmer Ereignisse meine Arbeit gewürdigt haben und ich bitte Sie, auch dem Ministerium aus demselben Grunde meinen wärmsten Dank auszusprechen.

Mit deutschem Gruss Ihr sehr ergebener

Paul Hindemith

Staatl. akad. Hochschule für Musik

22.März 1937

Der Direktor.

J. d. [illegible]

Zur Kanzlei am:
Ausgefertigt am: 22.3.
Abgesandt mit 1 Anl.
am:
23.3.37

Herrn

Staatsrat Dr. W. Furtwängler

Potsdam

Viktoriastrasse 36

Lieber Freund und Meister!

Heute hat Paul Hindemith seine Stellung an der Hochschule auf 1.Oktober d.Js. gekündigt. Mit Recht empfindet es Hindemith, der in Ankara wertvollste,von der dortigen Botschaft ausdrücklich anerkannte Arbeit für die deutsche Musik und deutsche Kultur geleistet hat und um den sich schon wieder Kairo für den Aufbau einer Hochschuäe nach deutschem Muster bemüht,auf die Dauer als untragbar,an einer staatlichen deutschen Hochschule als Lehrer zu wirken und im übrigen vom deutschen Musikleben sowohl als ausübender Künstler wie auch als Komponist völlig ausgeschlossen zu sein. Die Hochschule verliert damit einen ihrer besten Lehrer von internationalem Ruf.Nachdem Hindemith seit 3 Jahren die verlockendsten Aherbieten des Auslandes abgelehnt hat,wird er jetzt durch die Tatsache, dass keine Instanz in Deutschland eine klare Entscheidung in seiner Angelegenheit fällt,gezwungen,ins Ausland zu gehen. Es wird bestimmt die Zeit kommen,wo man diese Entwicklung aufs tiefste bedauern wird.

Prof.Hindemith hat mir versprochen, zunächst keine feste Verpflichtung im Ausland zu übernehmen,sodaß wir also hoffen können,ihn wieder zu gewinnen,wenn der Fall Hindemith vielleicht doch im positiven Sinne geklärt wird.Nach Lage der Dinge könnte das nur durch den Führer selbst geschehen und deshalb möchte ich Sie heute herzlich bitten,doch recht bald einen dahingehenden Schritt beim Führer zu unternehmen,denn Sie sind wohl der Einzige,der noch etwas erreicheh kann. Ich lege ein Textbuch von "Matthis der Maler" bei,das Sie vielleicht dem Führer vorlegen können. Die Tatsache, daß Hindemith in seiner Jugend freche,zeitgebundene Werke geschrieben hat,die nach heutiger Auffassung untragbar sind,kann ihm doch nicht ein ganzes Leben hindurch zum Vorwurf gemacht werden in einer Zeit, wo man vielen marxistischen und kommunistischen Parteigängern gern ihre frühere Verirrung verziehen hat. Hindemiths innere Wandlung datiert ja wirklich nicht erst von 1933, wie seine Gegner behaupten, sondern sein Oratorium "Das Unaufhörliche" ist ja schon 1928 geschrieben und die Textdichtung zu "Matthis der Maler" hat er schon 1930 begonnen. Ich halte es nicht für ausgeschlossen, daß der Führer, der ja für die bildende Kunst ein besonders warmes Herz hat, gerade nach diesem Text, der die Tragik des Künstlerschicksals behandelt, die geistig-ethische Haltung des reiferen Hindemiths beurteilen kann.

Dankbar für alles, was Sie im letzten Augenblick noch für die Sache tun können, grüsst Sie in alter Verbundenheit herzlich mit Heil Hitler!

Ihr

Stein

NB. Ihr Sekretariat teilte mir dieser Tage mit, daß Sie nur noch bis zum 20. April in Berlin sein würden. Da wir erst am 19. April das Sommersemester beginnen, kommt also bis dahin leider Ihr Vortrag in der Hochschule nicht in Frage, aber ich gebe die Hoffnung nicht auf, dass wir den Plan im nächsten Winter verwirklichen können.

EPILOG

Der einstige Bürgerschreck hatte sich bis zur Unkenntlichkeit angepaßt und gedemütigt. Als er aber zum Bruckner-Festakt in der Regensburger Walhalla am 6. Juni 1937 eingeladen wurde, lehnte er ab.[1)] Seine Geduld war am Ende.

Etwa in diesem Zeitraum dürfte er einen undatierten Brief geschrieben haben, mit dem er sich von seiner bisherigen Anpassungstechnik distanzierte: „Ich bin der Ansicht, daß das zuständige Zukreuzekriechen nur wenig Zweck hat. Die Wurzeln aller Dinge liegen doch viel tiefer; das was ich tue wird niemals mit dem übereinstimmen, was die heutige Kurzsichtigkeit fordert, es sei denn, ich begebe mich endlich auch unter die anderen."[2)] Diese späte Selbsterkenntnis entspricht weitgehend dem Brief, den Brecht schon 1933 an ihn richtete, allerdings nicht abschickte.[3)]

Das langerwartete Gespräch Furtwänglers mit Hitler im August 1937 endete negativ; Hitler hielt bis in die letzten Kriegstage an seiner Gegnerschaft fest und protestierte beispielsweise persönlich gegen ein Hindemith-Konzert 1943 in Linz.[4)] Der Komponist allerdings konnte sich immer noch nicht zur Emigration entschließen. Selbst die Düsseldorfer Ausstellung „Entartete Musik", auf der er im Mai 1938 neben Schönberg als „wurzelloser Scharlatan" geschmäht wurde,[5)] bewegte ihn zu keiner Protestmaßnahme.

Sein Selbstverständnis als „unpolitischer Künstler" hinderte ihn wohl auch daran, anläßlich der Züricher „Mathis"-Uraufführung, die im Mai 1938 stattfand, sich entschieden von Nazi-Deutschland zu distanzieren. Erst im August 1938, nachdem er noch anderthalb Jahre in Warteposition verharrt hatte, räumte er stillschweigend seine Berliner Wohnung und übersiedelte in die Schweiz. In einem Brief vom 20. September an den Verleger bezeichnete Hindemith sein Verhalten als gescheitert: „Es gibt nur zwei Dinge, die anzustreben sind: Anständige Musik und ein sauberes Gewissen, und für beides wird gesorgt. Von diesem Standpunkt waren alle bisherigen Unternehmungen überflüssig."[6)]

Mit Rücksicht auf die Publikation seiner Werke, mit Rücksicht aber auch auf seine zurückgebliebenen Freunde, vermied er jeden offenen Bruch mit dem NS-Staat. Wider besseres Wissen hielt er an dem Glauben fest, daß der Künstler unpolitisch bleiben und so ein reines Gewissen behalten könne.

In Wahrheit hatte Hindemith längst seine politische Abstinenz aufgegeben. Eine politische Stellungnahme, eine Anpassung an die NS-Ideologie gab es selbst in seiner „Unterweisung im Tonsatz". In einer Rezension dieses Buches verglich Adorno 1939 die darin zur Norm erhobenen Ordnungsschemata mit der „Objektivität des Führerprinzips".[7)]

Spät, nämlich erst 1940 in den USA, distanzierte sich Hindemith endgültig vom Hitler-Staat. Erst jetzt durchschaute er die Haltlosigkeit seiner Strategie. Erst jetzt erkannte er, daß die Machthaber seine Kunst schon immer in ihren Dienst genommen hatten.

Schamhaft gestand er sich in einem aufschlußreichen Brief ein, daß seine Emigration eher ein zufälliger als ein bewußter Akt gewesen war: „Die Künstlermaßnahme in Deutschland ist durchaus auf der Linie der gesamten Unternehmungen des Reiches, die ausschließlich nur noch von Größenwahn, Sadismus und Rohstoffmangel diktiert zu sein scheinen. Ich komme mir immer vor wie die Maus, die leichtfertig vor der Fallentüre tanzte und auch hineinging; zufällig, als sie gerade mal draußen war, klappte die Türe zu!"[8)]

Anmerkungen:

1) Claudia Maurer Zenck: Zwischen Boykott und Anpassung an den Charakter der Zeit. Über die Schwierigkeiten eines deutschen Komponisten im Dritten Reich. In: Hindemith-Jahrbuch IX, 1980, S. 106. Diese gründliche Studie belegt die widersprüchlichen Stellungnahmen zu Hindemith innerhalb der NS-Hierarchie.
2) Andres Briner: Paul Hindemith, Zürich und Freiburg 1971, S. 113
3) Bertolt Brecht: Kein Platz für fortschrittliche Musik. Entwurf eines Briefes an Paul Hindemith, in: Brecht: Gesammelte Werke in 20 Bänden, Frankfurt a.M. 1967, Bd. 18, S. 219 ff.
4) Vgl. Fred Prieberg: Musik im NS-Staat, Frankfurt a.M. 1982, S. 394
5) Vgl. in diesem Band S. 194
6) Hindemith, nach Giselher Schubert: Paul Hindemith in Selbstzeugnissen und Bilddokumenten, Reinbek bei Hamburg 1981, S. 93
7) Th. W. Adorno, Ad vocem Hindemith, in: Impromptus, Frankfurt a. M. 1968, S. 74
8) Paul Hindemith: Briefe. Hgg. von D. Rexroth, Frankfurt 1982, S. 226 f.

„ER IST EIN RICHTIGER CHAUVINIST GEWORDEN."

Gefeiert wie ein Gott

11. Februar 1937
Abends mit Führer und Görings Philharmonie. Einziger Furtwängler. Konzert dieses Winters für das W.H.W. Ganz großes Ereignis. Freischütz-Ouvertüre. 4. Symphonie von Brahms. Gequälte Musik, aber sie blüht direkt unter Furtwänglers Händen. Und dann die 7. von Beethoven. Welch ein Riese. Unheimlich dieses Allegro con brio. Schauer von Hitze und Kälte gehen den Rücken herunter. Es ist unbeschreiblich. Furtwängler wird gefeiert wie ein Gott. Der Führer und wir alle sind hingerissen.

3. März 1937
Lange Unterredung mit Furtwängler: ab Herbst will er wieder die Philharmonie leiten. Sehr gut! 1938 will er mit ihr eine Weltreise machen. Auch gut. Er nimmt wieder ein paar Juden in Schutz und setzt sich für Hindemith ein. Da aber fahre ich auf. Werde richtig wütend. Das verfehlt seine Wirkung nicht. Er gibt ganz klein nach. Ich bleibe darin hart und unerbittlich.

Goebbels für Furtwängler in Bayreuth

29. Juli 1937 [Bayreuth]
Nachmittags „Siegfried". Mit Lorenz, Bockelmann, Leider, Fuchs, Borg und unter Furtwängler. Ich bin am Ende tief erschüttert. Diese sphärische Musik kann mich ergreifen wie nichts. Furtwängler bringt das Orchester zum Rasen. In Wahnfried schimpft man ganz zu Unrecht auf ihn. Sollen froh sein, daß sie ihn haben. In der Pause Besprechung mit Furtwängler. Er will mehr ernste Musik im Rundfunk. Da hat er recht. Wird gemacht. Planmäßigere Sorge für den Nachwuchs. Auch richtig. Geiger dürfen nicht im Arbeitsdienst schippen. Und Sänger nicht in der H.J. ihre Stimmen ruinieren. Dann hat er noch ein paar Halbjuden. Die hat er ja immer. Aber sonst ist er ganz manierlich. Und ein so großer Künstler.

Hilfestellung gegen Toscanini

2. Okt. 1937
Unterredung Furtwängler. Toscanini hat ihm in Salzburg gesagt, wenn er in Bayreuth dirigiere, sei für ihn in Salzburg kein Platz mehr. Eine bodenlose Frechheit! Toscanini dirigiere nur in freien Ländern. Dafür sucht er sich ausgerechnet Österreich aus. Wenn die Wiener seinem Druck nachgeben und Furtwängler aus Salzburg fortgraulen, verbiete ich allen deutschen Künstlern ein weiteres Auftreten in Österreich.

Gehaltsaufbesserung

7. Dez. 1937
Furtwängler will seine finanzielle Stellung etwas befestigen. Ich bin dafür. Aber er darf nicht täglich neue Forderungen stellen.

Die Weihnachtsbotschaft

25. Dezember 1937
Telefoniere mit Mutter in Rheydt, die sehr froh ist. Und dann bin ich den ganzen Abend mit Magda allein. Wir sitzen und lassen uns auf dem Grammophon die „Eroica“ von Furtwängler und den Philharmonikern vorspielen. Ein herrlicher Weihnachtsabend! Wir schikken noch ein Danktelegramm an den Führer.

Druck

2. Juli 1938
Furtwängler will nicht in Nürnberg dirigieren. Wegen des Anstands. Das ist Quatsch. Er soll nicht soviel Rücksicht nehmen. Ich drücke auf ihn.

Auslandspropaganda

22. Nov. 1939
Furtwängler kommt mit Sorgen und Beschwerden, z.T. auch sehr berechtigten. Ich helfe ihm, wo ich kann. Er hat uns im Ausland wieder große Dienste getan.

Ärger

4. Jan. 1940
Ärger mit Furtwängler, der für sein nächstes Konzert nur Tschechen und Finnen angesetzt hat. Ich redressiere das.

Sehr willig

9. Jan. 1940
Furtwängler berichtet von seinen Reisen Schweiz und Ungarn. Er feiert überall triumphale Erfolge. Wir können ihn gut gebrauchen, und er ist augenblicklich auch sehr willig. Er will jetzt das Musikleben in Wien etwas mehr beaufsichtigen. Und zur Hebung unseres musikalischen Prestiges auch nach Prag gehen. Dort ist es dringend nötig.

27. Febr. 1940
Beim Führer. Er wartet wie wir alle auf den Frühling. Wir unterhalten uns über Musik. Er schätzt Bruckner sehr hoch ein, Brahms dagegen gar nicht. Gottseidank ist sein Urteil über Furtwängler nun wieder ganz positiv.

Furtwängler von der Besetzung Norwegens beeindruckt

17. April 1940
Furtwängler berichtet. War bei der Besetzung (Norwegens, A.D.) in Kopenhagen. Schildert die tolle Überraschung. Unsere Soldaten hätten sich musterhaft betragen und damit viel zur friedlichen Erledigung des Falles beigetragen. Klagt gegen Drewes. Er bevorzuge nur Mittelmäßigkeiten. Stimmt wohl auch. Ich werde Furtwängler in Zukunft mehr zu Rate ziehen. Er will evtl. Raabes Nachfolger werden. Als Präsident der Reichsmusikkammer. Wäre gut. Sonst etwas weniger dirigieren. Er hat sich anscheinend zu sehr verausgabt. Mittags beim Führer. (...) Ich erzähle ihm von Furtwängler in Kopenhagen. Das interessiert ihn sehr. Himmler will schon für die S.S. in Dänemark werben. Noch etwas früh.

20. Juni 1940
Mit Furtwängler eine Reihe musikalischer Fragen. Er ist ein richtiger Chauvinist geworden. Das freut mich sehr.

Befriedungsarbeit in Prag

5. Okt. 1940
Besuch von Furtwängler: er hat einige Sorgen wegen seiner Auslandsverpflichtungen. Ich rate ihm von der Schweiz vorläufig ab. Besonders von Winterthur, wo augenblicklich sogar noch Emigranten aus Deutschland tätig sind. Er ist sehr bereitwillig und bietet sich auch an, bei meinem Besuch in Prag mit den Berliner Philharmonikern zu konzertieren. Dieser Besuch muß die Krönung unserer Befriedungsarbeit sein. Ich werde das alles sehr geschickt aufziehen.

Furtwängler gegen Karajan

22. Dez. 1940
Krach Furtwängler gegen Karajan. Karajan läßt sich zu sehr anhimmeln in der Presse. Darin hat Furtwängler recht. Schließlich ist er doch eine Weltgröße. Ich stelle das ab.

NOTIZ ZU STRAWINSKY

Daß der Nicht-Jude Igor Strawinsky als *entartet* in die Ausstellung aufgenommen wurde und Otto zur Nedden sich in seinen Begleitvorträgen gerade ihm äußerst kritisch widmete, rief Proteste hervor, gehörte der Exilrusse doch auch im NS-Staat zu den relativ häufig aufgeführten Komponisten. Die hohen Einnahmen gerade aus Deutschland hatten ihn davon abgehalten, gegen die Vertreibung jüdischer Musiker zu protestieren.

Im April 1935 kam Strawinsky erneut nach Baden-Baden, um dort sein Konzert für zwei Klaviere zu spielen. Bereits im November 1934 hatte Richard Strauss in einem Interview des *Fränkischen Kuriers* (Nürnberg) klargestellt, daß Strawinsky kein Jude, sondern ein *baltischer Aristokrat* sei. Gegen seine Aufnahme in die Ausstellung „Entartete Musik" ließ er deshalb am 30. Mai 1938 durch seinen Freund Isidor Philipp beim französischen Botschafter in Berlin, Francois-Poncet, protestieren. Im Januar 1939 betonte sogar Heribert Gerigk, daß es keine Gründe gebe, Strawinsky aus dem deutschen Musikleben auszuschalten. Dies geschah erst ab 1940 wegen der französischen Staatsbürgerschaft des Komponisten. (AD)

Arnold Schönberg, nach einer Photographie von Man Ray, 1927

Albrecht Dümling stellt in seinem Beitrag einen vergessenen Teil deutscher Musikgeschichte vor: Musik unter dem Schatten des Krieges und der Diktatur – Musik des antifaschistischen Widerstands.

MUSIKALISCHER WIDERSTAND

Man kann sagen, daß die Niederschrift seiner Opera ... für Hartmann etwas von subversiven Handlungen hatte, wie das Verfassen von Flugblättern oder das Abhalten unerlaubter Versammlungen. Es ist ja so, daß diese Werke einen deutlich vernehmbaren Ton enthalten, der sich in allem – und nicht zuletzt in der Technik – von dem unterscheidet, was damals öffentlich aufgeführt wurde und sich aufführen ließ. Dieser Ton ist nicht subversiv, aber er ist antifaschistisch und humanitär, auch humanistisch und weltoffen. So kommt es, daß ein junger deutscher Musiker, immerhin einer, in jener dunklen Zeit Klagegesänge und nicht Dithyramben angestimmt hat. Die Musik Hartmanns wird von der Solidarität mit den unter dem nazifaschistischen Terror leidenden Völkern bestimmt und von der Auffassung, daß Musik moralische Aufgaben hat.

Hans Werner Henze

1. Die ethische Dimension der Musik: Karl Amadeus Hartmann

Musik reagiert, bewußt oder unbewußt, wie ein Seismograph auf geschichtliche Ereignisse. Es gibt wenige hervorragende, sensible Komponisten, in deren Schaffen das Jahr 1933 keinerlei Spuren hinterließ. Für Karl Amadeus Hartmann bedeutete dieses Jahr sogar eine entscheidende Zäsur. War er vorher in seiner Heimatstadt München mit Burlesken und Persiflagen, mit Satiren und Moritaten hervorgetreten, so verging ihm angesichts der Machtübergabe an die Nazis das Lachen – er wurde zum expressiven Pathetiker. Da die gewaltsame Unterdrückung der Freiheit, die massive Verfolgung von Kommunisten und Sozialdemokraten, die bereits ab März 1933 in das Konzentrationslager Dachau eingeliefert wurden, und die Diffamierung der Juden ihn tief bewegte, faßte er das Komponieren von nun an als subversiven Widerstandsakt auf: *In diesem Jahr (1933) erkannte ich, daß es notwendig sei, ein Bekenntnis abzulegen, nicht aus Verzweiflung und Angst vor jener Macht, sondern als Gegenaktion. Ich sagte mir, daß die Freiheit siegt, auch dann, wenn wir vernichtet werden – das glaubte ich jedenfalls damals.*

Karl Amadeus Hartmann

Für Hartmann waren diese Sätze keine hohlen Proklamationen. Er blieb in Hitlerdeutschland, ohne sich anzupassen. Er ging nicht nur in die innere Emigration, er verweigerte sich nicht bloß der verordneten Kulturpolitik und der Mitgliedschaft in der Reichsmusikkammer, sondern brachte seine Ablehnung auch in seinen Kompositionen offen zum Ausdruck - so offen, daß einige seiner Freunde um sein Leben bangten. Wegen ihres unabhängigen Charakters konnten diese Kompositionen nur noch im Ausland aufgeführt werden, teilweise jedoch mit aufrüttelnder Wirkung. Es spricht für Hartmanns Mut, daß er nach 1933 fast nur Werke in großer orchestraler Besetzung, kaum jedoch Kammermusik schrieb: er wollte keine kleinen Zirkel, sondern eine große Öffentlichkeit erreichen. Keineswegs bloß auf musikalische Widerstandsformen beschränkt, betätigte sich Hartmann außerdem in der Widerstandsgruppe *Neu Beginnen,* für die er politisch und rassisch Verfolgte versteckte und mit Lebensmitteln versorgte.

Die ethische Dimension der Musik hatte ihm ab 1931 der Dirigent und Musikpionier Hermann Scherchen eröffnet, der großen Einfluß auf ihn ausübte. *Erst Hermann Scherchen hat mich darauf gebracht, wohin es mit mir und meinen Kompositionen eigentlich hinaus wollte. (...) Seine Sensibilität und seine Disziplin, das Absurde seiner spontanen Einfälle erstarrten nie zur Formel, sondern blieben lebendiger Impuls, so daß die Musik sich unter seinen Händen zum Gleichnis für Mensch und Zeit erweiterte.* Da für Scherchen künstlerische und politische Emanzipation eine Einheit darstellten, förderte er neben der neuen Musik auch die Arbeitermusikbewegung. Als man ihn 1932 in seiner Eigenschaft als musikalischer Berater der Reichsrundfunkgesellschaft aufforderte, keine Werke jüdischer Komponisten mehr aufzuführen, gab er aus Protest seine einflußreiche Stellung auf und übersiedelte ins Ausland.

Diesem mutigen und konsequenten Mentor widmete Hartmann 1933 sein *Erstes Streichquartett,* dem erst mit dem Kriegsende ein zweites Quartett folgte. Schon in seiner langsamen Fugato-Einleitung erweist sich dieses Werk als Gleichnis für Mensch und Zeit.

Das Thema geht zurück auf das jüdische Lied *Elias der Prophet/ .../ Bald wird er uns nahen,/ Mit Messias,/ Davids Sohn.*

Durch die Wahl dieses Themas, das er ein Jahr später auch in seiner Antikriegs-Oper *Simplicius Simplicissimus* zitierte, stellte sich der Komponist auf die Seite der Geschmähten. Er demonstrierte, daß neben dem „Dritten Reich" auch noch ein anderes Reich existierte. Der Hartmann-Experte Hanns-Werner Heister wies darauf hin, daß die jüdische Melodie im dritten Satz des Streichquartetts wiederkehrt, wo sie in veränderter Form mehrfach vom Cello gespielt wird.

Schon bei Beethoven, etwa im *Malinconia*-Satz aus op. 18/6 oder im cis-moll-Quartett op. 131, hatte es langsame Mesto-Einleitungen gegeben. Ein weiteres Modell stellte für Hartmann die Musik Béla Bartóks, besonders dessen 4. Streichquartett, dar. Verwandtschaft zu dem Ungarn zeigt sich in der Verwendung folkloristischer Themen, in der dreiteiligen Bogenform einschließlich der Verwendung eines gemeinsamen Kernmotivs in den Ecksätzen.

1935 beim Fest der Internationalen Gesellschaft für Neue Musik (IGNM) in Prag erregte Hartmann mit seinem Orchesterstück *Miserae,* das er den Toten des Lagers Dachau widmete, großes Aufsehen. Ein Jahr später erhielt er für sein Streichquartett den 1. Preis der Genfer Kammermusikgesellschaft *Carillon;* zur Jury gehörten Gian Francesco Malipiero (der im gleichen Jahr seine *Sinfonia elegiaca* komponierte), Albert Roussel und Ernest Ansermet. Nach der Genfer Uraufführung durch das Vegh-Quartett hinterließ diese Komposition auch 1938 beim Londoner IGNM-Fest starken Eindruck.

Der Klageton in Hartmanns Werken bezog sich nicht nur auf die Unterdrückung der Linken, sondern auch auf die von Hitler ausgehende Kriegsgefahr, vor der die Opposition schon seit 1933 warnte. Als bestürzend aktuell empfand der junge Komponist Grimmelshausens *Simplicissimus*-Roman, auf den Scherchen ihn hingewiesen hatte und den er seiner gleichnamigen Oper zugrundelegte. Ebenfalls dem Thema des Dreißigjährigen Krieges widmete er sich in seiner Kantate *Friede Anno 48* für Sopransolo, vierstimmigen gemischten Chor und Klavier, die er im Herbst 1936 auf Texte von Andreas Gryphius komponierte. Gemeint ist der Westfälische Friede des Jahres 1648, der nach Jahrzehnten barbarischer Zerstörung für die Bevölkerung ein Aufatmen bedeutete. (Auch Richard Strauss, der sich zunächst zum Präsidenten der Reichsmusikkammer hatte wählen lassen, widmete 1936 diesem historischen Ereignis den Opern-Einakter *Friedenstag*.) Obwohl das sechssätzige Werk 1937 bei einem Kompositionswettbewerb der Emil-Hertzka-Stiftung ausgezeichnet wurde, blieben auch im Ausland Aufführungen aus. Wollte man die Erinnerung an die Kriegsgefahr verdrängen? Im totalitären NS-Staat wurden ohnehin Komponisten, die der Reichsmusikkammer nicht angehörten, nicht berücksichtigt. Um wenigstens eine reduzierte Aufführung seines Werks zu ermöglichen, stellte Hartmann 1955, im Jahr der deutschen Wiederbewaffnung, aus den Kantaten-Sätzen Nr. 2 *(Elend)*, Nr. 4 *(An meine Mutter)* und Nr. 6 *(Frieden)* seine Solokantate *Lamento* für Sopran und Klavier zusammen, wobei er ursprüngliche Chorpassagen teilweise in den Solopart einarbeitete.

Elend – für Hartmann in jenen Jahren ein Schlüsselbegriff – beginnt als ausdrucksvolles Klage-Rezitativ in großen Intervallsprüngen und in getragenem Tempo und wechselt zum Schluß, bei der Flucht aus der *faulen Welt*, in lebhafte Bewegung über.

Der mittlere Satz bezieht sich auf die Mutter des Komponisten, die 1935 starb. In sich ruhende Klangräume und langsam schreitende kunstvolle Ostinati vermitteln jenes Gefühl der Geborgenheit, das die Tote einmal ausstrahlte. Als beunruhigender Kontrast steht dem in der zweiten Strophe die irdische Gewalt gegenüber. Indem dieser raschere Teil (piu mosso) zum Schluß *(Wir schauen Glut und Mord)* wiederkehrt, entsteht eine klare ABAB-Form, die die inhaltliche Aussage verdeutlicht.

Überraschend beginnt die Friedensbitte des dritten Gesangs nicht meditativ, sondern in lebhafter Bewegung; kraftvolle Energie verjagt den Krieg. Der zuvor stark melismatische Solopart gewinnt in diesem Gesang choralhafte Festigkeit. Der *süße Friede*, der nach einem Fortissimo-Ausbruch in zarten C-Dur-Harmonien in schlichtem Parlando beschworen wird, erweist sich allerdings als zerbrechlich; einstweilen noch sind die martialischen Töne und der herausgeschrieene *Ach*-Seufzer stärker.

2. Unterdrückung und Widerstand: „Thyl Claes" von Wladimir Vogel

Es gab die Möglichkeit, das Hitler-Regime auf indirekte Weise, durch historische Parabeln, künstlerisch bloßzustellen. Karl Amadeus Hartmann hatte in seiner Oper *„Simplicius Simplicissimus"* und in seinem *„Lamento"* Parallelen zum dreißigjährigen Krieg gezogen. Der Busoni-Schüler Wladimir Vogel, der 1933 seine Stelle als Kompositionslehrer am Berliner Klindworth-Scharwenka-Konservatorium verlor und über Strasbourg in die Schweiz übersiedelte, zog einen anderen historischen Vergleich. Im Jahre 1936 erhielt er von der Leiterin des Brüsseler Sprechchors „Les Renaudins" den Auftrag, das belgische Nationalepos *„Die Legende von Thyl Ulenspiegel"* von Charles de Coster als episches Oratorium zu komponieren. Vogel nahm diesen Auftrag gern an, da er ebensosehr wie an der Sprechchor-Besetzung am Stoff interessiert war.

In seinem 1868 erstmals veröffentlichten Roman, der in den zwanziger Jahren dieses Jahrhunderts durch Übersetzungen und mit den Illustrationen Frans Masereels weit über Belgien hinaus bekannt wurde, stellte Charles de Coster die lustigen Streiche Till Eulenspiegels in den Rahmen der spanischen Inquisition. Auf seinen Wanderungen durch Flandern erlebt Thyl Ulenspiegel, der Sohn des armen Kohlenträgers Claes und seiner Frau Soetkin, die Schreckensherrschaft der Spanier. Der Kampf gegen den Protestantismus ist ihnen ein willkommener Vorwand, um das Land auszurauben. Als Thyl erlebt, wie die Mutter seiner Freundin Nele als Hexe gefoltert und sein Vater Claes als Ketzer verbrannt wird, verwandelt er sich vom Gaukler zum Freiheitskämpfer.

Wladimir Vogel fand in diesem Stoff die aktuellen Ereignisse wieder. „Als Zeuge der Nazigreuel setzte ich den Opfern der Unterdrückten und Gefolterten mit diesem Werk ein tönendes Denkmal." 1938 hatte er den abendfüllenden ersten Teil des Werkes vollendet, dem er den Titel „Unterdrückung" gab. Die Uraufführung, die 1939 unter der Leitung von Franz André in Brüssel hätte stattfinden sollen, wurde durch den Beginn des zweiten Weltkrieges verhindert. „Meine Partitur", erinnerte sich der Komponist, „wurde in Brüssel von der Besatzungsmacht blockiert und verschwand während des Krieges." Vogel rekonstruierte die verschwundene Partitur und fügte außerdem einen zweiten, ebenfalls abendfüllenden Teil „Befreiung" hinzu. Während der erste Teil freitonal angelegt ist, wird in der Musik des zweiten Teils die Zwölftontechnik eingesetzt. Beide Teile des insgesamt 4 Stunden dauernden Oratoriums wurden 1947 in Genf unter der Leitung von Ernest Ansermet uraufgeführt.

Im Mittelpunkt des epischen Oratoriums *Thyl Claes, Sohn des Kohlenträgers*, steht der Sprechchor. Nur gelegentlich sind Sopranpartien eingeschoben, die der lyrischen Entspannung *(Chaconne)* und der Überhöhung der Schlußszenen dienen. Vier Bruchstücke daraus hat der Komponist für Sopran und Klavier eingerichtet: die mottoartige *Introduction*, ein von einem Choral eingerahmtes Bekenntnis zu Flandern, die sich über einem viertönigen Baß-Ostinato entfaltende lyrisch-pastorale *Chaconne*, die bewegende Abschiedszene *Les Adieux de Claes* mit ihren glockenartig in sich kreisenden Harmonien, und schließlich *Le Supplice de Claes*, in dem das Vierton-Ostinato der *Chaconne* zugleich in Baß und Diskant erklingt: die flandrischen Glocken sind zu Sturm- und Freiheitsglocken geworden.

Wladimir Vogel

Die Figur des Eulenspiegel ist in der Musik hauptsächlich in Verbindung mit der Komposition von Richard Strauss – „Till Eulenspiegels lustige Streiche" – bekannt. In dieser hält sich Richard Strauss an die im Deutschen überlieferte Gestaltung Eulenspiegels als eines Schalkes. Dies entsprach durchaus dem Geiste und dem Milieu, dessen Repräsentant Richard Strauss war und blieb.

In einer Zeit wie der unsrigen und vor allem jener der „jüngsten Vergangenheit", konnte ich dieser schalkhaften Gestalt allein nicht jene Züge, Eigenschaften und Situationen abgewinnen, die unserer Epoche und unserer Not gemäß gewesen wären. Es war uns anders zumute, als sich nur durch lustige, wenn auch oft tiefsinnige, Streiche erheitern, erbauen oder ablenken zu lassen. Es waren schwere Zeiten, denen unsere Besten und alle jene Namenlosen zum Opfer fielen.

In dieser objektiv geschichtlichen Situation und der subjektiven Stimmung griff ich willig zu dem Ulenspiegel-Roman von Charles de Coster, den mir die vor kurzem dahingegangene Leiterin des Brüsseler Sprechchores, Madeleine Renaud-Thevenet, im Jahre 1936 als Vorwurf für ein Werk gab. Darin fand ich einen halb historischen, halb legendären Stoff von großartigem Format und tiefer Gültigkeit, der mir genau das in die Hände spielte, worauf ich ausging.

Die Ereignisse, die de Coster in seinem Roman schildert, mögen sie historisch belegt oder erfunden sein, spiegelten und stellten Situationen dar, die sich ähnlich oder fast wörtlich in unserer Zeit wieder einmal ereigneten, darüber hinaus auch Gültigkeit versprachen für zukünftige Zeiten. (...) So ist das Werk dem „Sprechchor der Renaudins" und „Den Opfern der Unterdrükkung" gewidmet. Es ist sowohl Zeitdokument als auch „zeitlos".

Wladimir Vogel 1963 über sein episches Oratorium „Thyl Claes"

1. INTRODUCTION

Thyl, Sohn von Claes und Soetkin. Claes ist dein Mut. Edles Volk von Flandern.

Soetkin ist deine heldenmutige Mutter und Thyl ist dein Geist! Ein kleines Mädchen, Gefährtin von Ulenspiegel und unsterblich wie er, soll sein Herz sein.

Und zwischen Ruinen, Blut und Tränen wird Ulenspiegel vergeblich das Wohl der Erde und seiner Väter suchen.

2. CHACONNE

Ulenspiegel und Nele waren sich in Liebe zugetan.

Es war gegen Ende April, alle Bäume standen in Blüte, und alle Pflanzen waren von Saft geschwellt, in der Erwartung des Mai, des Monats, der, von einem Pfauen begleitet, duftig wie ein Blumenstrauß über die Erde kam und die Nachtigallen in den Bäumen das Singen lehrte.
Oft wanderten Ulenspiegel und Nele auf den grünenden Wegen dahin. Nele ließ sich von Ulenspiegel umfassen und hing sich mit beiden Händen an ihn. Ulenspiegel machte das Spiel Freude, und oft ließ er seine Arme auf Neles Taille herabgleiten, um sie, wie er sagte, besser halten zu können. Und sie war glücklich, aber sie sagte nichts davon.
Ein leichter Wind trieb den Duft der Wiesen auf die Wege, und von fernher rauschte das Meer im schweren Sonnenlicht; Ulenspiegel war wie ein junger Teufel, voll Stolz, und Nele war wie eine kleine Heilige aus dem Paradies, voll Scham über ihre Glückseligkeit. Sie lehnte das Köpfchen an Ulenspiegels Schulter, und er hielt ihre Hände; so wanderten sie dahin, und er küßte ihre Stirn, ihre Wangen und ihren lieblichen Mund. Aber sie sprach kein Wort.

Frans Masereel: Thyl Ulenspiegel mit seiner Freundin Nele (aus den 167 Holzschnitten von 1926 zu *Ulenspiegel* von Charles de Coster). ▷

Nele war bleich und nachdenklich, und Ulenspiegel sah sie besorgt an. „Du bist traurig?" fragte sie. „Ja", sagte er. „Warum"? fragte sie weiter. „Ich weiß nicht", antwortete er, „aber diese blühenden Apfelbäume und Kirschbäume, diese laue und gewitterschwere Luft, diese Gänseblümchen, die ihre Blätter in der Sonne errötend ausbreiten! Wer weiß, warum ich mich so wirr fühle und in jedem Augenblick bereit zu schlafen oder zu sterben?

Und mein Herz schlägt so stark, wenn ich höre, wie die Vögel in den Bäumen erwachen, und wenn ich die Schwalben wiederkehren sehe, dann kommt mich die Lust an, zu wandern, weiter als Sonne und Mond, und bald ist mir kalt, bald heiß.

Ach, Nele! Ich will nicht weiter auf dieser niedrigen Welt leben oder tausend Leben der geben, die mich lieben wollte!"

Sie aber sagte kein Wort und sah Ulenspiegel mit glücklichem Lächeln an.

3. LES ADIEUX DE CLAES/DIE ABSCHIEDSWÜNSCHE VON CLAES

Ulenspiegel und Soetkin erhielten die Erlaubnis, das Gefängnis zu betreten. Als sie eintraten, sahen sie Claes mit einer langen Kette an die Mauer gefesselt. Wegen der Feuchtigkeit brannte ein kleines Holzfeuer im Kamin; denn nach flandrischem Gesetz und Recht ist es vorgeschrieben, die, welche sterben sollen, gütig zu behandeln und ihnen Brot, Fleisch und Wein zu geben.

Und Claes umarmte weinend Ulenspiegel und Soetkin, aber er war der erste, der seine Augen trocknete, weil er es so wollte. Ulenspiegel sagte: „Ich will die verfluchten Eisenringe zerbrechen." Und Soetkin sagte weinend: „Ich gehe zum Köing, er wird Gnade üben." Claes aber antwortete: „Der König erbt die Güter der Märtyrer." Dann fuhr er fort: „Geliebte Frau und treuer Sohn, ich gehe traurig und voll Schmerz von dieser Welt. Wenn ich auch Furcht vor den Leiden habe, die meinem Körper bestimmt sind, so bin ich doch tief bekümmert, wenn ich denke, daß ihr beide, wenn ich nicht mehr bin, arm und elend sein werdet, denn der König wird euch euer Hab und Gut nehmen."

Dann sah Claes Ulenspiegel an und sprach: „Mein Sohn, du hast dich oft versündigt, während du über die Straßen wandertest; das darfst du nun nicht mehr, du darfst sie nicht allein daheim lassen, die betrübte Witwe, denn du, der Mann, du mußt ihr Wehr und Schutz sein." Ulenspiegel antwortete: „Ich werde es tun, Vater, das werde ich tun."

Frans Masereel: Der Flammentod des „Ketzers" Claes (aus den 167 Holzschnitten von 1926 zu *Ulenspiegel* von Charles de Coster).

4. LE SUPPLICE DE CLAES/DER FEUERTOD DES CLAES

Eine lange und schmale Flamme loderte vom Scheiterhaufen auf. Sie verursachte Claes grausame Schmerzen, denn, den Launen des Windes folgend, nagte sie an seinen Beinen, berührte seinen Bart, dessen Haare sie in Brand setzte, und entzündete auch das Kopfhaar.

Claes stieß einen gellenden Schrei aus, denn sein Körper brannte auf einer Seite. Aber gleich darauf war er still und weinte, daß seine ganze Brust von den Tränen benetzt war.

Die Bürger, Frauen und Kinder riefen: „Claes ist nicht verurteilt worden, in kleinem Feuer zu verbrennen. Henker, schüre den Scheiterhaufen!" Der Henker tat so, aber das Feuer griff nicht schnell genug um sich.

Inmitten der Rauchsäule stieg eine rote Flamme zum Himmel auf. Und Soetkin hörte Claes wieder einen Schrei ausstoßen, aber sie sah weder sein Gesicht noch seinen Kopf.

Plötzlich ging der Scheiterhaufen vollends in Flammen auf, und alle hörten, wie Claes inmitten der Flamme rief: „Soetkin! Thyl! Soetkin! Thyl!"

(Deutsche Übersetzung nach Ausgabe der Deutschen-Buch-Gemeinschaft von 1924)

3. Avantgarde und Volksfront:

Antifaschistische Zwölftonkompositionen von Hanns Eisler

Hanns Eisler distanzierte sich schon in seinen frühen Werken, der Klaviersonate op. 1 (1923) und der Zwölftonkomposition *Palmström* op. 5 (1924), mit Ironie und leichter Eleganz vom subjektiven Leidenston seines Lehrers Arnold Schönberg. Anders als dieser wollte er mit seiner Musik nicht bekennen, erschüttern und aufwühlen, sondern über oft paradoxe Aussagen und pointierte Schlüsse zum Nachdenken anregen. Nach seiner Übersiedlung von Wien nach Berlin unterstützte er wie Scherchen die damals noch blühende Arbeitermusikbewegung. Für Berliner Arbeiterchöre komponierte er 1930 zusammen mit Brecht das Lehrstück *Die Maßnahme.* Bekannt wurde auch sein *Solidaritätslied,* das für den Film *Kuhle Wampe* entstand.

1933 wurde die Arbeitermusikbewegung verboten und zerschlagen. Eisler, der als Kommunist, Jude und Schönberg-Schüler dreifach gefährdet war, verließ Hitler-Deutschland, um im Ausland den antifaschistischen Widerstand zu unterstützen. Nachdem sich die Hoffnungen auf den sofortigen Sturz des Regimes als illusionär erwiesen hatten, setzte er auf das Bündnis von Kommunisten und Sozialdemokraten in der antifaschistischen Volksfront. Viele Schriftsteller unterstützten bereits diese Volksfront. Eisler betrachtete es als seine Aufgabe, auch die Komponisten zur Mitwirkung zu bewegen. Dem stand allerdings die prinzipielle Verweigerungshaltung im Wege, die viele seiner Kollegen von der Avantgarde des 19. Jahrhunderts schematisch übernommen hatten. In einem Beitrag zum 13. IGNM-Fest in Prag forderte Eisler 1935 diese Kollegen auf, ihr Selbstverständnis als Avantgarde neu zu überdenken: *Wenn der moderne Komponist wirklich das Neue anstrebt, dann muß er versuchen, mit seiner Kunst auch mitzuhelfen an der Veränderung der Gesellschaft.*

Eine solche grundlegende Veränderung durfte aus Eislers Sicht nicht nur von einer kleinen Elite ausgehen, sondern hatte vielmehr die Beseitigung des Musikanalphabetismus zur Voraussetzung. Um die neue Musik verständlicher und zugänglicher zu machen, um den Abstand zwischen „ernster" und „leichter" Musik zu reduzieren und den modernen Komponisten gesellschaftlichen Einfluß zu geben, regte er die Entwicklung einer neuen allgemeinverbindlichen Musiksprache an. Denn er war überzeugt: Nur wenn die Komponisten das Durcheinander der Stile und Methoden, das musikalische Sprachen-Babylon beendeten und sich auf eine gemeinsame Sprache einigten, könnten sie sich wieder eine breite Publikumsbasis verschaffen. Er war ferner überzeugt, daß auch die Volksfront Unterstützung durch Avantgarde-Kunst brauchte. In seinem Aufsatz *Avantgarde-Kunst und Volksfront,* den er 1937 zusammen mit Ernst Bloch in Prag verfaßte, heißt es: *Die Künstler brauchen also die Volksfront, damit sie sich an die großen gesellschaftlichen Bewegungen unserer Zeit anschließen und damit sie nicht ins Leere hinein produzieren. Die Volksfront hingegen braucht die fortschrittlichen Künstler, weil es nicht genügt, die Wahrheit zu besitzen, sondern weil es nötig ist, ihr den zeitgemäßesten, präzisesten, farbigsten Ausdruck zu verleihen.*

> *Zwölftontechnik als universelle Methode der Zukunft*
>
> *Die Methode der Zwölftonkomposition wird nur dann eine Zukunft haben, wenn sie für alle Arten des Musizierens brauchbar ist, nicht nur ausschließlich für instrumentale Konzertzwecke. Denn das Konzert ist nur der kleinste, wenn auch kultivierteste Teil des heutigen musikalischen Lebens. Man könnte vielleicht sagen, daß diese neue Kompositionsmethode mit den realen gesellschaftlichen Verhältnissen konfrontiert werden müßte.*
>
> *Hanns Eisler 1937*

Eisler sah in diesen Exiljahren Chancen, die Zwölftontechnik zu der gesuchten allgemeinverbindlichen Kompositionstechnik zu entwickeln. In dieser Technik komponierte er Werke verschiedener Gattungen: Kinderlieder, Kunstlieder, seine Kantate *Gegen den Krieg,* die großangelegte, dem Widerstand gewidmete *Deutsche Sinfonie* und neun Kammerkantaten. Er erprobte eine neuartige Verwendung von Konsonanzen jenseits der traditionellen Tonalität und bevorzugte dazu Zwölftonreihen mit einfachen konsonanten Intervallen. So basiert beispielsweise die Reihe der *Römischen Kantate* auf Quint- und Terzintervallen:

Seine neun Kammerkantaten komponierte Eisler im Mai und Juni 1937 bei Brecht in Dänemark; die produktive Arbeitsphase hatte im Januar 1937 nach der Rückkehr von der spanischen Front mit einigen Sätzen aus der *Deutschen Sinfonie* begonnen. Bei mehreren der Kammerkantaten griff Eisler auf Texte von Ignazio Silone zurück. Silone, einer der Mitbegründer der Kommunistischen Partei Italiens, war auf der Flucht vor den italienischen Faschisten 1930 in die Schweiz übergesiedelt. Hier entstanden seine sozialkritischen, antifaschistischen Romane *Fontamara* (1933) und *Brot und Wein* (1936), die zuerst in Zürich in deutscher Sprache erschienen und hohe Auflagen erreichten. Auf originelle, für ihn aber charakteristische Weise destillierte Eisler aus diesen umfangreichen Prosawerken geraffte Sentenzen heraus, wobei er seiner *Römischen Kantate* den Roman *Fontamara* und der *Kriegskantate* und *Nein* den Roman *Brot und Wein* zugrundelegte.

Der blinden Gefolgschaft, die die faschistischen Machthaber von ihren Untertanen erwarteten, setzte Eisler in seinen Kantaten die respektlose Haltung, den Spott des Skeptikers gegenüber. Er erkannte hinter der Flut der Verordnungen, die das Regime herausbrachte, den Ausdruck der nervösen Angst der Herrschenden; er verstand die Kriegspropaganda als Ablenkungsmanöver, die die sozialen Gegensätze im Innern vergessen lassen sollten. Mit optimistischem Vertrauen in die subversive Kraft der Kritik entlarvten Silone und Eisler den Weihrauch, den der „Duce" und der „Führer" um sich verbreiteten, als Gestank. *Rom stinkt.*

Spöttische Leichtigkeit kennzeichnet auch Eislers Musik, die etwa in der *Römischen Kantate* die penetrante Unausrottbarkeit des Gestanks frohlockend mit Walzer-Rhythmen kommentiert. Auch bei der Anführung der riesigen Propaganda-Mittel läßt sich die Musik nicht einschüchtern; sie bleibt leicht und überlegen. Eine dreiteilige Form liegt nicht nur den meisten Sätzen, sondern auch den Kantaten selbst zugrunde. Durch die Verwendung jeweils einer einzigen untransponierten Reihe innerhalb der einzelnen Kantaten ergeben sich deutliche motivisch-thematische Bezüge.

Eislers Optimismus lag 1937 die zuversichtliche Hoffnung zugrunde, daß dem vereinten deutschen Widerstand der Sturz der faschistischen Regierungen gelingen könne. Die Zwölftonkantaten waren Ausdruck einer künstlerisch-politischen Utopie: sie rechneten mit dem Zusammengehen von Avantgarde-Kunst und Volksfront. Tatsächlich gab es damals Anzeichen für eine solche Synthese. In diesem Sinne wurden mehrere der

Kantaten im Dezember 1937 von Mitgliedern der Tschechischen Philharmonie (Leitung: Karel Ancerl) in Prag, am 27. Februar 1938 im Festsaal der New School for Social Research in New York und im April 1939, u.a. zusammen mit Benjamin Brittens *Ballad of Heroes,* auf dem Londoner Festival of Music for the People aufgeführt. Ernst Bloch schrieb im Dezember 1937 über die Kantaten: *Sauberstes Handwerk verbindet sich in diesen Gebilden mit Kühnheit und Invention, präziseste Klarheit mit menschlichem Gefühl, modernste Zwölftontechnik aus Schönbergs Schule mit Verständlichkeit und politisch-konkreter Wirkung.*

SOLIDARITÄTSLIED

(Bert Brecht)

Universal-Edition Nr. 10073

DEUTSCHE SYMPHONIE

I Präludium
Bertold Brecht

O Deutschland, bleiche Mutter!
Wie bist du besudelt
Mit dem Blut deiner besten Söhne.

II An die Kämpfer in den Konzentrationslagern
Bertold Brecht

Kaum Erreichbare, ihr!
In den Lagern begraben,
Abgeschnitten von jedem menschlichen Wort
Und ausgeliefert diesen Mißhandlungen,
Niedergeknüppelte, aber
Nicht Widerlegte!
O ihr Verschwundenen, aber
Nicht Vergessenen!

Hören wir wenig von euch, so hören wir
doch. Ihr seid
Unverbesserbar.

Ihr seid unabbringbar unserer Sache
ergeben,
Unabbringbar davon, daß es immer
noch in Deutschland
Zweierlei Menschen gibt:
Ausbeuter und Ausgebeutete,
Und daß nur der Klassenkampf
Die Menschenmassen der Städte und
des Lands aus ihrem Elend befreien kann.
Und auch nicht durch Martern seid ihr
Abzubringen von uns're guten Sache.

Also seid ihr
Verschwunden, aber
Nicht vergessen
Niedergeknüppelt, aber
Nicht widerlegt,
Mit allen unaufhaltsam
Weiterkämpfenden,
Die wahren
Führer Deutschlands.

4. Das Jahr 1937:
Weltausstellung in Paris und Bürgerkrieg in Spanien

Die Weltausstellung, die in den Sommermonaten des Jahres 1937 in Paris stattfand, war geprägt von optimistischem Fortschrittsglauben. Stolz auf ihre sozialen Reformen, auf die Durchsetzung der 40-Stunden-Woche und eines zweiwöchigen bezahlten Urlaubs, zeigte sich die französische Volksfront-Regierung unter dem Ministerpräsidenten Léon Blum vor aller Welt im Glanz eines Lichterfestes mit Wasserspielen, Feuerwerk und eigens in Auftrag gegebenen Kompositionen. Künstler aller Sparten waren bei der Präsentation beteiligt. Ein neues Völkerkundemuseum, das *Musée de l'Homme* (an dem der aus Berlin geflohene Musikethnologe Curt Sachs arbeitete), wurde mit einer Kantate von Darius Milhaud eröffnet. Fast stets begleitete Musik die vielen sich häufenden Feste und Feierlichkeiten (u. a. zum 75. Geburtstag des Politikers und Friedens-Nobelpreisträgers Aristide Briand).

Die Pianistin Marguerite Long, die seit 1920 eine eigene Musikschule leitete und für das Musikprogramm der Weltausstellung mitverantwortlich war, beauftragte mehrere Komponisten, Klavierstücke zu Ausstellungs-Themen zu schreiben. Da diese „Bilder einer Ausstellung" von Schülern ihrer Klasse (darunter auch die Enkelin des Präsidenten der Republik) interpretiert werden sollten, durften die pianistischen Anforderungen nicht zu hoch sein. Georges Auric beschrieb musikalisch einen Morgen an der Seine, Marcel Delannoy ein *Diner sur l'eau,* Jacques Ibert den Eulenspiegel des Lilliput-Dorfes und Henri Sauguet eine Kolonialmacht am Ufer der Seine. Germaine Tailleferre widmete dem elsässischen Pavillon einen gemächlichen Walzer und Francis Poulenc dem Pavillon der Auvergne eine Bourrée. Darius Milhaud nannte seinen Beitrag schlicht *Le tour de l'exposition* (Rundgang durch die Ausstellung). Ein munter die Oktave erklimmendes Sekund-Thema im bewegten Sechsachteltakt, dem Quart- und Quint-Sprünge gegenüberstehen, kehrt mehrfach rondoartig wieder. Das kurze Stück wurde von dem damals achtjährigen Jean Michel Damase vorgetragen, der sich später als Pianist und Komponist einen Namen machte.

Das bunte Bild einer friedlichen Völker-Gemeinschaft, das die Pariser Weltausstellung vermittelte, entsprach aber auch schon 1937 kaum noch der politischen Wirklichkeit. Im März 1936 hatte Deutschland den Vertrag von Locarno, den Stresemann und Briand zehn Jahre zuvor geschlossen hatten, aufgekündigt und die bisher entmilitarisierte Rheinzone besetzt. Am 26. April 1937 warfen 43 Flugzeuge der deutschen Legion Condor insgesamt fünfzig Tonnen Bomben auf das baskische Städtchen Guernica. Dieser erste Bombenangriff auf die Zivilbevölkerung einer offenen, nicht von Soldaten besetzten Stadt löste einen internationalen Skandal aus. Die Deutschen leugneten jede Verantwortung; General Franco behauptete sogar, die Basken selbst hätten ihre Stadt angezündet. Erst im Nürnberger Prozess gab Hermann Göring zu, daß dieser barbarische Akt von ihm als Militärübung geplant war: „Der spanische Bürgerkrieg war eine gute Gelegenheit, meine junge Luftwaffe auf die Probe zu stellen, damit meine Leute dort Erfahrung sammeln konnten."

Viele Künstler und Intellektuelle hatten gehofft, die Weltausstellung könne zu einem Forum der Anklage gegen den Faschismus werden. Paris war seit 1933 ein Zentrum des deutschen Exils. Hier lebten Lion Feuchtwanger, Heinrich Mann, Klaus Mann und Willi Münzenberg, hier wurden Exilverlage und -zeitschriften gegründet. Hier entstand das in mehrere Sprachen übersetzte *Braunbuch zum Reichstagsbrand* und das mit Aufrüstungs-Dokumenten angefüllte Buch *Hitler treibt zum Krieg,* hier bemühte sich Heinrich Mann verzweifelt um die Bildung einer deutschen Volksfront gegen den Faschismus.

Hanns Eisler war wohl der einzige Komponist, der an Vorgesprächen zur Bildung der Volksfront teilnahm. Der notwendigen Einheit von Arbeiterbewegung und bürgerlicher Intelligenz versuchte er musikalisch Ausdruck zu geben, indem er politische Gedichte seines Freundes Brecht mit Zwölftonmusik verband. Die größte Anstrengung in dieser Richtung unternahm er mit seiner abendfüllenden *Deutschen Sinfonie,* die sich nicht nur mit ihrem Titel und ihren Texten, sondern auch mit ihrer dissonanten Musiksprache in deutlichen Gegensatz zu den Nazis stellte. Zum internationalen Musikfest der IGNM, das vom 20. bis 27. Juni 1937 parallel zur Weltausstellung in Paris stattfand, wurden von der Jury zwei Sätze dieses Werks zur Aufführung ausgewählt. Nach einem Einspruch der deutschen Regierung wagten sich die Veranstalter jedoch nicht mehr an das Projekt heran. (Erst 1959 wurde Eislers *Deutsche Sinfonie* uraufgeführt.)

Darius Milhaud beobachtete diese Ängstlichkeit gegenüber Nazi-Deutschland, die zur fatalen „Nichteinmischungspolitik" führte, zum Schweigen Frankreichs zu den Vorgängen im Rheinland, in Abessinien, Österreich und Spanien, mit verhaltenem Zorn. „Trotzdem ging das Leben weiter wie vorher, noch war Friede, so glaubte man. Man hatte seine Arbeit und konzentrierte sich auf sie. Was konnte man anderes tun in einer verrückt gewordenen Welt, die sich in einem Schraubstock befand, der immer fester angezogen wurde."

Einen Gegenpol zur trügerischen Friedlichkeit der Weltausstellung bildete der Pavillon der spanischen Republik, in dem unübersehbar groß und anklagend das Guernica-Gemälde von Pablo Picasso hing. Paul Dessau, der seit 1933 im Pariser Exil lebte, war von dieser Darstellung des Schreckens so beeindruckt, daß er sein Klavierstück *Guernica* komponierte. Die Nachrichten aus Spanien hatten ihn, den einstigen Kapellmeisterkollegen von Otto Klemperer in Köln und von Bruno Walter in Berlin, politisiert. Für die internationalen Brigaden, die der bedrängten spanischen Republik zu Hilfe kamen, schrieb er sein berühmtes Massenlied *Die Thälmannkolonne.* Da Dessau überzeugt war, daß sich der antifaschistische Widerstand im Prinzip der modernsten künstlerischen Techniken bedienen sollte, begann er in Paris unter der Anleitung von René Leibowitz mit Zwölftonstudien. Das Klavierstück *Guernica* ist seine erste gültige Zwölftonkomposition. Zerklüftete Akkorde und jäh aufspringende Intervalle geben dem Schock Ausdruck, während in den zarten Mittelstimmen auch die geschundene Kreatur zu Wort kommt.

Zu „Guernica“ von Pablo Picasso (bezieht sich auf den rechten Bildausschnitt):

„Gehämmert zu einer Sprache von wenigen Zeichen, enthielt das Bild Zerschmetterung und Erneuerung, Verzweiflung und Hoffnung. Die Körper waren nackt, zusammengeschlagen und deformiert von den Kräften, die auf sie einbrachen. Aus Flammenzacken ragten steil die Arme hervor, der überlange Hals, das aufgebäumte Kinn, im Entsetzen verdreht die Gesichtszüge, der Leib zu einem Bolzen geschrumpft, verkohlt, emporgeschleudert von der Hitze des Feuerofens“.

Aus *Ästhetik des Widerstands* von Peter Weiss

Guernica, Gemälde von Pablo Picasso (1937)

Nach der Pariser Weltausstellung wird das Bild zugunsten der Opfer des spanischen Bürgerkrieges in verschiedenen europäischen Städten gezeigt. 1939 kommt es als Leihgabe in das New Yorker Museum of Modern Art. 1955/56 wird es erneut auf eine Rundreise durch die Hauptstädte Europas geschickt (Paris, Amsterdam, Brüssel, Stockholm). 1981 wird es anläßlich des 100. Geburtstages von Picasso an Spanien zurückgegeben und seitdem im Madrider Prado-Museum hinter kugelsicheren Scheiben ausgestellt. Picasso selbst hatte immer wieder erklärt, das Wandbild sei „Eigentum der spanischen Republik“ und könne erst an dem Tag nach Spanien gelangen, „an dem in diesem Land die öffentlichen Freiheiten wiederhergestellt werden“.

5. Notizen aus dem Exil: Eislers „Hollywooder Liederbuch" (1942/43)

Zunächst hatten viele der aus Deutschland Geflüchteten geglaubt, Hitler könne vom inneren Widerstand gestürzt werden. Das Scheitern der Volksfront sowie die Nachricht vom deutsch-russischen Nichtangriffspakt und vom Beginn des Weltkrieges ließ solche Hoffnungen aber immer mehr verblassen. Schlag auf Schlag folgten nun Meldungen über das rasche Vordringen deutscher Truppen. Mit Ausnahme der neutralen Schweiz, wo Wladimir Vogel Zuflucht fand, gab es in Europa bald keinen Ort mehr, der Sicherheit vor den Nazis bot. In dieser Situation wurden die USA zum wichtigsten Fluchtpunkt, auch für Darius Milhaud, Hanns Eisler und Bert Brecht. Der Stückeschreiber, der noch bis zuletzt in Finnland ausgeharrt hatte, kam mit einem der letzten möglichen Schiffe im Juli 1941 in Los Angeles an. Mit sich trug er nur das nötigste Gepäck: den Paß, Kleidungsstücke, einen Radioapparat und die Manuskripte.

Das USA-Exil veränderte erneut die Arbeitsbedingungen, es zerriß mühsam angeknüpfte Kontakte und führte zu neuer Isolation.

Anders als Kurt Weill war Brecht nicht bereit, sich den Bedingungen der amerikanischen Kulturindustrie anzupassen; er blieb ein Fremder. Um so wichtiger war es für ihn, als im April 1942 nach vierjähriger Trennung sein alter Freund Hanns Eisler ebenfalls nach Hollywood übersiedelte. Eisler war für ihn Inbegriff von Produktivität und ließ ihn zu seiner Identität zurückfinden: „Ein wenig ist es, als würde ich in irgendeiner Menge stolpernd, mit unklarem Kopf, plötzlich angerufen mit meinem alten Namen, wenn ich Eisler sehe." Für den Komponisten wiederum war diese Wiederbegegnung der Anlaß, ein musikalisches Exil-Tagebuch, das Hollywooder Liederbuch, zu beginnen, dem er vor allem Gedichte von Brecht zugrundelegte. Er begann mit der Vertonung von Gedichten, die Brecht in Dänemark, Schweden und Finnland geschrieben hatte, und griff dann die Gedichte auf, die in Hollywood entstanden.

Diese Lieder, die in knapper aphoristischer Form ihren Blick immer wieder auf die ferne, von Haß und Krieg beschädigte Heimat richten, bilden einen extremen Gegenpol zur Hollywood-Kultur, die Brecht und Eisler umgab. Anders als die Filmmusiken dienten sie weder der Unterhaltung noch dem Lebensunterhalt. Es gab für sie in Hollywood keinerlei Aufführungschancen. Eisler wählte neben den Brecht-Gedichten auch klassische Texte von Anakreon, Eichendorff, Hölderlin, Mörike und Pascal aus, die er auf seine Exil-Situation übertrug. Durch eine veränderte Begleitung gab er beispielsweise dem Eichendorff-Gedicht *Aus der Heimat hinter den Blitzen rot* eine aktuelle Bedeutung. Manchmal änderte Eisler nur den Titel oder er griff einzelne Strophen heraus. „Produktives Erbe" nannte er das. Auf diese Weise kürzte er Hölderlin, dessen Patriotismus er nicht den Nazis überlassen wollte. Gegen pauschale Angriffe hielt er daran fest, daß nicht alle Deutsche mit Hitler übereinstimmten, sondern es auch noch ein „anderes Deutschland" gebe.

Fast alle Lieder des *Hollywooder Liederbuch* sind kurz und leise. Sie treten nicht mit großer pathetischer Gebärde auf, sie wollen nicht überrumpeln, sondern Denkanstöße sein: Nadelstiche in das durch die Nazi-Propaganda, aber auch die Kulturindustrie getrübte Bewußtsein. Schon in seinen finnischen Epigrammen hatte sich Brecht um eine „Sprachwaschung" bemüht. Auch in der Musik bekämpfte er die überflüssige Phrase. In einem Appell an Filmkomponisten schrieb er: „Sie dürfen nicht Spekulationen anstellen, wieviel Kunst das Publikum entgegenzunehmen bereit ist. Sie müssen herausfinden, mit wie wenig Betäubung das Publikum bei seiner Unterhaltung auskommt. Dieses Minimum wird zugleich jenes Maximum sein. Die Musik wird um so wichtiger sein können, in je kleinerer Quantität sie verwendet wird."

Eisler stimmte in dieser Frage mit Brecht voll überein. Auch er stemmte sich gegen die Musiküberflutung. Auch er hatte eine „Sprachwaschung" vorgenommen, indem er in den ersten Exiljahren die Tonalität mied und bevorzugt die bei den Nazis als „entartet" geltende Zwölftontechnik verwendete. Wie sparsam er mit den Tönen umging, zeigen beispielsweise die kurzen Klaviernachspiele, die selten eine Stimmung ausbreiten, sondern meistens einen Gedanken pointieren. Oft genügt es, wenn ein einzelnes Wort aus dem übrigen hervorgerufen wird: „fort" in *Über den Selbstmord* und „das Hoffen" in *Frühling.*

Ebenso vielfältig wie Inhalt, Form und Stil der von Eisler ausgewählten Gedichte ist die musikalische Gestaltung seiner Lieder. Die strenge Imitatorik beispielsweise der *Elegie 1943* erinnert an die Zwölftonlieder, während sich an anderer Stelle Einflüsse des Chanson *(An den kleinen Radioapparat),* an den Blues *(Über den Selbstmord)* oder Hugo Wolf *(Der Kirschdieb)* finden. In ihrem Buch *Komposition für den Film,* das gleichzeitig zum *Hollywooder Liederbuch* entstand, haben Adorno und Eisler diese Möglichkeit stilistischer Vielfalt theoretisch begründet. Ausschlaggebend für die Gültigkeit eines Musikstückes sei nicht das musikalische Material, sondern die Verfahrensweise. Die Fortschrittlichkeit eines Musikstückes entscheide sich daran, wie der Baustein, die Zwölftonreihe oder der konsonante Dreiklang, eingesetzt werde. Eislers Verfahren in Text wie Musik ist die Montage. Durch die Art der Zusammenstellung und Kontrastierung gibt er auch dem Vertrauten eine neue Wirkung. Die Pascal-Lieder wirken wie Kommentare zu den Glücksversprechen der Kulturindustrie. Hörer wie Interpreten sind zur Wachheit aufgefordert.

Hanns Eisler am Klavier. Zeichnung von Gustav Seitz (1950).

6. Letzter Versuch, die Hitler-Soldaten zu erreichen: Eisler – Weill – Dessau – Adorno (1943)

Im Kriegsjahr 1943 war an ein Zusammengehen von Avantgarde-Kunst und Volksfront nicht mehr zu denken. Die von vielen Künstlern, auch von Scherchen, Hartmann, Britten, Brecht, Heinrich Mann, Ernest Hemingway, Frans Masereel und John Heartfield, angestrebte Synthese war nur teilweise zustandegekommen, die Aufführungen wichtiger antifaschistischer Werke wie der *Deutschen Sinfonie* oder der Oper *Simplicius Simplicissimus* war verhindert worden; von einer einheitlichen antifaschistischen Volksfront konnte nicht die Rede sein. Ohne nennenswerten Widerstand und bei rücksichtsloser Ausschaltung seiner Gegner hatte Hitler im In- und Ausland seinen Machtbereich erheblich erweitern können. Viele Hitlergegner waren in den Lagern gestorben, so auch der Friedensnobelpreisträger Carl von Ossietzky, und viele Emigranten waren von Europa in andere Kontinente geflohen.

Kurt Weill

Die größten Hoffnungen richteten sich 1943 auf die sowjetischen Truppen, die seit der Schlacht bei Stalingrad unter erheblichen Verlusten Hitlers Vormarsch zu stoppen begannen. Deutsche Künstler im Exil unterstützten dies auf ihre Weise, indem sie mit Liedern, Gedichten und Aufrufen an die deutschen Soldaten im Osten appellierten, den sinnlosen Vernichtungsfeldzug aufzugeben. Möglichkeiten, die deutschen Soldaten zu erreichen, boten der Abwurf von Flugblättern aus Flugzeugen, die Verwendung von riesigen Megaphonen an der Front sowie nicht zuletzt der Rundfunk.

Schon ab Mai 1933 strahlte Radio Moskau über eine 500-kW-Anlage Sendungen in deutscher Sprache aus, an denen regelmäßig der Dichter Erich Weinert und der Sänger Ernst Busch beteiligt waren. Wie sehr die Nazis diesen leistungsstarken Sender fürchteten, geht aus der Bestrafung mit Konzentrationslager hervor, die den Hörern drohte.

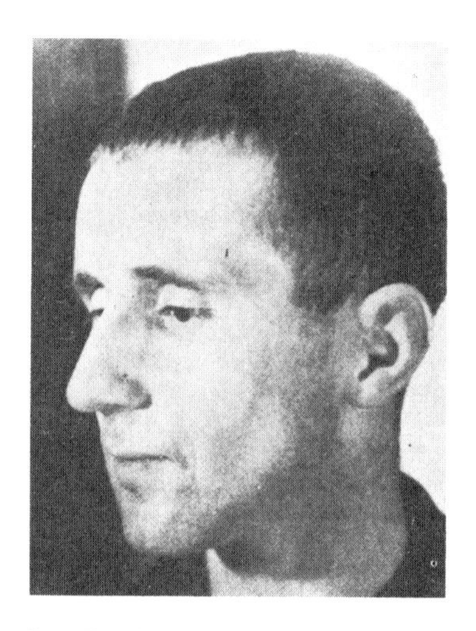

Bert Brecht

Paul Dessau

Th. W. Adorno

Hanns Eisler

KZ für den Empfang von Radio Moskau

Aus den in letzter Zeit vorgelegten Berichten der Staatspolizeistellen ist ersichtlich, daß die Moskauer Sendungen des Großsenders der Komintern auf Welle 1482 bzw. auf Kurzwellensender 50 immer wieder zu einer maßlosen Hetze gegen die nationale Revolution und die von ihr berufene Regierung benutzt werden. Es ist wiederholt festgestellt worden, daß Besitzer empfangsstarker Radiogeräte regelmäßig in den Abendstunden einen weiteren oder engeren Kreis von Bekannten zum Abhören der Moskauer Sendungen in ihrer Wohnung versammelt haben ...

Solange es nicht möglich ist, derartige Sendungen mit anderen Mitteln zu unterbinden, erscheint es erforderlich, zum Zwecke der Abschrekkung gegen festgestellte Teilnehmer derartiger Zusammenkünfte mit aller Schärfe einzuschreiten. Sie sind grundsätzlich als Teilnehmer an geheimen kommunistischen Versammlungen in Schutzhaft zu nehmen und unverzüglich in ein Konzentrationslager zu bringen.

Schreiben des ersten Gestapo-Chefs Diels an die Stapostellen vom 4. September 1933 (Auszug)

Busch wurde damals zum Vorsänger des Widerstands. Bei seinen Sendungen am späten Abend forderte er die deutschen Hörer auf, sich Papier und Bleistift zu nehmen. Dann diktierte er langsam Zeile für Zeile Text und Melodie eines neuen Liedes und sang es abschnittsweise. Auf diese Weise verbreitete er über den Kominternsender auch das *Deutsche Lied 1936* von Brecht und Eisler, das bald darauf in *Deutsches Lied 1937* umbenannt wurde. Buschs sowjetischer Klavierbegleiter Schneerson erinnerte sich später nicht ohne Pathos an diese Aufnahme: *Mit ungewöhnlichem Interesse und großer Liebe begann Busch diese sehr originelle Ballade zu studieren, in deren drei Strophen ein gewaltiger emotioneller und politischer Inhalt konzentriert ist, der mit sparsamen Mitteln ausgedrückt wird. Es ist mir unvergeßlich – ich nahm als Begleiter Buschs an dieser Arbeit teil –, wie in meinem Ohr allmählich dieses tieftragische musikalische Bild des deutschen antifaschistischen Arbeiters Gestalt annahm, wie eindringlich diese kurzen Repliken klangen: „Marie, weine nicht“; wie sich die Stimme des Sängers veränderte, wenn er am Schluß der Ballade ausrief: „Wenn ich wiederkehre, kehr ich unter anderen Fahnen wieder. Also weine nicht.“* Wie schon in der *Kriegskantate* kommt in diesem Schluß die Hoffnung auf den Sturz Hitlers durch eine Militärrevolte zum Ausdruck. Trotz der eingängigen Wendung *Marie weine nicht* verzichtete Eisler selbst in diesem für ein breites Publikum komponierten Lied keineswegs auf polyphone Gestaltung und schwierige Intervallik – durch diesen Anspruch unterschied sich seine Komposition grundlegend von den Nazi-Liedern.

Stimmen zum Deutschen Freiheitssender 29,8

Bericht aus Berlin: Wahrhaft sensationell war die Wirkung des Geheimsenders 29,8. Was der Sender sagt, ist dabei gar nicht so sehr wichtig, sondern viel wichtiger ist die Tatsache seines Auftretens überhaupt. Es gehört schon zum guten Ton, den Geheimsender gehört zu haben und seine neuesten Nachrichten zu kolportieren. Dazu wird herumgeraten, wo der Sender stehen mag. Die meisten vermuten ihn tatsächlich in Deutschland und freuen sich, daß „sie ihn immer noch nicht haben.“

1. Bericht aus Bayern: Welle 29,8 hat hier wie eine Sensation gewirkt. Einer erzählt es dem anderen, alles, selbst Nazi, versucht zu hören ... Wir halten alle Sendungen für äußerst wichtig und wir hören jeden Tag. Aber der Inhalt könnte verbessert werden. Es ist ein Unglück, daß der Sender als KPD-Sender auftritt. Warum nicht als Sender der Volksfront, an dem sich auch die SPD beteiligen kann?

2. Bericht aus Bayern: Ich arbeite in einem großen ...verarbeitungsbetrieb. Ende März gab es unter der ganzen Belegschaft keinen Menschen mehr, der nicht von der Existenz dieses Senders wußte. Eines Tages stand sogar im Pissoir mit Bleistift an der Mauer geschrieben: „Hört jeden Tag um 10 Uhr die Welle 29,8.“ Interessant war, daß diese Anschrift 14 Tage stehen blieb, obwohl sie auch die Nazis gelesen haben. Unter den Freunden, die man im Betrieb hat, kam nun öfter das Gespräch auf den Sender ... Heute glaube ich, hat jeder politisch interessierte Mensch, der einen Kurzwellensender hat, ob er nun Antifaschist ist oder Nazi, von der Existenz dieses Senders Kenntnis. Und wie wir heute Hitler anhören, wenn er eine wichtige politische Erklärung abgibt, ohne dabei selbst Hitleranhänger zu sein, so hört auch der Nazi diesen Sender an. Aber es bleibt doch etwas hängen und was das Wichtigste an der ganzen Sache ist: der Nazimann sieht, daß die Phrase nicht war ist, die da lautet: „Der Bolschewismus ist ausgerottet.“

Bericht aus Baden: Der illegale Kurzwellensender beginnt nun in der Allgemeinheit zu wirken. Nun hat aber auch die Polizei wieder ein neues Arbeitsgebiet. Die Polizei hat bei den Radiohändlern feststellen lassen, wer im Besitz eines Apparates wäre und diese Hörer werden jetzt überwacht, ob sie abends Zusammenkünfte veranstalten. Vorletzte Woche wurden drei frühere Kommunisten verhaftet, gegen die die Beschuldigung erhoben wird, sie hätten gemeinsam den Sender gehört.

Aus den in Prag gedruckten und illegal auch im Deutschen Reich verbreiteten „Deutschland-Berichten der Sozialdemokratischen Partei Deutschlands“, 4. Jahrgang Nr. 4, April 1937

Ein Monat später:

Bericht aus Bayern: ... Dann setzten die Störsender ein, zuerst unzulänglich, aber im Laufe der Zeit mit immer besseren technischen Methoden. Heute ist es schon so weit, daß der Sender tagelang nicht mehr hörbar ist und dann nur, wenn man ein unerträgliches Störgeräusch beim Suchen in Kauf nimmt. Dieses Störgeräuschs wegen ist es den meisten nicht mehr möglich, den Sender einzuschalten, weil man dieses Pfeifen durch alle Wände hindurch hört ... Die technischen Mittel haben also im Augenblick wieder dem Regime ein Übergewicht gegeben. Aber damit hat seine Aktion noch nicht ihren Abschluß gefunden. Zum ersten Male seit der großen Verhaftungswelle im März 1933 hat in München eine Aktion der Gestapo großen Ausmaßes begonnen.

„Deutschland-Bericht“ 4. Jgg. Nr. 5, Mai 1937

Ein deutscher Soldat im Osten hört Eisler-Lieder

1943, nachts, auf dem Rückzug der geschlagenen faschistischen Armeen durch die Ukraine. Ich war naß, ich fror, ich hatte Hunger... Ein Lautsprecher eines Propagandatrupps der Roten Armee begann eines seiner Fünf-Minuten-Programme. Nachrichten, Informationen. Danach kam ein Lied von einer abgespielten Schallplatte über schrillen Lautsprecher... Ein deutsches Arbeiterlied. Ich kannte es nicht, und ich kannte den Mann nicht, der es sang... Die Stimme verjagte meine Apathie ... Diese Stimme wußte, was ich nicht wußte. Diese Stimme wußte, daß der Mensch, daß die Vernunft, daß die Wahrheit triumphieren wird... Das war die Stimme von Ernst Busch, von einer abgespielten Schallplatte über schrillen Lautsprecher Taktik und Strategie der Wahrheit lehrend.

Heinar Kipphardt

Großes Aufsehen erregte bei den Hitler-Gegnern und den deutschen Dienststellen der Deutsche Freiheitssender 29,8, der ab April 1937 von Spanien aus nach Deutschland hineinstrahlte. Über diesen Kurzwellensender, über den auch Heinrich Mann und Ernest Hemingway sprachen, verbreitete Ernst Busch Paul Dessaus *Thälmann-Kolonne* und Eislers *Einheitsfrontlied* (Text: B. Brecht).

Auch in den USA, wohin viele Künstler geflohen waren – unter ihnen die Komponisten Béla Bartók, Paul Dessau, Hanns Eisler, Paul Hindemith, Erich Itor Kahn, Ernst Křenek, Darius Milhaud, Arnold Schönberg, Ernst Toch, Kurt Weill, Stefan Wolpe und Alexander Zemlinsky – wurden nach dem Eintritt in den Krieg antifaschistische Sendungen produziert. Nachdem im Oktober 1940 Thomas Mann seine regelmäßige BBC-Sendung *Deutsche Hörer* begonnen hatte, bemühte sich auch der mittlerweile in die USA übergesiedelte Brecht verstärkt um ähnliche Möglichkeiten. Im Dezember 1941 schrieb er in einem Brief an einen amerikanischen Kulturverantwortlichen: *Ich bin fest überzeugt, daß der psychologische Moment gekommen ist, um direkt von hier über Rundfunk die Wahrheit, die leicht als Aufforderung zum Widerstand wirken könnte, nach Deutschland hineinzustrahlen.* Im Januar 1942 begann er den Text zu einer Kantate: *An die deutschen Soldaten im Osten* zu schreiben; zusammen mit Lion Feuchtwanger und Heinrich Mann verfaßte er im März 1942 ein Manifest an das deutsche Volk, das über Kurzwelle verbreitet und mit Flugzeugen über Deutschland abgeworfen werden sollte. Durch seine dänische Freundin Ruth Berlau, die ab 1942 für die dänische Abteilung des Office of War Information arbeitete, standen ihm die Sendemöglichkeiten ständig vor Augen. Für diesen Zweck schrieb er die Gedichte *Und was bekam des Soldaten Weib?, In Sturmesnacht, Lied einer deutschen Mutter* und *Das deutsche Miserere,* in denen sich schon das bevorstehende Kriegsende abzeichnet. *In Sturmesnacht* ist das Bekenntnis zu einem von Hitler befreiten Deutschland.

Diese in einfacher Sprache verfaßten und an elementare Gefühle der deutschen Soldaten appellierenden Gedichte wurden mehrfach vertont. Nicht nur Eisler, der am 9. Juni 1943 seine *Vier Lieder für Kurzwellensendungen nach Deutschland 1943* fertigstellte, widmete sich dieser Aufgabe, sondern auch Paul Dessau. Dessau war 1933 von Berlin nach Paris emigriert, wo er neben den Zwölftonstudien bei René Leibowitz für die internationalen Brigaden in Spanien sein Kampflied *Die Thälmannkolonne* schrieb. 1939 war er in die USA übergesiedelt, wo er zunächst vor allem Auftragswerke für jüdische Gemeinden schuf. Im April 1943 traf er in New York mit Brecht zusammen. Dies war der Anfang einer jahrzehntelangen Zusammenarbeit, die – wie auch bei Eisler – erst mit dem Tod des Dichters endete. Das *Lied einer deutschen Mutter* gehört zu Dessaus ersten Brecht-Vertonungen.

Kurt Weill, der Komponist der berühmten *Dreigroschenoper,* hatte dagegen seit dem Pariser Ballett *Die sieben Todsünden der Kleinbürger* (1933) nicht mehr mit Brecht zusammengearbeitet. Erstaunlicherweise ergab sich 1943 wieder eine Annäherung, gefördert durch den gemeinsamen Antifaschismus. Dieser Gemeinsamkeit ist Weills Vertonung *Und was bekam des Soldaten Weib?* zu verdanken.

Sogar Theodor W. Adorno, der damals wie Eisler im Seeort Malibu wohnte und zusammen mit ihm das Buch *Komposition für den Film* verfaßte, überwand die Angst des Theoretikers vor der politischen Praxis und beteiligte sich an der Verbreitung der Brecht-Texte. Seinen beiden Liedern, die denen Eislers stilistisch auffallend nahekommen, gab er am 16. Juni 1943 die Überschrift *Zwei Propagandagedichte von Brecht.* Neben dem auch von Eisler vertonten *In Sturmesnacht* komponierte Adorno ein nur bei ihm überliefertes Brecht-Gedicht *Das Lied von der Stange,* das sich auf die Bombardierung des Ruhrgebiets durch die Royal Air Force bezieht; in seinem satirischen Ton erinnert es an das Vorspiel in den höheren Regionen zu dem Stück *Schweyk im zweiten Weltkrieg,* das Brecht damals zusammen mit Weill als Broadway-Produktion herausbringen wollte. (Das Projekt kam allerdings nie zustande.) Adorno schrieb dieses *Lied von der Stange* als rasches Marschlied, wobei er in Klaviereinleitung und Zwischenspielen Hitlers Lieblingskomponisten Wagner zitierte. Durch die ebenso originelle wie witzige Mischung von Holländer- und Schwert-Motiv erweiterte er Brechts Stangen-Metapher sinnvoll: Die ruppige Marschbegleitung holt Wagners Musik aus den mythologischen Höhen auf den Boden der konkreten Kriegsmisere hinab, sie entschlüsselt ebenso respektlos wie Brechts Text die von der NS-Propaganda sonst nur weihevoll angedeutete Gleichsetzung von mythologischen Helden und Faschisten.

Anders als 1933 und 1937 ging es bei diesem Radioprojekt von 1943 weder um Bekenntniswerke noch um weitreichende künstlerisch-politische Utopien, sondern um eine unmittelbar wirkungsvolle Gebrauchsmusik, die auch von Soldaten verstanden werden konnte. Trotz dieser Zweckorientierung lassen die Mehrfach-Vertonungen – *In Sturmesnacht* wurde von Adorno, Dessau und Eisler, *Kälbermarsch, Das deutsche Miserere* und *Lied einer deutschen Mutter* von Dessau und Eisler, *Und was bekam des Soldaten Weib?* von Eisler und Weill komponiert – in ihrer unterschiedlichen Beziehung zum Stil des Kunstlieds, Volkslieds, Bänkelsangs und Songs persönliche Eigenheiten der vier Komponisten hervortreten.

Besonders markant sind die Unterschiede zwischen den beiden Vertonungen *Und was bekam des Soldaten Weib?*. Während Weills Komposition mit träger Melancholie beginnt und in der Rußland-Strophe triumphale Züge erhält, ist bei Eisler die letzte Strophe genau umgekehrt ein düsterer Kontrast zur übermütigen Ausgelassenheit der vorangehenden Strophen. Den musikalischen Unterschieden der beiden Kompositionen liegen unterschiedliche Auffassungen über den im Gedicht dargestellten Sachverhalt zugrunde. Weill, der sich längst assimiliert und der alten Heimat endgültig den Rücken gekehrt hat, komponierte seinen Song aus der Sicht des Amerikaners, der jede Niederlage des Feindes bejubelt. Eisler, der die Rückkehr nach Deutschland herbeisehnte, befand sich dagegen in der zwiespältigen Position des Emigranten, für den der Tod deutscher Soldaten Anlaß zu Hoffnung wie zu Klage war – sie waren für ihn nicht nur Täter, sondern auch Opfer einer perfekten Unterdrückungsmaschinerie.

Anfang 1943 hatte die BBC *Und was bekam des Soldaten Weib?* in einer Vertonung Mischa Spolianskys ausgestrahlt. Dagegen scheinen die Kompositionen Adornos, Dessaus, Eislers und Weills nicht mehr gesendet worden zu sein. Obwohl Lotte Lenya, Weills Frau, am 16. April 1943 Dessaus *Lied einer deutschen Mutter* für das Office of War Information aufnahm, wurden auf Intervention der deutschen Abteilung des State Departments und des britischen Geheimdiensts die Sendungen mit deutschen Exilanten gestoppt – angeblich wegen aggressiver Reaktionen eingefleischter Nazis.

Aus Brechts Arbeitsjournal, Hollywood 1942/1943:)*

9. 1. 42: Schrieb AN DIE HITLERSOLDATEN IN RUSSLAND, nachdem viel über eine belieferung des moskauer radios gesprochen wurde.

18. 3. 42: Gestern begann das auslosen der kriegsdienstpflichtigen. ich mußte mich am 1. 2. einregistrieren, da ich noch nicht 45 bin.

10. 5. 42: Wie kalt dieser krieg ausgefochten wird! man könnte von einer vereisung der kriegsführung sprechen. diese riesige maschinerie zur güterbeseitigung bedarf so wenig des ideologischen antriebs wie die maschinerie zur gütererzeugung, solang sie eine profiterzeugung ist. ein appell an revanchegelüste etwa wäre so überflüssig wie in der „normalen" industrie ein appell an die schaffensfreude.

15. 5. 42: die unterscheidung zwischen hitlerdeutschland und deutschland („hitler ist nicht deutschland!") ist naturgemäß, je länger der totale krieg tobt, desto schwerer einleuchtend vorzutragen. die lesebuchfabel, daß das deutsche volk oder zumindest die deutsche arbeiterschaft gegen diesen krieg ist, kann immer weniger den ungeheuren furor der deutschen riesenarmeen, die gewaltigen leistungen der industrie und die stabilität der inneren ordnung in deutschland erklären …

29. 6. 42: die „hohe moral" der deutschen truppen macht vielen braven antifaschisten enormes kopfzerbrechen. sie haben in den parlamentarischen regierungsformen nie die elemente der gewalt entdeckt … für die unteren volksschichten scheint die versklavung durch die nazis eine relative zu sein.

16. 2. 43: LANGERHANS ist sympathisch wie je, erzählt vom KZ … Im zuchthaus brandenburg hörte er einen häftling meine gedichte über den anstreicher vortragen. mein moritaten- und sketchstil diente überall als vorbild. kulturnation.

März, April, Mai 1943, New York: lenya hiflt mir bei einer aufnahme des „liedes einer deutschen mutter" für das office of war information, komposition von dessau. die deutsche desk sabotiert. lenya singt auch öffentlich das von weill komponierte „was bekam des soldaten weib" und songs aus der „dreigroschenoper".

9. 6. 43: Eisler hat sehr schön „in sturmesnacht", „deutsches miserere" und „der kälbermarsch" vertont.

18. 7. 43: jetzt sollen schon über 60.000 deutsche kriegsgefangene in den USA sein; sie „bewahren disziplin unter ihren offizieren, singen das horstwessellied usw.", zumindest sie werden für die nachkriegsära in purem nazismus erhalten.

26. 7. 43: hamburg geht unter. über ihm steht eine rauchsäule, die doppelt so hoch ist wie der höchste deutsche berg, 6000 m. die mannschaften der bomber benötigen sauerstoffapparate.

1. 8. 43: abends kommen bei viertels zusammen: THOMAS MANN, HEINRICH MANN, FEUCHTWANGER, BRUNO FRANK, LUDWIG MARCUSE, HANS REICHENBERG und ich. in vier stunden wurde folgendes entworfen:
In diesem Augenblick, da der Sieg der Alliierten Nationen näher rückt, halten es die unterzeichneten Schriftsteller, Wissenschaftler und Künstler deutscher Herkunft für ihre Pflicht, folgendes öffentlich zu erklären:
Wir begrüßen die Kundgebung der deutschen Kriegsgefangenen und Emigranten in der Sowjetunion, die das deutsche Volk aufrufen, seine Bedrücker zu bedingungsloser Kapitulation zu zwingen und eine starke Demokratie in Deutschland zu erkämpfen. Auch wir halten es für notwendig, scharf zu unterscheiden zwischen dem Hitlerregime und den ihm verbundenen Schichten einerseits und dem deutschen Volk andererseits.

17. 9. 44: die deutsche kunst ist zu schwer. gerade in dieser zeit, einer der furchtbarsten der geschichte, sollte sie lernen, leicht zu werden, natürlich nicht auf der flucht, sondern bei der darstellung dieser zeit und ihrer furchtbarkeit. so muß das gewöhnliche den charakter des niedagewesenen, das niedagewesene den des gewöhnlichen bekommen.

TOTALER KRIEG
TOD AN DER FRONT
- IN DER HEIMAT
RETTE DICH
UND DEINE FAMLIE
KÄMPFE
FÜR DEN FRIEDEN

7. Instrumentalmusik als Spiegel der Kriegssituation: Die 3. Klaviersonate von Eisler

Anders als die für ein Massenpublikum komponierten Radiolieder stellt Eislers ebenfalls im Sommer 1943 entstandene *Dritte Klaviersonate* ein anspruchsvolles Stück Kammermusik dar. In seiner Lehrzeit bei Schönberg und unmittelbar im Anschluß daran hatte Eisler eine größere Zahl von Kammermusikwerken (darunter auch seine beiden Klaviersonaten) geschrieben, dann aber mit Orchester- und Filmmusik, Lehrstücken und Massenliedern eine größere Öffentlichkeit gesucht. Je mehr in den Exiljahren seine Isolation zunahm, wuchs auch wieder der Anteil intimerer Musizierformen von Kammerkantaten bis zu Kunstliedern und Klaviermusik. Wahrscheinlich auch unter dem Einfluß der Spätwerke Schönbergs und bestärkt durch Adorno, der 1940/41 das Schönberg-Kapitel seiner *Philosophie der Neuen Musik* verfaßte, gab Eisler ab 1940 den Anspruch auf eine universell einsetzbare Kompositionstechnik auf. Sein Verzicht auf die Zwölftontechnik und sein Rückgriff auf tonale Elemente entspricht der von Adorno beobachteten *Vergleichgültigung des Materials: Wem einmal die Verfahrungsweise alles bedeutet und der Stoff nichts, vermag auch dessen sich zu bedienen, was verging und was darum selbst dem gefesselten Bewußtsein der Konsumenten offen ist.* Einfacher ausgedrückt: In eine entwickelte Kompositionstechnik kann man auch traditionelle Elemente integrieren und so ein breiteres Publikum erreichen.

Im Kopfsatz seiner *Dritten Klaviersonate* stehen sich zwei sehr unterschiedliche Themen gegenüber. Das Hauptthema entwickelt ein motivisches Material aus Quart-Quint-Intervallen und fallenden kleinen Sekunden in einem dissonanten Satz.

Ganz anders wirkt dagegen das zweite Thema, das das rezitativisch freie Metrum durch eine tänzerisch bewegte Rhythmik ersetzt. In seiner konsonanten Diatonik nähert sich das Thema der Tonalität an.

In seinen gleichzeitig komponierten *Hölderlin-Fragmenten* hat Eisler die Hauptintervalle des ersten Themas – Quarten und Tritoni sowie fallende Chromatik – zum Ausdruck von Trauer und Verlorenheit eingesetzt (beispielsweise in der *Elegie 1943*), während er den Terzen freundliche Erinnerung und Hoffnung (z. B. in *Die Heimat* und *An meine Stadt*) vorbehielt. Obwohl also zwischen den Ausdrucksgehalten der beiden Themen Welten klaffen, sind sie doch strukturell miteinander verwandt: das zweite Thema faßt die Tonwiederholungen (X), die schaukelnde Intervallik und den anschließenden Sekundfall (Y) des ersten Themas zu einer Einheit (XY) zusammen. Die Verfahrensweise der entwickelnden Variation ermöglicht die Integration des in Material und Ausdruck Verschiedenen.

In zwei Durchführungspartien, die sich jeweils den beiden Themenexpositionen anschließen, schlägt die gefaßte, distanzierte Haltung beider Themen in Verzweiflung und Nervosität um. *Um die Idee des Umschlagens zu realisieren, läßt Eisler sowohl auf den ersten wie auf den zweiten Themenkomplex jeweils direkt eine Durchführung folgen, wohingegen in einem solcherart von spezifischen Notwendigkeiten bestimmten Formverlauf für eine traditionelle Reprise kein Platz mehr ist. An der Stelle der Reprise steht nur gerade eine modifizierte Version des ersten Themas, dessen Harmonisierung und Rhytmisierung nun ebenso einen Trauermarsch andeuten wie sie an Eislers frühere Kampfmärsche erinnern. So dient diese Rekapitulation nicht primär der formalen Abrundung, sondern bildet eine Art Fazit, Schlußfolgerung dieses Satzes - eines Satzes, der in prägnanter Weise Eislers kritischen, erneuernden Umgang mit Traditionen - fremden und eigenen - dokumentiert und darüber hinaus in einer Eindringlichkeit wie wenige andere musikalisches Zeugnis von seiner Zeit ablegt. (Christoph Keller)*

Der im Ausdruck ernste Mittelsatz, das aus passacaglienartigen Variationen bestehende *Adagio* verwandelt einen zarten Klagegesang in polyphoner Entwicklung über verschiedene Stufen bis zu hymnischer Kraft, um dann wieder leise zu verlöschen. Das rasche *Allegro con spirito* wirkt mit seinen schnell wechselnden Gesten demgegenüber wie ein energischer Einspruch, wobei ein sich wiederholender Terzengang im Rhythmus ♫♩ besonders heraussticht. Auf einen liedhaften Mittelteil folgt die Reprise des Eröffnungsabschnitts, in der linke und rechte Hand vertauscht und die Bewegungsrichtungen umgekehrt sind. In die mächtige Schlußsteigerung bricht noch einmal eine Reminiszenz an die Klage des *Adagio* herein - noch ist der Krieg nicht beendet, noch werden Opfer gebracht.

Igor Strawinsky, Ewald Dülberg und Otto Klemperer, Krolloper 1927

Hanns Eisler zusammen mit Paul Hindemith, Bertolt Brecht und den Rundfunkintendanten Ernst Hardt und Hans Flesch auf dem Deutschen Kammermusikfest in Baden-Baden (Juli 1929)

Möglicherweise ist einer der Sonaten-Sätze mit dem Eislerschen Klavierstück identisch, das Eduard Steuermann (auch er komponierte damals Brecht-Gedichte!) am 18. August 1943 vor einer Emigrantengesellschaft in Hollywood zum 65. Geburtstag Alfred Döblins vorspielte; zu den Zuhörern gehörten neben Döblin, Brecht, Helene Weigel und Eisler auch Heinrich Mann, die Schauspieler Fritz Kortner, Peter Lorre, Alexander Granach und Blandine Ebinger und der Rezitator Ludwig Hardt: eine Elite deutscher Künstler, die vor Hitler geflohen war. Viele der Genannten, dazu aber auch Fritz Busch, Otto Klemperer, Artur Schnabel, Arnold Schönberg, Bruno Walter und Kurt Weill, starben im Exil, ohne wieder nach Deutschland zurückzukehren.

Aus den Tagebüchern: Goebbels über Friedelind Wagner. Als einzige Nachfahrin Richard Wagners entzog sich Friedelind Wagner bewußt dem Mißbrauch Bayreuths und zog demonstrativ ins Ausland. Goebbels empfand dies als einen Verrat. In seiner Wut verlor er seinen ehrfürchtigen Respekt vor der Familie des Meisters.

„EIN PRODUKT SCHLECHTESTER HÄUSLICHER ERZIEHUNG“.

Adolf Hitler und Richard Wagners Enkelinnen Verena und Friedelind. Aus: Richard Wilhelm Stock, Richard Wagner und die Stadt der Meistersinger. Berlin-Nürnberg 1938, S. 118

4. Mai 1940

Die kleine, dicke Wagner schreibt in London Enthüllungen gegen den Führer. So ein kleines Biest! Das kann evtl. etwas peinlich werden.

5. Mai 1940

Wieland Wagner wird vom Führer über sein sauberes Schwesterchen unterrichtet. Das ist eigentlich eine schwere Schande, die dieses dumme Mädel da anrichtet.

10. Mai 1940

Die dicke Wagner schreibt einen ersten Bericht gegen den Führer in der Londoner Presse: hundsgemein. Mit deutlicher Absicht, Italien gegen uns in Rage zu bringen. Urteile des Führers über Mussolini, die darauf abgelegt sind, den Duce in Wut zu versetzen. Daran hat ein englischer Propagandist mitgearbeitet. Dieses dicke Biest betreibt da also kompletten Landesverrat. Ein Produkt schlechtester häuslicher Erziehung. Pfui!

DÜSSELDORFER SYMPHONIKER

EINE KOMMENTIERTE REKONSTRUKTION

ZUR DÜSSELDORFER AUSSTELLUNG VON 1938

16. 1. – 28. 2. 1988

TONHALLE
TÄGLICH 16 – 18 UHR
EINTRITT FREI

MIT ORIGINAL-TONDOKUMENTEN

GEISTIGE WEGBEREITER

Ausstellungstexte 1988 von Albrecht Dümling

Richard Wagner und das Judentum in der Musik

Der Antisemitismus in der Musik hat viele Quellen. Nirgendwo jedoch kam er deutlicher zum Ausdruck als in *Richard Wagners* Aufsatz *Das Judentum in der Musik*, der in zwei Folgen im September 1850 in der *Neuen Zeitschrift für Musik* erschien. Über *Felix Mendelssohn Bartholdy* heißt es dort: *„Alles, was sich bei der Erforschung unserer Antipathie gegen jüdisches Wesen der Betrachtung darbot, aller Widerspruch dieses Wesens in sich selbst und uns gegenüber, alle Unfähigkeit desselben, außerhalb unseres Bodens stehend, dennoch auf diesem Boden mit uns zu verkehren, steigern sich zu einem völlig tragischen Konflikt in der Natur, dem Leben und Kunstwirken des frühe verschiedenen Felix Mendelssohn Bartholdy."* Im Zentrum seines Angriffs stand allerdings nicht Mendelssohn, dem Wagner noch 1836 die Partitur seiner C-Dur-Symphonie geschenkt hatte, sondern der in dieser Schrift nie mit Namen genannte *Giacomo Meyerbeer.* Ihn wollte er treffen und verletzen.

Als *Franz Liszt* nach der Lektüre des Aufsatzes empört um eine Erklärung bat, antwortete *Wagner* ihm am 18. April 1851: *„Mit Meyerbeer hat es nun bei mir eine eigene Bewandtnis: ich hasse ihn nicht, aber er ist mir grenzenlos zuwider! Dieser ewig liebenswürdige, gefällige Mensch erinnert mich, da er sich noch den Anschein gab mich zu protegieren, an die unklarste, fast möchte ich sagen lasterhafteste Periode meines Lebens; das war die Periode der Konnexionen und Hintertreppen, in der wir von den Protektoren zum Narren gehalten wurden, denen wir innerlich durchaus unzugetan sind."* Nachträglich war Wagner die devote Unterwürfigkeit peinlich, mit der er 1840/41 in Paris seinem erfolgreicheren Kollegen gegenübergetreten war. So hatte er an Meyerbeer beispielsweise geschrieben: *„Ich hoffe in dieser Welt auf kein Heil als von Ihnen. Mein Dankgefühl, das mich gegen Sie, mein hochherziger Protector, beseelt, kennt keine Grenzen."* Wagner verlor alle Selbstachtung, wenn er seinem freundlichen Förderer versprach: *„Ich werde ein treuer, redlicher Sklave sein, – denn ich gestehe offen, daß ich Sklaven-Natur in mir habe. (...) Kaufen Sie mich darum, mein Herr, Sie machen keinen ganz unwerten Kauf!"* Von dieser würdelosen Selbsterniedrigung distanzierte sich Wagner, indem er das überströmende Gefühl der Dankbarkeit in Haß verwandelte.

Ähnlich gespalten war sein Verhältnis zu *Heinrich Heine,* den er zunächst aufrichtig verehrte. Durch Heine war Wagner beispielsweise auf die Stoffe zum *Fliegenden Holländer* und zum *Tannhäuser* gestoßen. Auch hier schlug übergroße Bewunderung in Ablehnung um. In seiner Schrift *Das Judentum in der Musik* warf er Heine vor, er werde von *„unerbittlichen Dämonen des Verneinens"* vorwärtsgejagt.

Wie ein gespenstischer Vorausblick auf Hitlers *Endlösung* liest sich der Ruf an die Juden am Schluß der Schrift: *„Aber bedenkt, daß nur eines eure Erlösung von dem auf euch lastenden Fluche sein kann: die Erlösung Ahasvers – der Untergang!"* Obwohl Wagner mit den Rassentheorien Gobineaus nur teilweise übereinstimmte und auch Ausnahmen zuließ, identifizierte er im Lauf seines Lebens die Juden immer mit allem Übel. Als 1881 das Wiener Hoftheater brannte, erklärte er seiner Frau Cosima, es sollten alle Juden in einer Aufführung des *Nathan* verbrennen.

„Musikbolschewismus" als Bedrohung für die „deutsche Seele"

Der Antisemitismus deutscher Musiker entsprang nicht nur dem Neid auf die unleugbaren Erfolge solcher Komponisten wie *Felix Mendelssohn Bartholdy, Giacomo Meyerbeer* oder *Jacques Offenbach.* Er konnte vielmehr auch dem Haß auf eine *häßliche* Musik entspringen, die – wie die atonalen Kompositionen Arnold Schönbergs – nur wenig Chancen auf unmittelbare Breitenwirkung besaßen. Während man *Mendelssohn* seine Anpassungsfähigkeit vorwarf, erregte bei *Schönberg* gerade umgekehrt dessen Eigenwilligkeit Anstoß. Nach dem 1. Weltkrieg wollte man in der Atonalität gar eine musikalische Entsprechung zu Bolschewismus und *jüdischem Internationalismus* sehen. Solche Urteile konnte man um 1920 bei *Hans Pfitzner,* in der *Zeitschrift für Musik,* aber auch in Schriften des George-Kreises lesen.

Der Komponist *Hans Pfitzner* (1869-1949) verstand sich wie viele Konservative als *unpolitisch.* Dennoch widmete er mitten im Krieg seine *Deutschen Gesänge op. 25* dem Großadmiral *von Tirpitz* und sprach nach der Gründung der Weimarer Republik von einer Erkrankung des Volkskörpers. Für ihn war alle Kunst ein Spiegel des Staatszustands. In seiner gegen den jüdischen Musikkritiker *Paul Bekker* gerichteten Schrift *Die neue Ästhetik der musikalischen Impotenz. Ein Verwesungssymptom?* (München 1920) beklagte er die *internationalistisch-bolschewistische Umsturzarbeit* der *Alljuden* und stellte dann fest: *„Das atonale Chaos nebst den ihr entsprechenden Formen der anderen Künste ist die künstlerische Parallele zum Bolschewismus, der dem staatlichen Europa droht."*

Konservative forderten seit dem Weltkrieg immer vehementer, alle *undeutsche* durch eine *wirklich deutsche* Musik zu ersetzen. Gerade im Inflationsjahr 1923 intensivierten sich solche Bestrebungen. Im Herbst 1923 erhielt die *Zeitschrift für Musik* den Untertitel *Kampfblatt für deutsche Musik und Musikpflege.* Im gleichen Jahr erschien in Breslau das Buch *Das Schicksal der Musik von der Antike bis zur Gegenwart,* wo Schönbergs Musik als *nur noch pathologisch verständlich* charakterisiert wird. Wie schon *Pfitzner* sahen auch die beiden dem George-Kreis zugehörigen Autoren *Erich Wolff* und *Carl Petersen* eine Einheit von Atonalität, Anarchismus und Bolschewismus. Die neue Musik bereite den Boden für den Feind, der alles *„hinwegfegen wird, um an die Stelle der in Barbarei versinkenden christlichen Kultur den reinen Maschinenmenschen, das intellektuelle Tier, den Zerstörer des Antlitzes der Welt in seiner neuen Herrschaft aufzurichten."*

Die Autoren übersahen dabei, daß *Schönberg* politisch keineswegs umstürzlerisch gesinnt war, sondern nach 1918 die Wiederkehr der Habsburger-Monarchie herbeisehnte. Die Wirklichkeit war komplexer, als es die großen Vereinfacher wahrhaben wollten.

Der Retter der Reinheit

Auch für *Adolf Hitler* wurde 1923 zum *Schicksalsjahr.* In diesem Jahr begegnete er *Houston Stewart Chamberlain* (1855-1927), der in seinem 1899 erschienenen Werk *Die Grundlagen des 19. Jahrhunderts* die rassische Überlegenheit der Deutschen proklamiert hatte. Der aus England stammende Wahlbayreuther, der Wagners Tochter Eva geheiratet hatte, verkündete dem jungen *Hitler,* er sei von Gott dazu bestimmt, das deutsche Volk zu führen.
Schon früh hatte sich *Hitler* für Wagners Musik und Schriften begeistert. In Wien verschlang er außerdem die antisemitischen Pamphlete von *Jörg Lanz von Liebenfels* (Pseudonym für *Adolf Lanz).* Wahrscheinlich leitete sich sein tiefgründiger Judenhaß von der Herkunft seines unehelichen Vaters her; dieser soll aus einem Verhältnis der Köchin *Schickelgruber* mit ihrem jüdischen Arbeitgeber namens *Frankenberger* hervorgegangen sein. Stets verwischte Hitler die Spuren seiner Herkunft. Nach dem deutschen Einmarsch in Österreich machte er 1938 aus der dörflichen Heimat seines Vaters und seiner Großmutter einen Truppenübungsplatz. Bei Fragen nach seiner Herkunft hielt er es wie seine Identifikationsfigur *Lohengrin: Nie sollst du mich befragen.* Wie dieser vertraute er auf die *Vorsehung.*
Auch in *Hans Pfitzner,* der die Versailler Verträge als Schmach empfand und 1921 sein großes vokalsinfonisches Werk *Von deutscher Seele* komponiert hatte, sah *Hitler* einen Geistesverwandten. Im Februar 1923 besuchte er den erkrankten Komponisten und versuchte, ihn für seine politischen Ziele zu gewinnen. Zu diesen Zielen gehörte der Sturz der Reichsregierung. Der Münchner Bürgerbräu-Putsch der Nazis am 8. November 1923 schlug jedoch fehl. Hitler wurde zu 5 Jahren Haft verurteilt, von denen er aber nur $8^1/_2$ Monate verbüßte. In dieser Zeit schrieb er – von *Winifred Wagner* mit dem nötigen Schreibmaterial versorgt und durch die Frau des Berliner Klavierfabrikanten *Bechstein* finanziell unterstützt – sein Buch *Mein Kampf,* in dem er die Grundlagen seiner deutschnational-antisemitischen Politik ausformulierte.
Winifred Wagner hatte sich schon im November 1923, unmittelbar nach dem gescheiterten Umsturzversuch, in einem offenen Brief zu dem Staatsfeind bekannt: *„Ganz Bayreuth weiß, daß wir in freundschaftlichen Beziehungen zu Adolf Hitler stehen. Seit Jahren verfolgen wir mit größter Anteilnahme und Zustimmung die aufbauende Arbeit dieses deutschen Mannes. Seine Persönlichkeit hat wie auf jeden, der mit ihm in Berührung kommt, auf uns einen tiefen ergreifenden Eindruck gemacht, und wir haben begriffen, wie solch schlichter Mensch eine solche Macht auszuüben fähig ist. Diese Macht ist begründet in der moralischen Kraft und Reinheit dieses Menschen."* Der militärische Umsturzversuch wird damit aus der Bayreuth-Perspektive zu einem rein geistigen Akt uminterpretiert.

Hitlers enge Beziehung zu Bayreuth war werbewirksam, prägte aber auch sein Sendungsbewußtsein. In Wagners schriftlichen und musikalischen Werken holte sich der junge Politiker die Bestätigung für sein Handeln. Seine Anhänger griffen diesen Zusammenhang auf. In Aufsätzen wie *Richard Wagners ethischer Nationalsozialismus* von *Hans Schillings* (in: Nationalsozialistische Monatshefte, Juli 1933) oder *Richard Wagner als Künder der arischen Welt* (in: Die Musik, November 1933) fälschten sie *Wagner* zum Vorläufer von Hitlers *Kulturrevolution* um. *„Wir setzen den Sturmmarsch fort",* schrieb *Walter Engelsmann* im Oktober 1933 in der Zeitschrift *Die Musik, „den Richard Wagner als Revolutionär und Vorkämpfer für eine dramatische deutsche Kunst vor 85 Jahren unter dem Sturmgeläut der Dresdner Kreuzkirchenglocken begann, und den er als Einzelner und Einsamer in unerhörtem, nimmermüden Triumphmarsch und unter den unsäglichen Entbehrungen des Alleinseins als ein echter Führer und Siegfriedmensch siegreich zu Ende ging."* Hitlers *Sturmmarsch* sollte nicht auf die Kunst beschränkt bleiben.

RETTUNG DURCH VEREINHEITLICHUNG

Die Reichsmusikkammer

Am 13. Februar 1934 wurden mit einer Ansprache von *Richard Strauss* die ersten Arbeitstage der Reichsmusikkammer eröffnet. Damit sei ein Wunschtraum der gesamten deutschen Musikerschaft in Erfüllung gegangen. Sie verdanke dies dem Reichskanzler *Hitler* und dem Reichsminister *Dr. Joseph Goebbels. Strauss* lobte die Idee der Reichsmusikkammer als den ersten Versuch in der Geschichte, die gesamte deutsche Musikerschaft zu einer Einheit zusammenzufassen. *„Sie soll auf Grund dieser organisatorischen Grundlage die Möglichkeit bieten, das deutsche Musikleben unter Berücksichtigung seiner organischen Einheit und unter Betonung seiner umfassenden Ganzheit so zu beeinflussen, daß aus den zum Teil trostlosen Ruinen der letzten Jahre endlich wieder neues Leben erblühen kann."*

Schon im folgenden Jahr trat *Strauss* von seinem Amt als Präsident der Reichsmusikkammer zurück, da er mit der Judenverfolgung nicht einverstanden war. Nachdem die Gestapo einen kritischen Briefwechsel zwischen ihm und seinem jüdischen Librettisten *Stefan Zweig* abgefangen und an das Propagandaministerium weitergeleitet hatte, forderte *Goebbels* den 70jährigen Komponisten auf, von seinem Amt zurückzutreten. Als Nachfolger wurde der Aachener Dirigent *Peter Raabe* berufen.

Mit der Absetzung von *Strauss* wuchs der Einfluß von *Goebbels* auf das deutsche Musikleben. Schon im November 1934 hatte sein Staatssekretär *Walther Funk* unmißverständlich erklärt: *„Für uns ist deutsche Kultur gleichbedeutend mit nationalsozialistischer Kultur. Wenn man dies weiß und versteht, dann wird man auch erkennen, warum der Führer die Kunstangelegenheiten in das Reichsministerium für Volksaufklärung und Propaganda gelegt hat, und warum er dieses Ministerium mit der Führung der Kunst im Staate beauftragt hat. Zu den Aufgaben der geistigen Einwirkung auf die Nation gehört eben auch die Kunst, denn diese ist für die Staatspolitik ein unentbehrlicher Teil der Propaganda."*

Die Zerschlagung des Allgemeinen Deutschen Musik-Vereins

Die Nazis stellten sich gern als Retter vor dem drohenden Zerfall dar. Dabei verschwiegen sie, daß es auch vor 1933 große Musikerorganisationen gegeben hat. Diese wurden allerdings entweder aufgelöst oder stillschweigend, ohne Befragung der Mitglieder, von oben her angegliedert. Auch in der Kunst galt das *Führer-Prinzip,* das die demokratischen Formen der *System-Zeit* ablöste.

Zu den ehrwürdigsten Musikgesellschaften gehörte der 1859 gegründete *Allgemeine Deutsche Musik-Verein (ADMV),* der seitdem jährlich ein Tonkünstlerfest mit zeitgenössischer Musik durchführte. 1933 war auch der ADMV *gleichgeschaltet* worden. Die für das Tonkünstlerfest bereits ausgewählten Werke von *Anton Webern* und *Walter Braunfels* wurden rasch vom Programm genommen. Obwohl mit *Max Trapp, Paul Graener, Hugo Rasch* und dem Präsidenten *Peter Raabe* Parteigenossen im Vorstand saßen, waren auch *Nichtarier* zugelassen. *Goebbels* blickte mißtrauisch auf diesen Verband, der seinen Vereinheitlichungsbestrebungen im Wege stand.

Drei eingefleischte Nazis aus Weimar nutzten dieses Mißtrauen für sich aus. Dieses Trio bestand aus

- dem Musikwissenschaftler und Dramaturgen *Dr. Otto zur Nedden,* der bis November 1933 Landesleiter des Kampfbundes für deutsche Kultur Württemberg-Hohenzollern gewesen war,
- dem Staatsrat *Dr. Hans Severus Ziegler,* der gleichzeitig Generalintendant des Nationaltheaters und Leiter des Gaukulturamtes der NSDAP Thüringen war
- sowie dem jungen Dirigenten *Dr. Heinz Drewes,* der 1925 als Operettenkapellmeister in Weimar begonnen hatte. 1932 avancierte er im benachbarten Altenburg zum Generalmusikdirektor, 1935 zusätzlich zum Generalintendanten.

Die drei miteinander befreundeten Parteigenossen entdeckten auf dem Programm des *ADMV-Tonkünstlerfestes,* das 1936 ausgerechnet in Weimar stattfand, die Namen der Komponisten *Hermann Reutter, Ernst-Lothar von Knorr, Heinz Tiessen* und *Hugo Hermann.* Da sie diese für *Kulturbolschewisten* hielten, fingen sie den anreisenden Minister *Goebbels* auf dem Flughafen ab,um ihn vor dem *Affront* zu warnen.

Noch Ende 1936 erteilte *Goebbels* dem 33jährigen *Dr. Drewes* den Auftrag, innerhalb des Reichsministeriums für Propaganda eine selbständige Musikabteilung aufzubauen. 1937 wurde der *Allgemeine Deutsche Musik-Verein* gegen den Willen seines Präsidenten *Raabe* zerschlagen und eine Reichsmusikprüfstelle eingerichtet. Mit den *Reichsmusiktagen in Düsseldorf* schufen *Goebbels* und *Drewes* ab 1938 einen *Ersatz* für die früheren *ADMV-Tonkünstlerfeste.*

Der Totalitätsanspruch der Reichsmusiktage

In den Reichsmusiktagen dokumentierte sich die endgültige Unterwerfung des deutschen Musiklebens unter die Ziele der nationalsozialistischen Propaganda, die in der bildenden Kunst, der Literatur und dem Theater schon früher vollzogen war. Bei der Wahl von Düsseldorf als Austragungsort dürften verschiedene Gründe eine Rolle gespielt haben.

Nicht nur stammten *Goebbels* wie auch sein Musikreferent aus dem Rheinland, Düsseldorf wurde in der NS-Propaganda auch als *Schlageter-Stadt* geführt. *Albert Leo Schlageter,* der am 26. Mai 1923 nach einem Anschlag auf die französischen Besatzungstruppen bei Düsseldorf erschossen worden war, gehörte mit *Horst Wessel* zu den Märtyrergestalten der Nazis. Schon bei den Niederbergischen Musikfesten hatte es jährliche Schlageter-Feiern gegeben. Die *Reichsmusiktage Düsseldorf* erinnerten am 26. Mai 1938 mit einem Gedächtnismarsch zum Schlageter-Ehrenmal an den 15. Todestag.

Die Stadt Düsseldorf, die 1938 gerade ihr 650jähriges Bestehen feierte, galt als sichere Bastion der NSDAP. In dieser *„Trutzburg Deutscher Kunst“* (Gauleiter *Florian*) hatten 1935 und 1936 die Reichstagungen der NS-Kulturgemeinde stattgefunden; dabei waren 1935 Sommernachtstraummusiken von *Weismann* und *Wagner-Régeny* vorgestellt worden, die die berühmte Mendelssohn-Komposition ersetzen sollten. Die Stadt Düsseldorf hatte 1935 einen Preis für *„arteigene“* Kompositionen *„im nationalsozialistisch weltanschaulich gebundenen Sinn“* ausgeschrieben. Unweit von Düsseldorf, in Schloß Burg an der Wupper, versammelte sich seit 1936 jährlich im Mai die Reichsfachschaft der Komponisten als *„Bataillon Deutscher Musikschaffender“ (Hans Hinkel).*

Die Reichsmusiktage, die strategisch als *„Heerschau“* des Musiklebens angelegt waren, bezogen neben den Komponisten auch die großen organisierten Gruppen ein:

- die *HJ* durch Musiklager
- den *NSD-Studentenbund* ebenfalls durch ein Musiklager
- die *Arbeiterschaft* durch Werkkonzerte der NS-Gemeinschaft „Kraft durch Freude“ der Deutschen Arbeitsfront
- den *Reichsarbeitsdienst* und die *Wehrmacht* durch Platzkonzerte
- die *Gemeinden* durch eine Kulturtagung des Deutschen Gemeindetages
- die *Ausführenden* durch eine Tagung *„Singen und Sprechen“*
- die *Laienmusiker* durch zwei Männerchorkonzerte
- die *Veranstalter* durch eine Tagung des Amtes für Konzertwesen
- die *Forschung* durch einen Kongreß der *Deutschen Gesellschaft für Musikwissenschaft.*

Es fehlten nur die *Musikerzieher,* die allerdings 1939 einbezogen werden sollten, sowie die Organisationen der Musiker – die *RMK* mit *Peter Raabe* an der Spitze war durch *Goebbels* ausgebootet worden.

Teil der Reichsmusiktage war die Ausstellung *„Entartete Musik“* in Halle 7 des Kunstpalastes. Da sie aus dem Protest gegen das Weimarer Tonkünstlerfest des ADMV hervorgegangen war, wurde sie vom dortigen Staatsrat *Dr. Hans Severus Ziegler* organisiert. Der Adolf-Bartels-Schüler ließ sich dabei von seinem Freund *Dr. Otto zur Nedden* und dem jungen Weimarer Generalmusikdirektor *Paul Sixt* beraten. Sixt war nach dem Krieg bis zu seinem Tode 1964 als Generalmusikdirektor in Detmold tätig.

MUSIK UND RASSE

Nach der Ausschaltung der politischen Opposition durch die massenhafte Inhaftierung, Folterung, Ermordung und Vertreibung von Sozialdemokraten, Kommunisten und Gewerkschaftlern gingen die Nazis immer schärfer auch gegen *Nichtarier* vor. Der Klassenkampf verwandelte sich in Rassenkampf. Die Doktrin der Überlegenheit der arischen Rasse war allerdings theoretisch schlecht abgesichert. Wie sollte man außerdem die peinliche Tatsache erklären, daß so außerordentlich viele Juden eine hohe Musikalität zeigten?

Schon 1932 hatte der Bochumer Studienrat *Richard Eichenauer* in seinem Buch *Musik und Rasse* Lösungen dieses Problems versucht. Zunehmend verwendeten deutsch-nationale Musikkritiker nun *nordisch* oder *dinarisch* als lobende Adjektive, ohne allerdings musikalische Kriterien für diese Bewertung erkennen zu lassen. Der in der Reichsjugendführung tätige Musikpädagoge *Guido Waldmann* klagte im Jahre 1937, daß sich nur beschämend wenig seriöse Beiträge mit dem so grundlegenden Thema *Musik und Rasse* beschäftigten. Dies liege daran, *„daß viele Vertreter der Geisteswissenschaften heute noch rassisches Denken als inhaltslose Phrase betrachten."*

Goebbels, der ebenfalls diese Zurückhaltung der Wissenschaft gegenüber der für die NS-Politik grundlegenden Blut- und Rassenlehre bemerkt hatte, regte deshalb die *Deutsche Gesellschaft für Musikwissenschaft* an, parallel zu den Reichsmusiktagen einen Kongreß durchzuführen. Das Thema *Musik und Rasse* sollte dabei eine zentrale Rolle spielen. Diese Tagung fand statt, wobei überraschend viele prominente Musikforscher das vom Propagandaminister vorgegebene Thema aufgriffen.

Wissenschaft im Staatsauftrag

Bei der Düsseldorfer Tagung, der ersten musikwissenschaftlichen Tagung überhaupt im Dritten Reich, konnten sich Forscher für ihre Hochschullaufbahn profilieren. Ohnehin hatten die jüdischen Kollegen, darunter *Willi Apel, Erwin Bodky, Manfred Bukofzer, Herbert Connor, Alfred Einstein, Otto Johannes Gombosi, Peter Gradenwitz, Max Graf, Ludwig Landshoff, Hugo Leichtentritt* und die Musikethnologen *Hornbostel* und *Curt Sachs,* mittlerweile ihre Positionen aufgegeben und waren ausgewandert. Man begann nun bei Komponisten und in ihren Werken nach *arteigenen* und *artfremden* Rassenmerkmalen zu suchen.

Rudolf Gerber etwa beschrieb *Johannes Brahms* als einen *fälischen, bäuerlich-wuchtigen Verharrungsmenschen* mit nordischen Charakter- und Wesenszügen, wobei er sich auf das Buch *Rasse und Seele* von *Ludwig Ferdinand Clauß* stützte. Den gegen Brahms zuweilen erhobenen Vorwurf des Akademismus, der Bürgerlichkeit oder gar des Pessimismus wehrte er mit dem Hinweis auf die *gesunden Urkräfte* ab, *„die vornehmlich aus seiner bäuerlichen Erbmasse herzuleiten sind."*

Josef Müller-Blattau feierte den Durchbruch der Deutschen zum singenden Volk, wobei er besonders das *Horst-Wessel-Lied* hervorhob. Schon sein Lehrer, der Freiburger Ordinarius *Wilibald Gurlitt,* hatte sich 1933 öffentlich zur *Erhebung* des *Volkskanzlers* Hitler bekannt. In Freiburg wurde Müller-Blattau ab 1937 selbst Professor. Nach dem Krieg wirkte er in gleicher Funktion an der Universität Saarbrücken.

Auch *Heinrich Besseler,* Mitglied der NSDAP, hatte keine prinzipiellen Differenzen mit dem Staat. In einer Rede auf den Erfurter Musiktagen der HJ hatte er gefordert, daß *die Musikpflege der Universität vom Geist des neuen HJ-Liedes durchdrungen* werden müsse. 1948 wurde er als Ordinarius nach Jena, 1956 nach Leipzig berufen.

Hans Joachim Therstappen (1905-1950) widmete sich nur wenige Monate nach dem Einmarsch in Österreich der *Musik im großdeutschen Raum.* 1939 konnte er sich in Hamburg habilitieren, wurde aber bereits 1940 zum Kriegsdienst eingezogen. An den Kriegsfolgen ist er im Alter von 45 Jahren gestorben.

Walther Vetter zeigte bei der Düsseldorfer Tagung deutsche und volkhafte Elemente in Mozarts Opern auf. Gerade nach dem *Anschluß* Österreichs und nachdem die jüdische Herkunft des Librettisten *da Ponte* entdeckt worden war, bedeutete dies eine dankbare Aufgabe. *Walther Vetter* wurde befördert. 1941 wurde er zum planmäßigen außerordentlichen Professor und Direktor des musikwissenschaftlichen Instituts an der Universität Posen ernannt. Nach 1945 setzte er als einer der wichtigsten Repräsentanten der deutschen Musikwissenschaft in der DDR ungehindert seine Laufbahn fort.

Der Kölner Ordinarius *Ernst Bücken* (1884-1949), Herausgeber u.a. des *Handbuchs der Musikwissenschaft* und eines *Handbuchs der Musikerziehung,* konnte in Düsseldorf auf Vorarbeiten zurückgreifen. Schon 1934 hatte er sich in seinem Aufsatz *Aufbruch der Musikwissenschaft* zum Darwinismus in der Musikforschung bekannt: *„Es ist aber an der Zeit, daß das geschichtliche Urgesetz vom Kampf als dem Bildungsgesetz aller Dinge auch im Reich der Kunst und hier für den Werdegang der Tonformen zur Geltung gebracht werden kann. Nur so werden wir den deutschen Musikformen ganz gerecht werden können, die sich ... im schwersten Ringen unserer völkisch-rassischen Kräfte mit andern nationalen Mächten gebildet haben."* Direkt auf das Parteiprogramm der NSDAP berief sich *Ernst Kirsch,* der seinen Düsseldorfer Vortrag mit einem Bekenntnis zu Hitler begann. Er forderte von der Musikwissenschaft die *„Erweckung des völkischen Selbstbewußtseins"* und eine klare Stellung zur Judenfrage. *„Kein Jude . . . kann Volksgenosse sein."*

Sand ins Getriebe

Im Jahre 1938 konnte sich kein deutscher Musikforscher der Illusion hingeben, er betreibe Wissenschaft nur um der Wissenschaft willen. Die Vertreibung der rassisch und politisch Mißliebigen und die Ausschaltung so prominenter Künstler wie *Strauss* und *Furtwängler* aus der Reichsmusikkammer mußte hellhörig machen. Es durfte keinen Zweifel geben, daß eine Tagung mit dem zentralen Thema *Musik und Rasse,* die der Reichspropaganda-Minister parallel zur Ausstellung *Entartete Musik* einberief, zur Legitimierung der Verfolgungsmaßnahmen benutzt werden würde.

Leider scheinen die deutschen Musikwissenschaftler in ihrer übergroßen Mehrheit die Diffamierungen und Aufführungsverbote für die *Entarteten* toleriert oder sogar unterstützt zu haben. Deutliche Proteste in der Öffentlichkeit hat es nicht gegeben, wären wohl auch nicht möglich gewesen. Es gab jedoch subtilere Formen des Einspruchs. So erinnerte *Hans Joachim Moser* 1935 in seinem *Musiklexikon* an die Bewunderung von *Schumann* und *Brahms* für *Mendelssohn.* Hochachtung verdient auch der Kieler Ordinarius *Friedrich Blume,* der in seinem Düsseldorfer Hauptreferat *Musik und Rasse* die gesamte bisherige musikalische Rassenforschung in Frage stellte.

Nachdem er einleitend ganz im Sinne der Nazis das *rassische Erlebnis* von Musik gefordert hatte, setzte er dann die Wissenschaft von diesem bloß intuitiven Zugang ab. Der Wissenschaftler habe die geschichtliche Veränderung des Hörens zu berücksichtigen. Die beliebte Zuordnung von Germanentum und Tonalität habe deshalb keine *ewige* Gültigkeit - eine bittere Pille für die Propagandisten des *Tausendjährigen Reichs.*

Ebenso eindeutig bezeichnete er die Forderung nach Rassenreinheit als unrealistisch: *„Alle uns bekannte und faßbare Musik ist auf dem Boden von Volkstümern erwachsen und somit rassisch gemischt."* Auf diese Weise versuchte *Blume,* mit List und wissenschaftlicher Sorgfalt, den übereifrigen Säuberern vom Schlage eines *Ziegler* die Arbeit zu erschweren. Er schüttete Sand ins Getriebe. Berufliche Nachteile sind ihm, dem späteren Herausgeber des grundlegenden Lexikons *Musik in Geschichte und Gegenwart* (MGG), daraus nicht erwachsen.

DIE DIFFAMIERTEN

Da es keine ernstzunehmenden wissenschaftlichen Gutachten über *Entartung* in der Musik gab, mußte intuitiv gewertet und selektiert werden. Das *gesunde Volksempfinden* trat in Aktion, wobei Differenzierung nicht gefragt war. Unter dem unscharfen Sammelbegriff *Kulturbolschewismus* faßten die Nazis sowohl ihre politischen wie auch ihre rassischen Feinde, die Juden, zusammen. Als *kulturbolschewistisch* galt schließlich alle Musik, die nicht heilige Andacht, sondern eine kritische Wirkung ausstrahlte. Da kritisches Denken für den NS-Staat eine Gefahr darstellte, verurteilte man ebenso den Jazz wie Schönbergs Zwölftonkompositionen, ebenso Brecht/Weills *Dreigroschenoper* wie den erotisierenden Klangzauber der *Schreker-Opern* oder die Aggressivität der Arbeiterchöre Hanns Eislers als *zersetzend.*

Zwischen den genannten Künstlern gab es sonst nur wenig Gemeinsamkeiten. Als politisch Konservativer war *Schönberg* entsetzt über die marxistische Überzeugung seines Schülers *Eisler.* Schönbergs Musik war weder umstürzlerisch noch typisch jüdisch. Wegen ihrer reichen Polyphonie hätte sie sogar als ausgesprochen *nordisch* gelten müssen. Sie richtete sich allerdings, wie auch die Musik Eislers, an einen aufmerksamen Hörer.

Vom Kenner wurde sie bewundert, vom breiten Publikum dagegen abgelehnt - auch von der Mehrheit der Juden. So schrieb der jüdische Kritiker *Ludwig Misch* im Jahre 1934: *„Das einstige Problem Arnold Schönberg, das die Musikwelt ein halbes Menschenalter hindurch beschäftigt und rund anderthalb Jahrzehnte in heftigste Erregung versetzt hat, bedeutet uns kein musikalisches Problem mehr. Der Kampf um Schönberg ist entschieden, gegen ihn entschieden."*

Als *Kulturbolschewisten* wurden auch Nichtjuden diffamiert. So warf man *Paul Hindemith* seine frühere Zusammenarbeit mit *Brecht* und *Weill,* seine *„nichtarische Versippung"* sowie sein gemeinsames Auftreten mit den jüdischen Musikern *Szymon Goldberg* und *Emanuel Feuermann* vor. Bereits im April 1933 teilte ihm sein Verlag mit, die Hälfte seiner früheren Werke sei als *kulturbolschewistisch* verboten. Nachdem die von *Furtwängler* geleitete Uraufführung seiner *Mathis-Symphonie* am 12. März 1934 mit den *Berliner Philharmonikern* große Begeisterung ausgelöst und der Dirigent sich auch in einem Zeitungsartikel öffentlich zu dem umstrittenen Komponisten bekannt hatte, griff *Goebbels* ein. Er entließ am 5. Dezember 1934 Furtwängler aus seinen Ämtern als Chef des Berliner Philharmonischen Orchesters, als RMK-Vizepräsident und als Direktor der Staatsoper. In seiner Rede zur *Jahreskundgebung der Reichskulturkammer* am 7. Dezember 1934 im Berliner Sportpalast diffamierte er Hindemith als *atonalen Geräuschemacher.* Dabei war ihm allerhöchste Zustimmung sicher: *Hitler* haßte den Komponisten, seit er einmal die Badewannen-Arie aus dessen Oper *„Neues vom Tage"* erlebt hatte. Diese eigentlich harmlose Szene widersprach seiner *heiligen* Kunst-Auffassung.

Trotz Solidaritätsbekundungen seiner Studenten und Freunde, darunter auch der Komponist *Harald Genzmer,* fühlte sich *Hindemith* gefährdet. Noch im Frühjahr 1935 ließ er sich von seiner Tätigkeit an der Berliner Musikhochschule beurlauben, um in der Türkei das Musikleben zu organisieren. Nachdem er keine Möglichkeit sah, in Deutschland noch aufgeführt zu werden, reichte er am 22. März 1937 bei der Berliner Hochschule sein Kündigungsschreiben ein. Alle Versuche seines Verlages, die Oper *Mathis der Maler* in Berlin oder Frankfurt herauszubringen, waren gescheitert. Am 28. Mai 1938 - parallel zu den Reichsmusiktagen! - fand in Zürich die triumphale Uraufführung statt. Wenige Monate später, am 16. August, löste Hindemith seine Berliner Wohnung auf.

Einzelschicksale

Artur Schnabel

Der internationale gefeierte Pianist und Hochschullehrer *Artur Schnabel* (1882-1951) spielte noch in den Monaten Januar bis April 1933 in der Berliner Philharmonie in einem Zyklus von 7 Konzerten sämtliche Klaviersonaten von Beethoven. Überraschend wurden die drei letzten Konzerte ohne Rücksprache nicht mehr im Rundfunk übertragen. Nachdem inzwischen nach einer Intervention des Geigers *Gustav Havemann* vom *Kampfbund für deutsche Kultur* auch seine Teilnahme am Hamburger Brahms-Festival abgesagt worden war, verließ *Schnabel* am Tag nach seinem letzten Beethoven-Konzert Berlin. In diese Stadt, wo er seit 1898 ununterbrochen gelebt hatte, kehrte er nie wieder zurück.

Carl Flesch

Der große Geiger lehnte die Emigration 1933 zunächst ab. Gestützt auf sein internationales Renommée und auf *Furtwängler* konnte er auch als *Nichtarier* bis September 1934 seine Professur an der Berliner Musikhochschule beibehalten. Dann aber floh er mit seiner Frau in die Niederlande, wo er allerdings 1940 in die Hände der Hitler-Armee fiel. Er besaß einen Vertrag mit dem *Curtis Institute of Music* in Philadelphia sowie ein Einreisevisum in die USA; der Reichskommissar für die besetzten Gebiete verweigerte ihm jedoch die Ausreise. Im September 1942 wurden beide Fleschs verhaftet und in das Gefängnis Scheveningen eingeliefert.

Vor ihrem Abtransport in ein Konzentrationslager rettete nur eine Kopie von Furtwänglers Empfehlungsschreiben, die bei *Flesch* gefunden wurde. Über Ungarn konnte er in die Schweiz fliehen. Andere jüdische Musiker dagegen, die in Holland Zuflucht gefunden hatten, so der Dirigent *Dr. Kurt Singer* und der Pianist und Musikwissenschaftler *Dr. James Simon,* konnten sich nicht retten. Sie wurden zur Vernichtung nach Auschwitz gebracht.

Über *Carl Flesch,* einen der hervorragendsten Interpreten der klassischen Violinliteratur, stand im *Lexikon der Juden in Musik* der bemerkenswerte Satz:

„Er gehörte zu jener Kategorie von Juden, die es darauf abgesehen hat, dem Deutschen den Minderwertigkeitskomplex einzuimpfen, um ihn damit ihren Absichten gefügiger zu machem.“

Arnold Schönberg

Arnold Schönberg (1874-1951), der schon 1898 zum evangelischen Glauben übergetreten war, fühlte sich mit Leib und Seele als Deutscher. Durch die Erfindung der Methode der Zwölftonkomposition glaubte er, die Weltherrschaft der deutschen Musik für die nächsten Jahrzehnte gesichert zu haben. Als am 1. März 1933 in der *Preußischen Akademie der Künste,* deren Mitglied er war, die Judenfrage angesprochen wurde, erklärte *Schönberg* zur allgemeinen Verwunderung, *„er hätte durchaus Verständnis dafür, daß ein christliches Volk sich selbst ohne fremde Einmischung regieren wolle.“* Er könne sogar verstehen, wenn die jüdischen Akademie-Mitglieder in Zukunft nicht mehr als ordentliche Mitglieder geführt würden. (Ähnlich deutsch-national äußerte sich damals der ebenfalls in Berlin lebende jüdische Geiger *Fritz Kreisler.)*

Dennoch war *Schönberg* entsetzt, als die Akademie ihm noch im gleichen Jahr mit sofortiger Wirkung kündigte und trotz einer Intervention Furtwänglers die Honorarzahlungen einstellte. In Paris kehrte er daraufhin offiziell zum mosaischen Glauben zurück und übersiedelte noch 1933 in die USA, wo er bis zu seinem Tod immer am Rande des Existenzminimums lebte.

Ernst Toch

Ernst Toch (1887-1964), in den zwanziger Jahren einer der meistaufgeführten Komponisten zeitgenössischer Musik, emigrierte 1933 über Paris nach London und ging dann 1934 in die USA. Hier ernährte er sich durch Filmkompositionen, war aber sonst isoliert und wenig produktiv. Nie wieder erreichte er die Bekanntheit der Jahre vor 1933. Die Emigration hatte seine Laufbahn als Komponist nahezu beendet.

Ernst Mehlich

Der aus einer Berliner Freidenker-Familie stammende Dirigent und Komponist *Ernst Mehlich* (1888-1977) wurde 1904 von *Cosima Wagner* zum Bayreuth-Stipendiaten vorgeschlagen. Nach Kapellmeisterjahren in Breslau wurde er 1927 zum Generalmusikdirektor in Baden-Baden berufen. Hier dirigierte er u.a. die Uraufführung von Brecht/Weills *Mahagonny*-Songspiel.

Nachdem bei der Bücherverbrennung am 10. Mai 1933 ein großer Teil seiner Werke vernichtet worden war, wanderte er im Dezember 1933 nach Brasilien aus. Jedoch schon bei seinem ersten Konzert im Januar 1934 in São Paulo wurden ihm Schwierigkeiten gemacht: seine Partitur *verschwand,* so daß er auswendig dirigieren mußte. Aus der *Sociedad Philharmonica de São Paulo,* die er mit Hilfe von Mäzenen gegründet hatte, wurde er 1940 aus politischen Gründen entlassen; der Anlaß war seine neue Übersetzung zu Beethovens 9. Symphonie. Danach arbeitete *Mehlich* vor allem als Übersetzer. Er übertrug Mozarts *Figaro,* Wagners *Meistersinger* und *Holländer, Mahlers 4. Symphonie* sowie Oratorien von *Händel, Haydn* und *Bach* ins Portugiesische.

Wenige Wochen vor seinem Tod konnte er 1977 nach fast fünfzigjähriger Abwesenheit noch einmal in Baden-Baden dirigieren.

Karel Ančerl

Der tschechische Dirigent *Karel Ančerl* (1908-1973) hatte sich schon früh für neue Musik eingesetzt. Bei der Münchner Uraufführung der Viertelton-Oper *Die Mutter* von *Alois Haba* wirkte er als Assistent von *Hermann Scherchen.* Er nahm auch an Scherchens Dirigierkurs 1933 in Straßburg teil und war anschließend als Dirigent bei den Musikfesten der IGNM in Amsterdam (1933), Prag (1935), Barcelona (1936) und Paris (1937) sowie beim Theater und Rundfunk in Prag tätig. 1937 brachte er die zwölftönigen Kammerkantaten von *Eisler* in Prag zur Uraufführung. Nach der Besetzung der Tschechoslowakei verschleppten ihn die Nazis in ein Konzentrationslager. Als einziges Mitglied seiner Familie überlebte er.

Nach dem Krieg war Ančerl von 1950 bis zum Einmarsch der Warschauer Pakt-Truppen im Jahre 1968 Chef der Tschechischen Philharmonie. Danach verließ er seine Heimat und trat als Nachfolger Ozawas die Leitung des *Toronto Symphony Orchestra* an.

Leon Jessel

Der bekannte Operettenkomponist *(Schwarzwaldmädel)* starb 1942 in Berlin, nachdem die Gestapo den 71jährigen inhaftiert hatte.

Leo Kestenberg

Der Pianist und Musikpädagoge *Leo Kestenberg* (1882-1962) war als Musikreferent im Preussischen Ministerium für Wissenschaft, Kunst und Volksbildung in den Jahren 1918 bis 1932 für zahlreiche Reformen des deutschen Musiklebens verantwortlich. Erst seit der *Kestenberg-Reform* sind Musiklehrer gleichrangig mit Lehrern anderer Fächer. Deutsch-Nationale hatten *Kestenberg* schon früh angegriffen, weil er Kriegslieder aus dem Schulunterricht ausschloß. 1932 entließ ihn *Franz v. Papen* aus seinem Regierungsamt. 1933 emigrierte *Kestenberg* in die Tschechoslowakei, wo er ein Jahr später mit Unterstützung der dortigen Regierung die *Internationale Gesellschaft für Musikerziehung* gründete. Wegen des Einmarschs der Hitler-Truppen mußte er 1938 Prag verlassen.

Auf Anregung von *Bronislaw Huberman* wurde er zum Intendanten des neuen *Palästina Symphonie-Orchesters* berufen. Als Gründer des *Musiklehrer-College* und der *Musikakademie Tel Aviv* sowie als Präsident des Musikrats im Ministerium für Erziehung und Kultur gehörte *Kestenberg* zu den wichtigsten Persönlichkeiten beim Aufbau des israelischen Musiklebens.

Die Verfolgungs- und Emigrationswelle des Jahres 1938

Stufe für Stufe wurden gegen die Diffamierten Aufführungsverbote verhängt und ihre Arbeits- und Lebensbedingungen eingeengt. Das *Gesetz über die Wiederherstellung des Berufsbeamtentums* (April 1933) schloß Nichtarier vom Staatsdienst aus. Nach den *Nürnberger Gesetzen* (1935) brachte vor allem das Jahr 1938 eine Zunahme der Verfolgung. Am 31. Mai wurde das *Gesetz über die Einziehung von Erzeugnissen entarteter Kunst* verkündet, das Beschlagnahmung von Vermögen vorsah. Am 1. September 1938 enthielten die *Amtlichen Mitteilungen der Reichsmusikkammer* erstmals eine Liste mit unerwünschter Musik. Die gleiche Funktion besaßen diverse Lexika zum Thema *Juden in der Musik.*

In seiner Kulturrede auf dem Reichsparteitag 1938 forderte *Hitler,* auch auf dem Gebiet der Musik *„die allgemeinen Gesetze für die Entwicklung und Führung unseres nationalen Lebens ... zur Anwendung zu bringen.“* Wenige Tage nach den Judenpogromen der *Reichskristallnacht* untersagte *Goebbels* am 12. November 1938 den Juden sogar den Zutritt zu öffentlichen Veranstaltungen mit deutscher Kultur.

Nachdem so bekannte Musiker wie *Artur Schnabel, Otto Klemperer, Hermann Scherchen* und *Arnold Schönberg* schon 1933 Deutschland verlassen hatten, setzte nun eine größere Auswanderungswelle ein, auch aus Wien, wo ebenfalls *Säuberungen* begonnen hatten. Bald darauf gab es für Verfolgte in Europa fast keinen sicheren Ort mehr.

Zu den Auswanderern des Jahres 1938 gehörten der Operettenkomponist *Paul Abraham* („Ball im Savoy“), *Ralph Benatzky* („Das Weiße Rößl“), der Dirigent *Leo Blech,* der Komponist *Max Brand,* der Texter *Robert Gilbert* („Zwei Herzen im Dreiviertel-Takt“), der Dirigent *Manfred Gurlitt* und sein Kollege *Jascha Horenstein* (1928-1933 musikalischer Oberleiter in Düsseldorf), die Komponisten *Robert Kahn* (schon 1937) und *Ernst Krenek* („Johnny spielt auf“), der Musikstudent *Andre Previn* (1939), der Dirigent *Karl Rankl,* der Musikwissenschaftler *Hans Ferdinand Redlich* (1936), die Operetten-Komponisten *Robert Stolz* und *Oscar Straus,* sowie die Dirigenten *George Szell* (1939), *Bruno Walter* und *Alexander Zemlinsky.*

Dennoch gelang nur einem Bruchteil der Verfolgten die Flucht. 278.500 Juden konnten aus Deutschland fliehen. Insgesamt 11 Millionen Menschen, darunter viele Nicht-Juden, wurden jedoch in den Konzentrationslagern, Vernichtungslagern und Zuchthäusern der Nazis ermordet. Zu ihnen gehörte der Komponist *Viktor Ullmann,* der wohl wichtigste tschechische Schönbergschüler, und die Operettenkomponisten *Leon Jessel* („Schwarzwaldmädel“) und *Richard Fall* („Was machst du mit dem Knie, lieber Hans“). Der Transport in die Gaskammer war die letzte Konsequenz der bei den Reichsmusiktagen beschworenen Reinigung der deutschen Musik von *artfremden Elementen.*

DEUTSCHE MUSIK DAS NAZI-IDEAL

Der NS-Staat überließ die Musik nicht sich selbst, sondern nahm sie in seinen Dienst. Ihre Funktion war es, den *Volksgenossen* in seinem tiefsten Inneren, das Argumenten sonst schwer zugänglich war, zu ergreifen und mitzureißen. Auf dem Wege der Suggestion sollten Zweifel durch gläubige Zustimmung ersetzt werden. *Hitler* hatte die Kunst als eine *„erhabene und zum Fanatismus verpflichtende Mission“* definiert. Diese Ergriffenheit gegenüber den *ewigen Meistern* der *heiligen* Kunst, die er und auch *Goebbels* immer wieder zur Schau stellten, erwarteten sie von allen Deutschen, ja bewerteten sie geradezu als Beweis für Tiefe, die anderen Völkern, vor allem den Juden, fehle. Dieselbe Ergriffenheit erwarteten sich die NS-Führer von ihren Zuhörern. Das Musikhören war so das Modell für politisches Verhalten im *Tausendjährigen Reich.*

Von der Jugendmusikbewegung, die sie in die Hitler-Jugend überführten, übernahmen die Nazis das Gemeinschaftsideal. Bei Musik fielen die Klassenschranken zwischen Arbeiter und Arbeitgeber, wurden *alle Menschen Brüder.* Beethovens 9. Symphonie bildete deshalb - zusammen mit der obligatorischen Goebbels-Rede - den krönenden Abschluß der Reichsmusiktage. Gegen die ursprüngliche Absicht des Komponisten wurde sie als klingender Ausdruck einer *Volksgemeinschaft* mißbraucht, in der *Nichtarier* keinen Platz mehr hatten.

Da die *deutsche Musik* wie auch die NS-Ideologie mit ihren Fahnen und sonstigen Symbolen die Funktion einer Ersatz-Religion übernahm, mußte die Kirchenmusik wie auch die Kirche selbst zurückgedrängt werden. Die Orgel, die man wegen ihrer ehrfurchtgebietenden Klangpracht schätzte, wurde in NS-Rituale integriert. Der totalitäre Staat duldete keine nichtstaatlichen Freiräume. Auch noch die Hausmusik wurde zu einer *Angelegenheit der Bewegung* erklärt. *„Die Hausmusik ist nach ihrem Inhalt und nach der Art der angewandten Mittel wohl etwas anderes als die Musik der marschierenden Kolonnen; aber Wesen und Sinn der Sache ist in beiden Fällen gleich.“ (Prof. Karl Blessinger).*

Dies war der eigentliche Sinn jener *stählernen Romantik,* die *Goebbels* im November 1933 zur Eröffnung der Reichskulturkammer gefordert hatte: die *„deutsche Musik“* sollte einerseits als romantisch-geheimnisvolle Schicksalsmacht auftreten, andererseits aus diesem geistigen Bereich in die kämpferische Aktion überleiten.

Mißbrauch als eigentliche Entartung: Das Beispiel: Bruckner.

Die Jahre von 1933 bis 1945 waren gekennzeichnet durch krasse Neudeutungen klassischer Kunst. Die Werke von *Bach, Buxtehude* und *Schütz* wurden als *nordisch,* die *Opern Mozarts* als *völkisch* verstanden (trotz des jüdischen Librettisten *da Ponte*). In *Beethovens 5. Symphonie* sah der Musikwissenschaftler *Arnold Schering* gar den Lebensweg des *Führers* vorgezeichnet. Alle diese Deutungen dienten der Rechtfertigung der NS-Politik. Dieser Mißbrauch der Kunst, die Vorbereitung von Politik durch Propaganda, läßt sich kaum plastischer belegen als am Beispiel Anton Bruckners.

Hitler verband mit *Bruckner,* der wie er selbst aus Oberösterreich stammte, nicht nur heimatliche Gefühle. Wie der angehende Kunstmaler Hitler, der an der Wiener Kunstakademie zweimal vergeblich die Aufnahmeprüfung versuchte, wurde auch der Provinzler *Bruckner* in der Metropole zunächst abgelehnt. Da vor allem der bedeutende Kritiker *Eduard Hanslick* ihm Widerstand entgegengebracht hatte, galt der Komponist im NS-Schrifttum als Opfer jüdischer Kreise. Verschwiegen wurde, daß andere Juden, so der Dirigent *Siegfried Ochs,* zu Bruckners größten Förderern gehörten.

Auf Hitlers persönlichen Wunsch und in seiner Anwesenheit wurde am 6. Juni 1937 in der *Walhalla* bei Regensburg, die *König Ludwig I. von Bayern* als *Ruhmestempel der Deutschen* hatte erbauen lassen, als einzige Büste der NS-Zeit eine Bruckner-Büste aufgestellt. In einer Rede in der Walhalla wehrte Propagandaminister *Goebbels* religiöse Deutungen der Bruckner-Musik ab, beanspruchte den österreichischen Komponisten aber stattdessen als Sinnbild der geistigen und seelischen Schicksalsgemeinschaft des gesamten deutschen Volkes.

Seine Worte waren geradezu prophetisch gewählt. Schon wenige Monate später, im März 1938, marschierten deutsche Truppen in Österreich ein. Damit wurde die seelische Schicksalsgemeinschaft auch materiell verwirklicht. Von der sofort einsetzenden *Säuberung* waren u. a. die Dirigenten *Bruno Walter, Josef Krips* und *Alexander Zemlinsky* sowie der Musikforscher *Guido Adler* betroffen. Bei den Reichsmusiktagen 1939 in Düsseldorf konnte *Goebbels* schon stolz von der *„Ausmerzung der Juden aus der ehemaligen (!) österreichischen Musik"* berichten. Er meldete: *„Gluck, Haydn, Mozart und Bruckner gehören jetzt auch rein äußerlich zu uns."* Im Juli 1939 fand in Wien das *Erste Großdeutsche Brucknerfest* statt. Die bisher existierende Internationale Bruckner-Gesellschaft war mittlerweile durch eine *Deutsche Bruckner-Gesellschaft* (Vorsitzender: *W. Furtwängler*) ersetzt worden.

Auch die Rüstungsarbeiter der in Linz angesiedelten Hermann Göring-Werke erhielten moralische Unterstützung durch Bruckner-Symphonien. Noch 1943 wurde in Linz ein *Reichs-Bruckner-Orchester* und ein *Reichs-Bruckner-Chor* (Leitung: *Günther Ramin*) gegründet.

Die musikalische Volksgemeinschaft – im Gleichschritt marsch

Erklärte Funktion der *Düsseldorfer Reichsmusiktage von 1938* war die Verwirklichung der deutschen musikalischen Volksgemeinschaft. Entlarvend wirkte jedoch das Goebbels-Wort von einer *Heerschau* der deutschen Musikkultur. Nicht nur die Partei forderte Vereinheitlichung, sondern auch das Militär. Der ideologischen Kriegsvorbereitung dienten in Düsseldorf nicht nur die Militärmusik-Platzkonzerte. Bei der Eröffnung des Musiklagers des NSD-Studentenbundes am 23. Mai verlangte der Musikreferent der Reichsstudentenführung von jedem Musikstudenten *politisches Soldatentum.*

Die Oper *Simplicius Simplicissimus* von *Ludwig Maurick,* die am gleichen Tag zur Uraufführung kam, machte die Titelfigur zum Soldaten. Beim Musikschulungslager der Reichsjugendführung wurde gemeinsam ein Lied gesungen, in dessen Refrain es hieß: *„Fort mit jedem schwachen Knecht, nur wer stürmt hat Lebensrecht."*

Sogar die Tagung mit dem unverdächtigen Titel „Singen und Sprechen" diente militärischen Zielen. Der Referent Professor Carl Clewing pries aus aktuellem Anlaß eine deutsche Hochsprache im Großdeutschen Reich: *„Es gilt durch Reinheit zur Einheit zu gelangen. (...) Wichtig ist in unserem Großdeutschen Reiche aber auch der Gebrauch unserer Muttersprache in den militanten Verbänden: in der Wehrmacht, in der SS und SA, Polizei und HJ. Man unterschätze nicht die Wichtigkeit einer einwandfreien Kommandosprache."*

Der vielseitige Professor war gleichzeitig SS-Truppführer und Musikbeauftragter seines Kriegskameraden *Hermann Göring.* In dieser Eigenschaft gab er 1940 ein *Liederbuch der Luftwaffe* heraus, das markige Kompositionen von *Hermann Heiß, Ernst Lothar von Knorr, Hans Felix Husadel, Alexander Ecklebe* und von ihm selbst enthielt.

REAKTIONEN

Die Reichsmusiktage 1938 im Spiegel der Presse

Als erst relativ spät, am 19. April 1938, die deutsche Öffentlichkeit zum ersten Mal von den *Düsseldorfer Reichsmusiktagen* erfuhr, stand diese Nachricht ganz im Schatten der österreichischen Ereignisse. Das endgültige Programm wurde am 18. April in Düsseldorf in einem Gespräch zwischen *Goebbels'* Musikreferenten *Drewes* und dem Düsseldorfer GMD *Hugo Balzer* festgelegt. Erst wenige Tage zuvor hatte eine aus *Wilhelm Furtwängler,* Generalintendant *Tietjen* und Professor *Heinz Tiessen* bestehende Kommission eine Auswahl der neuen Kompositionen getroffen. In einem Pressegespräch kündigten *Drewes* und *Balzer* am 18. März nicht nur die Goebbels-Rede, sondern auch die Ausstellung *Entartete Musik* an. Sie würde *„eine notwendige Klärung einleiten".* Am Abschluß stünde Beethovens 9. Symphonie, gespielt von den Berliner Philharmonikern, wobei die *Rheinisch-Westfälische Zeitung Wilhelm Furtwängler* als Dirigenten ankündigte.

Von dieser Falschmeldung war später nichts mehr zu hören. *Furtwängler* kam nicht. In einem Tagebuch-Eintrag klagte er, *„daß sich heute der Organisator an Stelle des Künstlers setzt. Der Organisator, der in der Kunst wirklich nur die Funktion der Polizei im höheren Sinne zu erfüllen hat. Jene Begabungen, bei denen das Organisatorische im Vordergrunde, das Künstlerische als eine mehr oder minder bescheidene Beigabe zu betrachten ist, treten hervor. Benda, Drewes, Tietjen. Sie regieren die Kunstwelt heute."* (Zitiert nach Fred Prieberg, Kraftprobe S. 356)

Größere Aufmerksamkeit als *Richard Strauss,* der seine Oper *Arabella* dirigierte, erhielt *Goebbels,* der erst am Schlußtag der Reichsmusiktage eintraf, um seine angekündigte Rede zu halten.

Die Goebbels-Rede wurde in allen größeren Zeitungen nachgedruckt. Ohnehin hatten sich seit dem Verbot die Musikkritiker in bloße Musikreferenten verwandelt – auch der frühere *Melos*-Kritiker *Heinrich Strobel,* der in seinem zusammenfassenden Bericht für das *Berliner Tageblatt* die Goebbels-Rede ohne Einspruch referiert.

Versteckte Kritik ist dagegen einem Artikel der *Volksparole* vom 19. 7. 1938 zu entnehmen. Mit Blick auf die *Düsseldorfer Konzertsaison 1938/39* wird die auffällige Zurückhaltung gegenüber neuer Musik beklagt und auch der Hinweis auf die zahlreichen Uraufführungen bei den Reichsmusiktagen nicht akzeptiert. Die Sinfoniekonzerte der Reichsmusiktage hätten sich doch *weitgehend unter Ausschluß gerade der Düsseldorfer Bevölkerung vollzogen.* Trotz der Ausschaltung der *Entarteten* konnte also von einer musikalischen Volksgemeinschaft noch immer nicht die Rede sein.

Die Ausstellung „Entartete Musik" – ein propagandistischer Mißerfolg

Die Eröffnung der Ausstellung, bei der Staatsrat *Dr. Hans Severus Ziegler* seine *Abrechnung* mit der *Entarteten Musik* verkündete, fand am 24. Mai vor kulturpolitischer Prominenz statt. Neben dem Goebbels-Mitarbeiter *Dr. Drewes* waren auch Reichshauptstellenleiter *Dr. Herbert Gerigk* als Vertreter von Reichsleiter *Rosenberg* sowie der Düsseldorfer Oberbürgermeister *Dr. Otto* erschienen. Dagegen fehlte außer *Paul Graener, Elly Ney* und *Ludwig Hoelscher* die Musikprominenz. *Ziegler* hatte in seiner Einführung selbst zugegeben, daß die Ausstellung *„vielleicht auch mit mehr oder weniger gemischten Gefühlen erwartet"* wurde.

Es fehlte beispielsweise *Richard Strauss.* Wenige Wochen danach reiste er nach Weimar und bat die beiden für die Ausstellung verantwortlichen Herren *Ziegler* und *Sixt* in sein Hotel. In einem Brief an den Musikhistoriker *Fred Prieberg* vom Jahre 1965 stellte *Ziegler* dieses Gespräch mit dem ehemaligen Präsidenten der Reichsmusikkammer so dar: *Er „meinte, wir hätten in der Düsseldorfer Ausstellung den ganzen Franz Lehar (!!) vergessen – das sei die Entartung der Operette!! – (dabei lachte er halb grimmig, halb schalkhaft), u. die vier Juden in seiner Salome, die rein atonal sängen!"*

Die Zeitungen berichteten zwar von starkem Publikumsinteresse (der begleitende Vortrag *Tonale und atonale Musik in ihren geschichtlichen und rassischen Grundlagen* des Weimarer Chefdramaturgen *Otto zur Nedden* wurde vier Mal wiederholt), jedoch war der Zustrom mit dem zur Münchner Ausstellung *Entartete Kunst* nicht vergleichbar. Bereits am 14. Juni wurde die Ausstellung vorzeitig geschlossen. Sie wanderte anschließend noch nach München und Wien sowie an den Wohnort ihrer Urheber, nach Weimar. Ohnehin war sie nur ein Zugeständnis von *Drewes* an *Ziegler* und das Amt *Rosenberg* gewesen.

Die *Werke Bela Bartóks* fehlten auf der Ausstellung, weil er einem befreundeten Staat angehörte. Der Komponist war mit dieser Sonderbehandlung nicht einverstanden. Bereits am 5. Mai hatte er zusammen mit *Zoltan Kodaly* und anderen Künstlern und Wissenschaftlern in einer Resolution gegen ungarische Rassengesetze protestiert. Den Fragebogen zu seiner Abstammung, den ihm die Reichsmusikkammer 1937 zugesandt hatte, ließ er unbeantwortet. Als er von der *Düsseldorfer Ausstellung* erfuhr, wandte er sich an das Auswärtige Amt in Berlin mit der Forderung, in den Kreis der *Entarteten* aufgenommen zu werden.

Handlanger in Paris

Der Fall Wolfgang Boetticher

An den *Düsseldorfer Reichsmusiktagen* nahm auch der 24jährige Musikwissenschaftsstudent *Wolfgang Boetticher* teil. Bei einer musikalischen Abendveranstaltung des NSDStB hielt er einen Vortrag über *Die Musikwissenschaft und die studentischen Probleme der Gegenwart.* Schon zwei Jahre zuvor hatte er beim 2. Reichsmusiklager des NSDStB nach dreitägigem Exerzieren einschließlich Flaggenappell sowie *harten* Diskussionen schließlich zur *Einigkeit* mit den Ansichten des Lagerführers *Rolf Schroth* gefunden. Es wurden *Wege gefunden, die die Arbeitsrichtungen des Fachgebiets aus den weltanschaulichen, politischen Grundforderungen geboren zeigten.*

Nach seinem Studium an der Universität Berlin promovierte *Boetticher* 1939 mit einer Arbeit über *Robert Schumann.* Im gleichen Jahr veröffentlichte er seinen Aufsatz *Zu Erkenntnis von Rasse und Volkstum in der Musik,* in dem er sich *„zu dem Glauben an eine sinnvolle Ordnung der Kunst nach den Gesetzen des Blutes, den Wurzeln unseres Seins"* bekannte. *„Nicht Zweifel, sondern neue Ideale sind unserer Zeit geschenkt worden."* Danach arbeitete *Boetticher* – so ist dem *Riemann-Musiklexikon (Mainz 1959)* zu entnehmen – bis 1943 an seiner Habilitationsschrift.

Das Lexikon verschweigt, daß *Boetticher* als Angehöriger der Dienststelle des Reichsleiters *Rosenberg* an der Erstellung des berüchtigten *Lexikon der Juden in der Musik* mitarbeitete und zumindest im Februar 1941 noch einer weiteren Tätigkeit nachgegangen ist. Im Rahmen eines *Sonderstabes Musik* half *Boetticher* im besetzten Paris fachmännisch bei der Beschlagnahmung von Instrumenten, Büchern, Schallplatten und Noten aus dem Besitz u. a. der geflüchteten Musiker *Gregor Piatigorsky* und *Wanda Landowska.*

Nach dem Krieg wurde *Boetticher* zunächst Privatdozent, dann Professor in Göttingen, ohne daß man an seiner Vergangenheit Anstoß nahm. Dies geschah erst, nachdem ihn eine amerikanische Universität im Jahre 1982 zu einer Mendelssohn-Schumann-Konferenz einlud. Es gab Proteste, die der Musikhistoriker Prof. *Dr. Christoph Wolff, Chairman des Department of Music* der renommierten *Harvard University,* in einem Zeitungsartikel einem deutschen Lesepublikum vermitteln wollte. Jedoch erst die dritte große deutsche Zeitung, der er seinen Aufsatz anbot, erklärte sich zum Abdruck bereit – ein Beleg dafür, daß die kritische Vergangenheitsbewältigung an maßgeblicher Stelle auch heute noch gefürchtet und gemieden wird.

WIDERSTAND

Da die Machthaber des NS-Staates nicht zugeben durften, daß durchaus nicht alle Deutschen mit ihrem Regime einverstanden waren, drangen nur vereinzelte Nachrichten über den antifaschistischen Widerstand an die Öffentlichkeit. Es war ein *lautloser Aufstand* – so *Günther Weisenborn* in seinem maßgeblichen *Bericht über die Widerstandsbewegung des deutschen Volkes 1933-45.* Beteiligt waren Menschen aus allen Schichten: aus den Kirchen, der bürgerlichen Opposition, dem Militärapparat, der Arbeiterschaft und dem Kreis der Intellektuellen. Auch Komponisten, Dirigenten, Instrumentalisten und Musikwissenschaftler wirkten an Aktionen gegen den Hitler-Staat mit:

- der Musikwissenschaftler *Kurt Huber,* der als Mitglied der Münchner Widerstandsgruppe *Die weiße Rose* im April 1943 zum Tode verurteilt wurde,
- der Dirigent *Leo Borchard,* der in Flugblättern das Kriegsende forderte,
- der Pianist *Helmut Roloff,* der jüdischen Bekannten bei der Emigration half und 1940 Kontakt zur Widerstandsgruppe *Rote Kapelle* fand. Ende 1942 deckte die Gestapo die bereits seit 1933 bestehende Widerstandsgruppe auf und nahm 118 Verhaftungen vor. Da man bei *Roloff* ein Funkgerät fand, wurde er in das berüchtigte Gestapo-Gefängnis in der Prinz-Albrecht-Straße gebracht. Bei den Verhören schützten ihn seine Mitgefangenen; einhellig erklärten sie, es habe sich bei den Zusammenkünften nur um gemeinsame Musikabende gehandelt. Mangels Beweisen wurde *Roloff* nach mehrmonatiger Haft freigesprochen. Nach dem Krieg setzte er sich als Pianist intensiv für die ehemals *entartete Musik* ein. 1970-78 leitete er die Berliner Musikhochschule,
- der Komponist *Karl Amadeus Hartmann,* der 1935 beim Prager IGNM-Fest seine symphonische Dichtung *Miserae* den Opfern des Konzentrationslagers Dachau widmete. Bis 1945 veröffentlichte er in Deutschland kein einziges seiner Werke. Danach wurde er einer der entscheidenden Förderer der neuen Musik,
- der Musikkritiker *Hans-Heinz Stuckenschmidt,* der vor allem in den ersten Jahren der NS-Herrschaft unbeirrt an der musikalischen Avantgarde festhielt.

Widerstand wurde sogar noch in den Konzentrationslagern geleistet. Es entstanden nicht nur solche Lieder wie *Die Moorsoldaten,* sondern auch größere Werke. Der Tscheche *Viktor Ullmann* (1898-1944) war ein Schüler von *Arnold Schönberg* und *Eduard Steuermann* und als Dirigent Assistent von *Alexander Zemlinsky.* In Prag arbeitete er für die Musikabteilung des Tschechoslowakischen Rundfunks und war Sekretär der von *Leo Kestenberg* gegründeten *Internationalen Gesellschaft für Musikerziehung.* Nach dem Einmarsch der Deutschen wurde er mit seiner Familie ins Lager Theresienstadt deportiert. Bevor er im Oktober 1944 in den Gaskammern von Auschwitz umkam, konnte er in Theresienstadt noch seine Oper *Der Tod dankt ab oder Der Kaiser von Atlantis* fertigstellen. Sie gehört zu den künstlerisch bedeutendsten Werken des antifaschistischen Widerstandes.

Von außen

Die von *Hitler* in die Flucht getriebenen Musiker wählten verschiedene Formen, um die Weltöffentlichkeit über das wahre Wesen des Faschismus aufzuklären. Besonders intensive Aktivitäten entfaltete der Schönberg-Schüler und Brecht-Mitarbeiter *Hanns Eisler,* der vor 1933 zu den wichtigsten Komponisten der Arbeiterbewegung gehört hatte. Zunächst bemühte er sich auf Vortragsreisen in die USA, bei der Internationalen Arbeitermusikolympiade 1935 in Straßburg und durch vielfältige Verhandlungen um ein organisatorisches Bündnis der Arbeitersänger. Nachdem dies gescheitert war, komponierte er Werke, die die bei den Nazis verpönte Zwölftontechnik mit *Brecht-Gedichten* verbanden. Dennoch gab er seinem umfangreichsten Werk bewußt den Titel *Deutsche Sinfonie.* Die für die Pariser Weltausstellung von 1937 geplante Uraufführung einiger Sätze wurde jedoch durch den Einspruch deutscher Regierungsstellen verhindert.

Weniger bekannt als die Widerstandsaktionen so bedeutender Musiker wie *Arturo Toscanini, Ignaz Paderewsky* und *Pablo Casals* sind die Versuche deutscher Exilkomponisten, über Kurzwellensender das Publikum in der Heimat zu erreichen. Obwohl das Abhören ausländischer Sender mit Konzentrationslager bestraft werden konnte (beim üblichen Volksempfänger fehlten ohnehin diese *überflüssigen* Frequenzen), bekam *Ernst Busch,* der über Radio Moskau antifaschistische Lieder sang, zahlreiche Zuschriften deutscher Hörer. Großes Aufsehen erregte der *Deutsche Freiheitssender 29,8,* der zwischen Januar 1937 und März 1939 von spanischem Boden aus Beiträge der Volksfront verbreitete; häufig kamen dabei prominente Emigranten zu Wort.

Im September 1938 richtete die *BBC* einen Deutschen Dienst ein, dessen Erkennungszeichen zunächst Trompetenmusik von Purcell, ab 1941 das auf einer Pauke gespielte Klopfmotiv aus Beethovens 5. Symphonie waren. Die deutschen Mitarbeiter, unter ihnen *Martin Esslin, Richard Friedenthal, Alfred Kerr, Richard Löwenthal, Erika* und *Thomas Mann, Peter de Mendelssohn, Erich Ollenhauer* und *Robert Neumann* spielten allerdings nur eine untergeordnete Rolle. Für Liedprogramme in den Jahren 1943-44 waren *Mischa Spoliansky* und *Georg Knepler* verantwortlich.

In den USA existierte ab 1942 das riesige *Office of War Information (OWI),* das im Jahre 1944 über 10.000 feste Mitarbeiter umfaßte. Zu ihnen gehörte der Emigrant *Ernst Josef Aufricht,* in Berlin einst der Produzent der *Dreigroschenoper,* der mit anderen deutschen Emigranten, unter anderem *Kurt Weill* und *Paul Dessau,* das Programm *We fight back* gestaltete, das sich an Deutschamerikaner richtete. Versuche Brechts, mit Liedkompositionen von *Theodor Adorno, Eisler, Dessau* und *Weill* von den USA aus über Kurzwelle die deutschen Soldaten an der Ostfront zu erreichen, scheiterten am Einspruch der *OWI.*

THE NEW YORK TIMES, SUNDAY, AUGUST 16, 1942.

Der Emigrant

Glückliches Frankreich, dir kommt nu das zu gute, was Deutschland an mir verloren hat. Toi — toi — toi

Hetzzeichnung aus dem Stürmer

„Entartete“ Komponisten

E: = Emigrationsland

Abraham, Paul. 1892 Apatin - 1960 Hamburg. *E: Budapest, USA.* Operetten („Ball im Savoy“), Filmmusiken

Adler, Hugo Chaim. 1896 Antwerpen - 1955 USA. *E: 1938 USA.* Jüd. Lehrstücke

Adler, Samuel Hans. 1928 Mannheim. *E: 1939 USA.* Bühnenwerke, Symphonien, Streichquartette

Adorno, Th.W., 1903 Frankfurt/M. - 1969 Schweiz. *E: 1938 USA.* Kammermusik, Vokalwerke

Alexander, Haim (= Heinz Günther). 1915 Berlin. *E: 1936 Palästina.* Kammermusik, Klavierwerke

Alwin, Karl Oskar. 1891 Königsberg - 1945 Mexiko City. *E: 1938 USA*

Arma, Paul. 1905 Budapest. *E: Frankreich.* Bartok-Schüler. Am Bauhaus. Klavierkonzert (1939), Vokalwerke

Aschaffenburg, Walter. 1927 Essen. *E: USA*

Ascher, Leo. 1880 Wien - 1942 New York. *E: 1938 USA.* Operetten („Hoheit tanzt Walzer“)

Asriel, André. 1922 Wien. *E: 1938 England.* Bühnenwerke, zahlreiche Massenlieder

Babin, Victor. 1908 Moskau. *E: USA.* Schüler von Schnabel und Schreker. Klavierwerke

Bardi, Benno. 1890 Königsberg. *E: 1933 Cairo.* Chor- u. Orchesterwerke

Benatzky, Ralph. 1884 Mährisch-Budwitz - 1957 Zürich. *E: Österreich, USA.* Operetten („Im weißen Rössl“)

Ben-Haim, Paul. 1897 München. *E: Palästina.* Symphonien

Bergel, Bernd. 1909 Hohensalza bei Posen - 1967 Tel Aviv. *E: Palästina.* Opern, Orchesterwerke, Kammermusik, Filmmusik

Blech, Leo. 1871 Aachen - 1958 Berlin. *E: UdSSR.* Oper „Versiegelt“

Bodky, Erwin. 1896 Rognit / Ostpreußen - 1958 Luzern. *E: Niederlande, USA.*

Brand, Max. 1896 Lemberg - 1980 Wien. *E: Brasilien, USA.* Bühnenwerke („Maschinist Hopkins“), szenisches Oratorium „The Gate“ (1944)

Brecher, Gustav. 1897 Eichwald - 1940 Ostende. Symphonische Dichtung „Rosmersholm“ (uraufgeführt durch R. Strauss)

Brün, Herbert. 1918 Berlin. *E: Palästina, USA.* Kammermusik, elektronische Musik

Byrns, Harold. 1903 Hannover. *E: Italien*

Cahn-Speyer, Rudolf. 1881 Wien - 1940 Florenz. *E: Italien.* Lieder u. Kammermusik

Daus, Abraham. 1902 Berlin - 1974 Tel Aviv.

Dessau, Paul. 1894 Hamburg - 1979 Berlin. *E: Frankreich.* Orchester- u. Ballettmusiken

Dreyfus, George. 1928 Wuppertal. *E: Australien.* „Galgenlieder“ (Morgenstern), Kinderopern

Eisler, Hanns. 1898 Leipzig - 1962 Berlin. *E: USA*

Ehrlich, Abel. 1915 Cranz. *E: Palästina.* Alle Gattungen (u.a. 22 Kurzopern)

Ettinger, Max. 1874 Lwow - 1951 Basel. *E: Schweiz.* Chorwerke, mehrere Opern, vor allem „Dolores“ (1931)

Fall, Richard. 1882 Mähren - 1943 Auschwitz. Operetten

Frank, Marco. 1881 Wien - 1961 Wien. *E: USA*

Fitelberg, Jerzy. 1903 Warschau - 1951 New York. *E: Frankreich.* Schreker-Schüler. Violinkonzerte

Foss, Lukas. 1922 Berlin. *E: USA.* Oper „The Jumping Frog“

Fried, Oskar. 1871 Berlin - 1941 Moskau. *E: UdSSR.* Verklärte Nacht op. 9 (Dehmel) für Mezzosopran, Ten. u. Orch., Das trunkene Lied op. 11 (Nietzsche) u.a.

Gal, Hans. 1890 bei Wien. *E: England.* Oper „Die beiden Klaas“ (1933), Oratorien, Klaviermusik

Gellhorn, Peter. 1912 Breslau. *E: England*

Gilbert, Jean. 1879 Hamburg - *1942 Buenos Aires.* Operetten

Glaser, Werner Wolf. 1910 Köln. *E: Dänemark,* Schweden. Schüler von Jarnach u. Hindemith. 4 Opern, 9 Symphonien

Goehr, Alexander. 1932 Berlin. *E: England.* Bühnen-, Orchester- u. Vokalwerke

Goehr, Walter. 1903 Berlin - 1960 Sheffield. *E: England.* Radiooper „Malpopita“

Goldschmidt, Berthold. 1903 Hamburg. *E: England.* Oper „Der gewaltige Hahnrei“, Klaviersonate

Golyscheff, Jeff. 1897 Ukraine - 1970 Paris. *E: Spanien.* Dadaist

Goodman, Alfred Alexander. 1920 Berlin. *E: USA.* Bühnenwerke, Filmmusiken

Granichstaedten, Bruno. 1879 Wien - 1944. *E: USA.* Operetten

Graetzer, Guillermo. 1915 Wien. *E: Argentinien*

Grosz, Wilhelm. 1894 Wien - 1939 New York. *E: London.* „Jazzband“ für Violine und Klavier (1924), Bänkelballaden (1931)

Grun, Bernhard. 1901 Mähren - 1972 Berlin. *E: England.* Operetten, Filmmusik

Gurlitt, Manfred. 1890 Dresden - 1973 Tokyo. *E: Japan.* Opern „Wozzek“, „Die Soldaten“

Guttmann, Alfred. 1873 Posen - 1951 Norwegen. *E: Norwegen.* Lieder

Haas, Pavel. 1899 Brünn - 1941 Auschwitz. Lieder auf chinesische Texte, Studie für Streichorchester

Heiden, Bernhard. 1910 Frankfurt/M. *E: USA.* Orchesterwerke, Kammermusik

Heinlein, Federico. 1912 Berlin. *E: Chile.* Orchesterwerke, Kammermusik

Helfritz, Hans. 1902 Sachsen. *E: Chile.* Saxophonkonzert u. a.

Hernried, Robert Franz Richard. 1883 Wien - 1951 Detroit. *E: USA.* Oper „Francesca da Rimini“

Heymann, Werner Richard. 1896 Königsberg - 1961 München. *E: USA.* Filmmusiken („Die drei von der Tankstelle“), Kabarett-Chansons

Hindemith, Paul. 1895 Hanau - 1963 Frankfurt. *E: Schweiz, USA.* Alle Werkgattungen.

Hirsch, Hugo. 1884 Posen - 1961 Berlin. *E: Frankreich.* Operetten

Hoesslin, Franz von. 1885 München - 1946 Frankreich. *E: Schweiz.* Kammermusik, Lieder in Reger-Nachfolge

Holde, Arthur. 1885 Rendsburg - 1962 New York. Klavierwerke, Chöre

Holländer, Friedrich. 1896 London - 1976 München. *E: USA.* Filmmusik („Der blaue Engel“), Chansons

Holländer, Victor. 1866 Leobschütz - 1940 Hollywood

Holzmann, Rodolfo. 1910 Breslau. *E: Peru*

Ippisch, Franz. 1883 Wien - 1958 Guatemala. *E: Guatemala.* 12 Streichquartette, Klavierkonzert, 5 Symphonien

Jacoby, (Hanoch) Heinrich. 1909 Königsberg. *E: Palästina.* 3 Symphonien, Bratschenkonzert

Jessel, Léon. 1871 Stettin - 1942 Berlin. Operetten („Schwarzwaldmädel“)

Jolles, Henry (Heinz). 1902 Berlin - 1965 Sao Paulo. *E: Paris,* Brasilien. Lieder „Ultimo poema de Stefan Zweig“, 1942

Jurmann, Walter. 1903 Wien - 1971 Budapest. *E: USA.* Filmmusiken („Melodie der Liebe“)

Kaper, Bronislaw. 1902 Warschau - 1983 Beverly Hills. *E: USA.* Filmmusiken

Kahn, Erich Itor. 1905 Rimbach / Odenwald - 1956 New York. *E: Frankreich, USA.* Kammermusik

Kahn, Robert. 1865 Mannheim - 1951 Biddenden, Kent. *E: England.* Kammermusik, Chorwerke, Lieder

Kalman, Emmerich. 1882 Siofok - 1953 Paris. *E: Paris, USA.* Operetten („Czardasfürstin“)

Kanitz, Ernest. 1894 Wien - 1978 Menlo Park (Kalifornien). *E: USA.* Oper „Cyrano de Bergerac“ (1928), Kammermusik

Katz, Erich. 1900 Posen - 1973 Santa Barbara. *E: England.* Chorwerke, Spielmusik, pädagogische Musik

Kauder, Hugo. 1880 Tobitschau (Mähren) - ?. *E: USA.* 3 Symphonien, 6 Solokonzerte, Requiem (Hebbel) für Altsolo und Doppelchor

Klein, Gideon. 1919 Prerov (Mähren) - 1944 Auschwitz. Klaviersonate, Streichtrio

Klein, James. 1884 Berlin - 1943 Auschwitz. Revuen

Klein, Walter. 1882 Brünn - 1961 USA. *E: USA.* Lieder, Klavierwerke

Klemperer, Otto. 1885 Breslau - 1973 Zürich. *E: USA.* Missa sacra, Symphonien

Kletzki, Paul. 1900 Lodz. *E: Italien, Schweiz.*

Koellreutter, Hans-Joachim. 1915 Freiburg. *E: Brasilien*

Kolinsky, Mieczyslaw. 1901 Warschau. *E: Belgien.* Kammermusik

Korn, Peter Jona. 1922 Berlin. *E: Palästina, USA*

Korngold, Erich Wolfgang. 1897 Brünn - 1957 Hollywood. *E: USA.* Violinkonzert op. 35, Symphonie in Fis op. 40, Filmmusiken

Kosma, Joseph. 1905 Budapest - 1969 Paris. *E: Frankreich.* Chansons von J. Prévert, Opern.

Kowalski, Max. 1882 Kowal (Polen) - 1956 London. *E: England.* Lieder

Krasa, Hans. 1899 Prag - 1944 Auschwitz. Symphonie für kl. Orchester, Oper „Brundibar“

Kreisler, Fritz. 1875 Wien - 1962 New York. *E: USA.* Violinstücke

Krenek, Ernst. 1900 Wien. *E: USA.* Viele bedeutende Werke.

Laszlo, Alexander. 1895 Budapest - ?. *E: USA.* Hollywood Concerto f. Klavier u. Orch. Erfinder der „Farblichtmusik“

Lavry, Marc. 1903 Riga - 1967 Haifa. *E: Palästina.* 5 Symphonien

Leichtentritt, Hugo. 1874 bei Posen - 1951 USA. *E: USA.* Oper „Der Sizilianer“, Orchester- u. Kammermusik

Lendvai, Erwin. 1882 Budapest - 1949 London. Chöre, Kammermusik

Levy, Ernst. 1895 Basel - ?. *E: USA.* 13 Symphonien

Lewandowsky, Manfred. 1895 Hamburg - 1970 Philadelphia. *E: Paris, USA*

Lewin, Frank. 1925 Breslau. *E: Kuba, USA.* Film- und Fernsehmusiken

Lopatnikoff, Nikolai. 1903 Reval - 1976 Pittsburgh. *E: USA*

Lustgarten, Egon. 1887 Wien - 1961 New York. *E: USA.* Oper „Dante im Exil“, Klavierquartett

May, Hans. 1886 Wien - 1958 London. *E: England.* Filmmusiken, Chansons

Mehlich, Ernesto. 1888 Berlin - 1977 Sao Paolo. *E: Brasilien.* „Steile Strophen“ (A. Kerr) op. 9

Mendelssohn, Felix Robert. 1896 Berlin - Baltimore 1951

Meyer, Ernst-Hermann. 1905 Berlin. *E: England.* Kammermusik

Meyerowitz, Jan. 1913 Breslau. *E: Frankreich*

Mohaupt, Richard, 1904 Breslau - 1957 Österreich. *E: USA*

Moritz, Edvard. 1891 Hamburg - 1974 New York. *E: USA*

Müller-Hartmann, Robert. 1884 Hamburg - 1950. *E: England*

Nadel, Arno. 1878 Wilna - 1944 Auschwitz. 2 Streichquartette, Klavierstücke, Lieder

Nelson, Rudolf. 1878 Berlin - 1960 Berlin. *E: Amsterdam.* Revuen u. Operetten

Orgad, Ben-Zion (früher Büschel). 1926 Essen. *E: Palästina*

Partos, Ödon. 1907 Budapest - 1977 Tel Aviv. *E: Palästina.* Orchesterwerke, Kammermusik

Pelleg, Frank. 1910 Prag. *E: Palästina.* Theater- und Filmmusik.

Pisk, Paul Amadeus. 1893 Wien - 1990 ?. *E: USA.* Schüler von Schönberg und Schreker. Orchesterwerke, Kammermusik

Previn, André-George. 1929 Berlin. *E: USA.* Orchesterwerke u. Filmmusiken

Pringsheim, Klaus. 1883 Feldafing - 1972 Tokio. *E: Japan*

Rankl, Klaus. 1898 Gaaden bei Wien - 1960 St. Gilgen. *E: England.* Vokalwerke, Orchesterwerke, Kammermusik

Rathaus, Karol. 1895 Tarnopol - 1954 New York. *E: England, USA.* Schrekerschüler. Bedeutende Orchesterwerke, Kammermusik, Klavierwerke

Rebner, Arthur. 1890 Lemberg - 1949 Los Angeles. *E: Frankreich. Mexiko.* Operetten, Revuen, Lieder

Rebner, Wolfgang Edward. 1910 Frankfurt. *E: USA*

Redlich, Hans Ferdinand. 1903 Wien - 1968 Manchester. *E: England*

Reif, Paul. 1910 Prag - 1978 New York. *E: Schweden*

Reisfeld, Bert. 1906 Wien. *E: USA*

Reizenstein, Franz-Theodor. 1911 Nürnberg - 1968 London. *E: England*

Réti, Rudolf. 1885 Wien - 1957. *E: USA*

Rettich, Wilhelm. 1892 Leipzig - ?. *E: Niederlande.* Sinfonia Guidaica op. 53

Rosé, Alfred. 1902 Wien - 1975 London. *E: England*

Rosen, Willy. 1894 Magdeburg - 1944 Auschwitz. Schlager

Rosenstock, Joseph. 1895 Krakau - 1985 New York. *E: Japan*

Rotter, Fritz. 1900 Wien - 1984 Ascona. *E: USA.* Schlager

Rubin, Marcel. 1905 Wien. *E: Frankreich, Mexiko.* 4 Symphonien, Violinkonzert, Kammermusik

Sambursky, Daniel. 1909 Königsberg - 1977 Tel Aviv. *E: Palästina.* Chorstücke

Schalit, Heinrich. 1886 Wien - 1976 USA. *E: USA.* Jüdisch-liturgische Werke

Scherchen, Hermann. 1891 Berlin - 1966 Florenz. *E: Schweiz.* Streichquartett Nr. 1, Chorsätze

Schlesinger, Lotte. 1909 Berlin - 1976 London. *E: England.* Schreker- und Hindemith-Schülerin. Kammermusik

Schmidt, Eberhardt. 1907 Oberschlesien. *E: Paris*

Schnabel, Artur. 1882 Lipnik - 1951 Schweiz. *E: Schweiz, USA.* 3 Symphonien, 5 Streichquartette

Schönberg, Arnold. 1874 Wien - 1951 Los Angeles. *E: USA*

Schulhoff, Erwin. 1894 Prag - 1942 KZ Wülzburg. *E: UdSSR.* Orchester- und Kammermusik

Seiber, Matyas. 1905 Budapest - 1960 Johannesburg. *E: England.* 3 Streichquartette, Missa brevis

Simon, James. 1880 Berlin - 1944 Auschwitz

Spinner, Leopold. 1906 Lemberg - 1980 London. *E: England*

Spoliansky, Mischa. 1898 Bialystok - 1985 London. *E: England.* Kabarettmusiken

Stein, Richard Heinrich. 1882 Halle/Saale - 1942 Brigida (Kanarische Inseln). *E: Kanaren.* Lieder, Orchesterwerke, Klavierstücke

Sternberg, Erich Walter. 1891 Berlin - 1974 Tel Aviv. *E: Palästina.* Orchester- und Kammermusikwerke

Steuermann, Eduard. 1892 Sambor - 1964 New York. *E: USA.* Lieder, Chöre, Klavierstücke, Klaviertrio etc.

Stolz, Robert. 1880 Graz - 1975 Berlin. *E: USA,* Operetten („Ein Walzertraum“)

Stutschewsky, Joachim. 1891 Ukraine - ?. *E: Palästina.* Kammermusik

Szell, George. 1897 Budapest - 1970 Cleveland. *E: USA.* Kammermusik.

Szenkar, Eugen. 1891 Budapest - 19 Düsseldorf. *E: Brasilien*

Tal, Joseph. 1910 Pinne bei Posen. *E: Palästina*

Tansman, Alexander. 1897 Lodz - ?. *E: USA*

Taube, Michael. 1890 Lodz - 1972 Tel Aviv. *E: Palästina.* Orchester- und Kammermusik

Toch, Ernst. 1887 Wien - 1964 Santa Monica. *E: USA.* Wichtige Werke aller Gattungen

Ullmann, Viktor. 1898 Teschen - 1944 Auschwitz. Opern und Kammermusik

Vinaver, Chemjo. 1900 Warschau - 1973 Jerusalem. *E: USA.* Liturgische Werke

Vogel, Wladimir. 1896 Moskau - 1984 Zürich. *E: Schweiz.* Orchesterwerke, Klavierwerke, Dramma-Oratorien.

Waghalter, Ignaz. 1882 Warschau - 1949 New York. *E: USA*

Walter, Bruno. 1876 Berlin - 1962 Beverly Hills. *E: Österreich, USA.* Kammermusik, drei Symphonien.

Waxman, Franz. 1906 Königshütte - 1967 Los Angeles. *E: USA.* Filmmusik („Frankensteins Braut“, „Rebecca“), Orchesterwerke, Oratorium „Song of Terezin“

Weigl, Karl. 1881 Wien - 1949 New York. *E: USA.* 6 Symphonien, Violinkonzert D-Dur, 8 Streichquartette, Streichsextett

Weill, Kurt. 1900 Dessau - 1950 New York. *E: Frankreich, USA.* Kammer- u. Orchestermusik, Musiktheater

Weinberger, Jaromir. 1896 Prag - 1967 Florida. *E: USA.* Opern „Schwanda der Dudelsackpfeifer“, „Die geliebte Stimme“

Weiss, Erwin. 1912 Wien. *E: Frankreich*

Wellesz, Egon. 1885 Wien - 1974 Oxford. *E: England.* Mehrere Opern, 8 Streichquartette, Kammermusik

Werder, Felix. 1922 Berlin. *E: England.* 5 Symphonien, Kammermusik

Willner, Arthur. 1881 Teplitz - 1959 London. *E: England.* Bedeutende Klavier- und Kammermusik

Wohl, Jehuda. 1904 Berlin. *E: Palästina*

Wolpe, Stefan. 1902 Berlin - 1972 New York. *E: Palästina, USA.* Wichtige Werke aller Gattungen

Zador, Eugene. 1894 Ungarn - 1977 Hollywood. *E: USA.* Opern („Diana“, „Die Insel der Toten“), Orchesterwerke, Klavierquintett

Zeisl, Erich. 1905 Wien - 1959 Los Angeles. *E: USA.* Opern, Orchesterwerke, Kammermusik

Zemlinsky, Alexander. 1891 Wien - 1942 New York. *E: USA.* Opern, Orchesterwerke, Kammermusik

Zipper, Herbert. 1904 Wien. *E: Philippinen.* Oper, Kammermusik

Musiker-Emigration in alle Welt:

Aus Deutschland emigrierten

- nach *Kairo* Benno Bardi und H. R. Hickmann
- nach *Österreich* u. a. Ralph Benatzky, die Comedian Harmonists und Bronislaw Huberman
- in die *UdSSR* Leo Blech, Oskar Fried, Ödon Partos, Fritz Stiedry und Eugen Szenkar
- in die *Niederlande* Erwin Bodky, Carl Flesch, Szymon Goldberg und Rudolf Nelson
- nach *Frankreich* Lukas Foss, Avraham Daus, Paul Dessau, Jerzy Fitelberg, Hugo Hirsch, Erich Itor Kahn, Ludwig Landshoff, Fritz Zweig
- nach *Großbritannien* Peter Gradenwitz, Nikolai Graudan, Bernard Grün, Richard Tauber
- nach *Spanien* Jef Golyscheff
- in die *Tschechoslowakei* Leo Kestenberg
- nach *Palästina* Israel Adler, Haim Alexander, Raul Ben Haim, Bernd Bergel, Josef Tal, Herbert Brün
- in die *Türkei* Eduard Zuckmayer und Ernst Praetorius
- in die *USA* Victor Babin, Hanns Eisler, Emanuel Feuermann, Friedrich Hollaender, Jakob Gimpel, Bernhard Haiden, Fritz Kreisler, Hugo Leichtentritt, Felix Robert Mendelssohn, Arnold Schönberg, Ernst Toch, Franz Waxman, Kurt Weill, Alexander Zemlinsky.
- nach *Argentinien* Josef und Michael Gielen, Guillermo Graetzer, Erich und Carlos Kleiber
- nach *Brasilien* Max Brand, Henry Jolles, Ernst Mehlich, Eugen Szenkar
- nach *Chile* Federico Heinlein, Hans Helfritz, Hans Loewe
- in die *Dominikanische Republik* Edvard Fendler
- nach *Peru* Rodolfo Holzmann
- nach *Japan* Manfred Gurlitt, Eta Harich-Schneider, Klaus Pringsheim und Joseph Rosenstock

Jüdische Emigration aus Deutschland:

im Jahr	1933	37.000 Emigranten
	1934	23.000 Emigranten
	1935	21.000 Emigranten
	1936	25.000 Emigranten
	1937	23.000 Emigranten
	1938	40.000 Emigranten
	1939	78.000 Emigranten
	1940	15.000 Emigranten
	1941	8.000 Emigranten
	1942/45	8.500 Emigranten

Henriette von Schirach:

ORTNUNG

Hitler kontrolliert alles mit den Augen.

Man hat oft behauptet, er sei ein „verschlampter Österreicher“ gewesen, ach, er konnte preußischer sein als ein Preuße! Einmal sah ich ihn vor dem Essen die gedeckte Tafel kontrollieren. Die Gläser standen da wie Soldaten vor einer Besichtigung, und auch die Rosen in den kleinen Silbervasen hielten die Köpfchen ganz gerade.

Ich neckte ihn:

„Sie inspizieren die Dessertlöffel?“

Er hielt die Hände auf dem Rücken und schritt die Front der Hufeisentafel ab. „Natürlich“, sagte er, „hier fängt sie ja an, die Ortnung.“ Er sagte Ortnung, mit t. Einer der Diener ging hinter ihm, er hielt das lederne Steckbrett, in dem die Kärtchen mit den Namen der Gäste staken. Hitler wechselte zwei Kärtchen aus, setzte eines der wenigen jungen Mädchen, die eingeladen wurden, neben einen wichtigen Gast. Ortnung, wie oft habe ich ihn das Wort sagen hören!

Ortnung, das hieß nicht nur das millimetergenaue Parken der Wagen hintereinander –

Ortnung, das hieß „Die neue Ordnung“, die neue Ordnung Europas.

Ortnung, das hieß Stammbaum und Ahnenreihe, Liebe zur eigenen und Haß auf die andere Rasse.

Ordnung für die Germanen und Chaos für die anderen. Er wollte eine Tischordnung für ganz Europa machen, er wollte bestimmen, welches Land wo sitzen sollte.

Seine Ordnung, auf die Kunst übertragen, war die arme, nackte Wirklichkeit, die das Gras so grün malt, daß die Kuh es frißt.

Ordnung in der Dichtung hieß Anacker.

Ordnung in der Musik war ein zerhacktes Lied, beim Marschieren gesungen, seltsamerweise auch Wagner.

Er teilte alles ein, in saubere, mit dem Lineal gezogene Linien. Senkrecht und waagrecht. Vielleicht wollte er gar nicht, daß es ein Gitter werden sollte, aber plötzlich schob es sich zusammen, zu kleinen, engen Vierecken, und wer nicht hineinpaßte, war draußen.

Aber es waren nicht die Barlach, Nolde, Klee, Marc, Kokoschka, Werfel, Tucholsky, Polgar, Kästner, Kortner und Zuckmayer, die ausgeschlossen waren, wir waren hinter Gittern, und wenn wir meinten, daß die anderen eingesperrt seien, verfielen wir dem gleichen Irrtum, dem Tiere im Käfig verfallen.

Die anderen waren frei, nicht wir.

Verspürte man Sehnsucht, die Musik der Welt zu hören, nicht nur die Lurenklänge der Germanen, dann mußte man sein Ohr dicht ans Gitter pressen. Und viele wollten durch das Gitter hören und sehen, aber es war so wenig, was durch Kriegsgeschrei und Bombenlärm zu uns in den Käfig drang.

Was verbinden Sie mit dem Begriff

„Entartete Musik“,

woran erinnert er Sie

und assoziieren Sie mit ihm

gegebenenfalls Aktuelles?

Hans Werner Henze, 1926 in Gütersloh geboren, lebt in Italien

Entartete Musik, die ist außer Art geschlagen. Die hat sich von der eigenen Art abgelöst. Ist wie ein Phönix aus der Asche der Art aufgestiegen. (Den Begriff einer arteigenen Musik assoziieren wir auf Grund von Erfahrungstatsachen und auch unwillkürlich mit blonden Zöpfen, Gaskammern, Mördern, schlechthin mit der Norm). In der Kunst gilt nur die Überwindung der Norm, also die Nicht-Norm, die Entartung: mit ihr fängt Kunst überhaupt erst an zu tönen, zu leuchten, zu sein.

Zürich, 7. Dezember 1987 — Hans Werner Henze

Hans Werner Henze

Herbert Brün, 1918 in Berlin geboren, lebt in Illinois/USA

„Entartete Musik" – ein Begriff? Darauf kann ich mich nicht einlassen. Eigenschaftswortspiel ist es, war schon nichts Besseres vor 50 Jahren als „Entartete Kunst" und wird auch nichts Besseres unter dem heute modischen Alias „Moderne Musik", wenn ein postmodernistischer Postmodefachmann sich selbst dazu beglückwünscht, daß diese moderne Mode nun vielleicht endlich weiche und damit seine Festspiele unmoderner Moden mit postmodernen oder postmodischen Musiken stattfinden können. Die verständnislose Stellungnahme sowohl gegenüber dem Eigenschaftswort als auch gegenüber dem Hauptwort ist Charakteristikum der unveränderlichen Gleisanlage konsumentalen Spintisierens.

Im Dezember 1987 Herbert Brün

Klaus Huber, 1924 in Bern geboren, lebt in Freiburg im Breisgau

„Entartete Musik" erinnert mich an ein Extrem des Zynismus. Aktuelle Tendenzen sind insoweit ohne jeglichen Vergleich. Doch fürchten sich Diktatoren auch heute vor Kunst, die fortschrittlich ist. Ich nenne das Chile Pinochets zum Beispiel.

Es bedarf immer eindeutig engagierter Musik, einer Musik, die eine gewisse Widerborstigkeit besitzt, die es schwierig macht, verdaut zu werden, oder, um es anders auszudrücken, die ein Monument gegen die Vergeßlichkeit aufrichtet. Ich verweise auf die „Jüdische Chronik" von Jens Gerlach, eine Gemeinschaftskomposition von Boris Blacher, Paul Dessau, K. A. Hartmann, Hans Werner Henze und Rudolf Wagner-Régeny. (Ein Beispiel aus dem Schaffen Klaus Hubers: „Erniedrigt – Geknechtet – Verlassen – Verachtet" auf Texte von Ernesto Cardenal, Carolina Maria de Jesus, Florian Knobloch und George Jackson, Anm. d. Red.).

Als Komponist befindet man sich in Gefahr, Musik und ihre Inhalte zu verraten. Ich versuche keine einfache Musik zu schreiben. Eine Ästhetik des Widerstands (nach Peter Weiss) hätte – wie in der Literatur und Bildenden Kunst – auch für die Musik Wesentliches zu leisten.

Das gilt auch für die Interpreten. Ich halte es für notwendig, beispielsweise Beethovens Violinkonzert von romantischem Ballast zu befreien, wie es Ernest Bour bereits vorgeführt hat. Tradierte Interpretationsweisen verschütten Zusammenhänge. Interpreten können den Geist eines Werkes verschleiern oder verraten. Hitler fand Musiker, die Siegfrieds Trauermarsch von Richard Wagner ohne große Umstände zum Begräbnis seiner Gegner aufführten. Auch mit Beethovens Neunter wurde und wird leider immer noch Schindluder getrieben. Interpreten sollten wie Komponisten ein gewisses Maß an Verweigerung aufbringen.

Die Unerschütterlichkeit und Redlichkeit der Musiker – genannt seien beispielsweise B. A. Zimmermann, Luigi Nono, Michael Gielen, Hans Zender und Claudio Abbado – müssen sich heute gegen einen Musikmarkt behaupten, der ohnehin als Filter in Richtung Selektion wirkt.

21. Dezember 1987 Klaus Huber

Manfred Trojahn, 1949 in Cremlingen geboren, lebt in Berlin

Erinnerung an Erlebtes scheidet aus: gehöre ich doch zu einer jener glücklichen Generationen, denen die – von sich berufen erachtender Stelle postulierte – „Gnade der späten Geburt“ zuteil geworden ist, könnte ich also jemand sein, der über weit zurückliegende Unbill die heute üblichen Krokodilstränen verliert und alle weitergehenden Fragestellungen mit flammenden Solidaritätsadressen an die einstmals Betroffenen und deren Erben im Keime erstickt!

Indes mag es nicht so ganz gelingen: Parsifals Maske sitzt schief auf dem Gesicht des ehemaligen „Herrenmenschen“, der inzwischen gelernt hat, jene Schulter mit kleinbürgerlicher Jovialität zu tätscheln, auf die er Augenblicke später brutal treten wird – selbstverständlich verbindlichst versichernd, lediglich ein „kleiner Befehlsempfänger“ zu sein.

Und – gehört man nicht dazu?!?

Entartete Kunst – so denkt der oberflächliche Betrachter – könne nur eine sein, die durch ihre Textur sich verdächtig gemacht habe, die also gewissermaßen willentlich abweichlerisch sich verhielte und gar nicht mit dem Gedanken konzipiert wäre, die Menschen zu erfreuen und zu ihrer Erbauung beizutragen. Daher wird der Terminus „entartet“ im Bereich der bildenden Kunst gemeinhin mit dem Beginn einer Ausweitung des Realismus-Begriffes assoziiert – in der Musik entspricht das der Verwendung neuer Organisationskonzeptionen und ästhetischer Mischformen, wie z.B. bei Krenek.

Nun ist das nur ein Teil der Wahrheit, und wie üblich nur der leichter verständliche. Denn neben den zeitgenössischen, den lebenden Komponisten wurden in der Zeit des 3. Reiches auch solche Autoren inkriminiert, deren Musiksprache längst integriert war in den täglichen Ablauf des Musikbetriebes. Mendelssohn Bartholdy ist dafür wohl das ausgeprägteste Beispiel, aber auch Meyerbeer, Offenbach und der zumindest als unseriös verschrieene Puccini gehören in diesen Zusammenhang.

Entartete Musik ist folglich kein Begriff, der sich an Fakten festmachen ließe, die in der Person eines Autors oder einer ästhetischen Haltung zu finden wären. Vielmehr ist dieses Schlagwort die Bezeichnung für ein demagogisches Experiment, bei dem sich klären ließ, wieweit jenes oft besungene „gesunde Volksempfinden“ zu manipulieren war, wieweit es sich darauf einließ, heute zu verdammen, was es gestern zu lieben versprach.

Bemerkenswert dabei, daß sich hier eine Gesellschaftsschicht auf's Glatteis führen ließ, von der als „gebildeter Mittelschicht“ zu reden wäre. Diese Mittelschicht, das Restbürgertum und der neu entstandene Kleinbürger, verriet die bürgerliche Liberalität durch ungebrochene Gleichgültigkeit. So gewahren wir die Kunst als eine absolut der Willkür ausgesetzte und jene Willkür als eine grundsätzlich bejubelte Macht.

Um es nochmals deutlich zu sagen: gejubelt wurde nicht nur bei der Vertilgung jener Kunst, die die Jubelnden und ihre Auffassung vom Schönen bedrohte. Bejubelt wurde die Willkür als eine Art Naturkraft. Diese Anschauung erlaubte den verbliebenen Intellektuellen das Mitjubeln.

Hier Aktuelles zu assoziieren, fällt nicht leicht, das demokratische Gefüge, in dem wir uns heute zu verständigen suchen, macht willkürliche Reglementierungen zum Abenteuer – und gibt es der Abenteurer auch genug, so ist deren Reichweite vergleichbar bescheiden.

Dennoch möchte ich einen gedanklichen Haken schlagen und daran erinnern, daß auch heute Kulturpolitik mit dem „gesunden Volksempfinden“ gemacht wird. Die aktuellen Begriffe dafür sind etwa „soziale Akzeptanz“ und „Einschaltquote“!

Der Kulturpolitiker von heute braucht indes unliebsame Kunst – und welche wirkliche Kunst wäre etwa „liebsam“? – nicht selbst zu verdammen. Er wird sich vielmehr gerade als Liebhaber der Künste dadurch ausweisen, daß er schonmal an Weihnachten im Kreise seiner Lieben Gedichte liest – Storm bevorzugend.

Der Kulturpolitiker von heute läßt demoskopisch befragen und stellt fest, wer – wann – was liebt. Diese Auskunft gerät dann zum Maßstab der Subventionsausschüttung.

Ungeliebte, schwierige Kunst findet sich heute nicht mehr am Pranger ausgestellt, vielmehr ob des mangelnden Wunsches nach ihr von Subvention und Sendezeit soweit beschnitten, daß gerade noch geatmet, aber nicht mehr gesprochen werden kann.

Des Kunst-Mordes kann also beinahe noch niemand wieder angeklagt werden. Die Zeiten werden indes härter ...

Dezember 1987 — Manfred Trojahn

Jürg Wyttenbach, geboren 1935 in Bern, lebt in Basel

1. *Entartet = end art = end.*
2. *Erstens an eine Ente bzw. an eine Zeitungsente, an einen Irrtum, einen Irrwitz der Geschichte. Zweitens an Eric Saties Ausspruch „Die Wahrheit gibt es nicht in der Kunst.“*
3. *Ja, aktuelle Sprüche wie Nigger! Schwule! Türken! Punker! Kommunisten! Fixer! Aidskranke! „Sauschwoben raus aus der heilen Schweiz!“*

Dezember 1987 — Jürg Wyttenbach

Wolfgang Hufschmidt, 1934 geboren in Mülheim, lebt in Essen

Entartete – ent-artete – Musik: das ist Rassentheorie, bezogen auf die Kunst.

Also nicht einfach „nur“: im selbsternannten Auftrag Mobilisierung des angeblich so gesunden Volksempfindens gegen alles „Moderne“, gegen die ganze Richtung, die einem nicht paßt.

Auf dieses „gesunde Volksempfinden“ haben sich reaktionär konservative Politiker und ihre ideologischen Helfershelfer immer schon bezogen – und heute stärker denn je:

im Namen einer angeblich Werte konservierenden Wende wird zum Sturm geblasen gegen alles, was die selbstverordnete Ruhe im Lande stört –

und das ist (und war zu allen Zeiten) nun mal auch die Kunst der Avantgarde (wenn sie denn diesen Namen zu Recht trägt.).

Nein, ein ganzes Kapitel Musikgeschichte als entartet zu diffamieren ist mehr, bedeutet den Judenstern im (zumindest doch immer wieder beschworenen) elfenbeinernen Reich der Töne.

„Entartet“ war diese Musik, weil sie Ausdruck jenes „jüdisch-bolschewistischen“ Weltgeistes war, der, von den (damals angeblich in den New Yorker Börsen ansässigen) Zentralen des „Weltjudentums“ gesteuert, als das „Reich des Bösen“ angeblich die Weltherrschaft anstrebte. Und weil nicht sein kann, was nicht sein darf:

auch Komponisten mit Arier-Pass können zu Musik-Juden werden – denn nicht bei allen paßt beides so gut zusammen wie bei Schönberg, den wohl erst Hitler zum Glaubens-Juden gemacht hat.

Dran glauben müssen dann auch die Meyerbeers und Mendelssohns – schade um die Musik zum „Sommernachtstraum“, aber dem kann ja abgeholfen werden:

nicht weniger als (in Worten) vierzig (!) „reinrassige“ und staatstreue Komponisten (darunter Orff!) waren bereit, in die Bresche zu springen: auch im 3. Reich mußte auf Musik nicht verzichtet werden, wenn man eine Shakespeare-Inszenierung sehen wollte.

Die Reinheit der Rasse und die Reinheit der Kunst:

das sind die zwei Seiten ein und derselben ideologischen Münze. Im Namen dieser Reinerhaltung von Rasse und *Kunst wurden Bücher* und *die Asche der in Auschwitz Ermordeten verbrannt. Hüten wir uns also vor Ideologien, die sich auf angebliche Naturgesetze berufen, um abzuschaffen, was ihnen wider-natürlich, „entartet“ erscheint.*

Vorsicht ist geboten, wenn die Natur zum ideologischen Maßstab gemacht wird:

wer die Tonalität in der Musik zum Naturgesetz erklärt – und nicht als eine historisch-kulturelle Leistung erkennt – der ist schnell dabei, sogenannte atonale Musik als „wider die Natur des Menschen“ komponierte, als ent-artete zu bezeichnen. Der (ideologische) Schoß, aus dem das kroch, ist fruchtbar noch:

50 Jahre später

(in den letzten Tagen habe ich in einer Dokumentation über den sogenannten Historiker-Streit gelesen und – wie es der Lesezufall so will – in einer Musik-Fachzeitung den Bericht über einen Kongress, der sich – 1986 in Karlsruhe – mit dem Thema „Tonalität“ beschäftigt hat.)

Unsere Wende-Historiker arbeiten mit Fleiß an einer neuen – wissenschaftlich verbrämten – Version der sogenannten Auschwitz-Lüge, haben für ihre Argumentation die offene Flanke gefunden: „In einem geschichtslosen Land“ gewinnt derjenige „die Zukunft, der die Erinnerung füllt, die Begriffe prägt und die Vergangenheit deutet.“ So der Erlanger Historiker Michael Stürmer.

Und die zeitgemäße Deutung deutscher Vergangenheit, die des 6 millionenfachen Mordes an den Juden, gibt sein Kollege Ernst Nolte: der Massenmord ist eine „asiatische“ Erfindung, Hitler hat ihn von Stalin gelernt „mit alleiniger Ausnahme des technischen Vorgangs der Vergasung.“ (in der FAZ vom 6.6.86)

Eine solche Formulierung muß man zweimal lesen – und man wird verstehen, warum ich dafür plädiere, diese Art von Sprach-Verbrechen mit Gefängnis zu bestrafen.

Auch innerhalb der Neue Musik-Szene gibt es einen Insider-Streit, natürlich in der Öffentlichkeit (noch) weniger bekannt als der Historiker-Streit, aber von ähnlichem ideologischen Zuschnitt. Auch hier ein Wende-Manöver, das die Diffamierung der zeitgenössischen Musik als „entartete Kunst“ im Nachhinein rechtfertigt:

beklagt wird (z.B. auf dem besagten Tonalitäts-Kongreß in Karlsruhe) der „antiharmonistische, antitraditionalistische und antikonsonantistische Konsens“ der alten Avantgarde, die „Dissonanzartistik“ dieser Neutöner und – nach der Zurückgewinnung der sogenannten „Neuen Einfachheit“ – „klingt aus manchen tonalen Werken zeitgenössischer Komponisten mehr Wahrheit als aus noch einem technotronischen Tripelkonzert für Walky Talky, Geigerzähler und Lavamat.“

Soweit eine (vor allem sprachlich bemerkenswerte) Kostprobe postmoderner Gesinnung, formuliert von ihrem Chefideologen Peter Sloterdijk.

Solche und ähnliche Formulierungen stammen nicht von konservativen Kulturpolitikern, sondern von Komponisten und Musikfuntionären: „die musikalische Avantgarde zeigt die Symptome einer historischen Dekadenz“. (Bachauer)

Gegen die Zwänge, die eine Handvoll Macher in den Rundfunkanstalten ausüben, gilt es, „mit harmonischen Klängen gewaltlosen Widerstand zu leisten.“ (Peter Michael Braun)

Der Komponist Ladislav Kupkovic, Professor für Komposition an der Musikhochschule in Hannover, äußert die Ansicht, „daß die Musik, wie die übrigen Künste auch, in diesem Jahrhundert sich falsch entwickelt hatte. So kommt es zu allgemeiner Umweltverschmutzung durch die Kunst, in Hannover sehr repräsentativ dokumentiert durch manche Exponate der Sammlung Sprengel.“

Solche Zitate könnten – bis in ihre sprachliche Diktion hinein – aus den Propagandabroschüren der Nazi-Musikideologen gegen die entartete Musik stammen.

Ich entnehme sie einem herzerfrischend provozierenden Aufsatz von Werner Klüppelholz in den letzten „Musik-Texten“ unter der Überschrift „Über den gegenwärtigen Stand der Dummheit in der Neuen Musik“. Dem ist nichts hinzuzufügen – außer der Sorge, diese Art von Dummheit könnte System haben …

Nachtrag:

Ich möchte nicht vergessen werden, wenn Begriffe wie Avantgardismus und entartete Musik eines Tages wieder als Schimpfwort gelten sollten. In diesem Falle möchte ich mich ausdrücklich auf das Vorbild Bartóks beziehen, der 1938 ein Protesttelegramm schickte, weil man ihn bei der Düsseldorfer Ausstellung vergessen hatte.

Er reklamierte für sich die „Entartung“ als einen Ehrentitel – wie jener dänische König, der sich den Judenstern anheftete …

im Dezember 1987 — Wolfgang Hufschmidt

Friedrich Goldmann, 1941 geboren in Siegmar-Schönau (heute Karl-Marx-Stadt), lebt in Berlin-Ost

Die Nazis gebrauchten den Begriff „Entartete Musik" etikettierend und diffamierend wesentlich für jene Musik, die, querstehend zu den damaligen Konventionen, sich als die entwicklungsbestimmende erwies. Der Begriff ist so durch seinen historischen Kontext geprägt und besetzt; er bleibt gebunden an faschistische Praxis. Damit geriet er außer Gebrauch. Indes steht zu befürchten, daß jene Mentalität, die ihn einst in Umlauf brachte, keineswegs mit ihm verschwunden ist: Querstehendes wird auch heute diffamiert, möglicherweise aus verwandten Motiven, kaschiert freilich durch Verweis auf vermeintlich Unverfängliches.

22. Dezember 1987 Friedrich Goldmann

Frank Michael Beyer, geboren 1928 in Berlin, lebt in Berlin

Das erste Auftauchen des Begriffes „Entartete Kunst" für mich fällt in die Jahre früher Kindheit. Werke, denen dieser Stempel aufgedrückt wurde, gehörten zunächst im Wesentlichen dem Bereich der Bildenden Kunst an. Ich erlebte diese Situation in besonderer Weise dadurch, daß mein Vater nicht nur mit vielen der verfemten Künstler persönlich verbunden war, sondern sich auch als Schriftsteller – bis zu seinem Schreibverbot – jahrelang intensiv für ihr Schaffen eingesetzt hatte. So war es für uns ganz selbstverständlich, die sogenannte „Entartete Kunst" als die wahre Kunst zu begreifen, die Erzeugnisse des Dritten Reiches aber zu ignorieren.

Durch einen markanten Vertreter der Neuen Musik, der früh mein Lehrer wurde, lernte ich trotz der Verbote auch Werke führender Komponisten der Moderne kennen, deren Namen ich im öffentlichen Musikleben vermißte. Die Faszination wurde umso größer, als mir, dem Knaben, zum Bewußtsein kam, daß es sich hier um Werke sogenannter „Entarteter Kunst" handelte. Durch das Studium aller noch erreichbarer Partituren und durch eine Fülle lebendiger Berichte war das Schaffen von Schönberg, Alban Berg, Strawinsky, Bartók, Hindemith in meinem Umfeld also stets gegenwärtig.

Es wurde zum bestürzenden Erlebnis, die enthusiastischen Vorstellungen meiner Kindheit erfüllt zu sehen, als nach 1945 der Reichtum der Weltmusik in die Klang-Erscheinung trat.

Die Situation der Kunst in den Jahren des Dritten Reiches, deren entscheidende Erlebnisse vielfach an den „Untergrund" gebunden waren, ist mit der Kunstsituation heute in keinem Punkte vergleichbar: wenn es in unserer Zeit wechselnde modische Diktate gibt, so spielt sich die Diskussion darüber doch weitgehend in der Öffentlichkeit ab.

Gegen das anonyme Diktat der Einschaltquoten aber, gegen Perspektiven des Marktmechanismus als gefährliche Tendenzen, zum Maßstab für Kunst zu werden, müssen wir uns heute jedoch entschieden zur Wehr setzen, um allen Einengungen vorzubeugen.

Berlin, 8.12.1987 Frank Michael Beyer

Aribert Reimann, 1936 in Berlin geboren, lebt in Berlin

Der Begriff „Entartete Kunst" erinnert mich an einen Staat, der einem schöpferischen Künstler eine bestimmte „Art", eine angepaßte Entfaltungsrichtung aufzwingen will, die ihn seiner geistigen Freiheit beraubt und daher für ihn nicht erfüllbar ist, da Kunst und Diktatur (= Druck von oben) unvereinbar sind. Jeder Künstler sollte sich täglich die Unabhängigkeit seines Denkens und Wirkens von neuem bewußt machen – Dinge, die geschehen sind, können sich jederzeit wiederholen.

Berlin, 13. Dezember 1987 Aribert Reimann

Günter Bialas, geboren 1907 in Bielschowitz, Oberschlesien, lebt in München

Der Begriff „Entartete Musik“ stammt aus dem Denunzierungs-Arsenal nationalsozialistischer Kulturpolitik und diente vor allem dem Zweck, nicht-arische und politisch mißliebige Künstler auszuschalten. Ästhetisch läßt sich der Begriff kaum eindeutig definieren, wenngleich in der Volksmeinung pauschal atonale und fremdartige Musik (z.B. Negermusik) darunter verstanden wurde. Die Verbots-Praxis zeigt, daß es einheitliche ästhetische Kriterien nicht gab. Denn die verbotenen Meister wurden zwar ins Ausland getrieben, aber ihre Schulen blieben, und die Schüler durften nahezu ungestört weiterarbeiten. Die Musik war eben nicht so leicht erfaßbar wie die an konkrete Aussagen gebundene Literatur oder die am Gegenständlichen orientierte Malerei.

Daher sehe ich heute auch keinen aktuellen Bezug zu dem Begriff „Entartete Musik“, obwohl immer noch gelegentlich das sogenannte gesunde Volksempfinden als Grund für die Ablehnung experimenteller Musik ins Spiel gebracht wird. Die stets vorhandenen Auseinandersetzungen zwischen bewahrenden und progressiven Kräften liegen in der Natur entwicklungsgeschichtlicher Veränderungen.

München, am 6.12.1987

Günter Bialas

Jürg Baur, geboren 1918 in Düsseldorf, lebt in Düsseldorf

Während meiner ersten Studiensemester an der Kölner Musikhochschule (1937/38) hatte ich das Glück, in der Kompositionsklasse von Philipp Jarnach, verschiedene Orchesterpartituren und Kammermusikwerke von Hindemith, Strawinsky und Bartók – ja sogar von Schönberg kennenzulernen (lauter mir aus meinem frühen Klavierunterricht schon bekannte Namen), ohne das Bewußtsein, es könnte sich dabei um verbotene, „artfremde“ Kunst handeln. Das Schlagwort „Entartete Musik“ tauchte erst 1938 auf. Ich erinnere mich deutlich: Mit erwartungsvoller, aber auch kritischer Neugier besuchten wir, eine kleine Studentengruppe, die Ausstellung „Entartete Musik“ und lauschten per Kopfhörer einzelnen Beispielen der verfemten Moderne (Ausschnitte aus Opern und Instrumentalwerken von Hindemith, Weill, Krenek u. a.). Wir waren von diesen „fremden“ Klängen beeindruckt, aber noch nicht fähig, sie einzuordnen. Von den Reichsmusiktagen im gleichen Jahr sind mir kaum nennenswerte Stücke im Gedächtnis geblieben, wohl aber einige Komponisten, die nach dem Krieg in den Vordergrund traten.

Ab 1938 mehrte sich in unserer Hochschulszene der Anteil von simpler, marsch- oder kampfbetonter, blut- und boden-verhafteter Musik, dokumentiert z.B. während des Reichsberufswettkampfs 1939, im Fach Komposition. Hier schienen mir, dem damals schon aus „Gesinnungsgründen“ vorübergehend vom Studium ausgeschlossenen Einzelgänger, manche „Produkte“ meiner Mitstudenten wirklich entartet zu sein (Verherrlichung des National-Sozialismus in Wort und Ton). Wir wurden vom NS-Staat aufgefordert, musikalische Beiträge im Sinne des „dritten“ Reiches zu liefern. Das von mir zu diesem Wettbewerb zwangsweise eingereichte, gemäßigt moderne Streichquartett bezog man zwar in die Preisverleihung ein, ließ aber dann Partitur und Stimmen spurlos verschwinden. –

Es gab und gibt auch heute für mich keine entartete Musik, lediglich in ihres Wortes ursprünglicher Bedeutung, wenn sie ihr eigentliches Wesen (etwa in manchen Happenings) verleugnet oder in unerträgliche Lautstärke umschlägt. Ich möchte lieber zwischen anspruchsvoller (d. h. gut gearbeiteter, ausdrucksbetonter, sinngebender) und anspruchloser Musik unterscheiden. Nachdrücklich aber wehre ich mich gegen die überhebliche Intoleranz all jener, die – zumal unter dem Einfluß Adornos (dessen Vorträge und Seminare ich häufiger besuchte), – besonders in den 50er und 60er Jahren Musik mit frei-tonalen Bezügen als reaktionär, überlebt und verlogen verdammten, die Werke eines Hindemith, Orff oder Strawinskys abqualifizierten, zugunsten eines einseitigen Avantgardismus, der sich in der Nachfolge der (z. T. falsch verstandenen) Lehren von Schönberg und Webern etablierte – eine Diffamierung anderer Art als 1938, – von der ich selbst an und ab betroffen wurde.

Natürlich ist es nur schwer möglich, die vielen unterschiedlichen und gegensätzlichen Strömungen unserer zeitgenössischen Musik objektiv zu beurteilen; deshalb sollte man sich an eigenen gewachsenen Wertvorstellungen orientieren und sich dazu bekennen, zugleich aber Toleranz üben gegenüber denen, die andere Meinungen und Überzeugungen vertreten.

Düsseldorf/4/XII/87

Jürg Baur

Günther Becker, 1924 geboren in Forbach, lebt in Düsseldorf

Mit dem Begriff „Entartung" verbinde ich zunächst eine biologisch-medizinisch gesehene „Degeneration", darüber hinaus „aus der Art geschlagen". Artgemäße Musik wurde durch die Nationalsozialisten selbstverständlich eingeengt definiert als „völkisch", „rassisch einwandfrei", „Blut und Boden bejahend" usw. Sie knüpften an schon bestehende Vorurteile gegen fremde Kultureinflüsse an. So wie Wagner 1850 seinen abstoßenden Artikel „Das Judentum in der Musik" schrieb, klingt es u.a. weiter in der national betonten „Deutsche Musikpflege" (hrsg. von Fischer und Lade, Verlag des Bühnenvolksbundes, Ffm. 1925) und kulminiert in Otto Schumanns „Geschichte der Deutschen Musik" (Bibliographisches Institut Leipzig, 1940). Hier wird „größter Nachdruck" auf das „rassische Grundwesen der deutschen Tonübung" gelegt (S. 3). Eine kleine Kostprobe: „Wie Mendelssohns glatte Süßlichkeit undeutsch ist, so müssen wir Mahlers überspitzte Geistreichelei als fremd ablehnen. Erschütternd, aber auch abstoßend, wenn sich Einfühlungswille in deutsches Volkstum, jüdische Spitzfindigkeiten und vorderasiatische Besessenheit gerade in der echt deutschen Form der großen Sinfonie zu verwirklichen und verbinden streben" (S. 368). Der Verfasser bedauert den „Riß zwischen tiefen Glauben an das Deutsche mit deutschen Werken um die Seele des deutschen Volkes . . .; den Besucher von Konzert und Singbühne vermögen sie zu erobern, doch der Zugang zum deutschen Haus, der eigentlichen Heimat der deutschen Seele, wird ihnen nur in Ausnahmefällen verstattet" (S. 375). Da geht es gradlinig los auf den „Strom deutscher Tonübung" (S. 377).

Aus meinen weiteren Assoziationen zu der Thematik möchte ich ein für mich besonders ergreifendes Beispiel auswählen: es bezieht sich auf Béla Bartók, der 1945 in amerikanischem Exil starb.

Bartók komponierte von Oktober 1918 bis Mai 1919 eine Pantomime in einem Akt „Der wunderbare Mandarin", op. 19. Nachdem es schon bei der Uraufführung dieses Werkes in der Budapester Oper Anlaß zu manchem Ärger gegeben hatte, wohl auch durch das gewagte Libretto bedingt, vervielfachte sich dieser Ärger Mitte der 20er Jahre bei der Kölner Aufführung desselben Werkes durch Eugen Szenkar, später Nachfolger von Heinrich Hollreiser in Düsseldorf. In Köln gab es nur eine Aufführung, die offensichtlich das gesunde deutsche Volksempfinden verletzte. Daraufhin wurde das Werk auf Beschluß des Kulturausschusses der Stadt Köln hin abgesetzt, d.h. der damalige Oberbürgermeister von Köln, Dr. Konrad Adenauer, wurde veranlaßt, weitere Aufführungen zu verbieten.

Die Nazis fanden also den vorbereiteten Boden. In Düsseldorf fand 1938 eine Ausstellung „Entartete Musik" im Rahmen der Reichsmusiktage statt. Als Bartók erfuhr, daß er nicht vertreten sei, schrieb er einen offiziellen Protestbrief, in dem er ausdrücklich verlangte, ebenfalls angeprangert zu werden. Die angestrebte Deklassierung durch diese Ausstellung empfand er als Auszeichnung!

1942 kam er in seinem Artikel „Rassenreinheit in der Musik" zur Schlußfolgerung: „Eine vollkommene Absperrung gegen fremde Einflüsse bedeutet Niedergang; gut assimilierte fremde Anregungen bieten Bereicherungsmöglichkeiten dar." Dieser Aussage Bartóks schließe ich mich vollinhaltlich an, ganz besonders aus eigener Erfahrung.

Was die Nazis eigentlich eingrenzen wollten, war – ihrer Ideologie folgend – die Freiheit; der Strom der Musikgeschichte ließ sich nicht aufhalten.

9.12.1987 Günther Becker

Dieter Schnebel, 1930 geboren in Lahr, lebt in Berlin

Ich bin (Jahrgang 1930) in der Nazizeit aufgewachsen und wurde stark von dieser Ideologie infiltriert. Allerdings war der 9. November 1938, als man in meiner kleinen Heimatstadt die Juden durch die Straßen trieb, ein traumatisches Schockerlebnis. Ebenso hatte ich bei den jeweiligen Begegnungen mit dem Begriff „entartet" immer ein ungutes Gefühl. Allerdings verdanke ich einigen Lehrern, die sich mutig verhielten oder ihre eigene Ansicht durchblicken ließen, daß die verfemte und verbotene Kunst wichtig und ja faszinierend erschien. Solche positive Infiltration mag dazu geführt haben, daß ich mich gleich in der unmittelbaren Nachkriegszeit für „neue Musik" öffnete.

Berlin, 18.12.1987 Dieter Schnebel

Mauricio Kagel, 1931 in Buenos Aires geboren, lebt in Köln

Selbstverständlich denke ich zunächst an den gewichtigeren Begriff „Entartete Kunst". Wahrscheinlich war die damalige Ausstellung in München schmerzvoller und peinigender für die intellektuellen Gegner des Nationalsozialismus, als die letztendlich stets unsichtbare Musik. Man kann mit ruhigem Gewissen behaupten, daß es in allen Ländern der Welt immer noch „entartete" Musik gibt. Nur ein gradueller Unterschied ist vorhanden und dies macht erforderlich, die jeweiligen kultur- und gesellschaftspolitischen Zusammenhänge genau zu kennen. Auch Musik bedürfte einer Organisation wie „Amnesty International", die sich an Ort und Stelle stets gegen die Verteufelung der akustischen Kunst wenden sollte.

Köln, den 6.12.1987 Mauricio Kagel

Hans Jürgen von Bose, 1953 in München geboren, lebt in München

„Verbinden" kann und will ich mit dem Begriff „Entartete Musik" nichts.

Der Begriff erinnert mich an die menschenverachtende, geistesverachtende Praxis eines Terrorregimes, Kontrolle über alle Bereiche des Lebens – den kulturellen natürlich eingeschlossen – zu gewinnen und auszuüben.

Obwohl es mir nahezu vermessen erscheint, mit einem Begriff dieser Provenienz Aktuelles zu verbinden, sehe ich doch Hinweise auf gefährliche Entwicklungen im bundesrepublikanischen Kulturleben, die mir aber andererseits leider in mancher Beziehung konsequent zu sein scheinen. Konsequent deshalb, weil manche derer, die unter einem wahrhaft entarteten Regime zum Teil wichtige Posten innehatten, ebensolche im Staate Bundesrepublik wieder besetzten. Ich denke etwa an einen Komponisten, der während des Krieges ein Kriegshetzlied als cantus firmus (!) eines symphonischen Satzes gebrauchte und nach dem Kriege bis zu seinem Tode Präsident einer süddeutschen Musikhochschule war. Auf solcher Basis alter und „Neuer Vergeßlichkeit" wird erwogen, viele echte Errungenschaften des frühen bundesdeutschen Kulturlebens in einschneidender Weise zu relativieren und zu beschneiden. Dies geschieht natürlich vor breitem politischen Hintergrund und betrifft – wie immer – natürlich nicht alleine das kulturelle Leben. Auch hier wäre also das, was man mit dem Begriff „entartet" assoziiert, tendenziell wieder das, was den Begriff prägte.

München, den 11.12.1987 Hans-Jürgen von Bose

Pierre Boulez, 1925 geboren in Montbrison, lebt in Paris

Lieber Herr Dr. Girth,
Leider bin ich in den nächsten Wochen so überlastet, daß ich nicht dazu kommen werde, einen noch so kurzen Text für Sie zu verfassen. Dazu muß ich sagen, daß mich das Thema nicht besonders inspiriert.

Paris, 7.11.1987

Mit freundlichen Grüßen
Pierre Boulez

Wolfgang Rihm, 1952 in Karlsruhe geboren, lebt in Karlsruhe

Der Begriff „entartete Kunst“ bzw. „entartete Musik“ ist besonders lügenhaft pervers, weil er ein scheinbares Wissen – empirisch biologisch unterfüttert – um die Art (die „richtige Artung“) suggeriert. Als Absicht erscheint dahinter die Ausrottung des anderen Zustandes. Daß sich das nicht nur auf Kunst bezieht, sondern darüberhinaus das Leben des Künstlers, der so anders Geartetes hervorbringt, auslöschen will, ist der grausige Beweis, daß der semibiologische Begriff „Entartung“ immer gegen wirklich Lebendes sich richtet. Immer wenn dieser Begriff bemüht wird, können wir sicher sein, daß diejenigen, die ihn verwenden, es nicht dabei bewenden lassen. Der Hinweis auf „gesundes Volksempfinden“ etc. ist dabei meist nur ein Vehikel, um den Entartungsgedanken schneller zu befördern, denn wo ist mehr energetisch nutzbare Wut aufgestaut als bei jenen, die sowieso kurzgehalten werden.

Ich bin sicher, auch heute hätte eine Ausstellung „Entartete Kunst“ oder „Entartete Musik“ sofort Fürsprecher und vor allem Publikum. Es ist aber nicht die Schuld derer, die keine Kriterien haben, wenn man sich ihrer Kriterienlosigkeit bedient. Und vor allem: heute läuft die Denunziation wesentlich subtiler. Durch die kommerzielle Machtposition des „Artigen“ muß eine Kampfadresse an irgendein „Entartetes“ gar nicht mehr artikuliert werden. Die Selektion funktioniert bereits freiwillig: die zur Rezeption fähigen Menschen werden solange auf qualitativ Niederstehendem beklebt, bedröhnt, beschossen, bis sie das auch wollen, *was ihnen gewährt wird. Somit ist es gelungen, das Sensorium für anderes lahmzulegen. Wenn anderes nicht mehr wahrgenommen werden kann, muß es auch nicht mehr denunziert, verboten, verbrannt werden. Es stellt kein Potential mehr dar, das aus Machthabers Sicht gefährlich sein könnte. Die freiwillige „Selbstkontrolle“, die zum Beispiel im medialen Vervielfältigungsbereich von musikalischer Kunst – vor allem auf dem Tonträgermarkt – heute herrscht, ist die Spitze eines Eisbergs, dessen Kältepotential weiter bewirkt, daß Kriterien und vor allem sinnliche Lust am Kennenlernen des anderen gar nicht mehr aufkommen.*

Provokant formuliert: der Begriff „Entartung“ wird heute nicht etwa deswegen gemieden, weil wir so demokratisch, liberal, offensinnig, geschichtsbewußt etc. geworden wären, sondern weil er nicht mehr angewendet werden muß.

In den Köpfen und Herzen (so dort etwas Platz hat) der meisten Menschen gibt es einen Konsens darüber, was „entartet“ ist. Es wird immer das sein, was eine andere Freiheit meint als die, die man die eigene nennt.

20. XII. 87 — Wolfgang Rihm

Der Schoß ist fruchtbar noch

(Bert Brecht)

Daß man in einigen deutschen Kreisen eine solche Mühe gehabt hat mit den erklärenden Kommentaren einiger deutscher Kollegen - zunächst mit den glasklaren Bemerkungen von Hans Werner Henze - zur Ausstellung über „Entartete Musik", erstaunt mich nicht im geringsten. Sie alle waren sich darüber einig, daß dieser Begriff durchaus nicht im Mülleimer der Geschichte verschwunden ist, sondern daß die Ursachen, die diesen Begriff einmal zu einer politischen Tatsache aufgeblasen haben, im wesentlichen noch immer vorhanden sind. Ernst Bloch hat die Quelle und die sozialen Träger des Faschismus damals präzise lokalisiert und das Kleinbürgertum, das sich heutzutage zur „Masse" „emanzipiert" hat, als die nachweisbare Quelle allen faschistischen Elends bezeichnet.

Nach Bloch haben wir es noch immer mit dem kleinen, dem alltäglichen Faschismus zu tun, der sich übrigens in dem überhandnehmenden Terror von kommerzieller Musik, Fußballvandalismus etc. in stets stärkerem Maße zeigt.

Der klassische Faschismus als politisches System ist glücklicherweise überwunden, aber die Demokratie konnte noch kein demokratisches Kultursystem entwickeln, das „Mehrheiten" von der Notwendigkeit überzeugt, wonach „Minderheiten" gefestigte Normen immer wieder zu durchbrechen haben. Für Henze gilt als Wesen der Kunst „die Überwindung der Norm, also die Nicht-Norm, die Entartung". Ich unterschreibe dies vollends, weil er hier eine deutliche Grenzlinie angibt zwischen dem Wesen der Kunst und der Trägheit, die Reaktionäre „menschlich", „natürlich", oder sogar „biologisch bedingt" zu nennen pflegen.

Die Mechanismen des von meinen deutschen Kollegen signalisierten „alltäglichen Faschismus" funktionieren perfekt: das überall auf die schöpferische Tonkunst angewendete „Profitprinzip", der Druck, den die Massenmedien auf die immer kleiner werdenden Margen von moderner Musik ausüben, die kommerzieller werdende Einstellung der Musikverleger, der Tarif-Terror der Gewerkschaften, die die bei ihnen angeschlossenen (Orchester-)Musiker zu gehorsamen Beamten degradiert haben, die einen jeden bedrohende akustische Umweltverschmutzung (Muzak=Philips), und, nicht zu vergessen, die Musikkritik, die sich - auch in den Niederlanden - zu einem Sprachrohr des grauen Mittelstandes aufgeblasen hat, anstatt sich ihrer kulturpolitischen Aufgabe als Bindeglied zwischen moderner Musik von Minoritäten und breiteren (potentiellen) Publikumskreisen bewußt zu sein. Noch 1966 hat z.B. die VOLKSKRANT die Musik des österreichischen Juden Arnold Schönberg als „Moffenmuziek" (= Musik des Hitlerdeutschen) beschimpft. Und so wurde der „Anschluß" mit einem nicht zu leugnenden antisemitischen Unterton doch noch zu einer Tatsache der Nachkriegszeit. Mit wenigen Ausnahmen sehen wir allein in Europa, wie einmal „moderne" Komponisten unter dem Druck der genannten Erscheinungen von musikalisch-alltäglichem Faschismus vernichtet werden; die Jüngeren komponieren kommerzielle „minimal music" (mit Hilfe von Heimcomputern, anstelle mit der linken Hand), die Mitte kommt mehr in die Nähe von Orff, Strawinsky (dem Mussolini-Bewunderer), Hindemith und Badings, Peter Schat setzt seinen Kreuzzug gegen Moderne Musik fort und wenn Theo Loevendie (im NRC/Handelsblad vom 13.6.88) stolz verkündigt, daß das Komponieren von Opern ihm die Möglichkeit biete, sich der „kleinen und oft intellektualistischen Welt der zeitgenössischen Musik" entziehen zu können, dann sagt das nicht allein alles über seinen Mangel an dramatischer Intelligenz, sondern auch etwas über das Maß, worin er freiwillig mit dem alltäglichen Faschismus übereinstimmt. Mir wird Angst vor dieser Art alltäglicher - unbedachter Bemerkungen und Vendettas gegen die wirklich zeitgenössische Musik, denn ich ahne darin ein sich freiwilliges Beugen vor dem Druck der Masse: ein Komponist beugt sich nicht. Er kämpft, er emigriert, er geht unbeirrt seinen Weg. Wer sich jetzt beugt, wird morgen Kulturminister. Und übermorgen - ich will es hoffen - wird er zugrunde gehen. Auch heute noch gilt, was Henze darlegt: die „Entartete Musik" ist die einzig Wahre.

Konrad Boehmer, aus dem Begleitheft zur Ausstellung „Entartete Musik" im Concertgebouw zu Amsterdam 1988
(in der Übersetzung von Kees Rutters und Medi Gasteiner)

Bücher

Brade, Anna Christine / Rhode-Jüchtern, Tilman, Das völkische Lied. NS-Indoktrination der Jugend durch Musik. (Ambos-Diskussionspapiere 22) Oberstufen-Kolleg Bielefeld 1991

Bunge, Hans, Fragen Sie mehr über Brecht. Hanns Eisler im Gespräch. München 1970

Dümling, A. (Hg.), Lasst euch nicht verführen. Brecht und die Musik. München 1985

- Verteidigung des musikalischen Fortschritts. Brahms und Schönberg. Hamburg 1990

Fechner, Eberhard, Die Comedian Harmonists. Sechs Lebensläufe. Berlin 1988

Fénelon, Fania, Das Mädchenorchester in Auschwitz. Frankfurt/M. 1980

Fischer-Defoy, Christine, Kunst Macht Politik. Die Nazifizierung der Kunst- und Musikhochschulen in Berlin. Berlin 1988

Geissmar, Berta, Musik im Schatten der Politik. Vorwort und Anmerkungen von Fred K. Prieberg. Zürich 1985

Görgen, Hans-Peter, Düsseldorf und der Nationalsozialismus. Studie zur Geschichte einer Großstadt im „Dritten Reich“. Düsseldorf 1969

Günter, Ulrich, Die Schulmusikerziehung von der Kestenberg-Reform bis zum Ende des Dritten Reiches. Neuwied / Berlin 1967

Heister, Hanns-Werner / Klein, Hans-Günther, Musik und Musikpolitik im faschistischen Deutschland. Frankfurt/M. 1984

Karbaum, Michael, Studien zur Geschichte der Bayreuther Festspiele. Regensburg 1976

Kestenberg, Leo, Bewegte Zeiten. Musisch-musikantische Lebenserinnerungen. Wolfenbüttel 1961

Kolleritsch, Otto (Hg.), Die Wiener Schule und das Hakenkreuz. Das Schicksal der Moderne im gesellschaftspolitischen Kontext des 20. Jahrhunderts, (= Studien zur Wertungsforschung Bd. 22) Wien, Graz 1990

Kreczi, Hanns, Das Bruckner-Stift St. Florian und das Linzer Reichs-Bruckner-Orchester (1942 - 1945). Graz 1986

Lambart, Friedrich (Hg.), Tod eines Pianisten. Karlrobert Kreiten und der Fall Werner Höfer. Berlin 1988

Mäckelmann, Michael, Arnold Schönberg und das Judentum. Der Komponist und sein religiöses, nationales und politisches Selbstverständnis nach 1921. Hamburg 1984

Maurer-Zenck, Claudia, Ernst Krenek - Komponist im Exil. Wien 1980

Mellacher, Karl, Das Lied im österreichischen Widerstand. Funktionsanalyse eines nichtkommerziellen literarischen Systems. Wien 1986

Migdal, Ulrike (Hg.), Und die Musik spielt dazu. Chansons und Satiren aus dem KZ Theresienstadt. München 1986

Polster, Bernd (Hg.), „Swing Heil“. Jazz im Nationalsozialismus. Berlin 1989

Prieberg, Fred K., Musik im NS-Staat. Frankfurt/M. 1982

Prieberg, Fred K., Kraftprobe – Wilhelm Furtwängler im dritten Reich. Wiesbaden 1986

Projektgruppe Musik und Nationalsozialismus (Hg.), Zündende Lieder - Verbrannte Musik. Folgen des Nationalsozialismus für Hamburger Musiker und Musikerinnen. Hamburg 1988

Reichel, Peter, Der schöne Schein des Dritten Reiches, Faszination und Gewalt des Faschismus. München, Wien 1991

Rischer, Walter, Die nationalsozialistische Kulturpolitik in Düsseldorf 1933 - 1945. Düsseldorf 1972

Scherchen, Hermann, ... alles hörbar machen. Briefe eines Dirigenten 1920 - 1939. Berlin 1976

Splitt, Gerhart, Richard Strauss 1933 - 1935. Ästhetik und Musikpolitik zu Beginn der nationalsozialistischen Herrschaft. Pfaffenweiler 1987

Stadtmuseum Düsseldorf (Hrsg.), Düsseldorfer Kunstszene 1933 - 1945. Düsseldorf 1987

Strawinsky, Vera u. Craft, Robert, Strawinsky in Pictures and Documents, London 1979

Traber, H. u. *Weingarten,* E. (Hg.), Verdrängte Musik. Berliner Komponisten im Exil. Berlin 1987

Walter, Bruno, Thema und Variationen. Erinnerungen und Gedanken. Frankfurt/M. 1960

Wildauer, Monica, (Hg.), Beiträge '90. Österreichische Musiker im Exil - Kolloquium 1988 (Bd. 8 der „Beiträge der Österreichischen Gesellschaft für Musik“). Kassel 1990

Wagner, Richard, Wie antisemitisch darf ein Künstler sein? Musik-Konzepte Bd. 5

Wulf, Joseph, Musik im dritten Reich. Eine Dokumentation. Gütersloh 1963

Zelinsky, Hartmut, Richard Wagner - ein deutsches Thema. Eine Dokumentation zur Wirkungsgeschichte Richard Wagners 1876 - 1976. Frankfurt/M. 1976

Aufsätze und Zeitschriften-Sonderhefte:

Dahlhaus, Carl, Eine Ästhetik des Widerstands? „Friedenstag“ von Richard Strauss. In: Beiträge zur Musikwissenschaft, 1986, S. 18 - 22

Dümling, A., Komponisten warnen vor dem Krieg. Musikalische Formen der Aufklärung. In: Musik, Theater, Litaratur und Film zur Zeit des Dritten Reichs. Hgg. vom Kulturamt der Stadt Düsseldorf. Düseldorf 1987

- Die Gleichschaltung der musikalischen Organisation im NS-Staat. In: Der Kirchenmusiker. Heft 2/1989

- „Entartete Musik“ - zu den Ausstellungen in Wien, Düsseldorf, Weimar 1937 - 1939. In: Monica Wildauer a.a.O.

- Wie schuldig sind die Musikwissenschaftler. Zur Rolle von Wolfgang Boetticher und Hans-Joachim Moser im NS-Musikleben. In: Neue Musik-Zeitung, Heft 5 / 1990

- Nationalism as Racism: Nazi Politics Towards Music. In: Banned by the Nazis. Entartete Musik. Hgg. von Joseph Horowitz und der Los Angeles Philharmonic Association. Los Angeles 1991

- Schwertertanz und Götterfunken - der verfälschte Beethoven. Zur Musik bei den Olympischen Spielen 1936. In: Werkstatt Olympia Journal. Nr. 1 September / Oktober 1991

- Das Rassenprinzip im Nürnberger Musikleben. Zur Eröffnung der Ausstellung „Entartete Musik“ im Germanischen Nationalmuseum. In: Ogan, B. / Weiß, W.W. (Hg.), Faszination und Gewalt. Zur politischen Ästhetik des Nationalsozialismus. Nürnberg 1991

Entartete Musik. Kolloquium der 4. Dresdner Tage der zeitgenössischen Musik 1990. Dresden 1991

Fünfzig Jahre danach 1938 - 1988. Österreichische Musikzeitschrift 4/1988

Gieseler, Walter, „Entartete Kunst - entartete Musik“. Ein Beitrag zur Geschichte und Wirkungsgeschichte des Wortes „entartet“. In: Zeitschrift für Musikpädagogik, Heft 22, Mai 1983

Girth, P., Musikalische Avantgarde und Politik. Europäische Aspekte einer verdrängten Geschichte. In: Motiv. Musik in Gesellschaft anderer Künste. Heft 1, 1991

Heller, Berndt / Reininghaus, Frieder, Hindemiths heikle Jahre. Eine Dokumentation. In: Neue Zeitschrift für Musik, Heft 5, 1984

John, Eckard, Musik und Konzentrationslager. Eine Annäherung. In: Archiv für Musikwissenschaft, Heft 1, 1991

Kroll, Erwin, Verbotene Musik. In: Vierteljahreshefte für Zeitgeschichte, Juli 1959

Maurer-Zenck, Claudia, Zwischen Boykott und Anpassung an den Charakter der Zeit. Über die Schwierigkeiten eines deutschen Komponisten mit dem Dritten Reich. In: Hindemith-Jahrbuch 1980, S. 65 - 129

Motiv. Musik in Gesellschaft anderer Künste. Heft 1, 1991

Reininghaus, Frieder / Traber, Jürgen Habakuk, Emigrierte Musik. Über den Alltag deutscher Komponisten 1933 - 1945. In: Neue Zeitschrift für Musik, Heft 5, 1983

Reininghaus, Frieder, Den Präsidenten der Reichsmusikkammer gemimt. Richard Strauss am Höhepunkt seiner Karriere: 1933. In: Neue Zeitschrift für Musik 1983, Heft 1

Schmidt-Faber, Werner, Atonalität im Dritten Reich. In: Herausforderung Schönberg. Was die Musik des Jahrhunderts veränderte. Hgg. von Ulrich Dibelius. München 1974

Zelinsky, Hartmut, Arnold Schönberg - der Wagner Gottes. Anmerkungen zum Lebensweg eines deutschen Juden aus Wien. In: Neue Zeitschrift für Musik, 4/1986

Tondokumentation

Entartete Musik. Eine Tondokumentation, zusammengestellt und kommentiert von A. Dümling.
(4 Compact Discs mit Beiheften) POOL Musikproduktion Berlin

Entartete Musik. Eine Schallplattenedition (CDs)
Decca, London 1993 (wird fortgesetzt)

Film

Verbotene Klänge. Musik unter dem Hakenkreuz.
80 Minuten-Dokumentarfilm in Farbe nach einer Idee von Albrecht Dümling
Regie: Nobert Bunge u. Christine Fischer-Defoy
Produktion: Maxfilm Wolfgang Pfeiffer Berlin
Verleih: Ex pictoris Berlin

Dank

Für die großzügige Förderung der Ausstellung, die ganz überwiegend durch private Spenden ermöglicht wurde, danken wir dem *Migros Genossenschaftsbund, Zürich,* der *Bank Julius Bär, Zürich* sowie der *Ringier AG Zofingen/Zürich* und Herrn *Max Wiener,* durch dessen persönliche Initiative und Spontaneität die endgültige Finanzierung der Ausstellung erst gesichert, man kann sagen gerettet wurde.

Außerdem sind wir der *Sony Deutschland GmbH* sowie zahlreichen öffentlichen und privaten Leihgebern, Bibliotheken und Archiven zu großem Dank verpflichtet, da auch sie zum Gelingen der Ausstellung beigetragen haben.

Besonders dankbar sind wir für vielfältige Hilfe folgenden Personen und Institutionen:

Archives du Centre du documentation juive contemporaine (Paris), *Christine Fischer-Defoy, Angela Funk, Medi A. Gasteiner, Prof. Dr. Günter Gattermann* (Universität Düsseldorf), *Dr. Hanns-Werner Heister, Prof. Johannes Hodek, Peter Hoenisch, Dr. Friedrich Hommel* (Int. Musikinstitut, Darmstadt), *Eckhard John, Mauricio Kagel, Dr. Wieland Koenig* (Stadtmuseum Düsseldorf), *Arina Kowner, Prof. Heinrich Riemenschneider* (Dumont-Lindemann-Archiv), *Dr. Ulrich Roloff-Momin* (Hochschule der Künste, Berlin), *Prof. Paul Sacher, Sender Freies Berlin* (SFB), *Jutta Scholl* (Städtische Musikbücherei Düsseldorf), *Peter Schreitter von Schwarzenfeld, Dr. Giselher Schubert* (Hindemith Institut, Frankfurt/M.), *Laurie Schwarz, Werner Schwerter* (Presseamt der Landeshauptstadt Düsseldorf), *Rembert Suter, Dr. Lotte Thaler* (Deutsches Rundfunkarchiv, Frankfurt/M.), *Matthias Vogt* (Musicaglotz, Paris), *Prof. Dr. Hugo Weidenhaupt* (Stadtarchiv), *Prof. Dr. Christoph Wolff* (Harvard University), *Dr. Dagmar Wünsche* (Archiv der Akademie der Künste, Berlin), *Louise Zemlinsky* und *Klaus Zimmermann.*

Eine große Hilfe waren uns die Veröffentlichungen von *Fred. K. Prieberg* (Musik im NS-Staat, Fischer-Verlag und Kraftprobe, Brockhaus-Verlag) und *Joseph Wulf* (Musik im Dritten Reich, Verlag Sigbert Mohn).

Die Veröffentlichung dieses Katalogs ist dankenswerterweise vom Sekretariat für gemeinsame Kulturarbeit NW, Wuppertal, und dem Kultusminister des Landes NW unterstützt worden.

Für ihren ganz außergewöhnlichen Einsatz sei auch allen Mitarbeitern der beteiligten Druckerei und Setzerei gedankt.

Herzlich danken wir schließlich den Komponisten, die sich die Mühe gemacht haben, uns eine schwierige Frage zu beantworten, nämlich die nach ihrem Verhältnis zum Problem der „entarteten Musik". Es bedeutet uns viel, ihre Antworten hier veröffentlichen zu dürfen.

Albrecht Dümling — *Peter Girth*

Unser besonderer Dank gilt der Württembergischen Hypothekenbank für Kunst und Wissenschaft in Stuttgart und der Gabriel Riesser-Stiftung in Hamburg, die uns bei der Finanzierung der dritten Auflage dieses Kataloges geholfen haben.

Herausgeber des Katalogs: *Dr. Albrecht Dümling, Dr. Peter Girth*

Redaktion: *P. Girth, A. Dümling*

Redaktionelle Mitarbeit: *Elisabeth von Leliwa, Uwe Schendel, Medi A. Gasteiner*

Umschlag: *P. Girth* nach dem Ausstellungs-Plakatentwurf 1988 von P. Krüll und P. Girth

Konzeption/Gestaltung des Katalogs: *P. Girth*

Konzeption der Ausstellung: *A. Dümling, P. Girth*

Texte der Ausstellung: *A. Dümling*

Realisation der Ausstellung: *Hagen Drasdo*

Nachweise:

A. Dümling, Entartete Musik · Neue Musik als wildeste Anarchie · Musikalischer Widerstand · Anmerkung zu Ziegler · *W. F. Haug,* Entartung und Schönheit · *E. John,* Vom Deutschtum in der Musik · Komponisten nehmen Stellung · *P. M. Potter,* Wissenschaftler im Zwiespalt · *W. Schwerter,* Heerschau und Selektion: Originalbeiträge für diesen Katalog.

C. Wolff, Die Hand eines Handlangers: Rechte des Autors für diese Veröffentlichung.

Abbildungen:

Photo A. Hitler, S. 8: J. Wulf, Musik im Dritten Reich, eine Dokumentation, Sigbert Mohn Verlag, 1963 · *Photo Walhalla,* S. 10/11: Merian, Die Donau von Ulm bis Passau, August 1979 · *Photo A. Hitler,* S. 12: Ullstein Bilderdienst, Berlin · *Photo Anton Bruckner,* S. 13: nach dem Gemälde von W. Kaulbach, 1884 · *Photo R. Strauss, Goebbels,* S. 14: J. Wulf, a. a. O. · *Photo A. Hitler, W. Furtwängler,* S. 14: J. Wulf, a. a. O. · *Faksimile Gerigk,* S. 15: Archives du Centre de Documentation Juive Contemporaine, Paris · *Photo Eisler,* S. 17: Eberhardt Klemm, Hanns Eisler — Für Sie portraitiert, Leipzig, 1973 · *Photo E. Bloch,* S. 17: Bildarchiv Preußischer Kulturbesitz · *Faksimile Bloch,* S. 18: aus Manfred Grabs, Wer war Eisler?, Berlin, 1963 · *Flugblatt,* S. 21: Privatbesitz Ernst Krenek · *Entwürfe A. Hitler,* S. 23: Billy F. Price: Adolf Hitler, The Unknown Artist, Houston (Texas), 1984 · *Photo Bauer und Bäuerin,* S. 26; *Mädchen aus Nordfriesland,* S. 28: Erna Lendvai-Dircksen, Das Deutsche Volksgesicht, Schleswig-Holstein, Bayreuth, 1941 · *A. Breker,* S. 27, 28, 29: Arno Breker Ausstellung für die Wehrmacht, Katalog, 1942 · *Photo H. S. Chamberlain,* S. 31: Stefan Lorant, Sieg Heil! Eine deutsche Bildgeschichte von Bismarck zu Hitler, Verlag Zweitausendeins, Frankfurt/M., 1979 · *Photo S. George,* S. 35: Stefan George in Selbstzeugnissen und Bilddokumenten, rororo, 1960 · *Kroll-Oper,* S. 41: Bildarchiv Preußischer Kulturbesitz · *Entwurf Dülberg,* S. 42: H. Curjel, Experiment Kroll-Oper 1927—1931, Prestel-Verlag, München, 1975 · *Kroll-Oper,* S. 43: Lorant, a. a. O. · *Photo O. Klemperer,* S. 44: Bildarchiv Preußischer Kulturbesitz · *Photo W. Wagner und A. Hitler,* S. 45; *Photo Göring, Hitler, Goebbels,* S. 46; *Lohengrin,* S. 47: 100 Jahre Bayreuther Festspiele, Prestel-Verlag, München · *A. Hitler,* S. 47: Lorant, a. a. O. · *Fanfaren,* S. 49: aus J. Wulf, a. a. O. · *Wehrmacht,* S. 52: Bildarchiv Preußischer Kultur besitz · *Volksempfänger,* S. 63: Bildarchiv Preußischer Kulturbesitz · *Portrait Drewes,* S. 72: Federzeichnung von Kurt Weinhold, aus: Jahrbuch Deutscher Musik, 1944 · *Faksimile,* S. 75: Quelle Theweleit, Männerfantasien, Bd. 2, Rowoldt · *Stammbaum Bach,* S. 79: Bildarchiv Preußischer Kulturbesitz · *Faksimile,* S. 82, 83: aus Berlin Document Center · *Mozart,* S. 94: Grande storia della musica, W. A. Mozart, Milano, 1978/1983 · *L. da Ponte,* S. 95: Rudolf Angermüller, Figaro, Bayerische Vereinsbank München, 1986 · *Faksimile Musik und Rasse,* S. 98 ff: F. Blume, Die Musik VII, 1938 · *Photo F. Kreisler,* S. 116: Bildarchiv Preußischer Kulturbesitz · *Photos M. Dietrich,* S. 119: Bildarchiv Preußischer Kulturbesitz · *Faksimile Drewes,* S. 127; *Faksimile Gerigk,* S. 128: Archives du Centre du Documentation Juive Contemporaine, Paris · *Photo Jüdische Spielschar,* S. 131: Bildarchiv Preußischer Kulturbesitz · *Photo H. J. Moser,* S. 132: Zeitschrift für Musik, Dezember 1930 · *Faksimiles Moser/Tiessen,* S. 133 ff: Archiv der Akademie der Künste, Berlin · *Marsch der deutschen Jugend,* S. 135: aus Prieberg, „Musik im NS-Staat" · *Faksimiles Gerigk/Boetticher,* S. 141 ff: Archives du Centre de Documentation Juive Contemporaine, Paris · *Photo R. Strauss/W. Furt wängler,* S. 149: Bildarchiv Preußischer Kulturbesitz · *Titelblatt des Programmheftes der Reichsmusiktage 1938,* S. 150 und *Faksimiles Programm Reichs musiktage 1938,* S. 151 ff: Archiv Düsseldorfer Symphoniker · *Photos Reichsmusiktage,* S. 157: Zeitschrift für Musik, 1938 · *Photos,* S. 159, 160, 161, 163, 164, 166, 172, 173: Stadtarchiv Düsseldorf · *Faksimile Reichsmusiktage 1938,* S. 162: Düsseldorfer Nachrichten, 28. 5. 1938 · *Titelblatt des folgenden Faksimiles,* S. 172, *Faksimile H. S. Ziegler,* S. 173, 174 ff: Univer sitätsbibliothek Düsseldorf · *Faksimile,* S. 195: Stadtarchiv Düsseldorf · *Photo:* aus J. Wulf, a.a.O. · *Photo,* S. 186—199: Stadtarchiv Düsseldorf · *Faksimile,* S. 203: Archiv Hochschule der Künste,

Berlin · *Photo P. Hindemith,* S. 204: Hindemith-Zyklus, Nordrhein-Westfalen, 1980/81 (Hg.: D. Rexroth) · *Photo Berliner Musikhochschule,* S. 206: aus Paul Hindemith, Zeugnisse in Bildern, Schott's Söhne, Mainz, 1955 · *Faksimiles Akte P. Hindemith,* S. 208 ff: Archiv Hochschule der Künste, Berlin · *Faksimile „Grammophon",* S. 224: Archiv Berliner Philharmonisches Orchester · *Strawinsky,* S. 226: nach dem Gemälde von J. E. Blanche, aus H. Mersmann, Moderne Musik, Potsdam, 1928 · *Photo A. Schönberg,* S. 227: aus Ausgewählte Briefe, Hg.: E. Stein, Mainz, o.Jg. · *Photo K. A. Hartmann,* S. 229: K. A. Hartmann und die Musica Viva, Kat. Bayer. Staatsbibliothek, 1980 · *Photo W. Vogel,* S. 231: H. Oesch, W. Vogel, Bern, 1976 · *H. Eisler, Deutsche Symphonie,* S. 234: mit freundlicher Genehmigung des Suhrkamp Verlag, Frankfurt/M., Copyright Suhrkamp Verlag 1967, alle Rechte vorbehalten · *P. Picasso,* S. 236: Grafik gegen den Krieg, (Hg.: R. Diederich/R. Grübling) Weinheim/ Basel, 1982 · *H. Eisler,* S. 237: aus H. P. Müller, Ein Genie bin ich selber!, Berlin, 1984 · *Photos,* S. 238: Tonhallemagazin, September 1987 · *H. Kralik,* S. 242: aus Peter Altmann, Heinz Brüdigam, Barbara Mausbach-Bromberger, Max Oppenheimer „Der deutsche antifaschistische Widerstand 1933–1945 in Bildern und Dokumenten", Frankfurt/M., 1984 · *Photos,* S. 243/244: P. Hindemith, a.a.O. · *Plakat zur Düsseldorfer Ausstellung 1988,* S. 246: nach dem Entwurf von P. Krüll und P. Girth · *Photo H. W. Henze,* S. 264: Walter Schels, Hamburg

Die Herausgeber danken allen Verlagen, Bibliotheken und Archiven für die freundlicherweise erteilten Abdruckgenehmigungen.

Herstellung: Service-Druck *Kleinherne* GmbH, Düsseldorf

3. korrigierte Auflage (Januar 1993)